人生60진秘法

怪師 백운곡 編著

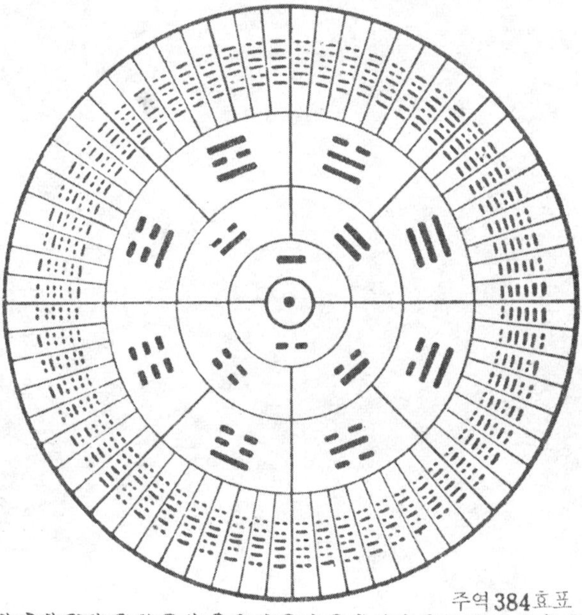

주역 384효표

明文堂

본서의 특징

본서에 대한 특징을 정리해 보면 다음과 같다.

·첫째, 순수한 주역팔괘만으로 구성 조직되었다.

·둘째, 동일한 괘(卦·운수 포함)라도 복잡 다변한 사회현상을 감안하여 초년운 중년운 말년운 등, 삼 단계로 나누었다.

·세째, 연월일에 대한 분류를 세분화 하여 종전의 12띠를 60띠로 12개월을 60개월로 30일을 3000일로 각각 세분화 하였다.

넷째, 복잡한 작괘(作卦)를 하지 않아도 어느 누구를 막론하고 자신의 생년월일만 안다면 해당의 운명을 알 수 있다.

·다섯째, 1920년부터 2000년까지 80년을 미리 작괘해 놓았으며 기타 영구적으로 활용할 수 있게끔 그 요령을 정리하였다.

·여섯째, 비밀수를 찾는 조견표는 음양력 대조와 연월일은 물론 절기(節氣) 및 간지(干支) 등이 전부 기록돼 있어 사주를 뽑는데 필요한 만세력과 일반 달력으로도 활용할 수 있어 일석오조(一石五鳥)의 이점이 있다. 따라서 자신의 음양력을 정확히 알지 못한 분도 그 의구심을 풀어볼 수 있다.

독자의 편의를 돕기 위해서 본서의 특징을 이미 나와 있는 운명서적과 비교해 볼까 한다.

종전에 나와 현재 시중에 시판되고 있는 운명 제서(運命諸書)는 거의가 12띠에 12개월 30일을 기준하여 운명을 볼 수 있도록 해 놓았기 때문에 극히 단순하다. 그리하여 주역팔괘가 64괘가 되는데 초년운 중년운을 보는 연(띠)이나 월은 12개 년월이 되기 때문에 단순함은 물론 64괘를 포용하지 못해 괘(卦)가 무수하게 남아 버리는 모순이 있었다. 말년의 운수를 보는 생일도 30일을 기준하였기 때문에 역시 큰 모순을 피할 수가 없었다.

이러한 모순점을 보완하기 위해서 본서에서는 종래에 12띠를 60띠로 12개월을 60개월로 30일을 3000일로 각가 세분화 한 것이다. 왜 이렇게 꼭 세분화 해야 하느냐는 것은 하나의 띠가 다섯 가지로 분류되는 것에 그 근본 원인이 있기 때문이다.

예를 들면 쥐띠도 갑자(甲子) 병자(丙子) 무자(戊子) 경자(庚子) 임자(壬子) 등으로 정해져 있다. 그리하여 12띠는 곧 60띠가 된다. 그러므로 월일도 다같이 증가될 수밖에 없다. 따라서 종전에는 말년운의 기준인 생일을 30일로 응용했던 것을 본서에서는 3000일로 변화시킨 것이다. 이러한 방법 이외에도 숫자(비밀수)를 응용하여 그 비밀수에 해당한 각자의 운명을 살펴보았다든가, 어려운 한자어를 순수한 우리 한글로 정리하였기 때문에 누구나 자신의 생년월일만 알고 있으면 손쉽게 자신의 운명을 살필 수 있는 것들이 이 책의 특징이라 할 수 있다.

참고로 87년도 초에 발간된 필자의 주역팔괘 예언비록(周易八卦豫言秘錄)인 「운명(運命)」이란 책자가 세계적인 운을 비설(秘說)한 것이라면 본서는 한 개인의 운명만을 전적으로 살필 수 있어 그 특성이 각각 다르다는 것을 밝혀둔다.

1994년 1월

저자 識

인생 60진 비법 · 차례

●본서의 특징/3
●운명이란/9
●전생운과 보는 방법/15
●전생운을 보는 조견표/18

전생운

운명수 1 · 쥐띠〔갑자생(甲子生)〕……20
운명수 2 · 쥐띠〔병자생(丙子生)〕……20
운명수 3 · 쥐띠〔무자생(戊子生)〕……21
운명수 4 · 쥐띠〔경자생(庚子生)〕……21
운명수 5 · 쥐띠〔임자생(壬子生)〕……22
운명수 6 · 소띠〔을축생(乙丑生)〕……22
운명수 7 · 소띠〔정축생(丁丑生)〕……23
운명수 8 · 소띠〔기축생(己丑生)〕……23
운명수 9 · 소띠〔신축생(辛丑生)〕……24
운명수 10 · 소띠〔계축생(癸丑生)〕……24
운명수 11 · 범띠〔갑인생(甲寅生)〕……25
운명수 12 · 범띠〔병인생(丙寅生)〕……25
운명수 13 · 범띠〔무인생(戊寅生)〕……25
운명수 14 · 범띠〔경인생(庚寅生)〕……26
운명수 15 · 범띠〔임인생(壬寅生)〕……26
운명수 16 · 토끼띠〔을묘생(乙卯生)〕……27
운명수 17 · 토끼띠〔정묘생(丁卯生)〕……27
운명수 18 · 토끼띠〔기묘생(己卯生)〕……28
운명수 19 · 토끼띠〔신묘생(辛卯生)〕……28
운명수 20 · 토끼띠〔계묘생(癸卯生)〕……29
운명수 21 · 용띠〔갑진생(甲辰生)〕……29
운명수 22 · 용띠〔병진생(丙辰生)〕……30
운명수 23 · 용띠〔무진생(戊辰生)〕……30
운명수 24 · 용띠〔경진생(庚辰生)〕……30
운명수 25 · 용띠〔임진생(壬辰生)〕……31
운명수 26 · 뱀띠〔을사생(乙巳生)〕……31
운명수 27 · 뱀띠〔정사생(丁巳生)〕……32
운명수 28 · 뱀띠〔기사생(己巳生)〕……32
운명수 29 · 뱀띠〔신사생(辛巳生)〕……33
운명수 30 · 뱀띠〔계사생(癸巳生)〕……33

차례 · 인생 60진 비법

- 띠의 연대와 간지를 찾는 조견표/*19*
- 나의 비밀수는/*49*
- 간지및 숫자도표/*51*
- 운수비록/*53*

전생운

운명수 31 · 말띠〔갑오생(甲午生)〕……34
운명수 32 · 말띠〔병오생(丙午生)〕……34
운명수 33 · 말띠〔무오생(戊午生)〕……35
운명수 34 · 말띠〔경오생(庚午生)〕……35
운명수 35 · 말띠〔임오생(壬午生)〕……36
운명수 36 · 양띠〔을미생(乙未生)〕……37
운명수 37 · 양띠〔정미생(丁未生)〕……37
운명수 38 · 양띠〔기미생(己未生)〕……37
운명수 39 · 양띠〔신미생(辛未生)〕……38
운명수 40 · 양띠〔계미생(癸未生)〕……38
운명수 41 · 원숭이띠〔갑신생(甲申生)〕……38
운명수 42 · 원숭이띠〔병신생(丙申生)〕……39
운명수 43 · 원숭이띠〔무신생(戊申生)〕……39
운명수 44 · 원숭이띠〔경신생(庚申生)〕……40
운명수 45 · 원숭이띠〔임신생(壬申生)〕……40
운명수 46 · 닭띠〔을유생(乙酉生)〕……41
운명수 47 · 닭띠〔정유생(丁酉生)〕……41
운명수 48 · 닭띠〔기유생(己酉生)〕……42
운명수 49 · 닭띠〔신유생(辛酉生)〕……42
운명수 50 · 닭띠〔계유생(癸酉生)〕……42
운명수 51 · 개띠〔갑술생(甲戌生)〕……43
운명수 52 · 개띠〔병술생(丙戌生)〕……43
운명수 53 · 개띠〔무술생(戊戌生)〕……44
운명수 54 · 개띠〔경술생(庚戌生)〕……44
운명수 55 · 개띠〔임술생(壬戌生)〕……45
운명수 56 · 돼지띠〔을해생(乙亥生)〕……45
운명수 57 · 돼지띠〔정해생(丁亥生)〕……46
운명수 58 · 돼지띠〔기해생(己亥生)〕……46
운명수 59 · 돼지띠〔신해생(辛亥生)〕……47
운명수 60 · 돼지띠〔계해생(癸亥生)〕……47

인생 60진 비법 · 차례

초년운 중년운 말년운

11·비룡괘(飛龍卦 · 용이 나르는 상) ……………………197 · 263 · 329
12·호위괘(虎危卦 · 범이 위협을 주는 상) ……………198 · 264 · 330
13·천일괘(天日卦 · 하늘과 태양이 합일한 상) ………199 · 265 · 331
14·망동괘(妄動卦 · 경거망동할 상) ……………………200 · 266 · 332
15·여풍괘(女風卦 · 바람을 부르는 여자 상) …………201 · 267 · 333
16·송고괘(訟苦卦 · 송사로 고통을 당하는 상) ………202 · 268 · 334
17·퇴거괘(退去卦 · 자리에서 물러나는 상) …………203 · 269 · 335
18·불통괘(不通卦 · 매사 불통하는 상) ………………204 · 270 · 336

21·결행괘(決行卦 · 결정하는 상) ………………………205 · 271 · 337
22·희녀괘(喜女卦 · 웃는 여자 상) ……………………206 · 272 · 338
23·개혁괘(改革卦 · 만사 변혁을 할 상) ………………207 · 273 · 339
24·순리괘(順理卦 · 순리에 따르는 상) ………………208 · 274 · 340
25·대과괘(大過卦 · 크게 잘못된 상) …………………209 · 275 · 341
26·신곤괘(身困卦 · 몸이 피곤한 상) …………………210 · 276 · 342
27·천신괘(天神卦 · 하늘과 땅이 돕는 상) ……………211 · 277 · 343
28 집합괘(集合卦 · 귀인이 모여드는 상) ………………212 · 278 · 344

31·일중괘(日中卦 · 태양이 중천에 떠 있는 상) ………213 · 279 · 345
32·배신괘(背信卦 · 배은망덕할 상) ……………………214 · 280 · 346
33·대광괘(大光卦 · 큰 광채의 상) ……………………215 · 281 · 347
34·기로괘(岐路卦 · 운명의 기로상) ……………………216 · 282 · 348
35·양동괘(良同卦 · 어진 사람이 협조하는 상) ………217 · 283 · 349
36·미결괘(未決卦 · 불확실할 상) ………………………218 · 284 · 350
37·여행괘(旅行卦 · 여행할 상) …………………………219 · 285 · 351
38·진행괘(進行卦 · 점진 발전하는 상) ………………220 · 286 · 352

41·진광괘(振光卦 · 광채가 진동하는 상) ……………221 · 287 · 353
42·부귀괘(婦歸卦 · 시집간 신부가 되돌아 오는 상) …222 · 288 · 354
43·과풍괘(過豊卦 · 풍요 속에 빈곤한 상) ……………223 · 289 · 355
44·뇌성괘(雷聲卦 · 우뢰가 치는 상) …………………224 · 290 · 356
45·항길괘(恒吉卦 · 항시 행운이 있는 상) ……………225 · 291 · 357
46·해우괘(解遇卦 · 모든 것이 풀리는 상) ……………226 · 292 · 358
47·소과괘(小過卦 · 작은 허물 상) ……………………227 · 293 · 359
48·예길괘(豫吉卦 · 앞날이 밝은 상) …………………228 · 294 · 360

차례 · 인생 60진 비법

초년운 중년운 말년운

51·소축괘(小蓄卦 · 알뜰한 상) ··········229 · 295 · 361
52·부합괘(附合卦 · 화합하는 상) ··········230 · 296 · 362
53·현처괘(賢妻卦 · 어진 아내 상) ··········231 · 297 · 363
54·선익괘(先益卦 · 처음은 길하나 나중에는 흉한 상) 232 · 298 · 364
55·풍이괘(風移卦 · 바람이 불어 산란한 상) ··········233 · 299 · 365
56·산란괘(散亂卦 · 사방으로 흩어지는 상) ··········234 · 300 · 366
57·서길괘(徐吉卦 · 복이 서서히 이르는 상) ··········235 · 301 · 367
58·세관괘(世觀卦 · 세상을 관조하는 상) ··········236 · 302 · 368

61·암운괘(暗雲卦 · 어둠 상) ··········237 · 303 · 369
62·사리괘(士理卦 · 선비다운 상) ··········238 · 304 · 370
63·기결괘(旣決卦 · 이미 결정된 상) ··········239 · 305 · 371
64·장애괘(障碍卦 · 매사 장애를 받는 상) ··········240 · 306 · 372
65·사천괘(砂泉卦 · 사막에 물이 솟는 상) ··········241 · 307 · 373
66·난습괘(亂習卦 · 어려움을 늘 당하는 상) ··········242 · 308 · 374
67·삼족괘(三足卦 · 절름발이 상) ··········243 · 309 · 375
68·비견괘(比見卦 · 결쟁하는 상) ··········244 · 310 · 376

71·대축괘(大蓄卦 · 과욕을 부리는 상) ··········245 · 311 · 377
72·후익괘(後益卦 · 후일 행운이 있을 상) ··········246 · 312 · 378
73·서양괘(西陽卦 · 저녁노을 상) ··········247 · 313 · 379
74·언어괘(言語卦 · 대화하는 상) ··········248 · 314 · 380
75·불치괘(不治卦 · 아주 흉한 상) ··········249 · 315 · 381
76·동심괘(童心卦 · 어린이 마음 상) ··········250 · 316 · 382
77·지행괘(止行卦 · 미루는 상) ··········251 · 317 · 383
78·삭발괘(削髮卦 · 수양하는 상) ··········252 · 318 · 384

81·우주괘(宇宙卦 · 우주 상) ··········253 · 319 · 385
82·달성괘(達成卦 · 달성하는 상) ··········254 · 320 · 386
83·실명괘(失明卦 · 태양이 빛을 잃은 상) ··········255 · 321 · 387
84·곤복괘(困復卦 · 원상회복하는 상) ··········256 · 322 · 388
85·승희괘(昇喜卦 · 기쁨이 많아질 상) ··········257 · 323 · 389
86·사도괘(師道卦 · 선생의 길을 가는 상) ··········258 · 324 · 390
87·겸손괘(謙遜卦 · 매사 겸손하는 상) ··········259 · 325 · 391
88·모덕괘(母德卦 · 어머니 은혜 상) ··········260 · 326 · 392

운명이란

우리 인간은 운명 속에서 생로병사(生老病死)와 희로애락(喜怒哀樂) 부귀영화(富貴榮華) 그리고 빈천고생(貧賤苦生)의 삶을 지속하고 있다. 따라서 아무리 자신이 행복한 삶을 위해서 노력한다 해도 타고난 선천적 운(運)에서 벗어나지 못 할뿐만 아니라 자신이 원치 않더라고 운에 따라 인생의 삶을 영위해 나갈 수도 있다. 예를 들면 뱃속에 들은 태아가, 또는 사리를 전혀 분별할 수 없는 상태의 사람이 수억, 수천억대의 재산을 상속받을 수도 있고 이와는 반대로 일생 동안을 빚진 인생으로 살다가 오히려 자녀들에게 빚만 물려주는 경우도 있다.

이와 같은 실상을 증명이라도 하듯이 방랑시인 김삿갓(金笠)은 "인간들의 모든 일은 이미 정해져 있는데 부질없이 바쁘게 날뛴다(萬事皆有定浮生空自忙)"고 읊었고 중국의 대학자인 열자(列子)도 "부자가 되고 명예가 있고 지혜 총명, 또는 지극히 가난하고 고통을 당하는 것도 타고난 생년 생월 생일 생시 (四柱八字) 등으로 인한 것이지 누구의 잘못도 아니다(家豪富智明慧聰明 却受貧年月日時 該戰定算來 由命不由人)" 고 했으니 이처럼 인간 각자에게는 타고난 천성(天性)이란 것이 필연적으로 있기 마련이다.

이러한 것은 비단 한 인간에게만 국한된 것이 아니고 한 국가, 더 나가서는 세계(온천하)에까지 미치게 된다. 그러니까 인간뿐만 아니라 한 나라에까지도 운명이란 것이 존재하고 있는 것이다. 그렇다고 한 인간이 자신의 운명만을 믿고할 수 있는 일을 게을리 한다든가 비관만을 한다는 것은 자신에게 부여된 운명을 영위할 줄 모르는 소치이다. 왜냐하면 선천적으로 운명이 정해져 있다지만 그 운명은 후천적으로 관리하고 영위하는 것은 어차피 인간의 일이기 때문이다. 하지만 타고난 운명을 100퍼센트 바꾸어 놓을 수는 없다. 그러나 지성(至誠)이면 감천(感天)

이란 말이 있듯이 자만하고 비관하는 것보다는 자기 관리에 최선을 다하는 것이 훨씬 나은 결과를 얻게 될 것이다. 그러나 한 가지 명심할 것은 인간에게는 그 개성에 따라 갈길이 따로 정해져 있다는 점이다. 다시 말하면 할 일이 따로 있고 그릇의 크고 작음이 정해져 있다. 예를 들면 목수가 될 사람이 목수란 직업에서 최선을 다한다면 행복할 수 있지만 분수를 알지 못하고 대학교수가 되려고 엉뚱한 노력을 한다면 힘에 지쳐 불행을 자초하기 십상이다.

물론 목수일지언정 교수가 되지 말라는 법은 없다. 하지만 그렇게 되기까지는 역시 눈에 보이지 않은 개인의 운명에 의해서만이 가능하다. 그렇다면 인간이 자기 자신을 알고 분수를 지키면서 삶을 영위해 나간다는 것이 얼마나 중요하다는 것임은 두말할 필요가 없다. 그러나 애석하게도 달나라를 왕래하고 수만리 수천리 떨어진 거리를 두고서도 얼굴을 마주보고 대화를 할 수 있는 첨단 과학세계에서조차도 바로 자신의 운명을 알 수 있는 방법에서만은 오히려 옛날보다 퇴보된 상태이다.

예를 들면 물 속에도 철분(鐵分)이 있다고 하는 것이나 태아가 사내아이인가 혹은 여자아이인가 등을 판별하는 방법을 운명학(易理)에서는 전부터 알고 있었지만 과학의 세계에 살고 있는 현대의 우리 인간들이 알고 있는지는 과연 얼마나 되는가?

따라서 과학의 세계에서는 운명학을 이제야 시작한 것에 불과하고 요즘 한창 연구를 거듭하고 있는 유전공학이란 것도 바로 수천년 전 시작된 운명학의 기초 중 일부에 불과할 뿐이다.

필자가 단언할 수는 없지만 유전공학이 완성되는 날에 운명학도 과학적으로 증명이 되리라 믿는다.

이처럼 운명은 신기(神奇)하며 미묘한 학문으로 전해 오고 있다. 그리하여 수많은 선인들도 이 운명이란 신비를 벗겨 보려고 백방으로 애를 써왔다. 요즘과 같은 다변화 사회에서 자신의 운명을 안다는 것은 곧 행복을 얻는 첩경이자 성공의 비결이 될 수 있다. 뿐만 아니라 상대의 마음을 꿰뚫어 볼 수 있는 예리한 통찰력이 형성돼 요즘 사회와 같이 지략의 시대에서는 더욱 그 필요성이 요구되고 있다. 하지만 자신의 운명을 조절할 정도로 실력을 갖는다는 것은 그다지 쉬운 일만은 아니다.

이러한 현대인의 고민을 해결하기 위해서 필자는 주역팔괘(周易八卦)를 응용하여 각자의 운명을 손쉽게 알아볼 수 있도록 저술하였다.

그리하여 누구든지 자신의 생년 생월 생일, 이 세 가지만 알면 신비에 쌓인 자신의 운명을 알 수 있도록 최선을 다하였다.

전생운(前生運)

전생운(前生運)과 보는 방법

전생(前生)의 운명이란 당신이 인간계(人間界), 즉 우리가 현재 살고 있는 이 세상에 태어나기 전의 운명을 말하는 것으로 천상생활(天上生活) 전부를 지칭한다. 천상에서 인간계로 환생하게 된 까닭은 대개가 천상에서 죄를 짓고 한 기관, 다시 설명한다면 하늘의 최고 황제인 옥황상제에게 또는 다른 재판관(神將)으로부터 무서운 벌을 받고 인간으로 환생케 된 것이다. 그러므로 인간은 대개가 고통속에서 삶을 영위하고 있다. 따라서 사람이 살아간다는 그 자체가 형벌이고 고통이며 이 고통을 벗어나 산다는 것은 어렵기만 한 일이다. 이를 좀더 구체적으로 설명하여 보면 지구상에 존재하고 있는 인류중 20퍼센트 정도는 항시 전쟁과 내외환(內外患) 등으로 눈으로는 감히 볼 수 없는 비정(悲情)의 삶을 영위하고 있고 60퍼센트 정도는 항시 불행한 삶의 고통이 있게 되고 나머지 20퍼센트 정도만 인간다운 삶을 영위하고 있다. 그러나 이 20퍼센트에 해당한 인간다운 삶을 영위하고 있는 사람도 완전무결한 행복을 누리기는 역시 어렵다고 할 수 있다.

이상의 설명을 뒷받침하고 있는 근거는 주역팔괘 가운데 전호건(戰乎乾)이라 하여 싸움을 상징하는 건괘(乾卦)가 있고 노호감(勞乎坎)이라 하여 감괘(坎卦)란 것이 있으며 열언호태(悅言乎兌)라 하여 희열(喜悅) 또는 환희를 상징하는 태괘(兌卦)가 있기 때문이다. 이러한 내용을 분석한다면 결국 이 지구상의 모든 인류는 필연적으로 운명이란 틀(限界)을 벗어나지 못하고 살아가고 있음을 암시하고 있다. 이와 같은 정명론(定命論)에 입각하여 본다면 실로 우리 인간이 완전무결한 행복을 영위하기란 대단히 어려운 것임에 틀림없는 일일 것이다.

그리하여 고대 중국의 대학자인 열자(列子)는 인간의 운명은 연월일시(年月日時) 해재정(該載定)이라 하여 모든 사람의 운명은 반드시 생년 생월 생일 생시, 즉 사주(四柱)에 이미 정해져 있다고 주장한 바가 있다. 본래 전생의 운명을 판단할 때에는 해당인의 띠를 상징하는 간지(干支), 즉 생년 간지(生年干支)를 응용하여 왔지만 이는 많은 모순이 있다. 왜냐하면 같은 사주자(四柱字)의 범위 안에서도 운명을 판단하는 기준이 생년 간지(띠)로만 응용하는 법식과 생일 간지(낳은 날자)를 응용하는 법식으로 되어 있기 때문이다. 띠만 가지고 운명을 판단한 것은 여러 가지 학리(學理)로 보아 모순이 많고 미흡한 점이 많기 때문에 중국의 대철학가인 서자평(徐子平)은 낳은 날자(생일의 간지)를 응용하여 인간의 운명을 추리할 수 있도록 학론을 정립하였다. 그러므로 우리 일상생활에서 명리학(命理學) 또는 사주학(四柱學)하면 서자평의 학론인 낳은 날자를 가지고 운명을 판단하는 것을 일컫는다. 따라서 이와 같은 학론은 오늘에까지 계속 유지되고 있다. 이밖에도 특수한 방법으로 주역팔괘를 응용하여 판단하는 방법 이외도 여러 가지가 있다. 이처럼 운명을 판단하는 방법이 많음으로 전생에 관한 운명을 판단할 때에도 여러 가지 학론을 종합하여 판단하는 것이 보다 합리적이라 생각된다.

만약 하나의 학론만 고집하여 전생의 운명을 보게 되면 적지 않은 모순이 따를 것이다.

특히 필자가 응용한 학론은 띠로 판단한 방법과 생일 간지로 응용 판단한 방법 이외에도 주역팔괘를 응용하여 판단한 것임을 주지시키는 바이다. 또한 독자들이 가장 편리한 방법으로 해당인의 전생운을 볼 수 있도록 조견표를 만들어 보았다. 조견표를 보는 방법은 해당인 띠의 간지(干支)가 어느 운명수에 있는가를 찾으면 된다. 예를 들면 같은 쥐띠이지만 갑자생(甲子生)의 쥐띠는 운명수가 1이고 병자생(丙子生)은 2, 무자생(戊子生)은 3, 경자생(庚子生)은 4, 임자생(壬子生)은 5가 되는 것과 같다. 그러므로 누구든지 전생의 운명을 보고자 할 때에는 띠의 간지가 무엇인가를 알고 해당된 운명수가 몇인가를 안다음 그 운명수에 해당하는 난을 찾아 읽어보면 되는 것이다.

그러나, 요즘 현대인 중에는 생년과 띠는 알면서도 띠의 천간(天干), 즉 쥐띠이지만 병자생인지 경자생인지 또는 무자생인지 등은 모르는 사람이 많다. 따라서 1903년에서부터 2022년대까지 제2의 조견표로 구성하여 보았다. 활용 방법은 1988년생이라면 무진(戊辰)이란 간지가 되고 1989년생이라면 기사(己巳)라는 간지가 되는 것이다.

※ 연대표에 없는 연대와 간지는 운수비록편을 응용하면 된다.

• 전생운을 보는 조견표

기본팔괘	감궁(坎宮)					간궁(艮宮)				
띠의간지	甲子	丙子	戊子	庚子	壬子	乙丑	丁丑	己丑	辛丑	癸丑
운명수	1	2	3	4	5	6	7	8	9	10
기본팔괘	간궁(艮宮)					진궁(震宮)				
띠의간지	甲寅	丙寅	戊寅	庚寅	壬寅	乙卯	丁卯	己卯	辛卯	癸卯
운명수	11	12	13	14	15	16	17	18	19	20
기본팔괘	손궁(巽宮)					손궁(巽宮)				
띠의간지	甲辰	丙辰	戊辰	庚辰	壬辰	乙巳	丁巳	己巳	辛巳	癸巳
운명수	21	22	23	24	25	26	27	28	29	30
기본팔괘	이궁(離宮)					곤궁(坤宮)				
띠의간지	甲午	丙午	戊午	庚午	壬午	乙未	丁未	己未	辛未	癸未
운명수	31	32	33	34	35	36	37	38	39	40
기본팔괘	곤궁(坤宮)					태궁(兌宮)				
띠의간지	甲申	丙申	戊申	庚申	壬申	乙酉	丁酉	己酉	辛酉	癸酉
운명수	41	42	43	44	45	46	47	48	49	50
기본팔괘	건궁(乾宮)					건궁(乾宮)				
띠의간지	甲戌	丙戌	戊戌	庚戌	壬戌	乙亥	丁亥	己亥	辛亥	癸亥
운명수	51	52	53	54	55	56	57	58	59	60

띠의 연대와 간지(干支)를 찾는 조견표(1903~2022년)

(※ 본란에서 자신의 해당 년도를 찾아 조견표에 응용하면 된다)

기본팔괘	震宮	巽	宮	離宮	坤	宮	兌宮	乾	宮	坎宮	艮	宮
년 대	1903	1904	1905	1906	1907	1908	1909	1910	1911	1912	1913	1914
띠의간지	癸卯	甲辰	乙巳	丙午	丁未	戊申	己酉	庚戌	辛亥	壬子	癸丑	甲寅
년 대	1915	1916	1917	1918	1919	1920	1921	1922	1923	1924	1925	1926
띠의간지	乙卯	丙辰	丁巳	戊午	己未	庚申	辛酉	壬戌	癸亥	甲子	乙丑	丙寅
년 대	1927	1928	1929	1930	1931	1932	1933	1934	1935	1936	1937	1938
띠의간지	丁卯	戊辰	己巳	庚午	辛未	壬申	癸酉	甲戌	乙亥	丙子	丁丑	戊寅
년 대	1939	1940	1941	1942	1943	1944	1945	1946	1947	1948	1949	1950
띠의간지	己卯	庚辰	辛巳	壬午	癸未	甲申	乙酉	丙戌	丁亥	戊子	己丑	庚寅
년 대	1951	1952	1953	1954	1955	1956	1957	1958	1959	1960	1961	1962
띠의간지	辛卯	壬辰	癸巳	甲午	乙未	丙申	丁酉	戊戌	己亥	庚子	辛丑	壬寅
년 대	1963	1964	1965	1966	1967	1968	1969	1970	1971	1972	1973	1974
띠의간지	癸卯	甲辰	乙巳	丙午	丁未	戊申	己酉	庚戌	辛亥	壬子	癸丑	甲寅
년 대	1975	1976	1977	1978	1979	1980	1981	1982	1983	1984	1985	1986
띠의간지	乙卯	丙辰	丁巳	戊午	己未	庚申	辛酉	壬戌	癸亥	甲子	乙丑	丙寅
년 대	1987	1988	1989	1990	1991	1992	1993	1994	1995	1996	1997	1998
띠의간지	丁卯	戊辰	己巳	庚午	辛未	壬申	癸酉	甲戌	乙亥	丙子	丁丑	戊寅
년 대	1999	2000	2001	2002	2003	2004	2005	2006	2007	2008	2009	2010
띠의간지	己卯	庚辰	辛己	壬午	癸未	甲申	乙酉	丙戌	丁亥	戊子	己丑	庚寅
년 대	2011	2012	2013	2014	2015	2016	2017	2018	2019	2020	2021	2022
띠의간지	辛卯	壬辰	癸巳	甲午	乙未	丙申	丁酉	戊戌	己亥	庚子	辛丑	壬寅

운명수 1 • 쥐띠〔갑자생(甲子生)〕

갑자년(甲子年)에 태어난 쥐띠인 사람은 전생에서는 옥황상제 직속 신하 중 한 사람이었는데 총명하고 신임이 두터워서 다시 옥황상제께서 북부(北部), 즉 북쪽에 있는 북지국(北持國)을 다스리도록 해룡왕(海龍王)으로 임명하였다. 그러나 부귀 영화가 극도에 이르다 보니 마음이 점차 방탕하여 선녀를 희롱하여 많은 천관(天官 천계의 벼슬아치들)으로부터 미움을 받아오다 급기야는 옥황상제로부터 소환령(부름의 교지)을 받아 재판에 회부되었는데 그를 따르는 열 두 명의 신하와 같이 선녀를 희롱한 죄목으로 벌을 받게 된 것이다. 뿐만 아니라 일종의 추징금인 금 3만 6천관을 천관에게 바치고 19권의 금강경(金剛經)으로 수신구명(修身救命 몸을 닦아서 중생을 구원하라는 뜻)을 하라고 명했다. 지옥에는 벌을 관할하는 지옥이 있는데 쥐띠가 떨어질 지옥은 검수지옥이 된다.

갑자생은 본시 이렇듯 남녀 이성 관계로 전생에서 형벌을 받고 태어낳기 때문에 인간으로 환생해서도 대개가 바람을 많이 피우게 된다. 또한 쥐를 상징하는 자자(子字)는 외도를 상징하는 도화살(桃花殺 살생의 일종) 중의 하나가 되기도 한다.

운명수 2 • 쥐띠〔병자생(丙子生)〕

병자년(丙子年)에 태어난 쥐띠인 사람은 전생에서 옥황상제 제자중 한 명이었다. 북쪽에 있는 북지국(北持國)을 다스리는 제후(諸侯), 즉 임금이 되었고 북해용왕(北海龍王)을 거느렸던 막강한 권력관(權力官)이었는데 이 막강한 권력만 믿고 선인(仙人)을 희롱하여 옥황상제로부터 선인 희롱 죄로 벌을 받아 한 인간으로 환생하였다. 벌로는 금 7만 5천관을 조관에게 바치며 금강경이란 책 27권의 분량만큼 모든 인간에게 착한 일을 하고 띠끌만한 욕심이 있어서는 안 된다는 엄명을 받았다. 뿐만 아니라 엄명을 거역할 때는 변성대왕의 관할권에 있는 독사지옥으로 보내게 돼 있다. 그러므로 병자년에 태어난 쥐띠는 독사지옥과는 불가분의 관계이며 독사지옥에 소속돼 있다. 단 인간에게 선(善)과 덕(德)을 베풀면 옥황상제께서 그 죄를 용서 할 것이다.

전생에서 권력을 믿고 자만하다가 그 죄가로 인간으로 환생했기 때문에 성격은 괄괄하고 과격하며 일을 할 때에는 추진력이 강하다. 그러나 매사에 경솔하기 쉽고 무례(無禮)하기 일쑤이다. 건강에는 안질과 고혈압 등을 반드시 조심해야 한다.

운명수 3 • 쥐띠〔무자생(戊子生)〕

무자년(戊子年)에 태어난 쥐띠인 사람은 전생에 옥황상제의 제자로서 북해용왕(北海龍王)을 통솔하는 지위에 있었다. 그러던 어느 날 여러 용궁(龍宮)을 통찰하러 가던 때에 어여쁜 선녀들이 노는 것을 보고 마음이 현혹되어 끝내는 선녀를 희롱하고 말았다.

이러한 까닭에 용왕들을 지휘할 수 있는 통찰권을 상실당하고 끝내는 재판을 받게 되었다. 옥황상제께서는 크게 진노하여 금 7만 3관을 윤(尹)씨 성을 가진 천관에게 이의없이 바치고 초강대왕(지옥을 다스리는 임금)에게 명하여 솥에다 끓여서 고통받게 하는 확탕지옥으로 내쫓아버렸다. 전생의 이러한 형벌을 벗기 위해 덕을 베풀고 선으로 승화시키고자 한 인간으로 환생하였다.

무자년에 태어난 쥐띠는 대개가 착하고 덕망이 있다. 단 하나 약점이라면 직업을 자주 바꾸고 인색할 때에는 너무 지나쳐 여러 사람으로부터 빈축을 사기도 한다. 아울러 남 보기는 유연한 것 같지만 속마음은 자존심이 강하고 욕심이 있다. 하지만 욕심은 자기 이익보다 여러 사람을 위해서 부리는 것이기 때문에 크게 걱정할 바는 못 된다.

운명수 4 • 쥐띠〔경자생(庚子生)〕

경자년(庚子年)에 태어난 쥐띠인 사람은 전생에서는 하늘나라에서 옥황상제의 제자였고 성별로는 여성이었다. 그러므로 옥황상제께서는 그녀를 제석천궁의 선녀로 거주케 하였는데 나태하고 교만하다 하여 옥황상제의 전용 재판정에 피고인으로 서게 되었다. 벌금이 금으로 11만관이나 되었고 인간 세상에 내려가서 착한 일을 많이 하라는 뜻으로 금강경을 무려 35권이나 주었다. 뿐만 아니라 그 벌금을 이(李)씨 성을 가진 천관에게 갚도록 명을 받았고 염라대왕이 관할하는 발설지옥(拔舌地獄 혀를 뽑는 지옥)에 소속하도록 조처하였다.

경자년에 태어난 쥐띠는 삶을 영위하는 동안 만고풍상을 겪어야만 한다.

운명수 5 • 쥐띠〔임자생(壬子生)〕

임자년(壬子年)에 태어난 쥐띠인 사람은 전생에서 옥황상제의 제자였는데 매우 총명하고 지혜와 통솔력이 있어 북쪽, 즉 감궁(▣宮)에 있는 용왕으로 있다가 어여쁜 선녀를 희롱하다 재판까지 받게 되었다.

처음은 대수롭지 않게 여겼으나 사건은 점차 확대되어 천관 일천 명과 함께 인간세계에 환생하게 된 것이다. 뿐만 아니라 벌금으로 금 8만관 이상을 맹(孟)씨 성을 가진 천관에게 납부해야 하였고 도시대왕이 관할하는 철상지옥에 갇혀 감시를 받게 되었다.

임자생은 전생의 성품과 유사하여 총명하고 지혜가 있고 융통성이 강하여 여러 사람으로부터 지지를 받게 된다. 또한 희생정신도 충만하여 자신의 일보다는 남의 일을 더 성의껏 잘 봐주는 성정(性情)을 가지고 있다. 인자(寅字)가 들은 해는 3년간 운이 불길하게 된다.

운명수 6 • 소띠〔을축생(乙丑生)〕

을축년(乙丑年)에 태어난 소띠인 사람은 전생에 천계에 있을 때 두우성군(斗牛星君 28별 중에 하나)으로 재직(在職)할 때 옥황상제께 약을 올리다 실수로 약그릇을 엎지른 까닭으로 6선천관과 함께 옥황상제로부터 노여움을 면치 못하고 약탕기를 엎지른 죄목으로 인간세계로 쫓겨나 환생한 것이다. 벌금으로 금을 무려 30만관이나 전(全)씨 성을 가진 천관에게 바쳐야 했으며 오관대왕이 관할하는 검수지옥(몸에 칼을 꽂아 고통 주는 지옥)에 귀속시켰다.

을축생은 인간 세상에서 삶을 영위할 때에도 병원에 입원하는 불미스러운 병고(病苦)가 많게 된다. 따라서 불의의 사고로 몸을 다쳐 흉터가 있게 되고 대개가 부모를 일찍 여의는 경우가 많게 된다. 그렇지 않으면 부부 파란이 있게 되어 한때 큰 고통을 당하게 된다.

운명수 7 • 소띠〔정축생(丁丑生)〕

정축년(丁丑年)에 태어난 사람은 전생에서 두우성군(斗牛星君)이었는데 자신의 총명함만 믿고 권력을 남용하다가 옥황상제의 미움을 사서 결국 재판에 회부되었는데 벌금으로 금이 3만 4천관이며 금강경 94권으로 수신구명하도록 하였다. 한편 벌금 금 4만 3천관은 전(全)씨 성을 가진 천관에게 납부해야 했고 염라대왕이 관할하는 혓바닥을 강제로 뽑아 고통을 주는 발설지옥(拔舌地獄)에 떨어지게 될 뿐만 아니라 전생에서 같이 있었던 6명의 천관에게도 이와 같은 벌을 내렸다.

정축생은 인간세계에서 살아가는 동안 6이란 숫자를 피하는 것이 좋다. 예를 들면 6명의 친구와 동업을 했거나 기타 일을 도모했다면 이는 반드시 실패하고 말 것이다. 또한 부부관계에 파탄이 있거나 건강이 좋지 않아 삶의 고통이 심하다. 한편 인연이 있는 성씨는 전(田)씨이며 인연이 없는 띠는 양띠가 된다.

운명수 8 • 소띠〔기축생(己丑生)〕

기축년(己丑年)에 태어난 사람은 전생에 위엄있고 품위있는 두우성군(斗牛星君)이라는 요직에 있어 대단한 명성을 누렸고 한때에는 월궁선녀(月宮仙女)로 있다가 옥황상제로부터 미움을 사서 결국에는 재판까지 받게 되었다. 여러 가지 면으로 살려달라고 옥황상제께 빌었지만 결국은 인간으로 환생케 하여 벌금으로 금 8만관을 최(崔)씨 성을 가진 조관(曹官)에게 바치도록 했고 초강대왕이 관할하는 확탕지옥에 귀속시켰다.

기축생은 인간세계에서는 대개가 한쪽 부모를 일찍 여의고 객지에서는 혼자 타고난 노력으로 살아가지만 뜻이 잘 이루어지지 않아 울분과 고통으로 죽지 못해 살아간다. 다만 말년은 비교적 유복(有福)하여 행복히 살아가게 된다. 특히 초년과 중년에는 건강과 이성 파란으로 크나큰 환란을 면키 어렵다.

운명수 9 • 소띠〔신축생(辛丑生)〕

신축년(辛丑年)에 태어난 사람은 전생에는 두우성군(斗牛星君)을 보좌하는 천상 선녀로 있다가 두우성군을 사모한 죄로 옥황상제로부터 벌을 받고 인간으로 환생하였다. 뿐만 아니라 두우성군 이외에도 여덟 선관(仙官), 즉 선녀를 다스리는 천상의 벼슬아치들과도 관계가 있다 하여 이 8명의 선관들도 인간으로 환생케 하고 벌금으로 금 11만관을 길(吉)씨 성을 가진 천관에게 바치도록 명을 받았고 인간에게 선행(善行)을 하라는 뜻으로 금강경 36권으로 수행(修行)하라는 천명을 받았으며 성대왕이 관할하는 독사지옥에 귀속시켜버렸다.

원래 8명의 선관과 같이 이 세상에 태어 낳기 대문에 신축년에 태어난 사람은 형제 수가 많고 한쪽 부모를 일찍 여의는 경우가 많다.

운명수 10 • 소띠〔계축생(癸丑生)〕

계축년(癸丑年)에 태어난 사람은 전생에서는 두우성군(斗牛星君)으로 있다가 옥항상제를 보필하는 천상 선관(天上仙官)으로 발탁돼 성심껏 모시다가 하루는 옥황상제께 약을 올리다 약그릇을 엎지른 까닭으로 재판에 회부돼 같이 있던 선관과 인간세상에 태어나서 많은 고통을 받으라는 판결을 받음과 동시에 벌금으로 금 7만 7천관을 도시대왕이 관할하는 철상지옥(몸에 못을 박아 고통을 주는 지옥)에 귀속시켜버렸다.

계축생은 본시 여섯 선관들과 인간으로 환생했기 때문에 비교적 형제가 많은 편이나 형제중 하나가 병사(病死)하든지 그렇지 않으면 불의의 사고로 죽게 되는 경우가 허다하다. 계축생은 전생에서 금강경 10권을 천상에 바치라는 명을 받았기 때문에 인간세상에서 많은 공덕을 베풀어야 한다.

운명수 11 • 범띠〔갑인생(甲寅生)〕

갑인년(甲寅年)에 태어난 사람은 전생에서는 인하성군으로 재직하다가 제석천왕의 명을 받아 육위선관으로 있었다. 어느 날 청유리세계에서 아름다운 화초를 꺾으면서 유희하다 옥황상제께서 이 사실을 아시고 크게 진노하셔 재판에 회부돼 심판을 받게 되었는데 결과는 벌금으로 금 3만3천관을 서열 15위인 두(杜)씨란 성을 가진 천상재정관(天上財政官 하늘에서 재정을 맡아본 관리)에게 바칠 것이며 금강경 11권에 해당하는 선덕을 대중에게 베풀 것이며 도시대왕이 관할하는 철상지옥으로 지정을 받고 인간으로 환생하게 되었다.

갑인생의 천성은 보편적으로 경솔하지만 의지가 강한 반면 과격한 데도 있다. 그러나 활발하고 노래와 춤을 즐기며 예술적인 소질이 있다. 이러한 까닭에 이성에 관한 파란이 따르고 부부간의 갈등이 심하여 생이별 또는 심하면 사별(死別)까지 하게 되는 비운이 따르게 된다.

운명수 12 • 범띠〔병인생(丙寅生)〕

병인년(丙寅年)에 태어난 범띠인 사람은 전생에는 인하성군 겸 제석천왕의 신하로 있다가 육위선관과 같이 동산에서 놀다가 아름다운 꽃을 꺾어 춤을 덩실덩실 추는 중 옥황상제에게 들켜 미움을 받아 재판에 회부돼 벌금으로 금 8만관을 마(馬)씨 성을 가진 천관에게 바칠 것과 금강경 26권을 가지고 중생들에게 많은 공덕을 베풀어야 한다는 재판 결과를 받고 인간으로 환생하게 되었다. 뿐만 아니라 염라대왕이 관할하는 발설지옥에 귀속시켰다.

병인생은 천상의 성격대로 성격이 매우 쾌활하며 오락 등 호연지기를 좋아하는 성질을 갖고 있다.

운명수 13 • 범띠〔무인생(戊寅生)〕

무인년(戊寅年)에 태어난 사람은 태어나기 전 천상 생활에서는 인하성군으로 있다가 제석천왕의 명을 받아 선치(善治)를 했는데 하루는 육위선관이라는 천상의 벼슬아치와 청유리세계에서 화초(花草)를 꺾고 방탕하다가 옥황상제로부터 재판을 받게 되었다. 그 결과 인간으로 환생하여 많는 공덕을 닦을 것과 벌금조로 금 6만관을 곽(郭)씨 성을 가진 천관에게 바치라는 판결이 내렸다. 뿐만 아니라 금강경 12권에 상당한 수행과 덕치(德治)로 인간세계에서 많은 공덕을 쌓을 것을 명 받았다. 지옥은 염라대왕이 관할하는 발설지옥에 속하게 하였다.

무인생은 대개가 의협심이 강하고 남을 돕는 일이라면 자신의 일보다 더욱 충실할 경우가 많이 있게 된다.

운명수 14 • 범띠〔경인생(庚寅生)〕

경인년(庚寅年)에 태어난 사람은 원래 인하성군이란 직책을 가진 제석천왕의 제자였는데 하루는 꽃동산에서 아름다운 꽃가지를 꺾다가 옥황상제를 진노케 하여 재판에 회부돼 벌금으로 금 5만 1천관을 모(毛)씨 성을 가진 천관에게 바칠 것과 금강경 28권에 해당하는 선행(善行)으로 중생에게 좋은 일을 많이 하도록 엄명받고 지옥은 초강대왕이 관할하는 화탕지옥임을 최종 판결 받고 이 세상에 환생하였다.

경인생은 천성(天性)이 강직하고 분명히 처세를 함으로써 여러 사람으로부터 자연히 존경을 받는다. 특히 형제는 많은데도 형제간에 화목과 믿음이 적고 재산 싸움으로 파가망신하는 수가 많음으로 특별한 주의가 요망된다. 부모 관계는 아버지를 대개 일찍 여의게 되고 어머니가 고생하면서 근근이 살아가는 처지가 많이 있게 된다.

운명수 15 • 범띠〔임인생(壬寅生)〕

임인년(壬寅年)에 태어난 범띠인 사람은 본래 천상에서는 인하성군으로 재직하였으며 제석천왕의 명을 받아 육위선관으로 있다가 청유리세계에서 화초를 꺾었다는 이유로 죄인이 돼 종당에는 재판에 회부된다. 재판 결과는 벌금으로 금 9만 6천관을 서열 15위인 최(崔)씨 성을 가진 재정관에게 바치고 인간으로서 착함을 베풀고 덕을 추구하라는 의미로 금강경 22권에 해당한 적선(積善)을 하라는 재판 결과를 받고 인간으로 환생하게 되었던 것이다. 뿐만 아니라 귀속된 지옥은 변성대왕이 관할하는 독사지옥이다. 독사지옥은 지옥에 떨어진 죄인을 살아있는 독사들이 몸을 감고 물어 뜯거나 핥는 끔찍한 지옥이다.

임인생은 부부파란이 심하여 생이별 또는 사별까지 하게 되는 비운(悲運)이 따르게 된다.

운명수 16 • 토끼띠〔을묘생(乙卯生)〕

을묘년(乙卯年)에 태어난 토끼띠는 전생에서 옥토성군(玉土星君)으로 봉직하기도 했고 한편으로는 운석중에서 살면서 선관(仙官)으로 있을 때 복성화(福成花), 즉 도화(挑花)를 꺾은 죄로 옥황상제를 분노케 하여 별수 없이 심판을 받게 되었는데 그 결과는 벌금으로 금 8만관을 서열 18위인 유(柳)씨 성을 가진 천관에게 바치고 도시대왕이 관할하는 철상지옥에 귀속할 것과 활인공덕(活人功德 죽어가는 사람들을 구제하는 것)을 많이 하라는 뜻으로 금강경 26권에 해당하는 선덕으로 인간세상에 환생하라는 옥황상제의 명을 받고 환생하게 되었다.

원래 복숭아라고 부르는 과일은 도가(道家)의 문헌상으로는 복(福)을 성취게 하는 뜻에서 복성(福成), 또는 꽃을 복성화(福成花)로 했다는데 짐작컨데 복숭아는 옥황상제께서 맨처음 따먹었다는 데서 유래된 것이라고 생각된다.

운명수 17 • 토끼띠〔정묘생(丁卯生)〕

정묘년(丁卯年)에 태어난 토끼띠는 천상에서는 옥토성군이란 직책에 있었고 한때는 운석궁에 살다가 아름답고 생기가 있는 복숭아 꽃을 꺾다가 시기하는 천관의 고자질로 옥항상제에게 재판을 받게 되었는데 벌금으로 금 3만 3천관을 허(許)씨 성을 가진 천관에게 바칠 것과 오관대왕이 관할하는 죄인의 몸을 칼로 오려내는 지옥인 검수지옥에 귀속하여 감독을 받을 것과 어떠한 사람이라도 차별없이 후하게 대접하여 중생으로부터 존경을 받도록 하기 위해서 금강경 12권에 해당하는 양의 수신구제(修身救濟)를 해야 할 것을 판결받고 한 인간으로 환생하게 된 것이다.

정묘생은 복숭아와 떨어질 수 없는 관계를 타고 낳기 때문에 토끼띠를 상징하는 묘자(卯字)는 도화살(桃花殺), 즉 일종의 외도살성(外道殺星)이 되기도 한다.

운명수 18 • 토끼띠〔기묘생(己卯生)〕

기묘년(己卯年)에 태어난 토끼띠는 전생에서는 옥토성군으로 봉직하면서 운석궁에서 살았는데 역시 아름답고 생기 찬 복숭아 꽃을 꺾다가 한 선관의 고변으로 뜻하지 않게 옥황상제에게 미움을 사 하는 수 없이 죄인이 돼 인간세상에 태어났는데 죄의 댓가로 선관 12명과 같이 벌금으로 금 8만관을 송(宋)씨 성을 가진 천관에게 바칠 것을 약속하고 인간세상에로 환생하였다. 뿐만 아니라 발설지옥을 다스리는 염라대왕에게 귀속시켜 다른 죄인보다 특별한 감호 처분을 받고 있다.

기묘생은 천성이 유순하고 너그러우며 비교적 재주가 많아 의식주 걱정은 없지만 사소한 가정불화나 일가 친척과의 불목함이 자주 있게 되니 마음이 항상 산란하다.

운명수 19 • 토끼띠〔신묘생(辛卯生)〕

신묘년(辛卯年)에 태어난 토끼띠는 인간세상에 태어나기 전 천상에서는 옥황상제의 심부름꾼인 천사였는데 인간세상을 왕래하면서 착한 인간에게 많은 피해를 주자 옥항상제께서 뒤늦게 아시고 벌을 주어 인간으로 환생케 하였다. 벌금은 금이 8만관이며 금강경 26권에 해당하는 적선(積善)을 인간에게 베풀 것을 명하였다. 뿐만 아니라 벌금은 장(張)씨 성을 가진 천관에게 바치도록 했고 지옥은 초강대왕(初江大王)이 다스리는 확탕지옥으로 지정받았다.

신묘생은 성품이 고상하고 잔재주가 있어 총명하다고 하나 너무 깊이가 없고 추진력이 미약하여 무슨 일이고 중도에서 좌절하고 만다. 부모 곁을 떠나 타향 객지에서 자수성가하고 유(酉)자가 들은 해나 해(亥)자가 든 해는 실패를 보게 된다.

운명수 20 • 토끼띠〔계묘생(癸卯生)〕

계묘년(癸卯年)에 태어난 토끼띠는 전생에서는 운석궁(호화로운집)에서 살았다. 하루는 10명의 선관과 같이 아름다운 복숭아 가지 하나와 꽃 한 송이를 꺾다가 옥황상제에게 들켜 재판을 받게 되었는데 같이 있던 선관 10명도 같은 죄명으로 인간세상에 태어나게 되었다. 벌금조로 금 1만 2천관을 왕(王)씨 성을 가진 천관에게 바칠 것과 평생을 구원하라는 뜻으로 금강경 8권에 해당하는 적선을 여러 사람에게 베풀어 전생에 있었던 죄를 사죄하라는 명을 받았다. 해당된 지옥은 변성대왕이 다스리는 독사지옥이다.

계묘생은 일찍 부모를 여의고 타향 객지에서 외롭게 자수성가한다. 초년 중년은 고생하지만 말년은 길(吉)한 편에 속한다.

운명수 21 • 용띠〔갑진생(甲辰生)〕

갑진년(甲辰年)에 태어난 용띠는 전생에서는 용궁성균(龍宮星君)으로 재직하면서 강남국을 왕래하였는데 옥황상제의 명을 받고 인간세상의 초목(草木)에 비를 내렸는데 강우량을 조절하지 못하여 인간세계에서 산이 무너지는 등 물로 인한 피해가 막중하자 옥황상제께서 벌을 주어 인간으로 환생하게 되었다. 벌로는 금 2만 9천관을 동(董)씨 성을 가진 천관에게 바칠 것과 만인(萬人)을 위태로운 데서 구하라는 뜻으로 금강경 10권에 해당한 양의 적선을 하라고 하였으며 만약 인간세상에서도 죄를 짓게 되면 변성대왕이 관할하는 독사지옥에 떨어뜨린다는 예비적 형벌까지 받고 환생한 것이다.

갑진생은 성격이 대범하고 호걸적인데다가 재주가 많아 임시응변하는 데는 남다른 특질이 있다. 사업에도 투기성을 좋아하여 성패가 반복된다.

운명수 22 • 용띠〔병진생(丙辰生)〕

병진년(丙辰年)에 태어난 용띠는 전생에 용왕국(龍王國)에서 용궁성군(龍宮星君)으로 있었는데 하루는 옥황상제의 명을 받아 인간세상에 비를 내려주다가 너무 많이 내려 인간들이 수해(水害)를 겪게 되자 그 죄가로 옥황상제로부터 벌을 받아 인간으로 환생케 되었다. 전생에서 받은 벌금은 금 3만 2천관인데 가(價)씨 성을 가진 천관에게 바쳐야 하며 여러 인간에게 착한 일을 많이 하라는 뜻에서 금강경 11권에 해당한 공덕을 쌓으라는 상제의 엄명을 받기도 하였다. 그러나 착한 일을 하지 않고 도리어 악한 일을 범하고 탐욕을 갖는다면 죽어서 반드시 도시대왕이 관할하는 철상지옥(鐵床地獄))에서 고통받도록 했다.

병진생의 성격은 너그럽고 온화한 편이며 무슨 일이고 능소능대하며 변화가 극히 많은 사람이다. 얼굴도 대개는 미모인 편이며 호걸상에 속한다.

운명수 23 • 용띠〔무진생(戊辰生)〕

무진년(戊辰年)에 태어난 용띠는 전생에서 용왕국의 통솔자인 용궁성군(龍宮星君)으로 있을 때 옥황상제의 명령으로 인간세상에 비를 내려주다가 실수로 너무나 비를 많이 내렸기 때문에 인간들이 물난리를 겪고 초목 등이 침수되기도 하고 산사태 등이 유발돼 인간들의 고통이 컸음으로 옥황상제께서 진노하시면서 너는 인간세상에 가서 목마르고 굶주리는 사람들을 많이 도와주라는 명령을 받고 인간으로 환생하게 되었다. 벌금으로 금 5만 2천관을 풍(馮)씨 성을 가진 천관에게 바칠 것과 오관대왕이 관할하는 검수지옥(劍樹地獄)에 귀속시켜 인간세상에서도 죄를 짓게 되면 검수지옥으로 가게 된다.

무진생의 성격은 비교적 강직하여 남에게 종속되거나 굴복하는 것을 대단히 싫어한다.

운명수 24 • 용띠〔경진생(庚辰生)〕

경진년(庚辰年)에 태어난 용띠는 전생에 용궁성군으로 재직하다가 옥황상제의 명령으로 인간세상에 비를 내려주다 실수하여 초목이 침수되고 산천이 붕괴되는 등 자연의 아름다움을 파괴한 죄로 옥황상제로부터 미움을 사 결국 재판에 회부돼 벌금으로 금 5만 7천관을 유(劉)씨 성을 가진 천관에게 납부할 것과 염라대왕이 직접 관할하는 발설지옥(拔舌地獄)에 귀속되는 형량으로 인간세상에 환생하였다.

경진생은 남녀를 막론하고 총명하고 담대하며 용모가 아름답다. 비록 11세 23세 35세 47세때에 어려움이 있지만 꿋꿋한 의지로 대기만성하기 때문에 말년에는 편안하게 된다. 아울러 신(申)자나 인(寅)자가 든 해는 외국과 관계된 일이 발생하거나 외국을 왕래하는 일이 있게 된다.

운명수 25 • 용띠〔임진생(壬辰生)〕

임진년(壬辰年)에 태어난 사람은 전생에 용궁선녀(龍宮仙女)로 있었는데 옥황상제의 명을 받아 인간세상에 비를 내리다 필요 이상으로 내려 산천이 무너지고 초목 등이 침수되었으며 인간들은 수해로 많은 고통이 따라 하늘을 원망하기까지 하였다. 이로 인하여 옥황상제가 진노하시어 인간으로 환생케 하여 중생을 구제하고 조(趙)씨 성을 가진 천관에게 벌금으로 금 4만 5천관을 바칠 것을 명하였다. 뿐만 아니라 인간 세상에서 죄를 짓게 된다면 초강대왕이 다스린 확탕지옥으로 떨어뜨리겠다는 예비적 형량까지 받고 환생하였던 것이다.

임진생은 지혜가 총명하고 여러 가지 잔재주를 갖고 있는 특이한 인물로 때만 잘 만나면 큰 인물이 될 수 있다. 단 여자는 부부운이 불길하여 대개는 초혼에 실패하거나 별거 또는 공방(空房)살이를 하게 된다.

운명수 26 • 뱀띠〔을사생(乙巳生)〕

을사년(乙巳年)에 태어난 뱀띠는 전생에서 일월국(日月國)의 문방성군(文方星君)으로 재직할 때 호연지기를 좋아하고 가무(歌舞)를 즐겨 아름다운 선녀를 희롱하다가 고발돼 옥황상제로부터 파직을 당하고 벌금으로 금 9만관을 양(楊)씨 성을 가진 천관에게 바쳐야 한다는 벌을 받고 이 세상에 태어나게 되었다. 뿐만 아니라 예비 형벌로 만약 인간세상에 내려가서 탐욕을 하거나 또는 도적질을 하든가 기타 죄를 짓게 되면 변성대왕이 다스리는 독사지옥으로 떨어뜨린다.

을사생의 성품은 지극히 온순하며 외교수단이 좋은 편이다. 또한 남다른 문장력이 있어 예술가 문학 및 서기(書記)의 직종에 종사하면 길하다. 어려움이 있는 해는 해(亥)자가 들어 있는 해 또는 인(寅)자가 들어 있는 해가 된다.

운명수 27 • 뱀띠〔정사생(丁巳生)〕

정사년(丁巳年)에 태어난 뱀띠는 전생에 일월국(日月國)의 문방성군으로 있다가 선녀와 사랑을 하다가 옥황상제께 발각돼 문방성군(文方星君)에서 파직돼고 재판에 회부돼 벌금으로 금 7만관을 정(程)씨 성을 가진 천관에게 바치고 인간세상에서 수신과 선행을 하라는 뜻으로 금강경 23권을 상제에게 직접 바치도록 벌을 받고 인간세상에 환생하였다. 아울러 인간세상에서 용납될 수 없는 죄을 짓게 되면 도시대왕이 다스리는 철상지옥(鐵床地獄)에 떨어뜨려 고통을 받게 하였다.

정사생은 천성적으로 유순하면서 흑백을 분명히 가리고 예의가 밝아 여러 사람들로부터 존경을 받게 된다. 한 가지 흠이라면 남녀를 물론하고 이성으로 인한 고민과 부부관계가 원만하지 못한 점이다.

운명수 28 • 뱀띠〔기사생(己巳生)〕

기사년(己巳年)에 태어난 뱀띠는 전생에 일월국(日月國)의 문방성군(文方星君)으로 있을 때 한 선녀를 짝사랑하다가 정신이 헤이해져 성군(星君)으로서 책임을 다하지 못한다는 이유로 옥황상제로부터 파직돼 인간으로 다시 환생하게 되었다. 벌칙금으로 금 7만 2천관을 조(曺)씨 성을 가진 천관(天官)에게 바칠 것과 인간구제를 한다는 뜻에서 금강경 24권에 해당한 선행을 행하도록 하였다. 그러나 만약 인간세상에서도 게으르고 근실하지 못하여 부모 형제나 처자를 부양하지 못하거나 불화(不和)한다면 오관대왕이 다스리는 검수지옥에 떨어뜨려버린다는 것을 상제로부터 선고받고 환생하게 되었다.

기사생은 영리하고 사리가 분명하나 남다른 질투심과 오기가 있어 때로는 정신적인 고통이 심하다. 한편 천성적으로 외국을 출입할 수 있는 기회가 많게 되고 특히 여자는 국제결혼을 하게 된다. 남녀를 막론하고 인자(寅字) 해자(亥字) 신자(申字)가 든 년도에 외국과 관계되는 일이 있게 되고 1월 7월 10월에 외국을 출입할 수 있는 기회가 있다.

운명수 29 • 뱀띠〔신사생(辛巳生)〕

신사년(辛巳年)에 태어난 뱀띠는 전생에서 일월국(日月國)에서 문방성군(文方星君)으로 봉직하다가 춤과 노래를 즐기고 한 선녀를 희롱하여 탕녀(湯女)로 만들어 천상의 질서를 어지럽힌 죄로 옥황상제로부터 인간세상으로 내려가 많은 고통을 겪게 하였고 벌금으로 금 5만 7천관을 고(高)씨 성을 가진 천관에게 바칠 것과 만약 인간세상에서도 방탕하여 부모나 형제 처자 남편 등 불화 불목(不和不睦)하게 되면 염라대왕이 직접 관할하는 발설지옥으로 떨어뜨린다는 옥황상제의 명을 받고 이 세상에 환생하게 되었다. 한편 인간세상에서의 착한 일은 금강경 19 권에 해당한 양이므로 항시 착하게 살아가야 복록(福祿)이 따르게 된다.

신사생의 성격은 웅장한 것보다는 고상하고 섬세한 것을 좋아하는 편이다. 타인에 비하여 성격이 온후하나 지나치게 민첩하고 소심하여 때로는 많은 어려움이 있게 된다.

운명수 30 • 뱀띠〔계사생(癸巳生)〕

계사년(癸巳年)에 태어난 뱀띠는 전생에서 일월국(日月國)의 문방성군(文方星君)으로 재직할 때 아름다운 선녀를 희롱한 죄로 옥황상제에게 크게 미움을 사 직책에서 파직되고 재판에 회부돼 벌금으로 금 2만 9천관을 배(裵)씨 성을 가진 천관에게 바칠 것을 선고받아 인간으로 환생하게 되었다.

마음은 곧고 행동은 성실하여 여러 사람과 잘 어울리지만 추진력이 약하여 무슨 일이고 중도에 좌절하고 만다. 특히 좌절될 수 있는 년도는 해자(亥字) 자자(子字) 축자(丑字)가 든 해이다. 건강에는 남자라면 위장이 약하고 여자라면 심장이 선천적으로 약하다. 어릴때에는 호흡기 및 기관지에 고생이 있게 되므로 특별한 주의가 요망된다.

운명수 31 • 말띠〔갑오생(甲午生)〕

갑오년(甲午年)에 태어난 말띠는 전생에 대원국(大元國)의 인하성군으로 봉직했었는데 행동이 바르지 못하고 마음에 악성(惡性)이 가득 차 있어 옥황상제가 몇 차례 경고하였지만 날로 악행(惡行)이 더욱 심하여 하는 수 없이 인간으로 태어나도록 함과 동시에 벌금으로 금 4만 7천관을 우(禹)씨 성을 가진 천관에게 바칠 것과 금강경 13권에 해당한 적선을 여러 인간 중생들에게 하도록 명하였다. 이러한 벌을 받고 태어난 갑오생이 만약 인간세상에 내려가서도 착하지 못하고 여러 중생을 괴롭힐 경우 죽게 되면 태산대왕이 지휘통괄하는 좌마지옥(挫磨地獄 팔 다리 기타 관절 등을 꺾어서 고통을 주는 지옥)으로 떨어뜨린다는 예비적 형벌을 받고 이 세상에 태어나게 되었다.

갑오생의 성격은 대개가 쾌활 명랑하고 용감하다. 특히 여자는 직업에 종사해야 하고 부부생활에 늘 조심하지 않으면 크나큰 파란이 따른다.

운명수 32 • 말띠〔병오생(丙午生)〕

병오년(丙午年)에 태어난 말띠는 전생에서 대원국(大元國)이란 천상의 나라에서 인하성군으로 봉직했으며 한때는 천태산(天泰山) 선녀로 있기도 하였다. 그러던 어느 날 춤과 노래를 즐기는 장소에서 남녀간에 눈을 흘겼다 하여 옥황상제가 크게 진노하여 인간으로 환생하도록 명하였고 벌금으로 금 3만 3천관을 소(蘇)씨 성을 가진 천관에게 납부할 것과 만약 인간세상에 내려가서도 춤과 노래를 즐기며 방탕하면 죽어서 지옥에 처넣게 되는데 평등대왕이 다스리는 추해지옥(錐解地獄 몸을 해부당하는 지옥)에 떨어뜨린다.

병오생은 성품이 어질고 용모가 단정하며 부지런하고 성실하여 여러 사람들로부터 환영을 받는다.

운명수 33 • 말띠〔무오생(戊午生)〕

무오년(戊午年)에 태어난 말띠는 전생에서 대원국(大元國)이란 나라에서 인하성군으로 봉직하다가 천태산에서 온 선녀가 선계를 지휘하는 모습을 보고 감탄하여 그 선녀를 사모하다가 한 천관의 고변으로 옥황상제가 알고 당장 인간계로 내려가 많은 은덕을 베풀어 죄를 소멸하도록 엄명하여 한 인간으로 환생하였다. 뿐만 아니라 벌금으로 금 9만관을 사(史)씨 성을 가진 천관에게 바칠 것과 인간세상에서도 죄를 질 경우에는 전륜대왕이 다스리는 흑암지옥(黑暗地獄)에 들어가 일생 동안 칠흑같이 어두운 감옥에서 고통받도록 예비적 형벌까지 받았다.

무오생은 성격이 준엄하고 맑고 고상하다. 뿐만 아니라 매사를 분명히 처리하는 특성이 있다.

운명수 34 • 말띠〔경오생(庚午生)〕

경오년(庚午年)에 태어난 말띠는 전생에 대원국이라 하는 나라에서 인하성군으로 재직하였다. 그러던 어느 날 잠깐 삿된 마음으로 아름다운 선녀를 희롱하다가 옥황상제로부터 직소(直訴)를 받아 벌금으로 금 6만 2천관을 재정관인 진(秦)씨에게 상납할 것과 만약 인간세계에서 죄를 지을 경우 진광대왕(秦廣大王)이 관할하는 도산지옥(刀山地獄)에 처넣어 칼을 꽂아 놓는 산을 걸어다니게 하거나 딩굴게 하여 고통을 주는 참담한 지옥의 혈장(血場)으로 귀의케 한다는 예비적 벌까지 받고 이 세상의 한 인간으로 환생했다.

경오생은 신자(申字) 유자(酉字) 해자(亥字)가 들어 있는 9월 10월 11월은 운수가 불길하므로 항시 조심해야 하는데 특히 언어와 구설을 조심해야 한다. 성격은 대개가 청결하고 직선적이다. 여자라면 갑자(甲字)나 자자(子字)가 들어 있는 해에 이성파란이 있게 되므로 주의해야 한다.

운명수 35 • 말띠〔임오생(壬午生)〕

임오년(壬午年)에 태어난 말띠는 전생에 대원국에서 인하성군으로 봉직하면서 비교적 만인이 부러워할 정도로 행복하게 살다가 조그마한 실수로 옥황상제에게 미움을 사고 있던 차 한 천관으로부터 고소를 당하여 재판에 회부돼 벌금으로 금 7만관을 공(孔)씨 성을 가진 재정관에게 바칠 것을 형량으로 받고 이 세상에 인간으로 환생하게 된 것이다. 또한 예비죄로 만약 인간세상에서 중생을 괴롭히고 탐욕과 기타 잘못으로 죄를 지을 경우에는 송제대왕(宋帝大王)이 다스리는 한빙지옥(寒氷地獄)에 처넣어 배고프고 춥고 얼어붙는 고통을 영원히 당하도록 한다는 상제의 경고까지 받았다.

임오생의 성격은 순수하고 청백하며 솔직하다. 뿐만 아니라 부모를 공경하는 마음은 모범적이다. 흠이 있다면 돈을 너무나 헤프게 쓰고 약속을 잘 안 지키는 성격을 갖고 있다는 점이다.

운명수 36 • 양띠〔을미생(乙未生)〕

을미년(乙未年)에 태어난 양띠는 전생에서 서천국(西天國 천상 제국중에서 서쪽에 있는 나라)에서 살았는데 옥황상제 앞에서 득죄(得罪)하여 인간으로 환생하였다. 옥황상제 앞에서 지은 죄가로 벌금을 금으로 환산하여 4만관을 황(黃)씨 성을 가진 천관에게 바칠 것과 만약 인간세상에서도 죄를 지을 경우 태산대왕이 다스리는 좌마지옥(挫磨地獄)에 입옥(入獄)시켜 팔다리와 기타 관절을 강제로 뽑히는 고통을 준다는 예비 형벌까지 받았다.

을미생은 천성적으로 부지런하고 자기 일보다 남의 일을 우선으로 도와주는 성정을 갖고 있다. 직업적인 면도 가지고 있지만 영위하기는 어렵고 한두 가지 이상의 여러 가지 직업을 갖는다. 만약 여자라면 결혼을 늦게 하든지 또는 국제 결혼 등을 하여 이혼의 경험을 겪게 된다. 비록 마음은 착하나 하는 일마다 중도에서 실패하므로 무엇보다도 마음에 고통을 당하며 마음이 항시 안정되지 못한다.

운명수 37 • 양띠〔정미생(丁未生)〕

정미년(丁未年)에 태어난 양띠는 전생에 서천국(西天國)에서 살았는데 하루는 옥황상제의 부름을 받고 옥황상제 앞에 앉다가 실수로 넘어져 상제께서 분노하시어 예의(禮儀)가 바르지 못하다는 죄명(罪名)으로 벌금으로 금 1만 9천관을 주(朱)씨 성을 가진 천관(天官)에게 바칠 것과 만약 인간세상에 가서도 죄를 짓게 되면 평등대왕이 관할하는 송곳(錐)으로 찍어서 고통을 주는 추해지옥(錐解地獄)으로 떨어뜨릴 것을 언도받고 인간으로 환생하게 된 것이다.

정미생은 성격이 불처럼 급한 면이 있지만 금방 후회하고 풀리는 면도 갖고 있다. 뿐만 아니라 군자의 풍모와 의리를 중시하여 남에게 실수를 모르고 살아간다. 신자(申字)가 들은 해에 큰 손재수가 있게 되고 사자(巳字)가 들은 해는 집안의 일이나 집밖의 일로 큰 변동이 있게 된다.

운명수 38 • 양띠〔기미생(己未生)〕

기미년(己未年)에 태어난 양띠는 전생에 서천국(西天國)에서 별 걱정 없이 비교적 행복하게 살고 있었는데 옥황상제의 명령으로 달려오다가 선녀를 만나 이야기를 하다 보니 약속 시간에 대지 못해 상제께서 크게 진노하시면서 인간세상에 내려가 많은 고생을 하도록 하여 인간으로 환생케 하였다. 형벌로는 벌금의 명목으로 금 4만 3천관을 변(卞)씨 성을 가진 천관에게 바칠 것과 만약 인간세상에서도 죄를 짓게 되면 전륜대왕이 관할하는 흑암지옥(黑暗地獄)에 들어가 어둡고 캄캄한 곳에서 고통을 받도록 하는 예비적 형벌까지 받고 환생하게 된 것이다.

기미생의 성격은 대개가 과욕적이라서 매사에 만족을 모르고 욕구불만적인 삶을 영위하면서 마음 속으로는 항시 쓸쓸하게 살아간다.

운명수 39 • 양띠〔신미생(辛未生)〕

신미년(辛未年)에 태어난 양띠는 전생에 서천국(西天國)의 천관 요직(天官要職)에 있었는데 직무 보고를 하려든 차 옥황상제의 안전에서 언어와 행동을 거칠게 했다 하여 옥황상제로부터 벌금으로 금 1만 3천관을 상(尙)씨 성을 가진 재무천관(財務天官)에게 바칠 것과 인간 세상에서 좋은 일을 많이 하라는 뜻으로 금강경 32권에 상당한 덕행을 하라는 판결을 받고 환생하게 된 것이다. 그 뿐만 아니라 만약에 인간세상에 가서도 부덕불선(不德不善)하면 진광대왕(秦廣大王)이 다스리는 도산지옥(刀山地獄)으로 보낸다는 예비적 형벌까지 받아 인간으로 환생하였다.

신미생은 부모 형제의 덕이 없고 객지에서 자수성가하여 살아가는 천성을 타고 낳으며 술자(戌字) 축자(丑字)가 들은 년도에는 친구나 일가친척으로부터 배반을 당하게 되므로 특별히 주의해야 한다.

운명수 40 • 양띠〔계미생(癸未生)〕

계미년(癸未年)에 태어난 양띠는 전생에서 서천국(西天國)의 월궁선녀로 있다가 옥황상제로부터 신임을 잃어 선녀직에서 파직돼고 고통 많은 인간으로 태어나도록 옥황상제께서 명하였다. 뿐만 아니라 벌금으로 금 5만 2천관을 주(朱)씨 성을 가진 재정관에게 바칠 것과 공덕을 쌓으라는 뜻으로 금강경 17권에 해당한 수신구명(修身救命)을 하라는 벌을 내렸다. 그러나 만약에 수신구명을 하지 못하고 악행(惡行)으로 죄를 짓게 되면 송제대왕(宋帝大王)이 다스리는 한빙지옥(寒氷地獄)에 처넣어 아주 비참한 고통을 영원히 당한다는 예비적 형벌을 받고 인간으로 환생하게 된 것이다.

계미생은 명예심과 권위의식이 강하며 남에게 지는 것을 항시 싫어한다. 또한 축자(丑字)나 자자(子字)가 들어간 년도에는 이성파란과 부부관계에 크나큰 고민으로 건강이 악화되기도 한다.

운명수 41 • 원숭이띠〔갑신생(甲申生)〕

갑신년(甲申年)에 태어난 원숭이띠는 전생에 보화국의 금귀성군이었으며 타인의 재물을 탐하여 많은 죄물을 갈취한 죄(罪)로 옥황상제로부터 벌금 금 7만관을 여(呂)씨 성을 가진 천관에게 바칠 것과 인간에게 좋은 일을 많이 하라는 뜻으로 금강경 23권에 해당한 수양시공(修養施功 몸을 닦고 공을 베푸는 것)을 할 것과 만약 인간세상에서도 탐욕하여 재물을 갈취하고 죄를 짖게 되면 송제대왕이 다스리는 한빙지옥에 처넣는다는 예비적 형벌까지 받고 인간으로 환생하게 되었다.

갑신생은 용감하고 정직하며 대단한 민첩성을 갖고 있다. 특히 신자(申字)가 들어 있는 년도에는 가정의 안팎으로 크나큰 변동이 있게 된다. 또한 여자는 부부운이 불길하여 초혼에 실패하든지 결혼을 늦게 하는 예가 있다.

운명수 42 • 원숭이띠〔병신생(丙申生)〕

병신년(丙申年)에 태어난 원숭이띠는 전생에 보화국에 살면서 선경(仙境)에 있는 여러 선인들로부터 재물을 탈취하고 심한 경우에는 살생(殺生)까지 자행하여 옥황상제로부터 벌을 받아 인간으로 환생하게 되었다. 뿐만 아니라 형벌로는 벌금으로 금 3만 3천관을 하(河)씨 성을 가진 하늘의 재정관에게 바칠 것과 인간세상에서 여러 중생들을 지도 통솔하고 몸과 마음을 청결하게 하여 여러 사람의 추앙을 받게끔 노력을 다하라고 옥황상제께서 친히 명하셨다. 그러나 만약 인간세상에서도 죄악을 짓게 되면 태산대왕이 직접 관할하는 좌마지옥(挫磨地獄)에 처넣어 극형에 처한다는 예비적 형벌까지 옥황상제로부터 선고받았다.

병신생은 성격이 쾌활하고 선량하며 매사를 분명히 처리하는 성격이다. 인자(寅字) 묘자(卯字) 진자(辰字)가 들어 있는 해가 불길하다.

운명수 43 • 원숭이띠〔무신생(戊申生)〕

무신년(戊申年)에 태어난 원숭이띠는 전생에 보화국이란 나라에서 선녀를 지휘 통솔하는 선관으로 있다가 재물을 탐하고 갈취하여 여러 사람들로부터 심한 원성을 받고 고소를 당하여 옥황상제로부터 형벌을 받고 이 세상에 환생하게 되었다. 벌금으로 금 8만관을 시(施)씨 성을 가진 재정관에게 바칠 것과 수신구위(修身救危 수양을 하며 위급한 중생을 구해줌)해야 하고 만약 인간세상에서도 못된 짓을 계속하여 사람들에게 피해를 줄 경우 평등대왕(平等大王)이 다스리는 추해지옥(錐解地獄)에 처넣어 고통을 받게 한다는 옥황상제의 명을 예비적 형벌로 받았다.

무신생은 성격이 선량하고 경우가 바르지만 남다른 욕심이 있어 항상 마음이 산란하고 불안하게 살아간다. 사자(巳字) 인자(寅字) 신자(申字)가 들어 있는 해에 특히 관재, 즉 소송이 일어난다.

운명수 44 • 원숭이띠〔경신생(庚申生)〕

경신년(庚申年)에 태어난 원숭이띠는 전생에 보화국에서 선녀를 지도하고 통솔 감독하는 선관으로 있으면서 여러 선녀들로부터 많은 재산을 탐하여 욕된 행동을 많이 했음으로 옥황상제로부터 인간으로 환생하여 많은 고통을 당하면서 사죄하라는 명을 받고 환생하게 된 것이다. 뿐만 아니라 벌금으로 금 6만 1천관을 호(胡)씨 성을 가진 재정관에게 바칠 것과 만약 인간이 되어서도 정신을 못 차리고 탐욕과 부정된 행위로 인간에게 고통을 주게 되면 전륜대왕이 직접 다스리는 흑암지옥(黑暗地獄)에 처넣어 고통을 받게 한다는 예비적 형벌까지 받고 환생했다.

운명수 45 • 원숭이띠〔임신생(壬申生)〕

임신년(壬申年)에 태어난 원숭이띠는 전생에 보화국이란 나라에서 선녀를 감독하고 통찰하는 직책인 선관으로 있다가 선녀의 아름다움에 반해 스스로 춤과 노래를 즐기고 재물까지 갈취하여 결국 옥황상제로부터 형벌을 받아 벌금으로 금 4만 2천관을 하늘의 재정관인 천관에게 바칠 것과 인간세상에 내려가서도 죄를 짓게 되면 진광대왕이 다스리는 도산지옥에 떨어뜨린다는 예비적 형벌까지 받았던 것이다. 벌금은 모(牟)씨 성을 가진 천관에게 바치라고 하였다.

임신생은 마음이 독하지 못하여 내 일보다는 남의 일에 정성을 쏟는 성격이다. 모든 일에 임기응변이 좋고 해결 수완이 능란해 여러 사람에게 항시 호감을 독차지 하게 된다. 인자(寅字)가 들어 있는 해는 항시 관재 구설이 있다.

운명수 46 • 닭띠〔을유생(乙酉生)〕

을유년(乙酉年)에 태어난 닭띠는 전생에서 범천국(梵天國 천상 18나라중 하나)에 옥토성군으로 있었고 한때에는 선국 가운데 들어가 선녀들을 가르치고 감독하였다. 그러던 어느 날 예쁜 선녀와 밀월(密月)의 정(情)을 나누다가 시찰 나온 옥황상제께 발각돼 그만 벌을 받아 인간으로 환생하게 되었는데 그때의 형벌로는 벌금으로 금 4만관을 안(安)씨 성을 가진 재정관에게 납부케 했다. 뿐만 아니라 만약 인간세상에 가서도 정신을 못차리고 죄를 지을 경우 송제대왕(宋帝大王)이 다스리는 한빙지옥에 처넣어 고통을 받도록 예비 형벌까지 받고 인간 세상에 환생하게 된 것이다.

을유생은 남녀를 물론하고 몸에 흉터가 있게 된다. 부부 상호간에도 외도수(外道數)가 있게 된다.

운명수 47 • 닭띠〔정유생(丁酉生)〕

정유년(丁酉年)에 태어난 닭띠는 전생에 범천국(梵天國)에 적을 둔 사람으로 직책은 옥토성군으로 봉직한 바가 있었는데 어느 날 마음이 허전하여 바람을 쐬러 나왔다가 선국(仙國)에서 온 아름다운 선녀를 희롱하다 옥황상제에게 발각돼 결국 재판을 받고 인간으로 환생하였다. 다음과 같은 형벌이 주어졌다. 첫째, 인간으로 태어나 많은 중생들에게 선(善)을 베풀 것. 둘째, 벌금으로 금 17만관을 민(閔)씨 성을 가진 하늘의 재정관에게 바칠 것. 세째, 만약 세상에서도 부녀자를 희롱하거나 기타 불선(不善)한 일로 죄를 짓게 되면 죽어서는 반드시 태산대왕이 다스리는 좌마지옥에 처넣어 팔과 다리를 강제로 뽑거나 부러뜨려 고통을 받도록 한다.

운명수 48 • 닭띠〔기유생(己酉生)〕

기유년(己酉年)에 태어난 닭띠는 전생에서는 범천국에 적(籍)을 두고 옥토성군이란 요직에 있었는데 여러 사람을 비방하고 모략한 죄, 재물을 탐하고 갈취한 죄명으로 옥황상제로부터 벌을 받고 이 세상에 태어나게 되었다. 뿐만 아니라 금 9만관을 손(孫)씨 성을 가진 재정관에게 바치도록 하고 만약 인간세상에 내려가서도 중생을 괴롭히고 죄를 얻게 되면 평등대왕이 관할하는 추해지옥(錐解地獄)에서 고통을 받게 한다.

기유생은 성격이 유순하고 선량한 편이다. 그러나 추진력과 과감성이 빈약하여 큰 일하기는 어렵다. 또한 해자(亥字) 축자(丑字) 자자(子字)가 들어 있는 해는 운수가 대단히 불길하니 손해 질병 파직 등에 특별한 주의를 하지 않으면 안 된다.

운명수 49 • 닭띠〔신유생(辛酉生)〕

신유년(辛酉年)에 태어난 닭띠는 전생에서 범천국(梵天國)의 옥토성군으로 재직하면서 아름다운 선녀들만 살고 남성(男性)은 들어갈 수 없는 선계에 남모르게 들어가 선녀들과 놀아났다는 이유로 옥황상제로부터 벌을 받아 인간으로 환생하였다. 벌금의 명목으로 금 3만 7천관을 정(丁)씨 성을 가진 하늘의 재정관에게 바칠 것이며 만약 인간이 되어서도 바람을 피워 육친(肉親)들에게 근심을 끼치거나 기타의 불선(不善)한 행동으로 죄를 짓게 되면 전륜대왕이 다스리는 흑암지옥(黑暗地獄)에 처넣어 고통을 받게 한다는 예비적 형벌까지 받았다.

신유생은 마음이 항시 유순하고 착하지만 인덕(人德)이 빈약하여 내 떡 주고 뺨맞는 격이다. 해자(亥字)가 들어 있는 해는 여러 가지로 어려움이 많는데 특히 토끼띠와 호랑이띠와는 금전 거래나 동업 등을 하지 않는 게 가장 상책이다. 기타 부부관계는 축자(丑字) 자자(子字)가 들은 해 10월 11월 12월 등이 불길다.

운명수 50 • 닭띠〔계유생(癸酉生)〕

계유년(癸酉年)에 태어난 닭띠는 전생에서 범천국(梵天國)의 옥토성군으로 재직하면서 직무(職務)를 게을리 하고 춤과 노래로 선녀들과 소일(消日)하면서 여러 사람을 괴롭힌 죄로 옥황상제로부터 형벌을 받고 세상에 환생하게 되었다. 벌로 금 5만관을 신(申)씨 성을 가진 재정관에게 바칠 것과 만약 인간으로 태어나서도 죄를 짓게 되면 진광대왕이 다스리는 도산지옥(刀山地獄)에 들어가 형벌을 받을 것을 명받았다.

계유생은 강직하고 결백한 편이고 매사를 인내로 밀고 나가는 성격이다. 형제 친구 등의 덕은 없고 말년에 자식으로 인하여 집안에 큰 경사가 있게 되어 즐겁기가 한량없다. 자기 잘못을 깨닫고 후회하며 반성을 잘하게 되면 크나큰 실패는 없게 된다.

운명수 51 • 개띠〔갑술생(甲戌生)〕

갑술년(甲戌年)에 태어난 개띠는 전생에 숙례국에서 극별성군이란 벼슬에 봉직하면서 신선(神仙)이나 선녀들을 통솔 감독하다가 주색을 좋아하게 되자 자연히 직무에 태만해지고 방탕된 생활이 날로 더함으로 옥황상제께서 분노하셔 극별성군에서 파직시키고 벌금으로 금 2만 5천관을 병(並)씨 성을 가진 재정관에게 바칠 것을 맹약(盟約)하고 인간으로 환생케 하였던 것이다. 뿐만 아니라 인간세상에서 만에 하나라도 죄를 짓게 되면 진광대왕이 다스리는 도산지옥(刀山地獄)에다 처넣어 고통을 당하게 한다는 예비적 형벌까지 받았다.

갑술생은 용모가 단정하고 거짓을 아주 싫어하며 예의범절에 충실한다. 이밖에도 예술계나 연예계 종교계 등에 종사한 사람이 많고 손재주가 다른 사람에 비하여 월등하다. 갑술생에게 불길한 해는 신자(申字) 해자(亥字)가 든 해이며 7월과 10월경에 더욱 불길하다.

운명수 52 • 개띠〔병술생(丙戌生)〕

병술년(丙戌年)에 태어난 개띠는 전생에 숙례국에서 천국성군이란 요직에 있다가 선녀들과 춤추고 노래부르며 즐기다가 직무를 태만히 하여 여러 천관들로부터 미움을 받아오다 급기야는 옥황상제까지 알게 돼 천국성군직에서 파직이 돼고 재판에 회부돼 결국 상제로부터 형벌을 받았다. 형벌의 내용은 첫째, 인간으로 환생하여 험란한 세상을 살면서도 여러 사람에게 적선(積善)을 할 것. 둘째, 벌금으로 금 8만관을 좌(左)씨 성을 가진 재정관에게 납부할 것. 세째, 예비적 형벌로 만약 인간세상에서 지을 수 없는 죄를 짓게 되면 송제대왕이 다스리는 한빙지옥에 들어가 고통을 받는 형벌을 받는다.

병술생은 성격이 급하고 쾌활하며 지극히 정직하고 거짓이 없는 편이다.

운명수 53 • 개띠〔무술생(戊戌生)〕

무술년(戊戌年)에 태어난 개띠는 전생에 숙례국에서 성구성군으로 봉직하다가 선녀들만 살고 있는 선계(仙界)에 남몰래 들어가 선녀들과 즐기고 놀다가 한 천관(天官)으로부터 고발을 당하여 결국 옥황상제로부터 형벌을 받아 인간으로 환생하여 중생들에게 많은 음덕(陰德)을 쌓아 사죄할 것이며 벌금으로 금 4만관을 보(普)씨 성을 가진 재정관에게 바칠 것과 예비적 형벌로 만약 인간세계에 가서도 후회함이 없이 죄를 짓게 되면 죽어서 지옥에 들어가는데 특히 태산대왕이 다스리는 좌마지옥이란 데 들어가 고통을 받게 한다.

무술생은 성격이 중후하고 말이 없는 편이며 정직하고 거짓이 없다. 비교적 좋지 않는 해는 신자(申字)나 술자(戌字)가 들어 있는 해가 된다. 특히 진자(辰字)나 술자(戌字) 축자(丑字)가 들어 있는 3월 9월 12월 등에는 친척이나 친구로부터 배반을 당할 수 있으므로 특별히 주의해야 한다.

운명수 54 • 개띠〔경술생(庚戌生)〕

경술년(庚戌年)에 태어난 개띠는 전생에 숙례국에서 천상선관(天上仙官), 즉 하늘에서 선녀들을 교육하고 감독하는 직책에 있으며 선녀들과 가까이 하다 한 선녀를 사모하게 되었고 직무에 태만하여 선관직에서 파직됨과 동시에 벌금으로 금 11만관을 신(辛)씨 성을 가진 재정관에게 바칠 것과 덕치제중(德治濟衆)이라 하여 모든 사람들에게 덕을 베풀어 죄를 사죄하라는 명을 받고 인간으로 환생하였다. 뿐만 아니라 인간세상에 가서도 죄를 짓게 되면 죽어서 평등대왕이 다스리는 추해지옥에 들어가 고통을 받게 한다는 예비적 형벌까지 받게 되었다.

경술생은 용감하고 정직하며 매사에 대범하다. 단 한 가지 남에게 굽히지 않는 특성이 있어 자칫하면 안하무인격인 사람처럼 보이기도 한다. 또한 갑인자(甲寅字)가 든 해는 불길(不吉)하니 주의해야 한다.

운명수 55 • 개띠〔임술생(壬戌生)〕

임술년(壬戌年)에 태어난 개띠는 전생에 숙례국에서 성구성군으로 봉직하며 비교적 행복한 삶을 누리던 어느 날 선녀를 희롱하고 옥황상제께서 많은 덕을 인간에게 베풀라는 명을 거역했기 때문에 옥황상제로부터 인간세계로 쫓겨나게 되었다. 뿐만 아니라 벌금으로 금 7만 3천관을 팽(彭)씨 성을 가진 재정관에게 바치도록 했으며 전륜대왕이 다스리는 흑암지옥에 떨어져 죽은 뒤(死後)에 고통받도록 하였다. 다만 인간세상에서 수신적선(修身積善)한다면 지옥보다는 천당으로 갈 수 있도록 했다.

임술생은 두뇌가 총명하고 손재주가 뛰어나 여러 사람들로부터 추앙을 받게 된다. 성격은 급하면서도 남하고 다투기를 아주 싫어한다. 특히 종교계에 종사하면서 덕을 베푼다면 죄를 사죄 받을 수 있다.

운명수 56 • 돼지띠〔을해생(乙亥生)〕

을해년(乙亥年)에 태어난 돼지띠는 전생에 숙원국에서 근백성군이란 요직에 있었는데 주색 방탕하여 많은 천관으로부터 힐책을 받은 바 있었는데도 정신을 차리지 못하고 주색 방탕만 하다가 결국 옥황상제로부터 형벌을 받아 인간으로 태어나게 되었다. 뿐만 아니라 벌금으로 금 4만 8천관을 성(成)씨 성을 가진 천관에게 바치고 활인공덕(活人功德 죽어가는 사람을 살려냄)을 하라는 뜻에서 금강경 16권에 해당하는 착한 일을 하라는 명을 내렸고 이 명을 저버리고 인간세계에서도 죄를 지을 경우에는 진광대왕이 다스리는 도산지옥(刀山地獄)에 들어가 눈 뜨고는 볼 수 없는 고통을 받도록 예비적 형벌까지 받아 태어나게 된 것이다.

을해생의 성격은 지극히 온순하며 불의(不義)를 보고 참지 못할 정도로 의협심이 강하다. 불길한 운(運)은 오자(午字) 사자(巳字) 신자(申字)가 들어 있는 해가 된다. 수명은 비교적 장수하나 말년이 외로운 상이다.

운명수 57 • 개띠〔정해생(丁亥生)〕

정해년(丁亥年)에 태어난 개띠는 전생에 숙원국에서 근백성군이라는 요직에 있었으나 맡은 바 임무에 충실하지 못하고 재산에 탐욕하고 주색으로 방탕하여 옥황상제께서 인간세계로 내쫓아버렸다. 또한 벌금으로 금 3만 7천관을 길(吉)씨 성을 가진 천관에게 바칠 것과 만약 인간세상에 내려가서도 죄를 짓게 되면 송제대왕이 다스리는 한빙지옥에서 고통받는 예비적 형벌까지 받기도 하였다.

정해생의 성격은 대체로 유순하고 착한 편이지만 외고집이 있어 자칫하면 부부생활에 불화가 있게 되고 친구간에도 불화가 있게 된다. 사자(巳字)가 들은 해 4월이나 10월 등에는 이사로 인한 이동과 직업에 큰 변동이 있는 시기이다. 한편 뱀띠나 용띠와의 부부 결합은 절대 불길하여 별거 생이별 등을 겪게 된다.

운명수 58 • 돼지띠〔기해생(己亥生)〕

기해년(己亥年)에 태어난 돼지띠는 전생에 숙원국에서 근백성군이란 요직에 있으면서 욕심이 많아 여러 사람을 괴롭혔고 선계(仙界)에 들어가 선녀들을 희롱한 죄로 옥황상제로부터 형벌을 받아 인간세계로 쫓겨나게 된 것이다. 뿐만 아니라 벌금으로 금 7만 2천관을 정(丁)씨 성을 가진 천관에게 바칠 것과 만약 인간세계에서도 죄를 짓게 되면 태산대왕이 다스리는 좌마지옥에 들어가 고통을 당하게 한다는 예비적 형벌까지 받았던 것이다.

기해생의 성격은 비교적 총명하고 어질고 사리판단이 분명하다. 아울러 자존심이 강하여 남에게 의지하지 않고 독립해서 살아가게 된다. 불길한 운은 7세 19세 31세 43세 되는 해 4월 7월이 된다. 이때는 손재 질병 상재(喪災) 등으로 크나큰 어려움이 따르게 된다.

운명수 59 • 돼지띠〔신해생(辛亥生)〕

신해년(辛亥年)에 태어난 돼지띠는 전생에 숙원국에서 천인(天人)을 교화 지도하는 천사(天師)였는데 자신의 학문과 수양이 부족한 탓으로 제대로 가르치지 못하여 결국 직책에서 파직되고 옥황상제로부터 형벌을 받아 인간으로 환생하였다. 또한 인간세계에서도 금강경 45권에 해당하는 거대한 양의 신정중생(身淨衆生 몸을 닦고 청결히 하여 여러 사람을 선도하는 것)을 해야 한다고 하였으며 인간에게 해를 입혀 죄를 짓게 되면 죽어서 평등대왕이 다스리는 추해지옥에 들어가 모진 고생을 할 것과 벌금으로 금 10만 1천관을 석(石)씨 성을 가진 재정관에게 바칠 것을 옥황상제께서 친히 명하였다.

신해생의 성격은 급하고 비교적 욕심이 많으며 질투심이 강하다. 그러나 가정적으로는 부모에게 효도하고 처자 등과 화목하는 특성도 있다. 형제는 많은 편이나 형제중 1명이 조사(早死)하는 불행(不幸)이 있게 된다.

운명수 60 • 돼지띠〔계해생(癸亥生)〕

계해년(癸亥年)에 태어난 돼지띠는 전생에 숙원국이란 나라에서 경사(經師 모든 경전을 가르치는 하늘의 스승)였는데 자신의 수양은 물론 다른 천인에게도 가르침을 태만이 한 죄로 옥황상제께서 인간이 되어 많은 사람들을 가르치고 지도하라고 인간세계로 내쫓아버리고 벌금으로 금 7만 2천관을 구(仇)씨 성을 가진 천관에게 바치도록 하였으며 만약 인간세상에서도 자신의 수양을 게으르게 하고 타인에게 죄를 짓게 되면 전륜대왕이 다스리는 흑암지옥에 들어가 고통을 받게 하는 예비적 형벌까지 받았던 것이다.

계해생은 부모운 형제운이 미약하여 덕(德)이 없는 편이다. 성격은 쾌활하고 명랑하며 무슨 일이고 원만하게 해결하려는 특성이 있다. 사자(巳

字)가 들은 해나 진자(辰字)가 든 해는 여러 사람과 구설 시비가 있어 특별히 주의해야 한다. 결혼을 할 때에는 정사생(丁巳生)이나 병진생(丙辰生) 등과는 하지 않는 게 좋고 원숭이띠 토끼띠 양띠 범띠 등과는 결혼을 하면 대길하다.

나의 비밀수는

비밀수는 당신의 생년 생월 생일의 간지(干支)를 합하여 천간(天干)은 천간대로 지지(地支)는 지지(地支)대로 각각 합하여 8로 제외하고 남은 수로 비밀수를 정한다.

도표와 같이 갑(甲)은 1 을(乙)은 2 병(丙)은 3 식으로 1에서 10까지 정해져 있고 자(子)는 1 축(丑)은 2 인(寅)은 3 식으로 1에서 12까지 정해져 있다.

예를 들면 생년월일이 1987년 1월 15일(음력) 생이라면 해당 간지는 정묘(丁卯) 임인(壬寅) 임진(壬辰)이다. 이와 같은 간지를 숫자로 구분해 보면 정(丁)은 4 임(壬)은 9이고 묘(卯)는 4 인(寅)은 3 진(辰)은 5인데 천간을 합한 천간합수22(4·9·9)를 8로 나누면 (2×8=16) 6이 남고 지지를 합한 지지합수 12를 8로 나누니 4가 남는다. 따라서 1987년 1월 15일생의 비밀수는 64가 된다.

이상의 설명은 사주(四柱)를 만세력(사주를 뽑는 책)을 통해 응용할 때만이 가능하다. 그러므로 운명학을 전혀 모른다든가 또는 안다고 해도 지극히 불편하다. 그래서 좀더 쉬운 방법으로 1920년에서 2000년까지 80년 동안을 전술한 방법에 의하여 미리 산출해 놓았다.

따라서 여러분께서는 전술한 내용에 불문하고 자신의 생년월일의 칸(ㅁ)에 해당한 숫자만 찾아서 읽으면 된다. 같은 숫자(卦)라 할지라도 초년 중년 말년으로 일생을 3등분하였기 때문에 초년을 알고자 한다면 초년운편에서 중년운은 중년운편에서 말년운은 말년운편에서 각각 읽어보면 된다.

한 예로 1960년 7월 11일(음력) 생이라면 비밀수는 17이 된다. 이 17을 운수비록 속에서 찾아 초년운 중년운 말년운 등을 읽어보면 된다.

비밀수 조견표를 도표로 예를 들어 보면 1960년 7월인 경우 맨 위에 경자년(庚

子年)이라는 것은 1960년이 쥐띠임을 지적하고 옆에 단기와 서기의 숫자는 생년을 지적한 것이다. 그리고 건월 7월(七月) 칸에 한자로 갑신(甲申) 대(大)라고 쓰인 것은 음력으로 7월이 큰달임을 지적한다. 해당 간지는 월건(月建)이다. 그 다음에 절기(節氣)가 있는데 처서(處暑) 백로(白鷺)가 기록돼 있다. 세 번째 칸에 한자로 나열된 것은 음력이고 그 밑에 8 9……라고 쓰인 것은 양력 월을 말하며 22 23 24 25…… 등의 숫자는 양력 일수이다. 다시 한자로 임오(壬午) 계미(亥未) 갑신(甲申) 을유(乙酉) 등은 해당일의 일진(干支)이다. 그리고 맨 아래의 숫자가 각자의 운수에 해당하는 운수비록인 비밀수이다.

독자들은 양력이든지 또는 음력이든지 생년 생월 생일 칸에 해당한 비밀수만 찾아 읽으면 된다. 단 하나 동일한 비밀수로 초년운 중년운 말년운을 각각 읽어야 한다.

본문의 비밀수 옆에 비룡괘(飛龍卦) 호위괘(虎危卦)라는 것 등은 그 해당 운수(卦)갖고 있는 특성을 간략하게 설명해 놓은 것이며 천도(天度)가 운기에 따라 다소 차이가 있어 간혹 차이점이 있다.

• 간지및 숫자 도표 •

간지수 (干支数)	천간 (天干)	지지수 (地支数)	지지 (地支)
1	갑(甲)	1	자(子)
2	을(乙)	2	축(丑)
3	병(丙)	3	인(寅)
4	정(丁)	4	묘(卯)
5	무(戊)	5	진(辰)
6	기(己)	6	사(巳)
7	경(庚)	7	오(午)
8	신(辛)	8	미(未)
9	임(壬)	9	신(申)
10	계(癸)	10	유(酉)
		11	술(戌)
		12	해(亥)

예·1) 1987년 1월 15일생

1987년 1월 15일

丁(4) 壬(9) 壬(9)

→(22)·2×8=16+ **6**

卯(4) 寅(3) 辰(5)

→(12)·12−8= **4**

예·2) 1960년 7월 11일생

1960년 7월 11일

庚(7) 甲(1) 壬(9)

→(17)·2×8=16+ **1**

子(1) 申(9) 辰(5)

→(15)·15−8= **7**

예·3) 1960년 7월 11일(음력)

단기 4293 년
서기 1960 년 庚 子 年 二 金神

七 月 (甲 申) 大

절기		처서																백로												
음력	一	二	三	四	五	六	七	八	九	十	十一	十二	十三	十四	十五	十六	十七	十八	十九	廿	廿一	廿二	廿三	廿四	廿五	廿六	廿七	廿八	廿九	三十
양력 월/일	8/22	23	24	25	26	27	28	29	30	31	9/1	2	3	4	5	6	7	8	9	10	11	12	13	14	15	16	17	18	19	20
일진	壬午	癸未	甲申	乙酉	丙戌	丁亥	戊子	己丑	庚寅	辛卯	壬辰	癸巳	甲午	乙未	丙申	丁酉	戊戌	己亥	庚子	辛丑	壬寅	癸卯	甲辰	乙巳	丙午	丁未	戊申	己酉	庚戌	辛亥
비밀수	11	22	13	24	35	46	53	64	75	86	17	28	11	22	33	44	55	77	84	15	26	37	28	31	42	53	64	75	86	17

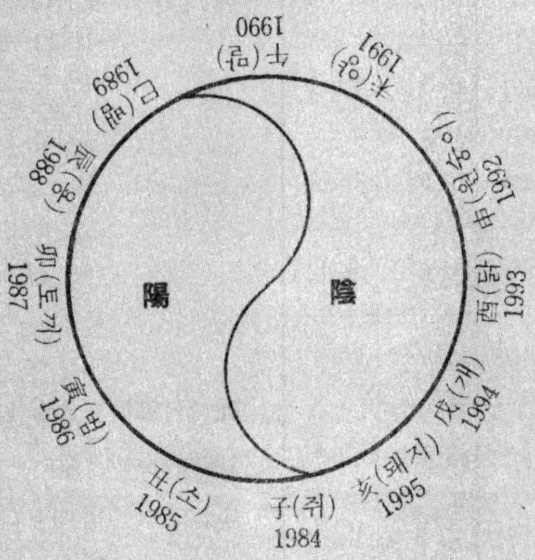

이 그림은 년도와 각자 띠를 쉽게 알 수 있도록 정리하였다. 본문의 초년운·중년운·말년운에 나오는 '자축(子丑)자가 들어 있는 해……' 등을 이해하려면 이 그림을 참고하면 쉽게 알 수 있다. 시계바늘 방향으로 계속 한 해(1년)씩을 더해가면서 자기가 알아 보고 싶은 해의 띠를 찾으면 될 것이다.

운수비록(運數秘録)

단기 4253년
서기 1920년

庚 申 年

二 金神

正 月 (戊 寅) 小

절기	우수														경칩															
음력	一	二	三	四	五	六	七	八	九	十	十一	十二	十三	十四	十五	十六	十七	十八	十九	廿	廿一	廿二	廿三	廿四	廿五	廿六	廿七	廿八	廿九	
양력 월/일	2/20	21	22	23	24	25	26	27	28	29	3/1	2	3	4	5	6	7	8	9	10	11	12	13	14	15	16	17	18	19	
일진	戊申	己酉	庚戌	辛亥	壬子	癸丑	甲寅	乙卯	丙辰	丁巳	戊午	己未	庚申	辛酉	壬戌	癸亥	甲子	乙丑	丙寅	丁卯	戊辰	己巳	庚午	辛未	壬申	癸酉	甲戌	乙亥	丙子	
비밀수	15	26	37	48	55	63	57	68	71	82	13	24	35	46	57	68	55	66	77	88	11	22	33	44	55	66	57	68	75	

二 月 (己 卯) 大

절기		춘분															청명	한식												
음력	一	二	三	四	五	六	七	八	九	十	十一	十二	十三	十四	十五	十六	十七	十八	十九	廿	廿一	廿二	廿三	廿四	廿五	廿六	廿七	廿八	廿九	卅
양력 월/일	3/20	21	22	23	24	25	26	27	28	29	30	31	4/1	2	3	4	5	6	7	8	9	10	11	12	13	14	15	16	17	18
일진	丁丑	戊寅	己卯	庚辰	辛巳	壬午	癸未	甲申	乙酉	丙戌	丁亥	戊子	己丑	庚寅	辛卯	壬辰	癸巳	甲午	乙未	丙申	丁酉	戊戌	己亥	庚子	辛丑	壬寅	癸卯	甲辰	乙巳	丙午
비밀수	17	28	31	42	53	64	75	66	77	88	11	26	37	48	51	62	73	64	75	86	17	28	31	46	57	68	73	62	71	84

三 月 (庚 辰) 小

절기		곡우																입하												
음력	一	二	三	四	五	六	七	八	九	十	十一	十二	十三	十四	十五	十六	十七	十八	十九	廿	廿一	廿二	廿三	廿四	廿五	廿六	廿七	廿八	廿九	
양력 월/일	4/19	20	21	22	23	24	25	26	27	28	29	30	5/1	2	3	4	5	6	7	8	9	10	11	12	13	14	15	16	17	
일진	丁未	戊申	己酉	庚戌	辛亥	壬子	癸丑	甲寅	乙卯	丙辰	丁巳	戊午	己未	庚申	辛酉	壬戌	癸亥	甲子	乙丑	丙寅	丁卯	戊辰	己巳	庚午	辛未	壬申	癸酉	甲戌	乙亥	
비밀수	26	37	48	51	62	77	88	71	82	13	24	35	46	57	68	71	82	77	88	11	22	33	44	55	66	77	88	71	82	

四 月 (辛 巳) 小

절기				소만																망종										
음력	一	二	三	四	五	六	七	八	九	十	十一	十二	十三	十四	十五	十六	十七	十八	十九	廿	廿一	廿二	廿三	廿四	廿五	廿六	廿七	廿八	廿九	
양력 월/일	5/18	19	20	21	22	23	24	25	26	27	28	29	30	31	6/1	2	3	4	5	6	7	8	9	10	11	12	13	14	15	
일진	丙子	丁丑	戊寅	己卯	庚辰	辛巳	壬午	癸未	甲申	乙酉	丙戌	丁亥	戊子	己丑	庚寅	辛卯	壬辰	癸巳	甲午	乙未	丙申	丁酉	戊戌	己亥	庚子	辛丑	壬寅	癸卯	甲辰	
비밀수	38	31	42	53	64	75	86	17	88	11	22	33	48	51	62	73	84	15	86	17	28	31	42	53	68	71	82	13	84	

五 月 (壬 午) 大

절기							하지															소서								
음력	一	二	三	四	五	六	七	八	九	十	十一	十二	十三	十四	十五	十六	十七	十八	十九	廿	廿一	廿二	廿三	廿四	廿五	廿六	廿七	廿八	廿九	卅
양력 월/일	6/16	17	18	19	20	21	22	23	24	25	26	27	28	29	30	7/1	2	3	4	5	6	7	8	9	10	11	12	13	14	15
일진	乙巳	丙午	丁未	戊申	己酉	庚戌	辛亥	壬子	癸丑	甲寅	乙卯	丙辰	丁巳	戊午	己未	庚申	辛酉	壬戌	癸亥	甲子	乙丑	丙寅	丁卯	戊辰	己巳	庚午	辛未	壬申	癸酉	甲戌
비밀수	26	37	48	51	62	73	84	11	22	13	24	35	46	57	68	71	82	13	24	11	22	33	44	55	66	77	88	11	22	33

六 月 (癸 未) 小

절기						초복		대서								중복								입추		말복				
음력	一	二	三	四	五	六	七	八	九	十	十一	十二	十三	十四	十五	十六	十七	十八	十九	廿	廿一	廿二	廿三	廿四	廿五	廿六	廿七	廿八	廿九	
양력 월/일	7/16	17	18	19	20	21	22	23	24	25	26	27	28	29	30	31	8/1	2	3	4	5	6	7	8	9	10	11	12	13	
일진	乙亥	丙子	丁丑	戊寅	己卯	庚辰	辛巳	壬午	癸未	甲申	乙酉	丙戌	丁亥	戊子	己丑	庚寅	辛卯	壬辰	癸巳	甲午	乙未	丙申	丁酉	戊戌	己亥	庚子	辛丑	壬寅	癸卯	
비밀수	35	42	53	64	75	86	17	28	31	22	33	44	55	66	73	84	15	26	37	28	31	42	53	64	75	82	13	24	35	

正十 月 黑中	南大將	戌 喪門	午 吊客	南 三殺

七 月 (甲 申) 小

절 기										처서																백로				
음 력	一	二	三	四	五	六	七	八	九	十	十一	十二	十三	十四	十五	十六	十七	十八	十九	廿	廿一	廿二	廿三	廿四	廿五	廿六	廿七	廿八	廿九	
양력 월/일	8/14	15	16	17	18	19	20	21	22	23	24	25	26	27	28	29	30	31	9/1	2	3	4	5	6	7	8	9	10	11	
일 진	甲辰	乙巳	丙午	丁未	戊申	己酉	庚戌	辛亥	壬子	癸丑	甲寅	乙卯	丙辰	丁巳	戊午	己未	庚申	辛酉	壬戌	癸亥	甲子	乙丑	丙寅	丁卯	戊辰	己巳	庚午	辛未	壬申	
비밀수	17	28	31	42	53	64	75	86	13	24	15	26	37	48	51	62	73	84	15	26	13	24	35	46	57	68	71	82	13	

八 月 (乙 酉) 大

절 기												추분															한로			
음 력	一	二	三	四	五	六	七	八	九	十	十一	十二	十三	十四	十五	十六	十七	十八	十九	廿	廿一	廿二	廿三	廿四	廿五	廿六	廿七	廿八	廿九	卅
양력 월/일	9/12	13	14	15	16	17	18	19	20	21	22	23	24	25	26	27	28	29	30	10/1	2	3	4	5	6	7	8	9	10	11
일 진	癸酉	甲戌	乙亥	丙子	丁丑	戊寅	己卯	庚辰	辛巳	壬午	癸未	甲申	乙酉	丙戌	丁亥	戊子	己丑	庚寅	辛卯	壬辰	癸巳	甲午	乙未	丙申	丁酉	戊戌	己亥	庚子	辛丑	壬寅
비밀수	35	26	37	44	53	66	77	88	11	22	33	24	35	46	57	64	75	86	17	28	31	22	33	44	55	66	77	84	15	26

九 月 (丙 戌) 大

절 기													상강															입동		
음 력	一	二	三	四	五	六	七	八	九	十	十一	十二	十三	十四	十五	十六	十七	十八	十九	廿	廿一	廿二	廿三	廿四	廿五	廿六	廿七	廿八	廿九	卅
양력 월/일	10/12	13	14	15	16	17	18	19	20	21	22	23	24	25	26	27	28	29	30	31	11/1	2	3	4	5	6	7	8	9	10
일 진	癸卯	甲辰	乙巳	丙午	丁未	戊申	己酉	庚戌	辛亥	壬子	癸丑	甲寅	乙卯	丙辰	丁巳	戊午	己未	庚申	辛酉	壬戌	癸亥	甲子	乙丑	丙寅	丁卯	戊辰	己巳	庚午	辛未	壬申
비밀수	48	31	42	53	64	75	86	17	28	35	46	37	48	51	62	73	84	15	24	35	48	35	46	57	68	71	82	13	24	35

十 月 (丁 亥) 小

절 기												소설															대설			
음 력	一	二	三	四	五	六	七	八	九	十	十一	十二	十三	十四	十五	十六	十七	十八	十九	廿	廿一	廿二	廿三	廿四	廿五	廿六	廿七	廿八	廿九	
양력 월/일	11/11	12	13	14	15	16	17	18	19	20	21	22	23	24	25	26	27	28	29	30	12/1	2	3	4	5	6	7	8	9	
일 진	癸酉	甲戌	乙亥	丙子	丁丑	戊寅	己卯	庚辰	辛巳	壬午	癸未	甲申	乙酉	丙戌	丁亥	戊子	己丑	庚寅	辛卯	壬辰	癸巳	甲午	乙未	丙申	丁酉	戊戌	己亥	庚子	辛丑	
비밀수	57	48	51	66	77	88	11	22	33	44	55	46	57	68	71	86	17	28	31	42	53	44	55	66	77	88	11	26	37	

十 一 月 (戊 子) 大

절 기													동지															소한		
음 력	一	二	三	四	五	六	七	八	九	十	十一	十二	十三	十四	十五	十六	十七	十八	十九	廿	廿一	廿二	廿三	廿四	廿五	廿六	廿七	廿八	廿九	卅
양력 월/일	12/10	11	12	13	14	15	16	17	18	19	20	21	22	23	24	25	26	27	28	29	30	31	1/1	2	3	4	5	6	7	8
일 진	壬寅	癸卯	甲辰	乙巳	丙午	丁未	戊申	己酉	庚戌	辛亥	壬子	癸丑	甲寅	乙卯	丙辰	丁巳	戊午	己未	庚申	辛酉	壬戌	癸亥	甲子	乙丑	丙寅	丁卯	戊辰	己巳	庚午	辛未
비밀수	55	66	57	68	71	82	13	24	35	46	53	64	55	66	77	88	11	22	33	44	55	66	53	64	75	86	17	28	31	42

十 二 月 (己 丑) 大

절 기												대한															입춘			
음 력	一	二	三	四	五	六	七	八	九	十	十一	十二	十三	十四	十五	十六	十七	十八	十九	廿	廿一	廿二	廿三	廿四	廿五	廿六	廿七	廿八	廿九	卅
양력 월/일	1/9	10	11	12	13	14	15	16	17	18	19	20	21	22	23	24	25	26	27	28	29	30	31	2/1	2	3	4	5	6	7
일 진	壬申	癸酉	甲戌	乙亥	丙子	丁丑	戊寅	己卯	庚辰	辛巳	壬午	癸未	甲申	乙酉	丙戌	丁亥	戊子	己丑	庚寅	辛卯	壬辰	癸巳	甲午	乙未	丙申	丁酉	戊戌	己亥	庚子	辛丑
비밀수	64	75	66	77	84	15	26	37	48	51	62	73	64	75	86	17	24	35	46	57	68	71	62	73	84	15	26	37	44	55

단기 4254년
서기 1921년

辛 酉 年

六 金神

正 月 (庚 寅) 大

절기											우수															경칩			
음력	一	二	三	四	五	六	七	八	九	十	十一	十二	十三	十四	十五	十六	十七	十八	十九	二十	廿一	廿二	廿三	廿四	廿五	廿六	廿七	廿八	廿九	三十
양력 월/일	2/8	9	10	11	12	13	14	15	16	17	18	19	20	21	22	23	24	25	26	27	28	3/1	2	3	4	5	6	7	8	9
일진	壬寅	癸卯	甲辰	乙巳	丙午	丁未	戊申	己酉	庚戌	辛亥	壬子	癸丑	甲寅	乙卯	丙辰	丁巳	戊午	己未	庚申	辛酉	壬戌	癸亥	甲子	乙丑	丙寅	丁卯	戊辰	己巳	庚午	辛未
비밀수	88	11	82	13	24	35	46	57	68	71	86	17	88	11	22	33	44	55	66	77	88	11	86	17	28	31	42	53	64	75

二 月 (辛 卯) 小

절기											춘분															청명			
음력	一	二	三	四	五	六	七	八	九	十	十一	十二	十三	十四	十五	十六	十七	十八	十九	二十	廿一	廿二	廿三	廿四	廿五	廿六	廿七	廿八	廿九	
양력 월/일	3/10	11	12	13	14	15	16	17	18	19	20	21	22	23	24	25	26	27	28	29	30	31	4/1	2	3	4	5	6	7	
일진	壬申	癸酉	甲戌	乙亥	丙子	丁丑	戊寅	己卯	庚辰	辛巳	壬午	癸未	甲申	乙酉	丙戌	丁亥	戊子	己丑	庚寅	辛卯	壬辰	癸巳	甲午	乙未	丙申	丁酉	戊戌	己亥	庚子	
비밀수	17	28	11	22	37	48	51	62	73	84	15	26	17	28	31	42	57	68	71	82	13	24	15	26	37	48	51	62	77	

三 月 (壬 辰) 大

절기													곡우															입하	
음력	一	二	三	四	五	六	七	八	九	十	十一	十二	十三	十四	十五	十六	十七	十八	十九	二十	廿一	廿二	廿三	廿四	廿五	廿六	廿七	廿八	廿九	三十
양력 월/일	4/8	9	10	11	12	13	14	15	16	17	18	19	20	21	22	23	24	25	26	27	28	29	30	5/1	2	3	4	5	6	7
일진	辛丑	壬寅	癸卯	甲辰	乙巳	丙午	丁未	戊申	己酉	庚戌	辛亥	壬子	癸丑	甲寅	乙卯	丙辰	丁巳	戊午	己未	庚申	辛酉	壬戌	癸亥	甲子	乙丑	丙寅	丁卯	戊辰	己巳	庚午
비밀수	11	22	33	24	35	46	57	68	71	82	13	28	31	23	33	44	55	66	77	88	11	22	33	28	31	42	53	64	75	86

四 月 (癸 巳) 小

절기														소만															
음력	一	二	三	四	五	六	七	八	九	十	十一	十二	十三	十四	十五	十六	十七	十八	十九	二十	廿一	廿二	廿三	廿四	廿五	廿六	廿七	廿八	廿九	
양력 월/일	5/8	9	10	11	12	13	14	15	16	17	18	19	20	21	22	23	24	25	26	27	28	29	30	31	6/1	2	3	4	5	
일진	辛未	壬申	癸酉	甲戌	乙亥	丙子	丁丑	戊寅	己卯	庚辰	辛巳	壬午	癸未	甲申	乙酉	丙戌	丁亥	戊子	己丑	庚寅	辛卯	壬辰	癸巳	甲午	乙未	丙申	丁酉	戊戌	己亥	
비밀수	28	31	42	34	44	51	62	73	84	15	26	37	48	31	42	53	64	71	82	13	24	35	46	37	48	51	62	73	84	

五 月 (甲 午) 小

절기	망종																하지													
음력	一	二	三	四	五	六	七	八	九	十	十一	十二	十三	十四	十五	十六	十七	十八	十九	二十	廿一	廿二	廿三	廿四	廿五	廿六	廿七	廿八	廿九	
양력 월/일	6/6	7	8	9	10	11	12	13	14	15	16	17	18	19	20	21	22	23	24	25	26	27	28	29	30	7/1	2	3	4	
일진	庚子	辛丑	壬寅	癸卯	甲辰	乙巳	丙午	丁未	戊申	己酉	庚戌	辛亥	壬子	癸丑	甲寅	乙卯	丙辰	丁巳	戊午	己未	庚申	辛酉	壬戌	癸亥	甲子	乙丑	丙寅	丁卯	戊辰	
비밀수	82	13	24	35	26	37	48	51	62	73	84	16	15	22	33	24	35	46	57	68	82	13	24	35	22	33	44	55	66	

六 月 (乙 未) 大

절기				소서								초복							대서			중복								
음력	一	二	三	四	五	六	七	八	九	十	十一	十二	十三	十四	十五	十六	十七	十八	十九	二十	廿一	廿二	廿三	廿四	廿五	廿六	廿七	廿八	廿九	三十
양력 월/일	7/5	6	7	8	9	10	11	12	13	14	15	16	17	18	19	20	21	22	23	24	25	26	27	28	29	30	31	8/1	2	3
일진	己巳	庚午	辛未	壬申	癸酉	甲戌	乙亥	丙子	丁丑	戊寅	己卯	庚辰	辛巳	壬午	癸未	甲申	乙酉	丙戌	丁亥	戊子	己丑	庚寅	辛卯	壬辰	癸巳	甲午	乙未	丙申	丁酉	戊戌
비밀수	88	11	22	33	44	35	46	53	64	75	86	17	28	31	42	33	44	55	66	73	84	15	26	37	48	31	42	53	64	75

七月 黑中	南 大將	亥 喪門	未 吊客	東 三殺

七 月 (丙 申) 小

절 기					입추																처서									
음 력	一	二	三	四	五	六	七	八	九	十	十一	十二	十三	十四	十五	十六	十七	十八	十九	廿	廿一	廿二	廿三	廿四	廿五	廿六	廿七	廿八	廿九	
양력 월/일	8/4	5	6	7	8	9	10	11	12	13	14	15	16	17	18	19	20	21	22	23	24	25	26	27	28	29	30	31	9/1	
일 진	己亥	庚子	辛丑	壬寅	癸卯	甲辰	乙巳	丙午	丁未	戊申	己酉	庚戌	辛亥	壬子	癸丑	甲寅	乙卯	丙辰	丁巳	戊午	己未	庚申	辛酉	壬戌	癸亥	甲子	乙丑	丙寅	丁卯	
비밀수	17	24	35	46	57	48	51	62	73	84	15	26	37	44	53	46	57	68	71	82	13	34	35	46	57	44	55	66	77	

八 月 (丁 酉) 小

절 기							백로															추분								
음 력	一	二	三	四	五	六	七	八	九	十	十一	十二	十三	十四	十五	十六	十七	十八	十九	廿	廿一	廿二	廿三	廿四	廿五	廿六	廿七	廿八	廿九	
양력 월/일	9/2	3	4	5	6	7	8	9	10	11	12	13	14	15	16	17	18	19	20	21	22	23	24	25	26	27	28	29	30	
일 진	戊辰	己巳	庚午	辛未	壬申	癸酉	甲戌	乙亥	丙子	丁丑	戊寅	己卯	庚辰	辛巳	壬午	癸未	甲申	乙酉	丙戌	丁亥	戊子	己丑	庚寅	辛卯	壬辰	癸巳	甲午	乙未	丙申	
비밀수	11	22	33	44	55	66	57	68	75	86	17	28	31	42	53	64	55	66	77	88	15	26	37	48	51	62	53	64	75	

九 月 (戊 戌) 大

절 기									한로															상강						
음 력	一	二	三	四	五	六	七	八	九	十	十一	十二	十三	十四	十五	十六	十七	十八	十九	廿	廿一	廿二	廿三	廿四	廿五	廿六	廿七	廿八	廿九	三十
양력 월/일	10/1	2	3	4	5	6	7	8	9	10	11	12	13	14	15	16	17	18	19	20	21	22	23	24	25	26	27	28	29	30
일 진	丁酉	戊戌	己亥	庚子	辛丑	壬寅	癸卯	甲辰	乙巳	丙午	丁未	戊申	己酉	庚戌	辛亥	壬子	癸丑	甲寅	乙卯	丙辰	丁巳	戊午	己未	庚申	辛酉	壬戌	癸亥	甲子	乙丑	丙寅
비밀수	17	28	31	46	57	68	71	62	73	64	75	16	37	48	51	66	77	68	71	82	13	24	35	46	57	68	71	66	77	88

十 月 (己 亥) 小

절 기									입동															소설						
음 력	一	二	三	四	五	六	七	八	九	十	十一	十二	十三	十四	十五	十六	十七	十八	十九	廿	廿一	廿二	廿三	廿四	廿五	廿六	廿七	廿八	廿九	
양력 월/일	10/31	11/1	2	3	4	5	6	7	8	9	10	11	12	13	14	15	16	17	18	19	20	21	22	23	24	25	26	27	28	
일 진	丁卯	戊辰	己巳	庚午	辛未	壬申	癸酉	甲戌	乙亥	丙子	丁丑	戊寅	己卯	庚辰	辛巳	壬午	癸未	甲申	乙酉	丙戌	丁亥	戊子	己丑	庚寅	辛卯	壬辰	癸巳	甲午	乙未	
비밀수	22	33	64	55	66	77	88	71	82	17	28	31	42	53	64	75	86	77	88	11	22	37	58	51	62	73	84	75	86	

十 一 月 (庚 子) 大

절 기										대설														동지						
음 력	一	二	三	四	五	六	七	八	九	十	十一	十二	十三	十四	十五	十六	十七	十八	十九	廿	廿一	廿二	廿三	廿四	廿五	廿六	廿七	廿八	廿九	三十
양력 월/일	11/29	30	12/1	2	3	4	5	6	7	8	9	10	11	12	13	14	15	16	17	18	19	20	21	22	23	24	25	26	27	28
일 진	丙申	丁酉	戊戌	己亥	庚子	辛丑	壬寅	癸卯	甲辰	乙巳	丙午	丁未	戊申	己酉	庚戌	辛亥	壬子	癸丑	甲寅	乙卯	丙辰	丁巳	戊午	己未	庚申	辛酉	壬戌	癸亥	甲子	乙丑
비밀수	24	35	46	57	64	75	86	17	88	11	22	33	44	55	66	77	64	75	86	17	28	31	42	53	64	75	86	17	84	15

十 二 月 (辛 丑) 大

절 기									소한															대한						
음 력	一	二	三	四	五	六	七	八	九	十	十一	十二	十三	十四	十五	十六	十七	十八	十九	廿	廿一	廿二	廿三	廿四	廿五	廿六	廿七	廿八	廿九	三十
양력 월/일	12/29	30	31	1/1	2	3	4	5	6	7	8	9	10	11	12	13	14	15	16	17	18	19	20	21	22	23	24	25	26	27
일 진	丙寅	丁卯	戊辰	己巳	庚午	辛未	壬申	癸酉	甲戌	乙亥	丙子	丁丑	戊寅	己卯	庚辰	辛巳	壬午	癸未	甲申	乙酉	丙戌	丁亥	戊子	己丑	庚寅	辛卯	壬辰	癸巳	甲午	乙未
비밀수	37	48	51	62	73	84	15	26	17	28	35	46	57	68	71	82	13	24	15	26	37	48	55	66	77	88	11	22	13	24

단기 4255년
서기 1922년

壬 戌 年

四金神

正 月 (壬 寅) 大

절기								입춘															우수							
음력	一	二	三	四	五	六	七	八	九	十	十一	十二	十三	十四	十五	十六	十七	十八	十九	二十	廿一	廿二	廿三	廿四	廿五	廿六	廿七	廿八	廿九	三十
양력 월/일	1/28	29	30	31	2/1	2	3	4	5	6	7	8	9	10	11	12	13	14	15	16	17	18	19	20	21	22	23	24	25	26
일진	丙申	丁酉	戊戌	己亥	庚子	辛丑	壬寅	癸卯	甲辰	乙巳	丙午	丁未	戊申	己酉	庚戌	辛亥	壬子	癸丑	甲寅	乙卯	丙辰	丁巳	戊午	己未	庚申	辛酉	壬戌	癸亥	甲子	乙丑
비밀수	35	46	57	68	75	86	17	42	33	44	55	66	77	88	11	22	37	48	31	42	53	64	75	86	17	28	31	42	37	48

二 月 (癸 卯) 小

절기								경칩															춘분							
음력	一	二	三	四	五	六	七	八	九	十	十一	十二	十三	十四	十五	十六	十七	十八	十九	二十	廿一	廿二	廿三	廿四	廿五	廿六	廿七	廿八	廿九	
양력 월/일	2/27	28	3/1	2	3	4	5	6	7	8	9	10	11	12	13	14	15	16	17	18	19	20	21	22	23	24	25	26	27	
일진	丙寅	丁卯	戊辰	己巳	庚午	辛未	壬申	癸酉	甲戌	乙亥	丙子	丁丑	戊寅	己卯	庚辰	辛巳	壬午	癸未	甲申	乙酉	丙戌	丁亥	戊子	己丑	庚寅	辛卯	壬辰	癸巳	甲午	
비밀수	62	73	84	15	26	37	48	51	42	53	68	71	82	13	24	35	46	37	48	51	62	73	88	11	22	33	44	55	46	

三 月 (甲 辰) 大

절기									청명	한식															곡우					
음력	一	二	三	四	五	六	七	八	九	十	十一	十二	十三	十四	十五	十六	十七	十八	十九	二十	廿一	廿二	廿三	廿四	廿五	廿六	廿七	廿八	廿九	三十
양력 월/일	3/28	29	30	31	4/1	2	3	4	5	6	7	8	9	10	11	12	13	14	15	16	17	18	19	20	21	22	23	24	25	26
일진	乙未	丙申	丁酉	戊戌	己亥	庚子	辛丑	壬寅	癸卯	甲辰	乙巳	丙午	丁未	戊申	己酉	庚戌	辛亥	壬子	癸丑	甲寅	乙卯	丙辰	丁巳	戊午	己未	庚申	辛酉	壬戌	癸亥	甲子
비밀수	48	51	82	73	84	11	22	33	44	55	46	57	68	71	82	13	24	31	42	33	44	55	66	77	88	11	22	33	44	31

四 月 (乙 巳) 大

절기										입하																소만				
음력	一	二	三	四	五	六	七	八	九	十	十一	十二	十三	十四	十五	十六	十七	十八	十九	二十	廿一	廿二	廿三	廿四	廿五	廿六	廿七	廿八	廿九	三十
양력 월/일	4/27	28	29	30	5/1	2	3	4	5	6	7	8	9	10	11	12	13	14	15	16	17	18	19	20	21	22	23	24	25	26
일진	乙丑	丙寅	丁卯	戊辰	己巳	庚午	辛未	壬申	癸酉	甲戌	乙亥	丙子	丁丑	戊寅	己卯	庚辰	辛巳	壬午	癸未	甲申	乙酉	丙戌	丁亥	戊子	己丑	庚寅	辛卯	壬辰	癸巳	甲午
비밀수	53	64	75	86	17	28	31	42	53	44	55	62	73	84	15	26	37	48	51	42	53	64	75	83	13	24	35	46	57	48

五 月 (丙 午) 小

절기											망종																하지			
음력	一	二	三	四	五	六	七	八	九	十	十一	十二	十三	十四	十五	十六	十七	十八	十九	二十	廿一	廿二	廿三	廿四	廿五	廿六	廿七	廿八	廿九	
양력 월/일	5/27	28	29	30	31	6/1	2	3	4	5	6	7	8	9	10	11	12	13	14	15	16	17	18	19	20	21	22	23	24	
일진	乙未	丙申	丁酉	戊戌	己亥	庚子	辛丑	壬寅	癸卯	甲辰	乙巳	丙午	丁未	戊申	己酉	庚戌	辛亥	壬子	癸丑	甲寅	乙卯	丙辰	丁巳	戊午	己未	庚申	辛酉	壬戌	癸亥	
비밀수	62	73	84	15	26	33	44	55	66	57	68	71	82	13	24	35	46	53	64	55	66	77	88	11	22	33	44	55	66	

閏 五 月 (丙 午) 小

절기														소서													초복			
음력	一	二	三	四	五	六	七	八	九	十	十一	十二	十三	十四	十五	十六	十七	十八	十九	二十	廿一	廿二	廿三	廿四	廿五	廿六	廿七	廿八	廿九	
양력 월/일	6/25	26	27	28	29	30	7/1	2	3	4	5	6	7	8	9	10	11	12	13	14	15	16	17	18	19	20	21	22	23	
일진	甲子	乙丑	丙寅	丁卯	戊辰	己巳	庚午	辛未	壬申	癸酉	甲戌	乙亥	丙子	丁丑	戊寅	己卯	庚辰	辛巳	壬午	癸未	甲申	乙酉	丙戌	丁亥	戊子	己丑	庚寅	辛卯	壬辰	
비밀수	55	64	75	86	17	28	31	42	53	64	55	66	73	14	26	37	48	51	62	73	64	75	86	17	24	35	46	57	68	

四 月 黑中　　南 大將　　子 喪門　　申 吊客　　北 三殺

六　月　(丁 未)　大

절 기	대서							중복								입추														
음 력	一	二	三	四	五	六	七	八	九	十	十一	十二	十三	十四	十五	十六	十七	十八	十九	二十	廿一	廿二	廿三	廿四	廿五	廿六	廿七	廿八	廿九	三十
양력 월/일	7/24	25	26	27	28	29	30	31	8/1	2	3	4	5	6	7	8	9	10	11	12	13	14	15	16	17	18	19	20	21	22
일 진	癸巳	甲午	乙未	丙申	丁酉	戊戌	己亥	庚子	辛丑	壬寅	癸卯	甲辰	乙巳	丙午	丁未	戊申	己酉	庚戌	辛亥	壬子	癸丑	甲寅	乙卯	丙辰	丁巳	戊午	己未	庚申	辛酉	壬戌
비밀수	71	62	73	84	15	26	37	44	55	66	77	66	77	88	11	35	46	57	68	75	86	77	88	11	22	33	44	55	66	77

七　月　(戊 申)　小

절 기		처서															백로													
음 력	一	二	三	四	五	六	七	八	九	十	十一	十二	十三	十四	十五	十六	十七	十八	十九	二十	廿一	廿二	廿三	廿四	廿五	廿六	廿七	廿八	廿九	
양력 월/일	8/23	24	25	26	27	28	29	30	31	9/1	2	3	4	5	6	7	8	9	10	11	12	13	14	15	16	17	18	19	20	
일 진	癸亥	甲子	乙丑	丙寅	丁卯	戊辰	己巳	庚午	辛未	壬申	癸酉	甲戌	乙亥	丙子	丁丑	戊寅	己卯	庚辰	辛巳	壬午	癸未	甲申	乙酉	丙戌	丁亥	戊子	己丑	庚寅	辛卯	
비밀수	86	75	86	17	36	31	42	53	64	75	86	77	88	15	26	37	51	64	73	84	15	86	17	26	31	46	57	68	71	

八　月　(己 酉)　小

절 기				추분															한로											
음 력	一	二	三	四	五	六	七	八	九	十	十一	十二	十三	十四	十五	十六	十七	十八	十九	二十	廿一	廿二	廿三	廿四	廿五	廿六	廿七	廿八	廿九	
양력 월/일	9/21	22	23	24	25	26	27	28	29	30	10/1	2	3	4	5	6	7	8	9	10	11	12	13	14	15	16	17	18	19	
일 진	壬辰	癸巳	甲午	乙未	丙申	丁酉	戊戌	己亥	庚子	辛丑	壬寅	癸卯	甲辰	乙巳	丙午	丁未	戊申	己酉	庚戌	辛亥	壬子	癸丑	甲寅	乙卯	丙辰	丁巳	戊午	己未	庚申	
비밀수	82	13	84	15	26	37	48	51	66	77	88	11	82	13	24	35	46	57	71	82	17	28	11	22	33	44	55	66	77	

九　月　(庚 戌)　大

절 기					상강															입동										
음 력	一	二	三	四	五	六	七	八	九	十	十一	十二	十三	十四	十五	十六	十七	十八	十九	二十	廿一	廿二	廿三	廿四	廿五	廿六	廿七	廿八	廿九	三十
양력 월/일	10/20	21	22	23	24	25	26	27	28	29	30	31	11/1	2	3	4	5	6	7	8	9	10	11	12	13	14	15	16	17	18
일 진	辛酉	壬戌	癸亥	甲子	乙丑	丙寅	丁卯	戊辰	己巳	庚午	辛未	壬申	癸酉	甲戌	乙亥	丙子	丁丑	戊寅	己卯	庚辰	辛巳	壬午	癸未	甲申	乙酉	丙戌	丁亥	戊子	己丑	庚寅
비밀수	88	11	22	17	28	31	42	53	64	75	86	17	28	11	22	37	48	62	73	84	15	26	37	28	37	42	53	68	71	82

十　月　(辛 亥)　小

절 기					소설															대설										
음 력	一	二	三	四	五	六	七	八	九	十	十一	十二	十三	十四	十五	十六	十七	十八	十九	二十	廿一	廿二	廿三	廿四	廿五	廿六	廿七	廿八	廿九	
양력 월/일	11/19	20	21	22	23	24	25	26	27	28	29	30	12/1	2	3	4	5	6	7	8	9	10	11	12	13	14	15	16	17	
일 진	辛卯	壬辰	癸巳	甲午	乙未	丙申	丁酉	戊戌	己亥	庚子	辛丑	壬寅	癸卯	甲辰	乙巳	丙午	丁未	戊申	己酉	庚戌	辛亥	壬子	癸丑	甲寅	乙卯	丙辰	丁巳	戊午	己未	
비밀수	13	34	35	26	37	48	51	62	73	88	11	22	33	24	35	46	57	68	71	17	28	15	26	37	48	51	62	73	84	

十 一 月　(壬 子)　大

절 기					동지															소한										
음 력	一	二	三	四	五	六	七	八	九	十	十一	十二	十三	十四	十五	十六	十七	十八	十九	二十	廿一	廿二	廿三	廿四	廿五	廿六	廿七	廿八	廿九	三十
양력 월/일	12/18	19	20	21	22	23	24	25	26	27	28	29	30	31	1/1	2	3	4	5	6	7	8	9	10	11	12	13	14	15	16
일 진	庚申	辛酉	壬戌	癸亥	甲子	乙丑	丙寅	丁卯	戊辰	己巳	庚午	辛未	壬申	癸酉	甲戌	乙亥	丙子	丁丑	戊寅	己卯	庚辰	辛巳	壬午	癸未	甲申	乙酉	丙戌	丁亥	戊子	己丑
비밀수	15	26	37	48	35	46	57	68	71	82	13	24	35	46	37	48	55	66	77	11	22	33	44	55	46	57	68	71	86	17

十 二 月　(癸 丑)　大

절 기					대한															입춘										
음 력	一	二	三	四	五	六	七	八	九	十	十一	十二	十三	十四	十五	十六	十七	十八	十九	二十	廿一	廿二	廿三	廿四	廿五	廿六	廿七	廿八	廿九	三十
양력 월/일	1/17	18	19	20	21	22	23	24	25	26	27	28	29	30	31	2/1	2	3	4	5	6	7	8	9	10	11	12	13	14	15
일 진	庚寅	辛卯	壬辰	癸巳	甲午	乙未	丙申	丁酉	戊戌	己亥	庚子	辛丑	壬寅	癸卯	甲辰	乙巳	丙午	丁未	戊申	己酉	庚戌	辛亥	壬子	癸丑	甲寅	乙卯	丙辰	丁巳	戊午	己未
비밀수	28	31	42	53	44	55	66	77	88	11	26	37	48	51	42	53	64	75	86	11	22	33	48	51	42	53	64	75	86	17

단기 4256년
서기 1923년

癸 亥 年

四 金神

正 月 (甲 寅) 小

절 기					우수														경칩											
음 력	一	二	三	四	五	六	七	八	九	十	十一	十二	十三	十四	十五	十六	十七	十八	十九	廿	廿一	廿二	廿三	廿四	廿五	廿六	廿七	廿八	廿九	
양력 월/일	2/16	17	18	19	20	21	22	23	24	25	26	27	28	3/1	2	3	4	5	6	7	8	9	10	11	12	13	14	15	16	
일 진	庚申	辛酉	壬戌	癸亥	甲子	乙丑	丙寅	丁卯	戊辰	己巳	庚午	辛未	壬申	癸酉	甲戌	乙亥	丙子	丁丑	戊寅	己卯	庚辰	辛巳	壬午	癸未	甲申	乙酉	丙戌	丁亥	戊子	
비밀수	28	31	42	53	48	51	62	73	84	15	26	37	48	51	42	53	68	71	13	24	35	46	57	68	51	62	73	84	11	

二 月 (乙 卯) 大

절 기						춘분															청명	한식								
음 력	一	二	三	四	五	六	七	八	九	十	十一	十二	十三	十四	十五	十六	十七	十八	十九	廿	廿一	廿二	廿三	廿四	廿五	廿六	廿七	廿八	廿九	卅
양력 월/일	3/17	18	19	20	21	22	23	24	25	26	27	28	29	30	31	4/1	2	3	4	5	6	7	8	9	10	11	12	13	14	15
일 진	己丑	庚寅	辛卯	壬辰	癸巳	甲午	乙未	丙申	丁酉	戊戌	己亥	庚子	辛丑	壬寅	癸卯	甲辰	乙巳	丙午	丁未	戊申	己酉	庚戌	辛亥	壬子	癸丑	甲寅	乙卯	丙辰	丁巳	戊午
비밀수	22	33	44	55	66	57	68	71	82	13	24	31	42	53	64	55	66	77	88	11	33	44	55	62	73	66	75	86	17	28

三 月 (丙 辰) 大

절 기						곡우															입하									
음 력	一	二	三	四	五	六	七	八	九	十	十一	十二	十三	十四	十五	十六	十七	十八	十九	廿	廿一	廿二	廿三	廿四	廿五	廿六	廿七	廿八	廿九	卅
양력 월/일	4/16	17	18	19	20	21	22	23	24	25	26	27	28	29	30	5/1	2	3	4	5	6	7	8	9	10	11	12	13	14	15
일 진	己未	庚申	辛酉	壬戌	癸亥	甲子	乙丑	丙寅	丁卯	戊辰	己巳	庚午	辛未	壬申	癸酉	甲戌	乙亥	丙子	丁丑	戊寅	己卯	庚辰	辛巳	壬午	癸未	甲申	乙酉	丙戌	丁亥	戊子
비밀수	31	42	53	64	75	62	73	84	15	26	37	48	51	62	73	64	75	82	13	24	46	57	68	71	82	73	84	15	26	33

四 月 (丁 巳) 小

절 기							소만																망종							
음 력	一	二	三	四	五	六	七	八	九	十	十一	十二	十三	十四	十五	十六	十七	十八	十九	廿	廿一	廿二	廿三	廿四	廿五	廿六	廿七	廿八	廿九	
양력 월/일	5/16	17	18	19	20	21	22	23	24	25	26	27	28	29	30	31	6/1	2	3	4	5	6	7	8	9	10	11	12	13	
일 진	己丑	庚寅	辛卯	壬辰	癸巳	甲午	乙未	丙申	丁酉	戊戌	己亥	庚子	辛丑	壬寅	癸卯	甲辰	乙巳	丙午	丁未	戊申	己酉	庚戌	辛亥	壬子	癸丑	甲寅	乙卯	丙辰	丁巳	
비밀수	44	55	66	77	88	71	82	13	24	35	46	53	64	75	86	77	88	11	22	33	44	55	77	84	15	86	17	28	31	

五 月 (戊 午) 大

절 기									하지																소서					
음 력	一	二	三	四	五	六	七	八	九	十	十一	十二	十三	十四	十五	十六	十七	十八	十九	廿	廿一	廿二	廿三	廿四	廿五	廿六	廿七	廿八	廿九	卅
양력 월/일	6/14	15	16	17	18	19	20	21	22	23	24	25	26	27	28	29	30	7/1	2	3	4	5	6	7	8	9	10	11	12	13
일 진	戊午	己未	庚申	辛酉	壬戌	癸亥	甲子	乙丑	丙寅	丁卯	戊辰	己巳	庚午	辛未	壬申	癸酉	甲戌	乙亥	丙子	丁丑	戊寅	己卯	庚辰	辛巳	壬午	癸未	甲申	乙酉	丙戌	丁亥
비밀수	42	53	64	75	86	17	84	15	26	37	48	51	62	73	84	15	86	17	24	35	46	57	68	71	13	24	15	26	37	48

六 月 (己 未) 小

절 기			초복								대서		중복													입추				
음 력	一	二	三	四	五	六	七	八	九	十	十一	十二	十三	十四	十五	十六	十七	十八	十九	廿	廿一	廿二	廿三	廿四	廿五	廿六	廿七	廿八	廿九	
양력 월/일	7/14	15	16	17	18	19	20	21	22	23	24	25	26	27	28	29	30	31	8/1	2	3	4	5	6	7	8	9	10	11	
일 진	戊子	己丑	庚寅	辛卯	壬辰	癸巳	甲午	乙未	丙申	丁酉	戊戌	己亥	庚子	辛丑	壬寅	癸卯	甲辰	乙巳	丙午	丁未	戊申	己酉	庚戌	辛亥	壬子	癸丑	甲寅	乙卯	丙辰	
비밀수	55	66	77	88	11	22	13	24	35	46	57	68	75	86	17	28	11	22	33	44	55	66	77	88	15	37	28	31	42	

正十月 黑中	酉 大將	丑 喪門	酉 吊客	酉 三殺

七 月 (庚 申) 大

절기				입추									처서																백로	
음력	一	二	三	四	五	六	七	八	九	十	十一	十二	十三	十四	十五	十六	十七	十八	十九	二十	二十一	二十二	二十三	二十四	二十五	二十六	二十七	二十八	二十九	三十
양력 월/일	/12	13	14	15	16	17	18	19	20	21	22	23	24	25	26	27	28	29	30	31	9/1	2	3	4	5	6	7	8	9	10
일진	丁巳	戊午	己未	庚申	辛酉	壬戌	癸亥	甲子	乙丑	丙寅	丁卯	戊辰	己巳	庚午	辛未	壬申	癸酉	甲戌	乙亥	丙子	丁丑	戊寅	己卯	庚辰	辛巳	壬午	癸未	甲申	乙酉	丙戌
비밀수	53	64	75	86	17	48	31	26	37	48	51	62	73	84	15	46	37	28	31	46	57	68	71	82	13	24	35	26	48	51

八 月 (辛 酉) 小

절기														추분															한로	
음력	一	二	三	四	五	六	七	八	九	十	十一	十二	十三	十四	十五	十六	十七	十八	十九	二十	二十一	二十二	二十三	二十四	二十五	二十六	二十七	二十八	二十九	
양력 월/일	9/11	12	13	14	15	16	17	18	19	20	21	22	23	24	25	26	27	28	29	30	10/1	2	3	4	5	6	7	8	9	
일진	丁亥	戊子	己丑	庚寅	辛卯	壬辰	癸巳	甲午	乙未	丙申	丁酉	戊戌	己亥	庚子	辛丑	壬寅	癸卯	甲辰	乙巳	丙午	丁未	戊申	己酉	庚戌	辛亥	壬子	癸丑	甲寅	乙卯	
비밀수	62	77	88	11	22	33	44	35	46	57	68	71	83	17	28	31	42	33	44	55	66	77	88	11	22	37	48	31	53	

九 月 (壬 戌) 大

절기															상강															입동
음력	一	二	三	四	五	六	七	八	九	十	十一	十二	十三	十四	十五	十六	十七	十八	十九	二十	二十一	二十二	二十三	二十四	二十五	二十六	二十七	二十八	二十九	三十
양력 월/일	10/10	11	12	13	14	15	16	17	18	19	20	21	22	23	24	25	26	27	28	29	30	31	11/1	2	3	4	5	6	7	8
일진	丙辰	丁巳	戊午	己未	庚申	辛酉	壬戌	癸亥	甲子	乙丑	丙寅	丁卯	戊辰	己巳	庚午	辛未	壬申	癸酉	甲戌	乙亥	丙子	丁丑	戊寅	己卯	庚辰	辛巳	壬午	癸未	甲申	乙酉
비밀수	64	75	86	17	28	31	42	53	48	51	62	73	84	15	26	37	48	51	42	53	68	71	82	13	24	35	46	57	48	62

十 月 (癸 亥) 小

절기															소설															
음력	一	二	三	四	五	六	七	八	九	十	十一	十二	十三	十四	十五	十六	十七	十八	十九	二十	二十一	二十二	二十三	二十四	二十五	二十六	二十七	二十八	二十九	
양력 월/일	11/9	10	11	12	13	14	15	16	17	18	19	20	21	22	23	24	25	26	27	28	29	30	12/1	2	3	4	5	6	7	
일진	丙戌	丁亥	戊子	己丑	庚寅	辛卯	壬辰	癸巳	甲午	乙未	丙申	丁酉	戊戌	己亥	庚子	辛丑	壬寅	癸卯	甲辰	乙巳	丙午	丁未	戊申	己酉	庚戌	辛亥	壬子	癸丑	甲寅	
비밀수	71	82	11	22	33	44	55	66	57	68	71	82	13	24	31	42	53	64	55	66	77	88	11	22	33	44	51	62	53	

十 一 月 (甲 子) 小

절기	대설															동지														
음력	一	二	三	四	五	六	七	八	九	十	十一	十二	十三	十四	十五	十六	十七	十八	十九	二十	二十一	二十二	二十三	二十四	二十五	二十六	二十七	二十八	二十九	
양력 월/일	12/8	9	10	11	12	13	14	15	16	17	18	19	20	21	22	23	24	25	26	27	28	29	30	31	1/1	2	3	4	5	
일진	乙卯	丙辰	丁巳	戊午	己未	庚申	辛酉	壬戌	癸亥	甲子	乙丑	丙寅	丁卯	戊辰	己巳	庚午	辛未	壬申	癸酉	甲戌	乙亥	丙子	丁丑	戊寅	己卯	庚辰	辛巳	壬午	癸未	
비밀수	51	62	73	84	15	26	37	48	51	46	57	68	71	82	13	24	35	46	57	48	51	66	77	88	11	22	33	44	55	

十 二 月 (乙 丑) 大

절기	소한															대한														
음력	一	二	三	四	五	六	七	八	九	十	十一	十二	十三	十四	十五	十六	十七	十八	十九	二十	二十一	二十二	二十三	二十四	二十五	二十六	二十七	二十八	二十九	三十
양력 월/일	1/6	7	8	9	10	11	12	13	14	15	16	17	18	19	20	21	22	23	24	25	26	27	28	29	30	31	2/1	2	3	4
일진	甲申	乙酉	丙戌	丁亥	戊子	己丑	庚寅	辛卯	壬辰	癸巳	甲午	乙未	丙申	丁酉	戊戌	己亥	庚子	辛丑	壬寅	癸卯	甲辰	乙巳	丙午	丁未	戊申	己酉	庚戌	辛亥	壬子	癸丑
비밀수	46	68	71	82	17	28	31	42	53	64	55	66	77	88	11	22	37	48	51	62	53	64	75	86	17	28	31	42	57	68

단기 4257년
서기 1924년

甲 子 年

四金神

正 月 (丙 寅) 大

절기	입춘															우수														
음력	一	二	三	四	五	六	七	八	九	十	十一	十二	十三	十四	十五	十六	十七	十八	十九	廿	廿一	廿二	廿三	廿四	廿五	廿六	廿七	廿八	廿九	三十
양력 월/일	2/5	6	7	8	9	10	11	12	13	14	15	16	17	18	19	20	21	22	23	24	25	26	27	28	29	3/1	2	3	4	5
일진	甲寅	乙卯	丙辰	丁巳	戊午	己未	庚申	辛酉	壬戌	癸亥	甲子	乙丑	丙寅	丁卯	戊辰	己巳	庚午	辛未	壬申	癸酉	甲戌	乙亥	丙子	丁丑	戊寅	己卯	庚辰	辛巳	壬午	癸未
비밀수	57	68	71	82	13	24	35	46	57	68	55	66	77	88	11	22	33	44	55	66	57	68	75	86	17	28	31	42	53	64

二 月 (丁 卯) 小

절기	경칩															춘분														
음력	一	二	三	四	五	六	七	八	九	十	十一	十二	十三	十四	十五	十六	十七	十八	十九	廿	廿一	廿二	廿三	廿四	廿五	廿六	廿七	廿八	廿九	
양력 월/일	3/6	7	8	9	10	11	12	13	14	15	16	17	18	19	20	21	22	23	24	25	26	27	28	29	30	31	4/1	2	3	
일진	甲申	乙酉	丙戌	丁亥	戊子	己丑	庚寅	辛卯	壬辰	癸巳	甲午	乙未	丙申	丁酉	戊戌	己亥	庚子	辛丑	壬寅	癸卯	甲辰	乙巳	丙午	丁未	戊申	己酉	庚戌	辛亥	壬子	
비밀수	66	77	88	11	26	37	48	51	62	73	64	75	86	17	28	31	46	57	68	71	62	73	84	15	26	37	48	51	66	

三 月 (戊 辰) 大

절기		청명	한식														곡우													
음력	一	二	三	四	五	六	七	八	九	十	十一	十二	十三	十四	十五	十六	十七	十八	十九	廿	廿一	廿二	廿三	廿四	廿五	廿六	廿七	廿八	廿九	三十
양력 월/일	4/4	5	6	7	8	9	10	11	12	13	14	15	16	17	18	19	20	21	22	23	24	25	26	27	28	29	30	5/1	2	3
일진	癸丑	甲寅	乙卯	丙辰	丁巳	戊午	己未	庚申	辛酉	壬戌	癸亥	甲子	乙丑	丙寅	丁卯	戊辰	己巳	庚午	辛未	壬申	癸酉	甲戌	乙亥	丙子	丁丑	戊寅	己卯	庚辰	辛巳	壬午
비밀수	77	71	82	13	24	35	46	57	68	71	82	77	88	11	22	33	44	55	66	77	88	71	82	17	28	31	42	53	64	75

四 月 (己 巳) 小

절기			입하															소만												
음력	一	二	三	四	五	六	七	八	九	十	十一	十二	十三	十四	十五	十六	十七	十八	十九	廿	廿一	廿二	廿三	廿四	廿五	廿六	廿七	廿八	廿九	
양력 월/일	5/4	5	6	7	8	9	10	11	12	13	14	15	16	17	18	19	20	21	22	23	24	25	26	27	28	29	30	31	6/1	
일진	癸未	甲申	乙酉	丙戌	丁亥	戊子	己丑	庚寅	辛卯	壬辰	癸巳	甲午	乙未	丙申	丁酉	戊戌	己亥	庚子	辛丑	壬寅	癸卯	甲辰	乙巳	丙午	丁未	戊申	己酉	庚戌	辛亥	
비밀수	86	77	11	22	33	48	51	62	73	84	15	86	17	28	31	42	53	68	71	82	13	84	15	36	37	48	51	62	73	

五 月 (庚 午) 大

절기					망종																하지									
음력	一	二	三	四	五	六	七	八	九	十	十一	十二	十三	十四	十五	十六	十七	十八	十九	廿	廿一	廿二	廿三	廿四	廿五	廿六	廿七	廿八	廿九	三十
양력 월/일	6/2	3	4	5	6	7	8	9	10	11	12	13	14	15	16	17	18	19	20	21	22	23	24	25	26	27	28	29	30	7/1
일진	壬子	癸丑	甲寅	乙卯	丙辰	丁巳	戊午	己未	庚申	辛酉	壬戌	癸亥	甲子	乙丑	丙寅	丁卯	戊辰	己巳	庚午	辛未	壬申	癸酉	甲戌	乙亥	丙子	丁丑	戊寅	己卯	庚辰	辛巳
비밀수	88	11	82	13	35	46	57	68	71	82	13	24	11	22	33	44	55	66	77	88	11	22	33	24	31	42	53	64	75	86

六 月 (辛 未) 大

절기						소서													초복			대서							중복	
음력	一	二	三	四	五	六	七	八	九	十	十一	十二	十三	十四	十五	十六	十七	十八	十九	廿	廿一	廿二	廿三	廿四	廿五	廿六	廿七	廿八	廿九	三十
양력 월/일	7/2	3	4	5	6	7	8	9	10	11	12	13	14	15	16	17	18	19	20	21	22	23	24	25	26	27	28	29	30	31
일진	壬午	癸未	甲申	乙酉	丙戌	丁亥	戊子	己丑	庚寅	辛卯	壬辰	癸巳	甲午	乙未	丙申	丁酉	戊戌	己亥	庚子	辛丑	壬寅	癸卯	甲辰	乙巳	丙午	丁未	戊申	己酉	庚戌	辛亥
비밀수	17	38	11	22	33	55	62	73	84	15	26	37	28	31	42	53	64	73	82	13	24	35	26	37	48	51	62	73	84	15

七 月 黑中　　西大將　　寅喪門　　戌吊客　　南三殺

七　月　(壬 申)　小

절 기								입추	말복														처서							
음 력	一	二	三	四	五	六	七	八	九	十	十一	十二	十三	十四	十五	十六	十七	十八	十九	二十	廿一	廿二	廿三	廿四	廿五	廿六	廿七	廿八	廿九	
양력 월/일	8/1	2	3	4	5	6	7	8	9	10	11	12	13	14	15	16	17	18	19	20	21	22	23	24	25	26	27	28	29	
일 진	壬子	癸丑	甲寅	乙卯	丙辰	丁巳	戊午	己未	庚申	辛酉	壬戌	癸亥	甲子	乙丑	丙寅	丁卯	戊辰	己巳	庚午	辛未	壬申	癸酉	甲戌	乙亥	丙子	丁丑	戊寅	己卯	庚辰	
비밀수	22	33	24	35	46	57	68	82	13	24	35	46	33	44	55	66	77	88	11	22	33	44	35	46	53	64	75	86	17	

八　月　(癸 酉)　大

절 기										백로															추분					
음 력	一	二	三	四	五	六	七	八	九	十	十一	十二	十三	十四	十五	十六	十七	十八	十九	二十	廿一	廿二	廿三	廿四	廿五	廿六	廿七	廿八	廿九	三十
양력 월/일	8/30	31	9/1	2	3	4	5	6	7	8	9	10	11	12	13	14	15	16	17	18	19	20	21	22	23	24	25	26	27	28
일 진	辛巳	壬午	癸未	甲申	乙酉	丙戌	丁亥	戊子	己丑	庚寅	辛卯	壬辰	癸巳	甲午	乙未	丙申	丁酉	戊戌	己亥	庚子	辛丑	壬寅	癸卯	甲辰	乙巳	丙午	丁未	戊申	己酉	庚戌
비밀수	28	31	42	33	44	55	66	73	84	26	37	48	51	42	53	64	75	86	17	24	35	46	57	48	51	62	73	84	15	26

九　月　(甲 戌)　小

절 기										한로																상강				
음 력	一	二	三	四	五	六	七	八	九	十	十一	十二	十三	十四	十五	十六	十七	十八	十九	二十	廿一	廿二	廿三	廿四	廿五	廿六	廿七	廿八	廿九	
양력 월/일	9/29	30	10/1	2	3	4	5	6	7	8	9	10	11	12	13	14	15	16	17	18	19	20	21	22	23	24	25	26	27	
일 진	辛亥	壬子	癸丑	甲寅	乙卯	丙辰	丁巳	戊午	己未	庚申	辛酉	壬戌	癸亥	甲子	乙丑	丙寅	丁卯	戊辰	己巳	庚午	辛未	壬申	癸酉	甲戌	乙亥	丙子	丁丑	戊寅	己卯	
비밀수	37	44	55	46	57	68	71	82	13	15	26	37	48	35	46	57	68	71	82	13	24	35	46	37	48	55	66	77	88	

十　月　(乙 亥)　大

절 기												입동														소설				
음 력	一	二	三	四	五	六	七	八	九	十	十一	十二	十三	十四	十五	十六	十七	十八	十九	二十	廿一	廿二	廿三	廿四	廿五	廿六	廿七	廿八	廿九	三十
양력 월/일	10/28	29	30	31	11/1	2	3	4	5	6	7	8	9	10	11	12	13	14	15	16	17	18	19	20	21	22	23	24	25	26
일 진	庚辰	辛巳	壬午	癸未	甲申	乙酉	丙戌	丁亥	戊子	己丑	庚寅	辛卯	壬辰	癸巳	甲午	乙未	丙申	丁酉	戊戌	己亥	庚子	辛丑	壬寅	癸卯	甲辰	乙巳	丙午	丁未	戊申	己酉
비밀수	11	22	33	44	35	46	57	68	75	86	17	31	42	53	44	55	66	77	88	11	26	37	48	51	42	53	64	75	85	17

十 一 月　(丙 子)　小

절 기											대설															동지				
음 력	一	二	三	四	五	六	七	八	九	十	十一	十二	十三	十四	十五	十六	十七	十八	十九	二十	廿一	廿二	廿三	廿四	廿五	廿六	廿七	廿八	廿九	
양력 월/일	11/27	28	29	30	12/1	2	3	4	5	6	7	8	9	10	11	12	13	14	15	16	17	18	19	20	21	22	23	24	25	
일 진	庚戌	辛亥	壬子	癸丑	甲寅	乙卯	丙辰	丁巳	戊午	己未	庚申	辛酉	壬戌	癸亥	甲子	乙丑	丙寅	丁卯	戊辰	己巳	庚午	辛未	壬申	癸酉	甲戌	乙亥	丙子	丁丑	戊寅	
비밀수	28	31	46	57	48	51	62	73	84	15	33	44	55	66	53	64	75	86	17	28	31	42	53	64	55	66	73	84	15	

十 二 月　(丁 丑)　小

절 기												소한														대한				
음 력	一	二	三	四	五	六	七	八	九	十	十一	十二	十三	十四	十五	十六	十七	十八	十九	二十	廿一	廿二	廿三	廿四	廿五	廿六	廿七	廿八	廿九	
양력 월/일	12/26	27	28	29	30	31	1/1	2	3	4	5	6	7	8	9	10	11	12	13	14	15	16	17	18	19	20	21	22	23	
일 진	己卯	庚辰	辛巳	壬午	癸未	甲申	乙酉	丙戌	丁亥	戊子	己丑	庚寅	辛卯	壬辰	癸巳	甲午	乙未	丙申	丁酉	戊戌	己亥	庚子	辛丑	壬寅	癸卯	甲辰	乙巳	丙午	丁未	
비밀수	26	37	48	51	62	53	64	75	86	13	24	46	57	68	71	62	73	84	15	26	37	44	55	66	77	68	71	82	13	

단기 4258년
서기 1925년

乙 丑 年

二 金神

正　月　(戊 寅)　大

절 기												입춘															우수			
음 력	一	二	三	四	五	六	七	八	九	十	十一	十二	十三	十四	十五	十六	十七	十八	十九	二十	廿一	廿二	廿三	廿四	廿五	廿六	廿七	廿八	廿九	三十
양력 월/일	1/24	25	26	27	28	29	30	31	2/1	2	3	4	5	6	7	8	9	10	11	12	13	14	15	16	17	18	19	20	21	22
일 진	戊申	己酉	庚戌	辛亥	壬子	癸丑	甲寅	乙卯	丙辰	丁巳	戊午	己未	庚申	辛酉	壬戌	癸亥	甲子	乙丑	丙寅	丁卯	戊辰	己巳	庚午	辛未	壬申	癸酉	甲戌	乙亥	丙子	丁丑
비밀수	24	35	46	57	64	75	66	77	88	11	22	55	66	77	88	11	86	17	28	31	42	53	64	75	86	17	88	11	26	37

二　月　(己 卯)　小

절 기												경칩															춘분			
음 력	一	二	三	四	五	六	七	八	九	十	十一	十二	十三	十四	十五	十六	十七	十八	十九	二十	廿一	廿二	廿三	廿四	廿五	廿六	廿七	廿八	廿九	
양력 월/일	2/23	24	25	26	27	28	3/1	2	3	4	5	6	7	8	9	10	11	12	13	14	15	16	17	18	19	20	21	22	23	
일 진	戊寅	己卯	庚辰	辛巳	壬午	癸未	甲申	乙酉	丙戌	丁亥	戊子	己丑	庚寅	辛卯	壬辰	癸巳	甲午	乙未	丙申	丁酉	戊戌	己亥	庚子	辛丑	壬寅	癸卯	甲辰	乙巳	丙午	
비밀수	48	51	62	73	84	15	86	17	28	31	46	68	71	82	13	24	15	26	37	48	51	62	77	88	11	22	13	24	35	

三　月　(庚 辰)　大

절 기													청명 한식															곡우		
음 력	一	二	三	四	五	六	七	八	九	十	十一	十二	十三	十四	十五	十六	十七	十八	十九	二十	廿一	廿二	廿三	廿四	廿五	廿六	廿七	廿八	廿九	三十
양력 월/일	3/24	25	26	27	28	29	30	31	4/1	2	3	4	5	6	7	8	9	10	11	12	13	14	15	16	17	18	19	20	21	22
일 진	丁未	戊申	己酉	庚戌	辛亥	壬子	癸丑	甲寅	乙卯	丙辰	丁巳	戊午	己未	庚申	辛酉	壬戌	癸亥	甲子	乙丑	丙寅	丁卯	戊辰	己巳	庚午	辛未	壬申	癸酉	甲戌	乙亥	丙子
비밀수	46	57	68	71	82	17	28	11	22	33	44	55	77	88	11	22	33	28	31	42	53	64	75	86	17	28	31	22	33	48

四　月　(辛 巳)　大

절 기														입하															소만	
음 력	一	二	三	四	五	六	七	八	九	十	十一	十二	十三	十四	十五	十六	十七	十八	十九	二十	廿一	廿二	廿三	廿四	廿五	廿六	廿七	廿八	廿九	三十
양력 월/일	4/23	24	25	26	27	28	29	30	5/1	2	3	4	5	6	7	8	9	10	11	12	13	14	15	16	17	18	19	20	21	22
일 진	丁丑	戊寅	己卯	庚辰	辛巳	壬午	癸未	甲申	乙酉	丙戌	丁亥	戊子	己丑	庚寅	辛卯	壬辰	癸巳	甲午	乙未	丙申	丁酉	戊戌	己亥	庚子	辛丑	壬寅	癸卯	甲辰	乙巳	丙午
비밀수	51	62	73	84	15	36	37	28	31	42	53	68	71	13	24	55	46	27	48	51	62	73	84	13	22	33	44	35	46	57

閏 四　月　(辛 巳)　小

절 기															망종															
음 력	一	二	三	四	五	六	七	八	九	十	十一	十二	十三	十四	十五	十六	十七	十八	十九	二十	廿一	廿二	廿三	廿四	廿五	廿六	廿七	廿八	廿九	
양력 월/일	5/23	24	25	26	27	28	29	30	31	6/1	2	3	4	5	6	7	8	9	10	11	12	13	14	15	16	17	18	19	20	
일 진	丁未	戊申	己酉	庚戌	辛亥	壬子	癸丑	甲寅	乙卯	丙辰	丁巳	戊午	己未	庚申	辛酉	壬戌	癸亥	甲子	乙丑	丙寅	丁卯	戊辰	己巳	庚午	辛未	壬申	癸酉	甲戌	乙亥	
비밀수	68	71	82	13	24	31	42	33	44	55	66	77	88	11	33	44	55	42	53	64	75	86	17	28	31	42	53	44	55	

五　月　(壬 午)　大

절 기		하지																소서						초복						
음 력	一	二	三	四	五	六	七	八	九	十	十一	十二	十三	十四	十五	十六	十七	十八	十九	二十	廿一	廿二	廿三	廿四	廿五	廿六	廿七	廿八	廿九	三十
양력 월/일	6/21	22	23	24	25	26	27	28	29	30	7/1	2	3	4	5	6	7	8	9	10	11	12	13	14	15	16	17	18	19	20
일 진	丙子	丁丑	戊寅	己卯	庚辰	辛巳	壬午	癸未	甲申	乙酉	丙戌	丁亥	戊子	己丑	庚寅	辛卯	壬辰	癸巳	甲午	乙未	丙申	丁酉	戊戌	己亥	庚子	辛丑	壬寅	癸卯	甲辰	乙巳
비밀수	62	73	84	15	26	37	48	51	42	53	64	75	82	13	24	35	46	68	51	62	73	84	15	26	33	44	55	66	57	68

四月 黑中	西大將	卯喪門	亥吊客	東三殺

六月 (癸未) 小

절기			대서		중복														입추						말복					
음력	一	二	三	四	五	六	七	八	九	十	十一	十二	十三	十四	十五	十六	十七	十八	十九	二十	廿一	廿二	廿三	廿四	廿五	廿六	廿七	廿八	廿九	
양력 월/일	7/21	22	23	24	25	26	27	28	29	30	31	8/1	2	3	4	5	6	7	8	9	10	11	12	13	14	15	16	17	18	
일진	丙午	丁未	戊申	己酉	庚戌	辛亥	壬子	癸丑	甲寅	乙卯	丙辰	丁巳	戊午	己未	庚申	辛酉	壬戌	癸亥	甲子	乙丑	丙寅	丁卯	戊辰	己巳	庚午	辛未	壬申	癸酉	甲戌	
비밀수	71	82	13	24	35	46	53	64	55	66	77	88	11	22	33	44	55	57	44	55	66	77	88	11	22	33	44	55	46	

七月 (甲申) 大

절기						처서															백로									
음력	一	二	三	四	五	六	七	八	九	十	十一	十二	十三	十四	十五	十六	十七	十八	十九	二十	廿一	廿二	廿三	廿四	廿五	廿六	廿七	廿八	廿九	三十
양력 월/일	8/19	20	21	22	23	24	25	26	27	28	29	30	31	9/1	2	3	4	5	6	7	8	9	10	11	12	13	14	15	16	17
일진	乙亥	丙子	丁丑	戊寅	己卯	庚辰	辛巳	壬午	癸未	甲申	乙酉	丙戌	丁亥	戊子	己丑	庚寅	辛卯	壬辰	癸巳	甲午	乙未	丙申	丁酉	戊戌	己亥	庚子	辛丑	壬寅	癸卯	甲辰
비밀수	53	64	75	86	17	28	31	42	53	44	55	66	77	84	15	26	37	48	51	42	64	75	16	17	28	35	46	57	68	51

八月 (乙酉) 大

절기						추분																한로								
음력	一	二	三	四	五	六	七	八	九	十	十一	十二	十三	十四	十五	十六	十七	十八	十九	二十	廿一	廿二	廿三	廿四	廿五	廿六	廿七	廿八	廿九	三十
양력 월/일	9/18	19	20	21	22	23	24	25	26	27	28	29	30	10/1	2	3	4	5	6	7	8	9	10	11	12	13	14	15	16	17
일진	乙巳	丙午	丁未	戊申	己酉	庚戌	辛亥	壬子	癸丑	甲寅	乙卯	丙辰	丁巳	戊午	己未	庚申	辛酉	壬戌	癸亥	甲子	乙丑	丙寅	丁卯	戊辰	己巳	庚午	辛未	壬申	癸酉	甲戌
비밀수	62	73	84	15	16	37	48	55	66	57	68	71	82	13	24	35	46	57	68	75	66	11	22	33	44	55	66	77	68	71

九月 (丙戌) 小

절기							상강															입동								
음력	一	二	三	四	五	六	七	八	九	十	十一	十二	十三	十四	十五	十六	十七	十八	十九	二十	廿一	廿二	廿三	廿四	廿五	廿六	廿七	廿八	廿九	
양력 월/일	10/18	19	20	21	22	23	24	25	26	27	28	29	30	31	11/1	2	3	4	5	6	7	8	9	10	11	12	13	14	15	
일진	乙亥	丙子	丁丑	戊寅	己卯	庚辰	辛巳	壬午	癸未	甲申	乙酉	丙戌	丁亥	戊子	己丑	庚寅	辛卯	壬辰	癸巳	甲午	乙未	丙申	丁酉	戊戌	己亥	庚子	辛丑	壬寅	癸卯	
비밀수	71	86	17	28	31	42	53	64	75	66	77	88	11	26	37	48	51	62	73	64	75	17	28	31	42	57	68	71	82	

十月 (丁亥) 大

절기								소설														대설								
음력	一	二	三	四	五	六	七	八	九	十	十一	十二	十三	十四	十五	十六	十七	十八	十九	二十	廿一	廿二	廿三	廿四	廿五	廿六	廿七	廿八	廿九	三十
양력 월/일	11/16	17	18	19	20	21	22	23	24	25	26	27	28	29	30	12/1	2	3	4	5	6	7	8	9	10	11	12	13	14	15
일진	甲辰	乙巳	丙午	丁未	戊申	己酉	庚戌	辛亥	壬子	癸丑	甲寅	乙卯	丙辰	丁巳	戊午	己未	庚申	辛酉	壬戌	癸亥	甲子	乙丑	丙寅	丁卯	戊辰	己巳	庚午	辛未	壬申	癸酉
비밀수	73	84	15	26	27	48	51	62	77	88	71	82	13	24	35	46	57	68	71	82	77	15	26	37	48	51	62	73	84	15

十一月 (戊子) 小

절기							동지															소한								
음력	一	二	三	四	五	六	七	八	九	十	十一	十二	十三	十四	十五	十六	十七	十八	十九	二十	廿一	廿二	廿三	廿四	廿五	廿六	廿七	廿八	廿九	
양력 월/일	12/16	17	18	19	20	21	22	23	24	25	26	27	28	29	30	31	1/1	2	3	4	5	6	7	8	9	10	11	12	13	
일진	甲戌	乙亥	丙子	丁丑	戊寅	己卯	庚辰	辛巳	壬午	癸未	甲申	乙酉	丙戌	丁亥	戊子	己丑	庚寅	辛卯	壬辰	癸巳	甲午	乙未	丙申	丁酉	戊戌	己亥	庚子	辛丑	壬寅	
비밀수	86	17	24	35	46	57	68	71	82	13	84	15	26	37	44	55	66	77	88	11	82	24	35	46	57	68	75	86	17	

十二月 (己丑) 大

절기								대한														입춘								
음력	一	二	三	四	五	六	七	八	九	十	十一	十二	十三	十四	十五	十六	十七	十八	十九	二十	廿一	廿二	廿三	廿四	廿五	廿六	廿七	廿八	廿九	三十
양력 월/일	1/14	15	16	17	18	19	20	21	22	23	24	25	26	27	28	29	30	31	2/1	2	3	4	5	6	7	8	9	10	11	12
일진	癸卯	甲辰	乙巳	丙午	丁未	戊申	己酉	庚戌	辛亥	壬子	癸丑	甲寅	乙卯	丙辰	丁巳	戊午	己未	庚申	辛酉	壬戌	癸亥	甲子	乙丑	丙寅	丁卯	戊辰	己巳	庚午	辛未	壬申
비밀수	28	11	22	33	44	55	66	77	88	15	26	17	28	31	42	53	64	75	84	17	24	37	48	51	62	73	84	15	26	37

단기 4259년
서기 1926년

丙 寅 年

六 金神

正 月 (庚 寅) 小

절기							우수															경칩								
음력	一	二	三	四	五	六	七	八	九	十	十一	十二	十三	十四	十五	十六	十七	十八	十九	廿	廿一	廿二	廿三	廿四	廿五	廿六	廿七	廿八	廿九	
양력 월/일	2/13	14	15	16	17	18	19	20	21	22	23	24	25	26	27	28	3/1	2	3	4	5	6	7	8	9	10	11	12	13	
일진	癸酉	甲戌	乙亥	丙子	丁丑	戊寅	己卯	庚辰	辛巳	壬午	癸未	甲申	乙酉	丙戌	丁亥	戊子	己丑	庚寅	辛卯	壬辰	癸巳	甲午	乙未	丙申	丁酉	戊戌	己亥	庚子	辛丑	
비밀수	48	31	42	57	68	71	82	13	24	35	46	37	48	51	62	77	88	11	22	33	44	46	57	68	71	82	13	28	31	

二 月 (辛 卯) 小

절기								춘분															청명	한식						
음력	一	二	三	四	五	六	七	八	九	十	十一	十二	十三	十四	十五	十六	十七	十八	十九	廿	廿一	廿二	廿三	廿四	廿五	廿六	廿七	廿八	廿九	
양력 월/일	3/14	15	16	17	18	19	20	21	22	23	24	25	26	27	28	29	30	31	4/1	2	3	4	5	6	7	8	9	10	11	
일진	壬寅	癸卯	甲辰	乙巳	丙午	丁未	戊申	己酉	庚戌	辛亥	壬子	癸丑	甲寅	乙卯	丙辰	丁巳	戊午	己未	庚申	辛酉	壬戌	癸亥	甲子	乙丑	丙寅	丁卯	戊辰	己巳	庚午	
비밀수	42	53	44	55	66	77	88	11	22	33	48	51	42	53	64	75	86	17	28	31	42	53	51	62	73	84	15	26	37	

三 月 (壬 辰) 大

절기										곡우															입하					
음력	一	二	三	四	五	六	七	八	九	十	十一	十二	十三	十四	十五	十六	十七	十八	十九	廿	廿一	廿二	廿三	廿四	廿五	廿六	廿七	廿八	廿九	卅
양력 월/일	4/12	13	14	15	16	17	18	19	20	21	22	23	24	25	26	27	28	29	30	5/1	2	3	4	5	6	7	8	9	10	11
일진	辛未	壬申	癸酉	甲戌	乙亥	丙子	丁丑	戊寅	己卯	庚辰	辛巳	壬午	癸未	甲申	乙酉	丙戌	丁亥	戊子	己丑	庚寅	辛卯	壬辰	癸巳	甲午	乙未	丙申	丁酉	戊戌	己亥	庚子
비밀수	48	51	62	53	64	71	82	13	24	35	46	57	68	51	62	73	84	11	22	33	44	55	66	57	71	82	13	24	35	42

四 月 (癸 巳) 小

절기											소만															망종				
음력	一	二	三	四	五	六	七	八	九	十	十一	十二	十三	十四	十五	十六	十七	十八	十九	廿	廿一	廿二	廿三	廿四	廿五	廿六	廿七	廿八	廿九	
양력 월/일	5/12	13	14	15	16	17	18	19	20	21	22	23	24	25	26	27	28	29	30	31	6/1	2	3	4	5	6	7	8	9	
일진	辛丑	壬寅	癸卯	甲辰	乙巳	丙午	丁未	戊申	己酉	庚戌	辛亥	壬子	癸丑	甲寅	乙卯	丙辰	丁巳	戊午	己未	庚申	辛酉	壬戌	癸亥	甲子	乙丑	丙寅	丁卯	戊辰	己巳	
비밀수	53	64	75	66	77	88	11	22	33	44	55	62	73	64	75	86	17	28	31	42	53	64	75	62	73	75	86	17	28	

五 月 (甲 午) 大

절기													하지																소서	
음력	一	二	三	四	五	六	七	八	九	十	十一	十二	十三	十四	十五	十六	十七	十八	十九	廿	廿一	廿二	廿三	廿四	廿五	廿六	廿七	廿八	廿九	卅
양력 월/일	6/10	11	12	13	14	15	16	17	18	19	20	21	22	23	24	25	26	27	28	29	30	7/1	2	3	4	5	6	7	8	9
일진	庚午	辛未	壬申	癸酉	甲戌	乙亥	丙子	丁丑	戊寅	己卯	庚辰	辛巳	壬午	癸未	甲申	乙酉	丙戌	丁亥	戊子	己丑	庚寅	辛卯	壬辰	癸巳	甲午	乙未	丙申	丁酉	戊戌	己亥
비밀수	31	42	53	64	55	66	73	84	15	26	37	48	51	62	53	64	75	86	13	24	35	46	57	68	51	62	73	84	26	37

六 月 (乙 未) 小

절기											초복				대서						중복									
음력	一	二	三	四	五	六	七	八	九	十	十一	十二	十三	十四	十五	十六	十七	十八	十九	廿	廿一	廿二	廿三	廿四	廿五	廿六	廿七	廿八	廿九	
양력 월/일	7/10	11	12	13	14	15	16	17	18	19	20	21	22	23	24	25	26	27	28	29	30	31	8/1	2	3	4	5	6	7	
일진	庚子	辛丑	壬寅	癸卯	甲辰	乙巳	丙午	丁未	戊申	己酉	庚戌	辛亥	壬子	癸丑	甲寅	乙卯	丙辰	丁巳	戊午	己未	庚申	辛酉	壬戌	癸亥	甲子	乙丑	丙寅	丁卯	戊辰	
비밀수	44	55	66	77	68	71	82	13	24	35	46	57	64	75	66	77	88	11	22	33	44	55	66	77	64	75	86	17	28	

正十 月 黑中 北大將 辰喪門 子吊客 北三殺

七 月 (丙 申) 大

절 기	입추	말복															처서													
음 력	一	二	三	四	五	六	七	八	九	十	十一	十二	十三	十四	十五	十六	十七	十八	十九	二十	廿一	廿二	廿三	廿四	廿五	廿六	廿七	廿八	廿九	三十
양력 월/일	8/8	9	10	11	12	13	14	15	16	17	18	19	20	21	22	23	24	25	26	27	28	29	30	31	9/1	2	3	4	5	6
일 진	己巳	庚午	辛未	壬申	癸酉	甲戌	乙亥	丙子	丁丑	戊寅	己卯	庚辰	辛巳	壬午	癸未	甲申	乙酉	丙戌	丁亥	戊子	己丑	庚寅	辛卯	壬辰	癸巳	甲午	乙未	丙申	丁酉	戊戌
비밀수	42	53	64	75	86	77	88	15	26	37	48	51	62	73	84	75	86	17	28	35	46	57	68	71	82	73	84	15	26	37

八 月 (丁 酉) 大

절 기		백로																추분												
음 력	一	二	三	四	五	六	七	八	九	十	十一	十二	十三	十四	十五	十六	十七	十八	十九	二十	廿一	廿二	廿三	廿四	廿五	廿六	廿七	廿八	廿九	三十
양력 월/일	9/7	8	9	10	11	12	13	14	15	16	17	18	19	20	21	22	23	24	25	26	27	28	29	30	10/1	2	3	4	5	6
일 진	己亥	庚子	辛丑	壬寅	癸卯	甲辰	乙巳	丙午	丁未	戊申	己酉	庚戌	辛亥	壬子	癸丑	甲寅	乙卯	丙辰	丁巳	戊午	己未	庚申	辛酉	壬戌	癸亥	甲子	乙丑	丙寅	丁卯	戊辰
비밀수	48	66	77	88	11	82	13	24	35	46	57	68	71	86	17	88	11	22	33	44	55	66	77	88	11	88	17	28	31	42

九 月 (戊 戌) 小

절 기			한로															상강												
음 력	一	二	三	四	五	六	七	八	九	十	十一	十二	十三	十四	十五	十六	十七	十八	十九	二十	廿一	廿二	廿三	廿四	廿五	廿六	廿七	廿八	廿九	
양력 월/일	10/7	8	9	10	11	12	13	14	15	16	17	18	19	20	21	22	23	24	25	26	27	28	29	30	31	11/1	2	3	4	
일 진	己巳	庚午	辛未	壬申	癸酉	甲戌	乙亥	丙子	丁丑	戊寅	己卯	庚辰	辛巳	壬午	癸未	甲申	乙酉	丙戌	丁亥	戊子	己丑	庚寅	辛卯	壬辰	癸巳	甲午	乙未	丙申	丁酉	
비밀수	53	64	86	17	28	11	22	37	48	51	62	73	84	15	26	17	28	31	42	57	68	71	82	13	24	15	26	37	48	

十 月 (己 亥) 大

절 기				입동															소설											
음 력	一	二	三	四	五	六	七	八	九	十	十一	十二	十三	十四	十五	十六	十七	十八	十九	二十	廿一	廿二	廿三	廿四	廿五	廿六	廿七	廿八	廿九	三十
양력 월/일	11/5	6	7	8	9	10	11	12	13	14	15	16	17	18	19	20	21	22	23	24	25	26	27	28	29	30	12/1	2	3	4
일 진	戊戌	己亥	庚子	辛丑	壬寅	癸卯	甲辰	乙巳	丙午	丁未	戊申	己酉	庚戌	辛亥	壬子	癸丑	甲寅	乙卯	丙辰	丁巳	戊午	己未	庚申	辛酉	壬戌	癸亥	甲子	乙丑	丙寅	丁卯
비밀수	51	62	77	11	22	33	24	35	46	57	68	71	82	13	28	31	22	33	44	55	66	77	88	11	22	33	28	31	42	53

十 一 月 (庚 子) 大

절 기				대설														동지												
음 력	一	二	三	四	五	六	七	八	九	十	十一	十二	十三	十四	十五	十六	十七	十八	十九	二十	廿一	廿二	廿三	廿四	廿五	廿六	廿七	廿八	廿九	三十
양력 월/일	12/5	6	7	8	9	10	11	12	13	14	15	16	17	18	19	20	21	22	23	24	25	26	27	28	29	30	31	1/1	2	3
일 진	戊辰	己巳	庚午	辛未	壬申	癸酉	甲戌	乙亥	丙子	丁丑	戊寅	己卯	庚辰	辛巳	壬午	癸未	甲申	乙酉	丙戌	丁亥	戊子	己丑	庚寅	辛卯	壬辰	癸巳	甲午	乙未	丙申	丁酉
비밀수	64	75	86	24	35	46	37	48	55	66	77	88	11	22	33	44	35	46	57	68	75	86	17	28	31	42	22	44	55	66

十 二 月 (辛 丑) 小

절 기			소한															대한												
음 력	一	二	三	四	五	六	七	八	九	十	十一	十二	十三	十四	十五	十六	十七	十八	十九	二十	廿一	廿二	廿三	廿四	廿五	廿六	廿七	廿八	廿九	
양력 월/일	1/4	5	6	7	8	9	10	11	12	13	14	15	16	17	18	19	20	21	22	23	24	25	26	27	28	29	30	31	2/1	
일 진	戊戌	己亥	庚子	辛丑	壬寅	癸卯	甲辰	乙巳	丙午	丁未	戊申	己酉	庚戌	辛亥	壬子	癸丑	甲寅	乙卯	丙辰	丁巳	戊午	己未	庚申	辛酉	壬戌	癸亥	甲子	乙丑	丙寅	
비밀수	77	88	15	37	48	51	42	53	64	75	86	17	28	31	46	57	48	51	62	73	84	15	26	37	48	51	46	57	68	

단기 4260년
서기 1927년

丁 卯 年

四 金神

正 月 (壬 寅) 大

절 기				입춘															우수											
음 력	一	二	三	四	五	六	七	八	九	十	十一	十二	十三	十四	十五	十六	十七	十八	十九	廿	廿一	廿二	廿三	廿四	廿五	廿六	廿七	廿八	廿九	卅
양력 월/일	2/2	3	4	5	6	7	8	9	10	11	12	13	14	15	16	17	18	19	20	21	22	23	24	25	26	27	28	3/1	2	3
일 진	丁卯	戊辰	己巳	庚午	辛未	壬申	癸酉	甲戌	乙亥	丙子	丁丑	戊寅	己卯	庚辰	辛巳	壬午	癸未	甲申	乙酉	丙戌	丁亥	戊子	己丑	庚寅	辛卯	壬辰	癸巳	甲午	乙未	丙申
비밀수	71	82	13	46	57	68	71	62	73	88	11	22	33	44	55	66	77	68	71	82	13	23	31	42	53	64	75	66	77	88

二 月 (癸 卯) 小

절 기			경칩															춘분												
음 력	一	二	三	四	五	六	七	八	九	十	十一	十二	十三	十四	十五	十六	十七	十八	十九	廿	廿一	廿二	廿三	廿四	廿五	廿六	廿七	廿八	廿九	
양력 월/일	3/4	5	6	7	8	9	10	11	12	13	14	15	16	17	18	19	20	21	22	23	24	25	26	27	28	29	30	31	4/1	
일 진	丁酉	戊戌	己亥	庚子	辛丑	壬寅	癸卯	甲辰	乙巳	丙午	丁未	戊申	己酉	庚戌	辛亥	壬子	癸丑	甲寅	乙卯	丙辰	丁巳	戊午	己未	庚申	辛酉	壬戌	癸亥	甲子	乙丑	
비밀수	11	22	44	51	62	73	84	75	86	17	28	31	42	53	64	71	82	73	84	15	26	37	48	51	62	73	84	71	82	

三 月 (甲 辰) 小

절 기					청명	한식														곡우										
음 력	一	二	三	四	五	六	七	八	九	十	十一	十二	十三	十四	十五	十六	十七	十八	十九	廿	廿一	廿二	廿三	廿四	廿五	廿六	廿七	廿八	廿九	
양력 월/일	4/2	3	4	5	6	7	8	9	10	11	12	13	14	15	16	17	18	19	20	21	22	23	24	25	26	27	28	29	30	
일 진	丙寅	丁卯	戊辰	己巳	庚午	辛未	壬申	癸酉	甲戌	乙亥	丙子	丁丑	戊寅	己卯	庚辰	辛巳	壬午	癸未	甲申	乙酉	丙戌	丁亥	戊子	己丑	庚寅	辛卯	壬辰	癸巳	甲午	
비밀수	15	24	35	46	48	51	62	73	64	75	82	13	24	35	46	57	68	71	62	73	84	13	22	33	44	55	66	77	68	

四 月 (乙 巳) 大

절 기						입하																소만								
음 력	一	二	三	四	五	六	七	八	九	十	十一	十二	十三	十四	十五	十六	十七	十八	十九	廿	廿一	廿二	廿三	廿四	廿五	廿六	廿七	廿八	廿九	卅
양력 월/일	5/1	2	3	4	5	6	7	8	9	10	11	12	13	14	15	16	17	18	19	20	21	22	23	24	25	26	27	28	29	30
일 진	乙未	丙申	丁酉	戊戌	己亥	庚子	辛丑	壬寅	癸卯	甲辰	乙巳	丙午	丁未	戊申	己酉	庚戌	辛亥	壬子	癸丑	甲寅	乙卯	丙辰	丁巳	戊午	己未	庚申	辛酉	壬戌	癸亥	甲子
비밀수	71	82	13	24	35	53	64	75	86	77	88	11	22	33	44	55	66	77	64	75	86	17	28	31	42	53	64	75	86	73

五 月 (丙 午) 小

절 기								망종															하지							
음 력	一	二	三	四	五	六	七	八	九	十	十一	十二	十三	十四	十五	十六	十七	十八	十九	廿	廿一	廿二	廿三	廿四	廿五	廿六	廿七	廿八	廿九	
양력 월/일	5/31	6/1	2	3	4	5	6	7	8	9	10	11	12	13	14	15	16	17	18	19	20	21	22	23	24	25	26	27	28	
일 진	乙丑	丙寅	丁卯	戊辰	己巳	庚午	辛未	壬申	癸酉	甲戌	乙亥	丙子	丁丑	戊寅	己卯	庚辰	辛巳	壬午	癸未	甲申	乙酉	丙戌	丁亥	戊子	己丑	庚寅	辛卯	壬辰	癸巳	
비밀수	84	15	26	37	48	51	62	84	15	86	17	24	35	46	57	68	71	82	13	84	15	26	37	44	55	66	77	88	11	

六 月 (丁 未) 大

절 기										소서							초복									대서	중복			
음 력	一	二	三	四	五	六	七	八	九	十	十一	十二	十三	十四	十五	十六	十七	十八	十九	廿	廿一	廿二	廿三	廿四	廿五	廿六	廿七	廿八	廿九	卅
양력 월/일	6/29	30	7/1	2	3	4	5	6	7	8	9	10	11	12	13	14	15	16	17	18	19	20	21	22	23	24	25	26	27	28
일 진	甲午	乙未	丙申	丁酉	戊戌	己亥	庚子	辛丑	壬寅	癸卯	甲辰	乙巳	丙午	丁未	戊申	己酉	庚戌	辛亥	壬子	癸丑	甲寅	乙卯	丙辰	丁巳	戊午	己未	庚申	辛酉	壬戌	癸亥
비밀수	82	13	24	35	46	57	64	75	86	28	11	22	33	44	55	66	77	88	15	26	17	28	31	42	53	64	75	86	17	28

七 月 黑中	北 大將	巳 喪門	丑 吊客	酉 三殺

七 月 (戊 申) 小

절 기											입추						말복										처서			
음 력	一	二	三	四	五	六	七	八	九	十	十一	十二	十三	十四	十五	十六	十七	十八	十九	卄	卄一	卄二	卄三	卄四	卄五	卄六	卄七	卄八	卄九	
양력 월/일	7/29	30	31	8/1	2	3	4	5	6	7	8	9	10	11	12	13	14	15	16	17	18	19	20	21	22	23	24	25	26	
일 진	甲子	乙丑	丙寅	丁卯	戊辰	己巳	庚午	辛未	壬申	癸酉	甲戌	乙亥	丙子	丁丑	戊寅	己卯	庚辰	辛巳	壬午	癸未	甲申	乙酉	丙戌	丁亥	戊子	己丑	庚寅	辛卯	壬辰	
비밀수	35	26	37	48	51	62	73	83	15	26	28	31	46	57	68	71	82	13	24	35	26	37	48	51	66	77	88	11	22	

八 月 (己 酉) 大

절 기														백로															추분	
음 력	一	二	三	四	五	六	七	八	九	十	十一	十二	十三	十四	十五	十六	十七	十八	十九	卄	卄一	卄二	卄三	卄四	卄五	卄六	卄七	卄八	卄九	卅
양력 월/일	8/27	28	29	30	31	9/1	2	3	4	5	6	7	8	9	10	11	12	13	14	15	16	17	18	19	20	21	22	23	24	25
일 진	癸巳	甲午	乙未	丙申	丁酉	戊戌	己亥	庚子	辛丑	壬寅	癸卯	甲辰	乙巳	丙午	丁未	戊申	己酉	庚戌	辛亥	壬子	癸丑	甲寅	乙卯	丙辰	丁巳	戊午	己未	庚申	辛酉	壬戌
비밀수	33	24	35	46	57	68	71	86	17	28	31	23	33	55	66	77	88	11	22	37	48	31	42	53	64	75	86	17	28	31

九 月 (庚 戌) 大

절 기														한로															상강	
음 력	一	二	三	四	五	六	七	八	九	十	十一	十二	十三	十四	十五	十六	十七	十八	十九	卄	卄一	卄二	卄三	卄四	卄五	卄六	卄七	卄八	卄九	卅
양력 월/일	9/26	27	28	29	30	10/1	2	3	4	5	6	7	8	9	10	11	12	13	14	15	16	17	18	19	20	21	22	23	24	25
일 진	癸亥	甲子	乙丑	丙寅	丁卯	戊辰	己巳	庚午	辛未	壬申	癸酉	甲戌	乙亥	丙子	丁丑	戊寅	己卯	庚辰	辛巳	壬午	癸未	甲申	乙酉	丙戌	丁亥	戊子	己丑	庚寅	辛卯	壬辰
비밀수	42	37	48	51	62	73	84	15	26	37	48	31	42	68	71	82	13	24	33	44	57	48	51	62	73	88	11	22	33	44

十 月 (辛 亥) 小

절 기														입동															소설	
음 력	一	二	三	四	五	六	七	八	九	十	十一	十二	十三	十四	十五	十六	十七	十八	十九	卄	卄一	卄二	卄三	卄四	卄五	卄六	卄七	卄八	卄九	
양력 월/일	10/26	27	28	29	30	31	11/1	2	3	4	5	6	7	8	9	10	11	12	13	14	15	16	17	18	19	20	21	22	23	
일 진	癸巳	甲午	乙未	丙申	丁酉	戊戌	己亥	庚子	辛丑	壬寅	癸卯	甲辰	乙巳	丙午	丁未	戊申	己酉	庚戌	辛亥	壬子	癸丑	甲寅	乙卯	丙辰	丁巳	戊午	己未	庚申	辛酉	
비밀수	55	46	57	68	71	82	13	28	31	42	53	44	55	77	88	11	22	33	44	51	62	53	64	75	86	17	28	31	42	

十 一 月 (壬 子) 大

절 기															대설															동지
음 력	一	二	三	四	五	六	七	八	九	十	十一	十二	十三	十四	十五	十六	十七	十八	十九	卄	卄一	卄二	卄三	卄四	卄五	卄六	卄七	卄八	卄九	卅
양력 월/일	11/24	25	26	27	28	29	30	12/1	2	3	4	5	6	7	8	9	10	11	12	13	14	15	16	17	18	19	20	21	22	23
일 진	壬戌	癸亥	甲子	乙丑	丙寅	丁卯	戊辰	己巳	庚午	辛未	壬申	癸酉	甲戌	乙亥	丙子	丁丑	戊寅	己卯	庚辰	辛巳	壬午	癸未	甲申	乙酉	丙戌	丁亥	戊子	己丑	庚寅	辛卯
비밀수	53	64	51	62	73	84	15	26	37	48	51	62	53	64	86	17	28	31	42	53	64	75	66	77	88	11	26	37	48	51

十 二 月 (癸 丑) 大

절 기														소한															대한	
음 력	一	二	三	四	五	六	七	八	九	十	十一	十二	十三	十四	十五	十六	十七	十八	十九	卄	卄一	卄二	卄三	卄四	卄五	卄六	卄七	卄八	卄九	卅
양력 월/일	12/24	25	26	27	28	29	30	31	1/1	2	3	4	5	6	7	8	9	10	11	12	13	14	15	16	17	18	19	20	21	22
일 진	壬辰	癸巳	甲午	乙未	丙申	丁酉	戊戌	己亥	庚子	辛丑	壬寅	癸卯	甲辰	乙巳	丙午	丁未	戊申	己酉	庚戌	辛亥	壬子	癸丑	甲寅	乙卯	丙辰	丁巳	戊午	己未	庚申	辛酉
비밀수	62	73	64	75	86	17	28	31	46	57	68	71	62	84	15	26	37	48	51	62	77	88	71	82	13	24	35	46	57	68

단기 4261년 서기 1928년	戊辰年	四 金神

正月 (甲寅) 小

절기														입춘															우수	
음력	一	二	三	四	五	六	七	八	九	十	十一	十二	十三	十四	十五	十六	十七	十八	十九	二十	廿一	廿二	廿三	廿四	廿五	廿六	廿七	廿八	廿九	
양력 월/일	1/23	24	25	26	27	28	29	30	31	2/1	2	3	4	5	6	7	8	9	10	11	12	13	14	15	16	17	18	19	20	
일진	壬戌	癸亥	甲子	乙丑	丙寅	丁卯	戊辰	己巳	庚午	辛未	壬申	癸酉	甲戌	乙亥	丙子	丁丑	戊寅	己卯	庚辰	辛巳	壬午	癸未	甲申	乙酉	丙戌	丁亥	戊子	己丑	庚寅	
비밀수	71	82	77	88	11	22	33	44	55	66	77	88	71	84	11	22	33	44	55	66	77	88	71	41	82	13	24	31	42	

二月 (乙卯) 大

절기															경칩															춘분
음력	一	二	三	四	五	六	七	八	九	十	十一	十二	十三	十四	十五	十六	十七	十八	十九	二十	廿一	廿二	廿三	廿四	廿五	廿六	廿七	廿八	廿九	三十
양력 월/일	2/21	22	23	24	25	26	27	28	29	3/1	2	3	4	5	6	7	8	9	10	11	12	13	14	15	16	17	18	19	20	21
일진	辛卯	壬辰	癸巳	甲午	乙未	丙申	丁酉	戊戌	己亥	庚子	辛丑	壬寅	癸卯	甲辰	乙巳	丙午	丁未	戊申	己酉	庚戌	辛亥	壬子	癸丑	甲寅	乙卯	丙辰	丁巳	戊午	己未	庚申
비밀수	53	64	75	77	88	11	22	33	44	51	62	73	84	75	17	28	31	42	53	64	75	82	13	84	15	26	37	48	51	62

閏二月 (乙卯) 小

절기															청명	한식														
음력	一	二	三	四	五	六	七	八	九	十	十一	十二	十三	十四	十五	十六	十七	十八	十九	二十	廿一	廿二	廿三	廿四	廿五	廿六	廿七	廿八	廿九	
양력 월/일	3/22	23	24	25	26	27	28	29	30	31	4/1	2	3	4	5	6	7	8	9	10	11	12	13	14	15	16	17	18	19	
일진	辛酉	壬戌	癸亥	甲子	乙丑	丙寅	丁卯	戊辰	己巳	庚午	辛未	壬申	癸酉	甲戌	乙亥	丙子	丁丑	戊寅	己卯	庚辰	辛巳	壬午	癸未	甲申	乙酉	丙戌	丁亥	戊子	己丑	
비밀수	73	84	15	82	13	24	35	46	57	68	71	82	13	84	26	33	44	55	66	77	88	11	22	13	24	35	46	53	64	

三月 (丙辰) 小

절기	곡우																입하													
음력	一	二	三	四	五	六	七	八	九	十	十一	十二	十三	十四	十五	十六	十七	十八	十九	二十	廿一	廿二	廿三	廿四	廿五	廿六	廿七	廿八	廿九	
양력 월/일	4/20	21	22	23	24	25	26	27	28	29	30	5/1	2	3	4	5	6	7	8	9	10	11	12	13	14	15	16	17	18	
일진	庚寅	辛卯	壬辰	癸巳	甲午	乙未	丙申	丁酉	戊戌	己亥	庚子	辛丑	壬寅	癸卯	甲辰	乙巳	丙午	丁未	戊申	己酉	庚戌	辛亥	壬子	癸丑	甲寅	乙卯	丙辰	丁巳	戊午	
비밀수	75	86	17	28	11	22	33	44	55	66	73	84	15	26	17	28	42	53	64	75	86	17	24	35	26	37	48	51	62	

四月 (丁巳) 大

절기				소만															망종											
음력	一	二	三	四	五	六	七	八	九	十	十一	十二	十三	十四	十五	十六	十七	十八	十九	二十	廿一	廿二	廿三	廿四	廿五	廿六	廿七	廿八	廿九	三十
양력 월/일	5/19	20	21	22	23	24	25	26	27	28	29	30	31	6/1	2	3	4	5	6	7	8	9	10	11	12	13	14	15	16	17
일진	己未	庚申	辛酉	壬戌	癸亥	甲子	乙丑	丙寅	丁卯	戊辰	己巳	庚午	辛未	壬申	癸酉	甲戌	乙亥	丙子	丁丑	戊寅	己卯	庚辰	辛巳	壬午	癸未	甲申	乙酉	丙戌	丁亥	戊子
비밀수	73	84	15	24	37	24	34	46	57	68	71	82	13	24	35	26	37	44	66	77	88	11	22	33	44	35	46	57	68	75

五月 (戊午) 小

절기					하지															소서										
음력	一	二	三	四	五	六	七	八	九	十	十一	十二	十三	十四	十五	十六	十七	十八	十九	二十	廿一	廿二	廿三	廿四	廿五	廿六	廿七	廿八	廿九	
양력 월/일	6/18	19	20	21	22	23	24	25	26	27	28	29	30	7/1	2	3	4	5	6	7	8	9	10	11	12	13	14	15	16	
일진	己丑	庚寅	辛卯	壬辰	癸巳	甲午	乙未	丙申	丁酉	戊戌	己亥	庚子	辛丑	壬寅	癸卯	甲辰	乙巳	丙午	丁未	戊申	己酉	庚戌	辛亥	壬子	癸丑	甲寅	乙卯	丙辰	丁巳	
비밀수	86	17	28	31	42	33	44	55	66	77	88	15	26	37	48	31	42	53	64	86	87	18	21	46	57	68	51	62	73	

四月 黑中	北 大將	午 喪門	寅 吊客	南三殺

六 月 (己 未) 小

절 기			초복			대서							중복										입추 말복							
음 력	一	二	三	四	五	六	七	八	九	十	十一	十二	十三	十四	十五	十六	十七	十八	十九	二十	二十一	二十二	二十三	二十四	二十五	二十六	二十七	二十八	二十九	
양력 월/일	7/17	18	19	20	21	22	23	24	25	26	27	28	29	30	31	8/1	2	3	4	5	6	7	8	9	10	11	12	13	14	
일 진	戊午	己未	庚申	辛酉	壬戌	癸亥	甲子	乙丑	丙寅	丁卯	戊辰	己巳	庚午	辛未	壬申	癸酉	甲戌	乙亥	丙子	丁丑	戊寅	己卯	庚辰	辛巳	壬午	癸未	甲申	乙酉	丙戌	
비밀수	84	15	26	37	48	51	46	57	68	71	82	13	24	35	46	57	48	51	66	77	88	11	33	44	55	66	57	68	21	

七 月 (庚 申) 大

절 기									처서																백로					
음 력	一	二	三	四	五	六	七	八	九	十	十一	十二	十三	十四	十五	十六	十七	十八	十九	二十	二十一	二十二	二十三	二十四	二十五	二十六	二十七	二十八	二十九	三十
양력 월/일	8/15	16	17	18	19	20	21	22	23	24	25	26	27	28	29	30	31	9/1	2	3	4	5	6	7	8	9	10	11	12	13
일 진	丁亥	戊子	己丑	庚寅	辛卯	壬辰	癸巳	甲午	乙未	丙申	丁酉	戊戌	己亥	庚子	辛丑	壬寅	癸卯	甲辰	乙巳	丙午	丁未	戊申	己酉	庚戌	辛亥	壬子	癸丑	甲寅	乙卯	丙辰
비밀수	82	17	28	31	42	53	64	75	66	77	88	11	22	33	48	51	61	53	64	75	86	17	28	31	52	68	71	62	73	84

八 月 (辛 酉) 大

절 기										추분															한로					
음 력	一	二	三	四	五	六	七	八	九	十	十一	十二	十三	十四	十五	十六	十七	十八	十九	二十	二十一	二十二	二十三	二十四	二十五	二十六	二十七	二十八	二十九	三十
양력 월/일	9/14	15	16	17	18	19	20	21	22	23	24	25	26	27	28	29	30	10/1	2	3	4	5	6	7	8	9	10	11	12	13
일 진	丁巳	戊午	己未	庚申	辛酉	壬戌	癸亥	甲子	乙丑	丙寅	丁卯	戊辰	己巳	庚午	辛未	壬申	癸酉	甲戌	乙亥	丙子	丁丑	戊寅	己卯	庚辰	辛巳	壬午	癸未	甲申	乙酉	丙戌
비밀수	15	26	37	48	51	62	73	68	71	82	13	24	35	46	57	68	71	62	74	88	11	22	33	44	66	77	88	71	82	13

九 月 (壬 戌) 小

절 기											상강															입동				
음 력	一	二	三	四	五	六	七	八	九	十	十一	十二	十三	十四	十五	十六	十七	十八	十九	二十	二十一	二十二	二十三	二十四	二十五	二十六	二十七	二十八	二十九	
양력 월/일	10/14	15	16	17	18	19	20	21	22	23	24	25	26	27	28	29	30	31	11/1	2	3	4	5	6	7	8	9	10	11	
일 진	丁亥	戊子	己丑	庚寅	辛卯	壬辰	癸巳	甲午	乙未	丙申	丁酉	戊戌	己亥	庚子	辛丑	壬寅	癸卯	甲辰	乙巳	丙午	丁未	戊申	己酉	庚戌	辛亥	壬子	癸丑	甲寅	乙卯	
비밀수	24	31	42	53	64	75	86	77	88	11	22	33	44	51	62	73	84	75	86	17	28	31	42	53	64	82	13	84	15	

十 月 (癸 亥) 大

절 기											소설															대설				
음 력	一	二	三	四	五	六	七	八	九	十	十一	十二	十三	十四	十五	十六	十七	十八	十九	二十	二十一	二十二	二十三	二十四	二十五	二十六	二十七	二十八	二十九	三十
양력 월/일	11/12	13	14	15	16	17	18	19	20	21	22	23	24	25	26	27	28	29	30	12/1	2	3	4	5	6	7	8	9	10	11
일 진	丙辰	丁巳	戊午	己未	庚申	辛酉	壬戌	癸亥	甲子	乙丑	丙寅	丁卯	戊辰	己巳	庚午	辛未	壬申	癸酉	甲戌	乙亥	丙子	丁丑	戊寅	己卯	庚辰	辛巳	壬午	癸未	甲申	乙酉
비밀수	26	37	48	51	62	73	84	15	82	13	24	35	46	57	68	71	82	13	84	15	22	33	44	55	66	64	75	86	77	88

十 一 月 (甲 子) 大

절 기											동지															소한				
음 력	一	二	三	四	五	六	七	八	九	十	十一	十二	十三	十四	十五	十六	十七	十八	十九	二十	二十一	二十二	二十三	二十四	二十五	二十六	二十七	二十八	二十九	三十
양력 월/일	12/12	13	14	15	16	17	18	19	20	21	22	23	24	25	26	27	28	29	30	31	1/1	2	3	4	5	6	7	8	9	10
일 진	丙戌	丁亥	戊子	己丑	庚寅	辛卯	壬辰	癸巳	甲午	乙未	丙申	丁酉	戊戌	己亥	庚子	辛丑	壬寅	癸卯	甲辰	乙巳	丙午	丁未	戊申	己酉	庚戌	辛亥	壬子	癸丑	甲寅	乙卯
비밀수	11	22	37	48	51	62	73	84	75	86	17	28	31	41	57	68	71	82	73	84	14	26	37	48	51	73	88	11	82	13

十 二 月 (乙 丑) 大

절 기										대한															입춘					
음 력	一	二	三	四	五	六	七	八	九	十	十一	十二	十三	十四	十五	十六	十七	十八	十九	二十	二十一	二十二	二十三	二十四	二十五	二十六	二十七	二十八	二十九	三十
양력 월/일	1/11	12	13	14	15	16	17	18	19	20	21	22	23	24	25	26	27	28	29	30	31	2/1	2	3	4	5	6	7	8	9
일 진	丙辰	丁巳	戊午	己未	庚申	辛酉	壬戌	癸亥	甲子	乙丑	丙寅	丁卯	戊辰	己巳	庚午	辛未	壬申	癸酉	甲戌	乙亥	丙子	丁丑	戊寅	己卯	庚辰	辛巳	壬午	癸未	甲申	乙酉
비밀수	24	35	46	57	68	71	82	13	88	11	22	33	44	55	66	77	88	11	82	13	28	31	42	53	86	17	28	31	22	33

단기 4262년
서기 1929년

己巳年

四金神

正月 (丙寅) 小

절기										우수															경칩					
음력	一	二	三	四	五	六	七	八	九	十	十一	十二	十三	十四	十五	十六	十七	十八	十九	二十	廿一	廿二	廿三	廿四	廿五	廿六	廿七	廿八	廿九	
양력 월/일	2/10	11	12	13	14	15	16	17	18	19	20	21	22	23	24	25	26	27	28	3/1	2	3	4	5	6	7	8	9	10	
일진	丙戌	丁亥	戊子	己丑	庚寅	辛卯	壬辰	癸巳	甲午	乙未	丙申	丁酉	戊戌	己亥	庚子	辛丑	壬寅	癸卯	甲辰	乙巳	丙午	丁未	戊申	己酉	庚戌	辛亥	壬子	癸丑	甲寅	
비밀수	44	55	62	73	84	15	26	37	28	31	42	53	64	75	82	13	43	35	23	37	48	51	73	84	15	26	33	44	35	

二月 (丁卯) 大

절기											춘분															청명	한식			
음력	一	二	三	四	五	六	七	八	九	十	十一	十二	十三	十四	十五	十六	十七	十八	十九	二十	廿一	廿二	廿三	廿四	廿五	廿六	廿七	廿八	廿九	三十
양력 월/일	3/11	12	13	14	15	16	17	18	19	20	21	22	23	24	25	26	27	28	29	30	31	4/1	2	3	4	5	6	7	8	9
일진	乙卯	丙辰	丁巳	戊午	己未	庚申	辛酉	壬戌	癸亥	甲子	乙丑	丙寅	丁卯	戊辰	己巳	庚午	辛未	壬申	癸酉	甲戌	乙亥	丙子	丁丑	戊寅	己卯	庚辰	辛巳	壬午	癸未	甲申
비밀수	46	57	68	71	82	13	24	35	46	33	44	55	77	88	11	22	33	44	35	46	53	64	75	86	28	31	42	53	11	44

三月 (戊辰) 小

절기											곡우																입하			
음력	一	二	三	四	五	六	七	八	九	十	十一	十二	十三	十四	十五	十六	十七	十八	十九	二十	廿一	廿二	廿三	廿四	廿五	廿六	廿七	廿八	廿九	
양력 월/일	4/10	11	12	13	14	15	16	17	18	19	20	21	22	23	24	25	26	27	28	29	30	5/1	2	3	4	5	6	7	8	
일진	乙酉	丙戌	丁亥	戊子	己丑	庚寅	辛卯	壬辰	癸巳	甲午	乙未	丙申	丁酉	戊戌	己亥	庚子	辛丑	壬寅	癸卯	甲辰	乙巳	丙午	丁未	戊申	己酉	庚戌	辛亥	壬子	癸丑	
비밀수	55	66	77	84	15	26	37	48	51	42	53	64	75	86	17	24	35	46	57	48	51	62	73	84	15	26	48	55	66	

四月 (己巳) 小

절기													소만																망종	
음력	一	二	三	四	五	六	七	八	九	十	十一	十二	十三	十四	十五	十六	十七	十八	十九	二十	廿一	廿二	廿三	廿四	廿五	廿六	廿七	廿八	廿九	
양력 월/일	5/9	10	11	12	13	14	15	16	17	18	19	20	21	22	23	24	25	26	27	28	29	30	31	6/1	2	3	4	5	6	
일진	甲寅	乙卯	丙辰	丁巳	戊午	己未	庚申	辛酉	壬戌	癸亥	甲子	乙丑	丙寅	丁卯	戊辰	己巳	庚午	辛未	壬申	癸酉	甲戌	乙亥	丙子	丁丑	戊寅	己卯	庚辰	辛巳	壬午	
비밀수	57	68	71	82	13	24	35	46	57	68	55	66	77	88	11	22	33	44	53	66	57	68	75	86	17	28	31	42	64	

五月 (庚午) 大

절기																하지														
음력	一	二	三	四	五	六	七	八	九	十	十一	十二	十三	十四	十五	十六	十七	十八	十九	二十	廿一	廿二	廿三	廿四	廿五	廿六	廿七	廿八	廿九	三十
양력 월/일	6/7	8	9	10	11	12	13	14	15	16	17	18	19	20	21	22	23	24	25	26	27	28	29	30	7/1	2	3	4	5	6
일진	癸未	甲申	乙酉	丙戌	丁亥	戊子	己丑	庚寅	辛卯	壬辰	癸巳	甲午	乙未	丙申	丁酉	戊戌	己亥	庚子	辛丑	壬寅	癸卯	甲辰	乙巳	丙午	丁未	戊申	己酉	庚戌	辛亥	壬子
비밀수	75	64	75	86	17	26	37	48	51	62	73	64	75	86	17	28	31	46	57	68	71	62	73	84	15	26	37	48	51	66

六月 (辛未) 小

절기		소서						초복									대서	중복										말복		
음력	一	二	三	四	五	六	七	八	九	十	十一	十二	十三	十四	十五	十六	十七	十八	十九	二十	廿一	廿二	廿三	廿四	廿五	廿六	廿七	廿八	廿九	
양력 월/일	7/7	8	9	10	11	12	13	14	15	16	17	18	19	20	21	22	23	24	25	26	27	28	29	30	31	8/1	2	3	4	
일진	癸丑	甲寅	乙卯	丙辰	丁巳	戊午	己未	庚申	辛酉	壬戌	癸亥	甲子	乙丑	丙寅	丁卯	戊辰	己巳	庚午	辛未	壬申	癸酉	甲戌	乙亥	丙子	丁丑	戊寅	己卯	庚辰	辛巳	
비밀수	88	71	82	13	24	35	46	57	68	71	82	77	88	11	22	33	44	55	66	77	88	71	82	17	28	31	42	53	64	

正十月 黑中	東 大將	未 喪門	卯 吊客	東三殺

七 月 (壬申) 小

절기				입추																처서										
음력	一	二	三	四	五	六	七	八	九	十	十一	十二	十三	十四	十五	十六	十七	十八	十九	二十	二十一	二十二	二十三	二十四	二十五	二十六	二十七	二十八	二十九	
양력 월/일	8/5	6	7	8	9	10	11	12	13	14	15	16	17	18	19	20	21	22	23	24	25	26	27	28	29	30	31	9/1	2	
일진	壬午	癸未	甲申	乙酉	丙戌	丁亥	戊子	己丑	庚寅	辛卯	壬辰	癸巳	甲午	乙未	丙申	丁酉	戊戌	己亥	庚子	辛丑	壬寅	癸卯	甲辰	乙巳	丙午	丁未	戊申	己酉	庚戌	
비밀수	75	86	77	11	22	33	88	51	62	73	84	15	86	17	28	31	42	53	88	71	82	13	84	15	26	37	48	51	62	

八 月 (癸酉) 大

절기						백로															추분									
음력	一	二	三	四	五	六	七	八	九	十	十一	十二	十三	十四	十五	十六	十七	十八	十九	二十	二十一	二十二	二十三	二十四	二十五	二十六	二十七	二十八	二十九	三十
양력 월/일	9/3	4	5	6	7	8	9	10	11	12	13	14	15	16	17	18	19	20	21	22	23	24	25	26	27	28	29	30	10/1	2
일진	辛亥	壬子	癸丑	甲寅	乙卯	丙辰	丁巳	戊午	己未	庚申	辛酉	壬戌	癸亥	甲子	乙丑	丙寅	丁卯	戊辰	己巳	庚午	辛未	壬申	癸酉	甲戌	乙亥	丙子	丁丑	戊寅	己卯	庚辰
비밀수	73	88	11	82	13	35	46	57	68	71	82	13	24	11	22	33	44	55	66	77	88	11	22	13	24	31	42	53	64	75

九 月 (甲戌) 小

절기							한로															상강								
음력	一	二	三	四	五	六	七	八	九	十	十一	十二	十三	十四	十五	十六	十七	十八	十九	二十	二十一	二十二	二十三	二十四	二十五	二十六	二十七	二十八	二十九	
양력 월/일	10/3	4	5	6	7	8	9	10	11	12	13	14	15	16	17	18	19	20	21	22	23	24	25	26	27	28	29	30	31	
일진	辛巳	壬午	癸未	甲申	乙酉	丙戌	丁亥	戊子	己丑	庚寅	辛卯	壬辰	癸巳	甲午	乙未	丙申	丁酉	戊戌	己亥	庚子	辛丑	壬寅	癸卯	甲辰	乙巳	丙午	丁未	戊申	己酉	
비밀수	86	17	28	11	22	33	35	42	53	64	75	86	17	88	11	22	33	44	55	62	73	84	15	86	17	28	31	42	53	

十 月 (乙亥) 大

절기								입동															소설							
음력	一	二	三	四	五	六	七	八	九	十	十一	十二	十三	十四	十五	十六	十七	十八	十九	二十	二十一	二十二	二十三	二十四	二十五	二十六	二十七	二十八	二十九	三十
양력 월/일	11/1	2	3	4	5	6	7	8	9	10	11	12	13	14	15	16	17	18	19	20	21	22	23	24	25	26	27	28	29	30
일진	庚戌	辛亥	壬子	癸丑	甲寅	乙卯	丙辰	丁巳	戊午	己未	庚申	辛酉	壬戌	癸亥	甲子	乙丑	丙寅	丁卯	戊辰	己巳	庚午	辛未	壬申	癸酉	甲戌	乙亥	丙子	丁丑	戊寅	己卯
비밀수	64	75	82	13	84	15	26	48	51	62	73	84	15	26	13	24	35	46	57	68	71	82	13	24	15	26	33	44	55	66

十一 月 (丙子) 大

절기							대설															동지								
음력	一	二	三	四	五	六	七	八	九	十	十一	十二	十三	十四	十五	十六	十七	十八	十九	二十	二十一	二十二	二十三	二十四	二十五	二十六	二十七	二十八	二十九	三十
양력 월/일	12/1	2	3	4	5	6	7	8	9	10	11	12	13	14	15	16	17	18	19	20	21	22	23	24	25	26	27	28	29	30
일진	庚辰	辛巳	壬午	癸未	甲申	乙酉	丙戌	丁亥	戊子	己丑	庚寅	辛卯	壬辰	癸巳	甲午	乙未	丙申	丁酉	戊戌	己亥	庚子	辛丑	壬寅	癸卯	甲辰	乙巳	丙午	丁未	戊申	己酉
비밀수	77	88	11	22	13	24	42	53	68	71	82	13	24	25	26	37	48	51	62	73	88	11	22	33	24	35	46	57	68	71

十二 月 (丁丑) 大

절기							소한															대한								
음력	一	二	三	四	五	六	七	八	九	十	十一	十二	十三	十四	十五	十六	十七	十八	十九	二十	二十一	二十二	二十三	二十四	二十五	二十六	二十七	二十八	二十九	三十
양력 월/일	12/31	1/1	2	3	4	5	6	7	8	9	10	11	12	13	14	15	16	17	18	19	20	21	22	23	24	25	26	27	28	29
일진	庚戌	辛亥	壬子	癸丑	甲寅	乙卯	丙辰	丁巳	戊午	己未	庚申	辛酉	壬戌	癸亥	甲子	乙丑	丙寅	丁卯	戊辰	己巳	庚午	辛未	壬申	癸酉	甲戌	乙亥	丙子	丁丑	戊寅	己卯
비밀수	82	13	28	31	22	33	55	66	77	88	11	22	33	44	31	42	53	64	75	86	16	28	31	42	33	44	51	62	73	84

단기 4263년
서기 1930년

庚 午 年

二 金神

正 月 (戊 寅) 小

절 기						입춘															우수								
음 력	一	二	三	四	五	六	七	八	九	十	十一	十二	十三	十四	十五	十六	十七	十八	十九	二十	廿一	廿二	廿三	廿四	廿五	廿六	廿七	廿八	廿九
양력 월/일	1/30	31	2/1	2	3	4	5	6	7	8	9	10	11	12	13	14	15	16	17	18	19	20	21	22	23	24	25	26	27
일 진	庚辰	辛巳	壬午	癸未	甲申	乙酉	丙戌	丁亥	戊子	己丑	庚寅	辛卯	壬辰	癸巳	甲午	乙未	丙申	丁酉	戊戌	己亥	庚子	辛丑	壬寅	癸卯	甲辰	乙巳	丙午	丁未	戊申
비밀수	15	26	37	48	31	42	75	86	13	24	35	46	57	68	51	62	73	84	15	26	33	44	55	66	57	68	71	82	13

二 月 (己 卯) 大

절 기							경칩															춘분								
음 력	一	二	三	四	五	六	七	八	九	十	十一	十二	十三	十四	十五	十六	十七	十八	十九	二十	廿一	廿二	廿三	廿四	廿五	廿六	廿七	廿八	廿九	三十
양력 월/일	2/28	3/1	2	3	4	5	6	7	8	9	10	11	12	13	14	15	16	17	18	19	20	21	22	23	24	25	26	27	28	29
일 진	己酉	庚戌	辛亥	壬子	癸丑	甲寅	乙卯	丙辰	丁巳	戊午	己未	庚申	辛酉	壬戌	癸亥	甲子	乙丑	丙寅	丁卯	戊辰	己巳	庚午	辛未	壬申	癸酉	甲戌	乙亥	丙子	丁丑	戊寅
비밀수	24	35	46	53	64	55	77	88	11	22	33	44	55	66	77	64	75	86	17	28	31	42	53	64	75	66	77	84	15	26

三 月 (庚 辰) 大

절 기							청명	한식															곡우							
음 력	一	二	三	四	五	六	七	八	九	十	十一	十二	十三	十四	十五	十六	十七	十八	十九	二十	廿一	廿二	廿三	廿四	廿五	廿六	廿七	廿八	廿九	三十
양력 월/일	3/30	31	4/1	2	3	4	5	6	7	8	9	10	11	12	13	14	15	16	17	18	19	20	21	22	23	24	25	26	27	28
일 진	己卯	庚辰	辛巳	壬午	癸未	甲申	乙酉	丙戌	丁亥	戊子	己丑	庚寅	辛卯	壬辰	癸巳	甲午	乙未	丙申	丁酉	戊戌	己亥	庚子	辛丑	壬寅	癸卯	甲辰	乙巳	丙午	丁未	戊申
비밀수	37	48	51	62	84	75	86	17	28	35	46	57	68	71	82	73	84	15	26	37	48	55	66	77	88	71	82	13	24	35

四 月 (辛 巳) 小

절 기								입하																소만					
음 력	一	二	三	四	五	六	七	八	九	十	十一	十二	十三	十四	十五	十六	十七	十八	十九	二十	廿一	廿二	廿三	廿四	廿五	廿六	廿七	廿八	廿九
양력 월/일	4/29	30	5/1	2	3	4	5	6	7	8	9	10	11	12	13	14	15	16	17	18	19	20	21	22	23	24	25	26	27
일 진	己酉	庚戌	辛亥	壬子	癸丑	甲寅	乙卯	丙辰	丁巳	戊午	己未	庚申	辛酉	壬戌	癸亥	甲子	乙丑	丙寅	丁卯	戊辰	己巳	庚午	辛未	壬申	癸酉	甲戌	乙亥	丙子	丁丑
비밀수	46	57	68	75	86	77	11	22	33	44	55	66	77	88	11	86	17	28	31	42	53	64	75	86	17	88	11	26	37

五 月 (壬 午) 小

절 기										망종																하지			
음 력	一	二	三	四	五	六	七	八	九	十	十一	十二	十三	十四	十五	十六	十七	十八	十九	二十	廿一	廿二	廿三	廿四	廿五	廿六	廿七	廿八	廿九
양력 월/일	5/28	29	30	31	6/1	2	3	4	5	6	7	8	9	10	11	12	13	14	15	16	17	18	19	20	21	22	23	24	25
일 진	戊寅	己卯	庚辰	辛巳	壬午	癸未	甲申	乙酉	丙戌	丁亥	戊子	己丑	庚寅	辛卯	壬辰	癸巳	甲午	乙未	丙申	丁酉	戊戌	己亥	庚子	辛丑	壬寅	癸卯	甲辰	乙巳	丙午
비밀수	48	51	62	73	84	15	86	17	31	42	57	68	71	82	13	24	15	26	37	48	51	62	77	88	11	22	13	24	35

六 月 (癸 未) 大

절 기													소서											초복				대서		
음 력	一	二	三	四	五	六	七	八	九	十	十一	十二	十三	十四	十五	十六	十七	十八	十九	二十	廿一	廿二	廿三	廿四	廿五	廿六	廿七	廿八	廿九	三十
양력 월/일	6/26	27	28	29	30	7/1	2	3	4	5	6	7	8	9	10	11	12	13	14	15	16	17	18	19	20	21	22	23	24	25
일 진	丁未	戊申	己酉	庚戌	辛亥	壬子	癸丑	甲寅	乙卯	丙辰	丁巳	戊午	己未	庚申	辛酉	壬戌	癸亥	甲子	乙丑	丙寅	丁卯	戊辰	己巳	庚午	辛未	壬申	癸酉	甲戌	乙亥	丙子
비밀수	46	57	68	71	82	17	28	11	22	33	44	66	77	88	11	22	33	28	31	42	53	64	75	86	17	28	31	22	33	48

七 月 黑中	東 大將	申 喪門	辰 吊客	北 三殺

閏 六 月 (癸 未) 小

절기				중복										입추 말복																
음력	一	二	三	四	五	六	七	八	九	十	十一	十二	十三	十四	十五	十六	十七	十八	十九	廿	廿一	廿二	廿三	廿四	廿五	廿六	廿七	廿八	廿九	
양력 월/일	7/26	27	28	29	30	31	8/1	2	3	4	5	6	7	8	9	10	11	12	13	14	15	16	17	18	19	20	21	22	23	
일진	丁丑	戊寅	己卯	庚辰	辛巳	壬午	癸未	甲申	乙酉	丙戌	丁亥	戊子	己丑	庚寅	辛卯	壬辰	癸巳	甲午	乙未	丙申	丁酉	戊戌	己亥	庚子	辛丑	壬寅	癸卯	甲辰	乙巳	
비밀수	51	62	73	84	15	26	37	28	31	42	53	68	71	73	84	15	26	17	28	31	42	53	64	71	82	13	24	15	26	

七 月 (甲 申) 小

절기	처서															백로														
음력	一	二	三	四	五	六	七	八	九	十	十一	十二	十三	十四	十五	十六	十七	十八	十九	廿	廿一	廿二	廿三	廿四	廿五	廿六	廿七	廿八	廿九	
양력 월/일	8/24	25	26	27	28	29	30	31	9/1	2	3	4	5	6	7	8	9	10	11	12	13	14	15	16	17	18	19	20	21	
일진	丙午	丁未	戊申	己酉	庚戌	辛亥	壬子	癸丑	甲寅	乙卯	丙辰	丁巳	戊午	己未	庚申	辛酉	壬戌	癸亥	甲子	乙丑	丙寅	丁卯	戊辰	己巳	庚午	辛未	壬申	癸酉	甲戌	
비밀수	37	48	51	62	73	84	11	22	13	24	35	46	57	68	71	13	24	35	22	33	44	55	66	77	88	11	22	33	24	

八 月 (乙 酉) 大

절기			추분															한로												
음력	一	二	三	四	五	六	七	八	九	十	十一	十二	十三	十四	十五	十六	十七	十八	十九	廿	廿一	廿二	廿三	廿四	廿五	廿六	廿七	廿八	廿九	卅
양력 월/일	9/22	23	24	25	26	27	28	29	30	10/1	2	3	4	5	6	7	8	9	10	11	12	13	14	15	16	17	18	19	20	21
일진	乙亥	丙子	丁丑	戊寅	己卯	庚辰	辛巳	壬午	癸未	甲申	乙酉	丙戌	丁亥	戊子	己丑	庚寅	辛卯	壬辰	癸巳	甲午	乙未	丙申	丁酉	戊戌	己亥	庚子	辛丑	壬寅	癸卯	甲辰
비밀수	35	42	53	64	75	86	17	28	31	22	33	44	55	62	73	84	15	37	48	31	42	53	64	75	86	13	24	35	46	37

九 月 (丙 戌) 小

절기			상강															입동												
음력	一	二	三	四	五	六	七	八	九	十	十一	十二	十三	十四	十五	十六	十七	十八	十九	廿	廿一	廿二	廿三	廿四	廿五	廿六	廿七	廿八	廿九	
양력 월/일	10/22	23	24	25	26	27	28	29	30	31	11/1	2	3	4	5	6	7	8	9	10	11	12	13	14	15	16	17	18	19	
일진	乙巳	丙午	丁未	戊申	己酉	庚戌	辛亥	壬子	癸丑	甲寅	乙卯	丙辰	丁巳	戊午	己未	庚申	辛酉	壬戌	癸亥	甲子	乙丑	丙寅	丁卯	戊辰	己巳	庚午	辛未	壬申	癸酉	
비밀수	48	51	62	73	84	15	26	33	44	35	46	57	68	71	82	13	24	46	57	46	55	66	77	88	11	22	33	44	55	

十 月 (丁 亥) 大

절기				소설															대설											
음력	一	二	三	四	五	六	七	八	九	十	十一	十二	十三	十四	十五	十六	十七	十八	十九	廿	廿一	廿二	廿三	廿四	廿五	廿六	廿七	廿八	廿九	卅
양력 월/일	11/20	21	22	23	24	25	26	27	28	29	30	12/1	2	3	4	5	6	7	8	9	10	11	12	13	14	15	16	17	18	19
일진	甲戌	乙亥	丙子	丁丑	戊寅	己卯	庚辰	辛巳	壬午	癸未	甲申	乙酉	丙戌	丁亥	戊子	己丑	庚寅	辛卯	壬辰	癸巳	甲午	乙未	丙申	丁酉	戊戌	己亥	庚子	辛丑	壬寅	癸卯
비밀수	46	57	64	75	86	17	28	31	42	53	44	55	66	77	84	15	26	37	55	66	57	68	71	82	13	24	31	42	53	64

十 一 月 (戊 子) 大

절기			동지															소한												
음력	一	二	三	四	五	六	七	八	九	十	十一	十二	十三	十四	十五	十六	十七	十八	十九	廿	廿一	廿二	廿三	廿四	廿五	廿六	廿七	廿八	廿九	卅
양력 월/일	12/20	21	22	23	24	25	26	27	28	29	30	31	1/1	2	3	4	5	6	7	8	9	10	11	12	13	14	15	16	17	18
일진	甲辰	乙巳	丙午	丁未	戊申	己酉	庚戌	辛亥	壬子	癸丑	甲寅	乙卯	丙辰	丁巳	戊午	己未	庚申	辛酉	壬戌	癸亥	甲子	乙丑	丙寅	丁卯	戊辰	己巳	庚午	辛未	壬申	癸酉
비밀수	55	66	77	88	11	22	33	44	51	62	53	64	75	86	17	28	31	53	64	75	62	73	84	15	26	37	48	51	62	73

十 二 月 (己 丑) 小

절기			대한															입춘												
음력	一	二	三	四	五	六	七	八	九	十	十一	十二	十三	十四	十五	十六	十七	十八	十九	廿	廿一	廿二	廿三	廿四	廿五	廿六	廿七	廿八	廿九	
양력 월/일	1/19	20	21	22	23	24	25	26	27	28	29	30	31	2/1	2	3	4	5	6	7	8	9	10	11	12	13	14	15	16	
일진	甲戌	乙亥	丙子	丁丑	戊寅	己卯	庚辰	辛巳	壬午	癸未	甲申	乙酉	丙戌	丁亥	戊子	己丑	庚寅	辛卯	壬辰	癸巳	甲午	乙未	丙申	丁酉	戊戌	己亥	庚子	辛丑	壬寅	
비밀수	64	75	82	13	24	35	46	57	68	71	62	73	84	15	22	33	44	77	88	11	82	13	24	35	46	57	64	75	86	

단기 4264년 서기 1931년	辛 未 年	六 金神

正 月 (庚 寅) 大

절기			우수															경칩												
음력	一	二	三	四	五	六	七	八	九	十	十一	十二	十三	十四	十五	十六	十七	十八	十九	廿	廿一	廿二	廿三	廿四	廿五	廿六	廿七	廿八	廿九	卅
양력 월/일	2/17	18	19	20	21	22	23	24	25	26	27	28	3/1	2	3	4	5	6	7	8	9	10	11	12	13	14	15	16	17	18
일진	癸卯	甲辰	乙巳	丙午	丁未	戊申	己酉	庚戌	辛亥	壬子	癸丑	甲寅	乙卯	丙辰	丁丑	戊午	己未	庚申	辛酉	壬戌	癸亥	甲子	乙丑	丙寅	丁卯	戊辰	己巳	庚午	辛未	壬申
비밀수	17	88	11	22	33	44	55	66	77	84	15	86	17	28	31	42	53	75	86	17	28	15	26	37	48	53	62	73	84	15

二 月 (辛 卯) 大

절기			춘분																청명 한식											
음력	一	二	三	四	五	六	七	八	九	十	十一	十二	十三	十四	十五	十六	十七	十八	十九	廿	廿一	廿二	廿三	廿四	廿五	廿六	廿七	廿八	廿九	卅
양력 월/일	3/19	20	21	22	23	24	25	26	27	28	29	30	31	4/1	2	3	4	5	6	7	8	9	10	11	12	13	14	15	16	17
일진	癸酉	甲戌	乙亥	丙子	丁丑	戊寅	己卯	庚辰	辛巳	壬午	癸未	甲申	乙酉	丙戌	丁亥	戊子	己丑	庚寅	辛卯	壬辰	癸巳	甲午	乙未	丙申	丁酉	戊戌	己亥	庚子	辛丑	壬寅
비밀수	26	17	28	35	46	57	68	71	82	13	24	15	26	37	48	55	66	77	11	22	33	24	35	46	57	68	71	86	17	28

三 月 (壬 辰) 大

절기				곡우															입하											
음력	一	二	三	四	五	六	七	八	九	十	十一	十二	十三	十四	十五	十六	十七	十八	十九	廿	廿一	廿二	廿三	廿四	廿五	廿六	廿七	廿八	廿九	卅
양력 월/일	4/18	19	20	21	22	23	24	25	26	27	28	29	30	5/1	2	3	4	5	6	7	8	9	10	11	12	13	14	15	16	17
일진	癸卯	甲辰	乙巳	丙午	丁未	戊申	己酉	庚戌	辛亥	壬子	癸丑	甲寅	乙卯	丙辰	丁巳	戊午	己未	庚申	辛酉	壬戌	癸亥	甲子	乙丑	丙寅	丁卯	戊辰	己巳	庚午	辛未	壬申
비밀수	31	22	33	44	55	66	77	88	11	26	37	28	31	42	53	64	75	86	28	31	42	37	48	51	62	73	84	15	26	37

四 月 (癸 巳) 小

절기				소만																	망종									
음력	一	二	三	四	五	六	七	八	九	十	十一	十二	十三	十四	十五	十六	十七	十八	十九	廿	廿一	廿二	廿三	廿四	廿五	廿六	廿七	廿八	廿九	
양력 월/일	5/18	19	20	21	22	23	24	25	26	27	28	29	30	31	6/1	2	3	4	5	6	7	8	9	10	11	12	13	14	15	
일진	癸酉	甲戌	乙亥	丙子	丁丑	戊寅	己卯	庚辰	辛巳	壬午	癸未	甲申	乙酉	丙戌	丁亥	戊子	己丑	庚寅	辛卯	壬辰	癸巳	甲午	乙未	丙申	丁酉	戊戌	己亥	庚子	辛丑	
비밀수	28	31	42	57	68	71	82	13	24	35	46	37	48	51	62	77	88	11	22	33	35	26	37	48	51	62	73	88	11	

五 月 (甲 午) 小

절기							하지																소서						초복	
음력	一	二	三	四	五	六	七	八	九	十	十一	十二	十三	十四	十五	十六	十七	十八	十九	廿	廿一	廿二	廿三	廿四	廿五	廿六	廿七	廿八	廿九	
양력 월/일	6/16	17	18	19	20	21	22	23	24	25	26	27	28	29	30	7/1	2	3	4	5	6	7	8	9	10	11	12	13	14	
일진	壬寅	癸卯	甲辰	乙巳	丙午	丁未	戊申	己酉	庚戌	辛亥	壬子	癸丑	甲寅	乙卯	丙辰	丁巳	戊午	己未	庚申	辛酉	壬戌	癸亥	甲子	乙丑	丙寅	丁卯	戊辰	己巳	庚午	
비밀수	22	33	24	35	46	57	68	71	82	13	28	31	22	33	44	55	66	77	88	11	22	33	31	42	53	64	75	86	17	

六 月 (乙 未) 大

절기										대서 중복															입추					말복
음력	一	二	三	四	五	六	七	八	九	十	十一	十二	十三	十四	十五	十六	十七	十八	十九	廿	廿一	廿二	廿三	廿四	廿五	廿六	廿七	廿八	廿九	卅
양력 월/일	7/15	16	17	18	19	20	21	22	23	24	25	26	27	28	29	30	31	8/1	2	3	4	5	6	7	8	9	10	11	12	13
일진	辛未	壬申	癸酉	甲戌	乙亥	丙子	丁丑	戊寅	己卯	庚辰	辛巳	壬午	癸未	甲申	乙酉	丙戌	丁亥	戊子	己丑	庚寅	辛卯	壬辰	癸巳	甲午	乙未	丙申	丁酉	戊戌	己亥	庚子
비말수	28	31	42	33	44	51	62	73	84	15	26	37	48	31	42	53	64	71	82	13	24	35	46	37	51	62	73	84	15	22

四月 黑中	東 大將	酉 喪門	巳 吊客	酉 三殺

七 月 (丙 申) 小

절 기											처서																백로			
음 력	一	二	三	四	五	六	七	八	九	十	十一	十二	十三	十四	十五	十六	十七	十八	十九	二十	廿一	廿二	廿三	廿四	廿五	廿六	廿七	廿八	廿九	
양력 월/일	8/14	15	16	17	18	19	20	21	22	23	24	25	26	27	28	29	30	31	9/1	2	3	4	5	6	7	8	9	10	11	
일 진	辛丑	壬寅	癸卯	甲辰	乙巳	丙午	丁未	戊申	己酉	庚戌	辛亥	壬子	癸丑	甲寅	乙卯	丙辰	丁巳	戊午	己未	庚申	辛酉	壬戌	癸亥	甲子	乙丑	丙寅	丁卯	戊辰	己巳	
비 밀 수	33	44	55	46	57	68	71	82	13	24	35	42	53	44	55	66	77	88	11	22	33	44	55	42	53	64	86	17	28	

八 月 (丁 酉) 小

절 기													추분															한로		
음 력	一	二	三	四	五	六	七	八	九	十	十一	十二	十三	十四	十五	十六	十七	十八	十九	二十	廿一	廿二	廿三	廿四	廿五	廿六	廿七	廿八	廿九	
양력 월/일	9/12	13	14	15	16	17	18	19	20	21	22	23	24	25	26	27	28	29	30	10/1	2	3	4	5	6	7	8	9	10	
일 진	庚午	辛未	壬申	癸酉	甲戌	乙亥	丙子	丁丑	戊寅	己卯	庚辰	辛巳	壬午	癸未	甲申	乙酉	丙戌	丁亥	戊子	己丑	庚寅	辛卯	壬辰	癸巳	甲午	乙未	丙申	丁酉	戊戌	
비 밀 수	31	42	53	64	55	66	73	84	15	26	37	48	51	62	53	64	75	86	13	24	35	46	57	68	51	62	73	15	26	

九 月 (戊 戌) 大

절 기														상강															입동	
음 력	一	二	三	四	五	六	七	八	九	十	十一	十二	十三	十四	十五	十六	十七	十八	十九	二十	廿一	廿二	廿三	廿四	廿五	廿六	廿七	廿八	廿九	三十
양력 월/일	10/11	12	13	14	15	16	17	18	19	20	21	22	23	24	25	26	27	28	29	30	31	11/1	2	3	4	5	6	7	8	9
일 진	己亥	庚子	辛丑	壬寅	癸卯	甲辰	乙巳	丙午	丁未	戊申	己酉	庚戌	辛亥	壬子	癸丑	甲寅	乙卯	丙辰	丁巳	戊午	己未	庚申	辛酉	壬戌	癸亥	甲子	乙丑	丙寅	丁卯	戊辰
비 밀 수	37	44	55	66	77	68	71	82	13	24	35	46	57	64	75	66	77	88	11	22	33	44	55	66	77	64	75	86	28	31

十 月 (己 亥) 小

절 기														소설															대설	
음 력	一	二	三	四	五	六	七	八	九	十	十一	十二	十三	十四	十五	十六	十七	十八	十九	二十	廿一	廿二	廿三	廿四	廿五	廿六	廿七	廿八	廿九	
양력 월/일	11/10	11	12	13	14	15	16	17	18	19	20	21	22	23	24	25	26	27	28	29	30	12/1	2	3	4	5	6	7	8	
일 진	己巳	庚午	辛未	壬申	癸酉	甲戌	乙亥	丙子	丁丑	戊寅	己卯	庚辰	辛巳	壬午	癸未	甲申	乙酉	丙戌	丁亥	戊子	己丑	庚寅	辛卯	壬辰	癸巳	甲午	乙未	丙申	丁酉	
비 밀 수	42	53	64	75	86	77	88	15	26	37	48	51	62	73	84	75	86	17	28	35	46	57	68	71	82	73	84	15	33	

十 一 月 (庚 子) 大

절 기															동지														소한	
음 력	一	二	三	四	五	六	七	八	九	十	十一	十二	十三	十四	十五	十六	十七	十八	十九	二十	廿一	廿二	廿三	廿四	廿五	廿六	廿七	廿八	廿九	三十
양력 월/일	12/9	10	11	12	13	14	15	16	17	18	19	20	21	22	23	24	25	26	27	28	29	30	31	1/1	2	3	4	5	6	7
일 진	戊戌	己亥	庚子	辛丑	壬寅	癸卯	甲辰	乙巳	丙午	丁未	戊申	己酉	庚戌	辛亥	壬子	癸丑	甲寅	乙卯	丙辰	丁巳	戊午	己未	庚申	辛酉	壬戌	癸亥	甲子	乙丑	丙寅	丁卯
비 밀 수	44	55	62	73	84	15	86	17	28	31	42	53	64	75	82	13	84	15	26	37	48	51	62	73	84	15	82	13	35	46

十 二 月 (辛 丑) 小

절 기														대한															입춘	
음 력	一	二	三	四	五	六	七	八	九	十	十一	十二	十三	十四	十五	十六	十七	十八	十九	二十	廿一	廿二	廿三	廿四	廿五	廿六	廿七	廿八	廿九	
양력 월/일	1/8	9	10	11	12	13	14	15	16	17	18	19	20	21	22	23	24	25	26	27	28	29	30	31	2/1	2	3	4	5	
일 진	戊辰	己巳	庚午	辛未	壬申	癸酉	甲戌	乙亥	丙子	丁丑	戊寅	己卯	庚辰	辛巳	壬午	癸未	甲申	乙酉	丙戌	丁亥	戊子	己丑	庚寅	辛卯	壬辰	癸巳	甲午	乙未	丙申	
비 밀 수	57	68	71	82	13	24	15	26	33	44	55	66	77	88	11	22	13	24	35	46	53	64	75	86	17	28	11	44	55	

단기 4265년
서기 1932년

壬 申 年

四金神

正　月　(壬 寅)　大

절기														우수															경칩
음력	一	二	三	四	五	六	七	八	九	十	十一	十二	十三	十四	十五	十六	十七	十八	十九	二十	二十一	二十二	二十三	二十四	二十五	二十六	二十七	二十八	二十九	三十
양력 월/일	2/6	7	8	9	10	11	12	13	14	15	16	17	18	19	20	21	22	23	24	25	26	27	28	29	3/1	2	3	4	5	6
일진	丁酉	戊戌	己亥	庚子	辛丑	壬寅	癸卯	甲辰	乙巳	丙午	丁未	戊申	己酉	庚戌	辛亥	壬子	癸丑	甲寅	乙卯	丙辰	丁巳	戊午	己未	庚申	辛酉	壬戌	癸亥	甲子	乙丑	丙寅
비밀수	66	77	88	15	26	36	48	31	42	53	64	75	86	17	28	35	46	37	48	51	62	73	84	15	26	37	48	35	46	57

二　月　(癸 卯)　大

절기														춘분															청명
음력	一	二	三	四	五	六	七	八	九	十	十一	十二	十三	十四	十五	十六	十七	十八	十九	二十	二十一	二十二	二十三	二十四	二十五	二十六	二十七	二十八	二十九	三十
양력 월/일	3/7	8	9	10	11	12	13	14	15	16	17	18	19	20	21	22	23	24	25	26	27	28	29	30	31	4/1	2	3	4	5
일진	丁卯	戊辰	己巳	庚午	辛未	壬申	癸酉	甲戌	乙亥	丙子	丁丑	戊寅	己卯	庚辰	辛巳	壬午	癸未	甲申	乙酉	丙戌	丁亥	戊子	己丑	庚寅	辛卯	壬辰	癸巳	甲午	乙未	丙申
비밀수	71	82	13	24	35	46	57	48	51	66	77	88	11	22	33	44	55	46	57	68	71	86	17	28	31	42	53	44	55	66

三　月　(甲 辰)　大

절기	한식														곡우															
음력	一	二	三	四	五	六	七	八	九	十	十一	十二	十三	十四	十五	十六	十七	十八	十九	二十	二十一	二十二	二十三	二十四	二十五	二十六	二十七	二十八	二十九	三十
양력 월/일	4/6	7	8	9	10	11	12	13	14	15	16	17	18	19	20	21	22	23	24	25	26	27	28	29	30	5/1	2	3	4	5
일진	丁酉	戊戌	己亥	庚子	辛丑	壬寅	癸卯	甲辰	乙巳	丙午	丁未	戊申	己酉	庚戌	辛亥	壬子	癸丑	甲寅	乙卯	丙辰	丁巳	戊午	己未	庚申	辛酉	壬戌	癸亥	甲子	乙丑	丙寅
비밀수	68	71	82	17	28	31	42	33	44	55	66	77	88	11	22	37	48	31	42	53	64	75	86	17	28	31	42	37	48	51

四　月　(乙 巳)　小

절기	입하															소만														
음력	一	二	三	四	五	六	七	八	九	十	十一	十二	十三	十四	十五	十六	十七	十八	十九	二十	二十一	二十二	二十三	二十四	二十五	二十六	二十七	二十八	二十九	
양력 월/일	5/6	7	8	9	10	11	12	13	14	15	16	17	18	19	20	21	22	23	24	25	26	27	28	29	30	31	6/1	2	3	
일진	丁卯	戊辰	己巳	庚午	辛未	壬申	癸酉	甲戌	乙亥	丙子	丁丑	戊寅	己卯	庚辰	辛巳	壬午	癸未	甲申	乙酉	丙戌	丁亥	戊子	己丑	庚寅	辛卯	壬辰	癸巳	甲午	乙未	
비밀수	37	73	84	26	37	48	51	42	51	68	71	82	13	24	35	46	57	48	51	62	73	88	11	22	33	44	55	44	57	

五　月　(丙 午)　大

절기			망종																하지											
음력	一	二	三	四	五	六	七	八	九	十	十一	十二	十三	十四	十五	十六	十七	十八	十九	二十	二十一	二十二	二十三	二十四	二十五	二十六	二十七	二十八	二十九	三十
양력 월/일	6/4	5	6	7	8	9	10	11	12	13	14	15	16	17	18	19	20	21	22	23	24	25	26	27	28	29	30	7/1	2	3
일진	丙申	丁酉	戊戌	己亥	庚子	辛丑	壬寅	癸卯	甲辰	乙巳	丙午	丁未	戊申	己酉	庚戌	辛亥	壬子	癸丑	甲寅	乙卯	丙辰	丁巳	戊午	己未	庚申	辛酉	壬戌	癸亥	甲子	乙丑
비밀수	68	71	13	22	31	42	53	64	55	66	77	88	11	22	33	44	51	62	53	64	75	86	17	28	31	42	53	64	51	62

六　月　(丁 未)　小

절기				소서											초복					대서					중복					
음력	一	二	三	四	五	六	七	八	九	十	十一	十二	十三	十四	十五	十六	十七	十八	十九	二十	二十一	二十二	二十三	二十四	二十五	二十六	二十七	二十八	二十九	
양력 월/일	7/4	5	6	7	8	9	10	11	12	13	14	15	16	17	18	19	20	21	22	23	24	25	26	27	28	29	30	31	8/1	
일진	丙寅	丁卯	戊辰	己巳	庚午	辛未	壬申	癸酉	甲戌	乙亥	丙子	丁丑	戊寅	己卯	庚辰	辛巳	壬午	癸未	甲申	乙酉	丙戌	丁亥	戊子	己丑	庚寅	辛卯	壬辰	癸巳	甲午	
비밀수	73	84	15	37	48	51	62	73	64	75	82	13	24	35	46	57	68	71	62	73	84	15	22	33	44	55	66	77	68	

正十 月 黑中	南大將	戌 喪門	午 吊客	南三殺

七　月　(戊 申)　大

절 기						말복	입추															처서								
음 력	一	二	三	四	五	六	七	八	九	十	十一	十二	十三	十四	十五	十六	十七	十八	十九	廿	廿一	廿二	廿三	廿四	廿五	廿六	廿七	廿八	廿九	卅
양력 월/일	8/2	3	4	5	6	7	8	9	10	11	12	13	14	15	16	17	18	19	20	21	22	23	24	25	26	27	28	29	30	31
일 진	乙未	丙申	丁酉	戊戌	己亥	庚子	辛丑	壬寅	癸卯	甲辰	乙巳	丙午	丁未	戊申	己酉	庚戌	辛亥	壬子	癸丑	甲寅	乙卯	丙辰	丁巳	戊午	己未	庚申	辛酉	壬戌	癸亥	甲子
비밀수	71	82	13	24	35	42	64	75	86	77	88	11	22	33	44	55	66	73	84	75	86	17	28	31	42	53	64	75	86	75

八　月　(己 酉)　小

절 기								백로															추분							
음 력	一	二	三	四	五	六	七	八	九	十	十一	十二	十三	十四	十五	十六	十七	十八	十九	廿	廿一	廿二	廿三	廿四	廿五	廿六	廿七	廿八	廿九	
양력 월/일	9/1	2	3	4	5	6	7	8	9	10	11	12	13	14	15	16	17	18	19	20	21	22	23	24	25	26	27	28	29	
일 진	乙丑	丙寅	丁卯	戊辰	己巳	庚午	辛未	壬申	癸酉	甲戌	乙亥	丙子	丁丑	戊寅	己卯	庚辰	辛巳	壬午	癸未	甲申	乙酉	丙戌	丁亥	戊子	己丑	庚寅	辛卯	壬辰	癸巳	
비밀수	84	15	26	37	48	51	62	84	15	86	17	24	35	46	57	68	71	82	13	84	15	26	37	44	55	66	77	88	11	

九　月　(庚 戌)　小

절 기									한로																상강					
음 력	一	二	三	四	五	六	七	八	九	十	十一	十二	十三	十四	十五	十六	十七	十八	十九	廿	廿一	廿二	廿三	廿四	廿五	廿六	廿七	廿八	廿九	
양력 월/일	9/30	10/1	2	3	4	5	6	7	8	9	10	11	12	13	14	15	16	17	18	19	20	21	22	23	24	25	26	27	28	
일 진	甲午	乙未	丙申	丁酉	戊戌	己亥	庚子	辛丑	壬寅	癸卯	甲辰	乙巳	丙午	丁未	戊申	己酉	庚戌	辛亥	壬子	癸丑	甲寅	乙卯	丙辰	丁巳	戊午	己未	庚申	辛酉	壬戌	
비밀수	82	13	24	35	46	57	64	75	17	28	11	22	33	44	55	66	77	88	15	26	12	28	31	42	53	64	75	86	17	

十　月　(辛 亥)　大

절 기										입동															소설					
음 력	一	二	三	四	五	六	七	八	九	十	十一	十二	十三	十四	十五	十六	十七	十八	十九	廿	廿一	廿二	廿三	廿四	廿五	廿六	廿七	廿八	廿九	卅
양력 월/일	10/29	30	31	11/1	2	3	4	5	6	7	8	9	10	11	12	13	14	15	16	17	18	19	20	21	22	23	24	25	26	27
일 진	癸亥	甲子	乙丑	丙寅	丁卯	戊辰	己巳	庚午	辛未	壬申	癸酉	甲戌	乙亥	丙子	丁丑	戊寅	己卯	庚辰	辛巳	壬午	癸未	甲申	乙酉	丙戌	丁亥	戊子	己丑	庚寅	辛卯	壬辰
비밀수	26	15	26	37	48	51	62	73	84	26	37	28	31	46	57	68	71	82	13	24	35	26	37	48	51	66	77	88	11	22

十 一　月　(壬 子)　小

절 기										대설															동지					
음 력	一	二	三	四	五	六	七	八	九	十	十一	十二	十三	十四	十五	十六	十七	十八	十九	廿	廿一	廿二	廿三	廿四	廿五	廿六	廿七	廿八	廿九	
양력 월/일	11/28	29	30	12/1	2	3	4	5	6	7	8	9	10	11	12	13	14	15	16	17	18	19	20	21	22	23	24	25	26	
일 진	癸巳	甲午	乙未	丙申	丁酉	戊戌	己亥	庚子	辛丑	壬寅	癸卯	甲辰	乙巳	丙午	丁未	戊申	己酉	庚戌	辛亥	壬子	癸丑	甲寅	乙卯	丙辰	丁巳	戊午	己未	庚申	辛酉	
비밀수	33	24	35	46	57	68	71	46	17	35	46	37	48	51	62	73	64	15	42	15	44	35	46	57	68	71	82	13	24	

十 二　月　(癸 丑)　大

절 기											소한														대한					
음 력	一	二	三	四	五	六	七	八	九	十	十一	十二	十三	十四	十五	十六	十七	十八	十九	廿	廿一	廿二	廿三	廿四	廿五	廿六	廿七	廿八	廿九	卅
양력 월/일	12/27	28	29	30	31	1/1	2	3	4	5	6	7	8	9	10	11	12	13	14	15	16	17	18	19	20	21	22	23	24	25
일 진	壬戌	癸亥	甲子	乙丑	丙寅	丁卯	戊辰	己巳	庚午	辛未	壬申	癸酉	甲戌	乙亥	丙子	丁丑	戊寅	己卯	庚辰	辛巳	壬午	癸未	甲申	乙酉	丙戌	丁亥	戊子	己丑	庚寅	辛卯
비밀수	35	46	33	44	55	66	77	88	11	22	44	55	46	57	64	75	86	17	28	31	42	53	44	55	66	77	84	15	26	37

단기 4266년
서기 1933년

癸 酉 年

四 金神

正 月 (甲 寅) 小

절 기										입춘															우수					
음 력	一	二	三	四	五	六	七	八	九	十	十一	十二	十三	十四	十五	十六	十七	十八	十九	二十	廿一	廿二	廿三	廿四	廿五	廿六	廿七	廿八	廿九	
양력 월/일	1/26	27	28	29	30	31	2/1	2	3	4	5	6	7	8	9	10	11	12	13	14	15	16	17	18	19	20	21	22	23	
일 진	壬辰	癸巳	甲午	乙未	丙申	丁酉	戊戌	己亥	庚子	辛丑	壬寅	癸卯	甲辰	乙巳	丙午	丁未	戊申	己酉	庚戌	辛亥	壬子	癸丑	甲寅	乙卯	丙辰	丁巳	戊午	己未	庚申	
비밀수	48	51	42	53	64	75	66	17	24	37	48	51	42	53	64	75	86	17	28	31	46	57	48	51	62	73	84	15	26	

二 月 (乙 卯) 大

절 기											경칩															춘분				
음 력	一	二	三	四	五	六	七	八	九	十	十一	十二	十三	十四	十五	十六	十七	十八	十九	二十	廿一	廿二	廿三	廿四	廿五	廿六	廿七	廿八	廿九	三十
양력 월/일	2/24	25	26	27	28	3/1	2	3	4	5	6	7	8	9	10	11	12	13	14	15	16	17	18	19	20	21	22	23	24	25
일 진	辛酉	壬戌	癸亥	甲子	乙丑	丙寅	丁卯	戊辰	己巳	庚午	辛未	壬申	癸酉	甲戌	乙亥	丙子	丁丑	戊寅	己卯	庚辰	辛巳	壬午	癸未	甲申	乙酉	丙戌	丁亥	戊子	己丑	庚寅
비밀수	37	48	51	46	57	68	71	82	13	24	46	57	68	51	62	77	88	11	22	33	44	55	66	57	68	71	82	15	28	31

三 月 (丙 辰) 大

절 기											청명	한식														곡우				
음 력	一	二	三	四	五	六	七	八	九	十	十一	十二	十三	十四	十五	十六	十七	十八	十九	二十	廿一	廿二	廿三	廿四	廿五	廿六	廿七	廿八	廿九	三十
양력 월/일	3/26	27	28	29	30	31	4/1	2	3	4	5	6	7	8	9	10	11	12	13	14	15	16	17	18	19	20	21	22	23	24
일 진	辛卯	壬辰	癸巳	甲午	乙未	丙申	丁酉	戊戌	己亥	庚子	辛丑	壬寅	癸卯	甲辰	乙巳	丙午	丁未	戊申	己酉	庚戌	辛亥	壬子	癸丑	甲寅	乙卯	丙辰	丁巳	戊午	己未	庚申
비밀수	42	53	64	55	66	77	88	11	22	37	51	62	73	64	75	86	17	28	31	42	53	68	71	62	73	84	15	26	37	48

四 月 (丁 巳) 小

절 기												입하															소만			
음 력	一	二	三	四	五	六	七	八	九	十	十一	十二	十三	十四	十五	十六	十七	十八	十九	二十	廿一	廿二	廿三	廿四	廿五	廿六	廿七	廿八	廿九	
양력 월/일	4/25	26	27	28	29	30	5/1	2	3	4	5	6	7	8	9	10	11	12	13	14	15	16	17	18	19	20	21	22	23	
일 진	辛酉	壬戌	癸亥	甲子	乙丑	丙寅	丁卯	戊辰	己巳	庚午	辛未	壬申	癸酉	甲戌	乙亥	丙子	丁丑	戊寅	己卯	庚辰	辛巳	壬午	癸未	甲申	乙酉	丙戌	丁亥	戊子	己丑	
비밀수	51	62	73	68	71	82	13	24	35	46	57	71	82	73	84	11	77	33	44	55	88	77	88	71	82	13	24	31	42	

五 月 (戊 午) 大

절 기														망종																하지
음 력	一	二	三	四	五	六	七	八	九	十	十一	十二	十三	十四	十五	十六	十七	十八	十九	二十	廿一	廿二	廿三	廿四	廿五	廿六	廿七	廿八	廿九	三十
양력 월/일	5/24	25	26	27	28	29	30	31	6/1	2	3	4	5	6	7	8	9	10	11	12	13	14	15	16	17	18	19	20	21	22
일 진	庚寅	辛卯	壬辰	癸巳	甲午	乙未	丙申	丁酉	戊戌	己亥	庚子	辛丑	壬寅	癸卯	甲辰	乙巳	丙午	丁未	戊申	己酉	庚戌	辛亥	壬子	癸丑	甲寅	乙卯	丙辰	丁巳	戊午	己未
비밀수	53	64	75	86	77	88	11	22	33	44	51	62	73	15	86	17	28	31	42	53	64	75	82	13	84	15	26	37	48	51

閏 五 月 (戊 午) 大

절 기															소서						초복									
음 력	一	二	三	四	五	六	七	八	九	十	十一	十二	十三	十四	十五	十六	十七	十八	十九	二十	廿一	廿二	廿三	廿四	廿五	廿六	廿七	廿八	廿九	三十
양력 월/일	6/23	24	25	26	27	28	29	30	7/1	2	3	4	5	6	7	8	9	10	11	12	13	14	15	16	17	18	19	20	21	22
일 진	庚申	辛酉	壬戌	癸亥	甲子	乙丑	丙寅	丁卯	戊辰	己巳	庚午	辛未	壬申	癸酉	甲戌	乙亥	丙子	丁丑	戊寅	己卯	庚辰	辛巳	壬午	癸未	甲申	乙酉	丙戌	丁亥	戊子	己丑
비밀수	62	73	84	15	82	13	24	15	46	57	68	71	82	13	15	26	33	44	55	66	77	88	11	22	13	24	35	46	53	64

七 月 黑中 南 大將 亥 喪門 未 吊客 東 三殺

六 月 (己 未) 小

절기	대서 초복																입추				말복									
음력	一	二	三	四	五	六	七	八	九	十	十一	十二	十三	十四	十五	十六	十七	十八	十九	二十	廿一	廿二	廿三	廿四	廿五	廿六	廿七	廿八	廿九	
양력 월/일	7/23	24	25	26	27	28	29	30	31	8/1	2	3	4	5	6	7	8	9	10	11	12	13	14	15	16	17	18	19	20	
일진	庚寅	辛卯	壬辰	癸巳	甲午	乙未	丙申	丁酉	戊戌	己亥	庚子	辛丑	壬寅	癸卯	甲辰	乙巳	丙午	丁未	戊申	己酉	庚戌	辛亥	壬子	癸丑	甲寅	乙卯	丙辰	丁巳	戊午	
비밀수	75	86	17	28	11	22	33	44	55	66	73	84	15	26	17	28	42	53	64	75	86	17	24	35	26	37	48	51	62	

七 月 (庚 申) 大

절기			처서																백로											
음력	一	二	三	四	五	六	七	八	九	十	十一	十二	十三	十四	十五	十六	十七	十八	十九	二十	廿一	廿二	廿三	廿四	廿五	廿六	廿七	廿八	廿九	三十
양력 월/일	8/21	22	23	24	25	26	27	28	29	30	31	9/1	2	3	4	5	6	7	8	9	10	11	12	13	14	15	16	17	18	19
일진	己未	庚申	辛酉	壬戌	癸亥	甲子	乙丑	丙寅	丁卯	戊辰	己巳	庚午	辛未	壬申	癸酉	甲戌	乙亥	丙子	丁丑	戊寅	己卯	庚辰	辛巳	壬午	癸未	甲申	乙酉	丙戌	丁亥	戊子
비밀수	73	84	15	26	37	24	35	46	57	68	71	82	13	24	35	26	37	44	66	77	88	11	22	33	44	35	46	57	68	75

八 月 (辛 酉) 小

절기				추분																한로										
음력	一	二	三	四	五	六	七	八	九	十	十一	十二	十三	十四	十五	十六	十七	十八	十九	二十	廿一	廿二	廿三	廿四	廿五	廿六	廿七	廿八	廿九	
양력 월/일	9/20	21	22	23	24	25	26	27	28	29	30	10/1	2	3	4	5	6	7	8	9	10	11	12	13	14	15	16	17	18	
일진	己丑	庚寅	辛卯	壬辰	癸巳	甲子	乙未	丙申	丁酉	戊戌	己亥	庚子	辛丑	壬寅	癸卯	甲辰	乙巳	丙午	丁未	戊申	己酉	庚戌	辛亥	壬子	癸丑	甲寅	乙卯	丙辰	丁巳	
비밀수	86	17	28	31	42	33	44	55	66	77	88	15	26	37	48	31	42	53	64	86	17	28	31	46	57	48	51	62	73	

九 月 (壬 戌) 大

절기						상강															입동									
음력	一	二	三	四	五	六	七	八	九	十	十一	十二	十三	十四	十五	十六	十七	十八	十九	二十	廿一	廿二	廿三	廿四	廿五	廿六	廿七	廿八	廿九	三十
양력 월/일	10/19	20	21	22	23	24	25	26	27	28	29	30	31	11/1	2	3	4	5	6	7	8	9	10	11	12	13	14	15	16	17
일진	戊午	己未	庚申	辛酉	壬戌	癸亥	甲子	乙丑	丙寅	丁卯	戊辰	己巳	庚午	辛未	壬申	癸酉	甲戌	乙亥	丙子	丁丑	戊寅	己卯	庚辰	辛巳	壬午	癸未	甲申	乙酉	丙戌	丁亥
비밀수	84	15	26	37	48	51	46	57	68	71	82	13	24	35	46	57	48	51	66	77	11	22	33	44	55	66	57	68	71	82

十 月 (癸 亥) 小

절기						소설														대설										
음력	一	二	三	四	五	六	七	八	九	十	十一	十二	十三	十四	十五	十六	十七	十八	十九	二十	廿一	廿二	廿三	廿四	廿五	廿六	廿七	廿八	廿九	
양력 월/일	11/18	19	20	21	22	23	24	25	26	27	28	29	30	12/1	2	3	4	5	6	7	8	9	10	11	12	13	14	15	16	
일진	戊子	己丑	庚寅	辛卯	壬辰	癸巳	甲午	乙未	丙申	丁酉	戊戌	己亥	庚子	辛丑	壬寅	癸卯	甲辰	乙巳	丙午	丁未	戊申	己酉	庚戌	辛亥	壬子	癸丑	甲寅	乙卯	丙辰	
비밀수	17	28	31	42	53	64	55	66	77	88	11	22	37	48	51	62	53	64	75	73	84	15	26	37	44	55	46	57	68	

十 一 月 (甲 子) 小

절기						동지															소한									
음력	一	二	三	四	五	六	七	八	九	十	十一	十二	十三	十四	十五	十六	十七	十八	十九	二十	廿一	廿二	廿三	廿四	廿五	廿六	廿七	廿八	廿九	
양력 월/일	12/17	18	19	20	21	22	23	24	25	26	27	28	29	30	31	1/1	2	3	4	5	6	7	8	9	10	11	12	13	14	
일진	丁巳	戊午	己未	庚申	辛酉	壬戌	癸亥	甲子	乙丑	丙寅	丁卯	戊辰	己巳	庚午	辛未	壬申	癸酉	甲戌	乙亥	丙子	丁丑	戊寅	己卯	庚辰	辛巳	壬午	癸未	甲申	乙酉	
비밀수	71	82	13	24	35	46	57	44	55	66	77	88	11	22	33	44	55	46	57	64	86	17	28	31	42	53	64	55	64	

十 二 月 (乙 丑) 大

절기							대한														입춘									
음력	一	二	三	四	五	六	七	八	九	十	十一	十二	十三	十四	十五	十六	十七	十八	十九	二十	廿一	廿二	廿三	廿四	廿五	廿六	廿七	廿八	廿九	三十
양력 월/일	1/5	16	17	18	19	20	21	22	23	24	25	26	27	28	29	30	31	2/1	2	3	4	5	6	7	8	9	10	11	12	13
일진	丙戌	丁亥	戊子	己丑	庚寅	辛卯	壬辰	癸巳	甲午	乙未	丙申	丁酉	戊戌	己亥	庚子	辛丑	壬寅	癸卯	甲辰	乙巳	丙午	丁未	戊申	己酉	庚戌	辛亥	壬子	癸丑	甲寅	乙卯
비밀수	77	88	15	26	37	48	51	26	53	64	75	86	17	28	35	46	57	68	51	62	75	86	17	28	31	42	57	68	51	62

단기 4267년
서기 1934년

甲戌 年

四 金神

正 月 (丙 寅) 小

절기						우수															경칩									
음력	一	二	三	四	五	六	七	八	九	十	十一	十二	十三	十四	十五	十六	十七	十八	十九	廿	廿一	廿二	廿三	廿四	廿五	廿六	廿七	廿八	廿九	
양력 월/일	2/14	15	16	17	18	19	20	21	22	23	24	25	26	27	28	3/1	2	3	4	5	6	7	8	9	10	11	12	13	14	
일진	丙辰	丁巳	戊午	己未	庚申	辛酉	壬戌	癸亥	甲子	乙丑	丙寅	丁卯	戊辰	己巳	庚午	辛未	壬申	癸酉	甲戌	乙亥	丙子	丁丑	戊寅	己卯	庚辰	辛巳	壬午	癸未	甲申	
비밀수	73	84	15	26	37	48	51	62	57	68	71	82	13	24	35	46	57	68	51	62	88	11	22	33	44	55	66	77	68	

二 月 (丁 卯) 大

절기							춘분															청명	한식							
음력	一	二	三	四	五	六	七	八	九	十	十一	十二	十三	十四	十五	十六	十七	十八	十九	廿	廿一	廿二	廿三	廿四	廿五	廿六	廿七	廿八	廿九	卅
양력 월/일	3/15	16	17	18	19	20	21	22	23	24	25	26	27	28	29	30	31	4/1	2	3	4	5	6	7	8	9	10	11	12	13
일진	乙酉	丙戌	丁亥	戊子	己丑	庚寅	辛卯	壬辰	癸巳	甲午	乙未	丙申	丁酉	戊戌	己亥	庚子	辛丑	壬寅	癸卯	甲辰	乙巳	丙午	丁未	戊申	己酉	庚戌	辛亥	壬子	癸丑	甲寅
비밀수	71	82	13	28	31	42	53	64	75	66	77	88	11	22	33	42	51	62	73	64	75	17	28	31	42	53	64	71	82	73

三 月 (戊 辰) 小

절기								곡우															입하							
음력	一	二	三	四	五	六	七	八	九	十	十一	十二	十三	十四	十五	十六	十七	十八	十九	廿	廿一	廿二	廿三	廿四	廿五	廿六	廿七	廿八	廿九	
양력 월/일	4/14	15	16	17	18	19	20	21	22	23	24	25	26	27	28	29	30	5/1	2	3	4	5	6	7	8	9	10	11	12	
일진	乙卯	丙辰	丁巳	戊午	己未	庚申	辛酉	壬戌	癸亥	甲子	乙丑	丙寅	丁卯	戊辰	己巳	庚午	辛未	壬申	癸酉	甲戌	乙亥	丙子	丁丑	戊寅	己卯	庚辰	辛巳	壬午	癸未	
비밀수	84	15	26	37	48	51	62	73	84	71	82	13	24	35	46	57	68	71	82	73	84	11	33	44	55	66	77	88	11	

四 月 (己 巳) 大

절기										소만															망종					
음력	一	二	三	四	五	六	七	八	九	十	十一	十二	十三	十四	十五	十六	十七	十八	十九	廿	廿一	廿二	廿三	廿四	廿五	廿六	廿七	廿八	廿九	卅
양력 월/일	5/13	14	15	16	17	18	19	20	21	22	23	24	25	26	27	28	29	30	31	6/1	2	3	4	5	6	7	8	9	10	11
일진	甲申	乙酉	丙戌	丁亥	戊子	己丑	庚寅	辛卯	壬辰	癸巳	甲午	乙未	丙申	丁酉	戊戌	己亥	庚子	辛丑	壬寅	癸卯	甲辰	乙巳	丙午	丁未	戊申	己酉	庚戌	辛亥	壬子	癸丑
비밀수	82	13	24	35	42	53	64	75	86	17	88	11	22	33	44	55	62	73	84	15	86	17	28	31	53	62	75	86	13	24

五 月 (庚 午) 大

절기											하지																소서			
음력	一	二	三	四	五	六	七	八	九	十	十一	十二	十三	十四	十五	十六	十七	十八	十九	廿	廿一	廿二	廿三	廿四	廿五	廿六	廿七	廿八	廿九	卅
양력 월/일	6/12	13	14	15	16	17	18	19	20	21	22	23	24	25	26	27	28	29	30	7/1	2	3	4	5	6	7	8	9	10	11
일진	甲寅	乙卯	丙辰	丁巳	戊午	己未	庚申	辛酉	壬戌	癸亥	甲子	乙丑	丙寅	丁卯	戊辰	己巳	庚午	辛未	壬申	癸酉	甲戌	乙亥	丙子	丁丑	戊寅	己卯	庚辰	辛巳	壬午	癸未
비밀수	15	26	37	48	51	62	73	84	15	26	13	24	35	46	57	68	74	82	13	24	15	26	33	44	55	66	88	11	22	33

六 月 (辛 未) 小

절기												대서															중복	입추		
음력	一	二	三	四	五	六	七	八	九	十	十一	十二	十三	十四	十五	十六	十七	十八	十九	廿	廿一	廿二	廿三	廿四	廿五	廿六	廿七	廿八	廿九	
양력 월/일	7/12	13	14	15	16	17	18	19	20	21	22	23	24	25	26	27	28	29	30	31	8/1	2	3	4	5	6	7	8	9	
일진	甲申	乙酉	丙戌	丁亥	戊子	己丑	庚寅	辛卯	壬辰	癸巳	甲午	乙未	丙申	丁酉	戊戌	己亥	庚子	辛丑	壬寅	癸卯	甲辰	乙巳	丙午	丁未	戊申	己酉	庚戌	辛亥	壬子	
비밀수	24	35	46	57	64	75	86	17	28	31	22	33	44	55	66	77	84	15	26	37	28	31	42	53	64	75	86	28	35	

四月 黑中	南大將	子 喪門	申吊客	北三殺

七　　月　　（壬 申）　大

절 기								말복							처서															백로
음 력	一	二	三	四	五	六	七	八	九	十	十一	十二	十三	十四	十五	十六	十七	十八	十九	廿	廿一	廿二	廿三	廿四	廿五	廿六	廿七	廿八	廿九	三十
양력 월/일	8/10	11	12	13	14	15	16	17	18	19	20	21	22	23	24	25	26	27	28	29	30	31	9/1	2	3	4	5	6	7	8
일 진	癸丑	甲寅	乙卯	丙辰	丁巳	戊午	己未	庚申	辛酉	壬戌	癸亥	甲子	乙丑	丙寅	丁卯	戊辰	己巳	庚午	辛未	壬申	癸酉	甲戌	乙亥	丙子	丁丑	戊寅	己卯	庚辰	辛巳	壬午
비밀수	46	37	48	51	62	73	84	15	26	37	48	35	46	57	68	71	82	13	24	35	46	37	48	55	66	77	88	11	22	44

八　　月　　（癸 酉）　大

절 기																추분														
음 력	一	二	三	四	五	六	七	八	九	十	十一	十二	十三	十四	十五	十六	十七	十八	十九	廿	廿一	廿二	廿三	廿四	廿五	廿六	廿七	廿八	廿九	三十
양력 월/일	9/9	10	11	12	13	14	15	16	17	18	19	20	21	22	23	24	25	26	27	28	29	30	10/1	2	3	4	5	6	7	8
일 진	癸未	甲申	乙酉	丙戌	丁亥	戊子	己丑	庚寅	辛卯	壬辰	癸巳	甲午	乙未	丙申	丁酉	戊戌	己亥	庚子	辛丑	壬寅	癸卯	甲辰	乙巳	丙午	丁未	戊申	己酉	庚戌	辛亥	壬子
비밀수	55	46	57	68	71	86	17	28	31	42	53	44	55	66	77	88	11	26	37	48	51	42	53	64	75	86	17	28	31	46

九　　月　　（甲 戌）　小

절 기	한로																	상강												
음 력	一	二	三	四	五	六	七	八	九	十	十一	十二	十三	十四	十五	十六	十七	十八	十九	廿	廿一	廿二	廿三	廿四	廿五	廿六	廿七	廿八	廿九	
양력 월/일	10/9	10	11	12	13	14	15	16	17	18	19	20	21	22	23	24	25	26	27	28	29	30	31	11/1	2	3	4	5	6	
일 진	癸丑	甲寅	乙卯	丙辰	丁巳	戊午	己未	庚申	辛酉	壬戌	癸亥	甲子	乙丑	丙寅	丁卯	戊辰	己巳	庚午	辛未	壬申	癸酉	甲戌	乙亥	丙子	丁丑	戊寅	己卯	庚辰	辛巳	
비밀수	48	31	42	53	64	75	86	17	28	31	42	37	48	51	62	73	84	15	26	37	48	31	42	57	68	71	82	13	24	

十　　月　　（乙 亥）　大

절 기		입동															소설													
음 력	一	二	三	四	五	六	七	八	九	十	十一	十二	十三	十四	十五	十六	十七	十八	十九	廿	廿一	廿二	廿三	廿四	廿五	廿六	廿七	廿八	廿九	三十
양력 월/일	11/7	8	9	10	11	12	13	14	15	16	17	18	19	20	21	22	23	24	25	26	27	28	29	30	12/1	2	3	4	5	6
일 진	壬午	癸未	甲申	乙酉	丙戌	丁亥	戊子	己丑	庚寅	辛卯	壬辰	癸巳	甲午	乙未	丙申	丁酉	戊戌	己亥	庚子	辛丑	壬寅	癸卯	甲辰	乙巳	丙午	丁未	戊申	己酉	庚戌	辛亥
비밀수	35	57	48	51	62	73	88	11	22	33	44	55	46	57	68	71	82	13	28	31	48	51	42	53	64	75	86	17	28	37

十 一 月　　（丙 子）　小

절 기		대설														동지														
음 력	一	二	三	四	五	六	七	八	九	十	十一	十二	十三	十四	十五	十六	十七	十八	十九	廿	廿一	廿二	廿三	廿四	廿五	廿六	廿七	廿八	廿九	
양력 월/일	12/7	8	9	10	11	12	13	14	15	16	17	18	19	20	21	22	23	24	25	26	27	28	29	30	31	1/1	2	3	4	
일 진	壬子	癸丑	甲寅	乙卯	丙辰	丁巳	戊午	己未	庚申	辛酉	壬戌	癸亥	甲子	乙丑	丙寅	丁卯	戊辰	己巳	庚午	辛未	壬申	癸酉	甲戌	乙亥	丙子	丁丑	戊寅	己卯	庚辰	
비밀수	48	66	57	68	71	82	13	24	35	46	57	68	55	66	77	88	11	22	33	44	55	66	57	68	75	86	17	28	31	

十 二 月　　（丁 丑）　大

절 기		소한															대한													
음 력	一	二	三	四	五	六	七	八	九	十	十一	十二	十三	十四	十五	十六	十七	十八	十九	廿	廿一	廿二	廿三	廿四	廿五	廿六	廿七	廿八	廿九	三十
양력 월/일	1/5	6	7	8	9	10	11	12	13	14	15	16	17	18	19	20	21	22	23	24	25	26	27	28	29	30	31	2/1	2	3
일 진	辛巳	壬午	癸未	甲申	乙酉	丙戌	丁亥	戊子	己丑	庚寅	辛卯	壬辰	癸巳	甲午	乙未	丙申	丁酉	戊戌	己亥	庚子	辛丑	壬寅	癸卯	甲辰	乙巳	丙午	丁未	戊申	己酉	庚戌
비밀수	42	64	75	66	77	88	11	26	37	48	51	62	73	64	75	86	17	28	31	46	57	68	71	62	73	84	15	26	37	48

단기 4268년
서기 1935년

乙 亥 年

二 金神

正 月 (戊 寅) 小

절기		입춘														우수														
음력	一	二	三	四	五	六	七	八	九	十	十一	十二	十三	十四	十五	十六	十七	十八	十九	二十	廿一	廿二	廿三	廿四	廿五	廿六	廿七	廿八	廿九	
양력 월/일	2/4	5	6	7	8	9	10	11	12	13	14	15	16	17	18	19	20	21	22	23	24	25	26	27	28	3/1	2	3	4	
일진	辛亥	壬子	癸丑	甲寅	乙卯	丙辰	丁巳	戊午	己未	庚申	辛酉	壬戌	癸亥	甲子	乙丑	丙寅	丁卯	戊辰	己巳	庚午	辛未	壬申	癸酉	甲戌	乙亥	丙子	丁丑	戊寅	己卯	
비밀수	51	88	11	22	13	24	35	46	57	68	71	82	13	88	11	22	33	44	55	66	77	88	11	82	13	28	31	42	53	

二 月 (己 卯) 小

절기		경칩															춘분													
음력	一	二	三	四	五	六	七	八	九	十	十一	十二	十三	十四	十五	十六	十七	十八	十九	二十	廿一	廿二	廿三	廿四	廿五	廿六	廿七	廿八	廿九	
양력 월/일	3/5	6	7	8	9	10	11	12	13	14	15	16	17	18	19	20	21	22	23	24	25	26	27	28	29	30	31	4/1	2	
일진	庚辰	辛巳	壬午	癸未	甲申	乙酉	丙戌	丁亥	戊子	己丑	庚寅	辛卯	壬辰	癸巳	甲午	乙未	丙申	丁酉	戊戌	己亥	庚子	辛丑	壬寅	癸卯	甲辰	乙巳	丙午	丁未	戊申	
비밀수	64	86	17	28	11	22	33	44	51	62	73	84	15	26	17	28	31	42	53	64	71	82	13	24	15	26	37	48	51	

三 月 (庚 辰) 大

절기				청명 한식															곡우											
음력	一	二	三	四	五	六	七	八	九	十	十一	十二	十三	十四	十五	十六	十七	十八	十九	二十	廿一	廿二	廿三	廿四	廿五	廿六	廿七	廿八	廿九	三十
양력 월/일	4/3	4	5	6	7	8	9	10	11	12	13	14	15	16	17	18	19	20	21	22	23	24	25	26	27	28	29	30	5/1	2
일진	己酉	庚戌	辛亥	壬子	癸丑	甲寅	乙卯	丙辰	丁巳	戊午	己未	庚申	辛酉	壬戌	癸亥	甲子	乙丑	丙寅	丁卯	戊辰	己巳	庚午	辛未	壬申	癸酉	甲戌	乙亥	丙子	丁丑	戊寅
비밀수	62	73	84	22	33	24	35	46	57	68	71	82	13	24	35	22	33	44	55	66	77	88	11	22	33	24	35	42	53	64

四 月 (辛 巳) 小

절기				입하																소만										
음력	一	二	三	四	五	六	七	八	九	十	十一	十二	十三	十四	十五	十六	十七	十八	十九	二十	廿一	廿二	廿三	廿四	廿五	廿六	廿七	廿八	廿九	
양력 월/일	5/3	4	5	6	7	8	9	10	11	12	13	14	15	16	17	18	19	20	21	22	23	24	25	26	27	28	29	30	31	
일진	己卯	庚辰	辛巳	壬午	癸未	甲申	乙酉	丙戌	丁亥	戊子	己丑	庚寅	辛卯	壬辰	癸巳	甲午	乙未	丙申	丁酉	戊戌	己亥	庚子	辛丑	壬寅	癸卯	甲辰	乙巳	丙午	丁未	
비밀수	75	86	17	31	42	33	44	55	66	73	84	15	26	37	48	31	42	53	64	75	86	13	24	35	46	37	48	51	62	

五 月 (壬 午) 大

절기							망종															하지								
음력	一	二	三	四	五	六	七	八	九	十	十一	十二	十三	十四	十五	十六	十七	十八	十九	二十	廿一	廿二	廿三	廿四	廿五	廿六	廿七	廿八	廿九	三十
양력 월/일	6/1	2	3	4	5	6	7	8	9	10	11	12	13	14	15	16	17	18	19	20	21	22	23	24	25	26	27	28	29	30
일진	戊申	己酉	庚戌	辛亥	壬子	癸丑	甲寅	乙卯	丙辰	丁巳	戊午	己未	庚申	辛酉	壬戌	癸亥	甲子	乙丑	丙寅	丁卯	戊辰	己巳	庚午	辛未	壬申	癸酉	甲戌	乙亥	丙子	丁丑
비밀수	73	84	15	26	33	44	46	57	68	71	82	13	24	35	46	57	44	55	66	77	88	11	22	33	44	55	46	57	64	75

六 月 (癸 未) 小

절기								소서					초복										중복	대서						
음력	一	二	三	四	五	六	七	八	九	十	十一	十二	十三	十四	十五	十六	十七	十八	十九	二十	廿一	廿二	廿三	廿四	廿五	廿六	廿七	廿八	廿九	
양력 월/일	7/1	2	3	4	5	6	7	8	9	10	11	12	13	14	15	16	17	18	19	20	21	22	23	24	25	26	27	28	29	
일진	戊寅	己卯	庚辰	辛巳	壬午	癸未	甲申	乙酉	丙戌	丁亥	戊子	己丑	庚寅	辛卯	壬辰	癸巳	甲午	乙未	丙申	丁酉	戊戌	己亥	庚子	辛丑	壬寅	癸卯	甲辰	乙巳	丙午	
비밀수	86	17	28	31	42	53	44	66	77	88	15	26	37	48	51	62	53	64	75	86	17	28	35	46	57	68	51	62	73	

正十 月黑中　　西 大將　　丑 喪門　　酉 吊客　　西 三殺

七　月　(甲 申)　大

절기				말복						입추																처서				
음력	一	二	三	四	五	六	七	八	九	十	十一	十二	十三	十四	十五	十六	十七	十八	十九	廿	廿一	廿二	廿三	廿四	廿五	廿六	廿七	廿八	廿九	三十
양력 월/일	7/30	31	8/1	2	3	4	5	6	7	8	9	10	11	12	13	14	15	16	17	18	19	20	21	22	23	24	25	26	27	28
일진	丁未	戊申	己酉	庚戌	辛亥	壬子	癸丑	甲寅	乙卯	丙辰	丁巳	戊午	己未	庚申	辛酉	壬戌	癸亥	甲子	乙丑	丙寅	丁卯	戊辰	己巳	庚午	辛未	壬申	癸酉	甲戌	乙亥	丙子
비밀수	84	15	26	37	48	55	66	57	68	62	73	84	15	26	37	48	51	46	57	68	71	82	13	24	35	46	57	48	51	66

八　月　(乙 酉)　大

절기											백로																추분			
음력	一	二	三	四	五	六	七	八	九	十	十一	十二	十三	十四	十五	十六	十七	十八	十九	廿	廿一	廿二	廿三	廿四	廿五	廿六	廿七	廿八	廿九	三十
양력 월/일	8/29	30	31	9/1	2	3	4	5	6	7	8	9	10	11	12	13	14	15	16	17	18	19	20	21	22	23	24	25	26	27
일진	丁丑	戊寅	己卯	庚辰	辛巳	壬午	癸未	甲申	乙酉	丙戌	丁亥	戊子	己丑	庚寅	辛卯	壬辰	癸巳	甲午	乙未	丙申	丁酉	戊戌	己亥	庚子	辛丑	壬寅	癸卯	甲辰	乙巳	丙午
비밀수	77	88	11	22	33	44	55	46	57	68	82	17	28	31	42	53	64	55	66	77	88	11	22	37	48	51	62	53	64	75

九　月　(丙 戌)　小

절기												한로															상강			
음력	一	二	三	四	五	六	七	八	九	十	十一	十二	十三	十四	十五	十六	十七	十八	十九	廿	廿一	廿二	廿三	廿四	廿五	廿六	廿七	廿八	廿九	
양력 월/일	9/28	29	30	10/1	2	3	4	5	6	7	8	9	10	11	12	13	14	15	16	17	18	19	20	21	22	23	24	25	26	
일진	丁未	戊申	己酉	庚戌	辛亥	壬子	癸丑	甲寅	乙卯	丙辰	丁巳	戊午	己未	庚申	辛酉	壬戌	癸亥	甲子	乙丑	丙寅	丁卯	戊辰	己巳	庚午	辛未	壬申	癸酉	甲戌	乙亥	
비밀수	86	17	28	31	42	58	68	51	62	73	84	26	37	48	51	62	73	68	71	82	13	24	35	46	57	68	71	62	73	

十　月　(丁 亥)　大

절기													입동															소설		
음력	一	二	三	四	五	六	七	八	九	十	十一	十二	十三	十四	十五	十六	十七	十八	十九	廿	廿一	廿二	廿三	廿四	廿五	廿六	廿七	廿八	廿九	三十
양력 월/일	10/27	28	29	30	31	11/1	2	3	4	5	6	7	8	9	10	11	12	13	14	15	16	17	18	19	20	21	22	23	24	25
일진	丙子	丁丑	戊寅	己卯	庚辰	辛巳	壬午	癸未	甲申	乙酉	丙戌	丁亥	戊子	己丑	庚寅	辛卯	壬辰	癸巳	甲午	乙未	丙申	丁酉	戊戌	己亥	庚子	辛丑	壬寅	癸卯	甲辰	乙巳
비밀수	88	11	22	33	44	55	66	77	68	71	82	13	31	42	53	64	75	86	77	88	11	22	33	44	51	62	73	84	75	86

十 一　月　(戊 子)　大

절기													대설															동지		
음력	一	二	三	四	五	六	七	八	九	十	十一	十二	十三	十四	十五	十六	十七	十八	十九	廿	廿一	廿二	廿三	廿四	廿五	廿六	廿七	廿八	廿九	三十
양력 월/일	11/26	27	28	29	30	12/1	2	3	4	5	6	7	8	9	10	11	12	13	14	15	16	17	18	19	20	21	22	23	24	25
일진	丙午	丁未	戊申	己酉	庚戌	辛亥	壬子	癸丑	甲寅	乙卯	丙辰	丁巳	戊午	己未	庚申	辛酉	壬戌	癸亥	甲子	乙丑	丙寅	丁卯	戊辰	己巳	庚午	辛未	壬申	癸酉	甲戌	乙亥
비밀수	17	28	31	42	53	64	71	82	73	84	15	26	44	55	66	77	88	11	86	17	28	31	42	53	64	75	86	17	88	11

十 二　月　(己 丑)　小

절기												소한															대한			
음력	一	二	三	四	五	六	七	八	九	十	十一	十二	十三	十四	十五	十六	十七	十八	十九	廿	廿一	廿二	廿三	廿四	廿五	廿六	廿七	廿八	廿九	
양력 월/일	12/26	27	28	29	30	31	1/1	2	3	4	5	6	7	8	9	10	11	12	13	14	15	16	17	18	19	20	21	22	23	
일진	丙子	丁丑	戊寅	己卯	庚辰	辛巳	壬午	癸未	甲申	乙酉	丙戌	丁亥	戊子	己丑	庚寅	辛卯	壬辰	癸巳	甲午	乙未	丙申	丁酉	戊戌	己亥	庚子	辛丑	壬寅	癸卯	甲辰	
비밀수	26	37	48	51	62	73	84	15	86	17	28	42	57	68	71	82	13	24	15	26	37	48	51	62	77	88	11	22	13	

단기 4269년
서기 1936년

丙 子 年

六金神

正 月 (庚 寅) 大

절 기													입춘															우수		
음 력	一	二	三	四	五	六	七	八	九	十	十一	十二	十三	十四	十五	十六	十七	十八	十九	廿	廿一	廿二	廿三	廿四	廿五	廿六	廿七	廿八	廿九	卅
양력 월/일	1/24	25	26	27	28	29	30	31	2/1	2	3	4	5	6	7	8	9	10	11	12	13	14	15	16	17	18	19	20	21	22
일 진	乙巳	丙午	丁未	戊申	己酉	庚戌	辛亥	壬子	癸丑	甲寅	乙卯	丙辰	丁巳	戊午	己未	庚申	辛酉	壬戌	癸亥	甲子	乙丑	丙寅	丁卯	戊辰	己巳	庚午	辛未	壬申	癸酉	甲戌
비밀수	24	35	46	57	68	71	82	17	28	11	22	33	62	73	84	15	26	37	48	35	46	57	68	71	82	13	24	65	46	37

二 月 (辛 卯) 小

절 기													경칩															춘분		
음 력	一	二	三	四	五	六	七	八	九	十	十一	十二	十三	十四	十五	十六	十七	十八	十九	廿	廿一	廿二	廿三	廿四	廿五	廿六	廿七	廿八	廿九	
양력 월/일	2/23	24	25	26	27	28	29	3/1	2	3	4	5	6	7	8	9	10	11	12	13	14	15	16	17	18	19	20	21	22	
일 진	乙亥	丙子	丁丑	戊寅	己卯	庚辰	辛巳	壬午	癸未	甲申	乙酉	丙戌	丁亥	戊子	己丑	庚寅	辛卯	壬辰	癸巳	甲午	乙未	丙申	丁酉	戊戌	己亥	庚子	辛丑	壬寅	癸卯	
비밀수	48	55	66	77	88	11	22	53	44	35	46	57	71	86	17	28	51	42	53	44	55	66	77	88	11	26	37	48	51	

三 月 (壬 辰) 小

절 기														청명	한식														곡우	
음 력	一	二	三	四	五	六	七	八	九	十	十一	十二	十三	十四	十五	十六	十七	十八	十九	廿	廿一	廿二	廿三	廿四	廿五	廿六	廿七	廿八	廿九	
양력 월/일	3/23	24	25	26	27	28	29	30	31	4/1	2	3	4	5	6	7	8	9	10	11	12	13	14	15	16	17	18	19	20	
일 진	甲辰	乙巳	丙午	丁未	戊申	己酉	庚戌	辛亥	壬子	癸丑	甲寅	乙卯	丙辰	丁巳	戊午	己未	庚申	辛酉	壬戌	癸亥	甲子	乙丑	丙寅	丁卯	戊辰	己巳	庚午	辛未	壬申	
비밀수	42	53	64	75	86	17	28	31	46	57	48	51	62	82	15	26	37	48	51	62	57	68	71	82	13	24	35	46	57	

閏 三 月 (壬 辰) 大

절 기																입하														
음 력	一	二	三	四	五	六	七	八	九	十	十一	十二	十三	十四	十五	十六	十七	十八	十九	廿	廿一	廿二	廿三	廿四	廿五	廿六	廿七	廿八	廿九	卅
양력 월/일	4/21	22	23	24	25	26	27	28	29	30	5/1	2	3	4	5	6	7	8	9	10	11	12	13	14	15	16	17	18	19	20
일 진	癸酉	甲戌	乙亥	丙子	丁丑	戊寅	己卯	庚辰	辛巳	壬午	癸未	甲申	乙酉	丙戌	丁亥	戊子	己丑	庚寅	辛卯	壬辰	癸巳	甲午	乙未	丙申	丁酉	戊戌	己亥	庚子	辛丑	壬寅
비밀수	68	51	62	77	88	11	22	33	44	55	66	75	86	71	82	28	31	42	53	64	75	66	77	88	11	22	33	48	51	62

四 月 (癸 巳) 小

절 기	소만																망종													
음 력	一	二	三	四	五	六	七	八	九	十	十一	十二	十三	十四	十五	十六	十七	十八	十九	廿	廿一	廿二	廿三	廿四	廿五	廿六	廿七	廿八	廿九	
양력 월/일	5/21	22	23	24	25	26	27	28	29	30	31	6/1	2	3	4	5	6	7	8	9	10	11	12	13	14	15	16	17	18	
일 진	癸卯	甲辰	乙巳	丙午	丁未	戊申	己酉	庚戌	辛亥	壬子	癸丑	甲寅	乙卯	丙辰	丁巳	戊午	己未	庚申	辛酉	壬戌	癸亥	甲子	乙丑	丙寅	丁卯	戊辰	己巳	庚午	辛未	
비밀수	7	64	75	86	17	28	31	42	53	68	71	62	73	84	15	26	58	71	72	83	14	81	12	23	34	45	56	67	78	

五 月 (甲 午) 大

절 기			하지																소서										초복	
음 력	一	二	三	四	五	六	七	八	九	十	十一	十二	十三	十四	十五	十六	十七	十八	十九	廿	廿一	廿二	廿三	廿四	廿五	廿六	廿七	廿八	廿九	卅
양력 월/일	6/19	20	21	22	23	24	25	26	27	28	29	30	7/1	2	3	4	5	6	7	8	9	10	11	12	13	14	15	16	17	18
일 진	壬申	癸酉	甲戌	乙亥	丙子	丁丑	戊寅	己卯	庚辰	辛巳	壬午	癸未	甲申	乙酉	丙戌	丁亥	戊子	己丑	庚寅	辛卯	壬辰	癸巳	甲午	乙未	丙申	丁酉	戊戌	己亥	庚子	辛丑
비밀수	81	12	83	14	21	32	43	54	65	76	87	18	81	12	23	34	41	52	44	55	66	77	68	71	82	13	24	35	42	53

七 月 黑中	西 大將	寅 喪門	戌 吊客	南 三殺

六 月 (乙 未) 小

절기					대서																입추								말복	
음력	一	二	三	四	五	六	七	八	九	十	十一	十二	十三	十四	十五	十六	十七	十八	十九	二十	二十一	二十二	二十三	二十四	二十五	二十六	二十七	二十八	二十九	
양력 월/일	7/19	20	21	22	23	24	25	26	27	28	29	30	31	8/1	2	3	4	5	6	7	8	9	10	11	12	13	14	15	16	
일진	壬寅	癸卯	甲辰	乙巳	丙午	丁未	戊申	己酉	庚戌	辛亥	壬子	癸丑	甲寅	乙卯	丙辰	丁巳	戊午	己未	庚申	辛酉	壬戌	癸亥	甲子	乙丑	丙寅	丁卯	戊辰	己巳	庚午	
비밀수	64	75	66	77	88	11	22	33	44	55	62	73	64	75	86	17	28	31	42	53	75	84	73	84	15	26	37	48	51	

七 月 (丙 申) 大

절기							처서																백로							
음력	一	二	三	四	五	六	七	八	九	十	十一	十二	十三	十四	十五	十六	十七	十八	十九	二十	二十一	二十二	二十三	二十四	二十五	二十六	二十七	二十八	二十九	三十
양력 월/일	8/17	18	19	20	21	22	23	24	25	26	27	28	29	30	31	9/1	2	3	4	5	6	7	8	9	10	11	12	13	14	15
일진	辛未	壬申	癸酉	甲戌	乙亥	丙子	丁丑	戊寅	己卯	庚辰	辛巳	壬午	癸未	甲申	乙酉	丙戌	丁亥	戊子	己丑	庚寅	辛卯	壬辰	癸巳	甲午	乙未	丙申	丁酉	戊戌	己亥	庚子
비밀수	62	73	84	75	86	13	24	35	46	57	68	71	82	73	84	15	24	33	44	55	66	77	11	82	13	24	25	46	57	64

八 月 (丁 酉) 小

절기								추분															한로							
음력	一	二	三	四	五	六	七	八	九	十	十一	十二	十三	十四	十五	十六	十七	十八	十九	二十	二十一	二十二	二十三	二十四	二十五	二十六	二十七	二十八	二十九	
양력 월/일	9/16	17	18	19	20	21	22	23	24	25	26	27	28	29	30	10/1	2	3	4	5	6	7	8	9	10	11	12	13	14	
일진	辛丑	壬寅	癸卯	甲辰	乙巳	丙午	丁未	戊申	己酉	庚戌	辛亥	壬子	癸丑	甲寅	乙卯	丙辰	丁巳	戊午	己未	庚申	辛酉	壬戌	癸亥	甲子	乙丑	丙寅	丁卯	戊辰	己巳	
비밀수	75	86	17	88	11	22	33	44	55	66	77	84	15	86	17	28	31	42	53	64	75	86	28	15	26	37	48	51	62	

九 月 (戊 戌) 大

절기									상강															입동						
음력	一	二	三	四	五	六	七	八	九	十	十一	十二	十三	十四	十五	十六	十七	十八	十九	二十	二十一	二十二	二十三	二十四	二十五	二十六	二十七	二十八	二十九	三十
양력 월/일	10/15	16	17	18	19	20	21	22	23	24	25	26	27	28	29	30	31	11/1	2	3	4	5	6	7	8	9	10	11	12	13
일진	庚午	辛未	壬申	癸酉	甲戌	乙亥	丙子	丁丑	戊寅	己卯	庚辰	辛巳	壬午	癸未	甲申	乙酉	丙戌	丁亥	戊子	己丑	庚寅	辛卯	壬辰	癸巳	甲午	乙未	丙申	丁酉	戊戌	己亥
비밀수	73	84	15	26	17	28	35	46	57	68	71	82	13	24	15	26	37	48	55	66	77	88	11	32	24	35	46	57	68	71

十 月 (己 亥) 大

절기									소설															대설						
음력	一	二	三	四	五	六	七	八	九	十	十一	十二	十三	十四	十五	十六	十七	十八	十九	二十	二十一	二十二	二十三	二十四	二十五	二十六	二十七	二十八	二十九	三十
양력 월/일	11/14	15	16	17	18	19	20	21	22	23	24	25	26	27	28	29	30	12/1	2	3	4	5	6	7	8	9	10	11	12	13
일진	庚子	辛丑	壬寅	癸卯	甲辰	乙巳	丙午	丁未	戊申	己酉	庚戌	辛亥	壬子	癸丑	甲寅	乙卯	丙辰	丁巳	戊午	己未	庚申	辛酉	壬戌	癸亥	甲子	乙丑	丙寅	丁卯	戊辰	己巳
비밀수	86	17	28	31	22	33	44	55	66	77	88	11	26	37	28	31	42	53	64	75	86	17	28	46	33	44	55	66	77	88

十 一 月 (庚 子) 大

절기									동지															소한						
음력	一	二	三	四	五	六	七	八	九	十	十一	十二	十三	十四	十五	十六	十七	十八	十九	二十	二十一	二十二	二十三	二十四	二十五	二十六	二十七	二十八	二十九	三十
양력 월/일	12/14	15	16	17	18	19	20	21	22	23	24	25	26	27	28	29	30	31	1/1	2	3	4	5	6	7	8	9	10	11	12
일진	庚午	辛未	壬申	癸酉	甲戌	乙亥	丙子	丁丑	戊寅	己卯	庚辰	辛巳	壬午	癸未	甲申	乙酉	丙戌	丁亥	戊子	己丑	庚寅	辛卯	壬辰	癸巳	甲午	乙未	丙申	丁酉	戊戌	己亥
비밀수	11	22	33	44	35	46	53	64	75	86	17	28	51	42	33	44	55	66	73	84	15	26	37	51	42	53	64	75	86	17

十 二 月 (辛 丑) 小

절기								대한															입춘							
음력	一	二	三	四	五	六	七	八	九	十	十一	十二	十三	十四	十五	十六	十七	十八	十九	二十	二十一	二十二	二十三	二十四	二十五	二十六	二十七	二十八	二十九	
양력 월/일	1/13	14	15	16	17	18	19	20	21	22	23	24	25	26	27	28	29	30	31	2/1	2	3	4	5	6	7	8	9	10	
일진	庚子	辛丑	壬寅	癸卯	甲辰	乙巳	丙午	丁未	戊申	己酉	庚戌	辛亥	壬子	癸丑	甲寅	乙卯	丙辰	丁巳	戊午	己未	庚申	辛酉	壬戌	癸亥	甲子	乙丑	丙寅	丁卯	戊辰	
비밀수	24	25	46	57	48	51	62	73	84	15	26	37	44	55	46	57	68	71	82	13	24	35	68	71	66	77	88	11	22	

단기 4270년 서기 1937년	丁 丑 年	四 金神

正 月 (壬 寅) 大

절 기									우수															경칩						
음 력	一	二	三	四	五	六	七	八	九	十	十一	十二	十三	十四	十五	十六	十七	十八	十九	廿	廿一	廿二	廿三	廿四	廿五	廿六	廿七	廿八	廿九	卅
양력 월/일	2/11	12	13	14	15	16	17	18	19	20	21	22	23	24	25	26	27	28	3/1	2	3	4	5	6	7	8	9	10	11	12
일 진	己巳	庚午	辛未	壬申	癸酉	甲戌	乙亥	丙子	丁丑	戊寅	己卯	庚辰	辛巳	壬午	癸未	甲申	乙酉	丙戌	丁亥	戊子	己丑	庚寅	辛卯	壬辰	癸巳	甲午	乙未	丙申	丁酉	戊戌
비밀수	33	44	55	66	77	68	71	86	17	28	31	42	53	64	75	66	77	88	11	26	37	48	51	73	84	75	86	17	28	31

二 月 (癸 卯) 小

절 기									춘분															청명	한식					
음 력	一	二	三	四	五	六	七	八	九	十	十一	十二	十三	十四	十五	十六	十七	十八	十九	廿	廿一	廿二	廿三	廿四	廿五	廿六	廿七	廿八	廿九	
양력 월/일	3/13	14	15	16	17	18	19	20	21	22	23	24	25	26	27	28	29	30	31	4/1	2	3	4	5	6	7	8	9	10	
일 진	己亥	庚子	辛丑	壬寅	癸卯	甲辰	乙巳	丙午	丁未	戊申	己酉	庚戌	辛亥	壬子	癸丑	甲寅	乙卯	丙辰	丁巳	戊午	己未	庚申	辛酉	壬戌	癸亥	甲子	乙丑	丙寅	丁卯	
비밀수	42	57	68	71	82	73	84	15	26	37	48	51	62	77	88	71	82	13	24	35	46	57	68	62	73	68	71	82	13	

三 月 (甲 辰) 小

절 기										곡우																입하				
음 력	一	二	三	四	五	六	七	八	九	十	十一	十二	十三	十四	十五	十六	十七	十八	十九	廿	廿一	廿二	廿三	廿四	廿五	廿六	廿七	廿八	廿九	
양력 월/일	4/11	12	13	14	15	16	17	18	19	20	21	22	23	24	25	26	27	28	29	30	5/1	2	3	4	5	6	7	8	9	
일 진	戊辰	己巳	庚午	辛未	壬申	癸酉	甲戌	乙亥	丙子	丁丑	戊寅	己卯	庚辰	辛巳	壬午	癸未	甲申	乙酉	丙戌	丁亥	戊子	己丑	庚寅	辛卯	壬辰	癸巳	甲午	乙未	丙申	
비밀수	24	35	46	57	68	71	62	73	88	11	22	33	44	55	66	77	68	71	82	13	28	31	42	53	64	86	77	88	11	

四 月 (乙 巳) 大

절 기												소만																망종		
음 력	一	二	三	四	五	六	七	八	九	十	十一	十二	十三	十四	十五	十六	十七	十八	十九	廿	廿一	廿二	廿三	廿四	廿五	廿六	廿七	廿八	廿九	卅
양력 월/일	5/10	11	12	13	14	15	16	17	18	19	20	21	22	23	24	25	26	27	28	29	30	31	6/1	2	3	4	5	6	7	8
일 진	丁酉	戊戌	己亥	庚子	辛丑	壬寅	癸卯	甲辰	乙巳	丙午	丁未	戊申	己酉	庚戌	辛亥	壬子	癸丑	甲寅	乙卯	丙辰	丁巳	戊午	己未	庚申	辛酉	壬戌	癸亥	甲子	乙丑	丙寅
비밀수	22	33	44	51	62	73	84	75	86	17	28	31	42	53	64	71	82	73	84	15	26	37	48	51	62	73	84	82	13	24

五 月 (丙 午) 小

절 기														하지															소서	
음 력	一	二	三	四	五	六	七	八	九	十	十一	十二	十三	十四	十五	十六	十七	十八	十九	廿	廿一	廿二	廿三	廿四	廿五	廿六	廿七	廿八	廿九	
양력 월/일	6/9	10	11	12	13	14	15	16	17	18	19	20	21	22	23	24	25	26	27	28	29	30	7/1	2	3	4	5	6	7	
일 진	丁卯	戊辰	己巳	庚午	辛未	壬申	癸酉	甲戌	乙亥	丙子	丁丑	戊寅	己卯	庚辰	辛巳	壬午	癸未	甲申	乙酉	丙戌	丁亥	戊子	己丑	庚寅	辛卯	壬辰	癸巳	甲午	乙未	
비밀수	35	46	57	68	71	82	13	84	15	22	33	44	55	66	77	88	11	82	13	24	35	42	53	64	73	86	17	88	22	

六 月 (丁 未) 小

절 기					초복										중복	대서														
음 력	一	二	三	四	五	六	七	八	九	十	十一	十二	十三	十四	十五	十六	十七	十八	十九	廿	廿一	廿二	廿三	廿四	廿五	廿六	廿七	廿八	廿九	
양력 월/일	7/8	9	10	11	12	13	14	15	16	17	18	19	20	21	22	23	24	25	26	27	28	29	30	31	8/1	2	3	4	5	
일 진	丙申	丁酉	戊戌	己亥	庚子	辛丑	壬寅	癸卯	甲辰	乙巳	丙午	丁未	戊申	己酉	庚戌	辛亥	壬子	癸丑	甲寅	乙卯	丙辰	丁巳	戊午	己未	庚申	辛酉	壬戌	癸亥	甲子	
비밀수	33	44	55	66	73	84	15	26	17	28	31	42	53	64	75	86	13	54	15	26	37	48	51	62	73	84	15	26	13	

四 月 黑中	西 大將	卯 喪門	亥 吊客	東 三殺

七 月 (戊 申) 大

절 기			입추			말복												처서												
음 력	一	二	三	四	五	六	七	八	九	十	十一	十二	十三	十四	十五	十六	十七	十八	十九	二十	廿一	廿二	廿三	廿四	廿五	廿六	廿七	廿八	廿九	三十
양력 월/일	8/6	7	8	9	10	11	12	13	14	15	16	17	18	19	20	21	22	23	24	25	26	27	28	29	30	31	9/1	2	3	4
일 진	乙丑	丙寅	丁卯	戊辰	己巳	庚午	辛未	壬申	癸酉	甲戌	乙亥	丙子	丁丑	戊寅	己卯	庚辰	辛巳	壬午	癸未	甲申	乙酉	丙戌	丁亥	戊子	己丑	庚寅	辛卯	壬辰	癸巳	甲午
비밀수	24	35	57	68	71	82	13	24	35	26	37	44	55	66	77	88	11	22	33	24	35	46	57	64	75	86	17	28	31	22

八 月 (己 酉) 小

절 기				백로															추분											
음 력	一	二	三	四	五	六	七	八	九	十	十一	十二	十三	十四	十五	十六	十七	十八	十九	二十	廿一	廿二	廿三	廿四	廿五	廿六	廿七	廿八	廿九	
양력 월/일	9/5	6	7	8	9	10	11	12	13	14	15	16	17	18	19	20	21	22	23	24	25	26	27	28	29	30	10/1	2	3	
일 진	乙未	丙申	丁酉	戊戌	己亥	庚子	辛丑	壬寅	癸卯	甲辰	乙巳	丙午	丁未	戊申	己酉	庚戌	辛亥	壬子	癸丑	甲寅	乙卯	丙辰	丁巳	戊午	己未	庚申	辛酉	壬戌	癸亥	
비밀수	33	44	55	77	88	15	26	37	48	31	42	53	64	75	86	17	28	35	46	37	48	51	62	73	84	15	26	37	48	

九 月 (庚 戌) 大

절 기						한로															상강									
음 력	一	二	三	四	五	六	七	八	九	十	十一	十二	十三	十四	十五	十六	十七	十八	十九	二十	廿一	廿二	廿三	廿四	廿五	廿六	廿七	廿八	廿九	三十
양력 월/일	10/4	5	6	7	8	9	10	11	12	13	14	15	16	17	18	19	20	21	22	23	24	25	26	27	28	29	30	31	11/1	2
일 진	甲子	乙丑	丙寅	丁卯	戊辰	己巳	庚午	辛未	壬申	癸酉	甲戌	乙亥	丙子	丁丑	戊寅	己卯	庚辰	辛巳	壬午	癸未	甲申	乙酉	丙戌	丁亥	戊子	己丑	庚寅	辛卯	壬辰	癸巳
비밀수	35	46	57	68	71	13	24	35	46	57	48	51	66	77	88	11	22	33	44	55	46	57	68	71	86	17	28	31	42	53

十 月 (辛 亥) 大

절 기						입동															소설									
음 력	一	二	三	四	五	六	七	八	九	十	十一	十二	十三	十四	十五	十六	十七	十八	十九	二十	廿一	廿二	廿三	廿四	廿五	廿六	廿七	廿八	廿九	三十
양력 월/일	11/3	4	5	6	7	8	9	10	11	12	13	14	15	16	17	18	19	20	21	22	23	24	25	26	27	28	29	30	12/1	2
일 진	甲午	乙未	丙申	丁酉	戊戌	己亥	庚子	辛丑	壬寅	癸卯	甲辰	乙巳	丙午	丁未	戊申	己酉	庚戌	辛亥	壬子	癸丑	甲寅	乙卯	丙辰	丁巳	戊午	己未	庚申	辛酉	壬戌	癸亥
비밀수	44	55	66	77	88	22	37	48	51	62	53	64	75	86	17	28	31	42	57	68	51	62	73	84	15	26	37	48	51	62

十 一 月 (壬 子) 大

절 기					대설															동지										
음 력	一	二	三	四	五	六	七	八	九	十	十一	十二	十三	十四	十五	十六	十七	十八	十九	二十	廿一	廿二	廿三	廿四	廿五	廿六	廿七	廿八	廿九	三十
양력 월/일	12/3	4	5	6	7	8	9	10	11	12	13	14	15	16	17	18	19	20	21	22	23	24	25	26	27	28	29	30	31	1/1
일 진	甲子	乙丑	丙寅	丁卯	戊辰	己巳	庚午	辛未	壬申	癸酉	甲戌	乙亥	丙子	丁丑	戊寅	己卯	庚辰	辛巳	壬午	癸未	甲申	乙酉	丙戌	丁亥	戊子	己丑	庚寅	辛卯	壬辰	癸巳
비밀수	57	68	71	82	28	31	42	53	64	75	66	77	84	15	26	37	48	51	62	73	64	75	86	17	24	35	46	57	68	71

十 二 月 (癸 丑) 小

절 기					소한															대한										
음 력	一	二	三	四	五	六	七	八	九	十	十一	十二	十三	十四	十五	十六	十七	十八	十九	二十	廿一	廿二	廿三	廿四	廿五	廿六	廿七	廿八	廿九	
양력 월/일	1/2	3	4	5	6	7	8	9	10	11	12	13	14	15	16	17	18	19	20	21	22	23	24	25	26	27	28	29	30	
일 진	甲午	乙未	丙申	丁酉	戊戌	己亥	庚子	辛丑	壬寅	癸卯	甲辰	乙巳	丙午	丁未	戊申	己酉	庚戌	辛亥	壬子	癸丑	甲寅	乙卯	丙辰	丁巳	戊午	己未	庚申	辛酉	壬戌	
비밀수	62	73	84	15	37	48	55	66	77	88	71	82	13	24	35	46	57	68	75	86	77	88	11	22	33	44	55	66	77	

단기 4271년
서기 1938년

戊 寅 年

四 金神

正 月 (甲 寅) 大

절 기					입춘															우수										
음 력	一	二	三	四	五	六	七	八	九	十	十一	十二	十三	十四	十五	十六	十七	十八	十九	廿	廿一	廿二	廿三	廿四	廿五	廿六	廿七	廿八	廿九	三十
양력 월/일	1/31	2/1	2	3	4	5	6	7	8	9	10	11	12	13	14	15	16	17	18	19	20	21	22	23	24	25	26	27	28	3/1
일 진	癸亥	甲子	乙丑	丙寅	丁卯	戊辰	己巳	庚午	辛未	壬申	癸酉	甲戌	乙亥	丙子	丁丑	戊寅	己卯	庚辰	辛巳	壬午	癸未	甲申	乙酉	丙戌	丁亥	戊子	己丑	庚寅	辛卯	壬辰
비밀수	88	75	86	17	22	33	44	55	66	77	88	71	82	17	28	31	42	53	64	75	86	77	88	11	22	37	48	51	62	73

二 月 (乙 卯) 大

절 기					경칩															춘분										
음 력	一	二	三	四	五	六	七	八	九	十	十一	十二	十三	十四	十五	十六	十七	十八	十九	廿	廿一	廿二	廿三	廿四	廿五	廿六	廿七	廿八	廿九	三十
양력 월/일	2/2	3	4	5	6	7	8	9	10	11	12	13	14	15	16	17	18	19	20	21	22	23	24	25	26	27	28	29	30	31
일 진	癸巳	甲午	乙未	丙申	丁酉	戊戌	己亥	庚子	辛丑	壬寅	癸卯	甲辰	乙巳	丙午	丁未	戊申	己酉	庚戌	辛亥	壬子	癸丑	甲寅	乙卯	丙辰	丁巳	戊午	己未	庚申	辛酉	壬戌
비밀수	84	75	86	17	31	42	53	68	71	82	13	84	15	26	37	48	51	62	73	88	11	82	13	24	35	46	57	68	71	82

三 月 (丙 辰) 小

절 기					청명	한식															곡우									
음 력	一	二	三	四	五	六	七	八	九	十	十一	十二	十三	十四	十五	十六	十七	十八	十九	廿	廿一	廿二	廿三	廿四	廿五	廿六	廿七	廿八	廿九	
양력 월/일	4/1	2	3	4	5	6	7	8	9	10	11	12	13	14	15	16	17	18	19	20	21	22	23	24	25	26	27	28	29	
일 진	癸亥	甲子	乙丑	丙寅	丁卯	戊辰	己巳	庚午	辛未	壬申	癸酉	甲戌	乙亥	丙子	丁丑	戊寅	己卯	庚辰	辛巳	壬午	癸未	甲申	乙酉	丙戌	丁亥	戊子	己丑	庚寅	辛卯	
비밀수	13	88	11	22	34	55	66	77	88	11	22	13	24	31	42	53	64	75	86	17	82	11	22	33	44	51	62	73	84	

四 月 (丁 巳) 小

절 기							입하																소만							
음 력	一	二	三	四	五	六	七	八	九	十	十一	十二	十三	十四	十五	十六	十七	十八	十九	廿	廿一	廿二	廿三	廿四	廿五	廿六	廿七	廿八	廿九	
양력 월/일	4/30	5/1	2	3	4	5	6	7	8	9	10	11	12	13	14	15	16	17	18	19	20	21	22	23	24	25	26	27	28	
일 진	壬辰	癸巳	甲午	乙未	丙申	丁酉	戊戌	己亥	庚子	辛丑	壬寅	癸卯	甲辰	乙巳	丙午	丁未	戊申	己酉	庚戌	辛亥	壬子	癸丑	甲寅	乙卯	丙辰	丁巳	戊午	己未	庚申	
비밀수	15	26	17	28	31	42	63	74	82	13	24	35	26	37	48	51	62	73	84	15	22	33	24	35	46	57	68	71	82	

五 月 (戊 午) 大

절 기									망종																하지					
음 력	一	二	三	四	五	六	七	八	九	十	十一	十二	十三	十四	十五	十六	十七	十八	十九	廿	廿一	廿二	廿三	廿四	廿五	廿六	廿七	廿八	廿九	三十
양력 월/일	5/29	30	31	6/1	2	3	4	5	6	7	8	9	10	11	12	13	14	15	16	17	18	19	20	21	22	23	24	25	26	27
일 진	辛酉	壬戌	癸亥	甲子	乙丑	丙寅	丁卯	戊辰	己巳	庚午	辛未	壬申	癸酉	甲戌	乙亥	丙子	丁丑	戊寅	己卯	庚辰	辛巳	壬午	癸未	甲申	乙酉	丙戌	丁亥	戊子	己丑	庚寅
비밀수	13	24	35	22	33	44	55	66	88	11	22	33	44	33	44	53	64	75	86	17	28	31	42	33	44	55	66	73	84	15

六 月 (己 未) 小

절 기											소서									초복						대서				
음 력	一	二	三	四	五	六	七	八	九	十	十一	十二	十三	十四	十五	十六	十七	十八	十九	廿	廿一	廿二	廿三	廿四	廿五	廿六	廿七	廿八	廿九	
양력 월/일	6/28	29	30	7/1	2	3	4	5	6	7	8	9	10	11	12	13	14	15	16	17	18	19	20	21	22	23	24	25	26	
일 진	辛卯	壬辰	癸巳	甲午	乙未	丙申	丁酉	戊戌	己亥	庚子	辛丑	壬寅	癸卯	甲辰	乙巳	丙午	丁未	戊申	己酉	庚戌	辛亥	壬子	癸丑	甲寅	乙卯	丙辰	丁巳	戊午	己未	
비밀수	26	37	48	31	42	53	64	75	86	13	25	46	57	48	51	62	73	84	15	26	34	44	55	46	57	68	71	82	13	

正十 月 黑中 北 大將 辰 喪門 子 吊客 北 三殺

七 月 (庚 申) 小

절 기	중복												입추								말복								처서	
음 력	一	二	三	四	五	六	七	八	九	十	十一	十二	十三	十四	十五	十六	十七	十八	十九	廿	廿一	廿二	廿三	廿四	廿五	廿六	廿七	廿八	廿九	
양력 월/일	7/27	28	29	30	31	8/1	2	3	4	5	6	7	8	9	10	11	12	13	14	15	16	17	18	19	20	21	22	23	24	
일 진	庚申	辛酉	壬戌	癸亥	甲子	乙丑	丙寅	丁卯	戊辰	己巳	庚午	辛未	壬申	癸酉	甲戌	乙亥	丙子	丁丑	戊寅	己卯	庚辰	辛巳	壬午	癸未	甲申	乙酉	丙戌	丁亥	戊子	
비밀수	24	35	46	57	44	55	66	77	88	11	22	33	55	66	57	68	75	86	17	28	31	42	53	64	55	66	77	88	15	

閏 七 月 (庚 申) 大

절 기															백로															
음 력	一	二	三	四	五	六	七	八	九	十	十一	十二	十三	十四	十五	十六	十七	十八	十九	廿	廿一	廿二	廿三	廿四	廿五	廿六	廿七	廿八	廿九	三十
양력 월/일	8/25	26	27	28	29	30	31	9/1	2	3	4	5	6	7	8	9	10	11	12	13	14	15	16	17	18	19	20	21	22	23
일 진	己丑	庚寅	辛卯	壬辰	癸巳	甲午	乙未	丙申	丁酉	戊戌	己亥	庚子	辛丑	壬寅	癸卯	甲辰	乙巳	丙午	丁未	戊申	己酉	庚戌	辛亥	壬子	癸丑	甲寅	乙卯	丙辰	丁巳	戊午
비밀수	26	37	48	51	62	53	64	75	86	17	28	35	46	57	71	62	73	84	15	26	37	48	51	66	77	68	71	82	13	24

八 月 (辛 酉) 小

절 기	추분															한로														
음 력	一	二	三	四	五	六	七	八	九	十	十一	十二	十三	十四	十五	十六	十七	十八	十九	廿	廿一	廿二	廿三	廿四	廿五	廿六	廿七	廿八	廿九	
양력 월/일	9/24	25	26	27	28	29	30	10/1	2	3	4	5	6	7	8	9	10	11	12	13	14	15	16	17	18	19	20	21	22	
일 진	己未	庚申	辛酉	壬戌	癸亥	甲子	乙丑	丙寅	丁卯	戊辰	己巳	庚午	辛未	壬申	癸酉	甲戌	乙亥	丙子	丁丑	戊寅	己卯	庚辰	辛巳	壬午	癸未	甲申	乙酉	丙戌	丁亥	
비밀수	35	45	56	67	78	65	76	87	18	21	32	43	54	65	76	71	82	17	28	31	42	53	64	75	86	77	88	11	22	

九 月 (壬 戌) 大

절 기		상강															입동													
음 력	一	二	三	四	五	六	七	八	九	十	十一	十二	十三	十四	十五	十六	十七	十八	十九	廿	廿一	廿二	廿三	廿四	廿五	廿六	廿七	廿八	廿九	三十
양력 월/일	10/23	24	25	26	27	28	29	30	31	11/1	2	3	4	5	6	7	8	9	10	11	12	13	14	15	16	17	18	19	20	21
일 진	戊子	己丑	庚寅	辛卯	壬辰	癸巳	甲午	乙未	丙申	丁酉	戊戌	己亥	庚子	辛丑	壬寅	癸卯	甲辰	乙巳	丙午	丁未	戊申	己酉	庚戌	辛亥	壬子	癸丑	甲寅	乙卯	丙辰	丁巳
비밀수	37	48	51	62	73	84	75	86	17	28	31	42	57	68	71	82	84	15	26	37	48	51	62	73	88	11	82	13	24	35

十 月 (癸 亥) 大

절 기		소설															대설													
음 력	一	二	三	四	五	六	七	八	九	十	十一	十二	十三	十四	十五	十六	十七	十八	十九	廿	廿一	廿二	廿三	廿四	廿五	廿六	廿七	廿八	廿九	三十
양력 월/일	11/22	23	24	25	26	27	28	29	30	12/1	2	3	4	5	6	7	8	9	10	11	12	13	14	15	16	17	18	19	20	21
일 진	戊午	己未	庚申	辛酉	壬戌	癸亥	甲子	乙丑	丙寅	丁卯	戊辰	己巳	庚午	辛未	壬申	癸酉	甲戌	乙亥	丙子	丁丑	戊寅	己卯	庚辰	辛巳	壬午	癸未	甲申	乙酉	丙戌	丁亥
비밀수	46	57	68	71	82	13	88	11	22	33	44	55	66	77	88	11	77	88	15	26	37	48	51	62	73	84	75	86	17	28

十 一 月 (甲 子) 小

절 기	동지															소한														
음 력	一	二	三	四	五	六	七	八	九	十	十一	十二	十三	十四	十五	十六	十七	十八	十九	廿	廿一	廿二	廿三	廿四	廿五	廿六	廿七	廿八	廿九	
양력 월/일	12/22	23	24	25	26	27	28	29	30	31	1/1	2	3	4	5	6	7	8	9	10	11	12	13	14	15	16	17	18	19	
일 진	戊子	己丑	庚寅	辛卯	壬辰	癸巳	甲午	乙未	丙申	丁酉	戊戌	己亥	庚子	辛丑	壬寅	癸卯	甲辰	乙巳	丙午	丁未	戊申	己酉	庚戌	辛亥	壬子	癸丑	甲寅	乙卯	丙辰	
비밀수	35	46	57	68	71	82	73	84	15	26	37	48	55	66	77	11	82	13	24	35	46	57	68	71	86	17	88	11	22	

十 二 月 (乙 丑) 大

절 기		대한															입춘													
음 력	一	二	三	四	五	六	七	八	九	十	十一	十二	十三	十四	十五	十六	十七	十八	十九	廿	廿一	廿二	廿三	廿四	廿五	廿六	廿七	廿八	廿九	三十
양력 월/일	1/20	21	22	23	24	25	26	27	28	29	30	31	2/1	2	3	4	5	6	7	8	9	10	11	12	13	14	15	16	17	18
일 진	丁巳	戊午	己未	庚申	辛酉	壬戌	癸亥	甲子	乙丑	丙寅	丁卯	戊辰	己巳	庚午	辛未	壬申	癸酉	甲戌	乙亥	丙子	丁丑	戊寅	己卯	庚辰	辛巳	壬午	癸未	甲申	乙酉	丙戌
비밀수	33	44	55	66	77	88	11	86	17	28	31	42	53	64	75	86	31	22	33	48	51	62	73	84	15	26	37	28	31	42

단기 4272년
서기 1939년

己卯年

四金神

正月 (丙寅) 大

절기	우수															경칩														
음력	一	二	三	四	五	六	七	八	九	十	十一	十二	十三	十四	十五	十六	十七	十八	十九	廿	廿一	廿二	廿三	廿四	廿五	廿六	廿七	廿八	廿九	三十
양력 월/일	2/19	20	21	22	23	24	25	26	27	28	3/1	2	3	4	5	6	7	8	9	10	11	12	13	14	15	16	17	18	19	20
일진	丁亥	戊子	己丑	庚寅	辛卯	壬辰	癸巳	甲午	乙未	丙申	丁酉	戊戌	己亥	庚子	辛丑	壬寅	癸卯	甲辰	乙巳	丙午	丁未	戊申	己酉	庚戌	辛亥	壬子	癸丑	甲寅	乙卯	丙辰
비밀수	53	68	71	82	13	24	35	26	37	48	51	62	73	88	11	33	44	35	46	57	68	71	82	13	24	31	42	33	44	55

二月 (丁卯) 大

절기	춘분															청명	한식													
음력	一	二	三	四	五	六	七	八	九	十	十一	十二	十三	十四	十五	十六	十七	十八	十九	廿	廿一	廿二	廿三	廿四	廿五	廿六	廿七	廿八	廿九	三十
양력 월/일	3/21	22	23	24	25	26	27	28	29	30	31	4/1	2	3	4	5	6	7	8	9	10	11	12	13	14	15	16	17	18	19
일진	丁巳	戊午	己未	庚申	辛酉	壬戌	癸亥	甲子	乙丑	丙寅	丁卯	戊辰	己巳	庚午	辛未	壬申	癸酉	甲戌	乙亥	丙子	丁丑	戊寅	己卯	庚辰	辛巳	壬午	癸未	甲申	乙酉	丙戌
비밀수	66	77	88	11	22	33	44	31	42	53	64	75	86	17	28	42	53	44	55	62	73	84	15	26	37	48	51	42	53	64

三月 (戊辰) 小

절기		곡우															입하													
음력	一	二	三	四	五	六	七	八	九	十	十一	十二	十三	十四	十五	十六	十七	十八	十九	廿	廿一	廿二	廿三	廿四	廿五	廿六	廿七	廿八	廿九	
양력 월/일	4/20	21	22	23	24	25	26	27	28	29	30	5/1	2	3	4	5	6	7	8	9	10	11	12	13	14	15	16	17	18	
일진	丁亥	戊子	己丑	庚寅	辛卯	壬辰	癸巳	甲午	乙未	丙申	丁酉	戊戌	己亥	庚子	辛丑	壬寅	癸卯	甲辰	乙巳	丙午	丁未	戊申	己酉	庚戌	辛亥	壬子	癸丑	甲寅	乙卯	
비밀수	75	82	15	24	35	46	57	48	51	62	73	84	15	22	33	44	66	57	68	71	82	13	24	35	46	53	64	55	66	

四月 (己巳) 小

절기				소만															망종											
음력	一	二	三	四	五	六	七	八	九	十	十一	十二	十三	十四	十五	十六	十七	十八	十九	廿	廿一	廿二	廿三	廿四	廿五	廿六	廿七	廿八	廿九	
양력 월/일	5/19	20	21	22	23	24	25	26	27	28	29	30	31	6/1	2	3	4	5	6	7	8	9	10	11	12	13	14	15	16	
일진	丙辰	丁巳	戊午	己未	庚申	辛酉	壬戌	癸亥	甲子	乙丑	丙寅	丁卯	戊辰	己巳	庚午	辛未	壬申	癸酉	甲戌	乙亥	丙子	丁丑	戊寅	己卯	庚辰	辛巳	壬午	癸未	甲申	
비밀수	77	88	11	22	33	44	55	66	73	64	75	86	17	28	31	42	53	64	66	77	84	15	26	37	48	57	62	73	64	

五月 (庚午) 大

절기						하지																소서				초복				
음력	一	二	三	四	五	六	七	八	九	十	十一	十二	十三	十四	十五	十六	十七	十八	十九	廿	廿一	廿二	廿三	廿四	廿五	廿六	廿七	廿八	廿九	三十
양력 월/일	6/17	18	19	20	21	22	23	24	25	26	27	28	29	30	7/1	2	3	4	5	6	7	8	9	10	11	12	13	14	15	16
일진	乙酉	丙戌	丁亥	戊子	己丑	庚寅	辛卯	壬辰	癸巳	甲午	乙未	丙申	丁酉	戊戌	己亥	庚子	辛丑	壬寅	癸卯	甲辰	乙巳	丙午	丁未	戊申	己酉	庚戌	辛亥	壬子	癸丑	甲寅
비밀수	75	86	17	24	35	46	57	68	71	62	73	84	15	26	37	44	55	66	77	86	71	13	24	35	46	51	68	75	86	77

六月 (辛未) 小

절기						중복		대서															입추			말복				
음력	一	二	三	四	五	六	七	八	九	十	十一	十二	十三	十四	十五	十六	十七	十八	十九	廿	廿一	廿二	廿三	廿四	廿五	廿六	廿七	廿八	廿九	
양력 월/일	7/17	18	19	20	21	22	23	24	25	26	27	28	29	30	31	8/1	2	3	4	5	6	7	8	9	10	11	12	13	14	
일진	乙卯	丙辰	丁巳	戊午	己未	庚申	辛酉	壬戌	癸亥	甲子	乙丑	丙寅	丁卯	戊辰	己巳	庚午	辛未	壬申	癸酉	甲戌	乙亥	丙子	丁丑	戊寅	己卯	庚辰	辛巳	壬午	癸未	
비밀수	88	11	22	33	44	55	66	77	88	75	86	17	28	31	42	53	64	75	86	77	88	15	37	48	51	62	73	84	15	

七月 黑中	北 大將	巳 喪門	丑 吊客	酉 三殺

七　月　(壬 申)　小

절 기										처서															백로					
음 력	一	二	三	四	五	六	七	八	九	十	十一	十二	十三	十四	十五	十六	十七	十八	十九	二十	廿一	廿二	廿三	廿四	廿五	廿六	廿七	廿八	廿九	
양력 월/일	8/15	16	17	18	19	20	21	22	23	24	25	26	27	28	29	30	31	9/1	2	3	4	5	6	7	8	9	10	11	12	
일 진	甲申	乙酉	丙戌	丁亥	戊子	己丑	庚寅	辛卯	壬辰	癸巳	甲午	乙未	丙申	丁酉	戊戌	己亥	庚子	辛丑	壬寅	癸卯	甲辰	乙巳	丙午	丁未	戊申	己酉	庚戌	辛亥	壬子	
비밀수	86	17	28	31	46	57	68	71	82	13	84	15	26	37	48	51	66	77	88	11	82	13	24	35	57	68	71	82	17	

八　月　(癸 酉)　大

절 기												추분															한로			
음 력	一	二	三	四	五	六	七	八	九	十	十一	十二	十三	十四	十五	十六	十七	十八	十九	二十	廿一	廿二	廿三	廿四	廿五	廿六	廿七	廿八	廿九	三十
양력 월/일	9/13	14	15	16	17	18	19	20	21	22	23	24	25	26	27	28	29	30	10/1	2	3	4	5	6	7	8	9	10	11	12
일 진	癸丑	甲寅	乙卯	丙辰	丁巳	戊午	己未	庚申	辛酉	壬戌	癸亥	甲子	乙丑	丙寅	丁卯	戊辰	己巳	庚午	辛未	壬申	癸酉	甲戌	乙亥	丙子	丁丑	戊寅	己卯	庚辰	辛巳	壬午
비밀수	28	11	22	33	44	55	66	77	88	11	22	17	28	31	42	53	64	75	86	17	28	11	22	37	48	51	53	64	75	86

九　月　(甲 戌)　小

절 기												상강															입동			
음 력	一	二	三	四	五	六	七	八	九	十	十一	十二	十三	十四	十五	十六	十七	十八	十九	二十	廿一	廿二	廿三	廿四	廿五	廿六	廿七	廿八	廿九	
양력 월/일	10/13	14	15	16	17	18	19	20	21	22	23	24	25	26	27	28	29	30	31	11/1	2	3	4	5	6	7	8	9	10	
일 진	癸未	甲申	乙酉	丙戌	丁亥	戊子	己丑	庚寅	辛卯	壬辰	癸巳	甲午	乙未	丙申	丁酉	戊戌	己亥	庚子	辛丑	壬寅	癸卯	甲辰	乙巳	丙午	丁未	戊申	己酉	庚戌	辛亥	
비밀수	17	88	11	22	33	48	51	62	73	84	15	86	17	28	31	42	53	68	71	82	13	84	15	26	37	48	62	73	84	

十　月　(乙 亥)　大

절 기													소설															대설		
음 력	一	二	三	四	五	六	七	八	九	十	十一	十二	十三	十四	十五	十六	十七	十八	十九	二十	廿一	廿二	廿三	廿四	廿五	廿六	廿七	廿八	廿九	三十
양력 월/일	11/11	12	13	14	15	16	17	18	19	20	21	22	23	24	25	26	27	28	29	30	12/1	2	3	4	5	6	7	8	9	10
일 진	壬子	癸丑	甲寅	乙卯	丙辰	丁巳	戊午	己未	庚申	辛酉	壬戌	癸亥	甲子	乙丑	丙寅	丁卯	戊辰	己巳	庚午	辛未	壬申	癸酉	甲戌	乙亥	丙子	丁丑	戊寅	己卯	庚辰	辛巳
비밀수	11	22	13	24	35	46	57	68	71	82	13	24	11	22	33	44	55	66	77	88	11	22	13	24	31	42	53	71	82	13

十 一　月　(丙 子)　小

절 기													동지														소한			
음 력	一	二	三	四	五	六	七	八	九	十	十一	十二	十三	十四	十五	十六	十七	十八	十九	二十	廿一	廿二	廿三	廿四	廿五	廿六	廿七	廿八	廿九	
양력 월/일	12/11	12	13	14	15	16	17	18	19	20	21	22	23	24	25	26	27	28	29	30	31	1/1	2	3	4	5	6	7	8	
일 진	壬午	癸未	甲申	乙酉	丙戌	丁亥	戊子	己丑	庚寅	辛卯	壬辰	癸巳	甲午	乙未	丙申	丁酉	戊戌	己亥	庚子	辛丑	壬寅	癸卯	甲辰	乙巳	丙午	丁未	戊申	己酉	庚戌	
비밀수	24	35	26	37	48	51	66	77	88	11	22	33	24	35	46	57	68	71	86	17	28	31	22	33	44	55	77	88	11	

十 二　月　(丁 丑)　大

절 기													대한															입춘		
음 력	一	二	三	四	五	六	七	八	九	十	十一	十二	十三	十四	十五	十六	十七	十八	十九	二十	廿一	廿二	廿三	廿四	廿五	廿六	廿七	廿八	廿九	三十
양력 월/일	1/9	10	11	12	13	14	15	16	17	18	19	20	21	22	23	24	25	26	27	28	29	30	31	2/1	2	3	4	5	6	7
일 진	辛亥	壬子	癸丑	甲寅	乙卯	丙辰	丁巳	戊午	己未	庚申	辛酉	壬戌	癸亥	甲子	乙丑	丙寅	丁卯	戊辰	己巳	庚午	辛未	壬申	癸酉	甲戌	乙亥	丙子	丁丑	戊寅	己卯	庚辰
비밀수	22	37	48	31	42	53	64	75	86	17	28	31	42	37	48	51	62	73	84	15	26	37	48	31	42	57	68	13	24	35

단기 4273년
서기 1940년

庚 辰 年

二 金神

正 月 (戊 寅) 大

절 기													우수															경칩		
음 력	一	二	三	四	五	六	七	八	九	十	十一	十二	十三	十四	十五	十六	十七	十八	十九	廿	廿一	廿二	廿三	廿四	廿五	廿六	廿七	廿八	廿九	卅
양력 월/일	2/8	9	10	11	12	13	14	15	16	17	18	19	20	21	22	23	24	25	26	27	28	29	3/1	2	3	4	5	6	7	8
일 진	辛巳	壬午	癸未	甲申	乙酉	丙戌	丁亥	戊子	己丑	庚寅	辛卯	壬辰	癸巳	甲午	乙未	丙申	丁酉	戊戌	己亥	庚子	辛丑	壬寅	癸卯	甲辰	乙巳	丙午	丁未	戊申	己酉	庚戌
비밀수	46	57	68	51	62	73	84	11	22	33	44	55	66	57	68	71	82	13	24	31	42	53	64	55	66	77	88	22	33	44

二 月 (己 卯) 大

절 기													춘분															청명	한식	
음 력	一	二	三	四	五	六	七	八	九	十	十一	十二	十三	十四	十五	十六	十七	十八	十九	廿	廿一	廿二	廿三	廿四	廿五	廿六	廿七	廿八	廿九	卅
양력 월/일	3/9	10	11	12	13	14	15	16	17	18	19	20	21	22	23	24	25	26	27	28	29	30	31	4/1	2	3	4	5	6	7
일 진	辛亥	壬子	癸丑	甲寅	乙卯	丙辰	丁巳	戊午	己未	庚申	辛酉	壬戌	癸亥	甲子	乙丑	丙寅	丁卯	戊辰	己巳	庚午	辛未	壬申	癸酉	甲戌	乙亥	丙子	丁丑	戊寅	己卯	庚辰
비밀수	55	62	73	64	75	86	17	28	31	42	53	64	75	62	73	84	15	26	37	48	51	62	73	64	75	82	13	35	46	57

三 月 (庚 辰) 小

절 기													곡우																입하	
음 력	一	二	三	四	五	六	七	八	九	十	十一	十二	十三	十四	十五	十六	十七	十八	十九	廿	廿一	廿二	廿三	廿四	廿五	廿六	廿七	廿八	廿九	
양력 월/일	4/8	9	10	11	12	13	14	15	16	17	18	19	20	21	22	23	24	25	26	27	28	29	30	5/1	2	3	4	5	6	
일 진	辛巳	壬午	癸未	甲申	乙酉	丙戌	丁亥	戊子	己丑	庚寅	辛卯	壬辰	癸巳	甲午	乙未	丙申	丁酉	戊戌	己亥	庚子	辛丑	壬寅	癸卯	甲辰	乙巳	丙午	丁未	戊申	己酉	
비밀수	68	71	82	73	84	15	26	33	44	55	66	77	88	71	82	13	24	35	46	53	64	75	86	77	88	11	22	33	55	

四 月 (辛 巳) 大

절 기															소만															
음 력	一	二	三	四	五	六	七	八	九	十	十一	十二	十三	十四	十五	十六	十七	十八	十九	廿	廿一	廿二	廿三	廿四	廿五	廿六	廿七	廿八	廿九	卅
양력 월/일	5/7	8	9	10	11	12	13	14	15	16	17	18	19	20	21	22	23	24	25	26	27	28	29	30	31	6/1	2	3	4	5
일 진	庚戌	辛亥	壬子	癸丑	甲寅	乙卯	丙辰	丁巳	戊午	己未	庚申	辛酉	壬戌	癸亥	甲子	乙丑	丙寅	丁卯	戊辰	己巳	庚午	辛未	壬申	癸酉	甲戌	乙亥	丙子	丁丑	戊寅	己卯
비밀수	66	77	84	15	86	17	28	31	42	53	64	75	86	17	84	15	26	37	48	51	62	73	84	15	86	17	24	35	46	57

五 月 (壬 午) 小

절 기	망종															하지														
음 력	一	二	三	四	五	六	七	八	九	十	十一	十二	十三	十四	十五	十六	十七	十八	十九	廿	廿一	廿二	廿三	廿四	廿五	廿六	廿七	廿八	廿九	
양력 월/일	6/6	7	8	9	10	11	12	13	14	15	16	17	18	19	20	21	22	23	24	25	26	27	28	29	30	7/1	2	3	4	
일 진	庚辰	辛巳	壬午	癸未	甲申	乙酉	丙戌	丁亥	戊子	己丑	庚寅	辛卯	壬辰	癸巳	甲午	乙未	丙申	丁酉	戊戌	己亥	庚子	辛丑	壬寅	癸卯	甲辰	乙巳	丙午	丁未	戊申	
비밀수	71	82	13	24	15	26	37	48	55	66	77	88	11	22	13	24	35	46	57	68	75	86	17	28	11	22	33	44	55	

六 月 (癸 未) 大

절 기			소서									초복							대서			중복								
음 력	一	二	三	四	五	六	七	八	九	十	十一	十二	十三	十四	十五	十六	十七	十八	十九	廿	廿一	廿二	廿三	廿四	廿五	廿六	廿七	廿八	廿九	卅
양력 월/일	7/5	6	7	8	9	10	11	12	13	14	15	16	17	18	19	20	21	22	23	24	25	26	27	28	29	30	31	8/1	2	3
일 진	己酉	庚戌	辛亥	壬子	癸丑	甲寅	乙卯	丙辰	丁巳	戊午	己未	庚申	辛酉	壬戌	癸亥	甲子	乙丑	丙寅	丁卯	戊辰	己巳	庚午	辛未	壬申	癸酉	甲戌	乙亥	丙子	丁丑	戊寅
비밀수	66	77	11	26	37	28	31	42	53	64	75	86	17	28	31	26	37	48	51	62	73	84	15	26	37	28	31	46	57	68

四月 黑中　　北 大將　　午 喪門　　寅 吊客　　南 三殺

七 月 (甲申) 小

절기					입추							말복								처서										
음력	一	二	三	四	五	六	七	八	九	十	十一	十二	十三	十四	十五	十六	十七	十八	十九	二十	廿一	廿二	廿三	廿四	廿五	廿六	廿七	廿八	廿九	
양력 월/일	8/4	5	6	7	8	9	10	11	12	13	14	15	16	17	18	19	20	21	22	23	24	25	26	27	28	29	30	31	9/1	
일진	己卯	庚辰	辛巳	壬午	癸未	甲申	乙酉	丙戌	丁亥	戊子	己丑	庚寅	辛卯	壬辰	癸巳	甲午	乙未	丙申	丁酉	戊戌	己亥	庚子	辛丑	壬寅	癸卯	甲辰	乙巳	丙午	丁未	
비밀수	71	82	13	24	26	17	28	31	42	57	68	71	82	13	24	15	26	37	48	51	62	77	88	11	22	13	24	35	46	

八 月 (乙酉) 小

절기							백로															추분								
음력	一	二	三	四	五	六	七	八	九	十	十一	十二	十三	十四	十五	十六	十七	十八	十九	二十	廿一	廿二	廿三	廿四	廿五	廿六	廿七	廿八	廿九	
양력 월/일	9/2	3	4	5	6	7	8	9	10	11	12	13	14	15	16	17	18	19	20	21	22	23	24	25	26	27	28	29	30	
일진	戊申	己酉	庚戌	辛亥	壬子	癸丑	甲寅	乙卯	丙辰	丁巳	戊午	己未	庚申	辛酉	壬戌	癸亥	甲子	乙丑	丙寅	丁卯	戊辰	己巳	庚午	辛未	壬申	癸酉	甲戌	乙亥	丙子	
비밀수	57	68	71	82	17	28	22	33	44	55	66	77	88	11	22	33	28	31	42	53	64	75	86	17	28	31	22	33	48	

九 月 (丙戌) 大

절기								한로															상강							
음력	一	二	三	四	五	六	七	八	九	十	十一	十二	十三	十四	十五	十六	十七	十八	十九	二十	廿一	廿二	廿三	廿四	廿五	廿六	廿七	廿八	廿九	三十
양력 월/일	10/1	2	3	4	5	6	7	8	9	10	11	12	13	14	15	16	17	18	19	20	21	22	23	24	25	26	27	28	29	30
일진	丁丑	戊寅	己卯	庚辰	辛巳	壬午	癸未	甲申	乙酉	丙戌	丁亥	戊子	己丑	庚寅	辛卯	壬辰	癸巳	甲午	乙未	丙申	丁酉	戊戌	己亥	庚子	辛丑	壬寅	癸卯	甲辰	乙巳	丙午
비밀수	51	62	73	84	15	26	37	31	42	53	64	71	82	13	24	35	46	37	48	51	62	73	84	11	22	33	44	35	46	57

十 月 (丁亥) 小

절기								입동															소설							
음력	一	二	三	四	五	六	七	八	九	十	十一	十二	十三	十四	十五	十六	十七	十八	十九	二十	廿一	廿二	廿三	廿四	廿五	廿六	廿七	廿八	廿九	
양력 월/일	10/31	11/1	2	3	4	5	6	7	8	9	10	11	12	13	14	15	16	17	18	19	20	21	22	23	24	25	26	27	28	
일진	丁未	戊申	己酉	庚戌	辛亥	壬子	癸丑	甲寅	乙卯	丙辰	丁巳	戊午	己未	庚申	辛酉	壬戌	癸亥	甲子	乙丑	丙寅	丁卯	戊辰	己巳	庚午	辛未	壬申	癸酉	甲戌	乙亥	
비밀수	68	71	82	13	24	31	42	44	55	66	77	88	11	22	33	44	55	42	53	64	75	86	17	28	31	42	53	44	55	

十一月 (戊子) 大

절기									대설															동지						
음력	一	二	三	四	五	六	七	八	九	十	十一	十二	十三	十四	十五	十六	十七	十八	十九	二十	廿一	廿二	廿三	廿四	廿五	廿六	廿七	廿八	廿九	三十
양력 월/일	11/29	30	12/1	2	3	4	5	6	7	8	9	10	11	12	13	14	15	16	17	18	19	20	21	22	23	24	25	26	27	28
일진	丙子	丁丑	戊寅	己卯	庚辰	辛巳	壬午	癸未	甲申	乙酉	丙戌	丁亥	戊子	己丑	庚寅	辛卯	壬辰	癸巳	甲午	乙未	丙申	丁酉	戊戌	己亥	庚子	辛丑	壬寅	癸卯	甲辰	乙巳
비밀수	62	73	84	15	26	37	48	51	57	68	71	82	17	28	31	42	53	64	55	66	77	88	11	22	37	48	51	62	53	64

十二月 (己丑) 小

절기									소한															대한						
음력	一	二	三	四	五	六	七	八	九	十	十一	十二	十三	十四	十五	十六	十七	十八	十九	二十	廿一	廿二	廿三	廿四	廿五	廿六	廿七	廿八	廿九	
양력 월/일	12/29	30	31	1/1	2	3	4	5	6	7	8	9	10	11	12	13	14	15	16	17	18	19	20	21	22	23	24	25	26	
일진	丙午	丁未	戊申	己酉	庚戌	辛亥	壬子	癸丑	甲寅	乙卯	丙辰	丁巳	戊午	己未	庚申	辛酉	壬戌	癸亥	甲子	乙丑	丙寅	丁卯	戊辰	己巳	庚午	辛未	壬申	癸酉	甲戌	
비밀수	75	86	17	28	31	42	57	68	62	73	84	15	26	37	48	51	62	73	86	71	82	13	24	35	46	57	68	71	62	

단기 4274년
서기 1941년

辛 巳 年

六金神

正 月 (庚 寅) 大

절기									입춘															우수						
음력	一	二	三	四	五	六	七	八	九	十	十一	十二	十三	十四	十五	十六	十七	十八	十九	二十	廿一	廿二	廿三	廿四	廿五	廿六	廿七	廿八	廿九	三十
양력 월/일	1/27	28	29	30	31	2/1	2	3	4	5	6	7	8	9	10	11	12	13	14	15	16	17	18	19	20	21	22	23	24	25
일진	乙亥	丙子	丁丑	戊寅	己卯	庚辰	辛巳	壬午	癸未	甲申	乙酉	丙戌	丁亥	戊子	己丑	庚寅	辛卯	壬辰	癸巳	甲午	乙未	丙申	丁酉	戊戌	己亥	庚子	辛丑	壬寅	癸卯	甲辰
비밀수	71	82	13	24	35	46	57	68	11	82	13	24	35	42	53	64	75	86	17	88	11	22	33	44	55	62	73	84	15	86

二 月 (辛 卯) 大

절기									경칩															춘분						
음력	一	二	三	四	五	六	七	八	九	十	十一	十二	十三	十四	十五	十六	十七	十八	十九	二十	廿一	廿二	廿三	廿四	廿五	廿六	廿七	廿八	廿九	三十
양력 월/일	2/26	27	28	3/1	2	3	4	5	6	7	8	9	10	11	12	13	14	15	16	17	18	19	20	21	22	23	24	25	26	27
일진	乙巳	丙午	丁未	戊申	己酉	庚戌	辛亥	壬子	癸丑	甲寅	乙卯	丙辰	丁巳	戊午	己未	庚申	辛酉	壬戌	癸亥	甲子	乙丑	丙寅	丁卯	戊辰	己巳	庚午	辛未	壬申	癸酉	甲戌
비밀수	17	28	31	42	53	64	75	86	24	15	26	37	48	51	62	73	84	15	26	13	24	35	46	57	68	71	82	13	24	15

三 月 (壬 辰) 小

절기									청명															곡우						
음력	一	二	三	四	五	六	七	八	九	十	十一	十二	十三	十四	十五	十六	十七	十八	十九	二十	廿一	廿二	廿三	廿四	廿五	廿六	廿七	廿八	廿九	
양력 월/일	3/28	29	30	31	4/1	2	3	4	5	6	7	8	9	10	11	12	13	14	15	16	17	18	19	20	21	22	23	24	25	
일진	乙亥	丙子	丁丑	戊寅	己卯	庚辰	辛巳	壬午	癸未	甲申	乙酉	丙戌	丁亥	戊子	己丑	庚寅	辛卯	壬辰	癸巳	甲午	乙未	丙申	丁酉	戊戌	己亥	庚子	辛丑	壬寅	癸卯	
비밀수	26	37	48	55	66	77	88	11	33	24	35	46	57	64	75	86	17	28	31	22	33	44	55	66	77	84	15	26	37	

四 月 (癸 巳) 大

절기											입하															소만				
음력	一	二	三	四	五	六	七	八	九	十	十一	十二	十三	十四	十五	十六	十七	十八	十九	二十	廿一	廿二	廿三	廿四	廿五	廿六	廿七	廿八	廿九	三十
양력 월/일	4/26	27	28	29	30	5/1	2	3	4	5	6	7	8	9	10	11	12	13	14	15	16	17	18	19	20	21	22	23	24	25
일진	甲辰	乙巳	丙午	丁未	戊申	己酉	庚戌	辛亥	壬子	癸丑	甲寅	乙卯	丙辰	丁巳	戊午	己未	庚申	辛酉	壬戌	癸亥	甲子	乙丑	丙寅	丁卯	戊辰	己巳	庚午	辛未	壬申	癸酉
비밀수	28	31	42	53	64	75	86	17	24	35	3	48	51	62	73	84	15	26	37	48	35	46	57	68	71	82	13	24	35	46

五 月 (甲 午) 大

절기												망종																하지		
음력	一	二	三	四	五	六	七	八	九	十	十一	十二	十三	十四	十五	十六	十七	十八	十九	二十	廿一	廿二	廿三	廿四	廿五	廿六	廿七	廿八	廿九	三十
양력 월/일	5/26	27	28	29	30	31	6/1	2	3	4	5	6	7	8	9	10	11	12	13	14	15	16	17	18	19	20	21	22	23	24
일진	甲戌	乙亥	丙子	丁丑	戊寅	己卯	庚辰	辛巳	壬午	癸未	甲申	乙酉	丙戌	丁亥	戊子	己丑	庚寅	辛卯	壬辰	癸巳	甲午	乙未	丙申	丁酉	戊戌	己亥	庚子	辛丑	壬寅	癸卯
비밀수	37	48	55	66	77	88	11	22	33	44	35	37	48	51	66	77	88	11	22	33	24	35	46	57	68	71	86	17	28	31

六 月 (乙 未) 小

절기													소서																대서	
음력	一	二	三	四	五	六	七	八	九	十	十一	十二	十三	十四	十五	十六	十七	十八	十九	二十	廿一	廿二	廿三	廿四	廿五	廿六	廿七	廿八	廿九	
양력 월/일	6/25	26	27	28	29	30	7/1	2	3	4	5	6	7	8	9	10	11	12	13	14	15	16	17	18	19	20	21	22	23	
일진	甲辰	乙巳	丙午	丁未	戊申	己酉	庚戌	辛亥	壬子	癸丑	甲寅	乙卯	丙辰	丁巳	戊午	己未	庚申	辛酉	壬戌	癸亥	甲子	乙丑	丙寅	丁卯	戊辰	己巳	庚午	辛未	壬申	
비밀수	22	33	44	55	66	77	88	11	26	37	28	22	53	64	75	86	17	28	31	42	37	48	51	62	73	84	15	26	37	

正十月 黑中	東大將	未喪門	卯吊客	東三殺

閏六月 (乙未) 大

절기								중복								입추		말복												
음력	一	二	三	四	五	六	七	八	九	十	十一	十二	十三	十四	十五	十六	十七	十八	十九	二十	二十一	二十二	二十三	二十四	二十五	二十六	二十七	二十八	二十九	三十
양력 월/일	7/24	25	26	27	28	29	30	31	8/1	2	3	4	5	6	7	8	9	10	11	12	13	14	15	16	17	18	19	20	21	22
일진	癸酉	甲戌	乙亥	丙子	丁丑	戊寅	己卯	庚辰	辛巳	壬午	癸未	甲申	乙酉	丙戌	丁亥	戊子	己丑	庚寅	辛卯	壬辰	癸巳	甲午	乙未	丙申	丁酉	戊戌	己亥	庚子	辛丑	壬寅
비밀수	28	31	42	57	68	71	82	13	24	35	46	37	48	51	62	8	1	2	3	4	5	4	5	6	7	8	1	2	3	4

七月 (丙申) 小

절기	처서																백로													
음력	一	二	三	四	五	六	七	八	九	十	十一	十二	十三	十四	十五	十六	十七	十八	十九	二十	二十一	二十二	二十三	二十四	二十五	二十六	二十七	二十八	二十九	
양력 월/일	8/23	24	25	26	27	28	29	30	31	9/1	2	3	4	5	6	7	8	9	10	11	12	13	14	15	16	17	18	19	20	
일진	癸卯	甲辰	乙巳	丙午	丁未	戊申	己酉	庚戌	辛亥	壬子	癸丑	甲寅	乙卯	丙辰	丁巳	戊午	己未	庚申	辛酉	壬戌	癸亥	甲子	乙丑	丙寅	丁卯	戊辰	己巳	庚午	辛未	
비밀수	53	44	55	66	77	88	21	22	33	48	51	42	53	64	75	86	28	31	42	53	64	51	62	73	84	15	26	37	48	

八月 (丁酉) 小

절기			추분																한로											
음력	一	二	三	四	五	六	七	八	九	十	十一	十二	十三	十四	十五	十六	十七	十八	十九	二十	二十一	二十二	二十三	二十四	二十五	二十六	二十七	二十八	二十九	
양력 월/일	9/21	22	23	24	25	26	27	28	29	30	10/1	2	3	4	5	6	7	8	9	10	11	12	13	14	15	16	17	18	19	
일진	壬申	癸酉	甲戌	乙亥	丙子	丁丑	戊寅	己卯	庚辰	辛巳	壬午	癸未	甲申	乙酉	丙戌	丁亥	戊子	己丑	庚寅	辛卯	壬辰	癸巳	甲午	乙未	丙申	丁酉	戊戌	己亥	庚子	
비밀수	51	62	53	64	71	82	13	24	35	46	57	68	51	62	73	84	15	26	44	55	66	77	68	71	82	13	24	35	42	

九月 (戊戌) 大

절기					상강															입동										
음력	一	二	三	四	五	六	七	八	九	十	十一	十二	十三	十四	十五	十六	十七	十八	十九	二十	二十一	二十二	二十三	二十四	二十五	二十六	二十七	二十八	二十九	三十
양력 월/일	10/20	21	22	23	24	25	26	27	28	29	30	31	11/1	2	3	4	5	6	7	8	9	10	11	12	13	14	15	16	17	18
일진	辛丑	壬寅	癸卯	甲辰	乙巳	丙午	丁未	戊申	己酉	庚戌	辛亥	壬子	癸丑	甲寅	乙卯	丙辰	丁巳	戊午	己未	庚申	辛酉	壬戌	癸亥	甲子	乙丑	丙寅	丁卯	戊辰	己巳	庚午
비밀수	53	64	75	66	77	88	11	22	33	44	55	62	73	64	75	86	17	28	31	53	64	75	86	73	84	15	26	37	48	51

十月 (己亥) 小

절기					소설														대설											
음력	一	二	三	四	五	六	七	八	九	十	十一	十二	十三	十四	十五	十六	十七	十八	十九	二十	二十一	二十二	二十三	二十四	二十五	二十六	二十七	二十八	二十九	
양력 월/일	11/19	20	21	22	23	24	25	26	27	28	29	30	12/1	2	3	4	5	6	7	8	9	10	11	12	13	14	15	16	17	
일진	辛未	壬申	癸酉	甲戌	乙亥	丙子	丁丑	戊寅	己卯	庚辰	辛巳	壬午	癸未	甲申	乙酉	丙戌	丁亥	戊子	己丑	庚寅	辛卯	壬辰	癸巳	甲午	乙未	丙申	丁酉	戊戌	己亥	
비밀수	62	73	84	75	86	13	24	35	46	57	68	71	82	73	84	15	26	33	51	62	73	84	15	86	17	28	31	42	53	

十一月 (庚子) 大

절기					동지															소한										
음력	一	二	三	四	五	六	七	八	九	十	十一	十二	十三	十四	十五	十六	十七	十八	十九	二十	二十一	二十二	二十三	二十四	二十五	二十六	二十七	二十八	二十九	三十
양력 월/일	12/18	19	20	21	22	23	24	25	26	27	28	29	30	31	1/1	2	3	4	5	6	7	8	9	10	11	12	13	14	15	16
일진	庚子	辛丑	壬寅	癸卯	甲辰	乙巳	丙午	丁未	戊申	己酉	庚戌	辛亥	壬子	癸丑	甲寅	乙卯	丙辰	丁巳	戊午	己未	庚申	辛酉	壬戌	癸亥	甲子	乙丑	丙寅	丁卯	戊辰	己巳
비밀수	68	71	82	13	84	15	26	37	48	51	62	73	88	11	82	13	24	35	46	6	7	82	13	24	11	22	33	44	55	66

十二月 (辛丑) 小

절기					대한														입춘											
음력	一	二	三	四	五	六	七	八	九	十	十一	十二	十三	十四	十五	十六	十七	十八	十九	二十	二十一	二十二	二十三	二十四	二十五	二十六	二十七	二十八	二十九	
양력 월/일	1/17	18	19	20	21	22	23	24	25	26	27	28	29	30	31	2/1	2	3	4	5	6	7	8	9	10	11	12	13	14	
일진	庚午	辛未	壬申	癸酉	甲戌	乙亥	丙子	丁丑	戊寅	己卯	庚辰	辛巳	壬午	癸未	甲申	乙酉	丙戌	丁亥	戊子	己丑	庚寅	辛卯	壬辰	癸巳	甲午	乙未	丙申	丁酉	戊戌	
비밀수	77	88	11	22	83	14	21	32	43	54	65	76	87	18	81	12	23	34	73	84	15	26	37	48	31	42	53	64	75	

단기 4275년
서기 1942년

壬 午 年

四金神

正 月 (壬 寅) 大

절기					우수															경칩										
음력	一	二	三	四	五	六	七	八	九	十	十一	十二	十三	十四	十五	十六	十七	十八	十九	廿	廿一	廿二	廿三	廿四	廿五	廿六	廿七	廿八	廿九	三十
양력 월/일	2/15	16	17	18	19	20	21	22	23	24	25	26	27	28	3/1	2	3	4	5	6	7	8	9	10	11	12	13	14	15	16
일진	己亥	庚子	辛丑	壬寅	癸卯	甲辰	乙巳	丙午	丁未	戊申	己酉	庚戌	辛亥	壬子	癸丑	甲寅	乙卯	丙辰	丁巳	戊午	己未	庚申	辛酉	壬戌	癸亥	甲子	乙丑	丙寅	丁卯	戊辰
비밀수	86	13	24	35	46	37	48	51	62	73	84	15	26	33	44	35	46	57	68	82	13	24	35	46	57	44	55	66	77	88

二 月 (癸 卯) 小

절기					춘분															청명	한식									
음력	一	二	三	四	五	六	七	八	九	十	十一	十二	十三	十四	十五	十六	十七	十八	十九	廿	廿一	廿二	廿三	廿四	廿五	廿六	廿七	廿八	廿九	
양력 월/일	3/17	18	19	20	21	22	23	24	25	26	27	28	29	30	31	4/1	2	3	4	5	6	7	8	9	10	11	12	13	14	
일진	己巳	庚午	辛未	壬申	癸酉	甲戌	乙亥	丙子	丁丑	戊寅	己卯	庚辰	辛巳	壬午	癸未	甲申	乙酉	丙戌	丁亥	戊子	己丑	庚寅	辛卯	壬辰	癸巳	甲午	乙未	丙申	丁酉	
비밀수	11	22	33	44	35	46	57	64	75	86	17	28	31	42	53	44	55	66	77	7	86	17	28	31	42	33	44	55	66	

三 月 (甲 辰) 大

절기							곡우															입하								
음력	一	二	三	四	五	六	七	八	九	十	十一	十二	十三	十四	十五	十六	十七	十八	十九	廿	廿一	廿二	廿三	廿四	廿五	廿六	廿七	廿八	廿九	三十
양력 월/일	4/15	16	17	18	19	20	21	22	23	24	25	26	27	28	29	30	5/1	2	3	4	5	6	7	8	9	10	11	12	13	14
일진	戊戌	己亥	庚子	辛丑	壬寅	癸卯	甲辰	乙巳	丙午	丁未	戊申	己酉	庚戌	辛亥	壬子	癸丑	甲寅	乙卯	丙辰	丁巳	戊午	己未	庚申	辛酉	壬戌	癸亥	甲子	乙丑	丙寅	丁卯
비밀수	77	88	15	26	37	48	31	42	53	64	75	86	17	28	35	46	37	48	51	62	73	15	26	37	48	51	46	57	68	71

四 月 (乙 巳) 大

절기								소만															망종							
음력	一	二	三	四	五	六	七	八	九	十	十一	十二	十三	十四	十五	十六	十七	十八	十九	廿	廿一	廿二	廿三	廿四	廿五	廿六	廿七	廿八	廿九	三十
양력 월/일	5/15	16	17	18	19	20	21	22	23	24	25	26	27	28	29	30	31	6/1	2	3	4	5	6	7	8	9	10	11	12	13
일진	戊辰	己巳	庚午	辛未	壬申	癸酉	甲戌	乙亥	丙子	丁丑	戊寅	己卯	庚辰	辛巳	壬午	癸未	甲申	乙酉	丙戌	丁亥	戊子	己丑	庚寅	辛卯	壬辰	癸巳	甲午	乙未	丙申	丁酉
비밀수	82	13	24	35	46	57	48	51	66	77	88	11	22	33	44	55	46	57	68	71	86	17	31	42	53	64	55	66	77	88

五 月 (丙 午) 小

절기									하지																소서					
음력	一	二	三	四	五	六	七	八	九	十	十一	十二	十三	十四	十五	十六	十七	十八	十九	廿	廿一	廿二	廿三	廿四	廿五	廿六	廿七	廿八	廿九	
양력 월/일	6/14	15	16	17	18	19	20	21	22	23	24	25	26	27	28	29	30	7/1	2	3	4	5	6	7	8	9	10	11	12	
일진	戊戌	己亥	庚子	辛丑	壬寅	癸卯	甲辰	乙巳	丙午	丁未	戊申	己酉	庚戌	辛亥	壬子	癸丑	甲寅	乙卯	丙辰	丁巳	戊午	己未	庚申	辛酉	壬戌	癸亥	甲子	乙丑	丙寅	
비밀수	11	22	37	48	51	62	53	64	75	86	17	28	31	42	57	68	51	62	73	84	15	26	37	48	62	73	68	71	82	

六 月 (丁 未) 大

절기				초복							대서			중복													입추			
음력	一	二	三	四	五	六	七	八	九	十	十一	十二	十三	十四	十五	十六	十七	十八	十九	廿	廿一	廿二	廿三	廿四	廿五	廿六	廿七	廿八	廿九	三十
양력 월/일	7/13	14	15	16	17	18	19	20	21	22	23	24	25	26	27	28	29	30	31	8/1	2	3	4	5	6	7	8	9	10	11
일진	丁卯	戊辰	己巳	庚午	辛未	壬申	癸酉	甲戌	乙亥	丙子	丁丑	戊寅	己卯	庚辰	辛巳	壬午	癸未	甲申	乙酉	丙戌	丁亥	戊子	己丑	庚寅	辛卯	壬辰	癸巳	甲午	乙未	丙申
비밀수	13	24	35	46	57	68	71	68	73	88	11	22	33	44	55	66	77	68	71	82	13	28	31	42	53	64	86	77	88	11

七 月 黑中	東 大將	申 喪門	辰 吊客	北 三殺

七 月 (戊 申) 大

절 기				말복									처서															백로		
음 력	一	二	三	四	五	六	七	八	九	十	十一	十二	十三	十四	十五	十六	十七	十八	十九	二十	廿一	廿二	廿三	廿四	廿五	廿六	廿七	廿八	廿九	三十
양력 월/일	8/12	13	14	15	16	17	18	19	20	21	22	23	24	25	26	27	28	29	30	31	9/1	2	3	4	5	6	7	8	9	10
일 진	丁酉	戊戌	己亥	庚子	辛丑	壬寅	癸卯	甲辰	乙巳	丙午	丁未	戊申	己酉	庚戌	辛亥	壬子	癸丑	甲寅	乙卯	丙辰	丁巳	戊午	己未	庚申	辛酉	壬戌	癸亥	甲子	乙丑	丙寅
비밀수	22	33	44	51	62	73	84	75	86	17	28	31	42	53	64	71	82	73	84	15	26	37	48	51	62	73	84	82	13	24

八 月 (己 酉) 小

절 기														추분															한로	
음 력	一	二	三	四	五	六	七	八	九	十	十一	十二	十三	十四	十五	十六	十七	十八	十九	二十	廿一	廿二	廿三	廿四	廿五	廿六	廿七	廿八	廿九	
양력 월/일	9/11	12	13	14	15	16	17	18	19	20	21	22	23	24	25	26	27	28	29	30	10/1	2	3	4	5	6	7	8	9	
일 진	丁卯	戊辰	己巳	庚午	辛未	壬申	癸酉	甲戌	乙亥	丙子	丁丑	戊寅	己卯	庚辰	辛巳	壬午	癸未	甲申	乙酉	丙戌	丁亥	戊子	己丑	庚寅	辛卯	壬辰	癸巳	甲午	乙未	
비밀수	35	46	57	68	71	82	13	84	15	22	33	44	55	66	77	88	11	82	13	24	35	42	53	64	75	86	17	88	22	

九 月 (庚 戌) 大

절 기															상강															입동
음 력	一	二	三	四	五	六	七	八	九	十	十一	十二	十三	十四	十五	十六	十七	十八	十九	二十	廿一	廿二	廿三	廿四	廿五	廿六	廿七	廿八	廿九	三十
양력 월/일	10/10	11	12	13	14	15	16	17	18	19	20	21	22	23	24	25	26	27	28	29	30	31	11/1	2	3	4	5	6	7	8
일 진	丙申	丁酉	戊戌	己亥	庚子	辛丑	壬寅	癸卯	甲辰	乙巳	丙午	丁未	戊申	己酉	庚戌	辛亥	壬子	癸丑	甲寅	乙卯	丙辰	丁巳	戊午	己未	庚申	辛酉	壬戌	癸亥	甲子	乙丑
비밀수	33	44	55	66	73	84	15	26	17	28	31	42	53	64	75	86	13	24	15	26	37	48	51	62	73	84	15	26	13	35

十 月 (辛 亥) 小

절 기															소설															
음 력	一	二	三	四	五	六	七	八	九	十	十一	十二	十三	十四	十五	十六	十七	十八	十九	二十	廿一	廿二	廿三	廿四	廿五	廿六	廿七	廿八	廿九	
양력 월/일	11/9	10	11	12	13	14	15	16	17	18	19	20	21	22	23	24	25	26	27	28	29	30	12/1	2	3	4	5	6	7	
일 진	丙寅	丁卯	戊辰	己巳	庚午	辛未	壬申	癸酉	甲戌	乙亥	丙子	丁丑	戊寅	己卯	庚辰	辛巳	壬午	癸未	甲申	乙酉	丙戌	丁亥	戊子	己丑	庚寅	辛卯	壬辰	癸巳	甲午	
비밀수	46	57	68	71	82	13	24	35	26	37	44	55	66	77	88	11	22	33	24	35	46	57	64	75	86	17	28	31	22	

十 一 月 (壬 子) 小

절 기	대설														동지															
음 력	一	二	三	四	五	六	七	八	九	十	十一	十二	十三	十四	十五	十六	十七	十八	十九	二十	廿一	廿二	廿三	廿四	廿五	廿六	廿七	廿八	廿九	
양력 월/일	12/8	9	10	11	12	13	14	15	16	17	18	19	20	21	22	23	24	25	26	27	28	29	30	31	1/1	2	3	4	5	
일 진	乙未	丙申	丁酉	戊戌	己亥	庚子	辛丑	壬寅	癸卯	甲辰	乙巳	丙午	丁未	戊申	己酉	庚戌	辛亥	壬子	癸丑	甲寅	乙卯	丙辰	丁巳	戊午	己未	庚申	辛酉	壬戌	癸亥	
비밀수	48	51	62	73	84	11	22	33	44	35	46	57	68	71	82	13	24	31	42	33	44	55	66	77	88	11	22	33	44	

十 二 月 (癸 丑) 大

절 기	소한															대한														
음 력	一	二	三	四	五	六	七	八	九	十	十一	十二	十三	十四	十五	十六	十七	十八	十九	二十	廿一	廿二	廿三	廿四	廿五	廿六	廿七	廿八	廿九	三十
양력 월/일	1/6	7	8	9	10	11	12	13	14	15	16	17	18	19	20	21	22	23	24	25	26	27	28	29	30	31	2/1	2	3	4
일 진	甲子	乙丑	丙寅	丁卯	戊辰	己巳	庚午	辛未	壬申	癸酉	甲戌	乙亥	丙子	丁丑	戊寅	己卯	庚辰	辛巳	壬午	癸未	甲申	乙酉	丙戌	丁亥	戊子	己丑	庚寅	辛卯	壬辰	癸巳
비밀수	42	53	64	75	86	17	28	31	42	53	44	55	62	73	84	15	26	37	48	51	42	53	64	75	82	13	24	35	46	57

단기 4276년
서기 1943년

癸未年

四金神

正 月 (甲寅) 小

절기	입춘														우수															
음력	一	二	三	四	五	六	七	八	九	十	十一	十二	十三	十四	十五	十六	十七	十八	十九	廿	廿一	廿二	廿三	廿四	廿五	廿六	廿七	廿八	廿九	
양력 월/일	2/5	6	7	8	9	10	11	12	13	14	15	16	17	18	19	20	21	22	23	24	25	26	27	28	3/1	2	3	4	5	
일진	甲午	乙未	丙申	丁酉	戊戌	己亥	庚子	辛丑	壬寅	癸卯	甲辰	乙巳	丙午	丁未	戊申	己酉	庚戌	辛亥	壬子	癸丑	甲寅	乙卯	丙辰	丁巳	戊午	己未	庚申	辛酉	壬戌	
비밀수	42	53	64	75	86	17	24	35	46	57	48	51	62	73	84	15	26	37	44	55	46	57	68	71	82	13	24	35	46	

二 月 (乙卯) 大

절기	경칩															춘분														
음력	一	二	三	四	五	六	七	八	九	十	十一	十二	十三	十四	十五	十六	十七	十八	十九	廿	廿一	廿二	廿三	廿四	廿五	廿六	廿七	廿八	廿九	卅
양력 월/일	3/6	7	8	9	10	11	12	13	14	15	16	17	18	19	20	21	22	23	24	25	26	27	28	29	30	31	4/1	2	3	4
일진	癸亥	甲子	乙丑	丙寅	丁卯	戊辰	己巳	庚午	辛未	壬申	癸酉	甲戌	乙亥	丙子	丁丑	戊寅	己卯	庚辰	辛巳	壬午	癸未	甲申	乙酉	丙戌	丁亥	戊子	己丑	庚寅	辛卯	壬辰
비밀수	68	55	66	77	88	11	22	33	44	55	66	57	68	75	86	17	28	31	42	53	64	55	66	77	88	15	26	37	48	51

三 月 (丙辰) 小

절기		청명	한식														곡우													
음력	一	二	三	四	五	六	七	八	九	十	十一	十二	十三	十四	十五	十六	十七	十八	十九	廿	廿一	廿二	廿三	廿四	廿五	廿六	廿七	廿八	廿九	
양력 월/일	4/5	6	7	8	9	10	11	12	13	14	15	16	17	18	19	20	21	22	23	24	25	26	27	28	29	30	5/1	2	3	
일진	癸巳	甲午	乙未	丙申	丁酉	戊戌	己亥	庚子	辛丑	壬寅	癸卯	甲辰	乙巳	丙午	丁未	戊申	己酉	庚戌	辛亥	壬子	癸丑	甲寅	乙卯	丙辰	丁巳	戊午	己未	庚申	辛酉	
비밀수	62	64	75	86	17	28	31	46	57	68	71	62	73	84	15	26	37	48	51	66	77	68	71	82	13	24	35	46	57	

四 月 (丁巳) 大

절기			입하																소만											
음력	一	二	三	四	五	六	七	八	九	十	十一	十二	十三	十四	十五	十六	十七	十八	十九	廿	廿一	廿二	廿三	廿四	廿五	廿六	廿七	廿八	廿九	卅
양력 월/일	5/4	5	6	7	8	9	10	11	12	13	14	15	16	17	18	19	20	21	22	23	24	25	26	27	28	29	30	31	6/1	2
일진	壬戌	癸亥	甲子	乙丑	丙寅	丁卯	戊辰	己巳	庚午	辛未	壬申	癸酉	甲戌	乙亥	丙子	丁丑	戊寅	己卯	庚辰	辛巳	壬午	癸未	甲申	乙酉	丙戌	丁亥	戊子	己丑	庚寅	辛卯
비밀수	68	71	77	88	11	22	33	44	55	66	77	88	71	82	17	28	31	42	53	64	75	86	77	88	11	22	37	48	51	62

五 月 (戊午) 小

절기				망종																하지										
음력	一	二	三	四	五	六	七	八	九	十	十一	十二	十三	十四	十五	十六	十七	十八	十九	廿	廿一	廿二	廿三	廿四	廿五	廿六	廿七	廿八	廿九	
양력 월/일	6/3	4	5	6	7	8	9	10	11	12	13	14	15	16	17	18	19	20	21	22	23	24	25	26	27	28	29	30	7/1	
일진	壬辰	癸巳	甲午	乙未	丙申	丁酉	戊戌	己亥	庚子	辛丑	壬寅	癸卯	甲辰	乙巳	丙午	丁未	戊申	己酉	庚戌	辛亥	壬子	癸丑	甲寅	乙卯	丙辰	丁巳	戊午	己未	庚申	
비밀수	73	84	75	17	28	31	42	53	68	71	82	13	84	15	26	37	48	51	62	73	88	11	82	13	24	33	46	57	68	

六 月 (己未) 大

절기							소서													초복			대서							중복
음력	一	二	三	四	五	六	七	八	九	十	十一	十二	十三	十四	十五	十六	十七	十八	十九	廿	廿一	廿二	廿三	廿四	廿五	廿六	廿七	廿八	廿九	卅
양력 월/일	7/2	3	4	5	6	7	8	9	10	11	12	13	14	15	16	17	18	19	20	21	22	23	24	25	26	27	28	29	30	31
일진	辛酉	壬戌	癸亥	甲子	乙丑	丙寅	丁卯	戊辰	己巳	庚午	辛未	壬申	癸酉	甲戌	乙亥	丙子	丁丑	戊寅	己卯	庚辰	辛巳	壬午	癸未	甲申	乙酉	丙戌	丁亥	戊子	己丑	庚寅
비밀수	71	82	13	88	11	22	44	55	66	77	88	11	22	13	24	31	42	53	64	75	86	17	28	11	22	33	44	51	62	73

四月黑中	東 大將	酉 喪門	巳 吊客	西 三殺

七　　月　　(庚　申)　大

절 기								입추		말복														처서						
음 력	一	二	三	四	五	六	七	八	九	十	十一	十二	十三	十四	十五	十六	十七	十八	十九	二十	廿一	廿二	廿三	廿四	廿五	廿六	廿七	廿八	廿九	三十
양력 월/일	8/1	2	3	4	5	6	7	8	9	10	11	12	13	14	15	16	17	18	19	20	21	22	23	24	25	26	27	28	29	30
일 진	辛卯	壬辰	癸巳	甲午	乙未	丙申	丁酉	戊戌	己亥	庚子	辛丑	壬寅	癸卯	甲辰	乙巳	丙午	丁未	戊申	己酉	庚戌	辛亥	壬子	癸丑	甲寅	乙卯	丙辰	丁巳	戊午	己未	庚申
비밀수	84	15	26	17	28	31	42	64	75	82	13	24	35	26	37	48	51	62	73	84	15	22	33	24	35	46	57	68	71	82

八　　月　　(辛　酉)　小

절 기									백로																추분					
음 력	一	二	三	四	五	六	七	八	九	十	十一	十二	十三	十四	十五	十六	十七	十八	十九	二十	廿一	廿二	廿三	廿四	廿五	廿六	廿七	廿八	廿九	
양력 월/일	8/31	9/1	2	3	4	5	6	7	8	9	10	11	12	13	14	15	16	17	18	19	20	21	22	23	24	25	26	27	28	
일 진	辛酉	壬戌	癸亥	甲子	乙丑	丙寅	丁卯	戊辰	己巳	庚午	辛未	壬申	癸酉	甲戌	乙亥	丙子	丁丑	戊寅	己卯	庚辰	辛巳	壬午	癸未	甲申	乙酉	丙戌	丁亥	戊子	己丑	
비밀수	13	24	35	22	33	44	55	66	88	11	22	33	44	35	46	53	64	75	86	17	28	31	42	33	44	55	66	73	84	

九　　月　　(壬　戌)　大

절 기											한로															상강				
음 력	一	二	三	四	五	六	七	八	九	十	十一	十二	十三	十四	十五	十六	十七	十八	十九	二十	廿一	廿二	廿三	廿四	廿五	廿六	廿七	廿八	廿九	三十
양력 월/일	9/29	30	10/1	2	3	4	5	6	7	8	9	10	11	12	13	14	15	16	17	18	19	20	21	22	23	24	25	26	27	28
일 진	庚寅	辛卯	壬辰	癸巳	甲午	乙未	丙申	丁酉	戊戌	己亥	庚子	辛丑	壬寅	癸卯	甲辰	乙巳	丙午	丁未	戊申	己酉	庚戌	辛亥	壬子	癸丑	甲寅	乙卯	丙辰	丁巳	戊午	己未
비밀수	15	26	37	48	31	42	53	64	75	86	24	35	46	57	48	51	62	73	84	15	26	37	44	55	46	57	68	71	82	13

十　　月　　(癸　亥)　大

절 기											입동															소설				
음 력	一	二	三	四	五	六	七	八	九	十	十一	十二	十三	十四	十五	十六	十七	十八	十九	二十	廿一	廿二	廿三	廿四	廿五	廿六	廿七	廿八	廿九	三十
양력 월/일	10/29	30	31	11/1	2	3	4	5	6	7	8	9	10	11	12	13	14	15	16	17	18	19	20	21	22	23	24	25	26	27
일 진	庚申	辛酉	壬戌	癸亥	甲子	乙丑	丙寅	丁卯	戊辰	己巳	庚午	辛未	壬申	癸酉	甲戌	乙亥	丙子	丁丑	戊寅	己卯	庚辰	辛巳	壬午	癸未	甲申	乙酉	丙戌	丁亥	戊子	己丑
비밀수	24	35	46	57	44	55	66	77	88	11	23	44	55	66	57	68	75	86	17	28	31	42	53	64	55	66	77	88	15	26

十　一　月　　(甲　子)　小

절 기											대설															동지				
음 력	一	二	三	四	五	六	七	八	九	十	十一	十二	十三	十四	十五	十六	十七	十八	十九	二十	廿一	廿二	廿三	廿四	廿五	廿六	廿七	廿八	廿九	
양력 월/일	11/28	29	30	12/1	2	3	4	5	6	7	8	9	10	11	12	13	14	15	16	17	18	19	20	21	22	23	24	25	26	
일 진	庚寅	辛卯	壬辰	癸巳	甲午	乙未	丙申	丁酉	戊戌	己亥	庚子	辛丑	壬寅	癸卯	甲辰	乙巳	丙午	丁未	戊申	己酉	庚戌	辛亥	壬子	癸丑	甲寅	乙卯	丙辰	丁巳	戊午	
비밀수	37	48	51	62	53	64	75	86	17	28	22	33	44	55	46	57	68	71	82	13	24	35	46	53	44	55	66	77	88	

十　二　月　　(乙　丑)　大

절 기											소한															대한				
음 력	一	二	三	四	五	六	七	八	九	十	十一	十二	十三	十四	十五	十六	十七	十八	十九	二十	廿一	廿二	廿三	廿四	廿五	廿六	廿七	廿八	廿九	三十
양력 월/일	12/27	28	29	30	31	1/1	2	3	4	5	6	7	8	9	10	11	12	13	14	15	16	17	18	19	20	21	22	23	24	25
일 진	己未	庚申	辛酉	壬戌	癸亥	甲子	乙丑	丙寅	丁卯	戊辰	己巳	庚午	辛未	壬申	癸酉	甲戌	乙亥	丙子	丁丑	戊寅	己卯	庚辰	辛巳	壬午	癸未	甲申	乙酉	丙戌	丁亥	戊子
비밀수	11	22	33	44	55	42	53	64	75	86	28	31	42	53	64	55	66	73	84	15	26	37	48	51	62	53	64	75	86	13

단기 4277년 서기 1944년	甲 申 年	四 金神

正 月 (丙 寅) 小

절 기											입춘															우수				
음 력	一	二	三	四	五	六	七	八	九	十	十一	十二	十三	十四	十五	十六	十七	十八	十九	廿	廿一	廿二	廿三	廿四	廿五	廿六	廿七	廿八	廿九	卅
양력 월/일	1/26	27	28	29	30	31	2/1	2	3	4	5	6	7	8	9	10	11	12	13	14	15	16	17	18	19	20	21	22	23	
일 진	己丑	庚寅	辛卯	壬辰	癸巳	甲午	乙未	丙申	丁酉	戊戌	己亥	庚子	辛丑	壬寅	癸卯	甲辰	乙巳	丙午	丁未	戊申	己酉	庚戌	辛亥	壬子	癸丑	甲寅	乙卯	丙辰	丁巳	
비밀수	24	35	46	57	68	51	62	73	84	15	28	35	46	57	68	51	62	73	84	15	26	37	48	55	66	57	68	71	82	

二 月 (丁 卯) 小

절 기												경칩															춘분			
음 력	一	二	三	四	五	六	七	八	九	十	十一	十二	十三	十四	十五	十六	十七	十八	十九	廿	廿一	廿二	廿三	廿四	廿五	廿六	廿七	廿八	廿九	卅
양력 월/일	2/24	25	26	27	28	29	3/1	2	3	4	5	6	7	8	9	10	11	12	13	14	15	16	17	18	19	20	21	22	23	
일 진	戊午	己未	庚申	辛酉	壬戌	癸亥	甲子	乙丑	丙寅	丁卯	戊辰	己巳	庚午	辛未	壬申	癸酉	甲戌	乙亥	丙子	丁丑	戊寅	己卯	庚辰	辛巳	壬午	癸未	甲申	乙酉	丙戌	
비밀수	13	24	35	46	57	68	55	66	77	88	11	33	44	55	66	77	68	71	86	17	28	31	42	53	64	75	66	77	88	

三 月 (戊 辰) 大

절 기													청명	한식														곡우		
음 력	一	二	三	四	五	六	七	八	九	十	十一	十二	十三	十四	十五	十六	十七	十八	十九	廿	廿一	廿二	廿三	廿四	廿五	廿六	廿七	廿八	廿九	卅
양력 월/일	3/24	25	26	27	28	29	30	31	4/1	2	3	4	5	6	7	8	9	10	11	12	13	14	15	16	17	18	19	20	21	22
일 진	丁亥	戊子	己丑	庚寅	辛卯	壬辰	癸巳	甲午	乙未	丙申	丁酉	戊戌	己亥	庚子	辛丑	壬寅	癸卯	甲辰	乙巳	丙午	丁未	戊申	己酉	庚戌	辛亥	壬子	癸丑	甲寅	乙卯	丙辰
비밀수	11	26	37	48	51	62	73	64	75	86	17	28	42	57	68	71	82	73	84	15	26	37	48	51	62	77	88	71	82	13

四 月 (己 巳) 小

절 기														입하															소만	
음 력	一	二	三	四	五	六	七	八	九	十	十一	十二	十三	十四	十五	十六	十七	十八	十九	廿	廿一	廿二	廿三	廿四	廿五	廿六	廿七	廿八	廿九	卅
양력 월/일	4/24	24	25	26	27	28	29	30	5/1	2	3	4	5	6	7	8	9	10	11	12	13	14	15	16	17	18	19	20	21	
일 진	丁巳	戊午	己未	庚申	辛酉	壬戌	癸亥	甲子	乙丑	丙寅	丁卯	戊辰	己巳	庚午	辛未	壬申	癸酉	甲戌	乙亥	丙子	丁丑	戊寅	己卯	庚辰	辛巳	壬午	癸未	甲申	乙酉	
비밀수	24	35	46	57	68	71	82	77	88	11	22	33	44	66	77	88	11	82	13	28	31	42	53	64	75	86	17	88	11	

閏 四 月 (己 巳) 大

절 기																망종														
음 력	一	二	三	四	五	六	七	八	九	十	十一	十二	十三	十四	十五	十六	十七	十八	十九	廿	廿一	廿二	廿三	廿四	廿五	廿六	廿七	廿八	廿九	卅
양력 월/일	5/22	23	24	25	26	27	28	29	30	31	6/1	2	3	4	5	6	7	8	9	10	11	12	13	14	15	16	17	18	19	20
일 진	丙戌	丁亥	戊子	己丑	庚寅	辛卯	壬辰	癸巳	甲午	乙未	丙申	丁酉	戊戌	己亥	庚子	辛丑	壬寅	癸卯	甲辰	乙巳	丙午	丁未	戊申	己酉	庚戌	辛亥	壬子	癸丑	甲寅	乙卯
비밀수	22	33	48	51	62	73	84	15	86	17	28	31	42	53	68	82	13	24	15	26	37	48	51	62	73	84	11	22	13	24

五 月 (庚 午) 小

절 기	하지																소서								초복					
음 력	一	二	三	四	五	六	七	八	九	十	十一	十二	十三	十四	十五	十六	十七	十八	十九	廿	廿一	廿二	廿三	廿四	廿五	廿六	廿七	廿八	廿九	卅
양력 월/일	6/21	22	23	24	25	26	27	28	29	30	7/1	2	3	4	5	6	7	8	9	10	11	12	13	14	15	16	17	18	19	
일 진	丙辰	丁巳	戊午	己未	庚申	辛酉	壬戌	癸亥	甲子	乙丑	丙寅	丁卯	戊辰	己巳	庚午	辛未	壬申	癸酉	甲戌	乙亥	丙子	丁丑	戊寅	己卯	庚辰	辛巳	壬午	癸未	甲申	
비밀수	35	46	57	68	71	82	13	24	11	22	33	44	55	66	77	88	22	33	24	35	42	53	64	75	86	17	28	31	22	

正十月 黑中	南 大將	戌 喪門	午 吊客	南 三殺

六 月 (辛 未) 大

절 기				대서		중복														입추						말복				
음 력	一	二	三	四	五	六	七	八	九	十	十一	十二	十三	十四	十五	十六	十七	十八	十九	二十	廿一	廿二	廿三	廿四	廿五	廿六	廿七	廿八	廿九	三十
양력 월/일	7/20	21	22	23	24	25	26	27	28	29	30	31	8/1	2	3	4	5	6	7	8	9	10	11	12	13	14	15	16	17	18
일 진	乙酉	丙戌	丁亥	戊子	己丑	庚寅	辛卯	壬辰	癸巳	甲午	乙未	丙申	丁酉	戊戌	己亥	庚子	辛丑	壬寅	癸卯	甲辰	乙巳	丙午	丁未	戊申	己酉	庚戌	辛亥	壬子	癸丑	甲寅
비 밀 수	33	44	55	62	73	84	15	26	37	28	31	42	53	64	75	82	13	24	35	37	48	51	62	73	84	15	26	33	44	55

七 月 (壬 申) 小

절 기					처서																백로									
음 력	一	二	三	四	五	六	七	八	九	十	十一	十二	十三	十四	十五	十六	十七	十八	十九	二十	廿一	廿二	廿三	廿四	廿五	廿六	廿七	廿八	廿九	
양력 월/일	8/19	20	21	22	23	24	25	26	27	28	29	30	31	9/1	2	3	4	5	6	7	8	9	10	11	12	13	14	15	16	
일 진	乙卯	丙辰	丁巳	戊午	己未	庚申	辛酉	壬戌	癸亥	甲子	乙丑	丙寅	丁卯	戊辰	己巳	庚午	辛未	壬申	癸酉	甲戌	乙亥	丙子	丁丑	戊寅	己卯	庚辰	辛巳	壬午	癸未	
비 밀 수	46	57	68	71	82	13	24	35	46	33	44	55	66	77	88	11	22	33	44	35	57	64	75	86	17	28	31	42	53	

八 月 (癸 酉) 大

절 기							추분															한로								
음 력	一	二	三	四	五	六	七	八	九	十	十一	十二	十三	十四	十五	十六	十七	十八	十九	二十	廿一	廿二	廿三	廿四	廿五	廿六	廿七	廿八	廿九	三十
양력 월/일	9/17	18	19	20	21	22	23	24	25	26	27	28	29	30	10/1	2	3	4	5	6	7	8	9	10	11	12	13	14	15	16
일 진	甲申	乙酉	丙戌	丁亥	戊子	己丑	庚寅	辛卯	壬辰	癸巳	甲午	乙未	丙申	丁酉	戊戌	己亥	庚子	辛丑	壬寅	癸卯	甲辰	乙巳	丙午	丁未	戊申	己酉	庚戌	辛亥	壬子	癸丑
비 밀 수	44	55	66	77	84	15	26	37	48	51	42	53	64	75	86	17	24	35	46	57	48	42	53	64	75	86	17	28	35	46

九 月 (甲 戌) 大

절 기							상강															입동								
음 력	一	二	三	四	五	六	七	八	九	十	十一	十二	十三	十四	十五	十六	十七	十八	十九	二十	廿一	廿二	廿三	廿四	廿五	廿六	廿七	廿八	廿九	三十
양력 월/일	10/17	18	19	20	21	22	23	24	25	26	27	28	29	30	31	11/1	2	3	4	5	6	7	8	9	10	11	12	13	14	15
일 진	甲寅	乙卯	丙辰	丁巳	戊午	己未	庚申	辛酉	壬戌	癸亥	甲子	乙丑	丙寅	丁卯	戊辰	己巳	庚午	辛未	壬申	癸酉	甲戌	乙亥	丙子	丁丑	戊寅	己卯	庚辰	辛巳	壬午	癸未
비 밀 수	37	48	51	62	73	84	15	26	37	48	35	46	57	68	71	82	13	24	35	46	37	51	66	77	88	J1	22	33	44	55

十 月 (乙 亥) 小

절 기							소설															대설								
음 력	一	二	三	四	五	六	七	八	九	十	十一	十二	十三	十四	十五	十六	十七	十八	十九	二十	廿一	廿二	廿三	廿四	廿五	廿六	廿七	廿八	廿九	
양력 월/일	11/16	17	18	19	20	21	22	23	24	25	26	27	28	29	30	12/1	2	3	4	5	6	7	8	9	10	11	12	13	14	
일 진	甲申	乙酉	丙戌	丁亥	戊子	己丑	庚寅	辛卯	壬辰	癸巳	甲午	乙未	丙申	丁酉	戊戌	己亥	庚子	辛丑	壬寅	癸卯	甲辰	乙巳	丙午	丁未	戊申	己酉	庚戌	辛亥	壬子	
비 밀 수	46	57	68	71	86	17	28	31	42	53	44	55	66	77	88	11	22	37	48	51	42	68	71	82	13	24	35	46	53	

十 一 月 (丙 子) 大

절 기								동지															소한							
음 력	一	二	三	四	五	六	七	八	九	十	十一	十二	十三	十四	十五	十六	十七	十八	十九	二十	廿一	廿二	廿三	廿四	廿五	廿六	廿七	廿八	廿九	三十
양력 월/일	12/15	16	17	18	19	20	21	22	23	24	25	26	27	28	29	30	31	1/1	2	3	4	5	6	7	8	9	10	11	12	13
일 진	癸丑	甲寅	乙卯	丙辰	丁巳	戊午	己未	庚申	辛酉	壬戌	癸亥	甲子	乙丑	丙寅	丁卯	戊辰	己巳	庚午	辛未	壬申	癸酉	甲戌	乙亥	丙子	丁丑	戊寅	己卯	庚辰	辛巳	壬午
비 밀 수	64	55	66	77	88	11	22	33	44	55	66	53	64	75	86	17	28	31	42	53	64	55	77	84	15	26	37	48	51	62

十 二 月 (丁 丑) 大

절 기							대한															입춘								
음 력	一	二	三	四	五	六	七	八	九	十	十一	十二	十三	十四	十五	十六	十七	十八	十九	二十	廿一	廿二	廿三	廿四	廿五	廿六	廿七	廿八	廿九	三十
양력 월/일	1/14	15	16	17	18	19	20	21	22	23	24	25	26	27	28	29	30	31	2/1	2	3	4	5	6	7	8	9	10	11	12
일 진	癸未	甲申	乙酉	丙戌	丁亥	戊子	己丑	庚寅	辛卯	壬辰	癸巳	甲午	乙未	丙申	丁酉	戊戌	己亥	庚子	辛丑	壬寅	癸卯	甲辰	乙巳	丙午	丁未	戊申	己酉	庚戌	辛亥	壬子
비 밀 수	73	64	75	86	17	24	35	46	57	68	71	62	73	84	15	26	37	44	55	66	77	82	13	24	35	46	57	68	71	86

단기 4278년
서기 1945년

乙 酉 年

二 金神

正 月 （戊 寅） 小

절기							우수															경칩								
음력	一	二	三	四	五	六	七	八	九	十	十一	十二	十三	十四	十五	十六	十七	十八	十九	二十	廿一	廿二	廿三	廿四	廿五	廿六	廿七	廿八	廿九	
양력 월/일	2/13	14	15	16	17	18	19	20	21	22	23	24	25	26	27	28	3/1	2	3	4	5	6	7	8	9	10	11	12	13	
일진	癸丑	甲寅	乙卯	丙辰	丁巳	戊午	己未	庚申	辛酉	壬戌	癸亥	甲子	乙丑	丙寅	丁卯	戊辰	己巳	庚午	辛未	壬申	癸酉	甲戌	乙亥	丙子	丁丑	戊寅	己卯	庚辰	辛巳	
비밀수	17	88	11	22	33	44	55	66	77	88	11	86	17	28	31	42	53	64	75	86	17	11	22	37	48	51	62	73	84	

二 月 （己 卯） 小

절기								춘분															청명	한식						
음력	一	二	三	四	五	六	七	八	九	十	十一	十二	十三	十四	十五	十六	十七	十八	十九	二十	廿一	廿二	廿三	廿四	廿五	廿六	廿七	廿八	廿九	
양력 월/일	3/14	15	16	17	18	19	20	21	22	23	24	25	26	27	28	29	30	31	4/1	2	3	4	5	6	7	8	9	10	11	
일진	壬午	癸未	甲申	乙酉	丙戌	丁亥	戊子	己丑	庚寅	辛卯	壬辰	癸巳	甲午	乙未	丙申	丁酉	戊戌	己亥	庚子	辛丑	壬寅	癸卯	甲辰	乙巳	丙午	丁未	戊申	己酉	庚戌	
비밀수	15	26	17	28	31	42	57	68	71	82	13	24	15	26	37	48	51	62	77	88	11	22	24	35	46	57	68	71	82	

三 月 （庚 辰） 大

절기									곡우																입하					
음력	一	二	三	四	五	六	七	八	九	十	十一	十二	十三	十四	十五	十六	十七	十八	十九	二十	廿一	廿二	廿三	廿四	廿五	廿六	廿七	廿八	廿九	三十
양력 월/일	4/12	13	14	15	16	17	18	19	20	21	22	23	24	25	26	27	28	29	30	5/1	2	3	4	5	6	7	8	9	10	11
일진	辛亥	壬子	癸丑	甲寅	乙卯	丙辰	丁巳	戊午	己未	庚申	辛酉	壬戌	癸亥	甲子	乙丑	丙寅	丁卯	戊辰	己巳	庚午	辛未	壬申	癸酉	甲戌	乙亥	丙子	丁丑	戊寅	己卯	庚辰
비밀수	13	28	31	22	33	44	55	66	77	88	11	22	33	28	31	42	53	64	75	86	17	28	21	22	44	51	62	73	84	15

四 月 （辛 巳） 小

절기										소만																망종				
음력	一	二	三	四	五	六	七	八	九	十	十一	十二	十三	十四	十五	十六	十七	十八	十九	二十	廿一	廿二	廿三	廿四	廿五	廿六	廿七	廿八	廿九	
양력 월/일	5/12	13	14	15	16	17	18	19	20	21	22	23	24	25	26	27	28	29	30	31	6/1	2	3	4	5	6	7	8	9	
일진	辛巳	壬午	癸未	甲申	乙酉	丙戌	丁亥	戊子	己丑	庚寅	辛卯	壬辰	癸巳	甲午	乙未	丙申	丁酉	戊戌	己亥	庚子	辛丑	壬寅	癸卯	甲辰	乙巳	丙午	丁未	戊申	己酉	
비밀수	26	37	48	31	42	53	64	71	82	13	24	35	46	37	48	51	62	73	84	11	22	33	44	35	46	68	71	82	13	

五 月 （壬 午） 小

절기													하지															소서		
음력	一	二	三	四	五	六	七	八	九	十	十一	十二	十三	十四	十五	十六	十七	十八	十九	二十	廿一	廿二	廿三	廿四	廿五	廿六	廿七	廿八	廿九	
양력 월/일	6/10	11	12	13	14	15	16	17	18	19	20	21	22	23	24	25	26	27	28	29	30	7/1	2	3	4	5	6	7	8	
일진	庚戌	辛亥	壬子	癸丑	甲寅	乙卯	丙辰	丁巳	戊午	己未	庚申	辛酉	壬戌	癸亥	甲子	乙丑	丙寅	丁卯	戊辰	己巳	庚午	辛未	壬申	癸酉	甲戌	乙亥	丙子	丁丑	戊寅	
비밀수	24	35	42	53	44	55	66	77	88	11	22	33	44	55	42	53	64	75	86	17	28	31	42	53	44	55	62	84	15	

六 月 （癸 未） 大

절기												초복																		
음력	一	二	三	四	五	六	七	八	九	十	十一	十二	十三	十四	十五	十六	十七	十八	十九	二十	廿一	廿二	廿三	廿四	廿五	廿六	廿七	廿八	廿九	三十
양력 월/일	7/9	10	11	12	13	14	15	16	17	18	19	20	21	22	23	24	25	26	27	28	29	30	31	8/1	2	3	4	5	6	7
일진	己卯	庚辰	辛巳	壬午	癸未	甲申	乙酉	丙戌	丁亥	戊子	己丑	庚寅	辛卯	壬辰	癸巳	甲午	乙未	丙申	丁酉	戊戌	己亥	庚子	辛丑	壬寅	癸卯	甲辰	乙巳	丙午	丁未	戊申
비밀수	26	37	48	51	62	53	64	75	86	13	24	35	46	57	68	51	62	73	84	15	26	33	44	55	66	57	68	71	82	13

七 月 黑中 南 大將 亥 喪門 未 吊客 東 三殺

七 月 (甲 申) 小

절기	입추	말복														처서														
음력	一	二	三	四	五	六	七	八	九	十	十一	十二	十三	十四	十五	十六	十七	十八	十九	二十	廿一	廿二	廿三	廿四	廿五	廿六	廿七	廿八	廿九	
양력 월/일	8/8	9	10	11	12	13	14	15	16	17	18	19	20	21	22	23	24	25	26	27	28	29	30	31	9/1	2	3	4	5	
일진	己酉	庚戌	辛亥	壬子	癸丑	甲寅	乙卯	丙辰	丁巳	戊午	己未	庚申	辛酉	壬戌	癸亥	甲子	乙丑	丙寅	丁卯	戊辰	己巳	庚午	辛未	壬申	癸酉	甲戌	乙亥	丙子	丁丑	
비밀수	15	26	37	44	55	46	57	68	71	82	13	24	35	46	57	44	55	66	77	88	11	22	33	44	55	46	57	64	75	

八 月 (乙 酉) 大

절기			백로															추분												
음력	一	二	三	四	五	六	七	八	九	十	十一	十二	十三	十四	十五	十六	十七	十八	十九	二十	廿一	廿二	廿三	廿四	廿五	廿六	廿七	廿八	廿九	三十
양력 월/일	9/6	7	8	9	10	11	12	13	14	15	16	17	18	19	20	21	22	23	24	25	26	27	28	29	30	10/1	2	3	4	5
일진	戊寅	己卯	庚辰	辛巳	壬午	癸未	甲申	乙酉	丙戌	丁亥	戊子	己丑	庚寅	辛卯	壬辰	癸巳	甲午	乙未	丙申	丁酉	戊戌	己亥	庚子	辛丑	壬寅	癸卯	甲辰	乙巳	丙午	丁未
비밀수	86	17	31	42	53	64	55	66	77	88	15	26	37	48	51	62	53	64	75	86	17	28	35	46	57	68	51	62	73	84

九 月 (丙 戌) 大

절기				한로															상강											
음력	一	二	三	四	五	六	七	八	九	十	十一	十二	十三	十四	十五	十六	十七	十八	十九	二十	廿一	廿二	廿三	廿四	廿五	廿六	廿七	廿八	廿九	三十
양력 월/일	10/6	7	8	9	10	11	12	13	14	15	16	17	18	19	20	21	22	23	24	25	26	27	28	29	30	31	11/1	2	3	4
일진	戊申	己酉	庚戌	辛亥	壬子	癸丑	甲寅	乙卯	丙辰	丁巳	戊午	己未	庚申	辛酉	壬戌	癸亥	甲子	乙丑	丙寅	丁卯	戊辰	己巳	庚午	辛未	壬申	癸酉	甲戌	乙亥	丙子	丁丑
비밀수	15	26	37	51	66	77	68	71	82	13	24	35	46	57	68	71	66	77	88	11	22	33	44	55	66	77	68	71	86	17

十 月 (丁 亥) 大

절기				입동															소설											
음력	一	二	三	四	五	六	七	八	九	十	十一	十二	十三	十四	十五	十六	十七	十八	十九	二十	廿一	廿二	廿三	廿四	廿五	廿六	廿七	廿八	廿九	三十
양력 월/일	11/5	6	7	8	9	10	11	12	13	14	15	16	17	18	19	20	21	22	23	24	25	26	27	28	29	30	12/1	2	3	4
일진	戊寅	己卯	庚辰	辛巳	壬午	癸未	甲申	乙酉	丙戌	丁亥	戊子	己丑	庚寅	辛卯	壬辰	癸巳	甲午	乙未	丙申	丁酉	戊戌	己亥	庚子	辛丑	壬寅	癸卯	甲辰	乙巳	丙午	丁未
비밀수	28	31	42	64	75	86	77	88	11	22	37	48	51	62	73	84	75	86	17	28	31	52	57	68	71	82	73	84	15	26

十 一 月 (戊 子) 小

절기			대설															동지												
음력	一	二	三	四	五	六	七	八	九	十	十一	十二	十三	十四	十五	十六	十七	十八	十九	二十	廿一	廿二	廿三	廿四	廿五	廿六	廿七	廿八	廿九	
양력 월/일	12/5	6	7	8	9	10	11	12	13	14	15	16	17	18	19	20	21	22	23	24	25	26	27	28	29	30	31	1/1	2	
일진	戊申	己酉	庚戌	辛亥	壬子	癸丑	甲寅	乙卯	丙辰	丁巳	戊午	己未	庚申	辛酉	壬戌	癸亥	甲子	乙丑	丙寅	丁卯	戊辰	己巳	庚午	辛未	壬申	癸酉	甲戌	乙亥	丙子	
비밀수	37	48	66	77	84	15	86	17	28	31	42	53	64	75	86	17	84	15	26	37	48	51	62	73	84	15	76	17	24	

十 二 月 (己 丑) 大

절기				소한															대한											
음력	一	二	三	四	五	六	七	八	九	十	十一	十二	十三	十四	十五	十六	十七	十八	十九	二十	廿一	廿二	廿三	廿四	廿五	廿六	廿七	廿八	廿九	三十
양력 월/일	1/3	4	5	6	7	8	9	10	11	12	13	14	15	16	17	18	19	20	21	22	23	24	25	26	27	28	29	30	31	2/1
일진	丁丑	戊寅	己卯	庚辰	辛巳	壬午	癸未	甲申	乙酉	丙戌	丁亥	戊子	己丑	庚寅	辛卯	壬辰	癸巳	甲午	乙未	丙申	丁酉	戊戌	己亥	庚子	辛丑	壬寅	癸卯	甲辰	乙巳	丙午
비밀수	35	46	57	71	82	13	24	15	26	37	48	55	66	77	88	11	22	13	24	35	46	57	68	75	86	17	28	11	22	33

단기 4279년
서기 1946년

丙 戌 年

六 金神

正 月 (庚 寅) 大

절 기			입춘															우수												
음 력	一	二	三	四	五	六	七	八	九	十	十一	十二	十三	十四	十五	十六	十七	十八	十九	二十	廿一	廿二	廿三	廿四	廿五	廿六	廿七	廿八	廿九	三十
양력 월/일	2/2	3	4	5	6	7	8	9	10	11	12	13	14	15	16	17	18	19	20	21	22	23	24	25	26	27	28	3/1	2	3
일 진	丁未	戊申	己酉	庚戌	辛亥	壬子	癸丑	甲寅	乙卯	丙辰	丁巳	戊午	己未	庚申	辛酉	壬戌	癸亥	甲子	乙丑	丙寅	丁卯	戊辰	己巳	庚午	辛未	壬申	癸酉	甲戌	乙亥	丙子
비밀수	44	55	88	11	22	37	48	31	42	53	64	75	86	17	28	31	42	37	48	51	62	73	84	15	26	37	48	31	42	57

二 月 (辛 卯) 小

절 기			경칩															춘분												
음 력	一	二	三	四	五	六	七	八	九	十	十一	十二	十三	十四	十五	十六	十七	十八	十九	二十	廿一	廿二	廿三	廿四	廿五	廿六	廿七	廿八	廿九	
양력 월/일	3/4	5	6	7	8	9	10	11	12	13	14	15	16	17	18	19	20	21	22	23	24	25	26	27	28	29	30	31	4/1	
일 진	丁丑	戊寅	己卯	庚辰	辛巳	壬午	癸未	甲申	乙酉	丙戌	丁亥	戊子	己丑	庚寅	辛卯	壬辰	癸巳	甲午	乙未	丙申	丁酉	戊戌	己亥	庚子	辛丑	壬寅	癸卯	甲辰	乙巳	
비밀수	68	71	13	24	35	46	57	48	51	62	73	88	11	22	33	44	55	46	57	68	71	82	13	28	31	42	53	44	55	

三 月 (壬 辰) 小

절 기				청명	한식															곡우										
음 력	一	二	三	四	五	六	七	八	九	十	十一	十二	十三	十四	十五	十六	十七	十八	十九	二十	廿一	廿二	廿三	廿四	廿五	廿六	廿七	廿八	廿九	
양력 월/일	4/2	3	4	5	6	7	8	9	10	11	12	13	14	15	16	17	18	19	20	21	22	23	24	25	26	27	28	29	30	
일 진	丙午	丁未	戊申	己酉	庚戌	辛亥	壬子	癸丑	甲寅	乙卯	丙辰	丁巳	戊午	己未	庚申	辛酉	壬戌	癸亥	甲子	乙丑	丙寅	丁卯	戊辰	己巳	庚午	辛未	壬申	癸酉	甲戌	
비밀수	66	77	88	22	33	44	51	62	53	64	75	86	17	28	31	42	53	64	51	62	73	84	15	26	37	48	51	62	53	

四 月 (癸 巳) 大

절 기						입하																소만								
음 력	一	二	三	四	五	六	七	八	九	十	十一	十二	十三	十四	十五	十六	十七	十八	十九	二十	廿一	廿二	廿三	廿四	廿五	廿六	廿七	廿八	廿九	三十
양력 월/일	5/1	2	3	4	5	6	7	8	9	10	11	12	13	14	15	16	17	18	19	20	21	22	23	24	25	26	27	28	29	30
일 진	乙亥	丙子	丁丑	戊寅	己卯	庚辰	辛巳	壬午	癸未	甲申	乙酉	丙戌	丁亥	戊子	己丑	庚寅	辛卯	壬辰	癸巳	甲午	乙未	丙申	丁酉	戊戌	己亥	庚子	辛丑	壬寅	癸卯	甲辰
비밀수	64	71	82	13	24	46	57	68	71	62	73	84	15	22	33	44	55	66	77	68	71	82	13	24	35	42	53	64	75	66

五 月 (甲 午) 小

절 기							망종																하지							
음 력	一	二	三	四	五	六	七	八	九	十	十一	十二	十三	十四	十五	十六	十七	十八	十九	二十	廿一	廿二	廿三	廿四	廿五	廿六	廿七	廿八	廿九	
양력 월/일	5/31	6/1	2	3	4	5	6	7	8	9	10	11	12	13	14	15	16	17	18	19	20	21	22	23	24	25	26	27	28	
일 진	乙巳	丙午	丁未	戊申	己酉	庚戌	辛亥	壬子	癸丑	甲寅	乙卯	丙辰	丁巳	戊午	己未	庚申	辛酉	壬戌	癸亥	甲子	乙丑	丙寅	丁卯	戊辰	己巳	庚午	辛未	壬申	癸酉	
비밀수	77	88	11	22	33	44	66	73	84	55	66	77	88	11	22	33	44	55	66	53	64	75	86	17	28	31	42	53	64	

六 月 (乙 未) 小

절 기										소서							초복								대서		중복			
음 력	一	二	三	四	五	六	七	八	九	十	十一	十二	十三	十四	十五	十六	十七	十八	十九	二十	廿一	廿二	廿三	廿四	廿五	廿六	廿七	廿八	廿九	
양력 월/일	6/29	30	7/1	2	3	4	5	6	7	8	9	10	11	12	13	14	15	16	17	18	19	20	21	22	23	24	25	26	27	
일 진	甲戌	乙亥	丙子	丁丑	戊寅	己卯	庚辰	辛巳	壬午	癸未	甲申	乙酉	丙戌	丁亥	戊子	己丑	庚寅	辛卯	壬辰	癸巳	甲午	乙未	丙申	丁酉	戊戌	己亥	庚子	辛丑	壬寅	
비밀수	55	66	73	84	15	26	37	48	51	73	64	75	85	17	24	35	46	57	68	71	62	73	84	15	26	37	44	55	66	

四月 黑中	南 大將	子 喪門	申 吊客	北 三殺

七 月 (丙 申) 大

절 기												입추						말복											처서	
음 력	一	二	三	四	五	六	七	八	九	十	十一	十二	十三	十四	十五	十六	十七	十八	十九	廿	廿一	廿二	廿三	廿四	廿五	廿六	廿七	廿八	廿九	卅
양력 월/일	7/28	29	30	31	8/1	2	3	4	5	6	7	8	9	10	11	12	13	14	15	16	17	18	19	20	21	22	23	24	25	26
일 진	癸卯	甲辰	乙巳	丙午	丁未	戊申	己酉	庚戌	辛亥	壬子	癸丑	甲寅	乙卯	丙辰	丁巳	戊午	己未	庚申	辛酉	壬戌	癸亥	甲子	乙丑	丙寅	丁卯	戊辰	己巳	庚午	辛未	壬申
비밀수	77	68	71	82	13	24	35	46	57	64	75	77	88	11	22	33	44	55	66	77	88	75	86	17	28	31	42	53	64	75

八 月 (丁 酉) 小

절 기													백로																추분	
음 력	一	二	三	四	五	六	七	八	九	十	十一	十二	十三	十四	十五	十六	十七	十八	十九	廿	廿一	廿二	廿三	廿四	廿五	廿六	廿七	廿八	廿九	
양력 월/일	8/27	28	29	30	31	9/1	2	3	4	5	6	7	8	9	10	11	12	13	14	15	16	17	18	19	20	21	22	23	24	
일 진	癸酉	甲戌	乙亥	丙子	丁丑	戊寅	己卯	庚辰	辛巳	壬午	癸未	甲申	乙酉	丙戌	丁亥	戊子	己丑	庚寅	辛卯	壬辰	癸巳	甲午	乙未	丙申	丁酉	戊戌	己亥	庚子	辛丑	
비밀수	86	77	88	15	26	37	48	51	62	73	84	75	17	28	31	46	57	68	71	82	13	84	15	26	37	48	51	66	77	

九 月 (戊 戌) 大

절 기															한로															상강
음 력	一	二	三	四	五	六	七	八	九	十	十一	十二	十三	十四	十五	十六	十七	十八	十九	廿	廿一	廿二	廿三	廿四	廿五	廿六	廿七	廿八	廿九	卅
양력 월/일	9/25	26	27	28	29	30	10/1	2	3	4	5	6	7	8	9	10	11	12	13	14	15	16	17	18	19	20	21	22	23	24
일 진	壬寅	癸卯	甲辰	乙巳	丙午	丁未	戊申	己酉	庚戌	辛亥	壬子	癸丑	甲寅	乙卯	丙辰	丁巳	戊午	己未	庚申	辛酉	壬戌	癸亥	甲子	乙丑	丙寅	丁卯	戊辰	己巳	庚午	辛未
비밀수	88	11	82	13	24	35	46	57	68	71	86	17	88	11	33	44	55	66	77	88	11	22	17	28	31	42	53	64	75	86

十 月 (己 亥) 大

절 기															입동															소설
음 력	一	二	三	四	五	六	七	八	九	十	十一	十二	十三	十四	十五	十六	十七	十八	十九	廿	廿一	廿二	廿三	廿四	廿五	廿六	廿七	廿八	廿九	卅
양력 월/일	10/25	26	27	28	29	30	31	11/1	2	3	4	5	6	7	8	9	10	11	12	13	14	15	16	17	18	19	20	21	22	23
일 진	壬申	癸酉	甲戌	乙亥	丙子	丁丑	戊寅	己卯	庚辰	辛巳	壬午	癸未	甲申	乙酉	丙戌	丁亥	戊子	己丑	庚寅	辛卯	壬辰	癸巳	甲午	乙未	丙申	丁酉	戊戌	己亥	庚子	辛丑
비밀수	17	28	11	22	37	48	51	62	73	84	15	26	17	28	42	53	68	71	82	13	24	35	26	37	48	51	62	73	88	11

十 一 月 (庚 子) 小

절 기															대설														동지	
음 력	一	二	三	四	五	六	七	八	九	十	十一	十二	十三	十四	十五	十六	十七	十八	十九	廿	廿一	廿二	廿三	廿四	廿五	廿六	廿七	廿八	廿九	
양력 월/일	11/24	25	26	27	28	29	30	12/1	2	3	4	5	6	7	8	9	10	11	12	13	14	15	16	17	18	19	20	21	22	
일 진	壬寅	癸卯	甲辰	乙巳	丙午	丁未	戊申	己酉	庚戌	辛亥	壬子	癸丑	甲寅	乙卯	丙辰	丁巳	戊午	己未	庚申	辛酉	壬戌	癸亥	甲子	乙丑	丙寅	丁卯	戊辰	己巳	庚午	
비밀수	22	33	24	35	46	57	68	71	82	13	28	31	22	33	51	62	73	84	15	26	37	48	35	46	57	68	71	82	13	

十 二 月 (辛 丑) 大

절 기															소한															대한
음 력	一	二	三	四	五	六	七	八	九	十	十一	十二	十三	十四	十五	十六	十七	十八	十九	廿	廿一	廿二	廿三	廿四	廿五	廿六	廿七	廿八	廿九	卅
양력 월/일	12/23	24	25	26	27	28	29	30	31	1/1	2	3	4	5	6	7	8	9	10	11	12	13	14	15	16	17	18	19	20	21
일 진	辛未	壬申	癸酉	甲戌	乙亥	丙子	丁丑	戊寅	己卯	庚辰	辛巳	壬午	癸未	甲申	乙酉	丙戌	丁亥	戊子	己丑	庚寅	辛卯	壬辰	癸巳	甲午	乙未	丙申	丁酉	戊戌	己亥	庚子
비밀수	24	35	46	37	48	55	66	77	88	11	22	33	44	35	57	68	71	86	17	28	31	42	53	44	55	66	77	88	11	26

단기 4280년
서기 1947년

丁 亥 年

四 金神

正 月 (壬 寅) 大

절기															입춘														우수	
음력	一	二	三	四	五	六	七	八	九	十	十一	十二	十三	十四	十五	十六	十七	十八	十九	二十	廿一	廿二	廿三	廿四	廿五	廿六	廿七	廿八	廿九	三十
양력 월/일	1/22	23	24	25	26	27	28	29	30	31	2/1	2	3	4	5	6	7	8	9	10	11	12	13	14	15	16	17	18	19	20
일진	辛丑	壬寅	癸卯	甲辰	乙巳	丙午	丁未	戊申	己酉	庚戌	辛亥	壬子	癸丑	甲寅	乙卯	丙辰	丁巳	戊午	己未	庚申	辛酉	壬戌	癸亥	甲子	乙丑	丙寅	丁卯	戊辰	己巳	庚午
비밀수	37	48	51	42	53	64	75	86	17	28	31	46	57	48	73	84	15	26	37	48	51	62	73	68	71	82	13	24	35	46

二 月 (癸 卯) 大

절기														경칩															춘분	
음력	一	二	三	四	五	六	七	八	九	十	十一	十二	十三	十四	十五	十六	十七	十八	十九	二十	廿一	廿二	廿三	廿四	廿五	廿六	廿七	廿八	廿九	三十
양력 월/일	2/21	22	23	24	25	26	27	28	3/1	2	3	4	5	6	7	8	9	10	11	12	13	14	15	16	17	18	19	20	21	22
일진	辛未	壬申	癸酉	甲戌	乙亥	丙子	丁丑	戊寅	己卯	庚辰	辛巳	壬午	癸未	甲申	乙酉	丙戌	丁亥	戊子	己丑	庚寅	辛卯	壬辰	癸巳	甲午	乙未	丙申	丁酉	戊戌	己亥	庚子
비밀수	57	68	71	62	73	88	11	22	33	44	55	66	77	55	66	77	88	15	26	37	48	51	62	53	64	75	86	17	28	35

閏 二 月 (癸 卯) 小

절기														청명	한식															
음력	一	二	三	四	五	六	七	八	九	十	十一	十二	十三	十四	十五	十六	十七	十八	十九	二十	廿一	廿二	廿三	廿四	廿五	廿六	廿七	廿八	廿九	
양력 월/일	3/23	24	25	26	27	28	29	30	31	4/1	2	3	4	5	6	7	8	9	10	11	12	13	14	15	16	17	18	19	20	
일진	辛丑	壬寅	癸卯	甲辰	乙巳	丙午	丁未	戊申	己酉	庚戌	辛亥	壬子	癸丑	甲寅	乙卯	丙辰	丁巳	戊午	己未	庚申	辛酉	壬戌	癸亥	甲子	乙丑	丙寅	丁卯	戊辰	己巳	
비밀수	46	57	68	51	62	73	84	15	26	37	48	55	66	64	75	86	17	28	31	42	53	64	75	66	77	88	11	22	33	

三 月 (甲 辰) 小

절기																입하													
음력	一	二	三	四	五	六	七	八	九	十	十一	十二	十三	十四	十五	十六	十七	十八	十九	二十	廿一	廿二	廿三	廿四	廿五	廿六	廿七	廿八	廿九
양력 월/일	4/21	22	23	24	25	26	27	28	29	30	5/1	2	3	4	5	6	7	8	9	10	11	12	13	14	15	16	17	18	19
일진	庚午	辛未	壬申	癸酉	甲戌	乙亥	丙子	丁丑	戊寅	己卯	庚辰	辛巳	壬午	癸未	甲申	乙酉	丙戌	丁亥	戊子	己丑	庚寅	辛卯	壬辰	癸巳	甲午	乙未	丙申	丁酉	戊戌
비밀수	44	55	66	77	64	75	86	17	28	31	42	53	64	75	86	84	15	26	37	48	55	66	77	88	61	72	83	14	25

四 月 (乙 巳) 大

절기			소만															망종												
음력	一	二	三	四	五	六	七	八	九	十	十一	十二	十三	十四	十五	十六	十七	十八	十九	二十	廿一	廿二	廿三	廿四	廿五	廿六	廿七	廿八	廿九	三十
양력 월/일	5/20	21	22	23	24	25	26	27	28	29	30	31	6/1	2	3	4	5	6	7	8	9	10	11	12	13	14	15	16	17	18
일진	己亥	庚子	辛丑	壬寅	癸卯	甲辰	乙巳	丙午	丁未	戊申	己酉	庚戌	辛亥	壬子	癸丑	甲寅	乙卯	丙辰	丁巳	戊午	己未	庚申	辛酉	壬戌	癸亥	甲子	乙丑	丙寅	丁卯	戊辰
비밀수	36	47	58	65	76	77	88	11	22	33	44	55	66	77	88	75	86	2	3	4	5	6	7	8	1	8	1	2	3	4

五 月 (丙 午) 小

절기				하지																소서									
음력	一	二	三	四	五	六	七	八	九	十	十一	十二	十三	十四	十五	十六	十七	十八	十九	二十	廿一	廿二	廿三	廿四	廿五	廿六	廿七	廿八	廿九
양력 월/일	6/19	20	21	22	23	24	25	26	27	28	29	30	7/1	2	3	4	5	6	7	8	9	10	11	12	13	14	15	16	17
일진	己巳	庚午	辛未	壬申	癸酉	甲戌	乙亥	丙子	丁丑	戊寅	己卯	庚辰	辛巳	壬午	癸未	甲申	乙酉	丙戌	丁亥	戊子	己丑	庚寅	辛卯	壬辰	癸巳	甲午	乙未	丙申	丁酉
비밀수	51	62	73	84	15	7	17	24	35	46	57	68	71	82	13	84	15	26	37	55	66	77	88	11	22	13	24	35	46

正十月 黑中	西 大將	丑 喪門	酉 吊客	西 三殺

六 月 （丁 未） 小

절기			초복				대서						중복									입추	말복							
음력	一	二	三	四	五	六	七	八	九	十	十一	十二	十三	十四	十五	十六	十七	十八	十九	二十	二十一	二十二	二十三	二十四	二十五	二十六	二十七	二十八	二十九	
양력 월/일	7/18	19	20	21	22	23	24	25	26	27	28	29	30	31	8/1	2	3	4	5	6	7	8	9	10	11	12	13	14	15	
일진	戊戌	己亥	庚子	辛丑	壬寅	癸卯	甲辰	乙巳	丙午	丁未	戊申	己酉	庚戌	辛亥	壬子	癸丑	甲寅	乙卯	丙辰	丁巳	戊午	己未	庚申	辛酉	壬戌	癸亥	甲子	乙丑	丙寅	
비밀수	57	68	75	86	17	28	11	22	33	44	55	66	77	88	15	26	17	28	31	42	53	75	86	17	28	31	22	33	44	

七 月 （戊 申） 大

절기									처서															백로						
음력	一	二	三	四	五	六	七	八	九	十	十一	十二	十三	十四	十五	十六	十七	十八	十九	二十	二十一	二十二	二十三	二十四	二十五	二十六	二十七	二十八	二十九	三十
양력 월/일	8/16	17	18	19	20	21	22	23	24	25	26	27	28	29	30	31	9/1	2	3	4	5	6	7	8	9	10	11	12	13	14
일진	丁卯	戊辰	己巳	庚午	辛未	壬申	癸酉	甲戌	乙亥	丙子	丁丑	戊寅	己卯	庚辰	辛巳	壬午	癸未	甲申	乙酉	丙戌	丁亥	戊子	己丑	庚寅	辛卯	壬辰	癸巳	甲午	乙未	丙申
비밀수	55	66	77	88	11	22	33	24	35	42	53	64	75	86	17	28	31	22	33	44	55	66	77	11	22	33	44	35	46	57

八 月 （己 酉） 小

절기								추분																	한로					
음력	一	二	三	四	五	六	七	八	九	十	十一	十二	十三	十四	十五	十六	十七	十八	十九	二十	二十一	二十二	二十三	二十四	二十五	二十六	二十七	二十八	二十九	
양력 월/일	9/15	16	17	18	19	20	21	22	23	24	25	26	27	28	29	30	10/1	2	3	4	5	6	7	8	9	10	11	12	13	
일진	丁酉	戊戌	己亥	庚子	辛丑	壬寅	癸卯	甲辰	乙巳	丙午	丁未	戊申	己酉	庚戌	辛亥	壬子	癸丑	甲寅	乙卯	丙辰	丁巳	戊午	己未	庚申	辛酉	壬戌	癸亥	甲子	乙丑	
비밀수	68	71	82	17	28	31	42	33	44	55	66	77	88	11	22	37	48	31	42	53	64	75	86	17	31	42	53	44	55	

九 月 （庚 戌） 大

절기											상강															입동				
음력	一	二	三	四	五	六	七	八	九	十	十一	十二	十三	十四	十五	十六	十七	十八	十九	二十	二十一	二十二	二十三	二十四	二十五	二十六	二十七	二十八	二十九	三十
양력 월/일	10/14	15	16	17	18	19	20	21	22	23	24	25	26	27	28	29	30	31	11/1	2	3	4	5	6	7	8	9	10	11	12
일진	丙寅	丁卯	戊辰	己巳	庚午	辛未	壬申	癸酉	甲戌	乙亥	丙子	丁丑	戊寅	己卯	庚辰	辛巳	壬午	癸未	甲申	乙酉	丙戌	丁亥	戊子	己丑	庚寅	辛卯	壬辰	癸巳	甲午	乙未
비밀수	62	73	84	15	26	37	48	51	42	53	68	71	82	13	24	35	46	57	48	51	62	73	84	15	26	44	55	66	57	68

十 月 （辛 亥） 小

절기											소설															대설				
음력	一	二	三	四	五	六	七	八	九	十	十一	十二	十三	十四	十五	十六	十七	十八	十九	二十	二十一	二十二	二十三	二十四	二十五	二十六	二十七	二十八	二十九	
양력 월/일	11/13	14	15	16	17	18	19	20	21	22	23	24	25	26	27	28	29	30	12/1	2	3	4	5	6	7	8	9	10	11	
일진	丙申	丁酉	戊戌	己亥	庚子	辛丑	壬寅	癸卯	甲辰	乙巳	丙午	丁未	戊申	己酉	庚戌	辛亥	壬子	癸丑	甲寅	乙卯	丙辰	丁巳	戊午	己未	庚申	辛酉	壬戌	癸亥	甲子	
비밀수	71	82	13	24	31	42	53	64	55	66	77	88	11	22	33	44	51	62	53	64	75	86	17	28	31	57	68	71	62	

十 一 月 （壬 子） 大

절기												동지														소한				
음력	一	二	三	四	五	六	七	八	九	十	十一	十二	十三	十四	十五	十六	十七	十八	十九	二十	二十一	二十二	二十三	二十四	二十五	二十六	二十七	二十八	二十九	三十
양력 월/일	12/12	13	14	15	16	17	18	19	20	21	22	23	24	25	26	27	28	29	30	31	1/1	2	3	4	5	6	7	8	9	10
일진	乙丑	丙寅	丁卯	戊辰	己巳	庚午	辛未	壬申	癸酉	甲戌	乙亥	丙子	丁丑	戊寅	己卯	庚辰	辛巳	壬午	癸未	甲申	乙酉	丙戌	丁亥	戊子	己丑	庚寅	辛卯	壬辰	癸巳	甲午
비밀수	77	88	11	22	33	44	55	66	77	68	71	86	17	28	31	42	53	64	75	66	77	88	11	26	37	51	62	73	84	75

十 二 月 （癸 丑） 大

절기											대한															입춘				
음력	一	二	三	四	五	六	七	八	九	十	十一	十二	十三	十四	十五	十六	十七	十八	十九	二十	二十一	二十二	二十三	二十四	二十五	二十六	二十七	二十八	二十九	三十
양력 월/일	1/11	12	13	14	15	16	17	18	19	20	21	22	23	24	25	26	27	28	29	30	31	2/1	2	3	4	5	6	7	8	9
일진	乙未	丙申	丁酉	戊戌	己亥	庚子	辛丑	壬寅	癸卯	甲辰	乙巳	丙午	丁未	戊申	己酉	庚戌	辛亥	壬子	癸丑	甲寅	乙卯	丙辰	丁巳	戊午	己未	庚申	辛酉	壬戌	癸亥	甲子
비밀수	75	86	17	28	31	42	53	64	75	66	77	88	15	26	37	48	51	66	77	68	71	82	13	24	35	55	66	77	88	75

단기 4281년
서기 1948년

戊 子 年

四金神

正 月 (甲 寅) 大

절기											우수															경칩				
음력	一	二	三	四	五	六	七	八	九	十	十一	十二	十三	十四	十五	十六	十七	十八	十九	廿	廿一	廿二	廿三	廿四	廿五	廿六	廿七	廿八	廿九	卅
양력 월/일	2/10	11	12	13	14	15	16	17	18	19	20	21	22	23	24	25	26	27	28	29	3/1	2	3	4	5	6	7	8	9	10
일진	乙丑	丙寅	丁卯	戊辰	己巳	庚午	辛未	壬申	癸酉	甲戌	乙亥	丙子	丁丑	戊寅	己卯	庚辰	辛巳	壬午	癸未	甲申	乙酉	丙戌	丁亥	戊子	己丑	庚寅	辛卯	壬辰	癸巳	甲午
비밀수	86	17	28	31	42	53	64	75	86	77	88	15	26	37	48	51	62	73	84	75	86	17	28	35	46	68	71	82	13	84

二 月 (乙 卯) 小

절기											춘분															청명	한식			
음력	一	二	三	四	五	六	七	八	九	十	十一	十二	十三	十四	十五	十六	十七	十八	十九	廿	廿一	廿二	廿三	廿四	廿五	廿六	廿七	廿八	廿九	
양력 월/일	3/11	12	13	14	15	16	17	18	19	20	21	22	23	24	25	26	27	28	29	30	31	4/1	2	3	4	5	6	7	8	
일진	乙未	丙申	丁酉	戊戌	己亥	庚子	辛丑	壬寅	癸卯	甲辰	乙巳	丙午	丁未	戊申	己酉	庚戌	辛亥	壬子	癸丑	甲寅	乙卯	丙辰	丁巳	戊午	己未	庚申	辛酉	壬戌	癸亥	
비밀수	15	26	37	48	51	66	77	88	11	82	13	24	35	46	57	68	71	86	17	88	11	22	33	44	55	77	88	11	22	

三 月 (丙 辰) 大

절기												곡우															입하			
음력	一	二	三	四	五	六	七	八	九	十	十一	十二	十三	十四	十五	十六	十七	十八	十九	廿	廿一	廿二	廿三	廿四	廿五	廿六	廿七	廿八	廿九	卅
양력 월/일	4/9	10	11	12	13	14	15	16	17	18	19	20	21	22	23	24	25	26	27	28	29	30	5/1	2	3	4	5	6	7	8
일진	甲子	乙丑	丙寅	丁卯	戊辰	己巳	庚午	辛未	壬申	癸酉	甲戌	乙亥	丙子	丁丑	戊寅	己卯	庚辰	辛巳	壬午	癸未	甲申	乙酉	丙戌	丁亥	戊子	己丑	庚寅	辛卯	壬辰	癸巳
비밀수	17	28	31	42	53	64	75	86	17	28	11	22	37	48	51	62	73	84	15	26	17	28	31	42	53	64	8	1	2	3

四 月 (丁 巳) 小

절기													소만																망종	
음력	一	二	三	四	五	六	七	八	九	十	十一	十二	十三	十四	十五	十六	十七	十八	十九	廿	廿一	廿二	廿三	廿四	廿五	廿六	廿七	廿八	廿九	
양력 월/일	5/9	10	11	12	13	14	15	16	17	18	19	20	21	22	23	24	25	26	27	28	29	30	31	6/1	2	3	4	5	6	
일진	甲午	乙未	丙申	丁酉	戊戌	己亥	庚子	辛丑	壬寅	癸卯	甲辰	乙巳	丙午	丁未	戊申	己酉	庚戌	辛亥	壬子	癸丑	甲寅	乙卯	丙辰	丁巳	戊午	己未	庚申	辛酉	壬戌	
비밀수	26	37	48	51	62	73	88	11	22	33	24	35	46	57	68	71	82	13	28	31	22	33	44	55	66	77	88	11	33	

五 月 (戊 午) 大

절기															하지															
음력	一	二	三	四	五	六	七	八	九	十	十一	十二	十三	十四	十五	十六	十七	十八	十九	廿	廿一	廿二	廿三	廿四	廿五	廿六	廿七	廿八	廿九	卅
양력 월/일	6/7	8	9	10	11	12	13	14	15	16	17	18	19	20	21	22	23	24	25	26	27	28	29	30	7/1	2	3	4	5	6
일진	癸亥	甲子	乙丑	丙寅	丁卯	戊辰	己巳	庚午	辛未	壬申	癸酉	甲戌	乙亥	丙子	丁丑	戊寅	己卯	庚辰	辛巳	壬午	癸未	甲申	乙酉	丙戌	丁亥	戊子	己丑	庚寅	辛卯	壬辰
비밀수	44	31	42	53	64	75	86	17	28	31	42	33	44	51	62	73	84	15	26	37	48	31	42	53	64	75	86	17	28	35

六 月 (己 未) 小

절기	소서							초복									대서	중복												
음력	一	二	三	四	五	六	七	八	九	十	十一	十二	十三	十四	十五	十六	十七	十八	十九	廿	廿一	廿二	廿三	廿四	廿五	廿六	廿七	廿八	廿九	
양력 월/일	7/7	8	9	10	11	12	13	14	15	16	17	18	19	20	21	22	23	24	25	26	27	28	29	30	31	8/1	2	3	4	
일진	癸巳	甲午	乙未	丙申	丁酉	戊戌	己亥	庚子	辛丑	壬寅	癸卯	甲辰	乙巳	丙午	丁未	戊申	己酉	庚戌	辛亥	壬子	癸丑	甲寅	乙卯	丙辰	丁巳	戊午	己未	庚申	辛酉	
비밀수	57	48	51	62	73	84	15	22	33	44	55	46	57	68	71	82	13	24	35	42	53	44	55	66	77	88	11	22	33	

七 月 黑中	西 大將	寅 喪門	戌吊客	南三殺

七　月　(庚 申)　小

절 기				입추					말복										처서										
음 력	一	二	三	四	五	六	七	八	九	十	十一	十二	十三	十四	十五	十六	十七	十八	十九	二十	廿一	廿二	廿三	廿四	廿五	廿六	廿七	廿八	廿九
양력 월/일	8/5	6	7	8	9	10	11	12	13	14	15	16	17	18	19	20	21	22	23	24	25	26	27	28	29	30	31	9/1	2
일 진	壬戌	癸亥	甲子	乙丑	丙寅	丁卯	戊辰	己巳	庚午	辛未	壬申	癸酉	甲戌	乙亥	丙子	丁丑	戊寅	己卯	庚辰	辛巳	壬午	癸未	甲申	乙酉	丙戌	丁亥	戊子	己丑	庚寅
비밀수	44	55	43	74	85	16	27	38	41	52	63	74	65	76	83	14	25	36	47	58	61	72	63	74	85	16	22	34	45

八　月　(辛 酉)　大

절 기						백로															추분									
음 력	一	二	三	四	五	六	七	八	九	十	十一	十二	十三	十四	十五	十六	十七	十八	十九	二十	廿一	廿二	廿三	廿四	廿五	廿六	廿七	廿八	廿九	三十
양력 월/일	9/3	4	5	6	7	8	9	10	11	12	13	14	15	16	17	18	19	20	21	22	23	24	25	26	27	28	29	30	10/1	2
일 진	辛卯	壬辰	癸巳	甲午	乙未	丙申	丁酉	戊戌	己亥	庚子	辛丑	壬寅	癸卯	甲辰	乙巳	丙午	丁未	戊申	己酉	庚戌	辛亥	壬子	癸丑	甲寅	乙卯	丙辰	丁巳	戊午	己未	庚申
비밀수	56	67	78	61	72	84	15	26	37	44	55	66	77	68	71	82	13	24	35	46	57	64	75	66	77	88	11	22	33	44

九　月　(壬 戌)　小

절 기						한로															상강								
음 력	一	二	三	四	五	六	七	八	九	十	十一	十二	十三	十四	十五	十六	十七	十八	十九	二十	廿一	廿二	廿三	廿四	廿五	廿六	廿七	廿八	廿九
양력 월/일	10/3	4	5	6	7	8	9	10	11	12	13	14	15	16	17	18	19	20	21	22	23	24	25	26	27	28	29	30	31
일 진	辛酉	壬戌	癸亥	甲子	乙丑	丙寅	丁卯	戊辰	己巳	庚午	辛未	壬申	癸酉	甲戌	乙亥	丙子	丁丑	戊寅	己卯	庚辰	辛巳	壬午	癸未	甲申	乙酉	丙戌	丁亥	戊子	己丑
비밀수	55	66	77	64	75	17	28	31	42	53	64	75	86	77	88	15	26	37	48	51	6	72	83	74	85	16	27	35	46

十　月　(癸 亥)　大

절 기							입동															소설								
음 력	一	二	三	四	五	六	七	八	九	十	十一	十二	十三	十四	十五	十六	十七	十八	十九	二十	廿一	廿二	廿三	廿四	廿五	廿六	廿七	廿八	廿九	三十
양력 월/일	11/1	2	3	4	5	6	7	8	9	10	11	12	13	14	15	16	17	18	19	20	21	22	23	24	25	26	27	28	29	30
일 진	庚寅	辛卯	壬辰	癸巳	甲午	乙未	丙申	丁酉	戊戌	己亥	庚子	辛丑	壬寅	癸卯	甲辰	乙巳	丙午	丁未	戊申	己酉	庚戌	辛亥	壬子	癸丑	甲寅	乙卯	丙辰	丁巳	戊午	己未
비밀수	57	68	71	82	73	84	26	37	48	51	66	77	88	11	82	13	24	35	46	57	68	71	86	17	88	11	22	33	44	55

十 一 月　(甲 子)　小

절 기							대설															동지							
음 력	一	二	三	四	五	六	七	八	九	十	十一	十二	十三	十四	十五	十六	十七	十八	十九	二十	廿一	廿二	廿三	廿四	廿五	廿六	廿七	廿八	廿九
양력 월/일	12/1	2	3	4	5	6	7	8	9	10	11	12	13	14	15	16	17	18	19	20	21	22	23	24	25	26	27	28	29
일 진	庚申	辛酉	壬戌	癸亥	甲子	乙丑	丙寅	丁卯	戊辰	己巳	庚午	辛未	壬申	癸酉	甲戌	乙亥	丙子	丁丑	戊寅	己卯	庚辰	辛巳	壬午	癸未	甲申	乙酉	丙戌	丁亥	戊子
비밀수	66	77	88	11	86	17	15	26	37	48	51	62	73	84	75	86	13	24	35	46	57	68	71	82	73	84	15	26	33

十 二 月　(乙 丑)　大

절 기								소한														대한								
음 력	一	二	三	四	五	六	七	八	九	十	十一	十二	十三	十四	十五	十六	十七	十八	十九	二十	廿一	廿二	廿三	廿四	廿五	廿六	廿七	廿八	廿九	三十
양력 월/일	12/30	31	1/1	2	3	4	5	6	7	8	9	10	11	12	13	14	15	16	17	18	19	20	21	22	23	24	25	26	27	28
일 진	己丑	庚寅	辛卯	壬辰	癸巳	甲午	乙未	丙申	丁酉	戊戌	己亥	庚子	辛丑	壬寅	癸卯	甲辰	乙巳	丙午	丁未	戊申	己酉	庚戌	辛亥	壬子	癸丑	甲寅	乙卯	丙辰	丁巳	戊午
비밀수	44	55	66	77	88	71	82	24	35	46	57	64	75	86	17	88	11	22	33	44	55	66	77	84	15	86	17	28	31	42

단기 4282년
서기 1949년

己 丑 年

四 金神

正 月 (丙 寅) 大

절 기							입춘															우수								
음 력	一	二	三	四	五	六	七	八	九	十	十一	十二	十三	十四	十五	十六	十七	十八	十九	廿	廿一	廿二	廿三	廿四	廿五	廿六	廿七	廿八	廿九	三十
양력 월/일	1/29	30	31	2/1	2	3	4	5	6	7	8	9	10	11	12	13	14	15	16	17	18	19	20	21	22	23	24	25	26	27
일 진	己未	庚申	辛酉	壬戌	癸亥	甲子	乙丑	丙寅	丁卯	戊辰	己巳	庚午	辛未	壬申	癸酉	甲戌	乙亥	丙子	丁丑	戊寅	己卯	庚辰	辛巳	壬午	癸未	甲申	乙酉	丙戌	丁亥	戊子
비밀수	53	64	75	86	17	84	37	48	51	62	73	84	15	26	37	28	31	46	57	68	71	82	13	24	3	25	36	47	58	66

二 月 (丁 卯) 大

절 기							경칩															춘분								
음 력	一	二	三	四	五	六	七	八	九	十	十一	十二	十三	十四	十五	十六	十七	十八	十九	廿	廿一	廿二	廿三	廿四	廿五	廿六	廿七	廿八	廿九	三十
양력 월/일	2/28	3/1	2	3	4	5	6	7	8	9	10	11	12	13	14	15	16	17	18	19	20	21	22	23	24	25	26	27	28	29
일 진	己丑	庚寅	辛卯	壬辰	癸巳	甲午	乙未	丙申	丁酉	戊戌	己亥	庚子	辛丑	壬寅	癸卯	甲辰	乙巳	丙午	丁未	戊申	己酉	庚戌	辛亥	壬子	癸丑	甲寅	乙卯	丙辰	丁巳	戊午
비밀수	77	88	11	22	33	24	46	57	68	71	82	17	28	31	42	33	44	55	66	77	88	11	22	37	48	31	42	53	64	75

三 月 (戊 辰) 小

절 기								청명	한식														곡우							
음 력	一	二	三	四	五	六	七	八	九	十	十一	十二	十三	十四	十五	十六	十七	十八	十九	廿	廿一	廿二	廿三	廿四	廿五	廿六	廿七	廿八	廿九	
양력 월/일	3/30	31	4/1	2	3	4	5	6	7	8	9	10	11	12	13	14	15	16	17	18	19	20	21	22	23	24	25	26	27	
일 진	己未	庚申	辛酉	壬戌	癸亥	甲子	乙丑	丙寅	丁卯	戊辰	己巳	庚午	辛未	壬申	癸酉	甲戌	乙亥	丙子	丁丑	戊寅	己卯	庚辰	辛巳	壬午	癸未	甲申	乙酉	丙戌	丁亥	
비밀수	86	17	28	31	42	37	48	66	77	88	11	22	33	44	55	46	57	68	71	82	13	24	35	46	57	48	51	62	73	

四 月 (己 巳) 大

절 기									입하															소만						
음 력	一	二	三	四	五	六	七	八	九	十	十一	十二	十三	十四	十五	十六	十七	十八	十九	廿	廿一	廿二	廿三	廿四	廿五	廿六	廿七	廿八	廿九	三十
양력 월/일	4/28	29	30	5/1	2	3	4	5	6	7	8	9	10	11	12	13	14	15	16	17	18	19	20	21	22	23	24	25	26	27
일 진	戊子	己丑	庚寅	辛卯	壬辰	癸巳	甲午	乙未	丙申	丁酉	戊戌	己亥	庚子	辛丑	壬寅	癸卯	甲辰	乙巳	丙午	丁未	戊申	己酉	庚戌	辛亥	壬子	癸丑	甲寅	乙卯	丙辰	丁巳
비밀수	88	11	22	33	44	55	46	57	71	82	13	24	35	46	57	68	55	66	77	88	11	22	33	44	51	62	53	64	75	86

五 月 (庚 午) 小

절 기										망종																하지				
음 력	一	二	三	四	五	六	七	八	九	十	十一	十二	十三	十四	十五	十六	十七	十八	十九	廿	廿一	廿二	廿三	廿四	廿五	廿六	廿七	廿八	廿九	
양력 월/일	5/28	29	30	31	6/1	2	3	4	5	6	7	8	9	10	11	12	13	14	15	16	17	18	19	20	21	22	23	24	25	
일 진	戊午	己未	庚申	辛酉	壬戌	癸亥	甲子	乙丑	丙寅	丁卯	戊辰	己巳	庚午	辛未	壬申	癸酉	甲戌	乙亥	丙子	丁丑	戊寅	己卯	庚辰	辛巳	壬午	癸未	甲申	乙酉	丙戌	
비밀수	17	28	31	42	53	64	51	62	73	15	26	37	48	51	62	53	64	75	82	13	24	35	46	57	68	71	62	72	84	

六 月 (辛 未) 大

절 기												소서												초복				대서		
음 력	一	二	三	四	五	六	七	八	九	十	十一	十二	十三	十四	十五	十六	十七	十八	十九	廿	廿一	廿二	廿三	廿四	廿五	廿六	廿七	廿八	廿九	三十
양력 월/일	6/26	27	28	29	30	7/1	2	3	4	5	6	7	8	9	10	11	12	13	14	15	16	17	18	19	20	21	22	23	24	25
일 진	丁亥	戊子	己丑	庚寅	辛卯	壬辰	癸巳	甲午	乙未	丙申	丁酉	戊戌	己亥	庚子	辛丑	壬寅	癸卯	甲辰	乙巳	丙午	丁未	戊申	己酉	庚戌	辛亥	壬子	癸丑	甲寅	乙卯	丙辰
비밀수	85	12	43	34	45	56	67	58	61	72	83	35	46	53	64	75	86	77	88	11	22	33	44	55	66	73	84	75	86	17

四月 黑中 酉大將 卯喪門 亥弔客 東三殺

七 月 (壬 申) 小

절 기				중복										입추 말복															처서	
음 력	一	二	三	四	五	六	七	八	九	十	十一	十二	十三	十四	十五	十六	十七	十八	十九	廿	廿一	廿二	廿三	廿四	廿五	廿六	廿七	廿八	廿九	
양력 월/일	7/26	27	28	29	30	31	8/1	2	3	4	5	6	7	8	9	10	11	12	13	14	15	16	17	18	19	20	21	22	23	
일 진	丁巳	戊午	己未	庚申	辛酉	壬戌	癸亥	甲子	乙丑	丙寅	丁卯	戊辰	己巳	庚午	辛未	壬申	癸酉	甲戌	乙亥	丙子	丁丑	戊寅	己卯	庚辰	辛巳	壬午	癸未	甲申	乙酉	
비밀수	28	31	42	53	64	75	86	73	84	15	26	37	48	62	73	84	15	86	17	24	35	46	57	68	71	82	13	84	15	

閏 七 月 (壬 申) 小

절 기																백로														
음 력	一	二	三	四	五	六	七	八	九	十	十一	十二	十三	十四	十五	十六	十七	十八	十九	廿	廿一	廿二	廿三	廿四	廿五	廿六	廿七	廿八	廿九	
양력 월/일	8/24	25	26	27	28	29	30	31	9/1	2	3	4	5	6	7	8	9	10	11	12	13	14	15	16	17	18	19	20	21	
일 진	丙戌	丁亥	戊子	己丑	庚寅	辛卯	壬辰	癸巳	甲午	乙未	丙申	丁酉	戊戌	己亥	庚子	辛丑	壬寅	癸卯	甲辰	乙巳	丙午	丁未	戊申	己酉	庚戌	辛亥	壬子	癸丑	甲寅	
비밀수	26	37	44	55	66	77	88	11	82	13	24	35	46	57	71	82	13	24	15	26	37	48	51	62	73	84	11	22	13	

八 月 (癸 酉) 大

절 기		추분																한로												
음 력	一	二	三	四	五	六	七	八	九	十	十一	十二	十三	十四	十五	十六	十七	十八	十九	廿	廿一	廿二	廿三	廿四	廿五	廿六	廿七	廿八	廿九	三十
양력 월/일	9/22	23	24	25	26	27	28	29	30	10/1	2	3	4	5	6	7	8	9	10	11	12	13	14	15	16	17	18	19	20	21
일 진	乙卯	丙辰	丁巳	戊午	己未	庚申	辛酉	壬戌	癸亥	甲子	乙丑	丙寅	丁卯	戊辰	己巳	庚午	辛未	壬申	癸酉	甲戌	乙亥	丙子	丁丑	戊寅	己卯	庚辰	辛巳	壬午	癸未	甲申
비밀수	24	35	46	57	68	71	82	13	24	11	22	33	44	55	66	77	88	86	17	88	11	26	37	48	51	62	73	84	15	86

九 月 (甲 戌) 小

절 기			상강															입동												
음 력	一	二	三	四	五	六	七	八	九	十	十一	十二	十三	十四	十五	十六	十七	十八	十九	廿	廿一	廿二	廿三	廿四	廿五	廿六	廿七	廿八	廿九	
양력 월/일	10/22	23	24	25	26	27	28	29	30	31	11/1	2	3	4	5	6	7	8	9	10	11	12	13	14	15	16	17	18	19	
일 진	乙酉	丙戌	丁亥	戊子	己丑	庚寅	辛卯	壬辰	癸巳	甲午	乙未	丙申	丁酉	戊戌	己亥	庚子	辛丑	壬寅	癸卯	甲辰	乙巳	丙午	丁未	戊申	己酉	庚戌	辛亥	壬子	癸丑	
비밀수	17	28	31	46	57	68	71	82	13	84	15	26	37	48	51	62	73	11	22	13	24	35	46	57	68	71	82	17	28	

十 月 (乙 亥) 大

절 기				소설														대설												
음 력	一	二	三	四	五	六	七	八	九	十	十一	十二	十三	十四	十五	十六	十七	十八	十九	廿	廿一	廿二	廿三	廿四	廿五	廿六	廿七	廿八	廿九	三十
양력 월/일	11/20	21	22	23	24	25	26	27	28	29	30	12/1	2	3	4	5	6	7	8	9	10	11	12	13	14	15	16	17	18	19
일 진	甲寅	乙卯	丙辰	丁巳	戊午	己未	庚申	辛酉	壬戌	癸亥	甲子	乙丑	丙寅	丁卯	戊辰	己巳	庚午	辛未	壬申	癸酉	甲戌	乙亥	丙子	丁丑	戊寅	己卯	庚辰	辛巳	壬午	癸未
비밀수	11	22	33	44	55	66	77	88	11	22	17	28	31	42	53	64	75	13	24	35	26	37	44	55	66	77	88	11	22	33

十 一 月 (丙 子) 小

절 기			동지															소한												
음 력	一	二	三	四	五	六	七	八	九	十	十一	十二	十三	十四	十五	十六	十七	十八	十九	廿	廿一	廿二	廿三	廿四	廿五	廿六	廿七	廿八	廿九	
양력 월/일	12/20	21	22	23	24	25	26	27	28	29	30	31	1/1	2	3	4	5	6	7	8	9	10	11	12	13	14	15	16	17	
일 진	甲申	乙酉	丙戌	丁亥	戊子	己丑	庚寅	辛卯	壬辰	癸巳	甲午	乙未	丙申	丁酉	戊戌	己亥	庚子	辛丑	壬寅	癸卯	甲辰	乙巳	丙午	丁未	戊申	己酉	庚戌	辛亥	壬子	
비밀수	24	35	46	57	64	75	86	17	28	31	22	33	44	55	66	77	84	26	37	48	31	42	53	64	75	86	17	28	35	

十 二 月 (丁 丑) 大

절 기				대한														입춘												
음 력	一	二	三	四	五	六	七	八	九	十	十一	十二	十三	十四	十五	十六	十七	十八	十九	廿	廿一	廿二	廿三	廿四	廿五	廿六	廿七	廿八	廿九	三十
양력 월/일	1/18	19	20	21	22	23	24	25	26	27	28	29	30	31	2/1	2	3	4	5	6	7	8	9	10	11	12	13	14	15	16
일 진	癸丑	甲寅	乙卯	丙辰	丁巳	戊午	己未	庚申	辛酉	壬戌	癸亥	甲子	乙丑	丙寅	丁卯	戊辰	己巳	庚午	辛未	壬申	癸酉	甲戌	乙亥	丙子	丁丑	戊寅	己卯	庚辰	辛巳	壬午
비밀수	46	37	48	51	62	73	84	15	26	37	48	35	46	57	68	71	82	35	46	57	68	51	62	77	88	11	22	33	44	55

단기 4283년
서기 1950년

庚 寅 年

二 金神

正 月 (戊 寅) 大

절기				우수														경칩												
음력	一	二	三	四	五	六	七	八	九	十	十一	十二	十三	十四	十五	十六	十七	十八	十九	二十	廿一	廿二	廿三	廿四	廿五	廿六	廿七	廿八	廿九	三十
양력 월/일	2/17	18	19	20	21	22	23	24	25	26	27	28	3/1	2	3	4	5	6	7	8	9	10	11	12	13	14	15	16	17	18
일진	癸未	甲申	乙酉	丙戌	丁亥	戊子	己丑	庚寅	辛卯	壬辰	癸巳	甲午	乙未	丙申	丁酉	戊戌	己亥	庚子	辛丑	壬寅	癸卯	甲辰	乙巳	丙午	丁未	戊申	己酉	庚戌	辛亥	壬子
비밀수	66	57	68	71	82	17	28	31	42	53	64	55	66	77	88	11	22	48	51	62	73	64	75	86	17	28	3	41	52	68

二 月 (己 卯) 小

절기			춘분															청명	한식											
음력	一	二	三	四	五	六	七	八	九	十	十一	十二	十三	十四	十五	十六	十七	十八	十九	二十	廿一	廿二	廿三	廿四	廿五	廿六	廿七	廿八	廿九	
양력 월/일	3/19	20	21	22	23	24	25	26	27	28	29	30	31	4/1	2	3	4	5	6	7	8	9	10	11	12	13	14	15	16	
일진	癸丑	甲寅	乙卯	丙辰	丁巳	戊午	己未	庚申	辛酉	壬戌	癸亥	甲子	乙丑	丙寅	丁卯	戊辰	己巳	庚午	辛未	壬申	癸酉	甲戌	乙亥	丙子	丁丑	戊寅	己卯	庚辰	辛巳	
비밀수	71	62	73	84	15	26	37	48	51	62	71	68	71	82	13	24	35	57	68	71	82	73	84	11	22	33	44	55	66	

三 月 (庚 辰) 大

절기					곡우															입하										
음력	一	二	三	四	五	六	七	八	九	十	十一	十二	十三	十四	十五	十六	十七	十八	十九	二十	廿一	廿二	廿三	廿四	廿五	廿六	廿七	廿八	廿九	三十
양력 월/일	4/17	18	19	20	21	22	23	24	25	26	27	28	29	30	5/1	2	3	4	5	6	7	8	9	10	11	12	13	14	15	16
일진	壬午	癸未	甲申	乙酉	丙戌	丁亥	戊子	己丑	庚寅	辛卯	壬辰	癸巳	甲午	乙未	丙申	丁酉	戊戌	己亥	庚子	辛丑	壬寅	癸卯	甲辰	乙巳	丙午	丁未	戊申	己酉	庚戌	辛亥
비밀수	77	88	71	82	13	24	31	42	53	64	75	86	77	88	11	22	33	44	51	73	84	15	86	17	28	31	42	53	64	75

四 月 (辛 巳) 大

절기					소만																망종									
음력	一	二	三	四	五	六	七	八	九	十	十一	十二	十三	十四	十五	十六	十七	十八	十九	二十	廿一	廿二	廿三	廿四	廿五	廿六	廿七	廿八	廿九	三十
양력 월/일	5/17	18	19	20	21	22	23	24	25	26	27	28	29	30	31	6/1	2	3	4	5	6	7	8	9	10	11	12	13	14	15
일진	壬子	癸丑	甲寅	乙卯	丙辰	丁巳	戊午	己未	庚申	辛酉	壬戌	癸亥	甲子	乙丑	丙寅	丁卯	戊辰	己巳	庚午	辛未	壬申	癸酉	甲戌	乙亥	丙子	丁丑	戊寅	己卯	庚辰	辛巳
비밀수	82	13	84	15	26	37	48	51	62	73	84	15	82	13	24	35	46	57	68	71	13	24	15	26	33	44	55	66	77	88

五 月 (壬 午) 小

절기								하지															소서							
음력	一	二	三	四	五	六	七	八	九	十	十一	十二	十三	十四	十五	十六	十七	十八	十九	二十	廿一	廿二	廿三	廿四	廿五	廿六	廿七	廿八	廿九	
양력 월/일	6/16	17	18	19	20	21	22	23	24	25	26	27	28	29	30	7/1	2	3	4	5	6	7	8	9	10	11	12	13	14	
일진	壬午	癸未	甲申	乙酉	丙戌	丁亥	戊子	己丑	庚寅	辛卯	壬辰	癸巳	甲午	乙未	丙申	丁酉	戊戌	己亥	庚子	辛丑	壬寅	癸卯	甲辰	乙巳	丙午	丁未	戊申	己酉	庚戌	
비밀수	11	22	13	24	35	46	53	64	75	86	17	28	11	22	33	44	55	66	73	84	15	26	28	31	42	53	64	75	86	

六 月 (癸 未) 大

절기									대서																입추					
음력	一	二	三	四	五	六	七	八	九	十	十一	十二	十三	十四	十五	十六	十七	十八	十九	二十	廿一	廿二	廿三	廿四	廿五	廿六	廿七	廿八	廿九	三十
양력 월/일	7/15	16	17	18	19	20	21	22	23	24	25	26	27	28	29	30	31	8/1	2	3	4	5	6	7	8	9	10	11	12	13
일진	辛亥	壬子	癸丑	甲寅	乙卯	丙辰	丁巳	戊午	己未	庚申	辛酉	壬戌	癸亥	甲子	乙丑	丙寅	丁卯	戊辰	己巳	庚午	辛未	壬申	癸酉	甲戌	乙亥	丙子	丁丑	戊寅	己卯	庚辰
비밀수	17	24	5	26	37	48	51	62	73	84	15	26	37	24	35	46	57	68	71	82	13	24	35	26	28	35	46	57	68	71

正十 月 黑中 北 大將 辰 喪門 子 弔客 北 三殺

七 月 (甲 申) 小

절 기											처서															백로				
음 력	一	二	三	四	五	六	七	八	九	十	十一	十二	十三	十四	十五	十六	十七	十八	十九	廿	廿一	廿二	廿三	廿四	廿五	廿六	廿七	廿八	廿九	
양력 월/일	8/14	15	16	17	18	19	20	21	22	23	24	25	26	27	28	29	30	31	9/1	2	3	4	5	6	7	8	9	10	11	
일 진	辛巳	壬午	癸未	甲申	乙酉	丙戌	丁亥	戊子	己丑	庚寅	辛卯	壬辰	癸巳	甲午	乙未	丙申	丁酉	戊戌	己亥	庚子	辛丑	壬寅	癸卯	甲辰	乙巳	丙午	丁未	戊申	己酉	
비밀수	82	13	24	15	26	37	48	55	66	77	88	11	22	13	24	35	46	57	68	75	86	17	28	11	22	44	55	66	77	

八 月 (乙 酉) 小

절 기												추분																한로		
음 력	一	二	三	四	五	六	七	八	九	十	十一	十二	十三	十四	十五	十六	十七	十八	十九	廿	廿一	廿二	廿三	廿四	廿五	廿六	廿七	廿八	廿九	
양력 월/일	9/12	13	14	15	16	17	18	19	20	21	22	23	24	25	26	27	28	29	30	10/1	2	3	4	5	6	7	8	9	10	
일 진	庚戌	辛亥	壬子	癸丑	甲寅	乙卯	丙辰	丁巳	戊午	己未	庚申	辛酉	壬戌	癸亥	甲子	乙丑	丙寅	丁卯	戊辰	己巳	庚午	辛未	壬申	癸酉	甲戌	乙亥	丙子	丁丑	戊寅	
비밀수	88	11	26	37	28	31	42	53	64	75	86	17	28	31	26	37	48	51	62	73	84	15	26	37	28	31	46	68	71	

九 月 (丙 戌) 大

절 기														상강															입동	
음 력	一	二	三	四	五	六	七	八	九	十	十一	十二	十三	十四	十五	十六	十七	十八	十九	廿	廿一	廿二	廿三	廿四	廿五	廿六	廿七	廿八	廿九	卅
양력 월/일	10/11	12	13	14	15	16	17	18	19	20	21	22	23	24	25	26	27	28	29	30	31	11/1	2	3	4	5	6	7	8	9
일 진	己卯	庚辰	辛巳	壬午	癸未	甲申	乙酉	丙戌	丁亥	戊子	己丑	庚寅	辛卯	壬辰	癸巳	甲午	乙未	丙申	丁酉	戊戌	己亥	庚子	辛丑	壬寅	癸卯	甲辰	乙巳	丙午	丁未	戊申
비밀수	82	13	24	35	46	37	48	51	62	77	88	11	22	33	44	35	46	57	68	71	82	17	28	31	42	33	44	55	77	88

十 月 (丁 亥) 小

절 기														소설															대설	
음 력	一	二	三	四	五	六	七	八	九	十	十一	十二	十三	十四	十五	十六	十七	十八	十九	廿	廿一	廿二	廿三	廿四	廿五	廿六	廿七	廿八	廿九	
양력 월/일	11/10	11	12	13	14	15	16	17	18	19	20	21	22	23	24	25	26	27	28	29	30	12/1	2	3	4	5	6	7	8	
일 진	己酉	庚戌	辛亥	壬子	癸丑	甲寅	乙卯	丙辰	丁巳	戊午	己未	庚申	辛酉	壬戌	癸亥	甲子	乙丑	丙寅	丁卯	戊辰	己巳	庚午	辛未	壬申	癸酉	甲戌	乙亥	丙子	丁丑	
비밀수	11	22	33	48	51	42	53	64	75	86	17	28	31	42	53	48	51	62	73	84	15	26	37	48	51	42	53	68	86	

十 一 月 (戊 子) 大

절 기														동지															소한	
음 력	一	二	三	四	五	六	七	八	九	十	十一	十二	十三	十四	十五	十六	十七	十八	十九	廿	廿一	廿二	廿三	廿四	廿五	廿六	廿七	廿八	廿九	卅
양력 월/일	12/9	10	11	12	13	14	15	16	17	18	19	20	21	22	23	24	25	26	27	28	29	30	31	1/1	2	3	4	5	6	7
일 진	戊寅	己卯	庚辰	辛巳	壬午	癸未	甲申	乙酉	丙戌	丁亥	戊子	己丑	庚寅	辛卯	壬辰	癸巳	甲午	乙未	丙申	丁酉	戊戌	己亥	庚子	辛丑	壬寅	癸卯	甲辰	乙巳	丙午	丁未
비밀수	17	28	31	42	53	64	55	66	77	88	15	26	37	48	51	62	53	64	75	86	17	28	35	46	57	68	51	62	84	15

十 二 月 (己 丑) 小

절 기														대한														입춘		
음 력	一	二	三	四	五	六	七	八	九	十	十一	十二	十三	十四	十五	十六	十七	十八	十九	廿	廿一	廿二	廿三	廿四	廿五	廿六	廿七	廿八	廿九	
양력 월/일	1/8	9	10	11	12	13	14	15	16	17	18	19	20	21	22	23	24	25	26	27	28	29	30	31	2/1	2	3	4	5	
일 진	戊申	己酉	庚戌	辛亥	壬子	癸丑	甲寅	乙卯	丙辰	丁巳	戊午	己未	庚申	辛酉	壬戌	癸亥	甲子	乙丑	丙寅	丁卯	戊辰	己巳	庚午	辛未	壬申	癸酉	甲戌	乙亥	丙子	
비밀수	26	37	48	51	66	77	68	71	82	13	24	35	46	57	68	71	66	77	88	11	22	33	44	55	66	77	68	13	28	

단기 4284년
서기 1951년

辛卯年

六金神

正月 (庚寅) 大

절기														우수															경칩	
음력	一	二	三	四	五	六	七	八	九	十	十一	十二	十三	十四	十五	十六	十七	十八	十九	二十	廿一	廿二	廿三	廿四	廿五	廿六	廿七	廿八	廿九	三十
양력 월/일	2/6	7	8	9	10	11	12	13	14	15	16	17	18	19	20	21	22	23	24	25	26	27	28	3/1	2	3	4	5	6	7
일진	丁丑	戊寅	己卯	庚辰	辛巳	壬午	癸未	甲申	乙酉	丙戌	丁亥	戊子	己丑	庚寅	辛卯	壬辰	癸巳	甲午	乙未	丙申	丁酉	戊戌	己亥	庚子	辛丑	壬寅	癸卯	甲辰	乙巳	丙午
비밀수	31	42	53	64	75	86	17	88	11	22	33	48	51	62	73	84	15	86	17	28	31	42	53	68	71	82	13	84	26	37

二月 (辛卯) 小

절기														춘분															청명	
음력	一	二	三	四	五	六	七	八	九	十	十一	十二	十三	十四	十五	十六	十七	十八	十九	二十	廿一	廿二	廿三	廿四	廿五	廿六	廿七	廿八	廿九	
양력 월/일	3/8	9	10	11	12	13	14	15	16	17	18	19	20	21	22	23	24	25	26	27	28	29	30	31	4/1	2	3	4	5	
일진	丁未	戊申	己酉	庚戌	辛亥	壬子	癸丑	甲寅	乙卯	丙辰	丁巳	戊午	己未	庚申	辛酉	壬戌	癸亥	甲子	乙丑	丙寅	丁卯	戊辰	己巳	庚午	辛未	壬申	癸酉	甲戌	乙亥	
비밀수	48	51	62	73	84	11	22	13	24	35	46	57	68	71	82	13	24	11	22	33	44	55	66	77	88	11	22	13	35	

三月 (壬辰) 大

절기	한식															곡우														
음력	一	二	三	四	五	六	七	八	九	十	十一	十二	十三	十四	十五	十六	十七	十八	十九	二十	廿一	廿二	廿三	廿四	廿五	廿六	廿七	廿八	廿九	三十
양력 월/일	4/6	7	8	9	10	11	12	13	14	15	16	17	18	19	20	21	22	23	24	25	26	27	28	29	30	5/1	2	3	4	5
일진	丙子	丁丑	戊寅	己卯	庚辰	辛巳	壬午	癸未	甲申	乙酉	丙戌	丁亥	戊子	己丑	庚寅	辛卯	壬辰	癸巳	甲午	乙未	丙申	丁酉	戊戌	己亥	庚子	辛丑	壬寅	癸卯	甲辰	乙巳
비밀수	42	53	64	75	86	17	28	31	22	33	44	55	62	73	84	15	26	37	28	31	42	53	64	75	82	13	24	35	26	37

四月 (癸巳) 大

절기	입하																소만													
음력	一	二	三	四	五	六	七	八	九	十	十一	十二	十三	十四	十五	十六	十七	十八	十九	二十	廿一	廿二	廿三	廿四	廿五	廿六	廿七	廿八	廿九	三十
양력 월/일	5/6	7	8	9	10	11	12	13	14	15	16	17	18	19	20	21	22	23	24	25	26	27	28	29	30	31	6/1	2	3	4
일진	丙午	丁未	戊申	己酉	庚戌	辛亥	壬子	癸丑	甲寅	乙卯	丙辰	丁巳	戊午	己未	庚申	辛酉	壬戌	癸亥	甲子	乙丑	丙寅	丁卯	戊辰	己巳	庚午	辛未	壬申	癸酉	甲戌	乙亥
비밀수	51	62	73	84	15	26	33	44	35	46	57	68	71	82	13	24	35	46	33	44	55	66	77	88	11	22	33	44	35	46

五月 (甲午) 小

절기		망종																하지												
음력	一	二	三	四	五	六	七	八	九	十	十一	十二	十三	十四	十五	十六	十七	十八	十九	二十	廿一	廿二	廿三	廿四	廿五	廿六	廿七	廿八	廿九	
양력 월/일	6/5	6	7	8	9	10	11	12	13	14	15	16	17	18	19	20	21	22	23	24	25	26	27	28	29	30	7/1	2	3	
일진	丙子	丁丑	戊寅	己卯	庚辰	辛巳	壬午	癸未	甲申	乙酉	丙戌	丁亥	戊子	己丑	庚寅	辛卯	壬辰	癸巳	甲午	乙未	丙申	丁酉	戊戌	己亥	庚子	辛丑	壬寅	癸卯	甲辰	
비밀수	53	55	66	77	88	11	22	33	24	35	46	57	64	75	86	17	28	31	22	33	44	55	66	77	84	15	26	37	28	

六月 (乙未) 大

절기					소서											초복					대서					중복				
음력	一	二	三	四	五	六	七	八	九	十	十一	十二	十三	十四	十五	十六	十七	十八	十九	二十	廿一	廿二	廿三	廿四	廿五	廿六	廿七	廿八	廿九	三十
양력 월/일	7/4	5	6	7	8	9	10	11	12	13	14	15	16	17	18	19	20	21	22	23	24	25	26	27	28	29	30	31	8/1	2
일진	乙巳	丙午	丁未	戊申	己酉	庚戌	辛亥	壬子	癸丑	甲寅	乙卯	丙辰	丁巳	戊午	己未	庚申	辛酉	壬戌	癸亥	甲子	乙丑	丙寅	丁卯	戊辰	己巳	庚午	辛未	壬申	癸酉	甲戌
비밀수	31	42	53	64	86	17	28	35	46	37	48	51	62	73	84	15	26	37	48	35	46	57	68	71	82	13	24	35	46	37

七月 黑中	東 大將	巳 喪門	丑 吊客	西 三殺

七　　月　（丙申）　小

절 기						입추 망복																처서								
음 력	一	二	三	四	五	六	七	八	九	十	十一	十二	十三	十四	十五	十六	十七	十八	十九	二十	廿一	廿二	廿三	廿四	廿五	廿六	廿七	廿八	廿九	
양력 월/일	8/3	4	5	6	7	8	9	10	11	12	13	14	15	16	17	18	19	20	21	22	23	24	25	26	27	28	29	30	31	
일 진	乙亥	丙子	丁丑	戊寅	己卯	庚辰	辛巳	壬午	癸未	甲申	乙酉	丙戌	丁亥	戊子	己丑	庚寅	辛卯	壬辰	癸巳	甲午	乙未	丙申	丁酉	戊戌	己亥	庚子	辛丑	壬寅	癸卯	
비밀수	48	55	66	77	88	22	33	44	55	46	57	68	71	86	17	28	31	42	53	44	55	66	77	88	11	26	37	48	51	

八　　月　（丁酉）　大

절 기								백로																추분						
음 력	一	二	三	四	五	六	七	八	九	十	十一	十二	十三	十四	十五	十六	十七	十八	十九	二十	廿一	廿二	廿三	廿四	廿五	廿六	廿七	廿八	廿九	三十
양력 월/일	9/1	2	3	4	5	6	7	8	9	10	11	12	13	14	15	16	17	18	19	20	21	22	23	24	25	26	27	28	29	30
일 진	甲辰	乙巳	丙午	丁未	戊申	己酉	庚戌	辛亥	壬子	癸丑	甲寅	乙卯	丙辰	丁巳	戊午	己未	庚申	辛酉	壬戌	癸亥	甲子	乙丑	丙寅	丁卯	戊辰	己巳	庚午	辛未	壬申	癸酉
비밀수	42	53	64	75	86	17	28	42	57	68	51	62	73	84	15	26	37	48	51	62	57	68	71	82	13	24	35	46	57	68

九　　月　（戊戌）　小

절 기									한로															상강						
음 력	一	二	三	四	五	六	七	八	九	十	十一	十二	十三	十四	十五	十六	十七	十八	十九	二十	廿一	廿二	廿三	廿四	廿五	廿六	廿七	廿八	廿九	
양력 월/일	10/1	2	3	4	5	6	7	8	9	10	11	12	13	14	15	16	17	18	19	20	21	22	23	24	25	26	27	28	29	
일 진	甲戌	乙亥	丙子	丁丑	戊寅	己卯	庚辰	辛巳	壬午	癸未	甲申	乙酉	丙戌	丁亥	戊子	己丑	庚寅	辛卯	壬辰	癸巳	甲午	乙未	丙申	丁酉	戊戌	己亥	庚子	辛丑	壬寅	
비밀수	51	62	77	88	11	22	33	44	66	77	68	71	82	13	28	31	42	53	64	75	66	77	88	11	22	33	48	51	62	

十　　月　（己亥）　大

절 기										입동															소설					
음 력	一	二	三	四	五	六	七	八	九	十	十一	十二	十三	十四	十五	十六	十七	十八	十九	二十	廿一	廿二	廿三	廿四	廿五	廿六	廿七	廿八	廿九	三十
양력 월/일	10/30	31	11/1	2	3	4	5	6	7	8	9	10	11	12	13	14	15	16	17	18	19	20	21	22	23	24	25	26	27	28
일 진	癸卯	甲辰	乙巳	丙午	丁未	戊申	己酉	庚戌	辛亥	壬子	癸丑	甲寅	乙卯	丙辰	丁巳	戊午	己未	庚申	辛酉	壬戌	癸亥	甲子	乙丑	丙寅	丁卯	戊辰	己巳	庚午	辛未	壬申
비밀수	73	64	75	86	17	28	31	42	53	71	82	73	84	15	26	37	48	51	62	73	84	71	82	13	24	35	46	57	68	71

十 一 月　（庚子）　小

절 기										대설															동지					
음 력	一	二	三	四	五	六	七	八	九	十	十一	十二	十三	十四	十五	十六	十七	十八	十九	二十	廿一	廿二	廿三	廿四	廿五	廿六	廿七	廿八	廿九	
양력 월/일	11/29	30	12/1	2	3	4	5	6	7	8	9	10	11	12	13	14	15	16	17	18	19	20	21	22	23	24	25	26	27	
일 진	癸酉	甲戌	乙亥	丙子	丁丑	戊寅	己卯	庚辰	辛巳	壬午	癸未	甲申	乙酉	丙戌	丁亥	戊子	己丑	庚寅	辛卯	壬辰	癸巳	甲午	乙未	丙申	丁酉	戊戌	己亥	庚子	辛丑	
비밀수	82	73	84	11	22	33	44	55	66	84	15	86	17	28	31	46	57	68	71	82	13	84	15	26	37	48	51	66	77	

十 二 月　（辛丑）　大

절 기										소한															대한					
음 력	一	二	三	四	五	六	七	八	九	十	十一	十二	十三	十四	十五	十六	十七	十八	十九	二十	廿一	廿二	廿三	廿四	廿五	廿六	廿七	廿八	廿九	三十
양력 월/일	12/28	29	30	31	1/1	2	3	4	5	6	7	8	9	10	11	12	13	14	15	16	17	18	19	20	21	22	23	24	25	26
일 진	壬寅	癸卯	甲辰	乙巳	丙午	丁未	戊申	己酉	庚戌	辛亥	壬子	癸丑	甲寅	乙卯	丙辰	丁巳	戊午	己未	庚申	辛酉	壬戌	癸亥	甲子	乙丑	丙寅	丁卯	戊辰	己巳	庚午	辛未
비밀수	88	11	82	13	24	35	46	57	68	82	17	28	11	22	33	44	55	66	77	88	11	22	17	28	31	42	53	64	75	86

단기 4285년
서기 1952년

壬 辰 年

四 金神

正 月 (壬 寅) 小

절기										입춘															우수					
음력	一	二	三	四	五	六	七	八	九	十	十一	十二	十三	十四	十五	十六	十七	十八	十九	廿	廿一	廿二	廿三	廿四	廿五	廿六	廿七	廿八	廿九	
양력 월/일	1/27	28	29	30	31	2/1	2	3	4	5	6	7	8	9	10	11	12	13	14	15	16	17	18	19	20	21	22	23	24	
일진	壬申	癸酉	甲戌	乙亥	丙子	丁丑	戊寅	己卯	庚辰	辛巳	壬午	癸未	甲申	乙酉	丙戌	丁亥	戊子	己丑	庚寅	辛卯	壬辰	癸巳	甲午	乙未	丙申	丁酉	戊戌	己亥	庚子	
비밀수	17	28	11	22	37	48	51	62	73	26	37	48	31	42	53	64	71	82	13	24	35	46	37	48	51	62	73	84	11	

二 月 (癸 卯) 大

절기										경칩																춘분				
음력	一	二	三	四	五	六	七	八	九	十	十一	十二	十三	十四	十五	十六	十七	十八	十九	廿	廿一	廿二	廿三	廿四	廿五	廿六	廿七	廿八	廿九	卅
양력 월/일	2/25	26	27	28	29	3/1	2	3	4	5	6	7	8	9	10	11	12	13	14	15	16	17	18	19	20	21	22	23	24	25
일진	辛丑	壬寅	癸卯	甲辰	乙巳	丙午	丁未	戊申	己酉	庚戌	辛亥	壬子	癸丑	甲寅	乙卯	丙辰	丁巳	戊午	己未	庚申	辛酉	壬戌	癸亥	甲子	乙丑	丙寅	丁卯	戊辰	己巳	庚午
비밀수	22	33	44	35	46	57	68	71	82	24	35	42	53	44	55	66	77	88	11	22	33	44	55	42	53	64	75	86	17	28

三 月 (甲 辰) 小

절기											청명	한식														곡우				
음력	一	二	三	四	五	六	七	八	九	十	十一	十二	十三	十四	十五	十六	十七	十八	十九	廿	廿一	廿二	廿三	廿四	廿五	廿六	廿七	廿八	廿九	
양력 월/일	3/26	27	28	29	30	31	4/1	2	3	4	5	6	7	8	9	10	11	12	13	14	15	16	17	18	19	20	21	22	23	
일진	辛未	壬申	癸酉	甲戌	乙亥	丙子	丁丑	戊寅	己卯	庚辰	辛巳	壬午	癸未	甲申	乙酉	丙戌	丁亥	戊子	己丑	庚寅	辛卯	壬辰	癸巳	甲午	乙未	丙申	丁酉	戊戌	己亥	
비밀수	31	42	53	44	55	62	73	84	15	26	28	31	42	33	44	55	66	73	84	15	26	37	48	31	42	53	64	75	86	

四 月 (乙 巳) 大

절기												입하																소만		
음력	一	二	三	四	五	六	七	八	九	十	十一	十二	十三	十四	十五	十六	十七	十八	十九	廿	廿一	廿二	廿三	廿四	廿五	廿六	廿七	廿八	廿九	卅
양력 월/일	4/24	25	26	27	28	29	30	5/1	2	3	4	5	6	7	8	9	10	11	12	13	14	15	16	17	18	19	20	21	22	23
일진	庚子	辛丑	壬寅	癸卯	甲辰	乙巳	丙午	丁未	戊申	己酉	庚戌	辛亥	壬子	癸丑	甲寅	乙卯	丙辰	丁巳	戊午	己未	庚申	辛酉	壬戌	癸亥	甲子	乙丑	丙寅	丁卯	戊辰	己巳
비밀수	13	24	35	46	37	48	51	62	73	84	15	37	44	55	46	57	68	71	82	13	24	35	46	57	44	55	66	77	88	11

五 月 (丙 午) 小

절기														망종															하지	
음력	一	二	三	四	五	六	七	八	九	十	十一	十二	十三	十四	十五	十六	十七	十八	十九	廿	廿一	廿二	廿三	廿四	廿五	廿六	廿七	廿八	廿九	
양력 월/일	5/24	25	26	27	28	29	30	31	6/1	2	3	4	5	6	7	8	9	10	11	12	13	14	15	16	17	18	19	20	21	
일진	庚午	辛未	壬申	癸酉	甲戌	乙亥	丙子	丁丑	戊寅	己卯	庚辰	辛巳	壬午	癸未	甲申	乙酉	丙戌	丁亥	戊子	己丑	庚寅	辛卯	壬辰	癸巳	甲午	乙未	丙申	丁酉	戊戌	
비밀수	22	33	44	55	46	57	64	75	86	17	28	31	42	64	55	66	77	88	15	26	37	48	51	62	53	64	75	86	17	

閏 五 月 (丙 午) 大

절기																소서						초복								
음력	一	二	三	四	五	六	七	八	九	十	十一	十二	十三	十四	十五	十六	十七	十八	十九	廿	廿一	廿二	廿三	廿四	廿五	廿六	廿七	廿八	廿九	卅
양력 월/일	6/22	23	24	25	26	27	28	29	30	7/1	2	3	4	5	6	7	8	9	10	11	12	13	14	15	16	17	18	19	20	21
일진	己亥	庚子	辛丑	壬寅	癸卯	甲辰	乙巳	丙午	丁未	戊申	己酉	庚戌	辛亥	壬子	癸丑	甲寅	乙卯	丙辰	丁巳	戊午	己未	庚申	辛酉	壬戌	癸亥	甲子	乙丑	丙寅	丁卯	戊辰
비밀수	28	35	46	57	68	51	62	73	84	15	26	37	48	55	66	68	71	82	13	24	35	46	57	68	71	66	77	88	11	22

四月 黑中	北 大將	午 喪門	寅吊客	南三殺

六　月　(丁 未)　大

절기		대서 중복															입추					말복								
음력	一	二	三	四	五	六	七	八	九	十	十一	十二	十三	十四	十五	十六	十七	十八	十九	廿	廿一	廿二	廿三	廿四	廿五	廿六	廿七	廿八	廿九	三十
양력 월/일	7/22	23	24	25	26	27	28	29	30	31	8/1	2	3	4	5	6	7	8	9	10	11	12	13	14	15	16	17	18	19	20
일진	己巳	庚午	辛未	壬申	癸酉	甲戌	乙亥	丙子	丁丑	戊寅	己卯	庚辰	辛巳	壬午	癸未	甲申	乙酉	丙戌	丁亥	戊子	己丑	庚寅	辛卯	壬辰	癸巳	甲午	乙未	丙申	丁酉	戊戌
비밀수	33	44	55	66	77	68	71	86	17	28	31	42	53	64	75	66	88	11	22	37	48	51	62	73	84	75	86	17	28	31

七　月　(戊 申)　小

절기			처서																백로											
음력	一	二	三	四	五	六	七	八	九	十	十一	十二	十三	十四	十五	十六	十七	十八	十九	廿	廿一	廿二	廿三	廿四	廿五	廿六	廿七	廿八	廿九	
양력 월/일	8/21	22	23	24	25	26	27	28	29	30	31	9/1	2	3	4	5	6	7	8	9	10	11	12	13	14	15	16	17	18	
일진	己亥	庚子	辛丑	壬寅	癸卯	甲辰	乙巳	丙午	丁未	戊申	己酉	庚戌	辛亥	壬子	癸丑	甲寅	乙卯	丙辰	丁巳	戊午	己未	庚申	辛酉	壬戌	癸亥	甲子	乙丑	丙寅	丁卯	
비밀수	42	57	68	71	82	73	84	15	26	37	48	51	62	77	88	71	82	13	35	46	57	68	71	82	13	88	11	22	33	

八　月　(己 酉)　大

절기					추분															한로										
음력	一	二	三	四	五	六	七	八	九	十	十一	十二	十三	十四	十五	十六	十七	十八	十九	廿	廿一	廿二	廿三	廿四	廿五	廿六	廿七	廿八	廿九	三十
양력 월/일	9/19	20	21	22	23	24	25	26	27	28	29	30	10/1	2	3	4	5	6	7	8	9	10	11	12	13	14	15	16	17	18
일진	戊辰	己巳	庚午	辛未	壬申	癸酉	甲戌	乙亥	丙子	丁丑	戊寅	己卯	庚辰	辛巳	壬午	癸未	甲申	乙酉	丙戌	丁亥	戊子	己丑	庚寅	辛卯	壬辰	癸巳	甲午	乙未	丙申	丁酉
비밀수	44	55	66	77	88	11	82	13	28	31	42	53	64	75	86	17	88	11	22	44	51	62	73	84	15	26	17	28	31	42

九　月　(庚 戌)　小

절기					상강															입동										
음력	一	二	三	四	五	六	七	八	九	十	十一	十二	十三	十四	十五	十六	十七	十八	十九	廿	廿一	廿二	廿三	廿四	廿五	廿六	廿七	廿八	廿九	
양력 월/일	10/19	20	21	22	23	24	25	26	27	28	29	30	31	11/1	2	3	4	5	6	7	8	9	10	11	12	13	14	15	16	
일진	戊戌	己亥	庚子	辛丑	壬寅	癸卯	甲辰	乙巳	丙午	丁未	戊申	己酉	庚戌	辛亥	壬子	癸丑	甲寅	乙卯	丙辰	丁巳	戊午	己未	庚申	辛酉	壬戌	癸亥	甲子	乙丑	丙寅	
비밀수	53	64	71	82	13	24	15	26	37	48	51	62	73	84	11	22	13	24	35	57	68	71	82	13	24	35	22	33	44	

十　月　(辛 亥)　大

절기						소설																대설								
음력	一	二	三	四	五	六	七	八	九	十	十一	十二	十三	十四	十五	十六	十七	十八	十九	廿	廿一	廿二	廿三	廿四	廿五	廿六	廿七	廿八	廿九	三十
양력 월/일	11/17	18	19	20	21	22	23	24	25	26	27	28	29	30	12/1	2	3	4	5	6	7	8	9	10	11	12	13	14	15	16
일진	丁卯	戊辰	己巳	庚午	辛未	壬申	癸酉	甲戌	乙亥	丙子	丁丑	戊寅	己卯	庚辰	辛巳	壬午	癸未	甲申	乙酉	丙戌	丁亥	戊子	己丑	庚寅	辛卯	壬辰	癸巳	甲午	乙未	丙申
비밀수	55	66	77	88	11	22	33	24	35	42	53	64	75	86	17	28	31	22	33	44	55	77	88	11	22	33	44	35	46	57

十一月　(壬 子)　小

절기						동지															소한									
음력	一	二	三	四	五	六	七	八	九	十	十一	十二	十三	十四	十五	十六	十七	十八	十九	廿	廿一	廿二	廿三	廿四	廿五	廿六	廿七	廿八	廿九	
양력 월/일	12/17	18	19	20	21	22	23	24	25	26	27	28	29	30	31	1/1	2	3	4	5	6	7	8	9	10	11	12	13	14	
일진	丁酉	戊戌	己亥	庚子	辛丑	壬寅	癸卯	甲辰	乙巳	丙午	丁未	戊申	己酉	庚戌	辛亥	壬子	癸丑	甲寅	乙卯	丙辰	丁巳	戊午	己未	庚申	辛酉	壬戌	癸亥	甲子	乙丑	
비밀수	68	71	82	17	28	31	42	33	44	55	66	77	88	11	22	37	48	31	42	53	75	86	17	28	31	42	53	48	51	

十二月　(癸 丑)　大

절기						대한															입춘									
음력	一	二	三	四	五	六	七	八	九	十	十一	十二	十三	十四	十五	十六	十七	十八	十九	廿	廿一	廿二	廿三	廿四	廿五	廿六	廿七	廿八	廿九	三十
양력 월/일	1/15	16	17	18	19	20	21	22	23	24	25	26	27	28	29	30	31	2/1	2	3	4	5	6	7	8	9	10	11	12	13
일진	丙寅	丁卯	戊辰	己巳	庚午	辛未	壬申	癸酉	甲戌	乙亥	丙子	丁丑	戊寅	己卯	庚辰	辛巳	壬午	癸未	甲申	乙酉	丙戌	丁亥	戊子	己丑	庚寅	辛卯	壬辰	癸巳	甲午	乙未
비밀수	62	73	84	15	26	37	48	51	42	53	68	71	82	13	24	35	46	57	68	71	64	75	82	13	24	35	46	57	48	51

단기 4286년
서기 1953년

癸 巳 年

四 金神

正 月 (甲 寅) 小

절 기						우수															경칩									
음 력	一	二	三	四	五	六	七	八	九	十	十一	十二	十三	十四	十五	十六	十七	十八	十九	廿	廿一	廿二	廿三	廿四	廿五	廿六	廿七	廿八	廿九	
양력 월/일	2/14	15	16	17	18	19	20	21	22	23	24	25	26	27	28	3/1	2	3	4	5	6	7	8	9	10	11	12	13	14	
일 진	丙申	丁酉	戊戌	己亥	庚子	辛丑	壬寅	癸卯	甲辰	乙巳	丙午	丁未	戊申	己酉	庚戌	辛亥	壬子	癸丑	甲寅	乙卯	丙辰	丁巳	戊午	己未	庚申	辛酉	壬戌	癸亥	甲子	
비밀수	62	73	84	15	22	33	44	55	46	57	68	71	82	13	24	35	42	53	44	55	77	88	11	22	33	44	55	66	53	

二 月 (乙 卯) 大

절 기							춘분															청명	한식							
음 력	一	二	三	四	五	六	七	八	九	十	十一	十二	十三	十四	十五	十六	十七	十八	十九	廿	廿一	廿二	廿三	廿四	廿五	廿六	廿七	廿八	廿九	卅
양력 월/일	3/15	16	17	18	19	20	21	22	23	24	25	26	27	28	29	30	31	4/1	2	3	4	5	6	7	8	9	10	11	12	13
일 진	乙丑	丙寅	丁卯	戊辰	己巳	庚午	辛未	壬申	癸酉	甲戌	乙亥	丙子	丁丑	戊寅	己卯	庚辰	辛巳	壬午	癸未	甲申	乙酉	丙戌	丁亥	戊子	己丑	庚寅	辛卯	壬辰	癸巳	甲午
비밀수	64	75	86	17	28	31	42	53	64	55	66	73	84	15	26	37	48	51	62	53	64	86	17	24	35	46	57	68	71	62

三 月 (丙 辰) 小

절 기							곡우																입하							
음 력	一	二	三	四	五	六	七	八	九	十	十一	十二	十三	十四	十五	十六	十七	十八	十九	廿	廿一	廿二	廿三	廿四	廿五	廿六	廿七	廿八	廿九	
양력 월/일	4/14	15	16	17	18	19	20	21	22	23	24	25	26	27	28	29	30	5/1	2	3	4	5	6	7	8	9	10	11	12	
일 진	乙未	丙申	丁酉	戊戌	己亥	庚子	辛丑	壬寅	癸卯	甲辰	乙巳	丙午	丁未	戊申	己酉	庚戌	辛亥	壬子	癸丑	甲寅	乙卯	丙辰	丁巳	戊午	己未	庚申	辛酉	壬戌	癸亥	
비밀수	73	84	15	26	37	44	55	66	77	68	71	82	13	24	35	46	57	64	75	66	77	81	22	33	44	55	66	77	88	

四 月 (丁 巳) 小

절 기									소만																망종					
음 력	一	二	三	四	五	六	七	八	九	十	十一	十二	十三	十四	十五	十六	十七	十八	十九	廿	廿一	廿二	廿三	廿四	廿五	廿六	廿七	廿八	廿九	
양력 월/일	5/13	14	15	16	17	18	19	20	21	22	23	24	25	26	27	28	29	30	31	6/1	2	3	4	5	6	7	8	9	10	
일 진	甲子	乙丑	丙寅	丁卯	戊辰	己巳	庚午	辛未	壬申	癸酉	甲戌	乙亥	丙子	丁丑	戊寅	己卯	庚辰	辛巳	壬午	癸未	甲申	乙酉	丙戌	丁亥	戊子	己丑	庚寅	辛卯	壬辰	
비밀수	75	86	17	28	31	42	53	64	75	86	77	88	15	26	37	48	51	62	73	84	75	86	17	28	46	57	68	71	82	

五 月 (戊 午) 大

절 기												하지															소서			
음 력	一	二	三	四	五	六	七	八	九	十	十一	十二	十三	十四	十五	十六	十七	十八	十九	廿	廿一	廿二	廿三	廿四	廿五	廿六	廿七	廿八	廿九	卅
양력 월/일	6/11	12	13	14	15	16	17	18	19	20	21	22	23	24	25	26	27	28	29	30	7/1	2	3	4	5	6	7	8	9	10
일 진	癸巳	甲午	乙未	丙申	丁酉	戊戌	己亥	庚子	辛丑	壬寅	癸卯	甲辰	乙巳	丙午	丁未	戊申	己酉	庚戌	辛亥	壬子	癸丑	甲寅	乙卯	丙辰	丁巳	戊午	己未	庚申	辛酉	壬戌
비밀수	13	84	15	26	37	48	51	66	77	88	11	82	13	24	35	46	57	68	71	86	17	88	11	22	33	44	66	77	88	11

六 月 (己 未) 大

절 기								초복					대서																입추	
음 력	一	二	三	四	五	六	七	八	九	十	十一	十二	十三	十四	十五	十六	十七	十八	十九	廿	廿一	廿二	廿三	廿四	廿五	廿六	廿七	廿八	廿九	卅
양력 월/일	7/11	12	13	14	15	16	17	18	19	20	21	22	23	24	25	26	27	28	29	30	31	8/1	2	3	4	5	6	7	8	9
일 진	癸亥	甲子	乙丑	丙寅	丁卯	戊辰	己巳	庚午	辛未	壬申	癸酉	甲戌	乙亥	丙子	丁丑	戊寅	己卯	庚辰	辛巳	壬午	癸未	甲申	乙酉	丙戌	丁亥	戊子	己丑	庚寅	辛卯	壬辰
비밀수	22	17	28	31	42	53	64	75	86	17	28	11	22	37	48	51	62	73	84	15	26	17	28	31	42	57	68	71	13	24

正十 月 黑中	東 大將	未 喪門	卯 弔客	東 三殺

七　月　(庚申)　小

절 기															처서															
음 력	一	二	三	四	五	六	七	八	九	十	十一	十二	十三	十四	十五	十六	十七	十八	十九	廿	廿一	廿二	廿三	廿四	廿五	廿六	廿七	廿八	廿九	
양력 월/일	8/10	11	12	13	14	15	16	17	18	19	20	21	22	23	24	25	26	27	28	29	30	31	9/1	2	3	4	5	6	7	
일 진	癸巳	甲午	乙未	丙申	丁酉	戊戌	己亥	庚子	辛丑	壬寅	癸卯	甲辰	乙巳	丙午	丁未	戊申	己酉	庚戌	辛亥	壬子	癸丑	甲寅	乙卯	丙辰	丁巳	戊午	己未	庚申	辛酉	
비밀수	35	26	37	48	51	62	73	88	11	22	33	24	35	46	57	68	71	82	13	28	31	22	33	44	55	66	77	88	11	

八　月　(辛酉)　大

절 기	백로															추분														
음 력	一	二	三	四	五	六	七	八	九	十	十一	十二	十三	十四	十五	十六	十七	十八	十九	廿	廿一	廿二	廿三	廿四	廿五	廿六	廿七	廿八	廿九	卅
양력 월/일	9/8	9	10	11	12	13	14	15	16	17	18	19	20	21	22	23	24	25	26	27	28	29	30	10/1	2	3	4	5	6	7
일 진	壬戌	癸亥	甲子	乙丑	丙寅	丁卯	戊辰	己巳	庚午	辛未	壬申	癸酉	甲戌	乙亥	丙子	丁丑	戊寅	己卯	庚辰	辛巳	壬午	癸未	甲申	乙酉	丙戌	丁亥	戊子	己丑	庚寅	辛卯
비밀수	33	44	31	42	53	64	75	86	17	28	31	42	33	44	51	62	73	84	15	26	37	48	31	42	53	64	71	82	13	24

九　月　(壬戌)　大

절 기		한로															상강													
음 력	一	二	三	四	五	六	七	八	九	十	十一	十二	十三	十四	十五	十六	十七	十八	十九	廿	廿一	廿二	廿三	廿四	廿五	廿六	廿七	廿八	廿九	卅
양력 월/일	10/8	9	10	11	12	13	14	15	16	17	18	19	20	21	22	23	24	25	26	27	28	29	30	31	11/1	2	3	4	5	6
일 진	壬辰	癸巳	甲午	乙未	丙申	丁酉	戊戌	己亥	庚子	辛丑	壬寅	癸卯	甲辰	乙巳	丙午	丁未	戊申	己酉	庚戌	辛亥	壬子	癸丑	甲寅	乙卯	丙辰	丁巳	戊午	己未	庚申	辛酉
비밀수	35	57	48	51	62	73	84	15	22	33	44	55	46	57	68	71	82	13	24	35	42	53	44	55	66	77	88	11	22	33

十　月　(癸亥)　小

절 기		입동															소설													
음 력	一	二	三	四	五	六	七	八	九	十	十一	十二	十三	十四	十五	十六	十七	十八	十九	廿	廿一	廿二	廿三	廿四	廿五	廿六	廿七	廿八	廿九	
양력 월/일	11/7	8	9	10	11	12	13	14	15	16	17	18	19	20	21	22	23	24	25	26	27	28	29	30	12/1	2	3	4	5	
일 진	壬戌	癸亥	甲子	乙丑	丙寅	丁卯	戊辰	己巳	庚午	辛未	壬申	癸酉	甲戌	乙亥	丙子	丁丑	戊寅	己卯	庚辰	辛巳	壬午	癸未	甲申	乙酉	丙戌	丁亥	戊子	己丑	庚寅	
비밀수	44	66	53	64	75	86	17	28	31	42	53	64	55	66	73	84	15	26	37	48	51	62	53	64	75	86	13	24	35	

十一月　(甲子)　大

절 기		대설															동지													
음 력	一	二	三	四	五	六	七	八	九	十	十一	十二	十三	十四	十五	十六	十七	十八	十九	廿	廿一	廿二	廿三	廿四	廿五	廿六	廿七	廿八	廿九	卅
양력 월/일	12/6	7	8	9	10	11	12	13	14	15	16	17	18	19	20	21	22	23	24	25	26	27	28	29	30	31	1/1	2	3	4
일 진	辛卯	壬辰	癸巳	甲午	乙未	丙申	丁酉	戊戌	己亥	庚子	辛丑	壬寅	癸卯	甲辰	乙巳	丙午	丁未	戊申	己酉	庚戌	辛亥	壬子	癸丑	甲寅	乙卯	丙辰	丁巳	戊午	己未	庚申
비밀수	46	44	55	46	57	68	71	82	13	28	31	42	53	44	55	66	77	88	11	22	33	48	51	42	53	64	75	86	17	28

十二月　(乙丑)　大

절 기		소한														대한														
음 력	一	二	三	四	五	六	七	八	九	十	十一	十二	十三	十四	十五	十六	十七	十八	十九	廿	廿一	廿二	廿三	廿四	廿五	廿六	廿七	廿八	廿九	卅
양력 월/일	1/5	6	7	8	9	10	11	12	13	14	15	16	17	18	19	20	21	22	23	24	25	26	27	28	29	30	31	2/1	2	3
일 진	辛酉	壬戌	癸亥	甲子	乙丑	丙寅	丁卯	戊辰	己巳	庚午	辛未	壬申	癸酉	甲戌	乙亥	丙子	丁丑	戊寅	己卯	庚辰	辛巳	壬午	癸未	甲申	乙酉	丙戌	丁亥	戊子	己丑	庚寅
비밀수	31	53	64	51	62	73	84	15	26	37	48	51	62	53	64	71	82	13	24	35	46	57	68	51	62	73	84	11	22	33

단기 4287년
서기 1954년

甲 午 年

四 金神

正 月 (丙 寅) 小

절 기	입춘														우수															
음 력	一	二	三	四	五	六	七	八	九	十	十一	十二	十三	十四	十五	十六	十七	十八	十九	二十	廿一	廿二	廿三	廿四	廿五	廿六	廿七	廿八	廿九	
양력 월/일	2/4	5	6	7	8	9	10	11	12	13	14	15	16	17	18	19	20	21	22	23	24	25	26	27	28	3/1	2	3	4	
일 진	辛卯	壬辰	癸巳	甲午	乙未	丙申	丁酉	戊戌	己亥	庚子	辛丑	壬寅	癸卯	甲辰	乙巳	丙午	丁未	戊申	己酉	庚戌	辛亥	壬子	癸丑	甲寅	乙卯	丙辰	丁巳	戊午	己未	
비밀수	46	57	68	51	62	73	84	15	26	33	44	55	66	57	68	71	82	13	24	35	46	53	64	55	66	77	88	11	22	

二 月 (丁 卯) 小

절 기		경칩															춘분													
음 력	一	二	三	四	五	六	七	八	九	十	十一	十二	十三	十四	十五	十六	十七	十八	十九	二十	廿一	廿二	廿三	廿四	廿五	廿六	廿七	廿八	廿九	
양력 월/일	3/5	6	7	8	9	10	11	12	13	14	15	16	17	18	19	20	21	22	23	24	25	26	27	28	29	30	31	4/1	2	
일 진	庚申	辛酉	壬戌	癸亥	甲子	乙丑	丙寅	丁卯	戊辰	己巳	庚午	辛未	壬申	癸酉	甲戌	乙亥	丙子	丁丑	戊寅	己卯	庚辰	辛巳	壬午	癸未	甲申	乙酉	丙戌	丁亥	戊子	
비밀수	33	55	66	77	64	75	86	17	28	31	42	53	64	75	66	77	84	15	26	37	48	51	62	73	64	75	86	17	24	

三 月 (戊 辰) 大

절 기			청명	한식														곡우												
음 력	一	二	三	四	五	六	七	八	九	十	十一	十二	十三	十四	十五	十六	十七	十八	十九	二十	廿一	廿二	廿三	廿四	廿五	廿六	廿七	廿八	廿九	三十
양력 월/일	4/3	4	5	6	7	8	9	10	11	12	13	14	15	16	17	18	19	20	21	22	23	24	25	26	27	28	29	30	5/1	2
일 진	己丑	庚寅	辛卯	壬辰	癸巳	甲午	乙未	丙申	丁酉	戊戌	己亥	庚子	辛丑	壬寅	癸卯	甲辰	乙巳	丙午	丁未	戊申	己酉	庚戌	辛亥	壬子	癸丑	甲寅	乙卯	丙辰	丁巳	戊午
비밀수	35	46	68	71	82	73	84	15	26	37	48	55	66	77	88	71	82	13	24	35	46	57	68	75	86	77	88	11	22	33

四 月 (己 巳) 小

절 기				입하															소만											
음 력	一	二	三	四	五	六	七	八	九	十	十一	十二	十三	十四	十五	十六	十七	十八	十九	二十	廿一	廿二	廿三	廿四	廿五	廿六	廿七	廿八	廿九	
양력 월/일	5/3	4	5	6	7	8	9	10	11	12	13	14	15	16	17	18	19	20	21	22	23	24	25	26	27	28	29	30	31	
일 진	己未	庚申	辛酉	壬戌	癸亥	甲子	乙丑	丙寅	丁卯	戊辰	己巳	庚午	辛未	壬申	癸酉	甲戌	乙亥	丙子	丁丑	戊寅	己卯	庚辰	辛巳	壬午	癸未	甲申	乙酉	丙戌	丁亥	
비밀수	44	55	66	88	11	86	17	28	31	42	53	64	75	86	17	88	21	36	47	58	61	72	83	14	25	86	17	28	31	

五 月 (庚 午) 小

절 기						망종															하지									
음 력	一	二	三	四	五	六	七	八	九	十	十一	十二	十三	十四	十五	十六	十七	十八	十九	二十	廿一	廿二	廿三	廿四	廿五	廿六	廿七	廿八	廿九	
양력 월/일	6/1	2	3	4	5	6	7	8	9	10	11	12	13	14	15	16	17	18	19	20	21	22	23	24	25	26	27	28	29	
일 진	戊子	己丑	庚寅	辛卯	壬辰	癸巳	甲午	乙未	丙申	丁酉	戊戌	己亥	庚子	辛丑	壬寅	癸卯	甲辰	乙巳	丙午	丁未	戊申	己酉	庚戌	辛亥	壬子	癸丑	甲寅	乙卯	丙辰	
비밀수	46	57	68	71	82	24	15	26	37	48	51	62	77	88	11	22	13	24	35	46	57	68	71	82	17	28	11	22	33	

六 月 (辛 未) 大

절 기									소서					초복										대서 중복						
음 력	一	二	三	四	五	六	七	八	九	十	十一	十二	十三	十四	十五	十六	十七	十八	十九	二十	廿一	廿二	廿三	廿四	廿五	廿六	廿七	廿八	廿九	三十
양력 월/일	6/30	7/1	2	3	4	5	6	7	8	9	10	11	12	13	14	15	16	17	18	19	20	21	22	23	24	25	26	27	28	29
일 진	丁巳	戊午	己未	庚申	辛酉	壬戌	癸亥	甲子	乙丑	丙寅	丁卯	戊辰	己巳	庚午	辛未	壬申	癸酉	甲戌	乙亥	丙子	丁丑	戊寅	己卯	庚辰	辛巳	壬午	癸未	甲申	乙酉	丙戌
비밀수	44	55	66	77	88	11	22	17	31	42	53	64	75	86	17	28	31	22	33	48	51	62	73	84	15	26	37	28	31	42

七月 黑中	東大將	申喪門	辰吊客	北三殺

七　月　(壬申)　小

절기										입추				말복												처서				
음력	一	二	三	四	五	六	七	八	九	十	十一	十二	十三	十四	十五	十六	十七	十八	十九	二十	廿一	廿二	廿三	廿四	廿五	廿六	廿七	廿八	廿九	
양력 월/일	7/30	31	8/1	2	3	4	5	6	7	8	9	10	11	12	13	14	15	16	17	18	19	20	21	22	23	24	25	26	27	
일진	丁亥	戊子	己丑	庚寅	辛卯	壬辰	癸巳	甲午	乙未	丙申	丁酉	戊戌	己亥	庚子	辛丑	壬寅	癸卯	甲辰	乙巳	丙午	丁未	戊申	己酉	庚戌	辛亥	壬子	癸丑	甲寅	乙卯	
비밀수	53	68	71	82	13	24	35	26	37	51	62	73	84	11	22	33	44	35	46	57	68	71	82	13	24	31	42	33	44	

八　月　(癸酉)　大

절기												백로																		
음력	一	二	三	四	五	六	七	八	九	十	十一	十二	十三	十四	十五	十六	十七	十八	十九	二十	廿一	廿二	廿三	廿四	廿五	廿六	廿七	廿八	廿九	三十
양력 월/일	8/28	29	30	31	9/1	2	3	4	5	6	7	8	9	10	11	12	13	14	15	16	17	18	19	20	21	22	23	24	25	26
일진	丙辰	丁巳	戊午	己未	庚申	辛酉	壬戌	癸亥	甲子	乙丑	丙寅	丁卯	戊辰	己巳	庚午	辛未	壬申	癸酉	甲戌	乙亥	丙子	丁丑	戊寅	己卯	庚辰	辛巳	壬午	癸未	甲申	乙酉
비밀수	55	66	77	88	11	22	33	44	31	42	53	75	86	17	28	31	42	53	44	55	62	73	84	15	26	37	48	51	42	53

九　月　(甲戌)　大

절기													한로															상강		
음력	一	二	三	四	五	六	七	八	九	十	十一	十二	十三	十四	十五	十六	十七	十八	十九	二十	廿一	廿二	廿三	廿四	廿五	廿六	廿七	廿八	廿九	三十
양력 월/일		28	29	30	10/1	2	3	4	5	6	7	8	9	10	11	12	13	14	15	16	17	18	19	20	21	22	23	24	25	26
일진	丙戌	丁亥	戊子	己丑	庚寅	辛卯	壬辰	癸巳	甲午	乙未	丙申	丁酉	戊戌	己亥	庚子	辛丑	壬寅	癸卯	甲辰	乙巳	丙午	丁未	戊申	己酉	庚戌	辛亥	壬子	癸丑	甲寅	乙卯
비밀수	64	75	82	13	24	35	46	57	48	51	62	73	75	86	13	24	35	46	37	48	51	62	73	84	15	26	33	44	35	46

十　月　(乙亥)　小

절기													입동															소설		
음력	一	二	三	四	五	六	七	八	九	十	十一	十二	十三	十四	十五	十六	十七	十八	十九	二十	廿一	廿二	廿三	廿四	廿五	廿六	廿七	廿八	廿九	
양력 월/일	10/27	28	29	30	31	11/1	2	3	4	5	6	7	8	9	10	11	12	13	14	15	16	17	18	19	20	21	22	23	24	
일진	丙辰	丁巳	戊午	己未	庚申	辛酉	壬戌	癸亥	甲子	乙丑	丙寅	丁卯	戊辰	己巳	庚午	辛未	壬申	癸酉	甲戌	乙亥	丙子	丁丑	戊寅	己卯	庚辰	辛巳	壬午	癸未	甲申	
비밀수	57	68	71	82	13	24	35	46	33	44	55	66	88	11	22	33	44	55	46	57	64	75	86	17	28	31	42	53	44	

十一月　(丙子)　大

절기														대설														동지		
음력	一	二	三	四	五	六	七	八	九	十	十一	十二	十三	十四	十五	十六	十七	十八	十九	二十	廿一	廿二	廿三	廿四	廿五	廿六	廿七	廿八	廿九	三十
양력 월/일	11/25	26	27	28	29	30	12/1	2	3	4	5	6	7	8	9	10	11	12	13	14	15	16	17	18	19	20	21	22	23	24
일진	乙酉	丙戌	丁亥	戊子	己丑	庚寅	辛卯	壬辰	癸巳	甲午	乙未	丙申	丁酉	戊戌	己亥	庚子	辛丑	壬寅	癸卯	甲辰	乙巳	丙午	丁未	戊申	己酉	庚戌	辛亥	壬子	癸丑	甲寅
비밀수	55	66	77	84	15	26	37	48	51	42	53	64	75	13	24	31	42	53	64	55	66	77	88	11	22	33	44	51	62	53

十二月　(丁丑)　大

절기													소한															대한		
음력	一	二	三	四	五	六	七	八	九	十	十一	十二	十三	十四	十五	十六	十七	十八	十九	二十	廿一	廿二	廿三	廿四	廿五	廿六	廿七	廿八	廿九	三十
양력 월/일	12/25	26	27	28	29	30	31	1/1	2	3	4	5	6	7	8	9	10	11	12	13	14	15	16	17	18	19	20	21	22	23
일진	乙卯	丙辰	丁巳	戊午	己未	庚申	辛酉	壬戌	癸亥	甲子	乙丑	丙寅	丁卯	戊辰	己巳	庚午	辛未	壬申	癸酉	甲戌	乙亥	丙子	丁丑	戊寅	己卯	庚辰	辛巳	壬午	癸未	甲申
비밀수	64	75	86	17	28	31	42	53	64	51	62	73	15	26	37	48	51	62	73	64	75	82	13	24	35	46	57	68	71	62

단기 4288년
서기 1955년

乙 未 年

二 金神

正 月 (戊 寅) 大

절 기												입춘															우수			
음 력	一	二	三	四	五	六	七	八	九	十	十一	十二	十三	十四	十五	十六	十七	十八	十九	廿	廿一	廿二	廿三	廿四	廿五	廿六	廿七	廿八	廿九	三十
양력 월/일	1/24	25	26	27	28	29	30	31	2/1	2	3	4	5	6	7	8	9	10	11	12	13	14	15	16	17	18	19	20	21	22
일 진	乙酉	丙戌	丁亥	戊子	己丑	庚寅	辛卯	壬辰	癸巳	甲午	乙未	丙申	丁酉	戊戌	己亥	庚子	辛丑	壬寅	癸卯	甲辰	乙巳	丙午	丁未	戊申	己酉	庚戌	辛亥	壬子	癸丑	甲寅
비밀수	73	84	15	22	33	44	55	66	77	68	71	24	35	46	57	64	75	86	17	88	11	22	33	44	55	66	77	84	15	86

二 月 (己 卯) 小

절 기												경칩															춘분			
음 력	一	二	三	四	五	六	七	八	九	十	十一	十二	十三	十四	十五	十六	十七	十八	十九	廿	廿一	廿二	廿三	廿四	廿五	廿六	廿七	廿八	廿九	
양력 월/일	2/23	24	25	26	27	28	3/1	2	3	4	5	6	7	8	9	10	11	12	13	14	15	16	17	18	19	20	21	22	23	
일 진	乙卯	丙辰	丁巳	戊午	己未	庚申	辛酉	壬戌	癸亥	甲子	乙丑	丙寅	丁卯	戊辰	己巳	庚午	辛未	壬申	癸酉	甲戌	乙亥	丙子	丁丑	戊寅	己卯	庚辰	辛巳	壬午	癸未	
비밀수	17	28	31	42	53	64	75	86	17	84	15	37	48	51	62	73	84	15	26	17	28	35	46	57	68	71	82	13	24	

三 月 (庚 辰) 小

절 기													청명	한식															곡우	
음 력	一	二	三	四	五	六	七	八	九	十	十一	十二	十三	十四	十五	十六	十七	十八	十九	廿	廿一	廿二	廿三	廿四	廿五	廿六	廿七	廿八	廿九	
양력 월/일	3/24	25	26	27	28	29	30	31	4/1	2	3	4	5	6	7	8	9	10	11	12	13	14	15	16	17	18	19	20	21	
일 진	甲申	乙酉	丙戌	丁亥	戊子	己丑	庚寅	辛卯	壬辰	癸巳	甲午	乙未	丙申	丁酉	戊戌	己亥	庚子	辛丑	壬寅	癸卯	甲辰	乙巳	丙午	丁未	戊申	己酉	庚戌	辛亥	壬子	
비밀수	15	26	37	48	55	66	77	88	11	22	13	24	46	57	68	71	86	17	28	31	22	33	44	55	66	77	88	11	26	

閏 三 月 (庚 辰) 大

절 기															입하															
음 력	一	二	三	四	五	六	七	八	九	十	十一	十二	十三	十四	十五	十六	十七	十八	十九	廿	廿一	廿二	廿三	廿四	廿五	廿六	廿七	廿八	廿九	三十
양력 월/일	4/22	23	24	25	26	27	28	29	30	5/1	2	3	4	5	6	7	8	9	10	11	12	13	14	15	16	17	18	19	20	21
일 진	癸丑	甲寅	乙卯	丙辰	丁巳	戊午	己未	庚申	辛酉	壬戌	癸亥	甲子	乙丑	丙寅	丁卯	戊辰	己巳	庚午	辛未	壬申	癸酉	甲戌	乙亥	丙子	丁丑	戊寅	己卯	庚辰	辛巳	壬午
비밀수	37	28	31	42	53	64	75	86	17	28	31	26	37	48	62	73	84	15	26	37	48	31	42	57	68	71	82	13	24	35

四 月 (辛 巳) 小

절 기	소만															망종														
음 력	一	二	三	四	五	六	七	八	九	十	十一	十二	十三	十四	十五	十六	十七	十八	十九	廿	廿一	廿二	廿三	廿四	廿五	廿六	廿七	廿八	廿九	
양력 월/일	5/22	23	24	25	26	27	28	29	30	31	6/1	2	3	4	5	6	7	8	9	10	11	12	13	14	15	16	17	18	19	
일 진	癸未	甲申	乙酉	丙戌	丁亥	戊子	己丑	庚寅	辛卯	壬辰	癸巳	甲午	乙未	丙申	丁酉	戊戌	己亥	庚子	辛丑	壬寅	癸卯	甲辰	乙巳	丙午	丁未	戊申	己酉	庚戌	辛亥	
비밀수	46	57	48	51	62	77	88	11	22	33	44	35	46	57	68	82	13	28	31	42	53	44	55	66	77	88	11	22	33	

五 月 (壬 午) 小

절 기			하지																소서											
음 력	一	二	三	四	五	六	七	八	九	十	十一	十二	十三	十四	十五	十六	十七	十八	十九	廿	廿一	廿二	廿三	廿四	廿五	廿六	廿七	廿八	廿九	
양력 월/일	6/20	21	22	23	24	25	26	27	28	29	30	7/1	2	3	4	5	6	7	8	9	10	11	12	13	14	15	16	17	18	
일 진	壬子	癸丑	甲寅	乙卯	丙辰	丁巳	戊午	己未	庚申	辛酉	壬戌	癸亥	甲子	乙丑	丙寅	丁卯	戊辰	己巳	庚午	辛未	壬申	癸酉	甲戌	乙亥	丙子	丁丑	戊寅	己卯	庚辰	
비밀수	48	51	42	53	64	75	86	17	28	31	42	53	48	51	62	73	84	15	37	48	51	62	53	64	71	82	13	24	35	

四 月 黑中　　東大將　　酉 喪門　　巳 吊客　　酉 三殺

六　月　(癸 未)　大

절 기						대서				중복											입추									
음 력	一	二	三	四	五	六	七	八	九	十	十一	十二	十三	十四	十五	十六	十七	十八	十九	二十	二十一	二十二	二十三	二十四	二十五	二十六	二十七	二十八	二十九	三十
양력 월/일	7/19	20	21	22	23	24	25	26	27	28	29	30	31	8/1	2	3	4	5	6	7	8	9	10	11	12	13	14	15	16	17
일 진	辛巳	壬午	癸未	甲申	乙酉	丙戌	丁亥	戊子	己丑	庚寅	辛卯	壬辰	癸巳	甲午	乙未	丙申	丁酉	戊戌	己亥	庚子	辛丑	壬寅	癸卯	甲辰	乙巳	丙午	丁未	戊申	己酉	庚戌
비밀수	46	57	68	51	62	73	84	11	22	33	44	55	66	57	68	71	82	13	24	31	33	44	55	46	57	68	71	82	13	24

七　月　(甲 申)　小

절 기							처서															백로								
음 력	一	二	三	四	五	六	七	八	九	十	十一	十二	十三	十四	十五	十六	十七	十八	十九	二十	二十一	二十二	二十三	二十四	二十五	二十六	二十七	二十八	二十九	
양력 월/일	8/18	19	20	21	22	23	24	25	26	27	28	29	30	31	9/1	2	3	4	5	6	7	8	9	10	11	12	13	14	15	
일 진	辛亥	壬子	癸丑	甲寅	乙卯	丙辰	丁巳	戊午	己未	庚申	辛酉	壬戌	癸亥	甲子	乙丑	丙寅	丁卯	戊辰	己巳	庚午	辛未	壬申	癸酉	甲戌	乙亥	丙子	丁丑	戊寅	己卯	
비밀수	35	42	53	44	55	66	77	88	11	22	33	44	55	42	53	64	75	86	17	28	31	53	64	55	66	73	84	15	26	

八　月　(乙 酉)　大

절 기									추분															한로						
음 력	一	二	三	四	五	六	七	八	九	十	十一	十二	十三	十四	十五	十六	十七	十八	十九	二十	二十一	二十二	二十三	二十四	二十五	二十六	二十七	二十八	二十九	三十
양력 월/일	9/16	17	18	19	20	21	22	23	24	25	26	27	28	29	30	10/1	2	3	4	5	6	7	8	9	10	11	12	13	14	15
일 진	庚辰	辛巳	壬午	癸未	甲申	乙酉	丙戌	丁亥	戊子	己丑	庚寅	辛卯	壬辰	癸巳	甲午	乙未	丙申	丁酉	戊戌	己亥	庚子	辛丑	壬寅	癸卯	甲辰	乙巳	丙午	丁未	戊申	己酉
비밀수	37	48	51	62	53	64	75	86	13	24	35	46	57	68	51	62	73	84	15	26	33	44	55	77	68	71	82	13	24	35

九　月　(丙 戌)　小

절 기									상강															입동						
음 력	一	二	三	四	五	六	七	八	九	十	十一	十二	十三	十四	十五	十六	十七	十八	十九	二十	二十一	二十二	二十三	二十四	二十五	二十六	二十七	二十八	二十九	
양력 월/일	10/16	17	18	19	20	21	22	23	24	25	26	27	28	29	30	31	11/1	2	3	4	5	6	7	8	9	10	11	12	13	
일 진	庚戌	辛亥	壬子	癸丑	甲寅	乙卯	丙辰	丁巳	戊午	己未	庚申	辛酉	壬戌	癸亥	甲子	乙丑	丙寅	丁卯	戊辰	己巳	庚午	辛未	壬申	癸酉	甲戌	乙亥	丙子	丁丑	戊寅	
비밀수	46	57	64	75	66	77	88	11	22	33	44	55	66	77	64	75	86	17	28	31	42	53	64	86	77	88	15	26	37	

十　月　(丁 亥)　大

절 기										소설															대설					
음 력	一	二	三	四	五	六	七	八	九	十	十一	十二	十三	十四	十五	十六	十七	十八	十九	二十	二十一	二十二	二十三	二十四	二十五	二十六	二十七	二十八	二十九	三十
양력 월/일	11/14	15	16	17	18	19	20	21	22	23	24	25	26	27	28	29	30	12/1	2	3	4	5	6	7	8	9	10	11	12	13
일 진	己卯	庚辰	辛巳	壬午	癸未	甲申	乙酉	丙戌	丁亥	戊子	己丑	庚寅	辛卯	壬辰	癸巳	甲午	乙未	丙申	丁酉	戊戌	己亥	庚子	辛丑	壬寅	癸卯	甲辰	乙巳	丙午	丁未	戊申
비밀수	48	51	73	62	84	75	86	17	28	35	46	57	68	71	82	73	84	15	26	37	48	55	66	77	15	86	17	28	31	42

十 一 月　(戊 子)　大

절 기										동지														소한						
음 력	一	二	三	四	五	六	七	八	九	十	十一	十二	十三	十四	十五	十六	十七	十八	十九	二十	二十一	二十二	二十三	二十四	二十五	二十六	二十七	二十八	二十九	三十
양력 월/일	12/14	15	16	17	18	19	20	21	22	23	24	25	26	27	28	29	30	31	1/1	2	3	4	5	6	7	8	9	10	11	12
일 진	己酉	庚戌	辛亥	壬子	癸丑	甲寅	乙卯	丙辰	丁巳	戊午	己未	庚申	辛酉	壬戌	癸亥	甲子	乙丑	丙寅	丁卯	戊辰	己巳	庚午	辛未	壬申	癸酉	甲戌	乙亥	丙子	丁丑	戊寅
비밀수	53	64	75	82	13	84	15	26	37	48	51	62	73	84	15	82	13	24	35	46	57	68	71	13	24	15	26	33	44	55

十 二 月　(己 丑)　大

절 기									대한															입춘						
음 력	一	二	三	四	五	六	七	八	九	十	十一	十二	十三	十四	十五	十六	十七	十八	十九	二十	二十一	二十二	二十三	二十四	二十五	二十六	二十七	二十八	二十九	三十
양력 월/일	1/13	14	15	16	17	18	19	20	21	22	23	24	25	26	27	28	29	30	31	2/1	2	3	4	5	6	7	8	9	10	11
일 진	己卯	庚辰	辛巳	壬午	癸未	甲申	乙酉	丙戌	丁亥	戊子	己丑	庚寅	辛卯	壬辰	癸巳	甲午	乙未	丙申	丁酉	戊戌	己亥	庚子	辛丑	壬寅	癸卯	甲辰	乙巳	丙午	丁未	戊申
비밀수	66	77	88	11	22	13	24	35	46	53	64	75	86	17	28	11	22	33	44	55	66	73	84	37	48	31	42	53	64	75

단기 4289년
서기 1956년

丙 申 年

六 金神

正 月 (庚 寅) 小

절 기									우수															경칩						
음 력	一	二	三	四	五	六	七	八	九	十	十一	十二	十三	十四	十五	十六	十七	十八	十九	廿	廿一	廿二	廿三	廿四	廿五	廿六	廿七	廿八	廿九	
양력 월/일	2/12	13	14	15	16	17	18	19	20	21	22	23	24	25	26	27	28	29	3/1	2	3	4	5	6	7	8	9	10	11	
일 진	己酉	庚戌	辛亥	壬子	癸丑	甲寅	乙卯	丙辰	丁巳	戊午	己未	庚申	辛酉	壬戌	癸亥	甲子	乙丑	丙寅	丁卯	戊辰	己巳	庚午	辛未	壬申	癸酉	甲戌	乙亥	丙子	丁丑	
비밀수	86	17	28	35	46	37	48	51	62	73	84	15	26	37	48	35	46	57	68	71	82	13	35	46	57	48	51	66	77	

二 月 (辛 卯) 大

절 기										춘분															청명					
음 력	一	二	三	四	五	六	七	八	九	十	十一	十二	十三	十四	十五	十六	十七	十八	十九	廿	廿一	廿二	廿三	廿四	廿五	廿六	廿七	廿八	廿九	卅
양력 월/일	3/12	13	14	15	16	17	18	19	20	21	22	23	24	25	26	27	28	29	30	31	4/1	2	3	4	5	6	7	8	9	10
일 진	戊寅	己卯	庚辰	辛巳	壬午	癸未	甲申	乙酉	丙戌	丁亥	戊子	己丑	庚寅	辛卯	壬辰	癸巳	甲午	乙未	丙申	丁酉	戊戌	己亥	庚子	辛丑	壬寅	癸卯	甲辰	乙巳	丙午	丁未
비밀수	88	11	22	33	44	55	46	57	68	71	86	17	28	31	42	53	44	55	66	77	88	11	26	37	51	62	53	64	75	86

三 月 (壬 辰) 小

절 기										곡우															입하					
음 력	一	二	三	四	五	六	七	八	九	十	十一	十二	十三	十四	十五	十六	十七	十八	十九	廿	廿一	廿二	廿三	廿四	廿五	廿六	廿七	廿八	廿九	
양력 월/일	4/11	12	13	14	15	16	17	18	19	20	21	22	23	24	25	26	27	28	29	30	5/1	2	3	4	5	6	7	8	9	
일 진	戊申	己酉	庚戌	辛亥	壬子	癸丑	甲寅	乙卯	丙辰	丁巳	戊午	己未	庚申	辛酉	壬戌	癸亥	甲子	乙丑	丙寅	丁卯	戊辰	己巳	庚午	辛未	壬申	癸酉	甲戌	乙亥	丙子	
비밀수	17	28	31	42	57	68	51	62	73	84	15	26	37	48	51	62	57	68	71	82	13	24	35	46	68	71	62	73	88	

四 月 (癸 巳) 大

절 기												소만																망종		
음 력	一	二	三	四	五	六	七	八	九	十	十一	十二	十三	十四	十五	十六	十七	十八	十九	廿	廿一	廿二	廿三	廿四	廿五	廿六	廿七	廿八	廿九	卅
양력 월/일	5/10	11	12	13	14	15	16	17	18	19	20	21	22	23	24	25	26	27	28	29	30	31	6/1	2	3	4	5	6	7	8
일 진	丁丑	戊寅	己卯	庚辰	辛巳	壬午	癸未	甲申	乙酉	丙戌	丁亥	戊子	己丑	庚寅	辛卯	壬辰	癸巳	甲午	乙未	丙申	丁酉	戊戌	己亥	庚子	辛丑	壬寅	癸卯	甲辰	乙巳	丙午
비밀수	11	22	33	44	55	66	77	68	71	82	13	28	31	42	53	64	75	66	77	88	11	22	33	48	51	62	73	55	66	77

五 月 (甲 午) 小

절 기													하지																소서	
음 력	一	二	三	四	五	六	七	八	九	十	十一	十二	十三	十四	十五	十六	十七	十八	十九	廿	廿一	廿二	廿三	廿四	廿五	廿六	廿七	廿八	廿九	
양력 월/일	6/9	10	11	12	13	14	15	16	17	18	19	20	21	22	23	24	25	26	27	28	29	30	7/1	2	3	4	5	6	7	
일 진	丁未	戊申	己酉	庚戌	辛亥	壬子	癸丑	甲寅	乙卯	丙辰	丁巳	戊午	己未	庚申	辛酉	壬戌	癸亥	甲子	乙丑	丙寅	丁卯	戊辰	己巳	庚午	辛未	壬申	癸酉	甲戌	乙亥	
비밀수	88	11	22	33	44	51	62	53	64	75	86	17	28	31	42	53	64	51	62	73	84	15	26	37	48	51	62	53	75	

六 月 (乙 未) 小

절 기					초복										중복	대서														
음 력	一	二	三	四	五	六	七	八	九	十	十一	十二	十三	十四	十五	十六	十七	十八	十九	廿	廿一	廿二	廿三	廿四	廿五	廿六	廿七	廿八	廿九	
양력 월/일	7/8	9	10	11	12	13	14	15	16	17	18	19	20	21	22	23	24	25	26	27	28	29	30	31	8/1	2	3	4	5	
일 진	丙子	丁丑	戊寅	己卯	庚辰	辛巳	壬午	癸未	甲申	乙酉	丙戌	丁亥	戊子	己丑	庚寅	辛卯	壬辰	癸巳	甲午	乙未	丙申	丁酉	戊戌	己亥	庚子	辛丑	壬寅	癸卯	甲辰	
비밀수	82	13	24	35	46	57	68	71	62	73	84	15	22	33	44	55	66	77	68	71	82	13	24	35	42	53	64	75	66	

正十月 黑中	南 大將	戌 喪門	午 吊客	南 三殺

七　　月　　(丙 申)　　大

절 기						말복												처서												
음 력	一	二	三	四	五	六	七	八	九	十	十一	十二	十三	十四	十五	十六	十七	十八	十九	二十	廿一	廿二	廿三	廿四	廿五	廿六	廿七	廿八	廿九	三十
양력 월/일	8/6	7	8	9	10	11	12	13	14	15	16	17	18	19	20	21	22	23	24	25	26	27	28	29	30	31	9/1	2	3	4
일 진	乙巳	丙午	丁未	戊申	己酉	庚戌	辛亥	壬子	癸丑	甲寅	乙卯	丙辰	丁巳	戊午	己未	庚申	辛酉	壬戌	癸亥	甲子	乙丑	丙寅	丁卯	戊辰	己巳	庚午	辛未	壬申	癸酉	甲戌
비밀수	77	11	22	33	44	55	66	73	84	75	86	17	28	31	42	53	64	75	86	73	84	15	26	37	48	51	62	73	84	75

八　　月　　(丁 酉)　　小

절 기				백로															추분											
음 력	一	二	三	四	五	六	七	八	九	十	十一	十二	十三	十四	十五	十六	十七	十八	十九	二十	廿一	廿二	廿三	廿四	廿五	廿六	廿七	廿八	廿九	
양력 월/일	9/5	6	7	8	9	10	11	12	13	14	15	16	17	18	19	20	21	22	23	24	25	26	27	28	29	30	10/1	2	3	
일 진	乙亥	丙子	丁丑	戊寅	己卯	庚辰	辛巳	壬午	癸未	甲申	乙酉	丙戌	丁亥	戊子	己丑	庚寅	辛卯	壬辰	癸巳	甲午	乙未	丙申	丁酉	戊戌	己亥	庚子	辛丑	壬寅	癸卯	
비밀수	86	13	24	46	57	68	71	82	13	84	15	26	37	44	55	66	77	88	11	82	13	24	35	46	57	64	75	86	17	

九　　月　　(戊 戌)　　大

절 기					한로															상강										
음 력	一	二	三	四	五	六	七	八	九	十	十一	十二	十三	十四	十五	十六	十七	十八	十九	二十	廿一	廿二	廿三	廿四	廿五	廿六	廿七	廿八	廿九	三十
양력 월/일	10/4	5	6	7	8	9	10	11	12	13	14	15	16	17	18	19	20	21	22	23	24	25	26	27	28	29	30	31	11/1	2
일 진	甲辰	乙巳	丙午	丁未	戊申	己酉	庚戌	辛亥	壬子	癸丑	甲寅	乙卯	丙辰	丁巳	戊午	己未	庚申	辛酉	壬戌	癸亥	甲子	乙丑	丙寅	丁卯	戊辰	己巳	庚午	辛未	壬申	癸酉
비밀수	88	11	22	33	55	66	77	88	15	26	17	28	31	42	53	64	75	86	17	28	15	26	37	48	51	62	73	84	15	26

十　　月　　(己 亥)　　小

절 기					입동															소설										
음 력	一	二	三	四	五	六	七	八	九	十	十一	十二	十三	十四	十五	十六	十七	十八	十九	二十	廿一	廿二	廿三	廿四	廿五	廿六	廿七	廿八	廿九	
양력 월/일	11/3	4	5	6	7	8	9	10	11	12	13	14	15	16	17	18	19	20	21	22	23	24	25	26	27	28	29	30	12/1	
일 진	甲戌	乙亥	丙子	丁丑	戊寅	己卯	庚辰	辛巳	壬午	癸未	甲申	乙酉	丙戌	丁亥	戊子	己丑	庚寅	辛卯	壬辰	癸巳	甲午	乙未	丙申	丁酉	戊戌	己亥	庚子	辛丑	壬寅	
비밀수	17	28	35	46	68	71	82	13	24	35	26	37	48	51	66	77	88	11	22	33	24	35	46	57	68	71	86	17	28	

十 一　月　　(庚 子)　　大

절 기						대설															동지									
음 력	一	二	三	四	五	六	七	八	九	十	十一	十二	十三	十四	十五	十六	十七	十八	十九	二十	廿一	廿二	廿三	廿四	廿五	廿六	廿七	廿八	廿九	三十
양력 월/일	12/2	3	4	5	6	7	8	9	10	11	12	13	14	15	16	17	18	19	20	21	22	23	24	25	26	27	28	29	30	31
일 진	癸卯	甲辰	乙巳	丙午	丁未	戊申	己酉	庚戌	辛亥	壬子	癸丑	甲寅	乙卯	丙辰	丁巳	戊午	己未	庚申	辛酉	壬戌	癸亥	甲子	乙丑	丙寅	丁卯	戊辰	己巳	庚午	辛未	壬申
비밀수	31	22	33	44	55	73	84	15	26	33	44	35	46	57	68	71	82	13	24	35	46	33	44	55	66	77	88	11	22	33

十 二　月　　(辛 丑)　　大

절 기					소한															대한										
음 력	一	二	三	四	五	六	七	八	九	十	十一	十二	十三	十四	十五	十六	十七	十八	十九	二十	廿一	廿二	廿三	廿四	廿五	廿六	廿七	廿八	廿九	三十
양력 월/일	1/1	2	3	4	5	6	7	8	9	10	11	12	13	14	15	16	17	18	19	20	21	22	23	24	25	26	27	28	29	30
일 진	癸酉	甲戌	乙亥	丙子	丁丑	戊寅	己卯	庚辰	辛巳	壬午	癸未	甲申	乙酉	丙戌	丁亥	戊子	己丑	庚寅	辛卯	壬辰	癸巳	甲午	乙未	丙申	丁酉	戊戌	己亥	庚子	辛丑	壬寅
비밀수	44	35	46	53	75	86	17	28	31	42	53	44	55	66	77	84	15	26	37	48	51	42	53	64	75	86	17	24	35	46

단기 4290년
서기 1957년

丁 酉 年

四金神

正 月 (壬 寅) 大

절기					입춘															우수										
음력	一	二	三	四	五	六	七	八	九	十	十一	十二	十三	十四	十五	十六	十七	十八	十九	廿	廿一	廿二	廿三	廿四	廿五	廿六	廿七	廿八	廿九	卅
양력 월/일	1/31	2/1	2	3	4	5	6	7	8	9	10	11	12	13	14	15	16	17	18	19	20	21	22	23	24	25	26	27	28	3/1
일진	癸卯	甲辰	乙巳	丙午	丁未	戊申	己酉	庚戌	辛亥	壬子	癸丑	甲寅	乙卯	丙辰	丁巳	戊午	己未	庚申	辛酉	壬戌	癸亥	甲子	乙丑	丙寅	丁卯	戊辰	己巳	庚午	辛未	壬申
비밀수	57	48	51	62	15	26	37	48	51	66	77	68	71	82	13	24	35	46	57	68	71	66	77	88	11	22	33	44	55	66

二 月 (癸 卯) 小

절기					경칩															춘분										
음력	一	二	三	四	五	六	七	八	九	十	十一	十二	十三	十四	十五	十六	十七	十八	十九	廿	廿一	廿二	廿三	廿四	廿五	廿六	廿七	廿八	廿九	
양력 월/일	3/2	3	4	5	6	7	8	9	10	11	12	13	14	15	16	17	18	19	20	21	22	23	24	25	26	27	28	29	30	
일진	癸酉	甲戌	乙亥	丙子	丁丑	戊寅	己卯	庚辰	辛巳	壬午	癸未	甲申	乙酉	丙戌	丁亥	戊子	己丑	庚寅	辛卯	壬辰	癸巳	甲午	乙未	丙申	丁酉	戊戌	己亥	庚子	辛丑	
비밀수	77	68	71	86	28	31	42	53	64	75	86	77	88	11	22	37	48	51	62	73	84	75	86	17	28	31	42	57	68	

三 月 (甲 辰) 大

절기						청명	한식														곡우									
음력	一	二	三	四	五	六	七	八	九	十	十一	十二	十三	十四	十五	十六	十七	十八	十九	廿	廿一	廿二	廿三	廿四	廿五	廿六	廿七	廿八	廿九	卅
양력 월/일	3/31	4/1	2	3	4	5	6	7	8	9	10	11	12	13	14	15	16	17	18	19	20	21	22	23	24	25	26	27	28	29
일진	壬寅	癸卯	甲辰	乙巳	丙午	丁未	戊申	己酉	庚戌	辛亥	壬子	癸丑	甲寅	乙卯	丙辰	丁巳	戊午	己未	庚申	辛酉	壬戌	癸亥	甲子	乙丑	丙寅	丁卯	戊辰	己巳	庚午	辛未
비밀수	71	82	73	84	15	17	28	31	42	53	68	71	62	73	84	15	26	37	48	51	62	73	68	71	82	13	24	35	46	57

四 月 (乙 巳) 小

절기							입하															소만								
음력	一	二	三	四	五	六	七	八	九	十	十一	十二	十三	十四	十五	十六	十七	十八	十九	廿	廿一	廿二	廿三	廿四	廿五	廿六	廿七	廿八	廿九	
양력 월/일	4/30	5/1	2	3	4	5	6	7	8	9	10	11	12	13	14	15	16	17	18	19	20	21	22	23	24	25	26	27	28	
일진	壬申	癸酉	甲戌	乙亥	丙子	丁丑	戊寅	己卯	庚辰	辛巳	壬午	癸未	甲申	乙酉	丙戌	丁亥	戊子	己丑	庚寅	辛卯	壬辰	癸巳	甲午	乙未	丙申	丁酉	戊戌	己亥	庚子	
비밀수	68	71	62	73	88	11	33	44	55	66	77	88	71	82	13	24	31	42	53	64	75	86	77	88	11	22	33	44	51	

五 月 (丙 午) 大

절기									망종																하지					
음력	一	二	三	四	五	六	七	八	九	十	十一	十二	十三	十四	十五	十六	十七	十八	十九	廿	廿一	廿二	廿三	廿四	廿五	廿六	廿七	廿八	廿九	卅
양력 월/일	5/29	30	31	6/1	2	3	4	5	6	7	8	9	10	11	12	13	14	15	16	17	18	19	20	21	22	23	24	25	26	27
일진	辛丑	壬寅	癸卯	甲辰	乙巳	丙午	丁未	戊申	己酉	庚戌	辛亥	壬子	癸丑	甲寅	乙卯	丙辰	丁巳	戊午	己未	庚申	辛酉	壬戌	癸亥	甲子	乙丑	丙寅	丁卯	戊辰	己巳	庚午
비밀수	62	73	84	75	86	17	28	31	53	64	75	82	13	84	15	26	37	48	51	62	73	84	15	82	13	24	35	46	57	68

六 月 (丁 未) 小

절기										소서										초복						대서				
음력	一	二	三	四	五	六	七	八	九	十	十一	十二	十三	十四	十五	十六	十七	十八	十九	廿	廿一	廿二	廿三	廿四	廿五	廿六	廿七	廿八	廿九	
양력 월/일	6/28	29	30	7/1	2	3	4	5	6	7	8	9	10	11	12	13	14	15	16	17	18	19	20	21	22	23	24	25	26	
일진	辛未	壬申	癸酉	甲戌	乙亥	丙子	丁丑	戊寅	己卯	庚辰	辛巳	壬午	癸未	甲申	乙酉	丙戌	丁亥	戊子	己丑	庚寅	辛卯	壬辰	癸巳	甲午	乙未	丙申	丁酉	戊戌	己亥	
비밀수	71	82	13	84	15	22	33	44	55	77	88	11	22	13	24	35	46	53	64	75	86	17	28	11	22	33	44	55	66	

七 月 黑中	南大將	亥 喪門	未 吊客	東 三殺

七 月 (戊 申) 小

절 기	중복												입추								말복							처서		
음 력	一	二	三	四	五	六	七	八	九	十	十一	十二	十三	十四	十五	十六	十七	十八	十九	二十	廿一	廿二	廿三	廿四	廿五	廿六	廿七	廿八	廿九	
양력 월/일	7/27	28	29	30	31	8/1	2	3	4	5	6	7	8	9	10	11	12	13	14	15	16	17	18	19	20	21	22	23	24	
일 진	庚子	辛丑	壬寅	癸卯	甲辰	乙巳	丙午	丁未	戊申	己酉	庚戌	辛亥	壬子	癸丑	甲寅	乙卯	丙辰	丁巳	戊午	己未	庚申	辛酉	壬戌	癸亥	甲子	乙丑	丙寅	丁卯	戊辰	
비밀수	73	84	15	26	17	28	31	42	53	64	75	86	24	35	26	37	48	51	62	73	84	15	26	37	24	35	46	57	68	

八 月 (己 酉) 大

절 기															백로															추분
음 력	一	二	三	四	五	六	七	八	九	十	十一	十二	十三	十四	十五	十六	十七	十八	十九	二十	廿一	廿二	廿三	廿四	廿五	廿六	廿七	廿八	廿九	三十
양력 월/일	8/25	26	27	28	29	30	31	9/1	2	3	4	5	6	7	8	9	10	11	12	13	14	15	16	17	18	19	20	21	22	23
일 진	己巳	庚午	辛未	壬申	癸酉	甲戌	乙亥	丙子	丁丑	戊寅	己卯	庚辰	辛巳	壬午	癸未	甲申	乙酉	丙戌	丁亥	戊子	己丑	庚寅	辛卯	壬辰	癸巳	甲午	乙未	丙申	丁酉	戊戌
비밀수	71	82	13	24	35	26	37	44	55	66	77	88	11	22	44	35	46	57	68	75	86	17	28	31	42	33	44	55	66	77

閏 八 月 (己 酉) 小

절 기																한로														
음 력	一	二	三	四	五	六	七	八	九	十	十一	十二	十三	十四	十五	十六	十七	十八	十九	二十	廿一	廿二	廿三	廿四	廿五	廿六	廿七	廿八	廿九	
양력 월/일	9/24	25	26	27	28	29	30	10/1	2	3	4	5	6	7	8	9	10	11	12	13	14	15	16	17	18	19	20	21	22	
일 진	己亥	庚子	辛丑	壬寅	癸卯	甲辰	乙巳	丙午	丁未	戊申	己酉	庚戌	辛亥	壬子	癸丑	甲寅	乙卯	丙辰	丁巳	戊午	己未	庚申	辛酉	壬戌	癸亥	甲子	乙丑	丙寅	丁卯	
비밀수	88	15	26	37	48	31	42	53	64	75	86	17	28	35	46	48	51	62	73	84	15	26	37	48	51	46	57	68	71	

九 月 (庚 戌) 大

절 기		상강															입동													
음 력	一	二	三	四	五	六	七	八	九	十	十一	十二	十三	十四	十五	十六	十七	十八	十九	二十	廿一	廿二	廿三	廿四	廿五	廿六	廿七	廿八	廿九	三十
양력 월/일	10/23	24	25	26	27	28	29	30	31	11/1	2	3	4	5	6	7	8	9	10	11	12	13	14	15	16	17	18	19	20	21
일 진	戊辰	己巳	庚午	辛未	壬申	癸酉	甲戌	乙亥	丙子	丁丑	戊寅	己卯	庚辰	辛巳	壬午	癸未	甲申	乙酉	丙戌	丁亥	戊子	己丑	庚寅	辛卯	壬辰	癸巳	甲午	乙未	丙申	丁酉
비밀수	82	13	24	35	46	57	48	51	66	77	88	11	22	33	44	55	57	68	71	82	17	28	31	42	53	64	55	66	77	88

十 月 (辛 亥) 小

절 기	소설															대설														
음 력	一	二	三	四	五	六	七	八	九	十	十一	十二	十三	十四	十五	十六	十七	十八	十九	二十	廿一	廿二	廿三	廿四	廿五	廿六	廿七	廿八	廿九	
양력 월/일	11/22	23	24	25	26	27	28	29	30	12/1	2	3	4	5	6	7	8	9	10	11	12	13	14	15	16	17	18	19	20	
일 진	戊戌	己亥	庚子	辛丑	壬寅	癸卯	甲辰	乙巳	丙午	丁未	戊申	己酉	庚戌	辛亥	壬子	癸丑	甲寅	乙卯	丙辰	丁巳	戊午	己未	庚申	辛酉	壬戌	癸亥	甲子	乙丑	丙寅	
비밀수	11	22	37	48	51	62	53	64	75	86	17	28	31	42	57	75	66	77	88	11	22	33	44	55	66	77	64	75	86	

十 一 月 (壬 子) 大

절 기		동지															소한													
음 력	一	二	三	四	五	六	七	八	九	十	十一	十二	十三	十四	十五	十六	十七	十八	十九	二十	廿一	廿二	廿三	廿四	廿五	廿六	廿七	廿八	廿九	三十
양력 월/일	12/21	22	23	24	25	26	27	28	29	30	31	1/1	2	3	4	5	6	7	8	9	10	11	12	13	14	15	16	17	18	19
일 진	丁卯	戊辰	己巳	庚午	辛未	壬申	癸酉	甲戌	乙亥	丙子	丁丑	戊寅	己卯	庚辰	辛巳	壬午	癸未	甲申	乙酉	丙戌	丁亥	戊子	己丑	庚寅	辛卯	壬辰	癸巳	甲午	乙未	丙申
비밀수	17	28	31	42	53	64	75	66	77	84	15	26	37	48	51	62	84	75	86	17	28	35	46	57	68	71	82	73	84	15

十 二 月 (癸 丑) 大

절 기	대한															입춘														
음 력	一	二	三	四	五	六	七	八	九	十	十一	十二	十三	十四	十五	十六	十七	十八	十九	二十	廿一	廿二	廿三	廿四	廿五	廿六	廿七	廿八	廿九	三十
양력 월/일	1/20	21	22	23	24	25	26	27	28	29	30	31	2/1	2	3	4	5	6	7	8	9	10	11	12	13	14	15	16	17	18
일 진	丁酉	戊戌	己亥	庚子	辛丑	壬寅	癸卯	甲辰	乙巳	丙午	丁未	戊申	己酉	庚戌	辛亥	壬子	癸丑	甲寅	乙卯	丙辰	丁巳	戊午	己未	庚申	辛酉	壬戌	癸亥	甲子	乙丑	丙寅
비밀수	26	37	48	55	66	77	88	71	82	13	24	35	46	57	68	77	88	71	82	13	24	35	46	57	68	71	82	77	88	11

단기 4291년
서기 1958년

戊戌年

四 金神

正 月 (甲 寅) 小

절기	우수															경칩														
음력	一	二	三	四	五	六	七	八	九	十	十一	十二	十三	十四	十五	十六	十七	十八	十九	二十	廿一	廿二	廿三	廿四	廿五	廿六	廿七	廿八	廿九	
양력 월/일	2/19	20	21	22	23	24	25	26	27	28	3/1	2	3	4	5	6	7	8	9	10	11	12	13	14	15	16	17	18	19	
일진	丁卯	戊辰	己巳	庚午	辛未	壬申	癸酉	甲戌	乙亥	丙子	丁丑	戊寅	己卯	庚辰	辛巳	壬午	癸未	甲申	乙酉	丙戌	丁亥	戊子	己丑	庚寅	辛卯	壬辰	癸巳	甲午	乙未	
비밀수	22	33	44	55	66	77	88	71	82	17	28	31	42	53	64	86	17	88	11	22	33	48	51	62	73	84	15	86	17	

二 月 (乙 卯) 大

절기		춘분															청명	한식												
음력	一	二	三	四	五	六	七	八	九	十	十一	十二	十三	十四	十五	十六	十七	十八	十九	二十	廿一	廿二	廿三	廿四	廿五	廿六	廿七	廿八	廿九	三十
양력 월/일	3/20	21	22	23	24	25	26	27	28	29	30	31	4/1	2	3	4	5	6	7	8	9	10	11	12	13	14	15	16	17	18
일진	丙申	丁酉	戊戌	己亥	庚子	辛丑	壬寅	癸卯	甲辰	乙巳	丙午	丁未	戊申	己酉	庚戌	辛亥	壬子	癸丑	甲寅	乙卯	丙辰	丁巳	戊午	己未	庚申	辛酉	壬戌	癸亥	甲子	乙丑
비밀수	28	31	42	53	68	71	82	13	84	15	26	37	48	51	62	73	11	22	13	24	35	46	57	68	71	82	13	24	11	22

三 月 (丙 辰) 大

절기		곡우																입하												
음력	一	二	三	四	五	六	七	八	九	十	十一	十二	十三	十四	十五	十六	十七	十八	十九	二十	廿一	廿二	廿三	廿四	廿五	廿六	廿七	廿八	廿九	三十
양력 월/일	4/19	20	21	22	23	24	25	26	27	28	29	30	5/1	2	3	4	5	6	7	8	9	10	11	12	13	14	15	16	17	18
일진	丙寅	丁卯	戊辰	己巳	庚午	辛未	壬申	癸酉	甲戌	乙亥	丙子	丁丑	戊寅	己卯	庚辰	辛巳	壬午	癸未	甲申	乙酉	丙戌	丁亥	戊子	己丑	庚寅	辛卯	壬辰	癸巳	甲午	乙未
비밀수	33	44	55	66	77	88	11	22	13	24	31	42	53	64	75	86	17	31	22	33	44	55	62	73	84	15	26	37	28	31

四 月 (丁 巳) 小

절기			소만															망종												
음력	一	二	三	四	五	六	七	八	九	十	十一	十二	十三	十四	十五	十六	十七	十八	十九	二十	廿一	廿二	廿三	廿四	廿五	廿六	廿七	廿八	廿九	
양력 월/일	5/19	20	21	22	23	24	25	26	27	28	29	30	31	6/1	2	3	4	5	6	7	8	9	10	11	12	13	14	15	16	
일진	丙申	丁酉	戊戌	己亥	庚子	辛丑	壬寅	癸卯	甲辰	乙巳	丙午	丁未	戊申	己酉	庚戌	辛亥	壬子	癸丑	甲寅	乙卯	丙辰	丁巳	戊午	己未	庚申	辛酉	壬戌	癸亥	甲子	
비밀수	42	53	64	75	82	13	24	35	26	37	48	51	62	73	84	15	22	33	35	46	57	68	71	82	13	24	35	46	33	

五 月 (戊 午) 大

절기						하지																소서				초복				
음력	一	二	三	四	五	六	七	八	九	十	十一	十二	十三	十四	十五	十六	十七	十八	十九	二十	廿一	廿二	廿三	廿四	廿五	廿六	廿七	廿八	廿九	三十
양력 월/일	6/17	18	19	20	21	22	23	24	25	26	27	28	29	30	7/1	2	3	4	5	6	7	8	9	10	11	12	13	14	15	16
일진	乙丑	丙寅	丁卯	戊辰	己巳	庚午	辛未	壬申	癸酉	甲戌	乙亥	丙子	丁丑	戊寅	己卯	庚辰	辛巳	壬午	癸未	甲申	乙酉	丙戌	丁亥	戊子	己丑	庚寅	辛卯	壬辰	癸巳	甲午
비밀수	44	55	66	77	88	11	22	33	44	35	46	53	64	75	86	17	28	31	42	33	44	66	77	84	15	26	37	48	51	42

六 月 (己 未) 小

절기						중복	대서																입추			말복				
음력	一	二	三	四	五	六	七	八	九	十	十一	十二	十三	十四	十五	十六	十七	十八	十九	二十	廿一	廿二	廿三	廿四	廿五	廿六	廿七	廿八	廿九	
양력 월/일	7/17	18	19	20	21	22	23	24	25	26	27	28	29	30	31	8/1	2	3	4	5	6	7	8	9	10	11	12	13	14	
일진	乙未	丙申	丁酉	戊戌	己亥	庚子	辛丑	壬寅	癸卯	甲辰	乙巳	丙午	丁未	戊申	己酉	庚戌	辛亥	壬子	癸丑	甲寅	乙卯	丙辰	丁巳	戊午	己未	庚申	辛酉	壬戌	癸亥	
비밀수	53	64	75	86	17	24	35	46	57	48	51	62	73	84	15	26	37	44	55	46	57	68	82	13	24	35	46	57	68	

四 月 黑中	南 大將	子 喪門	申 吊客	北 三殺

七　月　(庚 申)　小

절 기										처서															백로					
음 력	一	二	三	四	五	六	七	八	九	十	十一	十二	十三	十四	十五	十六	十七	十八	十九	二十	廿一	廿二	廿三	廿四	廿五	廿六	廿七	廿八	廿九	
양력 월/일	8/15	16	17	18	19	20	21	22	23	24	25	26	27	28	29	30	31	9/1	2	3	4	5	6	7	8	9	10	11	12	
일 진	甲子	乙丑	丙寅	丁卯	戊辰	己巳	庚午	辛未	壬申	癸酉	甲戌	乙亥	丙子	丁丑	戊寅	己卯	庚辰	辛巳	壬午	癸未	甲申	乙酉	丙戌	丁亥	戊子	己丑	庚寅	辛卯	壬辰	
비밀수	55	66	77	88	11	22	33	44	55	66	57	68	75	86	17	28	31	42	53	64	55	66	77	88	26	37	48	51	62	

八　月　(辛 酉)　大

절 기											추분																한로			
음 력	一	二	三	四	五	六	七	八	九	十	十一	十二	十三	十四	十五	十六	十七	十八	十九	二十	廿一	廿二	廿三	廿四	廿五	廿六	廿七	廿八	廿九	三十
양력 월/일	9/13	14	15	16	17	18	19	20	21	22	23	24	25	26	27	28	29	30	10/1	2	3	4	5	6	7	8	9	10	11	12
일 진	癸巳	甲午	乙未	丙申	丁酉	戊戌	己亥	庚子	辛丑	壬寅	癸卯	甲辰	乙巳	丙午	丁未	戊申	己酉	庚戌	辛亥	壬子	癸丑	甲寅	乙卯	丙辰	丁巳	戊午	己未	庚申	辛酉	壬戌
비밀수	73	64	75	86	17	28	31	46	57	68	71	62	73	84	15	26	37	48	51	66	77	68	71	82	13	24	46	57	68	71

九　月　(壬 戌)　小

절 기												상강															입동			
음 력	一	二	三	四	五	六	七	八	九	十	十一	十二	十三	十四	十五	十六	十七	十八	十九	二十	廿一	廿二	廿三	廿四	廿五	廿六	廿七	廿八	廿九	
양력 월/일	10/13	14	15	16	17	18	19	20	21	22	23	24	25	26	27	28	29	30	31	11/1	2	3	4	5	6	7	8	9	10	
일 진	癸亥	甲子	乙丑	丙寅	丁卯	戊辰	己巳	庚午	辛未	壬申	癸酉	甲戌	乙亥	丙子	丁丑	戊寅	己卯	庚辰	辛巳	壬午	癸未	甲申	乙酉	丙戌	丁亥	戊子	己丑	庚寅	辛卯	
비밀수	82	77	88	11	22	33	44	55	66	77	88	71	82	17	28	31	42	53	64	75	86	77	88	11	22	37	51	62	73	

十　月　(癸 亥)　大

절 기												소설															대설			
음 력	一	二	三	四	五	六	七	八	九	十	十一	十二	十三	十四	十五	十六	十七	十八	十九	二十	廿一	廿二	廿三	廿四	廿五	廿六	廿七	廿八	廿九	三十
양력 월/일	11/11	12	13	14	15	16	17	18	19	20	21	22	23	24	25	26	27	28	29	30	12/1	2	3	4	5	6	7	8	9	10
일 진	壬辰	癸巳	甲午	乙未	丙申	丁酉	戊戌	己亥	庚子	辛丑	壬寅	癸卯	甲辰	乙巳	丙午	丁未	戊申	己酉	庚戌	辛亥	壬子	癸丑	甲寅	乙卯	丙辰	丁巳	戊午	己未	庚申	辛酉
비밀수	84	15	86	17	28	31	42	53	68	71	82	13	84	15	26	37	48	51	62	73	88	11	82	13	24	35	33	44	55	66

十一月　(甲 子)　小

절 기												동지															소한			
음 력	一	二	三	四	五	六	七	八	九	十	十一	十二	十三	十四	十五	十六	十七	十八	十九	二十	廿一	廿二	廿三	廿四	廿五	廿六	廿七	廿八	廿九	
양력 월/일	12/11	12	13	14	15	16	17	18	19	20	21	22	23	24	25	26	27	28	29	30	31	1/1	2	3	4	5	6	7	8	
일 진	壬戌	癸亥	甲子	乙丑	丙寅	丁卯	戊辰	己巳	庚午	辛未	壬申	癸酉	甲戌	乙亥	丙子	丁丑	戊寅	己卯	庚辰	辛巳	壬午	癸未	甲申	乙酉	丙戌	丁亥	戊子	己丑	庚寅	
비밀수	77	88	75	86	17	28	31	42	53	64	75	86	77	88	15	26	37	48	51	62	73	84	75	86	17	28	46	57	68	

十二月　(乙 丑)　大

절 기													대한														입춘			
음 력	一	二	三	四	五	六	七	八	九	十	十一	十二	十三	十四	十五	十六	十七	十八	十九	二十	廿一	廿二	廿三	廿四	廿五	廿六	廿七	廿八	廿九	三十
양력 월/일	1/9	10	11	12	13	14	15	16	17	18	19	20	21	22	23	24	25	26	27	28	29	30	31	2/1	2	3	4	5	6	7
일 진	辛卯	壬辰	癸巳	甲午	乙未	丙申	丁酉	戊戌	己亥	庚子	辛丑	壬寅	癸卯	甲辰	乙巳	丙午	丁未	戊申	己酉	庚戌	辛亥	壬子	癸丑	甲寅	乙卯	丙辰	丁巳	戊午	己未	庚申
비밀수	71	82	13	84	15	26	37	48	51	66	77	88	11	82	13	24	35	46	57	68	71	86	17	88	11	22	55	66	77	88

단기 4292년
서기 1959년

己 亥 年

四 金神

正 月 (丙 寅) 小

절 기												우수															경칩			
음 력	一	二	三	四	五	六	七	八	九	十	十一	十二	十三	十四	十五	十六	十七	十八	十九	廿	廿一	廿二	廿三	廿四	廿五	廿六	廿七	廿八	廿九	
양력 월/일	2/8	9	10	11	12	13	14	15	16	17	18	19	20	21	22	23	24	25	26	27	28	3/1	2	3	4	5	6	7	8	
일 진	辛酉	壬戌	癸亥	甲子	乙丑	丙寅	丁卯	戊辰	己巳	庚午	辛未	壬申	癸酉	甲戌	乙亥	丙子	丁丑	戊寅	己卯	庚辰	辛巳	壬午	癸未	甲申	乙酉	丙戌	丁亥	戊子	己丑	
비밀수	17	28	31	26	37	48	51	62	73	84	15	26	37	28	31	46	57	68	71	82	13	24	35	26	37	48	64	71	82	

二 月 (丁 卯) 大

절 기													춘분															청명	한식	
음 력	一	二	三	四	五	六	七	八	九	十	十一	十二	十三	十四	十五	十六	十七	十八	十九	廿	廿一	廿二	廿三	廿四	廿五	廿六	廿七	廿八	廿九	三十
양력 월/일	3/9	10	11	12	13	14	15	16	17	18	19	20	21	22	23	24	25	26	27	28	29	30	31	4/1	2	3	4	5	6	7
일 진	庚寅	辛卯	壬辰	癸巳	甲午	乙未	丙申	丁酉	戊戌	己亥	庚子	辛丑	壬寅	癸卯	甲辰	乙巳	丙午	丁未	戊申	己酉	庚戌	辛亥	壬子	癸丑	甲寅	乙卯	丙辰	丁巳	戊午	己未
비밀수	13	24	35	46	37	48	51	62	73	84	11	22	33	44	35	46	57	68	71	82	13	24	31	42	33	44	55	7	88	11

三 月 (戊 辰) 大

절 기														곡우															입하	
음 력	一	二	三	四	五	六	七	八	九	十	十一	十二	十三	十四	十五	十六	十七	十八	十九	廿	廿一	廿二	廿三	廿四	廿五	廿六	廿七	廿八	廿九	三十
양력 월/일	4/8	9	10	11	12	13	14	15	16	17	18	19	20	21	22	23	24	25	26	27	28	29	30	5/1	2	3	4	5	6	7
일 진	庚申	辛酉	壬戌	癸亥	甲子	乙丑	丙寅	丁卯	戊辰	己巳	庚午	辛未	壬申	癸酉	甲戌	乙亥	丙子	丁丑	戊寅	己卯	庚辰	辛巳	壬午	癸未	甲申	乙酉	丙戌	丁亥	戊子	己丑
비밀수	22	33	44	55	42	53	64	75	86	17	28	31	42	53	44	55	62	73	84	15	26	37	48	51	42	53	64	75	13	24

四 月 (己 巳) 小

절 기															소만															
음 력	一	二	三	四	五	六	七	八	九	十	十一	十二	十三	十四	十五	十六	十七	十八	十九	廿	廿一	廿二	廿三	廿四	廿五	廿六	廿七	廿八	廿九	
양력 월/일	5/8	9	10	11	12	13	14	15	16	17	18	19	20	21	22	23	24	25	26	27	28	29	30	31	6/1	2	3	4	5	
일 진	庚寅	辛卯	壬辰	癸巳	甲午	乙未	丙申	丁酉	戊戌	己亥	庚子	辛丑	壬寅	癸卯	甲辰	乙巳	丙午	丁未	戊申	己酉	庚戌	辛亥	壬子	癸丑	甲寅	乙卯	丙辰	丁巳	戊午	
비밀수	35	46	57	68	51	62	73	84	15	26	33	44	55	66	57	68	71	82	13	24	35	46	53	64	55	66	77	88	11	

五 月 (庚 午) 大

절 기	망종																하지													
음 력	一	二	三	四	五	六	七	八	九	十	十一	十二	十三	十四	十五	十六	十七	十八	十九	廿	廿一	廿二	廿三	廿四	廿五	廿六	廿七	廿八	廿九	三十
양력 월/일	6/6	7	8	9	10	11	12	13	14	15	16	17	18	19	20	21	22	23	24	25	26	27	28	29	30	7/1	2	3	4	5
일 진	己未	庚申	辛酉	壬戌	癸亥	甲子	乙丑	丙寅	丁卯	戊辰	己巳	庚午	辛未	壬申	癸酉	甲戌	乙亥	丙子	丁丑	戊寅	己卯	庚辰	辛巳	壬午	癸未	甲申	乙酉	丙戌	丁亥	戊子
비밀수	33	44	55	66	77	64	75	86	17	28	31	42	53	64	75	66	77	84	15	26	37	48	51	62	73	64	75	86	17	24

六 月 (辛 未) 小

절 기			소서									초복							대서			중복								
음 력	一	二	三	四	五	六	七	八	九	十	十一	十二	十三	十四	十五	十六	十七	十八	十九	廿	廿一	廿二	廿三	廿四	廿五	廿六	廿七	廿八	廿九	
양력 월/일	7/6	7	8	9	10	11	12	13	14	15	16	17	18	19	20	21	22	23	24	25	26	27	28	29	30	31	8/1	2	3	
일 진	己丑	庚寅	辛卯	壬辰	癸巳	甲午	乙未	丙申	丁酉	戊戌	己亥	庚子	辛丑	壬寅	癸卯	甲辰	乙巳	丙午	丁未	戊申	己酉	庚戌	辛亥	壬子	癸丑	甲寅	乙卯	丙辰	丁巳	
비밀수	35	46	78	81	12	83	14	25	36	47	58	65	76	87	18	81	12	23	34	45	56	67	78	85	16	87	18	21	32	

正十月 黑中	西 大將	丑 喪門	酉 吊客	西 三殺

七 月 (壬 申) 大

절 기					입추								말복								처서									
음 력	一	二	三	四	五	六	七	八	九	十	十一	十二	十三	十四	十五	十六	十七	十八	十九	廿	廿一	廿二	廿三	廿四	廿五	廿六	廿七	廿八	廿九	三十
양력 월/일	8/4	5	6	7	8	9	10	11	12	13	14	15	16	17	18	19	20	21	22	23	24	25	26	27	28	29	30	31	9/1	2
일 진	戊午	己未	庚申	辛酉	壬戌	癸亥	甲子	乙丑	丙寅	丁卯	戊辰	己巳	庚午	辛未	壬申	癸酉	甲戌	乙亥	丙子	丁丑	戊寅	己卯	庚辰	辛巳	壬午	癸未	甲申	乙酉	丙戌	丁亥
비밀수	43	54	65	76	88	11	86	17	28	31	42	53	64	75	86	17	88	11	26	37	48	51	62	73	84	15	86	17	28	31

八 月 (癸 酉) 小

절 기						백로																추분								
음 력	一	二	三	四	五	六	七	八	九	十	十一	十二	十三	十四	十五	十六	十七	十八	十九	廿	廿一	廿二	廿三	廿四	廿五	廿六	廿七	廿八	廿九	
양력 월/일	9/3	4	5	6	7	8	9	10	11	12	13	14	15	16	17	18	19	20	21	22	23	24	25	26	27	28	29	30	10/1	
일 진	戊子	己丑	庚寅	辛卯	壬辰	癸巳	甲午	乙未	丙申	丁酉	戊戌	己亥	庚子	辛丑	壬寅	癸卯	甲辰	乙巳	丙午	丁未	戊申	己酉	庚戌	辛亥	壬子	癸丑	甲寅	乙卯	丙辰	
비밀수	46	57	68	71	82	24	15	26	37	48	51	62	77	88	11	22	13	24	35	46	57	68	71	82	17	28	11	22	33	

九 月 (甲 戌) 大

절 기								한로															상강							
음 력	一	二	三	四	五	六	七	八	九	十	十一	十二	十三	十四	十五	十六	十七	十八	十九	廿	廿一	廿二	廿三	廿四	廿五	廿六	廿七	廿八	廿九	三十
양력 월/일	10/2	3	4	5	6	7	8	9	10	11	12	13	14	15	16	17	18	19	20	21	22	23	24	25	26	27	28	29	30	31
일 진	丁巳	戊午	己未	庚申	辛酉	壬戌	癸亥	甲子	乙丑	丙寅	丁卯	戊辰	己巳	庚午	辛未	壬申	癸酉	甲戌	乙亥	丙子	丁丑	戊寅	己卯	庚辰	辛巳	壬午	癸未	甲申	乙酉	丙戌
비밀수	44	55	66	77	88	11	22	88	11	22	33	44	55	66	77	88	11	82	13	28	31	42	53	64	75	86	17	88	11	22

十 月 (乙 亥) 小

절 기								입동															소설							
음 력	一	二	三	四	五	六	七	八	九	十	十一	十二	十三	十四	十五	十六	十七	十八	十九	廿	廿一	廿二	廿三	廿四	廿五	廿六	廿七	廿八	廿九	
양력 월/일	11/1	2	3	4	5	6	7	8	9	10	11	12	13	14	15	16	17	18	19	20	21	22	23	24	25	26	27	28	29	
일 진	丁亥	戊子	己丑	庚寅	辛卯	壬辰	癸巳	甲午	乙未	丙申	丁酉	戊戌	己亥	庚子	辛丑	壬寅	癸卯	甲辰	乙巳	丙午	丁未	戊申	己酉	庚戌	辛亥	壬子	癸丑	甲寅	乙卯	
비밀수	33	48	51	62	73	84	15	17	28	31	42	53	64	71	82	13	24	15	26	37	48	51	62	73	84	11	22	13	24	

十 一 月 (丙 子) 大

절 기									대설														동지							
음 력	一	二	三	四	五	六	七	八	九	十	十一	十二	十三	十四	十五	十六	十七	十八	十九	廿	廿一	廿二	廿三	廿四	廿五	廿六	廿七	廿八	廿九	三十
양력 월/일	11/30	12/1	2	3	4	5	6	7	8	9	10	11	12	13	14	15	16	17	18	19	20	21	22	23	24	25	26	27	28	29
일 진	丙辰	丁巳	戊午	己未	庚申	辛酉	壬戌	癸亥	甲子	乙丑	丙寅	丁卯	戊辰	己巳	庚午	辛未	壬申	癸酉	甲戌	乙亥	丙子	丁丑	戊寅	己卯	庚辰	辛巳	壬午	癸未	甲申	乙酉
비밀수	35	46	57	68	71	82	13	24	26	37	48	51	62	73	84	15	26	37	28	31	46	57	68	71	82	13	24	35	26	37

十 二 月 (丁 丑) 小

절 기								소한															대한							
음 력	一	二	三	四	五	六	七	八	九	十	十一	十二	十三	十四	十五	十六	十七	十八	十九	廿	廿一	廿二	廿三	廿四	廿五	廿六	廿七	廿八	廿九	
양력 월/일	12/30	31	1/1	2	3	4	5	6	7	8	9	10	11	12	13	14	15	16	17	18	19	20	21	22	23	24	25	26	27	
일 진	丙戌	丁亥	戊子	己丑	庚寅	辛卯	壬辰	癸巳	甲午	乙未	丙申	丁酉	戊戌	己亥	庚子	辛丑	壬寅	癸卯	甲辰	乙巳	丙午	丁未	戊申	己酉	庚戌	辛亥	壬子	癸丑	甲寅	
비밀수	48	51	66	77	88	11	22	33	24	35	46	57	68	71	16	17	28	31	22	33	44	55	66	77	88	11	26	37	28	

단기 4293년 서기 1960년	庚 子 年	二 金神

正 月 (戊 寅) 大

절기									입춘															우수						
음력	一	二	三	四	五	六	七	八	九	十	十一	十二	十三	十四	十五	十六	十七	十八	十九	二十	廿一	廿二	廿三	廿四	廿五	廿六	廿七	廿八	廿九	三十
양력 월/일	1/28	29	30	31	2/1	2	3	4	5	6	7	8	9	10	11	12	13	14	15	16	17	18	19	20	21	22	23	24	25	26
일진	乙卯	丙辰	丁巳	戊午	己未	庚申	辛酉	壬戌	癸亥	甲子	乙丑	丙寅	丁卯	戊辰	己巳	庚午	辛未	壬申	癸酉	甲戌	乙亥	丙子	丁丑	戊寅	己卯	庚辰	辛巳	壬午	癸未	甲申
비밀수	42	53	64	75	86	17	28	31	68	55	66	77	88	11	22	33	44	55	66	57	68	75	86	17	28	31	42	53	64	55

二 月 (己 卯) 小

절기								경칩															춘분							
음력	一	二	三	四	五	六	七	八	九	十	十一	十二	十三	十四	十五	十六	十七	十八	十九	二十	廿一	廿二	廿三	廿四	廿五	廿六	廿七	廿八	廿九	
양력 월/일	2/27	28	29	3/1	2	3	4	5	6	7	8	9	10	11	12	13	14	15	16	17	18	19	20	21	22	23	24	25	26	
일진	乙酉	丙戌	丁亥	戊子	己丑	庚寅	辛卯	壬辰	癸巳	甲午	乙未	丙申	丁酉	戊戌	己亥	庚子	辛丑	壬寅	癸卯	甲辰	乙巳	丙午	丁未	戊申	己酉	庚戌	辛亥	壬子	癸丑	
비밀수	66	77	88	15	26	37	48	64	75	66	77	88	11	22	33	48	51	62	73	64	75	86	17	28	31	42	53	68	71	

三 月 (庚 辰) 大

절기										청명	한식														곡우					
음력	一	二	三	四	五	六	七	八	九	十	十一	十二	十三	十四	十五	十六	十七	十八	十九	二十	廿一	廿二	廿三	廿四	廿五	廿六	廿七	廿八	廿九	三十
양력 월/일	3/27	28	29	30	31	4/1	2	3	4	5	6	7	8	9	10	11	12	13	14	15	16	17	18	19	20	21	22	23	24	25
일진	甲寅	乙卯	丙辰	丁巳	戊午	己未	庚申	辛酉	壬戌	癸亥	甲子	乙丑	丙寅	丁卯	戊辰	己巳	庚午	辛未	壬申	癸酉	甲戌	乙亥	丙子	丁丑	戊寅	己卯	庚辰	辛巳	壬午	癸未
비밀수	62	73	84	15	26	37	48	51	62	82	17	28	31	42	53	64	75	86	77	88	71	82	17	28	31	42	53	64	75	86

四 月 (辛 巳) 小

절기										입하																소만				
음력	一	二	三	四	五	六	七	八	九	十	十一	十二	十三	十四	十五	十六	十七	十八	十九	二十	廿一	廿二	廿三	廿四	廿五	廿六	廿七	廿八	廿九	
양력 월/일	4/26	27	28	29	30	5/1	2	3	4	5	6	7	8	9	10	11	12	13	14	15	16	17	18	19	20	21	22	23	24	
일진	甲申	乙酉	丙戌	丁亥	戊子	己丑	庚寅	辛卯	壬辰	癸巳	甲午	乙未	丙申	丁酉	戊戌	己亥	庚子	辛丑	壬寅	癸卯	甲辰	乙巳	丙午	丁未	戊申	己酉	庚戌	辛亥	壬子	
비밀수	77	88	11	22	37	48	51	62	73	15	86	17	28	31	42	53	68	71	82	13	84	15	26	37	48	51	62	73	88	

五 月 (壬 午) 大

절기													망종															하지		
음력	一	二	三	四	五	六	七	八	九	十	十一	十二	十三	十四	十五	十六	十七	十八	十九	二十	廿一	廿二	廿三	廿四	廿五	廿六	廿七	廿八	廿九	三十
양력 월/일	5/25	26	27	28	29	30	31	6/1	2	3	4	5	6	7	8	9	10	11	12	13	14	15	16	17	18	19	20	21	22	23
일진	癸丑	甲寅	乙卯	丙辰	丁巳	戊午	己未	庚申	辛酉	壬戌	癸亥	甲子	乙丑	丙寅	丁卯	戊辰	己巳	庚午	辛未	壬申	癸酉	甲戌	乙亥	丙子	丁丑	戊寅	己卯	庚辰	辛巳	壬午
비밀수	11	82	13	24	35	46	57	68	71	82	13	77	22	33	44	55	66	77	88	11	22	13	24	31	42	53	64	75	86	17

六 月 (癸 未) 大

절기														소서				초복										중복		대서
음력	一	二	三	四	五	六	七	八	九	十	十一	十二	十三	十四	十五	十六	十七	十八	十九	二十	廿一	廿二	廿三	廿四	廿五	廿六	廿七	廿八	廿九	三十
양력 월/일	6/24	25	26	27	28	29	30	7/1	2	3	4	5	6	7	8	9	10	11	12	13	14	15	16	17	18	19	20	21	22	23
일진	癸未	甲申	乙酉	丙戌	丁亥	戊子	己丑	庚寅	辛卯	壬辰	癸巳	甲午	乙未	丙申	丁酉	戊戌	己亥	庚子	辛丑	壬寅	癸卯	甲辰	乙巳	丙午	丁未	戊申	己酉	庚戌	辛亥	壬子
비밀수	28	11	22	33	44	51	62	73	84	15	26	17	28	41	52	63	74	81	12	23	34	25	36	47	58	61	72	83	14	21

七 月 黑中　　西大將　　寅喪門　　戌吊客　　南三殺

閏 六 月 (癸 未) 小

절기															입추			말복												
음력	一	二	三	四	五	六	七	八	九	十	十一	十二	十三	十四	十五	十六	十七	十八	十九	廿	廿一	廿二	廿三	廿四	廿五	廿六	廿七	廿八	廿九	
양력 월/일	7/24	25	26	27	28	29	30	31	8/1	2	3	4	5	6	7	8	9	10	11	12	13	14	15	16	17	18	19	20	21	
일진	癸丑	甲寅	乙卯	丙辰	丁巳	戊午	己未	庚申	辛酉	壬戌	癸亥	甲子	乙丑	丙寅	丁卯	戊辰	己巳	庚午	辛未	壬申	癸酉	甲戌	乙亥	丙子	丁丑	戊寅	己卯	庚辰	辛巳	
비밀수	22	23	34	45	56	67	78	81	12	23	34	21	32	43	46	57	68	71	82	13	24	15	26	33	44	55	66	77	88	

七 月 (甲 申) 大

절기		처서																백로												
음력	一	二	三	四	五	六	七	八	九	十	十一	十二	十三	十四	十五	十六	十七	十八	十九	廿	廿一	廿二	廿三	廿四	廿五	廿六	廿七	廿八	廿九	三十
양력 월/일	8/22	23	24	25	26	27	28	29	30	31	9/1	2	3	4	5	6	7	8	9	10	11	12	13	14	15	16	17	18	19	20
일진	壬午	癸未	甲申	乙酉	丙戌	丁亥	戊子	己丑	庚寅	辛卯	壬辰	癸巳	甲午	乙未	丙申	丁酉	戊戌	己亥	庚子	辛丑	壬寅	癸卯	甲辰	乙巳	丙午	丁未	戊申	己酉	庚戌	辛亥
비밀수	11	22	13	24	35	46	53	64	75	86	17	28	11	22	33	44	55	77	84	15	26	37	28	31	42	53	64	75	86	17

八 月 (乙 酉) 小

절기			추분															한로												
음력	一	二	三	四	五	六	七	八	九	十	十一	十二	十三	十四	十五	十六	十七	十八	十九	廿	廿一	廿二	廿三	廿四	廿五	廿六	廿七	廿八	廿九	
양력 월/일	9/21	22	23	24	25	26	27	28	29	30	10/1	2	3	4	5	6	7	8	9	10	11	12	13	14	15	16	17	18	19	
일진	壬子	癸丑	甲寅	乙卯	丙辰	丁巳	戊午	己未	庚申	辛酉	壬戌	癸亥	甲子	乙丑	丙寅	丁卯	戊辰	己巳	庚午	辛未	壬申	癸酉	甲戌	乙亥	丙子	丁丑	戊寅	己卯	庚辰	
비밀수	24	35	26	37	48	51	62	73	84	15	26	37	24	35	46	57	68	22	13	24	35	46	37	48	55	66	77	88	11	

九 月 (丙 戌) 大

절기				상강															입동											
음력	一	二	三	四	五	六	七	八	九	十	十一	十二	十三	十四	十五	十六	十七	十八	十九	廿	廿一	廿二	廿三	廿四	廿五	廿六	廿七	廿八	廿九	三十
양력 월/일	10/20	21	22	23	24	25	26	27	28	29	30	31	11/1	2	3	4	5	6	7	8	9	10	11	12	13	14	15	16	17	18
일진	辛巳	壬午	癸未	甲申	乙酉	丙戌	丁亥	戊子	己丑	庚寅	辛卯	壬辰	癸巳	甲午	乙未	丙申	丁酉	戊戌	己亥	庚子	辛丑	壬寅	癸卯	甲辰	乙巳	丙午	丁未	戊申	己酉	庚戌
비밀수	22	33	44	35	46	57	68	75	86	17	28	31	42	33	44	55	66	77	11	26	37	48	51	42	53	64	75	86	17	28

十 月 (丁 亥) 小

절기				소설															대설											
음력	一	二	三	四	五	六	七	八	九	十	十一	十二	十三	十四	十五	十六	十七	十八	十九	廿	廿一	廿二	廿三	廿四	廿五	廿六	廿七	廿八	廿九	
양력 월/일	11/19	20	21	22	23	24	25	26	27	28	29	30	12/1	2	3	4	5	6	7	8	9	10	11	12	13	14	15	16	17	
일진	辛亥	壬子	癸丑	甲寅	乙卯	丙辰	丁巳	戊午	己未	庚申	辛酉	壬戌	癸亥	甲子	乙丑	丙寅	丁卯	戊辰	己巳	庚午	辛未	壬申	癸酉	甲戌	乙亥	丙子	丁丑	戊寅	己卯	
비밀수	31	46	57	48	51	62	73	84	15	26	37	48	51	46	56	78	81	12	28	31	42	53	64	55	66	77	88	15	26	

十 一 月 (戊 子) 大

절기					동지														소한											
음력	一	二	三	四	五	六	七	八	九	十	十一	十二	十三	十四	十五	十六	十七	十八	十九	廿	廿一	廿二	廿三	廿四	廿五	廿六	廿七	廿八	廿九	三十
양력 월/일	12/18	19	20	21	22	23	24	25	26	27	28	29	30	31	1/1	2	3	4	5	6	7	8	9	10	11	12	13	14	15	16
일진	庚辰	辛巳	壬午	癸未	甲申	乙酉	丙戌	丁亥	戊子	己丑	庚寅	辛卯	壬辰	癸巳	甲午	乙未	丙申	丁酉	戊戌	己亥	庚子	辛丑	壬寅	癸卯	甲辰	乙巳	丙午	丁未	戊申	己酉
비밀수	27	48	51	62	53	64	75	86	13	24	35	46	57	68	51	62	73	84	26	37	44	55	66	77	68	71	82	13	24	35

十 二 月 (己 丑) 小

절기				대한															입춘											
음력	一	二	三	四	五	六	七	八	九	十	十一	十二	十三	十四	十五	十六	十七	十八	十九	廿	廿一	廿二	廿三	廿四	廿五	廿六	廿七	廿八	廿九	
양력 월/일	1/17	18	19	20	21	22	23	24	25	26	27	28	29	30	31	2/1	2	3	4	5	6	7	8	9	10	11	12	13	14	
일진	庚戌	辛亥	壬子	癸丑	甲寅	乙卯	丙辰	丁巳	戊午	己未	庚申	辛酉	壬戌	癸亥	甲子	乙丑	丙寅	丁卯	戊辰	己巳	庚午	辛未	壬申	癸酉	甲戌	乙亥	丙子	丁丑	戊寅	
비밀수	46	57	64	75	66	77	88	11	22	33	44	55	66	77	64	75	86	17	42	53	64	75	86	17	88	11	26	37	48	

단기 4294년
서기 1961년

辛 丑 年

六 金神

正 月 (庚 寅) 大

절기					우수															경칩										
음력	一	二	三	四	五	六	七	八	九	十	十一	十二	十三	十四	十五	十六	十七	十八	十九	二十	廿一	廿二	廿三	廿四	廿五	廿六	廿七	廿八	廿九	三十
양력 월/일	2/15	16	17	18	19	20	21	22	23	24	25	26	27	28	3/1	2	3	4	5	6	7	8	9	10	11	12	13	14	15	16
일 진	己卯	庚辰	辛巳	壬午	癸未	甲申	乙酉	丙戌	丁亥	戊子	己丑	庚寅	辛卯	壬辰	癸巳	甲午	乙未	丙申	丁酉	戊戌	己亥	庚子	辛丑	壬寅	癸卯	甲辰	乙巳	丙午	丁未	戊申
비밀수	51	62	73	84	15	86	17	28	31	46	57	68	71	82	13	84	15	26	37	51	62	77	88	11	22	13	24	35	46	57

二 月 (辛 卯) 小

절기					춘분															청명	한식								
음력	一	二	三	四	五	六	七	八	九	十	十一	十二	十三	十四	十五	十六	十七	十八	十九	二十	廿一	廿二	廿三	廿四	廿五	廿六	廿七	廿八	廿九
양력 월/일	3/17	18	19	20	21	22	23	24	25	26	27	28	29	30	31	4/1	2	3	4	5	6	7	8	9	10	11	12	13	14
일 진	己酉	庚戌	辛亥	壬子	癸丑	甲寅	乙卯	丙辰	丁巳	戊午	己未	庚申	辛酉	壬戌	癸亥	甲子	乙丑	丙寅	丁卯	戊辰	己巳	庚午	辛未	壬申	癸酉	甲戌	乙亥	丙子	丁丑
비밀수	68	71	82	17	28	11	22	33	44	55	66	77	88	11	22	17	28	31	42	64	75	86	17	28	31	22	33	48	51

三 月 (壬 辰) 大

절기						곡우																입하								
음력	一	二	三	四	五	六	七	八	九	十	十一	十二	十三	十四	十五	十六	十七	十八	十九	二十	廿一	廿二	廿三	廿四	廿五	廿六	廿七	廿八	廿九	三十
양력 월/일	4/15	16	17	18	19	20	21	22	23	24	25	26	27	28	29	30	5/1	2	3	4	5	6	7	8	9	10	11	12	13	14
일 진	戊寅	己卯	庚辰	辛巳	壬午	癸未	甲申	乙酉	丙戌	丁亥	戊子	己丑	庚寅	辛卯	壬辰	癸巳	甲午	乙未	丙申	丁酉	戊戌	己亥	庚子	辛丑	壬寅	癸卯	甲辰	乙巳	丙午	丁未
비밀수	62	73	84	15	26	37	28	31	42	53	68	71	82	13	24	35	26	37	48	51	62	84	11	22	33	44	35	46	57	68

四 月 (癸 巳) 小

절기							소만																망종						
음력	一	二	三	四	五	六	七	八	九	十	十一	十二	十三	十四	十五	十六	十七	十八	十九	二十	廿一	廿二	廿三	廿四	廿五	廿六	廿七	廿八	廿九
양력 월/일	5/15	16	17	18	19	20	21	22	23	24	25	26	27	28	29	30	31	6/1	2	3	4	5	6	7	8	9	10	11	12
일 진	戊申	己酉	庚戌	辛亥	壬子	癸丑	甲寅	乙卯	丙辰	丁巳	戊午	己未	庚申	辛酉	壬戌	癸亥	甲子	乙丑	丙寅	丁卯	戊辰	己巳	庚午	辛未	壬申	癸酉	甲戌	乙亥	丙子
비밀수	71	82	13	24	31	42	33	44	55	66	77	88	11	22	33	44	31	42	53	64	75	86	88	11	22	33	24	35	42

五 月 (甲 午) 大

절기										하지															소서					
음력	一	二	三	四	五	六	七	八	九	十	十一	十二	十三	十四	十五	十六	十七	十八	十九	二十	廿一	廿二	廿三	廿四	廿五	廿六	廿七	廿八	廿九	三十
양력 월/일	6/13	14	15	16	17	18	19	20	21	22	23	24	25	26	27	28	29	30	7/1	2	3	4	5	6	7	8	9	10	11	12
일 진	丁丑	戊寅	己卯	庚辰	辛巳	壬午	癸未	甲申	乙酉	丙戌	丁亥	戊子	己丑	庚寅	辛卯	壬辰	癸巳	甲午	乙未	丙申	丁酉	戊戌	己亥	庚子	辛丑	壬寅	癸卯	甲辰	乙巳	丙午
비밀수	53	64	75	86	17	28	31	22	33	44	55	62	73	84	15	26	37	28	31	42	53	64	75	82	24	35	46	37	48	51

六 月 (乙 未) 小

절기				초복							대서			중복													입추		
음력	一	二	三	四	五	六	七	八	九	十	十一	十二	十三	十四	十五	十六	十七	十八	十九	二十	廿一	廿二	廿三	廿四	廿五	廿六	廿七	廿八	廿九
양력 월/일	7/13	14	15	16	17	18	19	20	21	22	23	24	25	26	27	28	29	30	31	8/1	2	3	4	5	6	7	8	9	10
일 진	丁未	戊申	己酉	庚戌	辛亥	壬子	癸丑	甲寅	乙卯	丙辰	丁巳	戊午	己未	庚申	辛酉	壬戌	癸亥	甲子	乙丑	丙寅	丁卯	戊辰	己巳	庚午	辛未	壬申	癸酉	甲戌	乙亥
비밀수	62	73	84	15	26	33	44	35	46	57	68	71	82	13	24	35	46	33	44	55	66	77	88	11	22	33	55	46	57

四月 黑中	西 大將	卯 喪門	亥 吊客	東 三殺

七　　月　　(丙 申)　大

절 기					말복								처서																백로	
음 력	一	二	三	四	五	六	七	八	九	十	十一	十二	十三	十四	十五	十六	十七	十八	十九	廿	廿一	廿二	廿三	廿四	廿五	廿六	廿七	廿八	廿九	卅
양력 월/일	8/11	12	13	14	15	16	17	18	19	20	21	22	23	24	25	26	27	28	29	30	31	9/1	2	3	4	5	6	7	8	9
일 진	丙子	丁丑	戊寅	己卯	庚辰	辛巳	壬午	癸未	甲申	乙酉	丙戌	丁亥	戊子	己丑	庚寅	辛卯	壬辰	癸巳	甲午	乙未	丙申	丁酉	戊戌	己亥	庚子	辛丑	壬寅	癸卯	甲辰	乙巳
비밀수	64	75	86	17	28	31	42	53	44	55	66	77	84	15	26	37	48	51	42	53	64	75	86	17	24	35	46	57	55	66

八　　月　　(丁 酉)　大

절 기														추분															한로	
음 력	一	二	三	四	五	六	七	八	九	十	十一	十二	十三	十四	十五	十六	十七	十八	十九	廿	廿一	廿二	廿三	廿四	廿五	廿六	廿七	廿八	廿九	卅
양력 월/일	9/10	11	12	13	14	15	16	17	18	19	20	21	22	23	24	25	26	27	28	29	30	10/1	2	3	4	5	6	7	8	9
일 진	丙午	丁未	戊申	己酉	庚戌	辛亥	壬子	癸丑	甲寅	乙卯	丙辰	丁巳	戊午	己未	庚申	辛酉	壬戌	癸亥	甲子	乙丑	丙寅	丁卯	戊辰	己巳	庚午	辛未	壬申	癸酉	甲戌	乙亥
비밀수	77	88	11	22	33	44	51	62	53	64	75	86	17	28	31	42	53	64	51	62	73	84	15	26	37	48	51	62	68	71

九　　月　　(戊 戌)　小

절 기															상강															
음 력	一	二	三	四	五	六	七	八	九	十	十一	十二	十三	十四	十五	十六	十七	十八	十九	廿	廿一	廿二	廿三	廿四	廿五	廿六	廿七	廿八	廿九	
양력 월/일	10/10	11	12	13	14	15	16	17	18	19	20	21	22	23	24	25	26	27	28	29	30	31	11/1	2	3	4	5	6	7	
일 진	丙子	丁丑	戊寅	己卯	庚辰	辛巳	壬午	癸未	甲申	乙酉	丙戌	丁亥	戊子	己丑	庚寅	辛卯	壬辰	癸巳	甲午	乙未	丙申	丁酉	戊戌	己亥	庚子	辛丑	壬寅	癸卯	甲辰	
비밀수	86	17	28	31	42	53	64	75	66	77	88	11	26	37	48	51	62	73	64	75	86	17	28	31	46	57	68	71	62	

十　　月　　(己 亥)　大

절 기	입동														소설															대설
음 력	一	二	三	四	五	六	七	八	九	十	十一	十二	十三	十四	十五	十六	十七	十八	十九	廿	廿一	廿二	廿三	廿四	廿五	廿六	廿七	廿八	廿九	卅
양력 월/일	11/8	9	10	11	12	13	14	15	16	17	18	19	20	21	22	23	24	25	26	27	28	29	30	12/1	2	3	4	5	6	7
일 진	乙巳	丙午	丁未	戊申	己酉	庚戌	辛亥	壬子	癸丑	甲寅	乙卯	丙辰	丁巳	戊午	己未	庚申	辛酉	壬戌	癸亥	甲子	乙丑	丙寅	丁卯	戊辰	己巳	庚午	辛未	壬申	癸酉	甲戌
비밀수	84	15	26	37	48	51	62	77	88	71	82	13	24	35	46	57	68	71	82	77	88	11	22	33	44	55	66	77	88	86

十 一 月　　(庚 子)　小

절 기															동지															
음 력	一	二	三	四	五	六	七	八	九	十	十一	十二	十三	十四	十五	十六	十七	十八	十九	廿	廿一	廿二	廿三	廿四	廿五	廿六	廿七	廿八	廿九	
양력 월/일	12/8	9	10	11	12	13	14	15	16	17	18	19	20	21	22	23	24	25	26	27	28	29	30	31	1/1	2	3	4	5	
일 진	乙亥	丙子	丁丑	戊寅	己卯	庚辰	辛巳	壬午	癸未	甲申	乙酉	丙戌	丁亥	戊子	己丑	庚寅	辛卯	壬辰	癸巳	甲午	乙未	丙申	丁酉	戊戌	己亥	庚子	辛丑	壬寅	癸卯	
비밀수	16	24	35	46	57	68	71	82	13	84	15	26	37	44	55	66	77	88	11	82	13	24	35	46	57	64	75	86	17	

十 二 月　　(辛 丑)　大

절 기	소한														대한															입춘
음 력	一	二	三	四	五	六	七	八	九	十	十一	十二	十三	十四	十五	十六	十七	十八	十九	廿	廿一	廿二	廿三	廿四	廿五	廿六	廿七	廿八	廿九	卅
양력 월/일	1/6	7	8	9	10	11	12	13	14	15	16	17	18	19	20	21	22	23	24	25	26	27	28	29	30	31	2/1	2	3	4
일 진	甲辰	乙巳	丙午	丁未	戊申	己酉	庚戌	辛亥	壬子	癸丑	甲寅	乙卯	丙辰	丁巳	戊午	己未	庚申	辛酉	壬戌	癸亥	甲子	乙丑	丙寅	丁卯	戊辰	己巳	庚午	辛未	壬申	癸酉
비밀수	11	22	33	44	55	66	77	88	15	26	17	28	31	42	53	64	75	86	17	28	15	26	37	48	51	62	73	84	15	38

단기 4295년
서기 1962년

壬 寅 年

四 金神

正 月 (壬 寅) 小

절 기															우수															
음 력	一	二	三	四	五	六	七	八	九	十	十一	十二	十三	十四	十五	十六	十七	十八	十九	廿	廿一	廿二	廿三	廿四	廿五	廿六	廿七	廿八	廿九	
양력 월/일	2/5	6	7	8	9	10	11	12	13	14	15	16	17	18	19	20	21	22	23	24	25	26	27	28	3/1	2	3	4	5	
일 진	甲戌	乙亥	丙子	丁丑	戊寅	己卯	庚辰	辛巳	壬午	癸未	甲申	乙酉	丙戌	丁亥	戊子	己丑	庚寅	辛卯	壬辰	癸巳	甲午	乙未	丙申	丁酉	戊戌	己亥	庚子	辛丑	壬寅	
비밀수、	31	42	57	68	71	82	13	24	35	46	37	48	51	62	77	88	11	22	33	44	35	46	57	68	71	82	17	28	31	

二 月 (癸 卯) 大

절 기	경칩															춘분														
음 력	一	二	三	四	五	六	七	八	九	十	十一	十二	十三	十四	十五	十六	十七	十八	十九	廿	廿一	廿二	廿三	廿四	廿五	廿六	廿七	廿八	廿九	三十
양력 월/일	3/6	7	8	9	10	11	12	13	14	15	16	17	18	19	20	21	22	23	24	25	26	27	28	29	30	31	4/1	2	3	4
일 진	癸卯	甲辰	乙巳	丙午	丁未	戊申	己酉	庚戌	辛亥	壬子	癸丑	甲寅	乙卯	丙辰	丁巳	戊午	己未	庚申	辛酉	壬戌	癸亥	甲子	乙丑	丙寅	丁卯	戊辰	己巳	庚午	辛未	壬申
비밀수	53	44	55	66	77	88	11	22	33	48	51	42	53	64	75	86	17	28	31	42	53	48	51	62	73	84	15	26	37	48

三 月 (甲 辰) 小

절 기	청명	한식														곡우														
음 력	一	二	三	四	五	六	七	八	九	十	十一	十二	十三	十四	十五	十六	十七	十八	十九	廿	廿一	廿二	廿三	廿四	廿五	廿六	廿七	廿八	廿九	
양력 월/일	4/5	6	7	8	9	10	11	12	13	14	15	16	17	18	19	20	21	22	23	24	25	26	27	28	29	30	5/1	2	3	
일 진	癸酉	甲戌	乙亥	丙子	丁丑	戊寅	己卯	庚辰	辛巳	壬午	癸未	甲申	乙酉	丙戌	丁亥	戊子	己丑	庚寅	辛卯	壬辰	癸巳	甲午	乙未	丙申	丁酉	戊戌	己亥	庚子	辛丑	
비밀수	42	33	44	51	62	73	84	15	26	37	48	31	42	53	64	71	82	13	24	35	46	37	48	51	62	73	84	11	22	

四 月 (乙 巳) 小

절 기			입하															소만												
음 력	一	二	三	四	五	六	七	八	九	十	十一	十二	十三	十四	十五	十六	十七	十八	十九	廿	廿一	廿二	廿三	廿四	廿五	廿六	廿七	廿八	廿九	
양력 월/일	5/4	5	6	7	8	9	10	11	12	13	14	15	16	17	18	19	20	21	22	23	24	25	26	27	28	29	30	31	6/1	
일 진	壬寅	癸卯	甲辰	乙巳	丙午	丁未	戊申	己酉	庚戌	辛亥	壬子	癸丑	甲寅	乙卯	丙辰	丁巳	戊午	己未	庚申	辛酉	壬戌	癸亥	甲子	乙丑	丙寅	丁卯	戊辰	己巳	庚午	
비밀수	33	44	46	57	68	71	82	13	24	35	42	53	44	55	66	77	88	11	22	33	44	55	42	53	64	75	86	17	28	

五 月 (丙 午) 大

절 기					망종																하지									
음 력	一	二	三	四	五	六	七	八	九	十	十一	十二	十三	十四	十五	十六	十七	十八	十九	廿	廿一	廿二	廿三	廿四	廿五	廿六	廿七	廿八	廿九	三十
양력 월/일	6/2	3	4	5	6	7	8	9	10	11	12	13	14	15	16	17	18	19	20	21	22	23	24	25	26	27	28	29	30	7/1
일 진	辛未	壬申	癸酉	甲戌	乙亥	丙子	丁丑	戊寅	己卯	庚辰	辛巳	壬午	癸未	甲申	乙酉	丙戌	丁亥	戊子	己丑	庚寅	辛卯	壬辰	癸巳	甲午	乙未	丙申	丁酉	戊戌	己亥	庚子
비밀수	31	42	53	64	66	73	84	15	26	37	48	51	62	53	64	75	86	13	24	35	46	57	68	51	62	73	84	15	26	33

六 月 (丁 未) 小

절 기						소서															초복		대서							
음 력	一	二	三	四	五	六	七	八	九	十	十一	十二	十三	十四	十五	十六	十七	十八	十九	廿	廿一	廿二	廿三	廿四	廿五	廿六	廿七	廿八	廿九	
양력 월/일	7/2	3	4	5	6	7	8	9	10	11	12	13	14	15	16	17	18	19	20	21	22	23	24	25	26	27	28	29	30	
일 진	辛丑	壬寅	癸卯	甲辰	乙巳	丙午	丁未	戊申	己酉	庚戌	辛亥	壬子	癸丑	甲寅	乙卯	丙辰	丁巳	戊午	己未	庚申	辛酉	壬戌	癸亥	甲子	乙丑	丙寅	丁卯	戊辰	己巳	
비밀수	44	55	66	57	68	82	13	24	35	46	57	64	75	66	77	88	11	22	33	44	55	66	77	64	75	86	17	28	31	

正 十 月 黑中	北 大將	辰 喪門	子 吊客	北 三殺

七 月 (戊 申) 大

절 기									입추		말복														처서					
음 력	一	二	三	四	五	六	七	八	九	十	十一	十二	十三	十四	十五	十六	十七	十八	十九	二十	廿一	廿二	廿三	廿四	廿五	廿六	廿七	廿八	廿九	三十
양력 월/일	7/31	8/1	2	3	4	5	6	7	8	9	10	11	12	13	14	15	16	17	18	19	20	21	22	23	24	25	26	27	28	29
일 진	庚午	辛未	壬申	癸酉	甲戌	乙亥	丙子	丁丑	戊寅	己卯	庚辰	辛巳	壬午	癸未	甲申	乙酉	丙戌	丁亥	戊子	己丑	庚寅	辛卯	壬辰	癸巳	甲午	乙未	丙申	丁酉	戊戌	己亥
비밀수	42	53	64	75	66	77	84	15	37	48	51	62	73	84	75	86	17	28	35	46	57	68	71	82	73	84	15	26	37	48

八 月 (己 酉) 大

절 기										백로															추분					
음 력	一	二	三	四	五	六	七	八	九	十	十一	十二	十三	十四	十五	十六	十七	十八	十九	二十	廿一	廿二	廿三	廿四	廿五	廿六	廿七	廿八	廿九	三十
양력 월/일	8/30	31	9/1	2	3	4	5	6	7	8	9	10	11	12	13	14	15	16	17	18	19	20	21	22	23	24	25	26	27	28
일 진	庚子	辛丑	壬寅	癸卯	甲辰	乙巳	丙午	丁未	戊申	己酉	庚戌	辛亥	壬子	癸丑	甲寅	乙卯	丙辰	丁巳	戊午	己未	庚申	辛酉	壬戌	癸亥	甲子	乙丑	丙寅	丁卯	戊辰	己巳
비밀수	55	66	77	88	71	82	13	24	35	57	68	71	86	17	88	11	22	33	44	55	66	77	88	11	86	17	28	31	42	53

九 月 (庚 戌) 小

절 기											한로															상강				
음 력	一	二	三	四	五	六	七	八	九	十	十一	十二	十三	十四	十五	十六	十七	十八	十九	二十	廿一	廿二	廿三	廿四	廿五	廿六	廿七	廿八	廿九	
양력 월/일	9/29	30	10/1	2	3	4	5	6	7	8	9	10	11	12	13	14	15	16	17	18	19	20	21	22	23	24	25	26	27	
일 진	庚午	辛未	壬申	癸酉	甲戌	乙亥	丙子	丁丑	戊寅	己卯	庚辰	辛巳	壬午	癸未	甲申	乙酉	丙戌	丁亥	戊子	己丑	庚寅	辛卯	壬辰	癸巳	甲午	乙未	丙申	丁酉	戊戌	
비밀수	64	75	86	17	88	11	26	37	48	51	73	84	15	26	17	28	31	42	57	68	71	82	13	24	15	26	37	48	51	

十 月 (辛 亥) 大

절 기												입동															소설			
음 력	一	二	三	四	五	六	七	八	九	十	十一	十二	十三	十四	十五	十六	十七	十八	十九	二十	廿一	廿二	廿三	廿四	廿五	廿六	廿七	廿八	廿九	三十
양력 월/일	10/28	29	30	31	11/1	2	3	4	5	6	7	8	9	10	11	12	13	14	15	16	17	18	19	20	21	22	23	24	25	26
일 진	己亥	庚子	辛丑	壬寅	癸卯	甲辰	乙巳	丙午	丁未	戊申	己酉	庚戌	辛亥	壬子	癸丑	甲寅	乙卯	丙辰	丁巳	戊午	己未	庚申	辛酉	壬戌	癸亥	甲子	乙丑	丙寅	丁卯	戊辰
비밀수	62	77	88	11	22	23	24	35	46	57	68	82	13	28	31	22	33	44	55	66	77	88	11	22	33	28	31	42	53	64

十 一 月 (壬 子) 大

절 기											대설															동지				
음 력	一	二	三	四	五	六	七	八	九	十	十一	十二	十三	十四	十五	十六	十七	十八	十九	二十	廿一	廿二	廿三	廿四	廿五	廿六	廿七	廿八	廿九	三十
양력 월/일	11/27	28	29	30	12/1	2	3	4	5	6	7	8	9	10	11	12	13	14	15	16	17	18	19	20	21	22	23	24	25	26
일 진	己巳	庚午	辛未	壬申	癸酉	甲戌	乙亥	丙子	丁丑	戊寅	己卯	庚辰	辛巳	壬午	癸未	甲申	乙酉	丙戌	丁亥	戊子	己丑	庚寅	辛卯	壬辰	癸巳	甲午	乙未	丙申	丁酉	戊戌
비밀수	75	86	17	28	3	21	32	48	51	62	88	11	22	33	44	35	46	57	68	75	86	17	28	31	42	33	44	55	66	77

十 二 月 (癸 丑) 小

절 기											소한															대한				
음 력	一	二	三	四	五	六	七	八	九	十	十一	十二	十三	十四	十五	十六	十七	十八	十九	二十	廿一	廿二	廿三	廿四	廿五	廿六	廿七	廿八	廿九	
양력 월/일	12/27	28	29	30	31	1/1	2	3	4	5	6	7	8	9	10	11	12	13	14	15	16	17	18	19	20	21	22	23	24	
일 진	己亥	庚子	辛丑	壬寅	癸卯	甲辰	乙巳	丙午	丁未	戊申	己酉	庚戌	辛亥	壬子	癸丑	甲寅	乙卯	丙辰	丁巳	戊午	己未	庚申	辛酉	壬戌	癸亥	甲子	乙丑	丙寅	丁卯	
비밀수	88	15	26	37	48	31	42	53	64	75	17	28	31	46	57	48	51	62	73	84	15	26	37	48	51	46	57	68	71	

단기 4296년
서기 1963년

癸 卯 年

四金神

正 月 (甲 寅) 大

절 기											입춘															우수				
음 력	一	二	三	四	五	六	七	八	九	十	十一	十二	十三	十四	十五	十六	十七	十八	十九	二十	廿一	廿二	廿三	廿四	廿五	廿六	廿七	廿八	廿九	三十
양력 월/일	1/25	26	27	28	29	30	31	2/1	2	3	4	5	6	7	8	9	10	11	12	13	14	15	16	17	18	19	20	21	22	23
일 진	戊辰	己巳	庚午	辛未	壬申	癸酉	甲戌	乙亥	丙子	丁丑	戊寅	己卯	庚辰	辛巳	壬午	癸未	甲申	乙酉	丙戌	丁亥	戊子	己丑	庚寅	辛卯	壬辰	癸巳	甲午	乙未	丙申	丁酉
비밀수	82	13	24	33	46	57	48	51	66	77	82	13	24	35	46	57	48	51	62	73	88	11	25	33	44	55	46	57	68	71

二 月 (乙 卯) 小

절 기											경칩															춘분				
음 력	一	二	三	四	五	六	七	八	九	十	十一	十二	十三	十四	十五	十六	十七	十八	十九	二十	廿一	廿二	廿三	廿四	廿五	廿六	廿七	廿八	廿九	
양력 월/일	2/24	25	26	27	28	3/1	2	3	4	5	6	7	8	9	10	11	12	13	14	15	16	17	18	19	20	21	22	23	24	
일 진	戊戌	己亥	庚子	辛丑	壬寅	癸卯	甲辰	乙巳	丙午	丁未	戊申	己酉	庚戌	辛亥	壬子	癸丑	甲寅	乙卯	丙辰	丁巳	戊午	己未	庚申	辛酉	壬戌	癸亥	甲子	乙丑	丙寅	
비밀수	82	13	28	31	42	53	44	55	66	77	11	22	33	44	51	62	53	64	75	86	17	28	31	42	53	64	51	62	73	

三 月 (丙 辰) 大

절 기												청명	한식															곡우		
음 력	一	二	三	四	五	六	七	八	九	十	十一	十二	十三	十四	十五	十六	十七	十八	十九	二十	廿一	廿二	廿三	廿四	廿五	廿六	廿七	廿八	廿九	三十
양력 월/일	3/25	26	27	28	29	30	31	4/1	2	3	4	5	6	7	8	9	10	11	12	13	14	15	16	17	18	19	20	21	22	23
일 진	丁卯	戊辰	己巳	庚午	辛未	壬申	癸酉	甲戌	乙亥	丙子	丁丑	戊寅	己卯	庚辰	辛巳	壬午	癸未	甲申	乙酉	丙戌	丁亥	戊子	己丑	庚寅	辛卯	壬辰	癸巳	甲午	乙未	丙申
비밀수	84	15	26	37	48	51	62	53	64	71	82	24	35	46	57	68	71	62	73	84	15	22	33	44	55	66	77	68	71	82

四 月 (丁 巳) 小

절 기													입하																소만	
음 력	一	二	三	四	五	六	七	八	九	十	十一	十二	十三	十四	十五	十六	十七	十八	十九	二十	廿一	廿二	廿三	廿四	廿五	廿六	廿七	廿八	廿九	
양력 월/일	4/24	25	26	27	28	29	30	5/1	2	3	4	5	6	7	8	9	10	11	12	13	14	15	16	17	18	19	20	21	22	
일 진	丁酉	戊戌	己亥	庚子	辛丑	壬寅	癸卯	甲辰	乙巳	丙午	丁未	戊申	己酉	庚戌	辛亥	壬子	癸丑	甲寅	乙卯	丙辰	丁巳	戊午	己未	庚申	辛酉	壬戌	癸亥	甲子	乙丑	
비밀수	13	24	35	42	53	64	75	66	77	88	11	22	44	55	66	73	84	75	86	17	28	31	42	53	64	75	86	73	84	

閏 四 月 (丁 巳) 小

절 기															망종															
음 력	一	二	三	四	五	六	七	八	九	十	十一	十二	十三	十四	十五	十六	十七	十八	十九	二十	廿一	廿二	廿三	廿四	廿五	廿六	廿七	廿八	廿九	
양력 월/일	5/23	24	25	26	27	28	29	30	31	6/1	2	3	4	5	6	7	8	9	10	11	12	13	14	15	16	17	18	19	20	
일 진	丙寅	丁卯	戊辰	己巳	庚午	辛未	壬申	癸酉	甲戌	乙亥	丙子	丁丑	戊寅	己卯	庚辰	辛巳	壬午	癸未	甲申	乙酉	丙戌	丁亥	戊子	己丑	庚寅	辛卯	壬辰	癸巳	甲午	
비밀수	15	26	37	48	51	62	73	84	75	86	13	24	35	46	68	71	82	13	84	15	26	37	44	55	66	77	88	11	82	

五 月 (戊 午) 大

절 기		하지																소서								초복				
음 력	一	二	三	四	五	六	七	八	九	十	十一	十二	十三	十四	十五	十六	十七	十八	十九	二十	廿一	廿二	廿三	廿四	廿五	廿六	廿七	廿八	廿九	三十
양력 월/일	6/21	22	23	24	25	26	27	28	29	30	7/1	2	3	4	5	6	7	8	9	10	11	12	13	14	15	16	17	18	19	20
일 진	乙未	丙申	丁酉	戊戌	己亥	庚子	辛丑	壬寅	癸卯	甲辰	乙巳	丙午	丁未	戊申	己酉	庚戌	辛亥	壬子	癸丑	甲寅	乙卯	丙辰	丁巳	戊午	己未	庚申	辛酉	壬戌	癸亥	甲子
비밀수	13	24	35	46	57	64	75	86	17	88	11	22	33	44	55	66	77	15	26	17	28	31	42	53	64	75	86	17	28	15

七 月 黑中　　北大將　　巳 喪門　　丑 吊客　　酉 三殺

六　月　(己 未)　小

절 기			대서													중복			입추							말복				
음 력	一	二	三	四	五	六	七	八	九	十	十一	十二	十三	十四	十五	十六	十七	十八	十九	廿	廿一	廿二	廿三	廿四	廿五	廿六	廿七	廿八	廿九	
양력 月/日	7/21	22	23	24	25	26	27	28	29	30	31	8/1	2	3	4	5	6	7	8	9	10	11	12	13	14	15	16	17	18	
일 진	乙丑	丙寅	丁卯	戊辰	己巳	庚午	辛未	壬申	癸酉	甲戌	乙亥	丙子	丁丑	戊寅	己卯	庚辰	辛巳	壬午	癸未	甲申	乙酉	丙戌	丁亥	戊子	己丑	庚寅	辛卯	壬辰	癸巳	
비밀수	26	37	48	51	62	73	84	15	26	17	28	35	46	57	68	71	82	13	35	26	37	48	51	66	77	88	11	22	33	

七　月　(庚 申)　大

절 기						처서															백로									
음 력	一	二	三	四	五	六	七	八	九	十	十一	十二	十三	十四	十五	十六	十七	十八	十九	廿	廿一	廿二	廿三	廿四	廿五	廿六	廿七	廿八	廿九	卅
양력 月/日	8/19	20	21	22	23	24	25	26	27	28	29	30	31	9/1	2	3	4	5	6	7	8	9	10	11	12	13	14	15	16	17
일 진	甲午	乙未	丙申	丁酉	戊戌	己亥	庚子	辛丑	壬寅	癸卯	甲辰	乙巳	丙午	丁未	戊申	己酉	庚戌	辛亥	壬子	癸丑	甲寅	乙卯	丙辰	丁巳	戊午	己未	庚申	辛酉	壬戌	癸亥
비밀수	24	35	46	57	68	71	86	17	28	31	22	33	44	55	66	77	88	11	26	37	31	42	53	64	75	86	17	28	31	42

八　月　(辛 酉)　小

절 기							추분															한로								
음 력	一	二	三	四	五	六	七	八	九	十	十一	十二	十三	十四	十五	十六	十七	十八	十九	廿	廿一	廿二	廿三	廿四	廿五	廿六	廿七	廿八	廿九	
양력 月/日	9/18	19	20	21	22	23	24	25	26	27	28	29	30	10/1	2	3	4	5	6	7	8	9	10	11	12	13	14	15	16	
일 진	甲子	乙丑	丙寅	丁卯	戊辰	己巳	庚午	辛未	壬申	癸酉	甲戌	乙亥	丙子	丁丑	戊寅	己卯	庚辰	辛巳	壬午	癸未	甲申	乙酉	丙戌	丁亥	戊子	己丑	庚寅	辛卯	壬辰	
비밀수	37	48	51	62	73	84	15	26	37	48	51	42	57	68	71	82	13	24	35	46	37	51	62	73	88	11	22	33	44	

九　月　(壬 戌)　大

절 기								상강															입동							
음 력	一	二	三	四	五	六	七	八	九	十	十一	十二	十三	十四	十五	十六	十七	十八	十九	廿	廿一	廿二	廿三	廿四	廿五	廿六	廿七	廿八	廿九	卅
양력 月/日	10/17	18	19	20	21	22	23	24	25	26	27	28	29	30	31	11/1	2	3	4	5	6	7	8	9	10	11	12	13	14	15
일 진	癸巳	甲午	乙未	丙申	丁酉	戊戌	己亥	庚子	辛丑	壬寅	癸卯	甲辰	乙巳	丙午	丁未	戊申	己酉	庚戌	辛亥	壬子	癸丑	甲寅	乙卯	丙辰	丁巳	戊午	己未	庚申	辛酉	壬戌
비밀수	55	46	57	68	71	82	13	28	31	42	53	44	55	66	77	88	11	22	33	48	51	42	64	75	86	17	28	31	42	53

十　月　(癸 亥)　大

절 기								소설															대설							
음 력	一	二	三	四	五	六	七	八	九	十	十一	十二	十三	十四	十五	十六	十七	十八	十九	廿	廿一	廿二	廿三	廿四	廿五	廿六	廿七	廿八	廿九	卅
양력 月/日	11/16	17	18	19	20	21	22	23	24	25	26	27	28	29	30	12/1	2	3	4	5	6	7	8	9	10	11	12	13	14	15
일 진	癸亥	甲子	乙丑	丙寅	丁卯	戊辰	己巳	庚午	辛未	壬申	癸酉	甲戌	乙亥	丙子	丁丑	戊寅	己卯	庚辰	辛巳	壬午	癸未	甲申	乙酉	丙戌	丁亥	戊子	己丑	庚寅	辛卯	壬辰
비밀수	64	51	62	73	84	15	26	37	48	51	62	53	64	71	82	13	24	35	46	57	68	51	57	68	71	86	17	28	31	42

十一月　(甲 子)　大

절 기							동지															소한								
음 력	一	二	三	四	五	六	七	八	九	十	十一	十二	十三	十四	十五	十六	十七	十八	十九	廿	廿一	廿二	廿三	廿四	廿五	廿六	廿七	廿八	廿九	卅
양력 月/日	12/16	17	18	19	20	21	22	23	24	25	26	27	28	29	30	31	1/1	2	3	4	5	6	7	8	9	10	11	12	13	14
일 진	癸巳	甲午	乙未	丙申	丁酉	戊戌	己亥	庚子	辛丑	壬寅	癸卯	甲辰	乙巳	丙午	丁未	戊申	己酉	庚戌	辛亥	壬子	癸丑	甲寅	乙卯	丙辰	丁巳	戊午	己未	庚申	辛酉	壬戌
비밀수	53	44	55	66	77	88	11	26	37	48	51	42	53	64	75	86	17	28	31	46	57	51	62	73	84	15	26	37	48	51

十 二 月　(乙 丑)　小

절 기							대한															입춘								
음 력	一	二	三	四	五	六	七	八	九	十	十一	十二	十三	十四	十五	十六	十七	十八	十九	廿	廿一	廿二	廿三	廿四	廿五	廿六	廿七	廿八	廿九	
양력 月/日	1/15	16	17	18	19	20	21	22	23	24	25	26	27	28	29	30	31	2/1	2	3	4	5	6	7	8	9	10	11	12	
일 진	癸亥	甲子	乙丑	丙寅	丁卯	戊辰	己巳	庚午	辛未	壬申	癸酉	甲戌	乙亥	丙子	丁丑	戊寅	己卯	庚辰	辛巳	壬午	癸未	甲申	乙酉	丙戌	丁亥	戊子	己丑	庚寅	辛卯	
비밀수	62	57	68	71	82	13	24	35	46	57	68	51	62	77	88	11	22	33	44	55	66	51	62	73	84	11	22	33	44	

단기 4297년
서기 1964년

甲 辰 年

四 金神

正 月 (丙 寅) 大

절기							우수															경칩								
음력	一	二	三	四	五	六	七	八	九	十	十一	十二	十三	十四	十五	十六	十七	十八	十九	二十	二十一	二十二	二十三	二十四	二十五	二十六	二十七	二十八	二十九	三十
양력 월/일	2/13	14	15	16	17	18	19	20	21	22	23	24	25	26	27	28	29	3/1	2	3	4	5	6	7	8	9	10	11	12	13
일진	壬辰	癸巳	甲午	乙未	丙申	丁酉	戊戌	己亥	庚子	辛丑	壬寅	癸卯	甲辰	乙巳	丙午	丁未	戊申	己酉	庚戌	辛亥	壬子	癸丑	甲寅	乙卯	丙辰	丁巳	戊午	己未	庚申	辛酉
비밀수	55	66	57	68	71	82	13	24	31	42	53	64	55	66	77	88	11	22	33	44	51	73	64	75	86	17	28	31	42	53

二 月 (丁 卯) 小

절기							춘분																청명	한식						
음력	一	二	三	四	五	六	七	八	九	十	十一	十二	十三	十四	十五	十六	十七	十八	十九	二十	二十一	二十二	二十三	二十四	二十五	二十六	二十七	二十八	二十九	
양력 월/일	3/14	15	16	17	18	19	20	21	22	23	24	25	26	27	28	29	30	31	4/1	2	3	4	5	6	7	8	9	10	11	
일진	壬戌	癸亥	甲子	乙丑	丙寅	丁卯	戊辰	己巳	庚午	辛未	壬申	癸酉	甲戌	乙亥	丙子	丁丑	戊寅	己卯	庚辰	辛巳	壬午	癸未	甲申	乙酉	丙戌	丁亥	戊子	己丑	庚寅	
비밀수	64	75	62	73	84	15	26	37	48	51	62	73	64	75	82	13	24	35	46	57	68	71	73	84	15	26	33	44	55	

三 月 (戊 辰) 大

절기									곡우															입하						
음력	一	二	三	四	五	六	七	八	九	十	十一	十二	十三	十四	十五	十六	十七	十八	十九	二十	二十一	二十二	二十三	二十四	二十五	二十六	二十七	二十八	二十九	三十
양력 월/일	4/12	13	14	15	16	17	18	19	20	21	22	23	24	25	26	27	28	29	30	5/1	2	3	4	5	6	7	8	9	10	11
일진	辛卯	壬辰	癸巳	甲午	乙未	丙申	丁酉	戊戌	己亥	庚子	辛丑	壬寅	癸卯	甲辰	乙巳	丙午	丁未	戊申	己酉	庚戌	辛亥	壬子	癸丑	甲寅	乙卯	丙辰	丁巳	戊午	己未	庚申
비밀수	66	77	88	71	82	13	24	35	46	53	64	75	86	77	88	11	22	33	44	55	66	73	84	86	17	28	31	42	53	64

四 月 (己 巳) 小

절기										소만																망종				
음력	一	二	三	四	五	六	七	八	九	十	十一	十二	十三	十四	十五	十六	十七	十八	十九	二十	二十一	二十二	二十三	二十四	二十五	二十六	二十七	二十八	二十九	
양력 월/일	5/12	13	14	15	16	17	18	19	20	21	22	23	24	25	26	27	28	29	30	31	6/1	2	3	4	5	6	7	8	9	
일진	辛酉	壬戌	癸亥	甲子	乙丑	丙寅	丁卯	戊辰	己巳	庚午	辛未	壬申	癸酉	甲戌	乙亥	丙子	丁丑	戊寅	己卯	庚辰	辛巳	壬午	癸未	甲申	乙酉	丙戌	丁亥	戊子	己丑	
비밀수	75	86	17	84	25	36	47	58	61	72	83	14	25	86	17	24	35	46	57	68	71	82	13	84	15	37	48	55	66	

五 月 (庚 午) 小

절기												하지																소서		
음력	一	二	三	四	五	六	七	八	九	十	十一	十二	十三	十四	十五	十六	十七	十八	十九	二十	二十一	二十二	二十三	二十四	二十五	二十六	二十七	二十八	二十九	
양력 월/일	6/10	11	12	13	14	15	16	17	18	19	20	21	22	23	24	25	26	27	28	29	30	7/1	2	3	4	5	6	7	8	
일진	庚寅	辛卯	壬辰	癸巳	甲午	乙未	丙申	丁酉	戊戌	己亥	庚子	辛丑	壬寅	癸卯	甲辰	乙巳	丙午	丁未	戊申	己酉	庚戌	辛亥	壬子	癸丑	甲寅	乙卯	丙辰	丁巳	戊午	
비밀수	77	88	11	22	13	24	35	46	57	68	75	86	17	28	11	22	33	44	55	66	77	88	15	26	17	28	31	53	64	

六 月 (辛 未) 大

절기												초복			대서							중복								입추
음력	一	二	三	四	五	六	七	八	九	十	十一	十二	十三	十四	十五	十六	十七	十八	十九	二十	二十一	二十二	二十三	二十四	二十五	二十六	二十七	二十八	二十九	三十
양력 월/일	7/9	10	11	12	13	14	15	16	17	18	19	20	21	22	23	24	25	26	27	28	29	30	31	8/1	2	3	4	5	6	7
일진	己未	庚申	辛酉	壬戌	癸亥	甲子	乙丑	丙寅	丁卯	戊辰	己巳	庚午	辛未	壬申	癸酉	甲戌	乙亥	丙子	丁丑	戊寅	己卯	庚辰	辛巳	壬午	癸未	甲申	乙酉	丙戌	丁亥	戊子
비밀수	75	86	17	28	31	26	37	48	51	62	73	84	15	26	37	28	31	46	57	68	71	82	13	24	35	26	37	48	51	57

四 月 黑中	北 大將	午 喪門	寅 吊客	南 三殺

七 月 (壬 申) 小

절기		말복														처서														
음력	一	二	三	四	五	六	七	八	九	十	十一	十二	十三	十四	十五	十六	十七	十八	十九	二十	廿一	廿二	廿三	廿四	廿五	廿六	廿七	廿八	廿九	
양력 월/일	8/8	9	10	11	12	13	14	15	16	17	18	19	20	21	22	23	24	25	26	27	28	29	30	31	9/1	2	3	4	5	
일진	己丑	庚寅	辛卯	壬辰	癸巳	甲午	乙未	丙申	丁酉	戊戌	己亥	庚子	辛丑	壬寅	癸卯	甲辰	乙巳	丙午	丁未	戊申	己酉	庚戌	辛亥	壬子	癸丑	甲寅	乙卯	丙辰	丁巳	
비밀수	86	17	28	31	42	33	44	55	66	77	88	15	26	37	48	31	42	53	64	75	86	17	28	35	46	37	48	51	62	

八 月 (癸 酉) 大

절기			백로															추분												
음력	一	二	三	四	五	六	七	八	九	十	十一	十二	十三	十四	十五	十六	十七	十八	十九	二十	廿一	廿二	廿三	廿四	廿五	廿六	廿七	廿八	廿九	三十
양력 월/일	9/6	7	8	9	10	11	12	13	14	15	16	17	18	19	20	21	22	23	24	25	26	27	28	29	30	10/1	2	3	4	5
일진	戊午	己未	庚申	辛酉	壬戌	癸亥	甲子	乙丑	丙寅	丁卯	戊辰	己巳	庚午	辛未	壬申	癸酉	甲戌	乙亥	丙子	丁丑	戊寅	己卯	庚辰	辛巳	壬午	癸未	甲申	乙酉	丙戌	丁亥
비밀수	73	84	26	37	48	51	46	57	68	71	82	13	24	35	46	57	48	51	66	77	88	11	22	33	44	55	46	57	68	71

九 月 (甲 戌) 小

절기			한로															상강												
음력	一	二	三	四	五	六	七	八	九	十	十一	十二	十三	十四	十五	十六	十七	十八	十九	二十	廿一	廿二	廿三	廿四	廿五	廿六	廿七	廿八	廿九	
양력 월/일	10/6	7	8	9	10	11	12	13	14	15	16	17	18	19	20	21	22	23	24	25	26	27	28	29	30	31	11/1	2	3	
일진	戊子	己丑	庚寅	辛卯	壬辰	癸巳	甲午	乙未	丙申	丁酉	戊戌	己亥	庚子	辛丑	壬寅	癸卯	甲辰	乙巳	丙午	丁未	戊申	己酉	庚戌	辛亥	壬子	癸丑	甲寅	乙卯	丙辰	
비밀수	86	17	11	22	33	44	35	46	57	68	71	82	17	28	31	42	33	44	55	66	77	88	11	22	37	48	31	42	53	

十 月 (乙 亥) 大

절기				입동															소설											
음력	一	二	三	四	五	六	七	八	九	十	十一	十二	十三	十四	十五	十六	十七	十八	十九	二十	廿一	廿二	廿三	廿四	廿五	廿六	廿七	廿八	廿九	三十
양력 월/일	11/4	5	6	7	8	9	10	11	12	13	14	15	16	17	18	19	20	21	22	23	24	25	26	27	28	29	30	12/1	2	3
일진	丁巳	戊午	己未	庚申	辛酉	壬戌	癸亥	甲子	乙丑	丙寅	丁卯	戊辰	己巳	庚午	辛未	壬申	癸酉	甲戌	乙亥	丙子	丁丑	戊寅	己卯	庚辰	辛巳	壬午	癸未	甲申	乙酉	丙戌
비밀수	64	75	86	28	31	42	53	48	51	62	73	84	15	26	37	48	51	42	53	68	71	82	13	24	35	46	57	48	51	62

十 一 月 (丙 子) 大

절기				대설															동지											
음력	一	二	三	四	五	六	七	八	九	十	十一	十二	十三	十四	十五	十六	十七	十八	十九	二十	廿一	廿二	廿三	廿四	廿五	廿六	廿七	廿八	廿九	三十
양력 월/일	12/4	5	6	7	8	9	10	11	12	13	14	15	16	17	18	19	20	21	22	23	24	25	26	27	28	29	30	31	1/1	2
일진	丁亥	戊子	己丑	庚寅	辛卯	壬辰	癸巳	甲午	乙未	丙申	丁酉	戊戌	己亥	庚子	辛丑	壬寅	癸卯	甲辰	乙巳	丙午	丁未	戊申	己酉	庚戌	辛亥	壬子	癸丑	甲寅	乙卯	丙辰
비밀수	73	88	11	31	42	53	64	55	66	77	88	11	22	37	48	51	62	53	64	75	86	17	28	31	42	57	68	51	62	73

十 二 月 (丁 丑) 大

절기			소한															대한												
음력	一	二	三	四	五	六	七	八	九	十	十一	十二	十三	十四	十五	十六	十七	十八	十九	二十	廿一	廿二	廿三	廿四	廿五	廿六	廿七	廿八	廿九	三十
양력 월/일	1/3	4	5	6	7	8	9	10	11	12	13	14	15	16	17	18	19	20	21	22	23	24	25	26	27	28	29	30	31	2/1
일진	丁巳	戊午	己未	庚申	辛酉	壬戌	癸亥	甲子	乙丑	丙寅	丁卯	戊辰	己巳	庚午	辛未	壬申	癸酉	甲戌	乙亥	丙子	丁丑	戊寅	己卯	庚辰	辛巳	壬午	癸未	甲申	乙酉	丙戌
비밀수	84	15	37	48	51	62	73	68	71	82	13	24	35	46	57	68	71	62	73	88	11	22	33	44	55	66	77	68	71	82

단기 4298년
서기 1965년

乙 巳 年

二金神

正 月 (戊 寅) 小

절기			입춘															우수												
음력	一	二	三	四	五	六	七	八	九	十	十一	十二	十三	十四	十五	十六	十七	十八	十九	廿	廿一	廿二	廿三	廿四	廿五	廿六	廿七	廿八	廿九	
양력 월/일	2/2	3	4	5	6	7	8	9	10	11	12	13	14	15	16	17	18	19	20	21	22	23	24	25	26	27	28	3/1	2	
일진	丁亥	戊子	己丑	庚寅	辛卯	壬辰	癸巳	甲午	乙未	丙申	丁酉	戊戌	己亥	庚子	辛丑	壬寅	癸卯	甲辰	乙巳	丙午	丁未	戊申	己酉	庚戌	辛亥	壬子	癸丑	甲寅	乙卯	
비밀수	11	28	53	64	75	86	17	88	11	22	33	44	55	62	73	84	15	86	17	28	31	42	53	64	75	82	13	84	15	

二 月 (己 卯) 大

절기				경칩															춘분											
음력	一	二	三	四	五	六	七	八	九	十	十一	十二	十三	十四	十五	十六	十七	十八	十九	廿	廿一	廿二	廿三	廿四	廿五	廿六	廿七	廿八	廿九	卅
양력 월/일	3/3	4	5	6	7	8	9	10	11	12	13	14	15	16	17	18	19	20	21	22	23	24	25	26	27	28	29	30	31	4/1
일진	丙辰	丁巳	戊午	己未	庚申	辛酉	壬戌	癸亥	甲子	乙丑	丙寅	丁卯	戊辰	己巳	庚午	辛未	壬申	癸酉	甲戌	乙亥	丙子	丁丑	戊寅	己卯	庚辰	辛巳	壬午	癸未	甲申	乙酉
비밀수	26	37	48	62	73	84	15	26	13	24	35	46	57	68	71	82	13	24	15	26	33	44	55	66	77	88	11	22	13	24

三 月 (庚 辰) 小

절기				청명	한식														곡우											
음력	一	二	三	四	五	六	七	八	九	十	十一	十二	十三	十四	十五	十六	十七	十八	十九	廿	廿一	廿二	廿三	廿四	廿五	廿六	廿七	廿八	廿九	
양력 월/일	4/2	3	4	5	6	7	8	9	10	11	12	13	14	15	16	17	18	19	20	21	22	23	24	25	26	27	28	29	30	
일진	丙戌	丁亥	戊子	己丑	庚寅	辛卯	壬辰	癸巳	甲午	乙未	丙申	丁酉	戊戌	己亥	庚子	辛丑	壬寅	癸卯	甲辰	乙巳	丙午	丁未	戊申	己酉	庚戌	辛亥	壬子	癸丑	甲寅	
비밀수	35	46	54	75	86	17	28	31	22	33	44	55	66	77	84	15	26	37	28	31	42	53	64	75	86	17	24	35	26	

四 月 (辛 巳) 大

절기						입하															소만									
음력	一	二	三	四	五	六	七	八	九	十	十一	十二	十三	十四	十五	十六	十七	十八	十九	廿	廿一	廿二	廿三	廿四	廿五	廿六	廿七	廿八	廿九	卅
양력 월/일	5/1	2	3	4	5	6	7	8	9	10	11	12	13	14	15	16	17	18	19	20	21	22	23	24	25	26	27	28	29	30
일진	乙卯	丙辰	丁巳	戊午	己未	庚申	辛酉	壬戌	癸亥	甲子	乙丑	丙寅	丁卯	戊辰	己巳	庚午	辛未	壬申	癸酉	甲戌	乙亥	丙子	丁丑	戊寅	己卯	庚辰	辛巳	壬午	癸未	甲申
비밀수	37	48	51	62	73	15	26	37	48	35	46	57	68	71	82	13	24	35	46	37	48	55	66	77	88	11	22	33	44	35

五 月 (壬 午) 小

절기							망종															하지								
음력	一	二	三	四	五	六	七	八	九	十	十一	十二	十三	十四	十五	十六	十七	十八	十九	廿	廿一	廿二	廿三	廿四	廿五	廿六	廿七	廿八	廿九	
양력 월/일	5/31	6/1	2	3	4	5	6	7	8	9	10	11	12	13	14	15	16	17	18	19	20	21	22	23	24	25	26	27	28	
일진	乙酉	丙戌	丁亥	戊子	己丑	庚寅	辛卯	壬辰	癸巳	甲午	乙未	丙申	丁酉	戊戌	己亥	庚子	辛丑	壬寅	癸卯	甲辰	乙巳	丙午	丁未	戊申	己酉	庚戌	辛亥	壬子	癸丑	
비밀수	46	57	68	75	86	17	31	42	53	44	55	66	77	88	11	26	37	48	51	42	53	64	75	86	17	28	31	46	57	

六 月 (癸 未) 小

절기									소서								초복								대서		중복			
음력	一	二	三	四	五	六	七	八	九	十	十一	十二	十三	十四	十五	十六	十七	十八	十九	廿	廿一	廿二	廿三	廿四	廿五	廿六	廿七	廿八	廿九	
양력 월/일	6/29	30	7/1	2	3	4	5	6	7	8	9	10	11	12	13	14	15	16	17	18	19	20	21	22	23	24	25	26	27	
일진	甲寅	乙卯	丙辰	丁巳	戊午	己未	庚申	辛酉	壬戌	癸亥	甲子	乙丑	丙寅	丁卯	戊辰	己巳	庚午	辛未	壬申	癸酉	甲戌	乙亥	丙子	丁丑	戊寅	己卯	庚辰	辛巳	壬午	
비밀수	48	51	62	73	84	15	26	37	57	68	57	68	71	82	13	24	35	46	57	68	51	62	77	88	11	22	33	44	55	

正十月 黑中	東 大將	未 喪門	卯 吊客	東 三殺

七 月 (甲 申) 大

절 기												입추						말복										처서			
음 력	一	二	三	四	五	六	七	八	九	十	十一	十二	十三	十四	十五	十六	十七	十八	十九	廿	廿一	廿二	廿三	廿四	廿五	廿六	廿七	廿八	廿九	卅
양력 월/일	7/28	29	30	31	8/1	2	3	4	5	6	7	8	9	10	11	12	13	14	15	16	17	18	19	20	21	22	23	24	25	26
일 진	癸未	甲申	乙酉	丙戌	丁亥	戊子	己丑	庚寅	辛卯	壬辰	癸巳	甲午	乙未	丙申	丁酉	戊戌	己亥	庚子	辛丑	壬寅	癸卯	甲辰	乙巳	丙午	丁未	戊申	己酉	庚戌	辛亥	壬子
비밀수	66	57	68	71	82	17	28	31	42	53	64	46	57	68	71	82	13	28	31	42	53	44	55	66	77	88	11	22	33	48

八 月 (乙 酉) 小

절 기													백로															추분		
음 력	一	二	三	四	五	六	七	八	九	十	十一	十二	十三	十四	十五	十六	十七	十八	十九	廿	廿一	廿二	廿三	廿四	廿五	廿六	廿七	廿八	廿九	
양력 월/일	8/27	28	29	30	31	9/1	2	3	4	5	6	7	8	9	10	11	12	13	14	15	16	17	18	19	20	21	22	23	24	
일 진	癸丑	甲寅	乙卯	丙辰	丁巳	戊午	己未	庚申	辛酉	壬戌	癸亥	甲子	乙丑	丙寅	丁卯	戊辰	己巳	庚午	辛未	壬申	癸酉	甲戌	乙亥	丙子	丁丑	戊寅	己卯	庚辰	辛巳	
비밀수	51	42	53	64	75	86	17	28	31	42	53	51	62	73	84	15	26	37	48	51	62	53	64	71	82	13	24	35	46	

九 月 (丙戌) 小

절 기														한로																
음 력	一	二	三	四	五	六	七	八	九	十	十一	十二	十三	十四	十五	十六	十七	十八	十九	廿	廿一	廿二	廿三	廿四	廿五	廿六	廿七	廿八	廿九	
양력 월/일	9/25	26	27	28	29	30	10/1	2	3	4	5	6	7	8	9	10	11	12	13	14	15	16	17	18	19	20	21	22	23	
일 진	壬午	癸未	甲申	乙酉	丙戌	丁亥	戊子	己丑	庚寅	辛卯	壬辰	癸巳	甲午	乙未	丙申	丁酉	戊戌	己亥	庚子	辛丑	壬寅	癸卯	甲辰	乙巳	丙午	丁未	戊申	己酉	庚戌	
비밀수	57	68	51	62	73	84	11	22	33	44	55	66	57	71	82	13	24	35	42	53	64	75	66	77	88	11	22	33	44	

十 月 (丁 亥) 大

절 기	상강															입동														소설
음 력	一	二	三	四	五	六	七	八	九	十	十一	十二	十三	十四	十五	十六	十七	十八	十九	廿	廿一	廿二	廿三	廿四	廿五	廿六	廿七	廿八	廿九	卅
양력 월/일	10/24	25	26	27	28	29	30	31	11/1	2	3	4	5	6	7	8	9	10	11	12	13	14	15	16	17	18	19	20	21	22
일 진	辛亥	壬子	癸丑	甲寅	乙卯	丙辰	丁巳	戊午	己未	庚申	辛酉	壬戌	癸亥	甲子	乙丑	丙寅	丁卯	戊辰	己巳	庚午	辛未	壬申	癸酉	甲戌	乙亥	丙子	丁丑	戊寅	己卯	庚辰
비밀수	55	62	73	64	75	86	17	28	31	42	53	64	75	62	73	15	26	37	48	51	62	73	84	75	86	13	24	35	46	57

十 一 月 (戊 子) 大

절 기															대설															동지
음 력	一	二	三	四	五	六	七	八	九	十	十一	十二	十三	十四	十五	十六	十七	十八	十九	廿	廿一	廿二	廿三	廿四	廿五	廿六	廿七	廿八	廿九	卅
양력 월/일	11/23	24	25	26	27	28	29	30	12/1	2	3	4	5	6	7	8	9	10	11	12	13	14	15	16	17	18	19	20	21	22
일 진	辛巳	壬午	癸未	甲申	乙酉	丙戌	丁亥	戊子	己丑	庚寅	辛卯	壬辰	癸巳	甲午	乙未	丙申	丁酉	戊戌	己亥	庚子	辛丑	壬寅	癸卯	甲辰	乙巳	丙午	丁未	戊申	己酉	庚戌
비밀수	68	71	82	73	84	15	26	33	44	55	66	77	88	71	17	28	31	42	53	68	71	82	13	84	15	26	37	48	51	62

十 二 月 (己 丑) 大

절 기															소한														대한	
음 력	一	二	三	四	五	六	七	八	九	十	十一	十二	十三	十四	十五	十六	十七	十八	十九	廿	廿一	廿二	廿三	廿四	廿五	廿六	廿七	廿八	廿九	卅
양력 월/일	12/23	24	25	26	27	28	29	30	31	1/1	2	3	4	5	6	7	8	9	10	11	12	13	14	15	16	17	18	19	20	21
일 진	辛亥	壬子	癸丑	甲寅	乙卯	丙辰	丁巳	戊午	己未	庚申	辛酉	壬戌	癸亥	甲子	乙丑	丙寅	丁卯	戊辰	己巳	庚午	辛未	壬申	癸酉	甲戌	乙亥	丙子	丁丑	戊寅	己卯	庚辰
비밀수	73	88	11	82	13	24	35	46	57	68	71	82	13	88	22	33	44	55	66	77	88	11	22	13	24	31	42	53	64	75

단기 4299년 서기 1966년	丙 午 年	六 金神

正 月 (庚 寅) 小

절 기														입춘															우수	
음 력	一	二	三	四	五	六	七	八	九	十	十一	十二	十三	十四	十五	十六	十七	十八	十九	二十	廿一	廿二	廿三	廿四	廿五	廿六	廿七	廿八	廿九	
양력 월/일	1/22	23	24	25	26	27	28	29	30	31	2/1	2	3	4	5	6	7	8	9	10	11	12	13	14	15	16	17	18	19	
일 진	辛巳	壬午	癸未	甲申	乙酉	丙戌	丁亥	戊子	己丑	庚寅	辛卯	壬辰	癸巳	甲午	乙未	丙申	丁酉	戊戌	己亥	庚子	辛丑	壬寅	癸卯	甲辰	乙巳	丙午	丁未	戊申	己酉	
비밀수	86	17	28	11	22	33	44	51	62	73	84	15	26	31	42	53	64	75	86	13	24	35	46	37	48	51	62	73	84	

二 月 (辛 卯) 大

절 기															경칩															춘분
음 력	一	二	三	四	五	六	七	八	九	十	十一	十二	十三	十四	十五	十六	十七	十八	十九	二十	廿一	廿二	廿三	廿四	廿五	廿六	廿七	廿八	廿九	三十
양력 월/일	2/20	21	22	23	24	25	26	27	28	3/1	2	3	4	5	6	7	8	9	10	11	12	13	14	15	16	17	18	19	20	21
일 진	庚戌	辛亥	壬子	癸丑	甲寅	乙卯	丙辰	丁巳	戊午	己未	庚申	辛酉	壬戌	癸亥	甲子	乙丑	丙寅	丁卯	戊辰	己巳	庚午	辛未	壬申	癸酉	甲戌	乙亥	丙子	丁丑	戊寅	己卯
비밀수	15	26	33	44	35	46	57	68	71	82	13	24	35	46	44	55	66	77	88	11	22	33	44	55	46	57	64	75	86	17

三 月 (壬 辰) 大

절 기															청명	한식														곡우
음 력	一	二	三	四	五	六	七	八	九	十	十一	十二	十三	十四	十五	十六	十七	十八	十九	二十	廿一	廿二	廿三	廿四	廿五	廿六	廿七	廿八	廿九	三十
양력 월/일	3/22	23	24	25	26	27	28	29	30	31	4/1	2	3	4	5	6	7	8	9	10	11	12	13	14	15	16	17	18	19	20
일 진	庚辰	辛巳	壬午	癸未	甲申	乙酉	丙戌	丁亥	戊子	己丑	庚寅	辛卯	壬辰	癸巳	甲午	乙未	丙申	丁酉	戊戌	己亥	庚子	辛丑	壬寅	癸卯	甲辰	乙巳	丙午	丁未	戊申	己酉
비·밀수	28	31	42	53	44	55	66	77	84	15	26	37	48	51	53	64	75	86	17	28	35	46	57	68	51	62	73	84	15	26

閏 三 月 (壬 辰) 小

절 기																입하														
음 력	一	二	三	四	五	六	七	八	九	十	十一	十二	十三	十四	十五	十六	十七	十八	十九	二十	廿一	廿二	廿三	廿四	廿五	廿六	廿七	廿八	廿九	
양력 월/일	4/21	22	23	24	25	26	27	28	29	30	5/1	2	3	4	5	6	7	8	9	10	11	12	13	14	15	16	17	18	19	
일 진	庚戌	辛亥	壬子	癸丑	甲寅	乙卯	丙辰	丁巳	戊午	己未	庚申	辛酉	壬戌	癸亥	甲子	乙丑	丙寅	丁卯	戊辰	己巳	庚午	辛未	壬申	癸酉	甲戌	乙亥	丙子	丁丑	戊寅	
비밀수	37	48	55	66	47	58	61	72	83	14	25	36	47	58	66	77	88	11	22	33	44	55	66	77	68	71	86	17	28	

四 月 (癸 巳) 大

절 기		소만																망종												
음 력	一	二	三	四	五	六	七	八	九	十	十一	十二	十三	十四	十五	十六	十七	十八	十九	二十	廿一	廿二	廿三	廿四	廿五	廿六	廿七	廿八	廿九	三十
양력 월/일	5/20	21	22	23	24	25	26	27	28	29	30	31	6/1	2	3	4	5	6	7	8	9	10	11	12	13	14	15	16	17	18
일 진	己卯	庚辰	辛巳	壬午	癸未	甲申	乙酉	丙戌	丁亥	戊子	己丑	庚寅	辛卯	壬辰	癸巳	甲午	乙未	丙申	丁酉	戊戌	己亥	庚子	辛丑	壬寅	癸卯	甲辰	乙巳	丙午	丁未	戊申
비밀수	31	42	53	64	75	66	77	88	11	26	37	48	51	62	73	64	75	77	88	11	22	37	48	51	62	53	64	75	86	17

五 月 (甲 午) 小

절 기				하지															소서											
음 력	一	二	三	四	五	六	七	八	九	十	十一	十二	十三	十四	十五	十六	十七	十八	十九	二十	廿一	廿二	廿三	廿四	廿五	廿六	廿七	廿八	廿九	
양력 월/일	6/19	20	21	22	23	24	25	26	27	28	29	30	7/1	2	3	4	5	6	7	8	9	10	11	12	13	14	15	16	17	
일 진	己酉	庚戌	辛亥	壬子	癸丑	甲寅	乙卯	丙辰	丁巳	戊午	己未	庚申	辛酉	壬戌	癸亥	甲子	乙丑	丙寅	丁卯	戊辰	己巳	庚午	辛未	壬申	癸酉	甲戌	乙亥	丙子	丁丑	
비밀수	28	31	42	57	68	51	62	73	84	15	26	37	48	51	62	57	68	71	13	24	35	46	57	68	71	62	73	88	11	

七 月 黑中	東 大將	申 喪門	辰 吊客	北 三殺

六 月 (乙 未) 小

절 기			초복			대서							중복									입추	말복							
음 력	一	二	三	四	五	六	七	八	九	十	十一	十二	十三	十四	十五	十六	十七	十八	十九	二十	廿一	廿二	廿三	廿四	廿五	廿六	廿七	廿八	廿九	
양력 월/일	7/18	19	20	21	22	23	24	25	26	27	28	29	30	31	8/1	2	3	4	5	6	7	8	9	10	11	12	13	14	15	
일 진	戊寅	己卯	庚辰	辛巳	壬午	癸未	甲申	乙酉	丙戌	丁亥	戊子	己丑	庚寅	辛卯	壬辰	癸巳	甲午	乙未	丙申	丁酉	戊戌	己亥	庚子	辛丑	壬寅	癸卯	甲辰	乙巳	丙午	
비밀수	22	33	44	55	66	77	68	71	82	13	28	31	42	53	64	75	66	77	88	11	22	44	51	62	73	84	75	86	17	

七 月 (丙 申) 大

절 기								처서																백로						
음 력	一	二	三	四	五	六	七	八	九	十	十一	十二	十三	十四	十五	十六	十七	十八	十九	二十	廿一	廿二	廿三	廿四	廿五	廿六	廿七	廿八	廿九	三十
양력 월/일	8/16	17	18	19	20	21	22	23	24	25	26	27	28	29	30	31	9/1	2	3	4	5	6	7	8	9	10	11	12	13	14
일 진	丁未	戊申	己酉	庚戌	辛亥	壬子	癸丑	甲寅	乙卯	丙辰	丁巳	戊午	己未	庚申	辛酉	壬戌	癸亥	甲子	乙丑	丙寅	丁卯	戊辰	己巳	庚午	辛未	壬申	癸酉	甲戌	乙亥	丙子
비밀수	28	31	42	53	64	71	82	73	84	15	26	37	48	51	62	73	84	71	82	13	24	35	46	68	71	82	13	84	15	22

八 月 (丁 酉) 小

절 기									추분																한로					
음 력	一	二	三	四	五	六	七	八	九	十	十一	十二	十三	十四	十五	十六	十七	十八	十九	二十	廿一	廿二	廿三	廿四	廿五	廿六	廿七	廿八	廿九	
양력 월/일	9/15	16	17	18	19	20	21	22	23	24	25	26	27	28	29	30	10/1	2	3	4	5	6	7	8	9	10	11	12	13	
일 진	丁丑	戊寅	己卯	庚辰	辛巳	壬午	癸未	甲申	乙酉	丙戌	丁亥	戊子	己丑	庚寅	辛卯	壬辰	癸巳	甲午	乙未	丙申	丁酉	戊戌	己亥	庚子	辛丑	壬寅	癸卯	甲辰	乙巳	
비밀수	33	44	55	66	77	88	11	82	13	24	35	42	53	64	75	86	17	88	11	22	33	44	55	62	84	15	26	17	28	

九 月 (戊 戌) 小

절 기											상강															입동				
음 력	一	二	三	四	五	六	七	八	九	十	十一	十二	十三	十四	十五	十六	十七	十八	十九	二十	廿一	廿二	廿三	廿四	廿五	廿六	廿七	廿八	廿九	
양력 월/일	10/14	15	16	17	18	19	20	21	22	23	24	25	26	27	28	29	30	31	11/1	2	3	4	5	6	7	8	9	10	11	
일 진	丙午	丁未	戊申	己酉	庚戌	辛亥	壬子	癸丑	甲寅	乙卯	丙辰	丁巳	戊午	己未	庚申	辛酉	壬戌	癸亥	甲子	乙丑	丙寅	丁卯	戊辰	己巳	庚午	辛未	壬申	癸酉	甲戌	
비밀수	31	42	53	64	75	86	13	24	15	26	37	48	51	62	73	84	15	26	13	24	35	46	57	68	71	24	35	46	15	

十 月 (己 亥) 大

절 기												소설														대설				
음 력	一	二	三	四	五	六	七	八	九	十	十一	十二	十三	十四	十五	十六	十七	十八	十九	二十	廿一	廿二	廿三	廿四	廿五	廿六	廿七	廿八	廿九	三十
양력 월/일	11/12	13	14	15	16	17	18	19	20	21	22	23	24	25	26	27	28	29	30	12/1	2	3	4	5	6	7	8	9	10	11
일 진	乙亥	丙子	丁丑	戊寅	己卯	庚辰	辛巳	壬午	癸未	甲申	乙酉	丙戌	丁亥	戊子	己丑	庚寅	辛卯	壬辰	癸巳	甲午	乙未	丙申	丁酉	戊戌	己亥	庚子	辛丑	壬寅	癸卯	甲辰
비밀수	36	43	54	65	76	87	18	21	32	23	34	45	56	63	74	85	16	27	38	21	32	43	54	65	76	11	22	33	44	35

十 一 月 (庚 子) 大

절 기											동지															소한				
음 력	一	二	三	四	五	六	七	八	九	十	十一	十二	十三	十四	十五	十六	十七	十八	十九	二十	廿一	廿二	廿三	廿四	廿五	廿六	廿七	廿八	廿九	三十
양력 월/일	12/12	13	14	15	16	17	18	19	20	21	22	23	24	25	26	27	28	29	30	31	1/1	2	3	4	5	6	7	8	9	10
일 진	乙巳	丙午	丁未	戊申	己酉	庚戌	辛亥	壬子	癸丑	甲寅	乙卯	丙辰	丁巳	戊午	己未	庚申	辛酉	壬戌	癸亥	甲子	乙丑	丙寅	丁卯	戊辰	己巳	庚午	辛未	壬申	癸酉	甲戌
비밀수	46	57	68	71	82	13	24	31	42	33	44	55	66	77	88	11	22	33	44	31	42	53	64	75	86	28	31	42	53	44

十 二 月 (辛 丑) 小

절 기											대한														입춘					
음 력	一	二	三	四	五	六	七	八	九	十	十一	十二	十三	十四	十五	十六	十七	十八	十九	二十	廿一	廿二	廿三	廿四	廿五	廿六	廿七	廿八	廿九	
양력 월/일	1/11	12	13	14	15	16	17	18	19	20	21	22	23	24	25	26	27	28	29	30	31	2/1	2	3	4	5	6	7	8	
일 진	乙亥	丙子	丁丑	戊寅	己卯	庚辰	辛巳	壬午	癸未	甲申	乙酉	丙戌	丁亥	戊子	己丑	庚寅	辛卯	壬辰	癸巳	甲午	乙未	丙申	丁酉	戊戌	己亥	庚子	辛丑	壬寅	癸卯	
비밀수	54	62	73	84	15	26	37	48	51	42	53	64	75	82	13	24	35	46	57	48	51	62	73	84	17	24	35	46	57	

단기 4300년
서기 1967년

丁 未 年

四 金神

正 月 (壬 寅) 大

절 기											우수															경칩				
음 력	一	二	三	四	五	六	七	八	九	十	十一	十二	十三	十四	十五	十六	十七	十八	十九	二十	廿一	廿二	廿三	廿四	廿五	廿六	廿七	廿八	廿九	三十
양력 월/일	2/9	10	11	12	13	14	15	16	17	18	19	20	21	22	23	24	25	26	27	28	3/1	2	3	4	5	6	7	8	9	10
일 진	甲辰	乙巳	丙午	丁未	戊申	己酉	庚戌	辛亥	壬子	癸丑	甲寅	乙卯	丙辰	丁巳	戊午	己未	庚申	辛酉	壬戌	癸亥	甲子	乙丑	丙寅	丁卯	戊辰	己巳	庚午	辛未	壬申	癸酉
비밀수	68	71	82	13	24	35	46	57	64	75	66	77	88	11	22	33	44	55	66	77	64	75	86	17	28	42	53	64	75	86

二 月 (癸 卯) 大

절 기											춘분															청명	한식			
음 력	一	二	三	四	五	六	七	八	九	十	十一	十二	十三	十四	十五	十六	十七	十八	十九	二十	廿一	廿二	廿三	廿四	廿五	廿六	廿七	廿八	廿九	三十
양력 월/일	3/11	12	13	14	15	16	17	18	19	20	21	22	23	24	25	26	27	28	29	30	31	4/1	2	3	4	5	6	7	8	9
일 진	甲戌	乙亥	丙子	丁丑	戊寅	己卯	庚辰	辛巳	壬午	癸未	甲申	乙酉	丙戌	丁亥	戊子	己丑	庚寅	辛卯	壬辰	癸巳	甲午	乙未	丙申	丁酉	戊戌	己亥	庚子	辛丑	壬寅	癸卯
비밀수	77	88	15	26	37	48	51	62	73	84	75	86	17	28	35	46	57	68	71	82	73	84	15	26	37	31	46	57	68	71

三 月 (甲 辰) 小

절 기												곡우															입하			
음 력	一	二	三	四	五	六	七	八	九	十	十一	十二	十三	十四	十五	十六	十七	十八	十九	二十	廿一	廿二	廿三	廿四	廿五	廿六	廿七	廿八	廿九	
양력 월/일	4/10	11	12	13	14	15	16	17	18	19	20	21	22	23	24	25	26	27	28	29	30	5/1	2	3	4	5	6	7	8	
일 진	甲辰	乙巳	丙午	丁未	戊申	己酉	庚戌	辛亥	壬子	癸丑	甲寅	乙卯	丙辰	丁巳	戊午	己未	庚申	辛酉	壬戌	癸亥	甲子	乙丑	丙寅	丁卯	戊辰	己巳	庚午	辛未	壬申	
비밀수	62	73	84	15	26	37	48	51	66	77	68	71	82	13	24	35	46	57	68	71	66	77	88	11	22	33	55	66	77	

四 月 (乙 巳) 大

절 기														소만															망종	
음 력	一	二	三	四	五	六	七	八	九	十	十一	十二	十三	十四	十五	十六	十七	十八	十九	二十	廿一	廿二	廿三	廿四	廿五	廿六	廿七	廿八	廿九	三十
양력 월/일	5/9	10	11	12	13	14	15	16	17	18	19	20	21	22	23	24	25	26	27	28	29	30	31	6/1	2	3	4	5	6	7
일 진	癸酉	甲戌	乙亥	丙子	丁丑	戊寅	己卯	庚辰	辛巳	壬午	癸未	甲申	乙酉	丙戌	丁亥	戊子	己丑	庚寅	辛卯	壬辰	癸巳	甲午	乙未	丙申	丁酉	戊戌	己亥	庚子	辛丑	壬寅
비밀수	88	71	82	17	28	31	42	53	64	75	86	77	88	11	22	37	48	51	62	73	84	75	86	17	28	31	42	57	71	82

五 月 (丙 午) 大

절 기															하지															
음 력	一	二	三	四	五	六	七	八	九	十	十一	十二	十三	十四	十五	十六	十七	十八	十九	二十	廿一	廿二	廿三	廿四	廿五	廿六	廿七	廿八	廿九	三十
양력 월/일	6/8	9	10	11	12	13	14	15	16	17	18	19	20	21	22	23	24	25	26	27	28	29	30	7/1	2	3	4	5	6	7
일 진	癸卯	甲辰	乙巳	丙午	丁未	戊申	己酉	庚戌	辛亥	壬子	癸丑	甲寅	乙卯	丙辰	丁巳	戊午	己未	庚申	辛酉	壬戌	癸亥	甲子	乙丑	丙寅	丁卯	戊辰	己巳	庚午	辛未	壬申
비밀수	13	84	15	26	37	48	51	62	73	88	11	82	13	24	35	46	57	68	71	82	13	88	11	22	33	44	55	66	77	88

六 月 (丁 未) 小

절 기	소서							초복								대서		중복												
음 력	一	二	三	四	五	六	七	八	九	十	十一	十二	十三	十四	十五	十六	十七	十八	十九	二十	廿一	廿二	廿三	廿四	廿五	廿六	廿七	廿八	廿九	
양력 월/일	7/8	9	10	11	12	13	14	15	16	17	18	19	20	21	22	23	24	25	26	27	28	29	30	31	8/1	2	3	4	5	
일 진	癸酉	甲戌	乙亥	丙子	丁丑	戊寅	己卯	庚辰	辛巳	壬午	癸未	甲申	乙酉	丙戌	丁亥	戊子	己丑	庚寅	辛卯	壬辰	癸巳	甲午	乙未	丙申	丁酉	戊戌	己亥	庚子	辛丑	
비밀수	22	13	24	31	42	53	64	75	86	17	28	11	22	33	44	51	62	73	84	15	26	17	28	31	42	53	64	71	82	

四月 黑中	東大將	酉 喪門	巳 吊客	西 三殺

七 月 (戊申) 小

절 기			입추						말복										처서											
음 력	一	二	三	四	五	六	七	八	九	十	十一	十二	十三	十四	十五	十六	十七	十八	十九	二十	廿一	廿二	廿三	廿四	廿五	廿六	廿七	廿八	廿九	
양력 월/일	8/6	7	8	9	10	11	12	13	14	15	16	17	18	19	20	21	22	23	24	25	26	27	28	29	30	31	9/1	2	3	
일 진	壬寅	癸卯	甲辰	乙巳	丙午	丁未	戊申	己酉	庚戌	辛亥	壬子	癸丑	甲寅	乙卯	丙辰	丁巳	戊午	己未	庚申	辛酉	壬戌	癸亥	甲子	乙丑	丙寅	丁卯	戊辰	己巳	庚午	
비밀수	13	24	26	37	48	51	62	73	84	15	22	33	24	35	46	57	68	71	82	13	24	35	22	33	44	55	66	77	88	

八 月 (己酉) 大

절 기					백로																추분									
음 력	一	二	三	四	五	六	七	八	九	十	十一	十二	十三	十四	十五	十六	十七	十八	十九	二十	廿一	廿二	廿三	廿四	廿五	廿六	廿七	廿八	廿九	三十
양력 월/일	9/4	5	6	7	8	9	10	11	12	13	14	15	16	17	18	19	20	21	22	23	24	25	26	27	28	29	30	10/1	2	3
일 진	辛未	壬申	癸酉	甲戌	乙亥	丙子	丁丑	戊寅	己卯	庚辰	辛巳	壬午	癸未	甲申	乙酉	丙戌	丁亥	戊子	己丑	庚寅	辛卯	壬辰	癸巳	甲午	乙未	丙申	丁酉	戊戌	己亥	庚子
비밀수	11	22	33	24	46	53	64	75	86	17	28	31	42	33	44	55	66	73	84	15	26	37	48	31	42	53	64	75	86	13

九 月 (庚戌) 小

절 기						한로															상강									
음 력	一	二	三	四	五	六	七	八	九	十	十一	十二	十三	十四	十五	十六	十七	十八	十九	二十	廿一	廿二	廿三	廿四	廿五	廿六	廿七	廿八	廿九	
양력 월/일	10/4	5	6	7	8	9	10	11	12	13	14	15	16	17	18	19	20	21	22	23	24	25	26	27	28	29	30	31	11/1	
일 진	辛丑	壬寅	癸卯	甲辰	乙巳	丙午	丁未	戊申	己酉	庚戌	辛亥	壬子	癸丑	甲寅	乙卯	丙辰	丁巳	戊午	己未	庚申	辛酉	壬戌	癸亥	甲子	乙丑	丙寅	丁卯	戊辰	己巳	
비밀수	24	35	46	37	48	62	73	84	15	26	37	44	55	46	57	68	71	82	13	24	35	46	57	44	55	66	77	88	11	

十 月 (辛亥) 大

절 기							입동															소설								
음 력	一	二	三	四	五	六	七	八	九	十	十一	十二	十三	十四	十五	十六	十七	十八	十九	二十	廿一	廿二	廿三	廿四	廿五	廿六	廿七	廿八	廿九	三十
양력 월/일	11/2	3	4	5	6	7	8	9	10	11	12	13	14	15	16	17	18	19	20	21	22	23	24	25	26	27	28	29	30	12/1
일 진	庚午	辛未	壬申	癸酉	甲戌	乙亥	丙子	丁丑	戊寅	己卯	庚辰	辛巳	壬午	癸未	甲申	乙酉	丙戌	丁亥	戊子	己丑	庚寅	辛卯	壬辰	癸巳	甲午	乙未	丙申	丁酉	戊戌	己亥
비밀수	22	33	44	55	46	57	75	86	17	28	31	42	53	64	55	66	77	88	15	26	37	48	51	62	53	64	75	86	17	28

十一 月 (壬子) 小

절 기							대설														동지									
음 력	一	二	三	四	五	六	七	八	九	十	十一	十二	十三	十四	十五	十六	十七	十八	十九	二十	廿一	廿二	廿三	廿四	廿五	廿六	廿七	廿八	廿九	
양력 월/일	12/2	3	4	5	6	7	8	9	10	11	12	13	14	15	16	17	18	19	20	21	22	23	24	25	26	27	28	29	30	
일 진	庚子	辛丑	壬寅	癸卯	甲辰	乙巳	丙午	丁未	戊申	己酉	庚戌	辛亥	壬子	癸丑	甲寅	乙卯	丙辰	丁巳	戊午	己未	庚申	辛酉	壬戌	癸亥	甲子	乙丑	丙寅	丁卯	戊辰	
비밀수	35	46	57	68	51	62	88	11	22	33	44	56	62	73	64	75	86	17	28	31	42	53	64	75	62	73	84	15	26	

十二 月 (癸丑) 大

절 기							소한															대한								
음 력	一	二	三	四	五	六	七	八	九	十	十一	十二	十三	十四	十五	十六	十七	十八	十九	二十	廿一	廿二	廿三	廿四	廿五	廿六	廿七	廿八	廿九	三十
양력 월/일	12/31	1/1	2	3	4	5	6	7	8	9	10	11	12	13	14	15	16	17	18	19	20	21	22	23	24	25	26	27	28	29
일 진	己巳	庚午	辛未	壬申	癸酉	甲戌	乙亥	丙子	丁丑	戊寅	己卯	庚辰	辛巳	壬午	癸未	甲申	乙酉	丙戌	丁亥	戊子	己丑	庚寅	辛卯	壬辰	癸巳	甲午	乙未	丙申	丁酉	戊戌
비밀수	37	48	51	62	73	64	86	13	24	35	46	57	68	71	82	73	84	15	26	33	44	55	66	77	88	71	82	13	24	35

단기 4301년
서기 1968년

戊 申 年

四 金神

正 月 (甲 寅) 小

절기							입춘														우수									
음력	一	二	三	四	五	六	七	八	九	十	十一	十二	十三	十四	十五	十六	十七	十八	十九	二十	廿一	廿二	廿三	廿四	廿五	廿六	廿七	廿八	廿九	
양력 월/일	1/30	31	2/1	2	3	4	5	6	7	8	9	10	11	12	13	14	15	16	17	18	19	20	21	22	23	24	25	26	27	
일진	己亥	庚子	辛丑	壬寅	癸卯	甲辰	乙巳	丙午	丁未	戊申	己酉	庚戌	辛亥	壬子	癸丑	甲寅	乙卯	丙辰	丁巳	戊午	己未	庚申	辛酉	壬戌	癸亥	甲子	乙丑	丙寅	丁卯	
비밀수	46	53	64	75	86	77	82	13	24	35	46	57	68	75	86	77	88	11	22	33	44	55	66	77	88	75	86	17	28	

二 月 (乙 卯) 大

절기							경칩															춘분								
음력	一	二	三	四	五	六	七	八	九	十	十一	十二	十三	十四	十五	十六	十七	十八	十九	二十	廿一	廿二	廿三	廿四	廿五	廿六	廿七	廿八	廿九	三十
양력 월/일	2/28	29	3/1	2	3	4	5	6	7	8	9	10	11	12	13	14	15	16	17	18	19	20	21	22	23	24	25	26	27	28
일진	戊辰	己巳	庚午	辛未	壬申	癸酉	甲戌	乙亥	丙子	丁丑	戊寅	己卯	庚辰	辛巳	壬午	癸未	甲申	乙酉	丙戌	丁亥	戊子	己丑	庚寅	辛卯	壬辰	癸巳	甲午	乙未	丙申	丁酉
비밀수	31	42	53	64	75	86	88	11	26	37	48	51	62	73	84	15	86	17	28	31	46	57	68	71	82	13	84	15	26	37

三 月 (丙 辰) 大

절기								청명															곡우							
음력	一	二	三	四	五	六	七	八	九	十	十一	十二	十三	十四	十五	十六	十七	十八	十九	二十	廿一	廿二	廿三	廿四	廿五	廿六	廿七	廿八	廿九	三十
양력 월/일	3/29	30	31	4/1	2	3	4	5	6	7	8	9	10	11	12	13	14	15	16	17	18	19	20	21	22	23	24	25	26	27
일진	戊戌	己亥	庚子	辛丑	壬寅	癸卯	甲辰	乙巳	丙午	丁未	戊申	己酉	庚戌	辛亥	壬子	癸丑	甲寅	乙卯	丙辰	丁巳	戊午	己未	庚申	辛酉	壬戌	癸亥	甲子	乙丑	丙寅	丁卯
비밀수	48	51	66	77	88	11	82	24	35	46	57	68	71	82	17	28	11	22	33	44	55	66	77	88	11	22	17	28	31	42

四 月 (丁 巳) 小

절기								입하																소만						
음력	一	二	三	四	五	六	七	八	九	十	十一	十二	十三	十四	十五	十六	十七	十八	十九	二十	廿一	廿二	廿三	廿四	廿五	廿六	廿七	廿八	廿九	
양력 월/일	4/28	29	30	5/1	2	3	4	5	6	7	8	9	10	11	12	13	14	15	16	17	18	19	20	21	22	23	24	25	26	
일진	戊辰	己巳	庚午	辛未	壬申	癸酉	甲戌	乙亥	丙子	丁丑	戊寅	己卯	庚辰	辛巳	壬午	癸未	甲申	乙酉	丙戌	丁亥	戊子	己丑	庚寅	辛卯	壬辰	癸巳	甲午	乙未	丙申	
비밀수	53	64	75	86	17	28	11	31	48	51	62	73	84	15	26	37	28	31	42	53	68	71	82	13	24	35	26	37	48	

五 月 (戊 午) 大

절기											망종															하지				
음력	一	二	三	四	五	六	七	八	九	十	十一	十二	十三	十四	十五	十六	十七	十八	十九	二十	廿一	廿二	廿三	廿四	廿五	廿六	廿七	廿八	廿九	三十
양력 월/일	5/27	28	29	30	31	6/1	2	3	4	5	6	7	8	9	10	11	12	13	14	15	16	17	18	19	20	21	22	23	24	25
일진	丁酉	戊戌	己亥	庚子	辛丑	壬寅	癸卯	甲辰	乙巳	丙午	丁未	戊申	己酉	庚戌	辛亥	壬子	癸丑	甲寅	乙卯	丙辰	丁巳	戊午	己未	庚申	辛酉	壬戌	癸亥	甲子	乙丑	丙寅
비밀수	51	62	73	88	11	22	33	24	35	46	68	71	82	13	24	31	42	33	44	55	66	77	88	11	22	33	44	31	42	53

六 月 (己 未) 小

절기												소서												초복				대서		
음력	一	二	三	四	五	六	七	八	九	十	十一	十二	十三	十四	十五	十六	十七	十八	十九	二十	廿一	廿二	廿三	廿四	廿五	廿六	廿七	廿八	廿九	
양력 월/일	6/26	27	28	29	30	7/1	2	3	4	5	6	7	8	9	10	11	12	13	14	15	16	17	18	19	20	21	22	23	24	
일진	丁卯	戊辰	己巳	庚午	辛未	壬申	癸酉	甲戌	乙亥	丙子	丁丑	戊寅	己卯	庚辰	辛巳	壬午	癸未	甲申	乙酉	丙戌	丁亥	戊子	己丑	庚寅	辛卯	壬辰	癸巳	甲午	乙未	
비밀수	64	75	86	17	28	31	42	33	44	51	62	84	15	26	37	48	51	42	53	64	75	82	13	24	35	46	57	48	51	

止十 月 黑中	南 大將	戌 喪門	午 吊客	南 三殺

七 月 (庚 申) 大

절기					중복									입추	말복															처서
음력	一	二	三	四	五	六	七	八	九	十	十一	十二	十三	十四	十五	十六	十七	十八	十九	二十	廿一	廿二	廿三	廿四	廿五	廿六	廿七	廿八	廿九	三十
양력 월/일	7/25	26	27	28	29	30	31	8/1	2	3	4	5	6	7	8	9	10	11	12	13	14	15	16	17	18	19	20	21	22	23
일진	丙申	丁酉	戊戌	己亥	庚子	辛丑	壬寅	癸卯	甲辰	乙巳	丙午	丁未	戊申	己酉	庚戌	辛亥	壬子	癸丑	甲寅	乙卯	丙辰	丁巳	戊午	己未	庚申	辛酉	壬戌	癸亥	甲子	乙丑
비밀수	62	73	84	15	22	33	44	55	46	57	68	71	82	24	35	46	53	64	55	66	77	88	11	22	33	44	55	66	53	64

閏 七 月 (庚 申) 小

절기															백로															
음력	一	二	三	四	五	六	七	八	九	十	十一	十二	十三	十四	十五	十六	十七	十八	十九	二十	廿一	廿二	廿三	廿四	廿五	廿六	廿七	廿八	廿九	
양력 월/일	8/24	25	26	27	28	29	30	31	9/1	2	3	4	5	6	7	8	9	10	11	12	13	14	15	16	17	18	19	20	21	
일진	丙寅	丁卯	戊辰	己巳	庚午	辛未	壬申	癸酉	甲戌	乙亥	丙子	丁丑	戊寅	己卯	庚辰	辛巳	壬午	癸未	甲申	乙酉	丙戌	丁亥	戊子	己丑	庚寅	辛卯	壬辰	癸巳	甲午	
비밀수	75	86	17	21	32	43	54	65	56	67	73	84	15	26	48	51	62	73	64	75	86	17	24	35	46	57	68	71	62	

八 月 (辛 酉) 大

절기		추분															한로													
음력	一	二	三	四	五	六	七	八	九	十	十一	十二	十三	十四	十五	十六	十七	十八	十九	二十	廿一	廿二	廿三	廿四	廿五	廿六	廿七	廿八	廿九	三十
양력 월/일	9/22	23	24	25	26	27	28	29	30	10/1	2	3	4	5	6	7	8	9	10	11	12	13	14	15	16	17	18	19	20	21
일진	乙未	丙申	丁酉	戊戌	己亥	庚子	辛丑	壬寅	癸卯	甲辰	乙巳	丙午	丁未	戊申	己酉	庚戌	辛亥	壬子	癸丑	甲寅	乙卯	丙辰	丁巳	戊午	己未	庚申	辛酉	壬戌	癸亥	甲子
비밀수	73	84	15	26	37	44	55	66	77	68	71	82	13	24	35	46	68	75	86	77	88	11	22	33	44	55	66	77	88	75

九 月 (壬 戌) 小

절기	상강																입동													
음력	一	二	三	四	五	六	七	八	九	十	十一	十二	十三	十四	十五	十六	十七	十八	十九	二十	廿一	廿二	廿三	廿四	廿五	廿六	廿七	廿八	廿九	
양력 월/일	10/22	23	24	25	26	27	28	29	30	31	11/1	2	3	4	5	6	7	8	9	10	11	12	13	14	15	16	17	18	19	
일진	乙丑	丙寅	丁卯	戊辰	己巳	庚午	辛未	壬申	癸酉	甲戌	乙亥	丙子	丁丑	戊寅	己卯	庚辰	辛巳	壬午	癸未	甲申	乙酉	丙戌	丁亥	戊子	己丑	庚寅	辛卯	壬辰	癸巳	
비밀수	86	17	28	31	42	53	64	75	86	77	88	15	26	37	48	51	73	84	15	86	17	28	31	46	57	68	71	82	13	

十 月 (癸 亥) 大

절기			소설													대설														
음력	一	二	三	四	五	六	七	八	九	十	十一	十二	十三	十四	十五	十六	十七	十八	十九	二十	廿一	廿二	廿三	廿四	廿五	廿六	廿七	廿八	廿九	三十
양력 월/일	11/20	21	22	23	24	25	26	27	28	29	30	12/1	2	3	4	5	6	7	8	9	10	11	12	13	14	15	16	17	18	19
일진	甲午	乙未	丙申	丁酉	戊戌	己亥	庚子	辛丑	壬寅	癸卯	甲辰	乙巳	丙午	丁未	戊申	己酉	庚戌	辛亥	壬子	癸丑	甲寅	乙卯	丙辰	丁巳	戊午	己未	庚申	辛酉	壬戌	癸亥
비밀수	84	15	26	37	48	51	66	77	88	11	82	13	24	35	46	57	68	67	73	84	75	86	17	28	31	42	53	64	75	86

十 一 月 (甲 子) 小

절기			동지														소한													
음력	一	二	三	四	五	六	七	八	九	十	十一	十二	十三	十四	十五	十六	十七	十八	十九	二十	廿一	廿二	廿三	廿四	廿五	廿六	廿七	廿八	廿九	
양력 월/일	12/20	21	22	23	24	25	26	27	28	29	30	31	1/1	2	3	4	5	6	7	8	9	10	11	12	13	14	15	16	17	
일진	甲子	乙丑	丙寅	丁卯	戊辰	己巳	庚午	辛未	壬申	癸酉	甲戌	乙亥	丙子	丁丑	戊寅	己卯	庚辰	辛巳	壬午	癸未	甲申	乙酉	丙戌	丁亥	戊子	己丑	庚寅	辛卯	壬辰	
비밀수	73	84	15	26	37	48	51	62	73	84	75	86	13	24	35	46	68	71	82	13	84	15	26	37	44	55	66	77	88	

十 二 月 (乙 丑) 大

절기			대한															입춘												
음력	一	二	三	四	五	六	七	八	九	十	十一	十二	十三	十四	十五	十六	十七	十八	十九	二十	廿一	廿二	廿三	廿四	廿五	廿六	廿七	廿八	廿九	三十
양력 월/일	1/18	19	20	21	22	23	24	25	26	27	28	29	30	31	2/1	2	3	4	5	6	7	8	9	10	11	12	13	14	15	16
일진	癸巳	甲午	乙未	丙申	丁酉	戊戌	己亥	庚子	辛丑	壬寅	癸卯	甲辰	乙巳	丙午	丁未	戊申	己酉	庚戌	辛亥	壬子	癸丑	甲寅	乙卯	丙辰	丁巳	戊午	己未	庚申	辛酉	壬戌
비밀수	11	82	13	24	35	46	57	64	75	86	17	88	11	22	33	44	55	88	11	26	37	28	31	42	53	64	75	86	17	28

단기 4302년
서기 1969년

己 酉 年

四 金神

正　月　(丙 寅)　小

절기			우수															경칩												
음력	一	二	三	四	五	六	七	八	九	十	十一	十二	十三	十四	十五	十六	十七	十八	十九	廿	廿一	廿二	廿三	廿四	廿五	廿六	廿七	廿八	廿九	
양력 월/일	2/17	18	19	20	21	22	23	24	25	26	27	28	3/1	2	3	4	5	6	7	8	9	10	11	12	13	14	15	16	17	
일진	癸亥	甲子	乙丑	丙寅	丁卯	戊辰	己巳	庚午	辛未	壬申	癸酉	甲戌	乙亥	丙子	丁丑	戊寅	己卯	庚辰	辛巳	壬午	癸未	甲申	乙酉	丙戌	丁亥	戊子	己丑	庚寅	辛卯	
비밀수	31	26	37	48	51	62	73	84	15	26	37	28	31	46	57	68	71	13	24	35	46	37	48	51	62	77	88	11	22	

二　月　(丁 卯)　大

절기				춘분															청명	한식										
음력	一	二	三	四	五	六	七	八	九	十	十一	十二	十三	十四	十五	十六	十七	十八	十九	廿	廿一	廿二	廿三	廿四	廿五	廿六	廿七	廿八	廿九	三十
양력 월/일	3/18	19	20	21	22	23	24	25	26	27	28	29	30	31	4/1	2	3	4	5	6	7	8	9	10	11	12	13	14	15	16
일진	壬辰	癸巳	甲午	乙未	丙申	丁酉	戊戌	己亥	庚子	辛丑	壬寅	癸卯	甲辰	乙巳	丙午	丁未	戊申	己酉	庚戌	辛亥	壬子	癸丑	甲寅	乙卯	丙辰	丁巳	戊午	己未	庚申	辛酉
비밀수	33	44	35	46	57	68	71	82	17	28	31	42	33	44	55	66	77	88	22	33	48	51	42	53	64	75	86	17	28	31

三　月　(戊 辰)　小

절기				곡우																입하										
음력	一	二	三	四	五	六	七	八	九	十	十一	十二	十三	十四	十五	十六	十七	十八	十九	廿	廿一	廿二	廿三	廿四	廿五	廿六	廿七	廿八	廿九	
양력 월/일	4/17	18	19	20	21	22	23	24	25	26	27	28	29	30	5/1	2	3	4	5	6	7	8	9	10	11	12	13	14	15	
일진	壬戌	癸亥	甲子	乙丑	丙寅	丁卯	戊辰	己巳	庚午	辛未	壬申	癸酉	甲戌	乙亥	丙子	丁丑	戊寅	己卯	庚辰	辛巳	壬午	癸未	甲申	乙酉	丙戌	丁亥	戊子	己丑	庚寅	
비밀수	42	53	48	51	62	73	84	15	26	37	48	51	42	53	68	71	82	13	24	46	57	68	51	62	73	84	11	22	33	

四　月　(己 巳)　大

절기						소만																망종								
음력	一	二	三	四	五	六	七	八	九	十	十一	十二	十三	十四	十五	十六	十七	十八	十九	廿	廿一	廿二	廿三	廿四	廿五	廿六	廿七	廿八	廿九	三十
양력 월/일	5/16	17	18	19	20	21	22	23	24	25	26	27	28	29	30	31	6/1	2	3	4	5	6	7	8	9	10	11	12	13	14
일진	辛卯	壬辰	癸巳	甲午	乙未	丙申	丁酉	戊戌	己亥	庚子	辛丑	壬寅	癸卯	甲辰	乙巳	丙午	丁未	戊申	己酉	庚戌	辛亥	壬子	癸丑	甲寅	乙卯	丙辰	丁巳	戊午	己未	庚申
비밀수	44	55	66	57	68	71	82	13	24	31	42	53	64	55	66	77	88	11	22	33	44	62	73	64	75	86	17	28	31	42

五　月　(庚 午)　小

절기							하지																소서							
음력	一	二	三	四	五	六	七	八	九	十	十一	十二	十三	十四	十五	十六	十七	十八	十九	廿	廿一	廿二	廿三	廿四	廿五	廿六	廿七	廿八	廿九	
양력 월/일	6/15	16	17	18	19	20	21	22	23	24	25	26	27	28	29	30	7/1	2	3	4	5	6	7	8	9	10	11	12	13	
일진	辛酉	壬戌	癸亥	甲子	乙丑	丙寅	丁卯	戊辰	己巳	庚午	辛未	壬申	癸酉	甲戌	乙亥	丙子	丁丑	戊寅	己卯	庚辰	辛巳	壬午	癸未	甲申	乙酉	丙戌	丁亥	戊子	己丑	
비밀수	53	64	75	62	73	84	15	26	37	48	51	62	73	64	75	82	13	24	35	46	57	68	82	73	84	15	26	33	44	

六　月　(辛 未)　大

절기	초복									대서	중복															입추				
음력	一	二	三	四	五	六	七	八	九	十	十一	十二	十三	十四	十五	十六	十七	十八	十九	廿	廿一	廿二	廿三	廿四	廿五	廿六	廿七	廿八	廿九	三十
양력 월/일	7/14	15	16	17	18	19	20	21	22	23	24	25	26	27	28	29	30	31	8/1	2	3	4	5	6	7	8	9	10	11	12
일진	庚寅	辛卯	壬辰	癸巳	甲午	乙未	丙申	丁酉	戊戌	己亥	庚子	辛丑	壬寅	癸卯	甲辰	乙巳	丙午	丁未	戊申	己酉	庚戌	辛亥	壬子	癸丑	甲寅	乙卯	丙辰	丁巳	戊午	己未
비밀수	55	66	77	88	71	82	13	24	35	46	53	64	75	86	77	88	11	22	33	44	55	66	73	84	75	17	28	31	42	53

七月 黑中	南大將	亥喪門	未吊客	東三殺

七 月 (壬 申) 大

절기											처서																백로			
음력	一	二	三	四	五	六	七	八	九	十	十一	十二	十三	十四	十五	十六	十七	十八	十九	二十	廿一	廿二	廿三	廿四	廿五	廿六	廿七	廿八	廿九	三十
양력 월/일	8/13	14	15	16	17	18	19	20	21	22	23	24	25	26	27	28	29	30	31	9/1	2	3	4	5	6	7	8	9	10	11
일 진	庚申	辛酉	壬戌	癸亥	甲子	乙丑	丙寅	丁卯	戊辰	己巳	庚午	辛未	壬申	癸酉	甲戌	乙亥	丙子	丁丑	戊寅	己卯	庚辰	辛巳	壬午	癸未	甲申	乙酉	丙戌	丁亥	戊子	己丑
비밀수	64	75	86	17	84	15	26	37	48	51	62	73	84	15	86	17	24	35	46	57	68	71	82	13	84	15	37	48	55	66

八 月 (癸 酉) 小

절기												추분															한로			
음력	一	二	三	四	五	六	七	八	九	十	十一	十二	十三	十四	十五	十六	十七	十八	十九	二十	廿一	廿二	廿三	廿四	廿五	廿六	廿七	廿八	廿九	
양력 월/일	9/12	13	14	15	16	17	18	19	20	21	22	23	24	25	26	27	28	29	30	10/1	2	3	4	5	6	7	8	9	10	
일 진	庚寅	辛卯	壬辰	癸巳	甲午	乙未	丙申	丁酉	戊戌	己亥	庚子	辛丑	壬寅	癸卯	甲辰	乙巳	丙午	丁未	戊申	己酉	庚戌	辛亥	壬子	癸丑	甲寅	乙卯	丙辰	丁巳	戊午	
비밀수	77	88	11	22	13	24	35	46	57	68	75	86	17	28	11	22	33	44	55	66	77	88	15	26	17	28	22	33	44	

九 月 (甲 戌) 大

절기													상강															입동		
음력	一	二	三	四	五	六	七	八	九	十	十一	十二	十三	十四	十五	十六	十七	十八	十九	二十	廿一	廿二	廿三	廿四	廿五	廿六	廿七	廿八	廿九	三十
양력 월/일	10/11	12	13	14	15	16	17	18	19	20	21	22	23	24	25	26	27	28	29	30	31	11/1	2	3	4	5	6	7	8	9
일 진	己未	庚申	辛酉	壬戌	癸亥	甲子	乙丑	丙寅	丁卯	戊辰	己巳	庚午	辛未	壬申	癸酉	甲戌	乙亥	丙子	丁丑	戊寅	己卯	庚辰	辛巳	壬午	癸未	甲申	乙酉	丙戌	丁亥	戊子
비밀수	55	66	77	88	11	86	17	28	31	42	53	64	75	86	17	88	11	26	37	48	51	62	73	84	15	86	17	31	42	57

十 月 (乙 亥) 小

절기													소설															대설		
음력	一	二	三	四	五	六	七	八	九	十	十一	十二	十三	十四	十五	十六	十七	十八	十九	二十	廿一	廿二	廿三	廿四	廿五	廿六	廿七	廿八	廿九	
양력 월/일	11/10	11	12	13	14	15	16	17	18	19	20	21	22	23	24	25	26	27	28	29	30	12/1	2	3	4	5	6	7	8	
일 진	己丑	庚寅	辛卯	壬辰	癸巳	甲午	乙未	丙申	丁酉	戊戌	己亥	庚子	辛丑	壬寅	癸卯	甲辰	乙巳	丙午	丁未	戊申	己酉	庚戌	辛亥	壬子	癸丑	甲寅	乙卯	丙辰	丁巳	
비밀수	68	71	82	13	24	15	26	37	48	51	62	77	88	11	22	13	24	35	46	57	68	71	82	17	28	11	22	48	51	

十 一 月 (丙 子) 大

절기														동지															소한	
음력	一	二	三	四	五	六	七	八	九	十	十一	十二	十三	十四	十五	十六	十七	十八	十九	二十	廿一	廿二	廿三	廿四	廿五	廿六	廿七	廿八	廿九	三十
양력 월/일	12/9	10	11	12	13	14	15	16	17	18	19	20	21	22	23	24	25	26	27	28	29	30	31	1/1	2	3	4	5	6	7
일 진	戊午	己未	庚申	辛酉	壬戌	癸亥	甲子	乙丑	丙寅	丁卯	戊辰	己巳	庚午	辛未	壬申	癸酉	甲戌	乙亥	丙子	丁丑	戊寅	己卯	庚辰	辛巳	壬午	癸未	甲申	乙酉	丙戌	丁亥
비밀수	62	73	84	15	26	37	24	35	46	57	68	71	82	13	24	35	26	37	44	55	66	77	88	11	22	33	24	35	57	68

十 二 月 (丁 丑) 小

절기													대한															입춘		
음력	一	二	三	四	五	六	七	八	九	十	十一	十二	十三	十四	十五	十六	十七	十八	十九	二十	廿一	廿二	廿三	廿四	廿五	廿六	廿七	廿八	廿九	
양력 월/일	1/8	9	10	11	12	13	14	15	16	17	18	19	20	21	22	23	24	25	26	27	28	29	30	31	2/1	2	3	4	5	
일 진	戊子	己丑	庚寅	辛卯	壬辰	癸巳	甲午	乙未	丙申	丁酉	戊戌	己亥	庚子	辛丑	壬寅	癸卯	甲辰	乙巳	丙午	丁未	戊申	己酉	庚戌	辛亥	壬子	癸丑	甲寅	乙卯	丙辰	
비밀수	75	86	17	28	31	42	33	44	55	66	77	88	15	26	37	48	31	42	53	64	75	86	17	28	35	46	37	62	73	

단기 4303년
서기 1970년

庚 戌 年

二 金神

正 月 (戊 寅) 大

절 기														우수															경칩	
음 력	一	二	三	四	五	六	七	八	九	十	十一	十二	十三	十四	十五	十六	十七	十八	十九	二十	廿一	廿二	廿三	廿四	廿五	廿六	廿七	廿八	廿九	三十
양력 월/일	2/6	7	8	9	10	11	12	13	14	15	16	17	18	19	20	21	22	23	24	25	26	27	28	3/1	2	3	4	5	6	7
일 진	丁巳	戊午	己未	庚申	辛酉	壬戌	癸亥	甲子	乙丑	丙寅	丁卯	戊辰	己巳	庚午	辛未	壬申	癸酉	甲戌	乙亥	丙子	丁丑	戊寅	己卯	庚辰	辛巳	壬午	癸未	甲申	乙酉	丙戌
비밀수	84	15	26	37	48	51	62	57	68	71	82	13	24	35	46	57	68	51	62	77	88	11	22	33	44	55	66	57	71	82

二 月 (己 卯) 小

절 기														춘분															청명	
음 력	一	二	三	四	五	六	七	八	九	十	十一	十二	十三	十四	十五	十六	十七	十八	十九	二十	廿一	廿二	廿三	廿四	廿五	廿六	廿七	廿八	廿九	
양력 월/일	3/8	9	10	11	12	13	14	15	16	17	18	19	20	21	22	23	24	25	26	27	28	29	30	31	4/1	2	3	4	5	
일 진	丁亥	戊子	己丑	庚寅	辛卯	壬辰	癸巳	甲午	乙未	丙申	丁酉	戊戌	己亥	庚子	辛丑	壬寅	癸卯	甲辰	乙巳	丙午	丁未	戊申	己酉	庚戌	辛亥	壬子	癸丑	甲寅	乙卯	
비밀수	13	28	31	42	53	64	75	66	77	88	11	22	33	48	51	62	73	64	75	86	17	28	31	42	53	68	71	62	84	

三 月 (庚 辰) 小

절 기															곡우															
음 력	一	二	三	四	五	六	七	八	九	十	十一	十二	十三	十四	十五	十六	十七	十八	十九	二十	廿一	廿二	廿三	廿四	廿五	廿六	廿七	廿八	廿九	
양력 월/일	4/6	7	8	9	10	11	12	13	14	15	16	17	18	19	20	21	22	23	24	25	26	27	28	29	30	5/1	2	3	4	
일 진	丙辰	丁巳	戊午	己未	庚申	辛酉	壬戌	癸亥	甲子	乙丑	丙寅	丁卯	戊辰	己巳	庚午	辛未	壬申	癸酉	甲戌	乙亥	丙子	丁丑	戊寅	己卯	庚辰	辛巳	壬午	癸未	甲申	
비밀수	15	26	37	48	51	62	73	84	71	82	13	24	35	46	57	68	71	82	73	84	11	22	33	44	55	66	77	88	71	

四 月 (辛 巳) 大

절 기		입하															소만													
음 력	一	二	三	四	五	六	七	八	九	十	十一	十二	十三	十四	十五	十六	十七	十八	十九	二十	廿一	廿二	廿三	廿四	廿五	廿六	廿七	廿八	廿九	三十
양력 월/일	5/5	6	7	8	9	10	11	12	13	14	15	16	17	18	19	20	21	22	23	24	25	26	27	28	29	30	31	6/1	2	3
일 진	乙酉	丙戌	丁亥	戊子	己丑	庚寅	辛卯	壬辰	癸巳	甲午	乙未	丙申	丁酉	戊戌	己亥	庚子	辛丑	壬寅	癸卯	甲辰	乙巳	丙午	丁未	戊申	己酉	庚戌	辛亥	壬子	癸丑	甲寅
비밀수	82	24	35	42	53	64	75	86	17	88	11	22	33	44	55	62	73	84	15	86	17	28	31	42	53	64	75	82	13	84

五 月 (壬 午) 大

절 기			망종																하지											
음 력	一	二	三	四	五	六	七	八	九	十	十一	十二	十三	十四	十五	十六	十七	十八	十九	二十	廿一	廿二	廿三	廿四	廿五	廿六	廿七	廿八	廿九	三十
양력 월/일	6/4	5	6	7	8	9	10	11	12	13	14	15	16	17	18	19	20	21	22	23	24	25	26	27	28	29	30	7/1	2	3
일 진	乙卯	丙辰	丁巳	戊午	己未	庚申	辛酉	壬戌	癸亥	甲子	乙丑	丙寅	丁卯	戊辰	己巳	庚午	辛未	壬申	癸酉	甲戌	乙亥	丙子	丁丑	戊寅	己卯	庚辰	辛巳	壬午	癸未	甲申
비밀수	15	26	48	51	62	73	84	15	26	13	24	35	46	57	68	71	82	13	24	15	26	33	44	55	66	77	88	11	22	13

六 月 (癸 未) 小

절 기				소서																대서										
음 력	一	二	三	四	五	六	七	八	九	十	十一	十二	十三	十四	十五	十六	十七	十八	十九	二十	廿一	廿二	廿三	廿四	廿五	廿六	廿七	廿八	廿九	
양력 월/일	7/4	5	6	7	8	9	10	11	12	13	14	15	16	17	18	19	20	21	22	23	24	25	26	27	28	29	30	31	8/1	
일 진	乙酉	丙戌	丁亥	戊子	己丑	庚寅	辛卯	壬辰	癸巳	甲午	乙未	丙申	丁酉	戊戌	己亥	庚子	辛丑	壬寅	癸卯	甲辰	乙巳	丙午	丁未	戊申	己酉	庚戌	辛亥	壬子	癸丑	
비밀수	24	35	46	64	75	86	17	28	31	22	33	44	55	66	77	84	15	26	37	28	31	42	53	64	75	86	17	24	35	

四 月 黑中　　南 大將　　子 喪門　　申 弔客　　北 三殺

七 月 (甲 申) 大

절 기							입추															처서								
음 력	一	二	三	四	五	六	七	八	九	十	十一	十二	十三	十四	十五	十六	十七	十八	十九	二十	二十一	二十二	二十三	二十四	二十五	二十六	二十七	二十八	二十九	三十
양력 월/일	8/2	3	4	5	6	7	8	9	10	11	12	13	14	15	16	17	18	19	20	21	22	23	24	25	26	27	28	29	30	31
일 진	甲寅	乙卯	丙辰	丁巳	戊午	己未	庚申	辛酉	壬戌	癸亥	甲子	乙丑	丙寅	丁卯	戊辰	己巳	庚午	辛未	壬申	癸酉	甲戌	乙亥	丙子	丁丑	戊寅	己卯	庚辰	辛巳	壬午	癸未
비밀수	26	37	48	51	62	73	75	86	17	28	15	26	37	48	51	62	73	84	15	26	17	28	35	46	57	68	71	82	13	24

八 月 (乙 酉) 小

절 기								백로															추분							
음 력	一	二	三	四	五	六	七	八	九	十	十一	十二	十三	十四	十五	十六	十七	十八	十九	二十	二十一	二十二	二十三	二十四	二十五	二十六	二十七	二十八	二十九	
양력 월/일	9/1	2	3	4	5	6	7	8	9	10	11	12	13	14	15	16	17	18	19	20	21	22	23	24	25	26	27	28	29	
일 진	甲申	乙酉	丙戌	丁亥	戊子	己丑	庚寅	辛卯	壬辰	癸巳	甲午	乙未	丙申	丁酉	戊戌	己亥	庚子	辛丑	壬寅	癸卯	甲辰	乙巳	丙午	丁未	戊申	己酉	庚戌	辛亥	壬子	
비밀수	15	26	37	48	55	66	77	11	22	33	24	35	46	57	68	71	86	17	28	31	22	33	44	55	66	77	88	11	26	

九 月 (丙 戌) 大

절 기										한로															상강					
음 력	一	二	三	四	五	六	七	八	九	十	十一	十二	十三	十四	十五	十六	十七	十八	十九	二十	二十一	二十二	二十三	二十四	二十五	二十六	二十七	二十八	二十九	三十
양력 월/일	9/30	10/1	2	3	4	5	6	7	8	9	10	11	12	13	14	15	16	17	18	19	20	21	22	23	24	25	26	27	28	29
일 진	癸丑	甲寅	乙卯	丙辰	丁巳	戊午	己未	庚申	辛酉	壬戌	癸亥	甲子	乙丑	丙寅	丁卯	戊辰	己巳	庚午	辛未	壬申	癸酉	甲戌	乙亥	丙子	丁丑	戊寅	己卯	庚辰	辛巳	壬午
비밀수	37	28	31	42	53	64	75	86	17	31	42	37	48	51	62	73	84	15	26	37	48	31	42	57	68	71	82	13	24	35

十 月 (丁 亥) 大

절 기										입동															소설					
음 력	一	二	三	四	五	六	七	八	九	十	十一	十二	十三	十四	十五	十六	十七	十八	十九	二十	二十一	二十二	二十三	二十四	二十五	二十六	二十七	二十八	二十九	三十
양력 월/일	10/30	31	11/1	2	3	4	5	6	7	8	9	10	11	12	13	14	15	16	17	18	19	20	21	22	23	24	25	26	27	28
일 진	癸未	甲申	乙酉	丙戌	丁亥	戊子	己丑	庚寅	辛卯	壬辰	癸巳	甲午	乙未	丙申	丁酉	戊戌	己亥	庚子	辛丑	壬寅	癸卯	甲辰	乙巳	丙午	丁未	戊申	己酉	庚戌	辛亥	壬子
비밀수	46	37	48	51	62	77	88	11	22	44	55	46	57	68	71	82	13	28	31	42	53	44	55	66	77	88	11	22	33	48

十 一 月 (戊 子) 小

절 기									대설															동지						
음 력	一	二	三	四	五	六	七	八	九	十	十一	十二	十三	十四	十五	十六	十七	十八	十九	二十	二十一	二十二	二十三	二十四	二十五	二十六	二十七	二十八	二十九	
양력 월/일	11/29	30	12/1	2	3	4	5	6	7	8	9	10	11	12	13	14	15	16	17	18	19	20	21	22	23	24	25	26	27	
일 진	癸丑	甲寅	乙卯	丙辰	丁巳	戊午	己未	庚申	辛酉	壬戌	癸亥	甲子	乙丑	丙寅	丁卯	戊辰	己巳	庚午	辛未	壬申	癸酉	甲戌	乙亥	丙子	丁丑	戊寅	己卯	庚辰	辛巳	
비밀수	51	42	53	64	75	86	17	28	46	57	68	55	66	77	88	11	22	33	44	55	66	57	68	75	86	17	28	31	42	

十 二 月 (己 丑) 大

절 기										소한															대한					
음 력	一	二	三	四	五	六	七	八	九	十	十一	十二	十三	十四	十五	十六	十七	十八	十九	二十	二十一	二十二	二十三	二十四	二十五	二十六	二十七	二十八	二十九	三十
양력 월/일	12/28	29	30	31	1/1	2	3	4	5	6	7	8	9	10	11	12	13	14	15	16	17	18	19	20	21	22	23	24	25	26
일 진	壬午	癸未	甲申	乙酉	丙戌	丁亥	戊子	己丑	庚寅	辛卯	壬辰	癸巳	甲午	乙未	丙申	丁酉	戊戌	己亥	庚子	辛丑	壬寅	癸卯	甲辰	乙巳	丙午	丁未	戊申	己酉	庚戌	辛亥
비밀수	53	64	55	66	77	88	15	26	37	51	62	73	64	75	86	17	28	31	46	57	68	71	62	73	84	15	26	37	48	51

단기 4304년
서기 1971년

辛 亥 年

六 金神

正 月 (庚 寅) 小

절 기									입춘																우수					
음 력	一	二	三	四	五	六	七	八	九	十	十一	十二	十三	十四	十五	十六	十七	十八	十九	二十	廿一	廿二	廿三	廿四	廿五	廿六	廿七	廿八	廿九	
양력 월/일	1/27	28	29	30	31	2/1	2	3	4	5	6	7	8	9	10	11	12	13	14	15	16	17	18	19	20	21	22	23	24	
일 진	壬子	癸丑	甲寅	乙卯	丙辰	丁巳	戊午	己未	庚申	辛酉	壬戌	癸亥	甲子	乙丑	丙寅	丁卯	戊辰	己巳	庚午	辛未	壬申	癸酉	甲戌	乙亥	丙子	丁丑	戊寅	己卯	庚辰	
비밀수	66	77	68	71	82	13	24	35	68	71	82	13	88	11	22	33	44	55	66	77	88	11	82	13	28	31	42	53	64	

二 月 (辛 卯) 大

절 기										경칩															춘분					
음 력	一	二	三	四	五	六	七	八	九	十	十一	十二	十三	十四	十五	十六	十七	十八	十九	二十	廿一	廿二	廿三	廿四	廿五	廿六	廿七	廿八	廿九	三十
양력 월/일	2/25	26	27	28	3/1	2	3	4	5	6	7	8	9	10	11	12	13	14	15	16	17	18	19	20	21	22	23	24	25	26
일 진	辛巳	壬午	癸未	甲申	乙酉	丙戌	丁亥	戊子	己丑	庚寅	辛卯	壬辰	癸巳	甲午	乙未	丙申	丁酉	戊戌	己亥	庚子	辛丑	壬寅	癸卯	甲辰	乙巳	丙午	丁未	戊申	己酉	庚戌
비밀수	75	86	17	88	11	22	33	48	51	73	84	15	26	17	28	31	42	53	64	71	82	13	24	15	26	37	48	51	62	73

三 月 (壬 辰) 小

절 기										청명	한식															곡우				
음 력	一	二	三	四	五	六	七	八	九	十	十一	十二	十三	十四	十五	十六	十七	十八	十九	二十	廿一	廿二	廿三	廿四	廿五	廿六	廿七	廿八	廿九	
양력 월/일	3/27	28	29	30	31	4/1	2	3	4	5	6	7	8	9	10	11	12	13	14	15	16	17	18	19	20	21	22	23	24	
일 진	辛亥	壬子	癸丑	甲寅	乙卯	丙辰	丁巳	戊午	己未	庚申	辛酉	壬戌	癸亥	甲子	乙丑	丙寅	丁卯	戊辰	己巳	庚午	辛未	壬申	癸酉	甲戌	乙亥	丙子	丁丑	戊寅	己卯	
비밀수	84	11	22	13	24	35	46	57	68	82	13	24	35	22	33	44	55	66	77	88	11	22	33	24	35	42	53	64	75	

四 月 (癸 巳) 小

절 기												입하																소만		
음 력	一	二	三	四	五	六	七	八	九	十	十一	十二	十三	十四	十五	十六	十七	十八	十九	二十	廿一	廿二	廿三	廿四	廿五	廿六	廿七	廿八	廿九	
양력 월/일	4/25	26	27	28	29	30	5/1	2	3	4	5	6	7	8	9	10	11	12	13	14	15	16	17	18	19	20	21	22	23	
일 진	庚辰	辛巳	壬午	癸未	甲申	乙酉	丙戌	丁亥	戊子	己丑	庚寅	辛卯	壬辰	癸巳	甲午	乙未	丙申	丁酉	戊戌	己亥	庚子	辛丑	壬寅	癸卯	甲辰	乙巳	丙午	丁未	戊申	
비밀수	86	17	28	31	22	33	44	55	62	73	84	26	37	48	31	42	53	64	75	86	13	24	35	46	37	48	51	62	73	

五 月 (甲 午) 大

절 기														망종																하지
음 력	一	二	三	四	五	六	七	八	九	十	十一	十二	十三	十四	十五	十六	十七	十八	十九	二十	廿一	廿二	廿三	廿四	廿五	廿六	廿七	廿八	廿九	三十
양력 월/일	5/24	25	26	27	28	29	30	31	6/1	2	3	4	5	6	7	8	9	10	11	12	13	14	15	16	17	18	19	20	21	22
일 진	己酉	庚戌	辛亥	壬子	癸丑	甲寅	乙卯	丙辰	丁巳	戊午	己未	庚申	辛酉	壬戌	癸亥	甲子	乙丑	丙寅	丁卯	戊辰	己巳	庚午	辛未	壬申	癸酉	甲戌	乙亥	丙子	丁丑	戊寅
비밀수	84	15	26	33	44	35	46	57	68	71	82	13	24	26	37	24	35	46	57	68	71	82	13	24	35	26	37	44	55	66

閏 五 月 (甲 午) 小

절 기																소서						초복								
음 력	一	二	三	四	五	六	七	八	九	十	十一	十二	十三	十四	十五	十六	十七	十八	十九	二十	廿一	廿二	廿三	廿四	廿五	廿六	廿七	廿八	廿九	
양력 월/일	6/23	24	25	26	27	28	29	30	7/1	2	3	4	5	6	7	8	9	10	11	12	13	14	15	16	17	18	19	20	21	
일 진	己卯	庚辰	辛巳	壬午	癸未	甲申	乙酉	丙戌	丁亥	戊子	己丑	庚寅	辛卯	壬辰	癸巳	甲午	乙未	丙申	丁酉	戊戌	己亥	庚子	辛丑	壬寅	癸卯	甲辰	乙巳	丙午	丁未	
비밀수	77	88	11	22	33	24	35	46	57	64	75	86	17	28	31	33	44	55	66	77	88	15	26	37	48	31	42	53	64	

正十 月 黑中 　 酉 大將 　 丑 喪門 　 酉 吊客 　 酉 三殺

六 月 (乙 未) 大

절기		대서	중복														입추					말복								
음력	一	二	三	四	五	六	七	八	九	十	十一	十二	十三	十四	十五	十六	十七	十八	十九	廿	廿一	廿二	廿三	廿四	廿五	廿六	廿七	廿八	廿九	卅
양력 월/일	7/22	23	24	25	26	27	28	29	30	31	2	8/1	3	4	5	6	7	8	9	10	11	12	13	14	15	16	17	18	19	20
일진	戊申	己酉	庚戌	辛亥	壬子	癸丑	甲寅	乙卯	丙辰	丁巳	戊午	己未	庚申	辛酉	壬戌	癸亥	甲子	乙丑	丙寅	丁卯	戊辰	己巳	庚午	辛未	壬申	癸酉	甲戌	乙亥	丙子	丁丑
비밀수	75	86	17	28	35	46	37	48	51	62	73	84	15	26	37	48	35	47	68	71	82	13	24	35	46	57	48	51	66	77

七 月 (丙 申) 小

절기				처서															백로											
음력	一	二	三	四	五	六	七	八	九	十	十一	十二	十三	十四	十五	十六	十七	十八	十九	廿	廿一	廿二	廿三	廿四	廿五	廿六	廿七	廿八	廿九	
양력 월/일	8/21	22	23	24	25	26	27	28	29	30	31	9/1	2	3	4	5	6	7	8	9	10	11	12	13	14	15	16	17	18	
일진	戊寅	己卯	庚辰	辛巳	壬午	癸未	甲申	乙酉	丙戌	丁亥	戊子	己丑	庚寅	辛卯	壬辰	癸巳	甲午	乙未	丙申	丁酉	戊戌	己亥	庚子	辛丑	壬寅	癸卯	甲辰	乙巳	丙午	
비밀수	88	11	22	33	44	55	46	57	68	71	86	17	28	31	42	53	44	55	77	88	11	22	37	48	51	62	53	64	75	

八 月 (丁 酉) 大

절기						추분															한로									
음력	一	二	三	四	五	六	七	八	九	十	十一	十二	十三	十四	十五	十六	十七	十八	十九	廿	廿一	廿二	廿三	廿四	廿五	廿六	廿七	廿八	廿九	卅
양력 월/일	9/19	20	21	22	23	24	25	26	27	28	29	30	10/1	2	3	4	5	6	7	8	9	10	11	12	13	14	15	16	17	18
일진	丁未	戊申	己酉	庚戌	辛亥	壬子	癸丑	甲寅	乙卯	丙辰	丁巳	戊午	己未	庚申	辛酉	壬戌	癸亥	甲子	乙丑	丙寅	丁卯	戊辰	己巳	庚午	辛未	壬申	癸酉	甲戌	乙亥	丙子
비밀수	86	17	28	31	42	57	68	51	62	73	84	15	26	37	48	51	62	57	68	71	13	24	35	46	57	68	71	62	73	88

九 月 (戊 戌) 大

절기						상강															입동									
음력	一	二	三	四	五	六	七	八	九	十	十一	十二	十三	十四	十五	十六	十七	十八	十九	廿	廿一	廿二	廿三	廿四	廿五	廿六	廿七	廿八	廿九	卅
양력 월/일	10/19	20	21	22	23	24	25	26	27	28	29	30	31	11/1	2	3	4	5	6	7	8	9	10	11	12	13	14	15	16	17
일진	丁丑	戊寅	己卯	庚辰	辛巳	壬午	癸未	甲申	乙酉	丙戌	丁亥	戊子	己丑	庚寅	辛卯	壬辰	癸巳	甲午	乙未	丙申	丁酉	戊戌	己亥	庚子	辛丑	壬寅	癸卯	甲辰	乙巳	丙午
비밀수	11	22	33	44	55	66	77	68	71	82	13	28	31	42	53	64	75	66	77	88	22	33	44	51	62	73	84	75	86	17

十 月 (己 亥) 大

절기						소설															대설									
음력	一	二	三	四	五	六	七	八	九	十	十一	十二	十三	十四	十五	十六	十七	十八	十九	廿	廿一	廿二	廿三	廿四	廿五	廿六	廿七	廿八	廿九	卅
양력 월/일	11/18	19	20	21	22	23	24	25	26	27	28	29	30	12/1	2	3	4	5	6	7	8	9	10	11	12	13	14	15	16	17
일진	丁未	戊申	己酉	庚戌	辛亥	壬子	癸丑	甲寅	乙卯	丙辰	丁巳	戊午	己未	庚申	辛酉	壬戌	癸亥	甲子	乙丑	丙寅	丁卯	戊辰	己巳	庚午	辛未	壬申	癸酉	甲戌	乙亥	丙子
비밀수	28	31	42	53	64	71	82	73	84	15	26	37	48	51	62	73	84	71	82	13	31	42	53	64	75	86	17	88	11	26

十 一 月 (庚 子) 小

절기					동지															소한										
음력	一	二	三	四	五	六	七	八	九	十	十一	十二	十三	十四	十五	十六	十七	十八	十九	廿	廿一	廿二	廿三	廿四	廿五	廿六	廿七	廿八	廿九	
양력 월/일	12/18	19	20	21	22	23	24	25	26	27	28	29	30	31	1/1	2	3	4	5	6	7	8	9	10	11	12	13	14	15	
일진	丁丑	戊寅	己卯	庚辰	辛巳	壬午	癸未	甲申	乙酉	丙戌	丁亥	戊子	己丑	庚寅	辛卯	壬辰	癸巳	甲午	乙未	丙申	丁酉	戊戌	己亥	庚子	辛丑	壬寅	癸卯	甲辰	乙巳	
비밀수	37	48	51	62	73	84	15	86	17	28	31	46	57	68	71	82	13	84	15	37	48	51	62	77	88	11	22	13	24	

十 二 月 (辛 丑) 大

절기						대한															입춘									
음력	一	二	三	四	五	六	七	八	九	十	十一	十二	十三	十四	十五	十六	十七	十八	十九	廿	廿一	廿二	廿三	廿四	廿五	廿六	廿七	廿八	廿九	卅
양력 월/일	1/16	17	18	19	20	21	22	23	24	25	26	27	28	29	30	31	2/1	2	3	4	5	6	7	8	9	10	11	12	13	14
일진	丙午	丁未	戊申	己酉	庚戌	辛亥	壬子	癸丑	甲寅	乙卯	丙辰	丁巳	戊午	己未	庚申	辛酉	壬戌	癸亥	甲子	乙丑	丙寅	丁卯	戊辰	己巳	庚午	辛未	壬申	癸酉	甲戌	乙亥
비밀수	35	46	57	68	71	82	17	28	11	22	33	44	55	66	77	88	11	22	17	28	57	68	71	82	13	24	35	46	37	48

단기 4305년
서기 1972년

壬子年

四金神

正月 (壬寅) 小

절기					우수															경칩										
음력	一	二	三	四	五	六	七	八	九	十	十一	十二	十三	十四	十五	十六	十七	十八	十九	廿	廿一	廿二	廿三	廿四	廿五	廿六	廿七	廿八	廿九	
양력 월/일	2/15	16	17	18	19	20	21	22	23	24	25	26	27	28	29	3/1	2	3	4	5	6	7	8	9	10	11	12	13	14	
일진	丙子	丁丑	戊寅	己卯	庚辰	辛巳	壬午	癸未	甲申	乙酉	丙戌	丁亥	戊子	己丑	庚寅	辛卯	壬辰	癸巳	甲午	乙未	丙申	丁酉	戊戌	己亥	庚子	辛丑	壬寅	癸卯	甲辰	
비밀수	55	66	77	88	11	22	33	44	35	46	57	68	75	86	17	28	31	42	33	55	66	77	88	11	26	37	48	51	42	

二月 (癸卯) 大

절기						춘분																청명	한식							
음력	一	二	三	四	五	六	七	八	九	十	十一	十二	十三	十四	十五	十六	十七	十八	十九	廿	廿一	廿二	廿三	廿四	廿五	廿六	廿七	廿八	廿九	卅
양력 월/일	3/15	16	17	18	19	20	21	22	23	24	25	26	27	28	29	30	31	4/1	2	3	4	5	6	7	8	9	10	11	12	13
일진	乙巳	丙午	丁未	戊申	己酉	庚戌	辛亥	壬子	癸丑	甲寅	乙卯	丙辰	丁巳	戊午	己未	庚申	辛酉	壬戌	癸亥	甲子	乙丑	丙寅	丁卯	戊辰	己巳	庚午	辛未	壬申	癸酉	甲戌
비밀수	53	64	75	86	17	28	31	46	57	48	51	62	73	84	15	26	37	48	51	46	57	51	62	73	84	15	26	37	48	31

三月 (甲辰) 小

절기							곡우															입하								
음력	一	二	三	四	五	六	七	八	九	十	十一	十二	十三	十四	十五	十六	十七	十八	十九	廿	廿一	廿二	廿三	廿四	廿五	廿六	廿七	廿八	廿九	
양력 월/일	4/14	15	16	17	18	19	20	21	22	23	24	25	26	27	28	29	30	5/1	2	3	4	5	6	7	8	9	10	11	12	
일진	乙亥	丙子	丁丑	戊寅	己卯	庚辰	辛巳	壬午	癸未	甲申	乙酉	丙戌	丁亥	戊子	己丑	庚寅	辛卯	壬辰	癸巳	甲午	乙未	丙申	丁酉	戊戌	己亥	庚子	辛丑	壬寅	癸卯	
비밀수	42	57	68	71	82	13	24	35	46	37	48	51	62	77	88	11	22	33	44	34	46	68	71	82	13	28	31	42	53	

四月 (乙巳) 小

절기									소만															망종						
음력	一	二	三	四	五	六	七	八	九	十	十一	十二	十三	十四	十五	十六	十七	十八	十九	廿	廿一	廿二	廿三	廿四	廿五	廿六	廿七	廿八	廿九	
양력 월/일	5/13	14	15	16	17	18	19	20	21	22	23	24	25	26	27	28	29	30	31	6/1	2	3	4	5	6	7	8	9	10	
일진	甲辰	乙巳	丙午	丁未	戊申	己酉	庚戌	辛亥	壬子	癸丑	甲寅	乙卯	丙辰	丁巳	戊午	己未	庚申	辛酉	壬戌	癸亥	甲子	乙丑	丙寅	丁卯	戊辰	己巳	庚午	辛未	壬申	
비밀수	44	55	66	77	88	11	22	33	48	51	42	53	64	75	86	17	28	31	42	53	48	51	62	84	15	26	37	48	51	

五月 (丙午) 大

절기											하지																소서			
음력	一	二	三	四	五	六	七	八	九	十	十一	十二	十三	十四	十五	十六	十七	十八	十九	廿	廿一	廿二	廿三	廿四	廿五	廿六	廿七	廿八	廿九	卅
양력 월/일	6/11	12	13	14	15	16	17	18	19	20	21	22	23	24	25	26	27	28	29	30	7/1	2	3	4	5	6	7	8	9	10
일진	癸酉	甲戌	乙亥	丙子	丁丑	戊寅	己卯	庚辰	辛巳	壬午	癸未	甲申	乙酉	丙戌	丁亥	戊子	己丑	庚寅	辛卯	壬辰	癸巳	甲午	乙未	丙申	丁酉	戊戌	己亥	庚子	辛丑	壬寅
비밀수	62	53	64	71	82	13	24	35	46	57	68	51	62	73	84	11	22	33	44	55	66	57	68	71	82	13	35	42	53	64

六月 (丁未) 小

절기								초복					대서					중복										입추 말복		
음력	一	二	三	四	五	六	七	八	九	十	十一	十二	十三	十四	十五	十六	十七	十八	十九	廿	廿一	廿二	廿三	廿四	廿五	廿六	廿七	廿八	廿九	
양력 월/일	7/11	12	13	14	15	16	17	18	19.	20	21	22	23	24	25	26	27	28	29	30	31	8/1	2	3	4	5	6	7	8	
일진	癸卯	甲辰	乙巳	丙午	丁未	戊申	己酉	庚戌	辛亥	壬子	癸丑	甲寅	乙卯	丙辰	丁巳	戊午	己未	庚申	辛酉	壬戌	癸亥	甲子	乙丑	丙寅	丁卯	戊辰	己巳	庚午	辛未	
비밀수	75	66	77	88	11	22	33	44	55	62	73	64	75	86	17	28	31	42	53	64	75	62	73	84	15	26	37	51	62	

七 月 黑中　　西 大將　　寅 喪門　　戌 吊客　　南 三殺

七　　月　　(戊 申)　　大

절 기															처서															백로
음 력	一	二	三	四	五	六	七	八	九	十	十一	十二	十三	十四	十五	十六	十七	十八	十九	廿	廿一	廿二	廿三	廿四	廿五	廿六	廿七	廿八	廿九	三十
양력 월/일	8/9	10	11	12	13	14	15	16	17	18	19	20	21	22	23	24	25	26	27	28	29	30	31	9/1	2	3	4	5	6	7
일 진	壬申	癸酉	甲戌	乙亥	丙子	丁丑	戊寅	己卯	庚辰	辛巳	壬午	癸未	甲申	乙酉	丙戌	丁亥	戊子	己丑	庚寅	辛卯	壬辰	癸巳	甲午	乙未	丙申	丁酉	戊戌	己亥	庚子	辛丑
비밀수	73	84	75	86	13	24	35	46	57	68	71	82	73	84	15	26	33	44	55	66	77	88	71	82	13	24	35	46	53	75

八　　月　　(己 酉)　　小

절 기																추분														
음 력	一	二	三	四	五	六	七	八	九	十	十一	十二	十三	十四	十五	十六	十七	十八	十九	廿	廿一	廿二	廿三	廿四	廿五	廿六	廿七	廿八	廿九	
양력 월/일	9/8	9	10	11	12	13	14	15	16	17	18	19	20	21	22	23	24	25	26	27	28	29	30	10/1	2	3	4	5	6	
일 진	壬寅	癸卯	甲辰	乙巳	丙午	丁未	戊申	己酉	庚戌	辛亥	壬子	癸丑	甲寅	乙卯	丙辰	丁巳	戊午	己未	庚申	辛酉	壬戌	癸亥	甲子	乙丑	丙寅	丁卯	戊辰	己巳	庚午	
비밀수	86	17	88	11	22	33	44	55	66	77	84	15	86	17	28	31	42	53	64	75	86	17	84	15	26	37	48	51	62	

九　　月　　(庚 戌)　　大

절 기		한로															상강													
음 력	一	二	三	四	五	六	七	八	九	十	十一	十二	十三	十四	十五	十六	十七	十八	十九	廿	廿一	廿二	廿三	廿四	廿五	廿六	廿七	廿八	廿九	三十
양력 월/일	10/7	8	9	10	11	12	13	14	15	16	17	18	19	20	21	22	23	24	25	26	27	28	29	30	31	11/1	2	3	4	5
일 진	辛未	壬申	癸酉	甲戌	乙亥	丙子	丁丑	戊寅	己卯	庚辰	辛巳	壬午	癸未	甲申	乙酉	丙戌	丁亥	戊子	己丑	庚寅	辛卯	壬辰	癸巳	甲午	乙未	丙申	丁酉	戊戌	己亥	庚子
비밀수	73	15	26	17	28	35	46	57	68	71	82	13	24	15	26	37	48	55	66	77	88	11	22	13	24	35	46	57	68	75

十　　月　　(辛 亥)　　大

절 기		입동															소설													
음 력	一	二	三	四	五	六	七	八	九	十	十一	十二	十三	十四	十五	十六	十七	十八	十九	廿	廿一	廿二	廿三	廿四	廿五	廿六	廿七	廿八	廿九	三十
양력 월/일	11/6	7	8	9	10	11	12	13	14	15	16	17	18	19	20	21	22	23	24	25	26	27	28	29	30	12/1	2	3	4	5
일 진	辛丑	壬寅	癸卯	甲辰	乙巳	丙午	丁未	戊申	己酉	庚戌	辛亥	壬子	癸丑	甲寅	乙卯	丙辰	丁巳	戊午	己未	庚申	辛酉	壬戌	癸亥	甲子	乙丑	丙寅	丁卯	戊辰	己巳	庚午
비밀수	86	28	31	22	33	44	55	66	77	88	11	26	37	28	31	42	53	64	75	86	17	28	31	26	37	48	51	62	73	84

十 一 月　　(壬 子)　　大

절 기		대설															동지													
음 력	一	二	三	四	五	六	七	八	九	十	十一	十二	十三	十四	十五	十六	十七	十八	十九	廿	廿一	廿二	廿三	廿四	廿五	廿六	廿七	廿八	廿九	三十
양력 월/일	12/6	7	8	9	10	11	12	13	14	15	16	17	18	19	20	21	22	23	24	25	26	27	28	29	30	31	1/1	2	3	4
일 진	辛未	壬申	癸酉	甲戌	乙亥	丙子	丁丑	戊寅	己卯	庚辰	辛巳	壬午	癸未	甲申	乙酉	丙戌	丁亥	戊子	己丑	庚寅	辛卯	壬辰	癸巳	甲午	乙未	丙申	丁酉	戊戌	己亥	庚子
비밀수	15	33	44	35	46	53	64	75	86	17	28	31	42	33	44	55	66	73	84	15	26	37	48	31	42	53	64	75	86	13

十 二 月　　(癸 丑)　　小

절 기		소한															대한													
음 력	一	二	三	四	五	六	七	八	九	十	十一	十二	十三	十四	十五	十六	十七	十八	十九	廿	廿一	廿二	廿三	廿四	廿五	廿六	廿七	廿八	廿九	
양력 월/일	1/5	6	7	8	9	10	11	12	13	14	15	16	17	18	19	20	21	22	23	24	25	26	27	28	29	30	31	2/1	2	
일 진	辛丑	壬寅	癸卯	甲辰	乙巳	丙午	丁未	戊申	己酉	庚戌	辛亥	壬子	癸丑	甲寅	乙卯	丙辰	丁巳	戊午	己未	庚申	辛酉	壬戌	癸亥	甲子	乙丑	丙寅	丁卯	戊辰	己巳	
비밀수	24	46	57	48	51	62	73	84	15	26	31	44	55	46	57	68	71	82	13	24	35	46	57	44	55	66	77	88	11	

단기 4306년
서기 1973년

癸 丑 年

四金神

正 月 (甲 寅) 大

절기		입춘															우수													
음력	一	二	三	四	五	六	七	八	九	十	十一	十二	十三	十四	十五	十六	十七	十八	十九	廿	廿一	廿二	廿三	廿四	廿五	廿六	廿七	廿八	廿九	卅
양력 월/일	2/3	4	5	6	7	8	9	10	11	12	13	14	15	16	17	18	19	20	21	22	23	24	25	26	27	28	3/1	2	3	4
일진	庚午	辛未	壬申	癸酉	甲戌	乙亥	丙子	丁丑	戊寅	己卯	庚辰	辛巳	壬午	癸未	甲申	乙酉	丙戌	丁亥	戊子	己丑	庚寅	辛卯	壬辰	癸巳	甲午	乙未	丙申	丁酉	戊戌	己亥
비밀수	22	35	46	57	48	51	66	77	88	11	22	33	44	55	46	57	68	71	86	17	28	31	42	53	44	55	66	77	88	11

二 月 (乙 卯) 小

절기		경칩															춘분													
음력	一	二	三	四	五	六	七	八	九	十	十一	十二	十三	十四	十五	十六	十七	十八	十九	廿	廿一	廿二	廿三	廿四	廿五	廿六	廿七	廿八	廿九	
양력 월/일	3/5	6	7	8	9	10	11	12	13	14	15	16	17	18	19	20	21	22	23	24	25	26	27	28	29	30	31	4/1	2	
일진	庚子	辛丑	壬寅	癸卯	甲辰	乙巳	丙午	丁未	戊申	己酉	庚戌	辛亥	壬子	癸丑	甲寅	乙卯	丙辰	丁巳	戊午	己未	庚申	辛酉	壬戌	癸亥	甲子	乙丑	丙寅	丁卯	戊辰	
비밀수	26	48	51	62	53	64	75	86	17	28	31	42	57	68	51	62	73	84	15	26	37	48	51	62	57	68	71	82	13	

三 月 (丙 辰) 大

절기			청명	한식														곡우												
음력	一	二	三	四	五	六	七	八	九	十	十一	十二	十三	十四	十五	十六	十七	十八	十九	廿	廿一	廿二	廿三	廿四	廿五	廿六	廿七	廿八	廿九	卅
양력 월/일	4/3	4	5	6	7	8	9	10	11	12	13	14	15	16	17	18	19	20	21	22	23	24	25	26	27	28	29	30	5/1	2
일진	己巳	庚午	辛未	壬申	癸酉	甲戌	乙亥	丙子	丁丑	戊寅	己卯	庚辰	辛巳	壬午	癸未	甲申	乙酉	丙戌	丁亥	戊子	己丑	庚寅	辛卯	壬辰	癸巳	甲午	乙未	丙申	丁酉	戊戌
비밀수	24	35	57	68	71	62	73	88	11	22	33	44	55	66	77	68	71	82	13	28	31	42	53	64	75	66	77	88	11	22

四 月 (丁 巳) 小

절기				입하															소만											
음력	一	二	三	四	五	六	七	八	九	十	十一	十二	十三	十四	十五	十六	十七	十八	十九	廿	廿一	廿二	廿三	廿四	廿五	廿六	廿七	廿八	廿九	
양력 월/일	5/3	4	5	6	7	8	9	10	11	12	13	14	15	16	17	18	19	20	21	22	23	24	25	26	27	28	29	30	31	
일진	己亥	庚子	辛丑	壬寅	癸卯	甲辰	乙巳	丙午	丁未	戊申	己酉	庚戌	辛亥	壬子	癸丑	甲寅	乙卯	丙辰	丁巳	戊午	己未	庚申	辛酉	壬戌	癸亥	甲子	乙丑	丙寅	丁卯	
비밀수	33	48	51	73	84	75	86	17	28	31	42	53	64	71	82	73	84	15	26	37	48	51	62	73	84	71	82	13	24	

五 月 (戊 午) 小

절기						망종															하지									
음력	一	二	三	四	五	六	七	八	九	十	十一	十二	十三	十四	十五	十六	十七	十八	十九	廿	廿一	廿二	廿三	廿四	廿五	廿六	廿七	廿八	廿九	
양력 월/일	6/1	2	3	4	5	6	7	8	9	10	11	12	13	14	15	16	17	18	19	20	21	22	23	24	25	26	27	28	29	
일진	戊辰	己巳	庚午	辛未	壬申	癸酉	甲戌	乙亥	丙子	丁丑	戊寅	己卯	庚辰	辛巳	壬午	癸未	甲申	乙酉	丙戌	丁亥	戊子	己丑	庚寅	辛卯	壬辰	癸巳	甲午	乙未	丙申	
비밀수	35	46	57	68	71	13	84	15	22	33	44	55	66	77	88	11	82	13	24	35	42	53	64	75	86	17	88	11	22	

六 月 (己 未) 大

절기								소서						초복										대서 중복						
음력	一	二	三	四	五	六	七	八	九	十	十一	十二	十三	十四	十五	十六	十七	十八	十九	廿	廿一	廿二	廿三	廿四	廿五	廿六	廿七	廿八	廿九	卅
양력 월/일	6/30	7/1	2	3	4	5	6	7	8	9	10	11	12	13	14	15	16	17	18	19	20	21	22	23	24	25	26	27	28	29
일진	丁酉	戊戌	己亥	庚子	辛丑	壬寅	癸卯	甲辰	乙巳	丙午	丁未	戊申	己酉	庚戌	辛亥	壬子	癸丑	甲寅	乙卯	丙辰	丁巳	戊午	己未	庚申	辛酉	壬戌	癸亥	甲子	乙丑	丙寅
비밀수	33	44	55	62	73	84	15	17	28	31	42	53	64	75	86	13	24	15	26	37	48	51	62	73	84	15	26	13	24	35

四 月 黑中	西 大將	卯 喪門	亥 吊客	東 三殺

七 月 (庚 申) 小

절기										입추				말복											처서					
음력	一	二	三	四	五	六	七	八	九	十	十一	十二	十三	十四	十五	十六	十七	十八	十九	廿	廿一	廿二	廿三	廿四	廿五	廿六	廿七	廿八	廿九	
양력 월/일	7/30	31	8/1	2	3	4	5	6	7	8	9	10	11	12	13	14	15	16	17	18	19	20	21	22	23	24	25	26	27	
일진	丁卯	戊辰	己巳	庚午	辛未	壬申	癸酉	甲戌	乙亥	丙子	丁丑	戊寅	己卯	庚辰	辛巳	壬午	癸未	甲申	乙酉	丙戌	丁亥	戊子	己丑	庚寅	辛卯	壬辰	癸巳	甲午	乙未	
비밀수	46	57	68	71	82	13	24	15	26	44	55	66	77	88	11	22	33	24	35	46	57	64	75	86	17	28	31	22	33	

八 月 (辛 酉) 小

절기												백로															추분			
음력	一	二	三	四	五	六	七	八	九	十	十一	十二	十三	十四	十五	十六	十七	十八	十九	廿	廿一	廿二	廿三	廿四	廿五	廿六	廿七	廿八	廿九	
양력 월/일	8/28	29	30	31	9/1	2	3	4	5	6	7	8	9	10	11	12	13	14	15	16	17	18	19	20	21	22	23	24	25	
일진	丙申	丁酉	戊戌	己亥	庚子	辛丑	壬寅	癸卯	甲辰	乙巳	丙午	丁未	戊申	己酉	庚戌	辛亥	壬子	癸丑	甲寅	乙卯	丙辰	丁巳	戊午	己未	庚申	辛酉	壬戌	癸亥	甲子	
비밀수	44	55	66	77	84	15	26	37	28	31	42	64	75	86	17	28	35	46	37	48	51	62	73	84	15	26	37	48	35	

九 月 (壬 戌) 大

절기													한로															상강		
음력	一	二	三	四	五	六	七	八	九	十	十一	十二	十三	十四	十五	十六	十七	十八	十九	廿	廿一	廿二	廿三	廿四	廿五	廿六	廿七	廿八	廿九	卅
양력 월/일	9/26	27	28	29	30	10/1	2	3	4	5	6	7	8	9	10	11	12	13	14	15	16	17	18	19	20	21	22	23	24	25
일진	乙丑	丙寅	丁卯	戊辰	己巳	庚午	辛未	壬申	癸酉	甲戌	乙亥	丙子	丁丑	戊寅	己卯	庚辰	辛巳	壬午	癸未	甲申	乙酉	丙戌	丁亥	戊子	己丑	庚寅	辛卯	壬辰	癸巳	甲午
비밀수	46	57	68	71	82	13	24	35	46	37	48	55	77	88	11	22	33	44	55	46	57	68	71	86	17	28	31	42	53	44

十 月 (癸 亥) 大

절기													입동															소설		
음력	一	二	三	四	五	六	七	八	九	十	十一	十二	十三	十四	十五	十六	十七	十八	十九	廿	廿一	廿二	廿三	廿四	廿五	廿六	廿七	廿八	廿九	卅
양력 월/일	10/26	27	28	29	30	31	11/1	2	3	4	5	6	7	8	9	10	11	12	13	14	15	16	17	18	19	20	21	22	23	24
일진	乙未	丙申	丁酉	戊戌	己亥	庚子	辛丑	壬寅	癸卯	甲辰	乙巳	丙午	丁未	戊申	己酉	庚戌	辛亥	壬子	癸丑	甲寅	乙卯	丙辰	丁巳	戊午	己未	庚申	辛酉	壬戌	癸亥	甲子
비밀수	55	66	77	88	11	26	37	48	51	42	53	64	86	17	28	31	42	57	68	51	62	73	84	15	26	37	48	51	62	57

十 一 月 (甲 子) 大

절기													대설															동지		
음력	一	二	三	四	五	六	七	八	九	十	十一	十二	十三	十四	十五	十六	十七	十八	十九	廿	廿一	廿二	廿三	廿四	廿五	廿六	廿七	廿八	廿九	卅
양력 월/일	11/25	26	27	28	29	30	12/1	2	3	4	5	6	7	8	9	10	11	12	13	14	15	16	17	18	19	20	21	22	23	24
일진	乙丑	丙寅	丁卯	戊辰	己巳	庚午	辛未	壬申	癸酉	甲戌	乙亥	丙子	丁丑	戊寅	己卯	庚辰	辛巳	壬午	癸未	甲申	乙酉	丙戌	丁亥	戊子	己丑	庚寅	辛卯	壬辰	癸巳	甲午
비밀수	68	71	82	13	24	35	46	57	68	51	62	77	75	86	17	28	31	42	53	44	55	66	77	84	15	26	37	48	51	42

十 二 月 (乙 丑) 小

절기													소한														대한			
음력	一	二	三	四	五	六	七	八	九	十	十一	十二	十三	十四	十五	十六	十七	十八	十九	廿	廿一	廿二	廿三	廿四	廿五	廿六	廿七	廿八	廿九	
양력 월/일	12/25	26	27	28	29	30	31	1/1	2	3	4	5	6	7	8	9	10	11	12	13	14	15	16	17	18	19	20	21	22	
일진	乙未	丙申	丁酉	戊戌	己亥	庚子	辛丑	壬寅	癸卯	甲辰	乙巳	丙午	丁未	戊申	己酉	庚戌	辛亥	壬子	癸丑	甲寅	乙卯	丙辰	丁巳	戊午	己未	庚申	辛酉	壬戌	癸亥	
비밀수	53	64	75	86	17	24	35	46	57	48	51	62	84	15	26	37	48	55	66	57	68	71	82	13	24	35	46	57	68	

단기 4307년
서기 1974년

甲 寅 年

四金神

正 月 (丙 寅) 大

절 기													입춘															우수		
음 력	一	二	三	四	五	六	七	八	九	十	十一	十二	十三	十四	十五	十六	十七	十八	十九	廿	廿一	廿二	廿三	廿四	廿五	廿六	廿七	廿八	廿九	卅
양력 월/일	1/23	24	25	26	27	28	29	30	31	2/1	2	3	4	5	6	7	8	9	10	11	12	13	14	15	16	17	18	19	20	21
일 진	甲子	乙丑	丙寅	丁卯	戊辰	己巳	庚午	辛未	壬申	癸酉	甲戌	乙亥	丙子	丁丑	戊寅	己卯	庚辰	辛巳	壬午	癸未	甲申	乙酉	丙戌	丁亥	戊子	己丑	庚寅	辛卯	壬辰	癸巳
비밀수	55	66	77	88	11	22	33	44	55	66	57	68	77	88	11	22	33	44	55	66	57	68	71	82	17	28	31	42	53	64

二 月 (丁 卯) 大

절 기													경칩															춘분		
음 력	一	二	三	四	五	六	七	八	九	十	十一	十二	十三	十四	十五	十六	十七	十八	十九	廿	廿一	廿二	廿三	廿四	廿五	廿六	廿七	廿八	廿九	卅
양력 월/일	2/22	23	24	25	26	27	28	3/1	2	3	4	5	6	7	8	9	10	11	12	13	14	15	16	17	18	19	20	21	22	23
일 진	甲午	乙未	丙申	丁酉	戊戌	己亥	庚子	辛丑	壬寅	癸卯	甲辰	乙巳	丙午	丁未	戊申	己酉	庚戌	辛亥	壬子	癸丑	甲寅	乙卯	丙辰	丁巳	戊午	己未	庚申	辛酉	壬戌	癸亥
비밀수	55	66	77	88	11	22	37	48	51	62	53	64	86	17	28	31	42	53	68	71	62	73	84	15	26	37	48	51	62	73

三 月 (戊 辰) 小

절 기													청명	한식														곡우		
음 력	一	二	三	四	五	六	七	八	九	十	十一	十二	十三	十四	十五	十六	十七	十八	十九	廿	廿一	廿二	廿三	廿四	廿五	廿六	廿七	廿八	廿九	
양력 월/일	24	25	26	27	28	29	30	31	4/1	2	3	4	5	6	7	8	9	10	11	12	13	14	15	16	17	18	19	20	21	
일 진	甲子	乙丑	丙寅	丁卯	戊辰	己巳	庚午	辛未	壬申	癸酉	甲戌	乙亥	丙子	丁丑	戊寅	己卯	庚辰	辛巳	壬午	癸未	甲申	乙酉	丙戌	丁亥	戊子	己丑	庚寅	辛卯	壬辰	
비밀수	68	71	82	13	24	35	46	57	68	71	82	73	77	88	11	22	33	44	55	66	77	88	11	22	37	48	51	62	73	

四 月 (己 巳) 大

절 기															입하															소만
음 력	一	二	三	四	五	六	七	八	九	十	十一	十二	十三	十四	十五	十六	十七	十八	十九	廿	廿一	廿二	廿三	廿四	廿五	廿六	廿七	廿八	廿九	卅
양력 월/일	4/22	23	24	25	26	27	28	29	30	5/1	2	3	4	5	6	7	8	9	10	11	12	13	14	15	16	17	18	19	20	21
일 진	癸巳	甲午	乙未	丙申	丁酉	戊戌	己亥	庚子	辛丑	壬寅	癸卯	甲辰	乙巳	丙午	丁未	戊申	己酉	庚戌	辛亥	壬子	癸丑	甲寅	乙卯	丙辰	丁巳	戊午	己未	庚申	辛酉	壬戌
비밀수	84	75	86	17	28	31	42	57	68	71	82	73	84	15	31	42	53	64	75	82	13	84	15	26	37	48	51	62	73	84

閏 四 月 (己 巳) 小

절 기																망종														
음 력	一	二	三	四	五	六	七	八	九	十	十一	十二	十三	十四	十五	十六	十七	十八	十九	廿	廿一	廿二	廿三	廿四	廿五	廿六	廿七	廿八	廿九	
양력 월/일	5/22	23	24	25	26	27	28	29	30	31	6/1	2	3	4	5	6	7	8	9	10	11	12	13	14	15	16	17	18	19	
일 진	癸亥	甲子	乙丑	丙寅	丁卯	戊辰	己巳	庚午	辛未	壬申	癸酉	甲戌	乙亥	丙子	丁丑	戊寅	己卯	庚辰	辛巳	壬午	癸未	甲申	乙酉	丙戌	丁亥	戊子	己丑	庚寅	辛卯	
비밀수	15	82	13	24	35	46	57	68	71	82	13	84	15	22	33	55	66	77	88	11	22	13	24	35	46	53	64	75	86	

五 月 (庚 午) 小

절 기			하지															소서											초복	
음 력	一	二	三	四	五	六	七	八	九	十	十一	十二	十三	十四	十五	十六	十七	十八	十九	廿	廿一	廿二	廿三	廿四	廿五	廿六	廿七	廿八	廿九	
양력 월/일	6/20	21	22	23	24	25	26	27	28	29	30	7/1	2	3	4	5	6	7	8	9	10	11	12	13	14	15	16	17	18	
일 진	壬辰	癸巳	甲午	乙未	丙申	丁酉	戊戌	己亥	庚子	辛丑	壬寅	癸卯	甲辰	乙巳	丙午	丁未	戊申	己酉	庚戌	辛亥	壬子	癸丑	甲寅	乙卯	丙辰	丁巳	戊午	己未	庚申	
비밀수	17	28	11	22	33	44	55	66	73	84	15	26	17	28	31	42	53	75	86	17	24	35	26	37	48	51	62	73	84	

正十月 黑中　　北 大將　　辰 喪門　　子 吊客　　北 三殺

六 月 (辛未) 大

절기					대서					중복											입추									말복
음력	一	二	三	四	五	六	七	八	九	十	十一	十二	十三	十四	十五	十六	十七	十八	十九	二十	廿一	廿二	廿三	廿四	廿五	廿六	廿七	廿八	廿九	三十
양력 월/일	7/19	20	21	22	23	24	25	26	27	28	29	30	31	8/1	2	3	4	5	6	7	8	9	10	11	12	13	14	15	16	17
일진	辛酉	壬戌	癸亥	甲子	乙丑	丙寅	丁卯	戊辰	己巳	庚午	辛未	壬申	癸酉	甲戌	乙亥	丙子	丁丑	戊寅	己卯	庚辰	辛巳	壬午	癸未	甲申	乙酉	丙戌	丁亥	戊子	己丑	庚寅
비밀수	15	26	37	24	35	46	57	68	71	82	13	24	35	26	37	44	55	66	77	88	22	33	44	35	46	57	68	75	86	17

七 月 (壬申) 小

절기						처서																백로								
음력	一	二	三	四	五	六	七	八	九	十	十一	十二	十三	十四	十五	十六	十七	十八	十九	二十	廿一	廿二	廿三	廿四	廿五	廿六	廿七	廿八	廿九	
양력 월/일	8/18	19	20	21	22	23	24	25	26	27	28	29	30	31	9/1	2	3	4	5	6	7	8	9	10	11	12	13	14	15	
일진	辛卯	壬辰	癸巳	甲午	乙未	丙申	丁酉	戊戌	己亥	庚子	辛丑	壬寅	癸卯	甲辰	乙巳	丙午	丁未	戊申	己酉	庚戌	辛亥	壬子	癸丑	甲寅	乙卯	丙辰	丁巳	戊午	己未	
비밀수	28	31	42	33	44	55	66	77	88	15	26	37	48	31	42	53	64	75	86	17	28	46	57	48	51	62	73	84	15	

八 月 (癸酉) 小

절기								추분																한로						
음력	一	二	三	四	五	六	七	八	九	十	十一	十二	十三	十四	十五	十六	十七	十八	十九	二十	廿一	廿二	廿三	廿四	廿五	廿六	廿七	廿八	廿九	
양력 월/일	9/16	17	18	19	20	21	22	23	24	25	26	27	28	29	30	10/1	2	3	4	5	6	7	8	9	10	11	12	13	14	
일진	庚申	辛酉	壬戌	癸亥	甲子	乙丑	丙寅	丁卯	戊辰	己巳	庚午	辛未	壬申	癸酉	甲戌	乙亥	丙子	丁丑	戊寅	己卯	庚辰	辛巳	壬午	癸未	甲申	乙酉	丙戌	丁亥	戊子	
비밀수	26	37	48	51	46	57	68	71	82	13	24	35	46	57	48	51	66	77	88	11	22	33	44	46	37	48	51	62	73	

九 月 (甲戌) 大

절기										상강															입동					
음력	一	二	三	四	五	六	七	八	九	十	十一	十二	十三	十四	十五	十六	十七	十八	十九	二十	廿一	廿二	廿三	廿四	廿五	廿六	廿七	廿八	廿九	三十
양력 월/일	10/15	16	17	18	19	20	21	22	23	24	25	26	27	28	29	30	31	11/1	2	3	4	5	6	7	8	9	10	11	12	13
일진	己丑	庚寅	辛卯	壬辰	癸巳	甲午	乙未	丙申	丁酉	戊戌	己亥	庚子	辛丑	壬寅	癸卯	甲辰	乙巳	丙午	丁未	戊申	己酉	庚戌	辛亥	壬子	癸丑	甲寅	乙卯	丙辰	丁巳	戊午
비밀수	84	15	26	37	48	35	46	57	68	71	82	17	28	31	42	33	44	55	66	77	88	11	22	44	56	47	58	61	72	83

十 月 (乙亥) 大

절기										소설														대설						
음력	一	二	三	四	五	六	七	八	九	十	十一	十二	十三	十四	十五	十六	十七	十八	十九	二十	廿一	廿二	廿三	廿四	廿五	廿六	廿七	廿八	廿九	三十
양력 월/일	11/14	15	16	17	18	19	20	21	22	23	24	25	26	27	28	29	30	12/1	2	3	4	5	6	7	8	9	10	11	12	13
일진	己未	庚申	辛酉	壬戌	癸亥	甲子	乙丑	丙寅	丁卯	戊辰	己巳	庚午	辛未	壬申	癸酉	甲戌	乙亥	丙子	丁丑	戊寅	己卯	庚辰	辛巳	壬午	癸未	甲申	乙酉	丙戌	丁亥	戊子
비밀수	14	25	36	47	58	45	56	67	78	81	12	23	34	45	56	47	58	65	76	87	18	21	32	55	66	57	68	71	82	17

十 一 月 (丙子) 小

절기									동지															소한						
음력	一	二	三	四	五	六	七	八	九	十	十一	十二	十三	十四	十五	十六	十七	十八	十九	二十	廿一	廿二	廿三	廿四	廿五	廿六	廿七	廿八	廿九	
양력 월/일	12/14	15	16	17	18	19	20	21	22	23	24	25	26	27	28	29	30	31	1/1	2	3	4	5	6	7	8	9	10	11	
일진	己丑	庚寅	辛卯	壬辰	癸巳	甲午	乙未	丙申	丁酉	戊戌	己亥	庚子	辛丑	壬寅	癸卯	甲辰	乙巳	丙午	丁未	戊申	己酉	庚戌	辛亥	壬子	癸丑	甲寅	乙卯	丙辰	丁巳	
비밀수	28	31	42	53	64	55	66	77	88	11	22	37	48	51	62	53	64	75	86	17	28	31	48	66	77	68	71	82	13	

十 二 月 (丁丑) 大

절기										대한														입춘						
음력	一	二	三	四	五	六	七	八	九	十	十一	十二	十三	十四	十五	十六	十七	十八	十九	二十	廿一	廿二	廿三	廿四	廿五	廿六	廿七	廿八	廿九	三十
양력 월/일	1/12	13	14	15	16	17	18	19	20	21	22	23	24	25	26	27	28	29	30	31	2/1	2	3	4	5	6	7	8	9	10
일진	戊午	己未	庚申	辛酉	壬戌	癸亥	甲子	乙丑	丙寅	丁卯	戊辰	己巳	庚午	辛未	壬申	癸酉	甲戌	乙亥	丙子	丁丑	戊寅	己卯	庚辰	辛巳	壬午	癸未	甲申	乙酉	丙戌	丁亥
비밀수	24	35	46	57	68	71	66	77	88	11	22	33	44	55	66	77	86	71	86	17	28	31	42	75	86	17	88	11	22	33

단기 4308년
서기 1975년

乙 卯 年

二 金神

正 月 (戊 寅) 大

절 기									우수															경칩						
음 력	一	二	三	四	五	六	七	八	九	十	十一	十二	十三	十四	十五	十六	十七	十八	十九	二十	廿一	廿二	廿三	廿四	廿五	廿六	廿七	廿八	廿九	三十
양력 월/일	2/11	12	13	14	15	16	17	18	19	20	21	22	23	24	25	26	27	28	3/1	2	3	4	5	6	7	8	9	10	11	12
일 진	戊子	己丑	庚寅	辛卯	壬辰	癸巳	甲午	乙未	丙申	丁酉	戊戌	己亥	庚子	辛丑	壬寅	癸卯	甲辰	乙巳	丙午	丁未	戊申	己酉	庚戌	辛亥	壬子	癸丑	甲寅	乙卯	丙辰	丁巳
비밀수	58	61	72	83	14	25	86	17	28	31	42	53	68	71	82	13	84	15	26	37	48	51	62	73	11	22	13	24	35	46

二 月 (己 卯) 大

절 기									춘분															청명	한식					
음 력	一	二	三	四	五	六	七	八	九	十	十一	十二	十三	十四	十五	十六	十七	十八	十九	二十	廿一	廿二	廿三	廿四	廿五	廿六	廿七	廿八	廿九	三十
양력 월/일	3/13	14	15	16	17	18	19	20	21	22	23	24	25	26	27	28	29	30	31	4/1	2	3	4	5	6	7	8	9	10	11
일 진	戊午	己未	庚申	辛酉	壬戌	癸亥	甲子	乙丑	丙寅	丁卯	戊辰	己巳	庚午	辛未	壬申	癸酉	甲戌	乙亥	丙子	丁丑	戊寅	己卯	庚辰	辛巳	壬午	癸未	甲申	乙酉	丙戌	丁亥
비밀수	57	68	71	82	13	24	11	22	33	44	55	66	77	88	11	22	13	24	31	42	53	64	75	17	28	31	22	33	44	55

三 月 (庚 辰) 小

절 기										곡우															입하					
음 력	一	二	三	四	五	六	七	八	九	十	十一	十二	十三	十四	十五	十六	十七	十八	十九	二十	廿一	廿二	廿三	廿四	廿五	廿六	廿七	廿八	廿九	
양력 월/일	4/12	13	14	15	16	17	18	19	20	21	22	23	24	25	26	27	28	29	30	5/1	2	3	4	5	6	7	8	9	10	
일 진	戊子	己丑	庚寅	辛卯	壬辰	癸巳	甲午	乙未	丙申	丁酉	戊戌	己亥	庚子	辛丑	壬寅	癸卯	甲辰	乙巳	丙午	丁未	戊申	己酉	庚戌	辛亥	壬子	癸丑	甲寅	乙卯	丙辰	
비밀수	66	77	88	15	26	37	28	31	42	53	64	75	82	13	24	35	26	37	48	51	62	73	84	15	33	44	35	46	57	

四 月 (辛 巳) 大

절 기												소만															망종			
음 력	一	二	三	四	五	六	七	八	九	十	十一	十二	十三	十四	十五	十六	十七	十八	十九	二十	廿一	廿二	廿三	廿四	廿五	廿六	廿七	廿八	廿九	三十
양력 월/일	5/11	12	13	14	15	16	17	18	19	20	21	22	23	24	25	26	27	28	29	30	31	6/1	2	3	4	5	6	7	8	9
일 진	丁巳	戊午	己未	庚申	辛酉	壬戌	癸亥	甲子	乙丑	丙寅	丁卯	戊辰	己巳	庚午	辛未	壬申	癸酉	甲戌	乙亥	丙子	丁丑	戊寅	己卯	庚辰	辛巳	壬午	癸未	甲申	乙酉	丙戌
비밀수	68	71	82	13	24	35	46	33	44	55	66	77	88	11	22	33	44	35	46	53	64	75	86	17	28	31	53	44	55	66

五 月 (壬 午) 小

절 기													하지																소서	
음 력	一	二	三	四	五	六	七	八	九	十	十一	十二	十三	十四	十五	十六	十七	十八	十九	二十	廿一	廿二	廿三	廿四	廿五	廿六	廿七	廿八	廿九	
양력 월/일	6/10	11	12	13	14	15	16	17	18	19	20	21	22	23	24	25	26	27	28	29	30	7/1	2	3	4	5	6	7	8	
일 진	丁亥	戊子	己丑	庚寅	辛卯	壬辰	癸巳	甲午	乙未	丙申	丁酉	戊戌	己亥	庚子	辛丑	壬寅	癸卯	甲辰	乙巳	丙午	丁未	戊申	己酉	庚戌	辛亥	壬子	癸丑	甲寅	乙卯	
비밀수	77	84	15	26	37	48	51	42	53	64	75	86	17	24	35	46	57	48	51	62	73	84	15	26	37	44	55	46	68	

六 月 (癸 未) 小

절 기					초복										중복 대서															
음 력	一	二	三	四	五	六	七	八	九	十	十一	十二	十三	十四	十五	十六	十七	十八	十九	二十	廿一	廿二	廿三	廿四	廿五	廿六	廿七	廿八	廿九	
양력 월/일	7/9	10	11	12	13	14	15	16	17	18	19	20	21	22	23	24	25	26	27	28	29	30	31	8/1	2	3	4	5	6	
일 진	丙辰	丁巳	戊午	己未	庚申	辛酉	壬戌	癸亥	甲子	乙丑	丙寅	丁卯	戊辰	己巳	庚午	辛未	壬申	癸酉	甲戌	乙亥	丙子	丁丑	戊寅	己卯	庚辰	辛巳	壬午	癸未	甲申	
비밀수	71	82	13	24	35	46	57	68	55	66	77	88	11	22	33	44	55	66	56	67	75	86	17	28	31	42	53	64	55	

七 月 黑中	北 大將	巳 喪門	丑 弔客	西 三殺

七 月 (甲 申) 大

절 기		입추				말복												처서												
음 력	一	二	三	四	五	六	七	八	九	十	十一	十二	十三	十四	十五	十六	十七	十八	十九	二十	廿一	廿二	廿三	廿四	廿五	廿六	廿七	廿八	廿九	三十
양력 월/일	8/7	8	9	10	11	12	13	14	15	16	17	18	19	20	21	22	23	24	25	26	27	28	29	30	31	9/1	2	3	4	5
일 진	乙酉	丙戌	丁亥	戊子	己丑	庚寅	辛卯	壬辰	癸巳	甲午	乙未	丙申	丁酉	戊戌	己亥	庚子	辛丑	壬寅	癸卯	甲辰	乙巳	丙午	丁未	戊申	己酉	庚戌	辛亥	壬子	癸丑	甲寅
비밀수	68	68	71	86	17	28	31	42	53	44	55	66	77	88	11	26	37	48	51	42	53	64	75	86	17	28	31	46	57	48

八 月 (乙 酉) 小

절 기			백로																추분											
음 력	一	二	三	四	五	六	七	八	九	十	十一	十二	十三	十四	十五	十六	十七	十八	十九	二十	廿一	廿二	廿三	廿四	廿五	廿六	廿七	廿八	廿九	
양력 월/일	9/6	7	8	9	10	11	12	13	14	15	16	17	18	19	20	21	22	23	24	25	26	27	28	29	30	10/1	2	3	4	
일 진	乙卯	丙辰	丁巳	戊午	己未	庚申	辛酉	壬戌	癸亥	甲子	乙丑	丙寅	丁卯	戊辰	己巳	庚午	辛未	壬申	癸酉	甲戌	乙亥	丙子	丁丑	戊寅	己卯	庚辰	辛巳	壬午	癸未	
비밀수	51	62	84	15	26	37	48	51	62	57	68	71	82	13	24	35	46	57	68	51	62	77	88	11	22	33	44	55	66	

九 月 (丙 戌) 小

절 기					한로															상강										
음 력	一	二	三	四	五	六	七	八	九	十	十一	十二	十三	十四	十五	十六	十七	十八	十九	二十	廿一	廿二	廿三	廿四	廿五	廿六	廿七	廿八	廿九	
양력 월/일	10/5	6	7	8	9	10	11	12	13	14	15	16	17	18	19	20	21	22	23	24	25	26	27	28	29	30	31	11/1	2	
일 진	甲申	乙酉	丙戌	丁亥	戊子	己丑	庚寅	辛卯	壬辰	癸巳	甲午	乙未	丙申	丁酉	戊戌	己亥	庚子	辛丑	壬寅	癸卯	甲辰	乙巳	丙午	丁未	戊申	己酉	庚戌	辛亥	壬子	
비밀수	57	68	71	82	28	31	42	53	64	75	66	77	88	11	22	33	48	51	62	73	64	75	86	17	28	31	42	53	68	

十 月 (丁 亥) 大

절 기						입동														소설										
음 력	一	二	三	四	五	六	七	八	九	十	十一	十二	十三	十四	十五	十六	十七	十八	十九	二十	廿一	廿二	廿三	廿四	廿五	廿六	廿七	廿八	廿九	三十
양력 월/일	11/3	4	5	6	7	8	9	10	11	12	13	14	15	16	17	18	19	20	21	22	23	24	25	26	27	28	29	30	12/1	2
일 진	癸丑	甲寅	乙卯	丙辰	丁巳	戊午	己未	庚申	辛酉	壬戌	癸亥	甲子	乙丑	丙寅	丁卯	戊辰	己巳	庚午	辛未	壬申	癸酉	甲戌	乙亥	丙子	丁丑	戊寅	己卯	庚辰	辛巳	壬午
비밀수	71	62	73	84	15	37	48	51	62	73	84	71	82	13	24	35	46	57	68	71	82	73	84	11	22	33	44	55	66	77

十 一 月 (戊 子) 小

절 기						대설														동지										
음 력	一	二	三	四	五	六	七	八	九	十	十一	十二	十三	十四	十五	十六	十七	十八	十九	二十	廿一	廿二	廿三	廿四	廿五	廿六	廿七	廿八	廿九	
양력 월/일	12/3	4	5	6	7	8	9	10	11	12	13	14	15	16	17	18	19	20	21	22	23	24	25	26	27	28	29	30	31	
일 진	癸未	甲申	乙酉	丙戌	丁亥	戊子	己丑	庚寅	辛卯	壬辰	癸巳	甲午	乙未	丙申	丁酉	戊戌	己亥	庚子	辛丑	壬寅	癸卯	甲辰	乙巳	丙午	丁未	戊申	己酉	庚戌	辛亥	
비밀수	88	71	82	13	24	46	57	68	71	82	13	84	15	26	37	48	51	66	77	88	11	82	13	24	35	46	57	68	71	

十 二 月 (己 丑) 大

절 기						소한																대한								
음 력	一	二	三	四	五	六	七	八	九	十	十一	十二	十三	十四	十五	十六	十七	十八	十九	二十	廿一	廿二	廿三	廿四	廿五	廿六	廿七	廿八	廿九	三十
양력 월/일	1/1	2	3	4	5	6	7	8	9	10	11	12	13	14	15	16	17	18	19	20	21	22	23	24	25	26	27	28	29	30
일 진	壬子	癸丑	甲寅	乙卯	丙辰	丁巳	戊午	己未	庚申	辛酉	壬戌	癸亥	甲子	乙丑	丙寅	丁卯	戊辰	己巳	庚午	辛未	壬申	癸酉	甲戌	乙亥	丙子	丁丑	戊寅	己卯	庚辰	辛巳
비밀수	86	17	88	11	22	24	35	46	57	68	71	82	77	88	11	22	33	44	55	66	77	88	71	82	17	28	31	42	53	64

단기 4309년
서기 1976년

丙 辰 年

六 金神

正 月 (庚 寅) 大

절기						입춘														우수										
음력	一	二	三	四	五	六	七	八	九	十	十一	十二	十三	十四	十五	十六	十七	十八	十九	二十	廿一	廿二	廿三	廿四	廿五	廿六	廿七	廿八	廿九	三十
양력 월/일	1/31	2/1	2	3	4	5	6	7	8	9	10	11	12	13	14	15	16	17	18	19	20	21	22	23	24	25	26	27	28	29
일진	壬午	癸未	甲申	乙酉	丙戌	丁亥	戊子	己丑	庚寅	辛卯	壬辰	癸巳	甲午	乙未	丙申	丁酉	戊戌	己亥	庚子	辛丑	壬寅	癸卯	甲辰	乙巳	丙午	丁未	戊申	己酉	庚戌	辛亥
비밀수	75	86	77	88	11	64	71	82	13	24	35	46	37	48	51	62	73	84	11	22	33	44	35	46	57	68	71	82	13	24

二 月 (辛 卯) 大

절기					경칩															춘분										
음력	一	二	三	四	五	六	七	八	九	十	十一	十二	十三	十四	十五	十六	十七	十八	十九	二十	廿一	廿二	廿三	廿四	廿五	廿六	廿七	廿八	廿九	三十
양력 월/일	3/1	2	3	4	5	6	7	8	9	10	11	12	13	14	15	16	17	18	19	20	21	22	23	24	25	26	27	28	29	30
일진	壬子	癸丑	甲寅	乙卯	丙辰	丁巳	戊午	己未	庚申	辛酉	壬戌	癸亥	甲子	乙丑	丙寅	丁卯	戊辰	己巳	庚午	辛未	壬申	癸酉	甲戌	乙亥	丙子	丁丑	戊寅	己卯	庚辰	辛巳
비밀수	31	42	33	44	66	77	88	11	22	33	44	55	42	53	64	75	86	17	28	31	42	53	44	55	62	73	84	15	26	37

三 月 (壬 辰) 小

절기						청명	한식														곡우									
음력	一	二	三	四	五	六	七	八	九	十	十一	十二	十三	十四	十五	十六	十七	十八	十九	二十	廿一	廿二	廿三	廿四	廿五	廿六	廿七	廿八	廿九	
양력 월/일	3/31	4/1	2	3	4	5	6	7	8	9	10	11	12	13	14	15	16	17	18	19	20	21	22	23	24	25	26	27	28	
일진	壬午	癸未	甲申	乙酉	丙戌	丁亥	戊子	己丑	庚寅	辛卯	壬辰	癸巳	甲午	乙未	丙申	丁酉	戊戌	己亥	庚子	辛丑	壬寅	癸卯	甲辰	乙巳	丙午	丁未	戊申	己酉	庚戌	
비밀수	48	51	42	63	74	86	13	24	35	46	57	68	51	62	73	84	15	26	33	44	55	66	57	68	71	82	13	24	35	

四 月 (癸 巳) 大

절기							입하																소만							
음력	一	二	三	四	五	六	七	八	九	十	十一	十二	十三	十四	十五	十六	十七	十八	十九	二十	廿一	廿二	廿三	廿四	廿五	廿六	廿七	廿八	廿九	三十
양력 월/일	4/29	30	5/1	2	3	4	5	6	7	8	9	10	11	12	13	14	15	16	17	18	19	20	21	22	23	24	25	26	27	28
일진	辛亥	壬子	癸丑	甲寅	乙卯	丙辰	丁巳	戊午	己未	庚申	辛酉	壬戌	癸亥	甲子	乙丑	丙寅	丁卯	戊辰	己巳	庚午	辛未	壬申	癸酉	甲戌	乙亥	丙子	丁丑	戊寅	己卯	庚辰
비밀수	46	53	64	55	66	77	17	28	31	42	53	64	75	62	73	84	15	26	37	48	51	62	73	64	75	82	13	24	35	46

五 月 (甲 午) 小

절기								망종																하지						
음력	一	二	三	四	五	六	七	八	九	十	十一	十二	十三	十四	十五	十六	十七	十八	十九	二十	廿一	廿二	廿三	廿四	廿五	廿六	廿七	廿八	廿九	
양력 월/일	5/29	30	31	6/1	2	3	4	5	6	7	8	9	10	11	12	13	14	15	16	17	18	19	20	21	22	23	24	25	26	
일진	辛巳	壬午	癸未	甲申	乙酉	丙戌	丁亥	戊子	己丑	庚寅	辛卯	壬辰	癸巳	甲午	乙未	丙申	丁酉	戊戌	己亥	庚子	辛丑	壬寅	癸卯	甲辰	乙巳	丙午	丁未	戊申	己酉	
비밀수	57	68	71	62	73	84	15	15	26	37	48	51	62	53	64	75	86	17	28	35	46	57	68	51	62	73	84	15	26	

六 月 (乙 未) 大

절기											소서										초복						대서			
음력	一	二	三	四	五	六	七	八	九	十	十一	十二	十三	十四	十五	十六	十七	十八	十九	二十	廿一	廿二	廿三	廿四	廿五	廿六	廿七	廿八	廿九	三十
양력 월/일	6/27	28	29	30	7/1	2	3	4	5	6	7	8	9	10	11	12	13	14	15	16	17	18	19	20	21	22	23	24	25	26
일진	庚戌	辛亥	壬子	癸丑	甲寅	乙卯	丙辰	丁巳	戊午	己未	庚申	辛酉	壬戌	癸亥	甲子	乙丑	丙寅	丁卯	戊辰	己巳	庚午	辛未	壬申	癸酉	甲戌	乙亥	丙子	丁丑	戊寅	己卯
비밀수	37	48	55	66	57	68	71	82	13	24	46	57	68	71	66	77	88	11	22	33	44	55	66	77	68	71	86	27	28	31

四月 黑中 北 大將 午 喪門 寅 吊客 南 三殺

七 月 (丙 申) 小

절기	중복											입추									말복							처서		
음력	一	二	三	四	五	六	七	八	九	十	十一	十二	十三	十四	十五	十六	十七	十八	十九	廿	廿一	廿二	廿三	廿四	廿五	廿六	廿七	廿八	廿九	
양력 월/일	7/27	28	29	30	31	8/1	2	3	4	5	6	7	8	9	10	11	12	13	14	15	16	17	18	19	20	21	22	23	24	
일진	庚辰	辛巳	壬午	癸未	甲申	乙酉	丙戌	丁亥	戊子	己丑	庚寅	辛卯	壬辰	癸巳	甲午	乙未	丙申	丁酉	戊戌	己亥	庚子	辛丑	壬寅	癸卯	甲辰	乙巳	丙午	丁未	戊申	
비밀수	42	53	64	75	66	77	88	11	26	37	48	62	73	84	75	86	17	28	31	42	57	68	71	82	73	84	15	26	37	

八 月 (丁 酉) 大

절기														백로																추분
음력	一	二	三	四	五	六	七	八	九	十	十一	十二	十三	十四	十五	十六	十七	十八	十九	廿	廿一	廿二	廿三	廿四	廿五	廿六	廿七	廿八	廿九	三十
양력 월/일	8/25	26	27	28	29	30	31	9/1	2	3	4	5	6	7	8	9	10	11	12	13	14	15	16	17	18	19	20	21	22	23
일진	己酉	庚戌	辛亥	壬子	癸丑	甲寅	乙卯	丙辰	丁巳	戊午	己未	庚申	辛酉	壬戌	癸亥	甲子	乙丑	丙寅	丁卯	戊辰	己巳	庚午	辛未	壬申	癸酉	甲戌	乙亥	丙子	丁丑	戊寅
비밀수	48	51	62	77	88	71	82	13	24	35	46	57	68	82	13	88	11	22	33	44	55	66	77	88	11	82	13	28	31	42

閏 八 月 (丁 酉) 小

절기															한로															
음력	一	二	三	四	五	六	七	八	九	十	十一	十二	十三	十四	十五	十六	十七	十八	十九	廿	廿一	廿二	廿三	廿四	廿五	廿六	廿七	廿八	廿九	
양력 월/일	9/24	25	26	27	28	29	30	10/1	2	3	4	5	6	7	8	9	10	11	12	13	14	15	16	17	18	19	20	21	22	
일진	己卯	庚辰	辛巳	壬午	癸未	甲申	乙酉	丙戌	丁亥	戊子	己丑	庚寅	辛卯	壬辰	癸巳	甲午	乙未	丙申	丁酉	戊戌	己亥	庚子	辛丑	壬寅	癸卯	甲辰	乙巳	丙午	丁未	
비밀수	53	64	75	86	17	88	11	22	33	48	51	62	73	84	26	17	28	31	42	53	64	71	82	13	24	15	26	37	48	

九 月 (戊 戌) 大

절기	상강															입동														
음력	一	二	三	四	五	六	七	八	九	十	十一	十二	十三	十四	十五	十六	十七	十八	十九	廿	廿一	廿二	廿三	廿四	廿五	廿六	廿七	廿八	廿九	三十
양력 월/일	10/23	24	25	26	27	28	29	30	31	11/1	2	3	4	5	6	7	8	9	10	11	12	13	14	15	16	17	18	19	20	21
일진	戊申	己酉	庚戌	辛亥	壬子	癸丑	甲寅	乙卯	丙辰	丁巳	戊午	己未	庚申	辛酉	壬戌	癸亥	甲子	乙丑	丙寅	丁卯	戊辰	己巳	庚午	辛未	壬申	癸酉	甲戌	乙亥	丙子	丁丑
비밀수	51	62	73	84	11	22	13	24	35	46	57	68	71	82	13	34	21	32	43	54	65	76	87	18	21	32	23	34	41	52

十 月 (己 亥) 小

절기	소설															대설														
음력	一	二	三	四	五	六	七	八	九	十	十一	十二	十三	十四	十五	十六	十七	十八	十九	廿	廿一	廿二	廿三	廿四	廿五	廿六	廿七	廿八	廿九	
양력 월/일	11/22	23	24	25	26	27	28	29	30	12/1	2	3	4	5	6	7	8	9	10	11	12	13	14	15	16	17	18	19	20	
일진	戊寅	己卯	庚辰	辛巳	壬午	癸未	甲申	乙酉	丙戌	丁亥	戊子	己丑	庚寅	辛卯	壬辰	癸巳	甲午	乙未	丙申	丁酉	戊戌	己亥	庚子	辛丑	壬寅	癸卯	甲辰	乙巳	丙午	
비밀수	62	74	85	16	27	38	22	33	44	55	61	72	83	14	25	44	35	46	57	68	71	82	17	28	31	42	33	44	55	

十 一 月 (庚 子) 小

절기		동지														소한														
음력	一	二	三	四	五	六	七	八	九	十	十一	十二	十三	十四	十五	十六	十七	十八	十九	廿	廿一	廿二	廿三	廿四	廿五	廿六	廿七	廿八	廿九	
양력 월/일	12/21	22	23	24	25	26	27	28	29	30	31	1/1	2	3	4	5	6	7	8	9	10	11	12	13	14	15	16	17	18	
일진	丁未	戊申	己酉	庚戌	辛亥	壬子	癸丑	甲寅	乙卯	丙辰	丁巳	戊午	己未	庚申	辛酉	壬戌	癸亥	甲子	乙丑	丙寅	丁卯	戊辰	己巳	庚午	辛未	壬申	癸酉	甲戌	乙亥	
비밀수	66	77	88	11	22	37	48	31	42	53	64	75	86	17	28	48	51	44	55	66	77	88	13	24	35	46	57	48	51	

十 二 月 (辛 丑) 大

절기		대한															입춘													
음력	一	二	三	四	五	六	七	八	九	十	十一	十二	十三	十四	十五	十六	十七	十八	十九	廿	廿一	廿二	廿三	廿四	廿五	廿六	廿七	廿八	廿九	三十
양력 월/일	1/19	20	21	22	23	24	25	26	27	28	29	30	31	2/1	2	3	4	5	6	7	8	9	10	11	12	13	14	15	16	17
일진	丙子	丁丑	戊寅	己卯	庚辰	辛巳	壬午	癸未	甲申	乙酉	丙戌	丁亥	戊子	己丑	庚寅	辛卯	壬辰	癸巳	甲午	乙未	丙申	丁酉	戊戌	己亥	庚子	辛丑	壬寅	癸卯	甲辰	乙巳
비밀수	66	77	88	11	22	33	44	55	46	57	68	71	86	17	28	31	66	77	68	71	82	13	24	35	42	53	64	75	66	77

단기 4310년
서기 1977년

丁 巳 年

四金神

正 月 (壬 寅) 大

절기		우수															경칩													
음력	一	二	三	四	五	六	七	八	九	十	十一	十二	十三	十四	十五	十六	十七	十八	十九	二十	廿一	廿二	廿三	廿四	廿五	廿六	廿七	廿八	廿九	三十
양력 월/일	2/18	19	20	21	22	23	24	25	26	27	28	3/1	2	3	4	5	6	7	8	9	10	11	12	13	14	15	16	17	18	19
일진	丙午	丁未	戊申	己酉	庚戌	辛亥	壬子	癸丑	甲寅	乙卯	丙辰	丁巳	戊午	己未	庚申	辛酉	壬戌	癸亥	甲子	乙丑	丙寅	丁卯	戊辰	己巳	庚午	辛未	壬申	癸酉	甲戌	乙亥
비밀수	88	11	22	33	44	55	62	73	64	75	86	17	28	31	42	53	55	66	53	64	75	86	17	28	31	42	53	64	55	66

二 月 (癸 卯) 小

절기		춘분															청명	한식												
음력	一	二	三	四	五	六	七	八	九	十	十一	十二	十三	十四	十五	十六	十七	十八	十九	二十	廿一	廿二	廿三	廿四	廿五	廿六	廿七	廿八	廿九	
양력 월/일	3/20	21	22	23	24	25	26	27	28	29	30	31	4/1	2	3	4	5	6	7	8	9	10	11	12	13	14	15	16	17	
일진	丙子	丁丑	戊寅	己卯	庚辰	辛巳	壬午	癸未	甲申	乙酉	丙戌	丁亥	戊子	己丑	庚寅	辛卯	壬辰	癸巳	甲午	乙未	丙申	丁酉	戊戌	己亥	庚子	辛丑	壬寅	癸卯	甲辰	
비밀수	73	84	15	26	37	48	51	62	53	64	75	86	13	24	35	46	68	71	62	73	84	15	26	37	44	55	66	77	68	

三 月 (甲 辰) 大

절기			곡우																입하											
음력	一	二	三	四	五	六	七	八	九	十	十一	十二	十三	十四	十五	十六	十七	十八	十九	二十	廿一	廿二	廿三	廿四	廿五	廿六	廿七	廿八	廿九	三十
양력 월/일	4/18	19	20	21	22	23	24	25	26	27	28	29	30	5/1	2	3	4	5	6	7	8	9	10	11	12	13	14	15	16	17
일진	乙巳	丙午	丁未	戊申	己酉	庚戌	辛亥	壬子	癸丑	甲寅	乙卯	丙辰	丁巳	戊午	己未	庚申	辛酉	壬戌	癸亥	甲子	乙丑	丙寅	丁卯	戊辰	己巳	庚午	辛未	壬申	癸酉	甲戌
비밀수	71	82	13	24	35	46	57	64	75	66	77	88	11	22	33	44	55	66	88	75	86	17	28	31	42	53	64	75	86	77

四 月 (乙 巳) 大

절기				소만																망종										
음력	一	二	三	四	五	六	七	八	九	十	十一	十二	十三	十四	十五	十六	十七	十八	十九	二十	廿一	廿二	廿三	廿四	廿五	廿六	廿七	廿八	廿九	三十
양력 월/일	5/18	19	20	21	22	23	24	25	26	27	28	29	30	31	6/1	2	3	4	5	6	7	8	9	10	11	12	13	14	15	16
일진	乙亥	丙子	丁丑	戊寅	己卯	庚辰	辛巳	壬午	癸未	甲申	乙酉	丙戌	丁亥	戊子	己丑	庚寅	辛卯	壬辰	癸巳	甲午	乙未	丙申	丁酉	戊戌	己亥	庚子	辛丑	壬寅	癸卯	甲辰
비밀수	88	15	26	37	48	51	62	73	84	75	86	17	28	35	46	57	68	71	82	74	85	16	27	38	41	56	67	78	81	62

五 月 (丙 午) 小

절기					하지																소서					초복				
음력	一	二	三	四	五	六	七	八	九	十	十一	十二	十三	十四	十五	十六	十七	十八	十九	二十	廿一	廿二	廿三	廿四	廿五	廿六	廿七	廿八	廿九	
양력 월/일	6/17	18	19	20	21	22	23	24	25	26	27	28	29	30	31	7/1	2	3	4	5	6	7	8	9	10	11	12	13	14	
일진	乙巳	丙午	丁未	戊申	己酉	庚戌	辛亥	壬子	癸丑	甲寅	乙卯	丙辰	丁巳	戊午	己未	庚申	辛酉	壬戌	癸亥	甲子	乙丑	丙寅	丁卯	戊辰	己巳	庚午	辛未	壬申	癸酉	
비밀수	73	84	15	26	37	48	51	66	77	68	71	82	13	24	35	46	57	68	71	66	28	31	42	53	64	75	86	17	28	

六 月 (丁 未) 大

절기							중복	대서																입추			말복			
음력	一	二	三	四	五	六	七	八	九	十	十一	十二	十三	十四	十五	十六	十七	十八	十九	二十	廿一	廿二	廿三	廿四	廿五	廿六	廿七	廿八	廿九	三十
양력 월/일	7/16	17	18	19	20	21	22	23	24	25	26	27	28	29	30	31	8/1	2	3	4	5	6	7	8	9	10	11	12	13	14
일진	甲戌	乙亥	丙子	丁丑	戊寅	己卯	庚辰	辛巳	壬午	癸未	甲申	乙酉	丙戌	丁亥	戊子	己丑	庚寅	辛卯	壬辰	癸巳	甲午	乙未	丙申	丁酉	戊戌	己亥	庚子	辛丑	壬寅	癸卯
비밀수	11	22	33	44	55	66	77	88	15	26	17	28	31	42	57	68	71	82	13	24	15	26	37	51	62	73	88	11	22	33

正十月 黑中　　東 大將　　未 喪門　　卯 吊客　　東 三殺

七　　月　　（戊 申）　小

절기									처서																백로					
음력	一	二	三	四	五	六	七	八	九	十	十一	十二	十三	十四	十五	十六	十七	十八	十九	廿	廿一	廿二	廿三	廿四	廿五	廿六	廿七	廿八	廿九	
양력 월/일	8/15	16	17	18	19	20	21	22	23	24	25	26	27	28	29	30	31	9/1	2	3	4	5	6	7	8	9	10	11	12	
일진	甲辰	乙巳	丙午	丁未	戊申	己酉	庚戌	辛亥	壬子	癸丑	甲寅	乙卯	丙辰	丁巳	戊午	己未	庚申	辛酉	壬戌	癸亥	甲子	乙丑	丙寅	丁卯	戊辰	己巳	庚午	辛未	壬申	
비밀수	24	35	46	57	68	71	82	13	28	31	22	33	44	55	66	77	88	11	22	33	28	31	42	53	73	84	15	26	37	

八　　月　　（己 酉）　大

절기											추분															한로				
음력	一	二	三	四	五	六	七	八	九	十	十一	十二	十三	十四	十五	十六	十七	十八	十九	廿	廿一	廿二	廿三	廿四	廿五	廿六	廿七	廿八	廿九	三十
양력 월/일	9/13	14	15	16	17	18	19	20	21	22	23	24	25	26	27	28	29	30	10/1	2	3	4	5	6	7	8	9	10	11	12
일진	癸酉	甲戌	乙亥	丙子	丁丑	戊寅	己卯	庚辰	辛巳	壬午	癸未	甲申	乙酉	丙戌	丁亥	戊子	己丑	庚寅	辛卯	壬辰	癸巳	甲午	乙未	丙申	丁酉	戊戌	己亥	庚子	辛丑	壬寅
비밀수	48	31	42	57	68	71	82	13	24	35	46	37	48	51	62	77	88	11	22	33	44	35	46	57	68	84	15	22	33	44

九　　月　　（庚 戌）　小

절기											상강															입동				
음력	一	二	三	四	五	六	七	八	九	十	十一	十二	十三	十四	十五	十六	十七	十八	十九	廿	廿一	廿二	廿三	廿四	廿五	廿六	廿七	廿八	廿九	
양력 월/일	10/13	14	15	16	17	18	19	20	21	22	23	24	25	26	27	28	29	30	31	11/1	2	3	4	5	6	7	8	9	10	
일진	癸卯	甲辰	乙巳	丙午	丁未	戊申	己酉	庚戌	辛亥	壬子	癸丑	甲寅	乙卯	丙辰	丁巳	戊午	己未	庚申	辛酉	壬戌	癸亥	甲子	乙丑	丙寅	丁卯	戊辰	己巳	庚午	辛未	
비밀수	55	46	57	68	71	82	13	24	35	42	53	44	55	66	77	88	11	22	33	44	55	42	53	64	75	17	28	31	42	

十　　月　　（辛 亥）　大

절기											소설																대설			
음력	一	二	三	四	五	六	七	八	九	十	十一	十二	十三	十四	十五	十六	十七	十八	十九	廿	廿一	廿二	廿三	廿四	廿五	廿六	廿七	廿八	廿九	三十
양력 월/일	11/11	12	13	14	15	16	17	18	19	20	21	22	23	24	25	26	27	28	29	30	12/1	2	3	4	5	6	7	8	9	10
일진	壬申	癸酉	甲戌	乙亥	丙子	丁丑	戊寅	己卯	庚辰	辛巳	壬午	癸未	甲申	乙酉	丙戌	丁亥	戊子	己丑	庚寅	辛卯	壬辰	癸巳	甲午	乙未	丙申	丁酉	戊戌	己亥	庚子	辛丑
비밀수	53	64	55	66	73	84	15	26	37	48	51	62	53	64	75	86	13	24	35	46	57	68	51	62	73	84	22	33	48	51

十 一　月　　（壬 子）　小

절기												동지															소한			
음력	一	二	三	四	五	六	七	八	九	十	十一	十二	十三	十四	十五	十六	十七	十八	十九	廿	廿一	廿二	廿三	廿四	廿五	廿六	廿七	廿八	廿九	
양력 월/일	12/11	12	13	14	15	16	17	18	19	20	21	22	23	24	25	26	27	28	29	30	31	1/1	2	3	4	5	6	7	8	
일진	壬寅	癸卯	甲辰	乙巳	丙午	丁未	戊申	己酉	庚戌	辛亥	壬子	癸丑	甲寅	乙卯	丙辰	丁巳	戊午	己未	庚申	辛酉	壬戌	癸亥	甲子	乙丑	丙寅	丁卯	戊辰	己巳	庚午	
비밀수	62	73	64	75	86	17	28	31	42	53	68	71	62	73	84	15	26	37	48	51	62	73	68	71	82	13	25	46	57	

十 二　月　　（癸 丑）　小

절기												대한															입춘			
음력	一	二	三	四	五	六	七	八	九	十	十一	十二	十三	十四	十五	十六	十七	十八	十九	廿	廿一	廿二	廿三	廿四	廿五	廿六	廿七	廿八	廿九	
양력 월/일	1/9	10	11	12	13	14	15	16	17	18	19	20	21	22	23	24	25	26	27	28	29	30	31	2/1	2	3	4	5	6	
일진	辛未	壬申	癸酉	甲戌	乙亥	丙子	丁丑	戊寅	己卯	庚辰	辛巳	壬午	癸未	甲申	乙酉	丙戌	丁亥	戊子	己丑	庚寅	辛卯	壬辰	癸巳	甲午	乙未	丙申	丁酉	戊戌	己亥	
비밀수	68	71	82	73	84	11	22	33	44	55	66	77	88	71	82	13	24	31	42	53	64	75	86	77	88	23	24	35	46	

단기 4311년
서기 1978년

戊 午 年

四 金神

正 月 (甲 寅) 大

절 기													우수															경칩		
음 력	一	二	三	四	五	六	七	八	九	十	十一	十二	十三	十四	十五	十六	十七	十八	十九	廿	廿一	廿二	廿三	廿四	廿五	廿六	廿七	廿八	廿九	卅
양력 월/일	2/7	8	9	10	11	12	13	14	15	16	17	18	19	20	21	22	23	24	25	26	27	28	3/1	2	3	4	5	6	7	8
일 진	庚子	辛丑	壬寅	癸卯	甲辰	乙巳	丙午	丁未	戊申	己酉	庚戌	辛亥	壬子	癸丑	甲寅	乙卯	丙辰	丁巳	戊午	己未	庚申	辛酉	壬戌	癸亥	甲子	乙丑	丙寅	丁卯	戊辰	己巳
비 밀 수	53	64	75	86	77	88	11	22	33	44	55	66	73	84	75	86	17	28	31	42	53	64	75	86	73	84	15	37	48	51

二 月 (乙 卯) 大

절 기													춘분															청명		
음 력	一	二	三	四	五	六	七	八	九	十	十一	十二	十三	十四	十五	十六	十七	十八	十九	廿	廿一	廿二	廿三	廿四	廿五	廿六	廿七	廿八	廿九	卅
양력 월/일	3/9	10	11	12	13	14	15	16	17	18	19	20	21	22	23	24	25	26	27	28	29	30	31	4/1	2	3	4	5	6	7
일 진	庚午	辛未	壬申	癸酉	甲戌	乙亥	丙子	丁丑	戊寅	己卯	庚辰	辛巳	壬午	癸未	甲申	乙酉	丙戌	丁亥	戊子	己丑	庚寅	辛卯	壬辰	癸巳	甲午	乙未	丙申	丁酉	戊戌	己亥
비 밀 수	62	73	84	15	86	17	24	35	46	57	68	71	82	13	84	15	26	37	44	55	66	77	88	11	82	13	24	46	57	68

三 月 (丙 辰) 小

절 기													곡우																입하	
음 력	一	二	三	四	五	六	七	八	九	十	十一	十二	十三	十四	十五	十六	十七	十八	十九	廿	廿一	廿二	廿三	廿四	廿五	廿六	廿七	廿八	廿九	
양력 월/일	4/8	9	10	11	12	13	14	15	16	17	18	19	20	21	22	23	24	25	26	27	28	29	30	5/1	2	3	4	5	6	
일 진	庚子	辛丑	壬寅	癸卯	甲辰	乙巳	丙午	丁未	戊申	己酉	庚戌	辛亥	壬子	癸丑	甲寅	乙卯	丙辰	丁巳	戊午	己未	庚申	辛酉	壬戌	癸亥	甲子	乙丑	丙寅	丁卯	戊辰	
비 밀 수	75	86	17	28	11	22	33	44	55	66	77	88	15	26	17	28	31	42	53	64	75	86	17	28	15	26	37	48	62	

四 月 (丁 巳) 大

절 기															소만															
음 력	一	二	三	四	五	六	七	八	九	十	十一	十二	十三	十四	十五	十六	十七	十八	十九	廿	廿一	廿二	廿三	廿四	廿五	廿六	廿七	廿八	廿九	卅
양력 월/일	5/7	8	9	10	11	12	13	14	15	16	17	18	19	20	21	22	23	24	25	26	27	28	29	30	31	6/1	2	3	4	5
일 진	己巳	庚午	辛未	壬申	癸酉	甲戌	乙亥	丙子	丁丑	戊寅	己卯	庚辰	辛巳	壬午	癸未	甲申	乙酉	丙戌	丁亥	戊子	己丑	庚寅	辛卯	壬辰	癸巳	甲午	乙未	丙申	丁酉	戊戌
비 밀 수	73	84	15	26	37	28	31	46	57	68	71	82	13	24	35	26	37	48	51	66	77	88	11	22	33	24	35	46	57	68

五 月 (戊 午) 小

절 기	망종																하지													
음 력	一	二	三	四	五	六	七	八	九	十	十一	十二	十三	十四	十五	十六	十七	十八	十九	廿	廿一	廿二	廿三	廿四	廿五	廿六	廿七	廿八	廿九	
양력 월/일	6/6	7	8	9	10	11	12	13	14	15	16	17	18	19	20	21	22	23	24	25	26	27	28	29	30	7/1	2	3	4	
일 진	己亥	庚子	辛丑	壬寅	癸卯	甲辰	乙巳	丙午	丁未	戊申	己酉	庚戌	辛亥	壬子	癸丑	甲寅	乙卯	丙辰	丁巳	戊午	己未	庚申	辛酉	壬戌	癸亥	甲子	乙丑	丙寅	丁卯	
비 밀 수	82	17	28	31	42	33	44	55	66	77	88	11	22	37	48	31	42	53	64	75	86	17	28	31	42	37	48	51	62	

六 月 (己 未) 大

절 기			소서																대서											
음 력	一	二	三	四	五	六	七	八	九	十	十一	十二	十三	十四	十五	十六	十七	十八	十九	廿	廿一	廿二	廿三	廿四	廿五	廿六	廿七	廿八	廿九	卅
양력 월/일	7/5	6	7	8	9	10	11	12	13	14	15	16	17	18	19	20	21	22	23	24	25	26	27	28	29	30	31	8/1	2	3
일 진	戊辰	己巳	庚午	辛未	壬申	癸酉	甲戌	乙亥	丙子	丁丑	戊寅	己卯	庚辰	辛巳	壬午	癸未	甲申	乙酉	丙戌	丁亥	戊子	己丑	庚寅	辛卯	壬辰	癸巳	甲午	乙未	丙申	丁酉
비 밀 수	73	84	26	37	48	51	42	53	68	71	82	13	24	35	46	57	48	51	62	73	88	11	22	33	44	55	46	57	68	71

七 月 黑中　　東 大將　　申 喪門　　辰 吊客　　北 三殺

七　月　(庚 申)　大

절 기					입추															처서										
음 력	一	二	三	四	五	六	七	八	九	十	十一	十二	十三	十四	十五	十六	十七	十八	十九	廿	廿一	廿二	廿三	廿四	廿五	廿六	廿七	廿八	廿九	卅
양력 월/일	8/4	5	6	7	8	9	10	11	12	13	14	15	16	17	18	19	20	21	22	23	24	25	26	27	28	29	30	31	9/1	2
일 진	戊戌	己亥	庚子	辛丑	壬寅	癸卯	甲辰	乙巳	丙午	丁未	戊申	己酉	庚戌	辛亥	壬子	癸丑	甲寅	乙卯	丙辰	丁巳	戊午	己未	庚申	辛酉	壬戌	癸亥	甲子	乙丑	丙寅	丁卯
비밀수	82	13	28	31	53	64	55	66	77	88	11	22	33	44	51	62	53	64	75	86	17	28	31	42	53	64	51	62	73	84

八　月　(辛 酉)　小

절 기						백로															추분									
음 력	一	二	三	四	五	六	七	八	九	十	十一	十二	十三	十四	十五	十六	十七	十八	十九	廿	廿一	廿二	廿三	廿四	廿五	廿六	廿七	廿八	廿九	
양력 월/일	9/3	4	5	6	7	8	9	10	11	12	13	14	15	16	17	18	19	20	21	22	23	24	25	26	27	28	29	30	10/1	
일 진	戊辰	己巳	庚午	辛未	壬申	癸酉	甲戌	乙亥	丙子	丁丑	戊寅	己卯	庚辰	辛巳	壬午	癸未	甲申	乙酉	丙戌	丁亥	戊子	己丑	庚寅	辛卯	壬辰	癸巳	甲午	乙未	丙申	
비밀수	15	26	37	48	51	73	64	75	82	13	24	35	46	57	68	71	62	73	84	15	22	33	44	55	66	77	68	71	82	

九　月　(壬 戌)　大

절 기								한로															상강							
음 력	一	二	三	四	五	六	七	八	九	十	十一	十二	十三	十四	十五	十六	十七	十八	十九	廿	廿一	廿二	廿三	廿四	廿五	廿六	廿七	廿八	廿九	卅
양력 월/일	10/2	3	4	5	6	7	8	9	10	11	12	13	14	15	16	17	18	19	20	21	22	23	24	25	26	27	28	29	30	31
일 진	丁酉	戊戌	己亥	庚子	辛丑	壬寅	癸卯	甲辰	乙巳	丙午	丁未	戊申	己酉	庚戌	辛亥	壬子	癸丑	甲寅	乙卯	丙辰	丁巳	戊午	己未	庚申	辛酉	壬戌	癸亥	甲子	乙丑	丙寅
비밀수	13	24	35	42	53	64	75	77	88	11	22	33	44	55	66	73	84	75	86	17	28	31	42	53	64	75	86	73	84	15

十　月　(癸 亥)　小

절 기								입동															소설							
음 력	一	二	三	四	五	六	七	八	九	十	十一	十二	十三	十四	十五	十六	十七	十八	十九	廿	廿一	廿二	廿三	廿四	廿五	廿六	廿七	廿八	廿九	
양력 월/일	11/1	2	3	4	5	6	7	8	9	10	11	12	13	14	15	16	17	18	19	20	21	22	23	24	25	26	27	28	29	
일 진	丁卯	戊辰	己巳	庚午	辛未	壬申	癸酉	甲戌	乙亥	丙子	丁丑	戊寅	己卯	庚辰	辛巳	壬午	癸未	甲申	乙酉	丙戌	丁亥	戊子	己丑	庚寅	辛卯	壬辰	癸巳	甲午	乙未	
비밀수	26	37	48	51	62	73	84	86	17	24	35	46	57	68	71	82	13	84	15	26	37	44	55	66	77	88	11	82	13	

十 一 月　(甲 子)'　大

절 기								대설															동지							
음 력	一	二	三	四	五	六	七	八	九	十	十一	十二	十三	十四	十五	十六	十七	十八	十九	廿	廿一	廿二	廿三	廿四	廿五	廿六	廿七	廿八	廿九	卅
양력 월/일	11/30	12/1	2	3	4	5	6	7	8	9	10	11	12	13	14	15	16	17	18	19	20	21	22	23	24	25	26	27	28	29
일 진	丙申	丁酉	戊戌	己亥	庚子	辛丑	壬寅	癸卯	甲辰	乙巳	丙午	丁未	戊申	己酉	庚戌	辛亥	壬子	癸丑	甲寅	乙卯	丙辰	丁巳	戊午	己未	庚申	辛酉	壬戌	癸亥	甲子	乙丑
비밀수	24	35	46	57	64	75	86	84	75	86	17	28	31	42	53	64	71	82	73	84	15	26	37	48	51	62	73	84	71	82

十 二 月　(乙 丑)　小

절 기								소한															대한							
음 력	一	二	三	四	五	六	七	八	九	十	十一	十二	十三	十四	十五	十六	十七	十八	十九	廿	廿一	廿二	廿三	廿四	廿五	廿六	廿七	廿八	廿九	
양력 월/일	12/30	31	1/1	2	3	4	5	6	7	8	9	10	11	12	13	14	15	16	17	18	19	20	21	22	23	24	25	26	27	
일 진	丙寅	丁卯	戊辰	己巳	庚午	辛未	壬申	癸酉	甲戌	乙亥	丙子	丁丑	戊寅	己卯	庚辰	辛巳	壬午	癸未	甲申	乙酉	丙戌	丁亥	戊子	己丑	庚寅	辛卯	壬辰	癸巳	甲午	
비밀수	13	24	35	46	57	68	71	13	84	15	22	33	44	55	66	77	88	11	82	13	24	35	42	53	64	75	86	17	88	

단기 4312년
서기 1979년

己未年

四金神

正月 (丙寅) 大

절기								입춘															우수							
음력	一	二	三	四	五	六	七	八	九	十	十一	十二	十三	十四	十五	十六	十七	十八	十九	二十	廿一	廿二	廿三	廿四	廿五	廿六	廿七	廿八	廿九	三十
양력 월/일	1/28	29	30	31	2/1	2	3	4	5	6	7	8	9	10	11	12	13	14	15	16	17	18	19	20	21	22	23	24	25	26
일진	乙未	丙申	丁酉	戊戌	己亥	庚子	辛丑	壬寅	癸卯	甲辰	乙巳	丙午	丁未	戊申	己酉	庚戌	辛亥	壬子	癸丑	甲寅	乙卯	丙辰	丁巳	戊午	己未	庚申	辛酉	壬戌	癸亥	甲子
비밀수	11	22	33	44	55	62	73	26	37	28	31	42	53	64	75	86	17	24	35	26	37	48	51	62	73	84	15	26	37	24

二月 (丁卯) 小

절기								경칩															춘분							
음력	一	二	三	四	五	六	七	八	九	十	十一	十二	十三	十四	十五	十六	十七	十八	十九	二十	廿一	廿二	廿三	廿四	廿五	廿六	廿七	廿八	廿九	
양력 월/일	2/27	28	3/1	2	3	4	5	6	7	8	9	10	11	12	13	14	15	16	17	18	19	20	21	22	23	24	25	26	27	
일진	乙丑	丙寅	丁卯	戊辰	己巳	庚午	辛未	壬申	癸酉	甲戌	乙亥	丙子	丁丑	戊寅	己卯	庚辰	辛巳	壬午	癸未	甲申	乙酉	丙戌	丁亥	戊子	己丑	庚寅	辛卯	壬辰	癸巳	
비밀수	35	46	57	68	71	82	13	35	46	37	48	55	66	77	88	11	22	33	44	35	46	57	68	75	86	17	28	31	42	

三月 (戊辰) 小

절기									청명																곡우					
음력	一	二	三	四	五	六	七	八	九	十	十一	十二	十三	十四	十五	十六	十七	十八	十九	二十	廿一	廿二	廿三	廿四	廿五	廿六	廿七	廿八	廿九	
양력 월/일	3/28	29	30	31	4/1	2	3	4	5	6	7	8	9	10	11	12	13	14	15	16	17	18	19	20	21	22	23	24	25	
일진	甲午	乙未	丙申	丁酉	戊戌	己亥	庚子	辛丑	壬寅	癸卯	甲辰	乙巳	丙午	丁未	戊申	己酉	庚戌	辛亥	壬子	癸丑	甲寅	乙卯	丙辰	丁巳	戊午	己未	庚申	辛酉	壬戌	
비밀수	33	44	55	66	77	88	15	26	48	51	42	53	64	75	86	17	28	31	46	57	48	51	62	73	84	15	26	37	48	

四月 (己巳) 大

절기											입하																소만			
음력	一	二	三	四	五	六	七	八	九	十	十一	十二	十三	十四	十五	十六	十七	十八	十九	二十	廿一	廿二	廿三	廿四	廿五	廿六	廿七	廿八	廿九	三十
양력 월/일	4/26	27	28	29	30	5/1	2	3	4	5	6	7	8	9	10	11	12	13	14	15	16	17	18	19	20	21	22	23	24	25
일진	癸亥	甲子	乙丑	丙寅	丁卯	戊辰	己巳	庚午	辛未	壬申	癸酉	甲戌	乙亥	丙子	丁丑	戊寅	己卯	庚辰	辛巳	壬午	癸未	甲申	乙酉	丙戌	丁亥	戊子	己丑	庚寅	辛卯	壬辰
비밀수	51	46	57	68	71	82	13	24	35	46	68	51	62	77	88	11	22	33	44	55	66	57	68	71	82	17	28	31	42	53

五月 (庚午) 小

절기												망종																하지		
음력	一	二	三	四	五	六	七	八	九	十	十一	十二	十三	十四	十五	十六	十七	十八	十九	二十	廿一	廿二	廿三	廿四	廿五	廿六	廿七	廿八	廿九	
양력 월/일	5/26	27	28	29	30	31	6/1	2	3	4	5	6	7	8	9	10	11	12	13	14	15	16	17	18	19	20	21	22	23	
일진	癸巳	甲午	乙未	丙申	丁酉	戊戌	己亥	庚子	辛丑	壬寅	癸卯	甲辰	乙巳	丙午	丁未	戊申	己酉	庚戌	辛亥	壬子	癸丑	甲寅	乙卯	丙辰	丁巳	戊午	己未	庚申	辛酉	
비밀수	64	55	66	77	88	11	22	37	48	51	62	64	75	86	17	28	31	42	53	68	71	62	73	84	15	26	37	48	51	

六月 (辛未) 大

절기															소서															대서
음력	一	二	三	四	五	六	七	八	九	十	十一	十二	十三	十四	十五	十六	十七	十八	十九	二十	廿一	廿二	廿三	廿四	廿五	廿六	廿七	廿八	廿九	三十
양력 월/일	6/24	25	26	27	28	29	30	7/1	2	3	4	5	6	7	8	9	10	11	12	13	14	15	16	17	18	19	20	21	22	23
일진	壬戌	癸亥	甲子	乙丑	丙寅	丁卯	戊辰	己巳	庚午	辛未	壬申	癸酉	甲戌	乙亥	丙子	丁丑	戊寅	己卯	庚辰	辛巳	壬午	癸未	甲申	乙酉	丙戌	丁亥	戊子	己丑	庚寅	辛卯
비밀수	62	73	68	71	82	13	24	35	46	57	68	71	62	73	11	22	33	44	55	66	77	88	71	82	13	24	31	42	53	64

四 月 黑中	東 大將	酉 喪門	巳 弔客	西 三殺

閏 六 月 (辛 未) 大

절 기																입추														
음 력	一	二	三	四	五	六	七	八	九	十	十一	十二	十三	十四	十五	十六	十七	十八	十九	二十	廿一	廿二	廿三	廿四	廿五	廿六	廿七	廿八	廿九	三十
양력 월/일	7/24	25	26	27	28	29	30	31	8/1	2	3	4	5	6	7	8	9	10	11	12	13	14	15	16	17	18	19	20	21	22
일 진	壬辰	癸巳	甲午	乙未	丙申	丁酉	戊戌	己亥	庚子	辛丑	壬寅	癸卯	甲辰	乙巳	丙午	丁未	戊申	己酉	庚戌	辛亥	壬子	癸丑	甲寅	乙卯	丙辰	丁巳	戊午	己未	庚申	辛酉
비밀수	75	86	77	88	11	22	33	44	51	62	73	84	75	86	17	31	42	53	64	75	82	13	84	15	26	37	48	51	62	73

七 月 (壬 申) 小

절 기		처서															백로													
음 력	一	二	三	四	五	六	七	八	九	十	十一	十二	十三	十四	十五	十六	十七	十八	十九	二十	廿一	廿二	廿三	廿四	廿五	廿六	廿七	廿八	廿九	
양력 월/일	8/23	24	25	26	27	28	29	30	31	9/1	2	3	4	5	6	7	8	9	10	11	12	13	14	15	16	17	18	19	20	
일 진	壬戌	癸亥	甲子	乙丑	丙寅	丁卯	戊辰	己巳	庚午	辛未	壬申	癸酉	甲戌	乙亥	丙子	丁丑	戊寅	己卯	庚辰	辛巳	壬午	癸未	甲申	乙酉	丙戌	丁亥	戊子	己丑	庚寅	
비밀수	84	15	82	13	24	35	46	57	68	71	82	13	84	15	22	33	55	66	77	88	11	22	13	24	35	46	53	64	75	

八 月 (癸 酉) 大

절 기				추분															한로											
음 력	一	二	三	四	五	六	七	八	九	十	十一	十二	十三	十四	十五	十六	十七	十八	十九	二十	廿一	廿二	廿三	廿四	廿五	廿六	廿七	廿八	廿九	三十
양력 월/일	9/21	22	23	24	25	26	27	28	29	30	10/1	2	3	4	5	6	7	8	9	10	11	12	13	14	15	16	17	18	19	20
일 진	辛卯	壬辰	癸巳	甲午	乙未	丙申	丁酉	戊戌	己亥	庚子	辛丑	壬寅	癸卯	甲辰	乙巳	丙午	丁未	戊申	己酉	庚戌	辛亥	壬子	癸丑	甲寅	乙卯	丙辰	丁巳	戊午	己未	庚申
비밀수	86	17	28	11	22	33	44	55	66	73	84	15	26	17	28	31	42	53	55	66	77	84	15	86	17	28	31	42	53	64

九 月 (甲 戌) 大

절 기				상강															입동											
음 력	一	二	三	四	五	六	七	八	九	十	十一	十二	十三	十四	十五	十六	十七	十八	十九	二十	廿一	廿二	廿三	廿四	廿五	廿六	廿七	廿八	廿九	三十
양력 월/일	10/21	22	23	24	25	26	27	28	29	30	31	11/1	2	3	4	5	6	7	8	9	10	11	12	13	14	15	16	17	18	19
일 진	辛酉	壬戌	癸亥	甲子	乙丑	丙寅	丁卯	戊辰	己巳	庚午	辛未	壬申	癸酉	甲戌	乙亥	丙子	丁丑	戊寅	己卯	庚辰	辛巳	壬午	癸未	甲申	乙酉	丙戌	丁亥	戊子	己丑	庚寅
비밀수	75	86	17	84	15	26	37	48	51	62	73	84	15	86	17	24	35	46	68	71	82	13	24	15	26	37	48	55	66	77

十 月 (乙 亥) 小

절 기				소설															대설											
음 력	一	二	三	四	五	六	七	八	九	十	十一	十二	十三	十四	十五	十六	十七	十八	十九	二十	廿一	廿二	廿三	廿四	廿五	廿六	廿七	廿八	廿九	
양력 월/일	11/20	21	22	23	24	25	26	27	28	29	30	12/1	2	3	4	5	6	7	8	9	10	11	12	13	14	15	16	17	18	
일 진	辛卯	壬辰	癸巳	甲午	乙未	丙申	丁酉	戊戌	己亥	庚子	辛丑	壬寅	癸卯	甲辰	乙巳	丙午	丁未	戊申	己酉	庚戌	辛亥	壬子	癸丑	甲寅	乙卯	丙辰	丁巳	戊午	己未	
비밀수	88	11	22	13	24	35	46	57	68	75	86	17	28	11	22	33	44	55	73	84	15	22	33	24	35	46	57	68	71	

十 一 月 (丙 子) 大

절 기				동지															소한											
음 력	一	二	三	四	五	六	七	八	九	十	十一	十二	十三	十四	十五	十六	十七	十八	十九	二十	廿一	廿二	廿三	廿四	廿五	廿六	廿七	廿八	廿九	三十
양력 월/일	12/19	20	21	22	23	24	25	26	27	28	29	30	31	1/1	2	3	4	5	6	7	8	9	10	11	12	13	14	15	16	17
일 진	庚申	辛酉	壬戌	癸亥	甲子	乙丑	丙寅	丁卯	戊辰	己巳	庚午	辛未	壬申	癸酉	甲戌	乙亥	丙子	丁丑	戊寅	己卯	庚辰	辛巳	壬午	癸未	甲申	乙酉	丙戌	丁亥	戊子	己丑
비밀수	82	13	24	35	22	33	44	55	66	77	88	11	22	33	24	35	42	53	75	86	17	28	31	42	33	44	55	66	73	84

十 二 月 (丁 丑) 小

절 기				대한															입춘											
음 력	一	二	三	四	五	六	七	八	九	十	十一	十二	十三	十四	十五	十六	十七	十八	十九	二十	廿一	廿二	廿三	廿四	廿五	廿六	廿七	廿八	廿九	
양력 월/일	1/18	19	20	21	22	23	24	25	26	27	28	29	30	31	2/1	2	3	4	5	6	7	8	9	10	11	12	13	14	15	
일 진	庚寅	辛卯	壬辰	癸巳	甲午	乙未	丙申	丁酉	戊戌	己亥	庚子	辛丑	壬寅	癸卯	甲辰	乙巳	丙午	丁未	戊申	己酉	庚戌	辛亥	壬子	癸丑	甲寅	乙卯	丙辰	丁巳	戊午	
비말수	15	26	37-	48	31	42	53	64	75	86	13	24	35	46	37	48	51	62	15	26	37	48	55	66	57	68	71	82	13	

단기 4313년
서기 1980년

庚 申 年

二金神

正 月 (戊 寅) 大

절기				우수															경칩											
음력	一	二	三	四	五	六	七	八	九	十	十一	十二	十三	十四	十五	十六	十七	十八	十九	廿	廿一	廿二	廿三	廿四	廿五	廿六	廿七	廿八	廿九	三十
양력 월/일	2/16	17	18	19	20	21	22	23	24	25	26	27	28	29	3/1	2	3	4	5	6	7	8	9	10	11	12	13	14	15	16
일진	己未	庚申	辛酉	壬戌	癸亥	甲子	乙丑	丙寅	丁卯	戊辰	己巳	庚午	辛未	壬申	癸酉	甲戌	乙亥	丙子	丁丑	戊寅	己卯	庚辰	辛巳	壬午	癸未	甲申	乙酉	丙戌	丁亥	戊子
비밀수	24	35	46	57	68	55	66	77	88	11	22	33	44	55	66	57	68	75	17	28	31	42	53	64	75	66	77	88	11	26

二 月 (己 卯) 小

절기				춘분																청명										
음력	一	二	三	四	五	六	七	八	九	十	十一	十二	十三	十四	十五	十六	十七	十八	十九	廿	廿一	廿二	廿三	廿四	廿五	廿六	廿七	廿八	廿九	
양력 월/일	3/17	18	19	20	21	22	23	24	25	26	27	28	29	30	31	4/1	2	3	4	5	6	7	8	9	10	11	12	13	14	
일진	己丑	庚寅	辛卯	壬辰	癸巳	甲午	乙未	丙申	丁酉	戊戌	己亥	庚子	辛丑	壬寅	癸卯	甲辰	乙巳	丙午	丁未	戊申	己酉	庚戌	辛亥	壬子	癸丑	甲寅	乙卯	丙辰	丁巳	
비밀수	37	48	51	62	73	64	75	86	17	28	31	46	57	68	71	62	73	84	15	37	48	51	62	77	88	71	82	13	24	

三 月 (庚 辰) 小

절기						곡우															입하									
음력	一	二	三	四	五	六	七	八	九	十	十一	十二	十三	十四	十五	十六	十七	十八	十九	廿	廿一	廿二	廿三	廿四	廿五	廿六	廿七	廿八	廿九	
양력 월/일	4/15	16	17	18	19	20	21	22	23	24	25	26	27	28	29	30	5/1	2	3	4	5	6	7	8	9	10	11	12	13	
일진	戊午	己未	庚申	辛酉	壬戌	癸亥	甲子	乙丑	丙寅	丁卯	戊辰	己巳	庚午	辛未	壬申	癸酉	甲戌	乙亥	丙子	丁丑	戊寅	己卯	庚辰	辛巳	壬午	癸未	甲申	乙酉	丙戌	
비밀수	35	46	57	68	71	82	77	88	11	22	33	44	55	66	77	88	71	82	17	28	42	53	64	75	86	17	88	11	22	

四 月 (辛 巳) 大

절기								소만															망종							
음력	一	二	三	四	五	六	七	八	九	十	十一	十二	十三	十四	十五	十六	十七	十八	十九	廿	廿一	廿二	廿三	廿四	廿五	廿六	廿七	廿八	廿九	三十
양력 월/일	5/14	15	16	17	18	19	20	21	22	23	24	25	26	27	28	29	30	31	6/1	2	3	4	5	6	7	8	9	10	11	12
일진	丁亥	戊子	己丑	庚寅	辛卯	壬辰	癸巳	甲午	乙未	丙申	丁酉	戊戌	己亥	庚子	辛丑	壬寅	癸卯	甲辰	乙巳	丙午	丁未	戊申	己酉	庚戌	辛亥	壬子	癸丑	甲寅	乙卯	丙辰
비밀수	33	48	51	62	73	84	15	86	17	28	31	42	53	68	71	82	13	84	15	26	37	48	62	73	84	11	22	13	24	35

五 月 (壬 午) 小

절기									하지																소서					
음력	一	二	三	四	五	六	七	八	九	十	十一	十二	十三	十四	十五	十六	十七	十八	十九	廿	廿一	廿二	廿三	廿四	廿五	廿六	廿七	廿八	廿九	
양력 월/일	6/13	14	15	16	17	18	19	20	21	22	23	24	25	26	27	28	29	30	7/1	2	3	4	5	6	7	8	9	10	11	
일진	丁巳	戊午	己未	庚申	辛酉	壬戌	癸亥	甲子	乙丑	丙寅	丁卯	戊辰	己巳	庚午	辛未	壬申	癸酉	甲戌	乙亥	丙子	丁丑	戊寅	己卯	庚辰	辛巳	壬午	癸未	甲申	乙酉	
비밀수	46	57	68	71	82	13	24	11	22	33	44	55	66	77	88	11	22	13	24	31	42	53	64	75	17	28	31	22	33	

六 月 (癸 未) 大

절기												대서															입추			
음력	一	二	三	四	五	六	七	八	九	十	十一	十二	十三	十四	十五	十六	十七	十八	十九	廿	廿一	廿二	廿三	廿四	廿五	廿六	廿七	廿八	廿九	三十
양력 월/일	7/12	13	14	15	16	17	18	19	20	21	22	23	24	25	26	27	28	29	30	31	8/1	2	3	4	5	6	7	8	9	10
일진	丙戌	丁亥	戊子	己丑	庚寅	辛卯	壬辰	癸巳	甲午	乙未	丙申	丁酉	戊戌	己亥	庚子	辛丑	壬寅	癸卯	甲辰	乙巳	丙午	丁未	戊申	己酉	庚戌	辛亥	壬子	癸丑	甲寅	乙卯
비밀수	44	55	62	73	84	15	26	37	28	31	42	53	64	75	82	13	24	35	26	37	48	51	62	73	84	15	13	24	15	26

正十 月 黑中　　南 大將　　戌 喪門　　午 吊客　　南 三殺

七　月　(甲　申)　小

절기													처서															백로		
음력	一	二	三	四	五	六	七	八	九	十	十一	十二	十三	十四	十五	十六	十七	十八	十九	二十	二十一	二十二	二十三	二十四	二十五	二十六	二十七	二十八	二十九	
양력 월/일	8/11	12	13	14	15	16	17	18	19	20	21	22	23	24	25	26	27	28	29	30	31	9/1	2	3	4	5	6	7	8	
일진	丙辰	丁巳	戊午	己未	庚申	辛酉	壬戌	癸亥	甲子	乙丑	丙寅	丁卯	戊辰	己巳	庚午	辛未	壬申	癸酉	甲戌	乙亥	丙子	丁丑	戊寅	己卯	庚辰	辛巳	壬午	癸未	甲申	
비밀수	37	48	51	62	73	84	15	26	13	24	35	46	57	68	71	82	13	24	15	26	33	44	55	66	77	88	11	33	24	

八　月　(乙　酉)　大

절기															추분															한로
음력	一	二	三	四	五	六	七	八	九	十	十一	十二	十三	十四	十五	十六	十七	十八	十九	二十	二十一	二十二	二十三	二十四	二十五	二十六	二十七	二十八	二十九	三十
양력 월/일	9/9	10	11	12	13	14	15	16	17	18	19	20	21	22	23	24	25	26	27	28	29	30	10/1	2	3	4	5	6	7	8
일진	乙酉	丙戌	丁亥	戊子	己丑	庚寅	辛卯	壬辰	癸巳	甲午	乙未	丙申	丁酉	戊戌	己亥	庚子	辛丑	壬寅	癸卯	甲辰	乙巳	丙午	丁未	戊申	己酉	庚戌	辛亥	壬子	癸丑	甲寅
비밀수	35	46	57	64	75	86	17	28	31	22	33	44	55	66	77	84	15	26	37	28	31	42	53	64	75	86	17	24	35	37

九　月　(丙　戌)　大

절기															상강															입동
음력	一	二	三	四	五	六	七	八	九	十	十一	十二	十三	十四	十五	十六	十七	十八	十九	二十	二十一	二十二	二十三	二十四	二十五	二十六	二十七	二十八	二十九	三十
양력 월/일	10/9	10	11	12	13	14	15	16	17	18	19	20	21	22	23	24	25	26	27	28	29	30	31	11/1	2	3	4	5	6	7
일진	乙卯	丙辰	丁巳	戊午	己未	庚申	辛酉	壬戌	癸亥	甲子	乙丑	丙寅	丁卯	戊辰	己巳	庚午	辛未	壬申	癸酉	甲戌	乙亥	丙子	丁丑	戊寅	己卯	庚辰	辛巳	壬午	癸未	甲申
비밀수	48	51	62	73	84	15	26	37	48	35	46	57	68	71	82	13	24	35	46	37	48	55	66	77	88	11	22	33	44	46

十　月　(丁　亥)　小

절기															소설															
음력	一	二	三	四	五	六	七	八	九	十	十一	十二	十三	十四	十五	十六	十七	十八	十九	二十	二十一	二十二	二十三	二十四	二十五	二十六	二十七	二十八	二十九	
양력 월/일	11/8	9	10	11	12	13	14	15	16	17	18	19	20	21	22	23	24	25	26	27	28	29	30	12/1	2	3	4	5	6	
일진	乙酉	丙戌	丁亥	戊子	己丑	庚寅	辛卯	壬辰	癸巳	甲午	乙未	丙申	丁酉	戊戌	己亥	庚子	辛丑	壬寅	癸卯	甲辰	乙巳	丙午	丁未	戊申	己酉	庚戌	辛亥	壬子	癸丑	
비밀수	57	68	71	86	17	28	31	42	53	44	55	66	77	88	11	26	37	48	51	42	53	64	75	86	17	28	31	46	57	

十 一　月　(戊　子)　大

절기	대설															동지														소한
음력	一	二	三	四	五	六	七	八	九	十	十一	十二	十三	十四	十五	十六	十七	十八	十九	二十	二十一	二十二	二十三	二十四	二十五	二十六	二十七	二十八	二十九	三十
양력 월/일	12/7	8	9	10	11	12	13	14	15	16	17	18	19	20	21	22	23	24	25	26	27	28	29	30	31	1/1	2	3	4	5
일진	甲寅	乙卯	丙辰	丁巳	戊午	己未	庚申	辛酉	壬戌	癸亥	甲子	乙丑	丙寅	丁卯	戊辰	己巳	庚午	辛未	壬申	癸酉	甲戌	乙亥	丙子	丁丑	戊寅	己卯	庚辰	辛巳	壬午	癸未
비밀수	55	66	77	88	11	22	33	44	55	66	53	64	75	86	17	28	31	42	53	64	55	66	73	84	15	26	37	48	51	73

十 二　月　(己　丑)　大

절기															대한															입춘
음력	一	二	三	四	五	六	七	八	九	十	十一	十二	十三	十四	十五	十六	十七	十八	十九	二十	二十一	二十二	二十三	二十四	二十五	二十六	二十七	二十八	二十九	三十
양력 월/일	1/6	7	8	9	10	11	12	13	14	15	16	17	18	19	20	21	22	23	24	25	26	27	28	29	30	31	2/1	2	3	4
일진	甲申	乙酉	丙戌	丁亥	戊子	己丑	庚寅	辛卯	壬辰	癸巳	甲午	乙未	丙申	丁酉	戊戌	己亥	庚子	辛丑	壬寅	癸卯	甲辰	乙巳	丙午	丁未	戊申	己酉	庚戌	辛亥	壬子	癸丑
비밀수	64	75	86	17	24	35	46	57	68	71	62	73	84	15	26	37	44	55	66	77	68	71	82	13	24	35	46	57	64	17

단기 4314년
서기 1981년

辛 酉 年

六 金神

正 月 (庚 寅) 小

절 기															우수															
음 력	一	二	三	四	五	六	七	八	九	十	十一	十二	十三	十四	十五	十六	十七	十八	十九	廿	廿一	廿二	廿三	廿四	廿五	廿六	廿七	廿八	廿九	
양력 월/일	2/5	6	7	8	9	10	11	12	13	14	15	16	17	18	19	20	21	22	23	24	25	26	27	28	3/1	2	3	4	5	
일 진	甲寅	乙卯	丙辰	丁巳	戊午	己未	庚申	辛酉	壬戌	癸亥	甲子	乙丑	丙寅	丁卯	戊辰	己巳	庚午	辛未	壬申	癸酉	甲戌	乙亥	丙子	丁丑	戊寅	己卯	庚辰	辛巳	壬午	
비밀수	83	11	22	33	44	55	66	77	88	11	86	17	28	31	42	53	64	75	86	17	88	11	26	37	48	51	62	73	84	

二 月 (辛 卯) 大

절 기	경칩															춘분														
음 력	一	二	三	四	五	六	七	八	九	十	十一	十二	十三	十四	十五	十六	十七	十八	十九	廿	廿一	廿二	廿三	廿四	廿五	廿六	廿七	廿八	廿九	卅
양력 월/일	3/6	7	8	9	10	11	12	13	14	15	16	17	18	19	20	21	22	23	24	25	26	27	28	29	30	31	4/1	2	3	4
일 진	癸未	甲申	乙酉	丙戌	丁亥	戊子	己丑	庚寅	辛卯	壬辰	癸巳	甲午	乙未	丙申	丁酉	戊戌	己亥	庚子	辛丑	壬寅	癸卯	甲辰	乙巳	丙午	丁未	戊申	己酉	庚戌	辛亥	壬子
비밀수	26	17	28	31	42	57	68	71	82	13	24	15	26	37	48	51	62	77	88	11	22	13	24	25	46	57	68	71	82	17

三 月 (壬 辰) 小

절 기	청명	한식														곡우														
음 력	一	二	三	四	五	六	七	八	九	十	十一	十二	十三	十四	十五	十六	十七	十八	十九	廿	廿一	廿二	廿三	廿四	廿五	廿六	廿七	廿八	廿九	
양력 월/일	4/5	6	7	8	9	10	11	12	13	14	15	16	17	18	19	20	21	22	23	24	25	26	27	28	29	30	5/1	2	3	
일 진	癸丑	甲寅	乙卯	丙辰	丁巳	戊午	己未	庚申	辛酉	壬戌	癸亥	甲子	乙丑	丙寅	丁卯	戊辰	己巳	庚午	辛未	壬申	癸酉	甲戌	乙亥	丙子	丁丑	戊寅	己卯	庚辰	辛巳	
비밀수	31	22	33	44	55	66	77	88	11	22	33	28	31	42	53	64	75	86	17	28	31	22	33	48	51	62	73	84	15	

四 月 (癸 巳) 小

절 기		입하																소만												
음 력	一	二	三	四	五	六	七	八	九	十	十一	十二	十三	十四	十五	十六	十七	十八	十九	廿	廿一	廿二	廿三	廿四	廿五	廿六	廿七	廿八	廿九	
양력 월/일	5/4	5	6	7	8	9	10	11	12	13	14	15	16	17	18	19	20	21	22	23	24	25	26	27	28	29	30	31	6/1	
일 진	壬午	癸未	甲申	乙酉	丙戌	丁亥	戊子	己丑	庚寅	辛卯	壬辰	癸巳	甲午	乙未	丙申	丁酉	戊戌	己亥	庚子	辛丑	壬寅	癸卯	甲辰	乙巳	丙午	丁未	戊申	己酉	庚戌	
비밀수	26	48	31	42	53	64	71	82	13	24	35	46	37	48	51	62	73	84	11	22	33	44	35	46	57	68	71	82	13	

五 月 (甲 午) 大

절 기					망종															하지										
음 력	一	二	三	四	五	六	七	八	九	十	十一	十二	十三	十四	十五	十六	十七	十八	十九	廿	廿一	廿二	廿三	廿四	廿五	廿六	廿七	廿八	廿九	卅
양력 월/일	6/2	3	4	5	6	7	8	9	10	11	12	13	14	15	16	17	18	19	20	21	22	23	24	25	26	27	28	29	30	7/1
일 진	辛亥	壬子	癸丑	甲寅	乙卯	丙辰	丁巳	戊午	己未	庚申	辛酉	壬戌	癸亥	甲子	乙丑	丙寅	丁卯	戊辰	己巳	庚午	辛未	壬申	癸酉	甲戌	乙亥	丙子	丁丑	戊寅	己卯	庚辰
비밀수	24	31	42	33	35	46	57	68	71	82	13	24	35	22	33	44	55	66	77	88	11	22	33	24	35	46	53	64	75	86

六 月 (乙 未) 小

절 기						소서																대서								
음 력	一	二	三	四	五	六	七	八	九	十	十一	十二	十三	十四	十五	十六	十七	十八	十九	廿	廿一	廿二	廿三	廿四	廿五	廿六	廿七	廿八	廿九	
양력 월/일	7/2	3	4	5	6	7	8	9	10	11	12	13	14	15	16	17	18	19	20	21	22	23	24	25	26	27	28	29	30	
일 진	辛巳	壬午	癸未	甲申	乙酉	丙戌	丁亥	戊子	己丑	庚寅	辛卯	壬辰	癸巳	甲午	乙未	丙申	丁酉	戊戌	己亥	庚子	辛丑	壬寅	癸卯	甲辰	乙巳	丙午	丁未	戊申	己酉	
비밀수	17	28	31	22	33	55	66	73	84	15	26	37	48	31	42	53	64	75	86	13	24	35	46	37	48	51	62	73	84	

七 月 黑中 　 南 大將 　 亥 喪門 　 未 吊客 　 東 三殺

七 月 (丙 申) 小

절 기								입추																처서						
음 력	一	二	三	四	五	六	七	八	九	十	十一	十二	十三	十四	十五	十六	十七	十八	十九	二十	廿一	廿二	廿三	廿四	廿五	廿六	廿七	廿八	廿九	
양력 월/일	7/31	8/1	2	3	4	5	6	7	8	9	10	11	12	13	14	15	16	17	18	19	20	21	22	23	24	25	26	27	28	
일 진	庚戌	辛亥	壬子	癸丑	甲寅	乙卯	丙辰	丁巳	戊午	己未	庚申	辛酉	壬戌	癸亥	甲子	乙丑	丙寅	丁卯	戊辰	己巳	庚午	辛未	壬申	癸酉	甲戌	乙亥	丙子	丁丑	戊寅	
비밀수	15	26	33	44	35	46	57	71	82	13	24	35	46	57	44	55	66	77	88	11	22	33	44	55	46	57	64	75	86	

八 月 (丁 酉) 大

절 기											백로															추분				
음 력	一	二	三	四	五	六	七	八	九	十	十一	十二	十三	十四	十五	十六	十七	十八	十九	二十	廿一	廿二	廿三	廿四	廿五	廿六	廿七	廿八	廿九	卅
양력 월/일	8/29	30	31	9/1	2	3	4	5	6	7	8	9	10	11	12	13	14	15	16	17	18	19	20	21	22	23	24	25	26	27
일 진	己卯	庚辰	辛巳	壬午	癸未	甲申	乙酉	丙戌	丁亥	戊子	己丑	庚寅	辛卯	壬辰	癸巳	甲午	乙未	丙申	丁酉	戊戌	己亥	庚子	辛丑	壬寅	癸卯	甲辰	乙巳	丙午	丁未	戊申
비밀수	17	28	31	42	53	44	55	66	77	84	26	37	48	51	62	53	64	75	86	17	28	35	46	57	68	51	62	73	84	15

九 月 (戊 戌) 大

절 기											한로															상강				
음 력	一	二	三	四	五	六	七	八	九	十	十一	十二	十三	十四	十五	十六	十七	十八	十九	二十	廿一	廿二	廿三	廿四	廿五	廿六	廿七	廿八	廿九	卅
양력 월/일	9/28	29	30	10/1	2	3	4	5	6	7	8	9	10	11	12	13	14	15	16	17	18	19	20	21	22	23	24	25	26	27
일 진	己酉	庚戌	辛亥	壬子	癸丑	甲寅	乙卯	丙辰	丁巳	戊午	己未	庚申	辛酉	壬戌	癸亥	甲子	乙丑	丙寅	丁卯	戊辰	己巳	庚午	辛未	壬申	癸酉	甲戌	乙亥	丙子	丁丑	戊寅
비밀수	26	37	48	55	66	57	68	71	82	13	35	46	57	68	71	66	77	88	11	22	33	44	55	66	77	68	71	86	17	28

十 月 (己 亥) 小

절 기											입동															소설				
음 력	一	二	三	四	五	六	七	八	九	十	十一	十二	十三	十四	十五	十六	十七	十八	十九	二十	廿一	廿二	廿三	廿四	廿五	廿六	廿七	廿八	廿九	
양력 월/일	10/28	29	30	31	11/1	2	3	4	5	6	7	8	9	10	11	12	13	14	15	16	17	18	19	20	21	22	23	24	25	
일 진	己卯	庚辰	辛巳	壬午	癸未	甲申	乙酉	丙戌	丁亥	戊子	己丑	庚寅	辛卯	壬辰	癸巳	甲午	乙未	丙申	丁酉	戊戌	己亥	庚子	辛丑	壬寅	癸卯	甲辰	乙巳	丙午	丁未	
비밀수	31	42	53	64	75	66	77	88	11	26	48	51	62	73	84	75	86	17	28	31	42	57	68	71	82	73	84	15	26	

十 一 月 (庚 子) 大

절 기												대설															동지			
음 력	一	二	三	四	五	六	七	八	九	十	十一	十二	十三	十四	十五	十六	十七	十八	十九	二十	廿一	廿二	廿三	廿四	廿五	廿六	廿七	廿八	廿九	卅
양력 월/일	11/26	27	28	29	30	12/1	2	3	4	5	6	7	8	9	10	11	12	13	14	15	16	17	18	19	20	21	22	23	24	25
일 진	戊申	己酉	庚戌	辛亥	壬子	癸丑	甲寅	乙卯	丙辰	丁巳	戊午	己未	庚申	辛酉	壬戌	癸亥	甲子	乙丑	丙寅	丁卯	戊辰	己巳	庚午	辛未	壬申	癸酉	甲戌	乙亥	丙子	丁丑
비밀수	37	48	51	62	77	88	71	82	13	24	35	53	64	75	86	17	84	15	26	37	48	51	62	73	84	15	86	17	24	35

十 二 月 (辛 丑) 大

절 기												소한														대한				
음 력	一	二	三	四	五	六	七	八	九	十	十一	十二	十三	十四	十五	十六	十七	十八	十九	二十	廿一	廿二	廿三	廿四	廿五	廿六	廿七	廿八	廿九	卅
양력 월/일	12/26	27	28	29	30	31	1/1	2	3	4	5	6	7	8	9	10	11	12	13	14	15	16	17	18	19	20	21	22	23	24
일 진	戊寅	己卯	庚辰	辛巳	壬午	癸未	甲申	乙酉	丙戌	丁亥	戊子	己丑	庚寅	辛卯	壬辰	癸巳	甲午	乙未	丙申	丁酉	戊戌	己亥	庚子	辛丑	壬寅	癸卯	甲辰	乙巳	丙午	丁未
비밀수	46	57	68	71	82	13	84	15	26	37	44	66	77	88	11	22	13	24	35	46	57	68	75	86	17	28	11	22	33	44

단기 4315년
서기 1982년

壬 戌 年

四 金神

正 月 (壬 寅) 大

절기											입춘															우수				
음력	一	二	三	四	五	六	七	八	九	十	十一	十二	十三	十四	十五	十六	十七	十八	十九	二十	廿一	廿二	廿三	廿四	廿五	廿六	廿七	廿八	廿九	三十
양력 월/일	1/25	26	27	28	29	30	31	2/1	2	3	4	5	6	7	8	9	10	11	12	13	14	15	16	17	18	19	20	21	22	23
일진	戊申	己酉	庚戌	辛亥	壬子	癸丑	甲寅	乙卯	丙辰	丁巳	戊午	己未	庚申	辛酉	壬戌	癸亥	甲子	乙丑	丙寅	丁卯	戊辰	己巳	庚午	辛未	壬申	癸酉	甲戌	乙亥	丙子	丁丑
비밀수	55	66	77	88	15	26	17	28	31	42	75	86	17	28	31	42	37	48	51	62	73	84	15	26	37	48	31	42	57	68

二 月 (癸 卯) 小

절기											경칩															춘분				
음력	一	二	三	四	五	六	七	八	九	十	十一	十二	十三	十四	十五	十六	十七	十八	十九	二十	廿一	廿二	廿三	廿四	廿五	廿六	廿七	廿八	廿九	
양력 월/일	2/24	25	26	27	28	3/1	2	3	4	5	6	7	8	9	10	11	12	13	14	15	16	17	18	19	20	21	22	23	24	
일진	戊寅	己卯	庚辰	辛巳	壬午	癸未	甲申	乙酉	丙戌	丁亥	戊子	己丑	庚寅	辛卯	壬辰	癸巳	甲午	乙未	丙申	丁酉	戊戌	己亥	庚子	辛丑	壬寅	癸卯	甲辰	乙巳	丙午	
비밀수	71	82	13	24	35	46	37	48	51	62	88	11	22	33	44	55	46	57	68	71	82	13	28	31	42	53	44	55	66	

三 月 (甲 辰) 大

절기												청명	한식														곡우			
음력	一	二	三	四	五	六	七	八	九	十	十一	十二	十三	十四	十五	十六	十七	十八	十九	二十	廿一	廿二	廿三	廿四	廿五	廿六	廿七	廿八	廿九	三十
양력 월/일	3/25	26	27	28	29	30	31	4/1	2	3	4	5	6	7	8	9	10	11	12	13	14	15	16	17	18	19	20	21	22	23
일진	丁未	戊申	己酉	庚戌	辛亥	壬子	癸丑	甲寅	乙卯	丙辰	丁巳	戊午	己未	庚申	辛酉	壬戌	癸亥	甲子	乙丑	丙寅	丁卯	戊辰	己巳	庚午	辛未	壬申	癸酉	甲戌	乙亥	丙子
비밀수	77	88	11	22	33	48	51	42	53	64	75	77	88	11	22	33	44	31	42	53	64	75	86	17	28	31	42	33	44	51

四 月 (乙 巳) 小

절기													입하															소만		
음력	一	二	三	四	五	六	七	八	九	十	十一	十二	十三	十四	十五	十六	十七	十八	十九	二十	廿一	廿二	廿三	廿四	廿五	廿六	廿七	廿八	廿九	
양력 월/일	4/24	25	26	27	28	29	30	5/1	2	3	4	5	6	7	8	9	10	11	12	13	14	15	16	17	18	19	20	21	22	
일진	丁丑	戊寅	己卯	庚辰	辛巳	壬午	癸未	甲申	乙酉	丙戌	丁亥	戊子	己丑	庚寅	辛卯	壬辰	癸巳	甲午	乙未	丙申	丁酉	戊戌	己亥	庚子	辛丑	壬寅	癸卯	甲辰	乙巳	
비밀수	62	73	84	15	26	37	48	31	42	53	64	71	13	24	35	46	57	48	51	62	73	84	15	22	33	44	55	46	57	

閏 四 月 (乙 巳) 小

절기															망종															
음력	一	二	三	四	五	六	七	八	九	十	十一	十二	十三	十四	十五	十六	十七	十八	十九	二十	廿一	廿二	廿三	廿四	廿五	廿六	廿七	廿八	廿九	
양력 월/일	5/23	24	25	26	27	28	29	30	31	6/1	2	3	4	5	6	7	8	9	10	11	12	13	14	15	16	17	18	19	20	
일진	丙午	丁未	戊申	己酉	庚戌	辛亥	壬子	癸丑	甲寅	乙卯	丙辰	丁巳	戊午	己未	庚申	辛酉	壬戌	癸亥	甲子	乙丑	丙寅	丁卯	戊辰	己巳	庚午	辛未	壬申	癸酉	甲戌	
비밀수	68	71	82	13	24	35	42	53	44	55	66	77	88	11	33	44	55	66	53	64	75	86	17	28	31	42	53	64	55	

五 月 (丙 午) 大

절기		하지															소서													
음력	一	二	三	四	五	六	七	八	九	十	十一	十二	十三	十四	十五	十六	十七	十八	十九	二十	廿一	廿二	廿三	廿四	廿五	廿六	廿七	廿八	廿九	三十
양력 월/일	6/21	22	23	24	25	26	27	28	29	30	7/1	2	3	4	5	6	7	8	9	10	11	12	13	14	15	16	17	18	19	20
일진	乙亥	丙子	丁丑	戊寅	己卯	庚辰	辛巳	壬午	癸未	甲申	乙酉	丙戌	丁亥	戊子	己丑	庚寅	辛卯	壬辰	癸巳	甲午	乙未	丙申	丁酉	戊戌	己亥	庚子	辛丑	壬寅	癸卯	甲辰
비밀수	66	73	84	15	26	37	48	51	62	53	64	75	86	13	24	35	57	68	71	62	73	84	15	26	37	44	55	66	77	68

四月 黑中	南 大將	子 喪門	申 吊客	北 三殺

六　月　（丁未）　小

절기			대서																입추											
음력	一	二	三	四	五	六	七	八	九	十	十一	十二	十三	十四	十五	十六	十七	十八	十九	二十	廿一	廿二	廿三	廿四	廿五	廿六	廿七	廿八	廿九	
양력 월/일	7/21	22	23	24	25	26	27	28	29	30	31	8/1	2	3	4	5	6	7	8	9	10	11	12	13	14	15	16	17	18	
일진	乙巳	丙午	丁未	戊申	己酉	庚戌	辛亥	壬子	癸丑	甲寅	乙卯	丙辰	丁巳	戊午	己未	庚申	辛酉	壬戌	癸亥	甲子	乙丑	丙寅	丁卯	戊辰	己巳	庚午	辛未	壬申	癸酉	
비밀수	71	82	13	24	35	46	57	64	75	66	77	88	11	22	33	44	55	66	88	75	86	17	28	31	42	53	64	75	86	

七　月　（戊申）　小

절기					처서																백로									
음력	一	二	三	四	五	六	七	八	九	十	十一	十二	十三	十四	十五	十六	十七	十八	十九	二十	廿一	廿二	廿三	廿四	廿五	廿六	廿七	廿八	廿九	
양력 월/일	8/19	20	21	22	23	24	25	26	27	28	29	30	31	9/1	2	3	4	5	6	7	8	9	10	11	12	13	14	15	16	
일진	甲戌	乙亥	丙子	丁丑	戊寅	己卯	庚辰	辛巳	壬午	癸未	甲申	乙酉	丙戌	丁亥	戊子	己丑	庚寅	辛卯	壬辰	癸巳	甲午	乙未	丙申	丁酉	戊戌	己亥	庚子	辛丑	壬寅	
비밀수	77	88	15	26	37	48	51	62	73	84	75	86	17	28	35	46	57	68	71	82	84	15	26	37	48	51	66	77	88	

八　月　（己酉）　大

절기							추분																한로							
음력	一	二	三	四	五	六	七	八	九	十	十一	十二	十三	十四	十五	十六	十七	十八	十九	二十	廿一	廿二	廿三	廿四	廿五	廿六	廿七	廿八	廿九	三十
양력 월/일	9/17	18	19	20	21	22	23	24	25	26	27	28	29	30	10/1	2	3	4	5	6	7	8	9	10	11	12	13	14	15	16
일진	癸卯	甲辰	乙巳	丙午	丁未	戊申	己酉	庚戌	辛亥	壬子	癸丑	甲寅	乙卯	丙辰	丁巳	戊午	己未	庚申	辛酉	壬戌	癸亥	甲子	乙丑	丙寅	丁卯	戊辰	己巳	庚午	辛未	壬申
비밀수	11	82	13	24	35	46	57	68	71	86	17	88	11	22	33	44	55	66	77	88	11	86	28	31	42	53	64	75	86	17

九　月　（庚戌）　大

절기								상강															입동							
음력	一	二	三	四	五	六	七	八	九	十	十一	十二	十三	十四	十五	十六	十七	十八	十九	二十	廿一	廿二	廿三	廿四	廿五	廿六	廿七	廿八	廿九	三十
양력 월/일	10/17	18	19	20	21	22	23	24	25	26	27	28	29	30	31	11/1	2	3	4	5	6	7	8	9	10	11	12	13	14	15
일진	癸酉	甲戌	乙亥	丙子	丁丑	戊寅	己卯	庚辰	辛巳	壬午	癸未	甲申	乙酉	丙戌	丁亥	戊子	己丑	庚寅	辛卯	壬辰	癸巳	甲午	乙未	丙申	丁酉	戊戌	己亥	庚子	辛丑	壬寅
비밀수	28	11	22	37	48	51	62	73	84	15	26	17	28	31	42	57	68	71	82	13	24	15	37	48	51	62	73	88	11	22

十　月　（辛亥）　小

절기								소설														대설								
음력	一	二	三	四	五	六	七	八	九	十	十一	十二	十三	十四	十五	十六	十七	十八	十九	二十	廿一	廿二	廿三	廿四	廿五	廿六	廿七	廿八	廿九	
양력 월/일	11/16	17	18	19	20	21	22	23	24	25	26	27	28	29	30	12/1	2	3	4	5	6	7	8	9	10	11	12	13	14	
일진	癸卯	甲辰	乙巳	丙午	丁未	戊申	己酉	庚戌	辛亥	壬子	癸丑	甲寅	乙卯	丙辰	丁巳	戊午	己未	庚申	辛酉	壬戌	癸亥	甲子	乙丑	丙寅	丁卯	戊辰	己巳	庚午	辛未	
비밀수	33	24	35	46	57	68	71	82	13	28	31	22	33	44	55	66	77	88	11	22	33	35	46	57	68	71	82	13	24	

十一月　（壬子）　大

절기								동지															소한							
음력	一	二	三	四	五	六	七	八	九	十	十一	十二	十三	十四	十五	十六	十七	十八	十九	二十	廿一	廿二	廿三	廿四	廿五	廿六	廿七	廿八	廿九	三十
양력 월/일	12/15	16	17	18	19	20	21	22	23	24	25	26	27	28	29	30	31	1/1	2	3	4	5	6	7	8	9	10	11	12	13
일진	壬申	癸酉	甲戌	乙亥	丙子	丁丑	戊寅	己卯	庚辰	辛巳	壬午	癸未	甲申	乙酉	丙戌	丁亥	戊子	己丑	庚寅	辛卯	壬辰	癸巳	甲午	乙未	丙申	丁酉	戊戌	己亥	庚子	辛丑
비밀수	35	46	37	48	55	66	77	88	11	22	33	44	35	46	57	68	75	86	17	28	31	42	44	55	66	77	88	11	26	37

十二月　（癸丑）　大

절기								대한														입춘								
음력	一	二	三	四	五	六	七	八	九	十	十一	十二	十三	十四	十五	十六	十七	十八	十九	二十	廿一	廿二	廿三	廿四	廿五	廿六	廿七	廿八	廿九	三十
양력 월/일	1/14	15	16	17	18	19	20	21	22	23	24	25	26	27	28	29	30	31	2/1	2	3	4	5	6	7	8	9	10	11	12
일진	壬寅	癸卯	甲辰	乙巳	丙午	丁未	戊申	己酉	庚戌	辛亥	壬子	癸丑	甲寅	乙卯	丙辰	丁巳	戊午	己未	庚申	辛酉	壬戌	癸亥	甲子	乙丑	丙寅	丁卯	戊辰	己巳	庚午	辛未
비밀수	48	51	46	53	64	75	86	17	28	31	46	57	48	51	62	73	84	15	26	37	48	53	48	51	62	73	84	15	26	37

단기 4316년
서기 1983년

癸 亥 年

四 金神

正　月　(甲 寅)　大

절 기							우수															경칩								
음 력	一	二	三	四	五	六	七	八	九	十	十一	十二	十三	十四	十五	十六	十七	十八	十九	廿	廿一	廿二	廿三	廿四	廿五	廿六	廿七	廿八	廿九	卅
양력 월/일	2/13	14	15	16	17	18	19	20	21	22	23	24	25	26	27	28	3/1	2	3	4	5	6	7	8	9	10	11	12	13	14
일 진	壬申	癸酉	甲戌	乙亥	丙子	丁丑	戊寅	己卯	庚辰	辛巳	壬午	癸未	甲申	乙酉	丙戌	丁亥	戊子	己丑	庚寅	辛卯	壬辰	癸巳	甲午	乙未	丙申	丁酉	戊戌	己亥	庚子	辛丑
비밀수	48	51	42	53	68	71	82	13	24	35	46	57	48	51	62	73	88	11	22	33	44	66	57	68	71	82	13	24	31	42

二　月　(乙 卯)　小

절 기							춘분															청명								
음 력	一	二	三	四	五	六	七	八	九	十	十一	十二	十三	十四	十五	十六	十七	十八	十九	廿	廿一	廿二	廿三	廿四	廿五	廿六	廿七	廿八	廿九	
양력 월/일	3/15	16	17	18	19	20	21	22	23	24	25	26	27	28	29	30	31	4/1	2	3	4	5	6	7	8	9	10	11	12	
일 진	壬寅	癸卯	甲辰	乙巳	丙午	丁未	戊申	己酉	庚戌	辛亥	壬子	癸丑	甲寅	乙卯	丙辰	丁巳	戊午	己未	庚申	辛酉	壬戌	癸亥	甲子	乙丑	丙寅	丁卯	戊辰	己巳	庚午	
비밀수	53	64	55	66	77	88	11	22	33	44	51	62	53	64	75	86	17	28	31	42	53	75	62	73	84	15	26	37	48	

三　月　(丙 辰)　大

절 기									곡우															입하						
음 력	一	二	三	四	五	六	七	八	九	十	十一	十二	十三	十四	十五	十六	十七	十八	十九	廿	廿一	廿二	廿三	廿四	廿五	廿六	廿七	廿八	廿九	卅
양력 월/일	4/13	14	15	16	17	18	19	20	21	22	23	24	25	26	27	28	29	30	5/1	2	3	4	5	6	7	8	9	10	11	12
일 진	辛未	壬申	癸酉	甲戌	乙亥	丙子	丁丑	戊寅	己卯	庚辰	辛巳	壬午	癸未	甲申	乙酉	丙戌	丁亥	戊子	己丑	庚寅	辛卯	壬辰	癸巳	甲午	乙未	丙申	丁酉	戊戌	己亥	庚子
비밀수	51	62	73	64	75	82	13	24	35	46	57	68	71	62	73	84	15	22	33	44	55	66	77	71	82	13	24	35	46	53

四　月　(丁 巳)　小

절 기										소만															망종					
음 력	一	二	三	四	五	六	七	八	九	十	十一	十二	十三	十四	十五	十六	十七	十八	十九	廿	廿一	廿二	廿三	廿四	廿五	廿六	廿七	廿八	廿九	
양력 월/일	5/13	14	15	16	17	18	19	20	21	22	23	24	25	26	27	28	29	30	31	6/1	2	3	4	5	6	7	8	9	10	
일 진	辛丑	壬寅	癸卯	甲辰	乙巳	丙午	丁未	戊申	己酉	庚戌	辛亥	壬子	癸丑	甲寅	乙卯	丙辰	丁巳	戊午	己未	庚申	辛酉	壬戌	癸亥	甲子	乙丑	丙寅	丁卯	戊辰	己巳	
비밀수	64	75	86	77	88	11	22	33	44	55	66	73	84	75	86	17	28	31	42	53	64	75	86	73	15	26	37	48	51	

五　月　(戊 午)　小

절 기												하지																소서		
음 력	一	二	三	四	五	六	七	八	九	十	十一	十二	十三	十四	十五	十六	十七	十八	十九	廿	廿一	廿二	廿三	廿四	廿五	廿六	廿七	廿八	廿九	
양력 월/일	6/11	12	13	14	15	16	17	18	19	20	21	22	23	24	25	26	27	28	29	30	7/1	2	3	4	5	6	7	8	9	
일 진	庚午	辛未	壬申	癸酉	甲戌	乙亥	丙子	丁丑	戊寅	己卯	庚辰	辛巳	壬午	癸未	甲申	乙酉	丙戌	丁亥	戊子	己丑	庚寅	辛卯	壬辰	癸巳	甲午	乙未	丙申	丁酉	戊戌	
비밀수	62	73	84	15	86	17	24	35	46	57	68	71	82	13	84	15	26	37	44	55	66	77	88	11	82	13	24	46	57	

六　月　(己 未)　大

절 기														대서																입추
음 력	一	二	三	四	五	六	七	八	九	十	十一	十二	十三	十四	十五	十六	十七	十八	十九	廿	廿一	廿二	廿三	廿四	廿五	廿六	廿七	廿八	廿九	卅
양력 월/일	7/10	11	12	13	14	15	16	17	18	19	20	21	22	23	24	25	26	27	28	29	30	31	8/1	2	3	4	5	6	7	8
일 진	己亥	庚子	辛丑	壬寅	癸卯	甲辰	乙巳	丙午	丁未	戊申	己酉	庚戌	辛亥	壬子	癸丑	甲寅	乙卯	丙辰	丁巳	戊午	己未	庚申	辛酉	壬戌	癸亥	甲子	乙丑	丙寅	丁卯	戊辰
비밀수	68	75	86	17	28	11	22	33	44	55	66	77	88	15	26	17	28	31	42	53	64	75	86	17	28	15	26	37	48	62

正十月 黑中　　西 大將　　丑 喪門　　酉 吊客　　酉 三殺

七　月　(庚 申)　小

절기																처서													
음력	一	二	三	四	五	六	七	八	九	十	十一	十二	十三	十四	十五	十六	十七	十八	十九	二十	廿一	廿二	廿三	廿四	廿五	廿六	廿七	廿八	廿九
양력 월/일	8/9	10	11	12	13	14	15	16	17	18	19	20	21	22	23	24	25	26	27	28	29	30	31	9/1	2	3	4	5	6
일진	己巳	庚午	辛未	壬申	癸酉	甲戌	乙亥	丙子	丁丑	戊寅	己卯	庚辰	辛巳	壬午	癸未	甲申	乙酉	丙戌	丁亥	戊子	己丑	庚寅	辛卯	壬辰	癸巳	甲午	乙未	丙申	丁酉
비밀수	73	84	15	26	37	28	31	46	57	68	71	82	13	24	35	26	37	48	51	66	77	88	11	22	33	24	35	46	57

八　月　(辛 酉)　小

절기		백로															추분												
음력	一	二	三	四	五	六	七	八	九	十	十一	十二	十三	十四	十五	十六	十七	十八	十九	二十	廿一	廿二	廿三	廿四	廿五	廿六	廿七	廿八	廿九
양력 월/일	9/7	8	9	10	11	12	13	14	15	16	17	18	19	20	21	22	23	24	25	26	27	28	29	30	10/1	2	3	4	5
일진	戊戌	己亥	庚子	辛丑	壬寅	癸卯	甲辰	乙巳	丙午	丁未	戊申	己酉	庚戌	辛亥	壬子	癸丑	甲寅	乙卯	丙辰	丁巳	戊午	己未	庚申	辛酉	壬戌	癸亥	甲子	乙丑	丙寅
비밀수	68	81	17	28	31	42	33	44	55	66	77	88	11	22	37	48	31	42	53	64	75	86	17	28	31	42	37	48	51

九　月　(壬 戌)　大

절기				한로															상강											
음력	一	二	三	四	五	六	七	八	九	十	十一	十二	十三	十四	十五	十六	十七	十八	十九	二十	廿一	廿二	廿三	廿四	廿五	廿六	廿七	廿八	廿九	三十
양력 월/일	10/6	7	8	9	10	11	12	13	14	15	16	17	18	19	20	21	22	23	24	25	26	27	28	29	30	31	11/1	2	3	4
일진	丁卯	戊辰	己巳	庚午	辛未	壬申	癸酉	甲戌	乙亥	丙子	丁丑	戊寅	己卯	庚辰	辛巳	壬午	癸未	甲申	乙酉	丙戌	丁亥	戊子	己丑	庚寅	辛卯	壬辰	癸巳	甲午	乙未	丙申
비밀수	62	73	84	26	37	48	51	42	53	68	71	82	13	24	35	46	57	48	51	62	73	88	11	22	33	44	55	46	57	68

十　月　(癸 亥)　小

절기				입동															소설										
음력	一	二	三	四	五	六	七	八	九	十	十一	十二	十三	十四	十五	十六	十七	十八	十九	二十	廿一	廿二	廿三	廿四	廿五	廿六	廿七	廿八	廿九
양력 월/일	11/5	6	7	8	9	10	11	12	13	14	15	16	17	18	19	20	21	22	23	24	25	26	27	28	29	30	12/1	2	3
일진	丁酉	戊戌	己亥	庚子	辛丑	壬寅	癸卯	甲辰	乙巳	丙午	丁未	戊申	己酉	庚戌	辛亥	壬子	癸丑	甲寅	乙卯	丙辰	丁巳	戊午	己未	庚申	辛酉	壬戌	癸亥	甲子	乙丑
비밀수	71	82	13	31	42	53	64	55	66	77	88	11	22	33	44	51	62	53	64	75	86	17	28	31	42	53	64	51	62

十 一 月　(甲 子)　大

절기					대설														동지											
음력	一	二	三	四	五	六	七	八	九	十	十一	十二	十三	十四	十五	十六	十七	十八	十九	二十	廿一	廿二	廿三	廿四	廿五	廿六	廿七	廿八	廿九	三十
양력 월/일	12/4	5	6	7	8	9	10	11	12	13	14	15	16	17	18	19	20	21	22	23	24	25	26	27	28	29	30	31	1/1	2
일진	丙寅	丁卯	戊辰	己巳	庚午	辛未	壬申	癸酉	甲戌	乙亥	丙子	丁丑	戊寅	己卯	庚辰	辛巳	壬午	癸未	甲申	乙酉	丙戌	丁亥	戊子	己丑	庚寅	辛卯	壬辰	癸巳	甲午	乙未
비밀수	73	84	15	26	24	35	46	57	48	51	66	77	88	11	22	33	44	55	46	57	68	71	86	17	28	31	42	53	44	55

十 二 月　(乙 丑)　大

절기				소한															대한											
음력	一	二	三	四	五	六	七	八	九	十	十一	十二	十三	十四	十五	十六	十七	十八	十九	二十	廿一	廿二	廿三	廿四	廿五	廿六	廿七	廿八	廿九	三十
양력 월/일	1/3	4	5	6	7	8	9	10	11	12	13	14	15	16	17	18	19	20	21	22	23	24	25	26	27	28	29	30	31	2/1
일진	丙申	丁酉	戊戌	己亥	庚子	辛丑	壬寅	癸卯	甲辰	乙巳	丙午	丁未	戊申	己酉	庚戌	辛亥	壬子	癸丑	甲寅	乙卯	丙辰	丁巳	戊午	己未	庚申	辛酉	壬戌	癸亥	甲子	乙丑
비밀수	66	77	88	22	37	48	51	62	53	64	75	86	17	38	31	42	57	68	51	62	73	84	15	26	37	48	51	62	57	68

단기 4317년
서기 1984년

甲 子 年

四 金神

正 月 (丙 寅) 大

절기				입춘														우수												
음력	一	二	三	四	五	六	七	八	九	十	十一	十二	十三	十四	十五	十六	十七	十八	十九	二十	二十一	二十二	二十三	二十四	二十五	二十六	二十七	二十八	二十九	三十
양력 월/일	2/2	3	4	5	6	7	8	9	10	11	12	13	14	15	16	17	18	19	20	21	22	23	24	25	26	27	28	29	3/1	2
일진	丙寅	丁卯	戊辰	己巳	庚午	辛未	壬申	癸酉	甲戌	乙亥	丙子	丁丑	戊寅	己卯	庚辰	辛巳	壬午	癸未	甲申	乙酉	丙戌	丁亥	戊子	己丑	庚寅	辛卯	壬辰	癸巳	甲午	乙未
비밀수	88	11	22	22	33	44	55	66	57	68	75	86	17	28	31	42	53	64	55	66	77	88	15	26	37	48	51	62	53	64

二 月 (丁 卯) 小

절기			경칩															춘분												
음력	一	二	三	四	五	六	七	八	九	十	十一	十二	十三	十四	十五	十六	十七	十八	十九	二十	二十一	二十二	二十三	二十四	二十五	二十六	二十七	二十八	二十九	
양력 월/일	3/3	4	5	6	7	8	9	10	11	12	13	14	15	16	17	18	19	20	21	22	23	24	25	26	27	28	29	30	31	
일진	丙申	丁酉	戊戌	己亥	庚子	辛丑	壬寅	癸卯	甲辰	乙巳	丙午	丁未	戊申	己酉	庚戌	辛亥	壬子	癸丑	甲寅	乙卯	丙辰	丁巳	戊午	己未	庚申	辛酉	壬戌	癸亥	甲子	
비밀수	75	86	28	31	46	57	68	71	62	73	84	15	26	37	48	51	66	77	68	71	82	13	24	35	46	57	68	71	66	

三 月 (戊 辰) 大

절기				청명																곡우										
음력	一	二	三	四	五	六	七	八	九	十	十一	十二	十三	十四	十五	十六	十七	十八	十九	二十	二十一	二十二	二十三	二十四	二十五	二十六	二十七	二十八	二十九	三十
양력 월/일	4/1	2	3	4	5	6	7	8	9	10	11	12	13	14	15	16	17	18	19	20	21	22	23	24	25	26	27	28	29	30
일진	乙丑	丙寅	丁卯	戊辰	己巳	庚午	辛未	壬申	癸酉	甲戌	乙亥	丙子	丁丑	戊寅	己卯	庚辰	辛巳	壬午	癸未	甲申	乙酉	丙戌	丁亥	戊子	己丑	庚寅	辛卯	壬辰	癸巳	甲午
비밀수	77	88	11	33	44	55	66	77	88	71	82	17	28	31	42	53	64	75	86	77	88	11	22	37	48	51	62	73	84	75

四 月 (己 巳) 大

절기					입하																소만									
음력	一	二	三	四	五	六	七	八	九	十	十一	十二	十三	十四	十五	十六	十七	十八	十九	二十	二十一	二十二	二十三	二十四	二十五	二十六	二十七	二十八	二十九	三十
양력 월/일	5/1	2	3	4	5	6	7	8	9	10	11	12	13	14	15	16	17	18	19	20	21	22	23	24	25	26	27	28	29	30
일진	乙未	丙申	丁酉	戊戌	己亥	庚子	辛丑	壬寅	癸卯	甲辰	乙巳	丙午	丁未	戊申	己酉	庚戌	辛亥	壬子	癸丑	甲寅	乙卯	丙辰	丁巳	戊午	己未	庚申	辛酉	壬戌	癸亥	甲子
비밀수	86	17	28	31	53	68	71	82	13	84	15	26	37	48	51	62	73	88	11	82	13	24	35	46	57	68	71	82	13	88

五 月 (庚 午) 小

절기						망종																하지								
음력	一	二	三	四	五	六	七	八	九	十	十一	十二	十三	十四	十五	十六	十七	十八	十九	二十	二十一	二十二	二十三	二十四	二十五	二十六	二十七	二十八	二十九	
양력 월/일	5/31	6/1	2	3	4	5	6	7	8	9	10	11	12	13	14	15	16	17	18	19	20	21	22	23	24	25	26	27	28	
일진	乙丑	丙寅	丁卯	戊辰	己巳	庚午	辛未	壬申	癸酉	甲戌	乙亥	丙子	丁丑	戊寅	己卯	庚辰	辛巳	壬午	癸未	甲申	乙酉	丙戌	丁亥	戊子	己丑	庚寅	辛卯	壬辰	癸巳	
비밀수	11	22	33	44	55	66	77	88	11	82	13	28	31	42	53	64	75	86	17	88	11	22	33	48	51	62	73	84	15	

六 月 (辛 未) 小

절기									소서																대서					
음력	一	二	三	四	五	六	七	八	九	十	十一	十二	十三	十四	十五	十六	十七	十八	十九	二十	二十一	二十二	二十三	二十四	二十五	二十六	二十七	二十八	二十九	
양력 월/일	6/29	30	7/1	2	3	4	5	6	7	8	9	10	11	12	13	14	15	16	17	18	19	20	21	22	23	24	25	26	27	
일진	甲午	乙未	丙申	丁酉	戊戌	己亥	庚子	辛丑	壬寅	癸卯	甲辰	乙巳	丙午	丁未	戊申	己酉	庚戌	辛亥	壬子	癸丑	甲寅	乙卯	丙辰	丁巳	戊午	己未	庚申	辛酉	壬戌	
비밀수	86	17	28	31	42	53	68	71	13	24	15	26	37	48	51	62	73	84	11	22	13	24	35	46	57	68	71	82	13	

七 月黑中	西大將	寅喪門	戌吊客	南三殺

七 月 (壬 申) 大

절 기											입추																처서			
음 력	一	二	三	四	五	六	七	八	九	十	十一	十二	十三	十四	十五	十六	十七	十八	十九	二十	廿一	廿二	廿三	廿四	廿五	廿六	廿七	廿八	廿九	三十
양력 월/일	7/28	29	30	31	8/1	2	3	4	5	6	7	8	9	10	11	12	13	14	15	16	17	18	19	20	21	22	23	24	25	26
일 진	癸亥	甲子	乙丑	丙寅	丁卯	戊辰	己巳	庚午	辛未	壬申	癸酉	甲戌	乙亥	丙子	丁丑	戊寅	己卯	庚辰	辛巳	壬午	癸未	甲申	乙酉	丙戌	丁亥	戊子	己丑	庚寅	辛卯	壬辰
비밀수	34	22	33	44	55	66	77	88	11	22	44	35	46	53	64	75	86	17	28	31	42	33	44	55	66	73	84	15	26	37

八 月 (癸 酉) 小

절 기											백로																	추분		
음 력	一	二	三	四	五	六	七	八	九	十	十一	十二	十三	十四	十五	十六	十七	十八	十九	二十	廿一	廿二	廿三	廿四	廿五	廿六	廿七	廿八	廿九	
양력 월/일	8/27	28	29	30	31	9/1	2	3	4	5	6	7	8	9	10	11	12	13	14	15	16	17	18	19	20	21	22	23	24	
일 진	癸巳	甲午	乙未	丙申	丁酉	戊戌	己亥	庚子	辛丑	壬寅	癸卯	甲辰	乙巳	丙午	丁未	戊申	己酉	庚戌	辛亥	壬子	癸丑	甲寅	乙卯	丙辰	丁巳	戊午	己未	庚申	辛酉	
비밀수	48	31	42	53	64	75	86	13	24	35	46	48	51	62	73	84	15	26	37	44	55	46	57	68	71	82	13	24	35	

九 月 (甲 戌) 小

절 기														한로															상강	
음 력	一	二	三	四	五	六	七	八	九	十	十一	十二	十三	十四	十五	十六	十七	十八	十九	二十	廿一	廿二	廿三	廿四	廿五	廿六	廿七	廿八	廿九	
양력 월/일	9/25	26	27	28	29	30	10/1	2	3	4	5	6	7	8	9	10	11	12	13	14	15	16	17	18	19	20	21	22	23	
일 진	壬戌	癸亥	甲子	乙丑	丙寅	丁卯	戊辰	己巳	庚午	辛未	壬申	癸酉	甲戌	乙亥	丙子	丁丑	戊寅	己卯	庚辰	辛巳	壬午	癸未	甲申	乙酉	丙戌	丁亥	戊子	己丑	庚寅	
비밀수	46	57	44	55	66	77	88	11	22	33	44	55	66	48	55	66	77	88	11	22	33	44	35	46	57	68	75	86	17	

十 月 (乙 亥) 大

절 기															입동															소설
음 력	一	二	三	四	五	六	七	八	九	十	十一	十二	十三	十四	十五	十六	十七	十八	十九	二十	廿一	廿二	廿三	廿四	廿五	廿六	廿七	廿八	廿九	三十
양력 월/일	10/24	25	26	27	28	29	30	31	11/1	2	3	4	5	6	7	8	9	10	11	12	13	14	15	16	17	18	19	20	21	22
일 진	辛卯	壬辰	癸巳	甲午	乙未	丙申	丁酉	戊戌	己亥	庚子	辛丑	壬寅	癸卯	甲辰	乙巳	丙午	丁未	戊申	己酉	庚戌	辛亥	壬子	癸丑	甲寅	乙卯	丙辰	丁巳	戊午	己未	庚申
비밀수	28	31	42	33	44	55	66	77	88	15	26	37	48	31	52	63	74	85	16	27	38	45	56	47	58	61	72	83	14	25

閏 十 月 (乙 亥) 小

절 기															대설															
음 력	一	二	三	四	五	六	七	八	九	十	十一	十二	十三	十四	十五	十六	十七	十八	十九	二十	廿一	廿二	廿三	廿四	廿五	廿六	廿七	廿八	廿九	
양력 월/일	11/23	24	25	26	27	28	29	30	12/1	2	3	4	5	6	7	8	9	10	11	12	13	14	15	16	17	18	19	20	21	
일 진	辛酉	壬戌	癸亥	甲子	乙丑	丙寅	丁卯	戊辰	己巳	庚午	辛未	壬申	癸酉	甲戌	乙亥	丙子	丁丑	戊寅	己卯	庚辰	辛巳	壬午	癸未	甲申	乙酉	丙戌	丁亥	戊子	己丑	
비밀수	36	47	58	46	57	68	78	81	12	23	34	45	56	47	66	73	84	15	26	37	48	51	62	53	64	75	86	13	24	

十 一 月 (丙 子) 大

절 기	동지														소한															대한
음 력	一	二	三	四	五	六	七	八	九	十	十一	十二	十三	十四	十五	十六	十七	十八	十九	二十	廿一	廿二	廿三	廿四	廿五	廿六	廿七	廿八	廿九	三十
양력 월/일	12/22	23	24	25	26	27	28	29	30	31	1/1	2	3	4	5	6	7	8	9	10	11	12	13	14	15	16	17	18	19	20
일 진	庚寅	辛卯	壬辰	癸巳	甲午	乙未	丙申	丁酉	戊戌	己亥	庚子	辛丑	壬寅	癸卯	甲辰	乙巳	丙午	丁未	戊申	己酉	庚戌	辛亥	壬子	癸丑	甲寅	乙卯	丙辰	丁巳	戊午	己未
비밀수	35	46	57	68	51	62	73	84	15	26	37	48	51	62	68	71	82	13	24	35	46	57	64	75	66	77	88	11	22	33

十 二 月 (丁 丑) 大

절 기															입춘															우수
음 력	一	二	三	四	五	六	七	八	九	十	十一	十二	十三	十四	十五	十六	十七	十八	十九	二十	廿一	廿二	廿三	廿四	廿五	廿六	廿七	廿八	廿九	三十
양력 월/일	1/21	22	23	24	25	26	27	28	29	30	31	2/1	2	3	4	5	6	7	8	9	10	11	12	13	14	15	16	17	18	19
일 진	庚申	辛酉	壬戌	癸亥	甲子	乙丑	丙寅	丁卯	戊辰	己巳	庚午	辛未	壬申	癸酉	甲戌	乙亥	丙子	丁丑	戊寅	己卯	庚辰	辛巳	壬午	癸未	甲申	乙酉	丙戌	丁亥	戊子	己丑
비밀수	44	55	66	77	64	75	86	17	28	31	42	53	64	75	88	21	26	37	48	51	62	73	84	15	86	17	28	31	46	57

단기 4318년
서기 1985년

乙 丑 年

二金神

正 月 (戊寅) 小

절 기															경칩															
음 력	一	二	三	四	五	六	七	八	九	十	十一	十二	十三	十四	十五	十六	十七	十八	十九	廿	廿一	廿二	廿三	廿四	廿五	廿六	廿七	廿八	廿九	
양력 월/일	2/20	21	22	23	24	25	26	27	28	3/1	2	3	4	5	6	7	8	9	10	11	12	13	14	15	16	17	18	19	20	
일 진	庚寅	辛卯	壬辰	癸巳	甲午	乙未	丙申	丁酉	戊戌	己亥	庚子	辛丑	壬寅	癸卯	甲辰	乙巳	丙午	丁未	戊申	己酉	庚戌	辛亥	壬子	癸丑	甲寅	乙卯	丙辰	丁巳	戊午	
비밀수	78	81	12	23	84	15	26	37	48	51	66	77	88	11	13	24	35	46	57	68	71	82	17	28	11	22	33	44	55	

二 月 (己卯) 大

절 기	춘분															청명														
음 력	一	二	三	四	五	六	七	八	九	十	十一	十二	十三	十四	十五	十六	十七	十八	十九	廿	廿一	廿二	廿三	廿四	廿五	廿六	廿七	廿八	廿九	卅
양력 월/일	3/21	22	23	24	25	26	27	28	29	30	31	4/1	2	3	4	5	6	7	8	9	10	11	12	13	14	15	16	17	18	19
일 진	己未	庚申	辛酉	壬戌	癸亥	甲子	乙丑	丙寅	丁卯	戊辰	己巳	庚午	辛未	壬申	癸酉	甲戌	乙亥	丙子	丁丑	戊寅	己卯	庚辰	辛巳	壬午	癸未	甲申	乙酉	丙戌	丁亥	戊子
비밀수	66	77	88	11	22	17	28	31	42	53	64	75	86	17	28	22	33	48	51	62	73	84	15	26	37	28	31	42	53	68

三 月 (庚辰) 大

절 기	곡우															입하														
음 력	一	二	三	四	五	六	七	八	九	十	十一	十二	十三	十四	十五	十六	十七	十八	十九	廿	廿一	廿二	廿三	廿四	廿五	廿六	廿七	廿八	廿九	卅
양력 월/일	4/20	21	22	23	24	25	26	27	28	29	30	5/1	2	3	4	5	6	7	8	9	10	11	12	13	14	15	16	17	18	19
일 진	己丑	庚寅	辛卯	壬辰	癸巳	甲午	乙未	丙申	丁酉	戊戌	己亥	庚子	辛丑	壬寅	癸卯	甲辰	乙巳	丙午	丁未	戊申	己酉	庚戌	辛亥	壬子	癸丑	甲寅	乙卯	丙辰	丁巳	戊午
비밀수	71	82	13	24	35	26	37	48	51	62	73	88	11	22	33	35	46	57	68	71	82	13	24	31	42	33	44	55	66	77

四 月 (辛巳) 小

절 기		소만																망종												
음 력	一	二	三	四	五	六	七	八	九	十	十一	十二	十三	十四	十五	十六	十七	十八	十九	廿	廿一	廿二	廿三	廿四	廿五	廿六	廿七	廿八	廿九	
양력 월/일	5/20	21	22	23	24	25	26	27	28	29	30	31	6/1	2	3	4	5	6	7	8	9	10	11	12	13	14	15	16	17	
일 진	己未	庚申	辛酉	壬戌	癸亥	甲子	乙丑	丙寅	丁卯	戊辰	己巳	庚午	辛未	壬申	癸酉	甲戌	乙亥	丙子	丁丑	戊寅	己卯	庚辰	辛巳	壬午	癸未	甲申	乙酉	丙戌	丁亥	
비밀수	88	11	22	33	44	31	42	53	64	75	86	17	28	31	42	33	44	6	73	84	15	26	37	48	51	42	53	64	75	

五 月 (壬午) 大

절 기				하지																소서										
음 력	一	二	三	四	五	六	七	八	九	十	十一	十二	十三	十四	十五	十六	十七	十八	十九	廿	廿一	廿二	廿三	廿四	廿五	廿六	廿七	廿八	廿九	卅
양력 월/일	6/18	19	20	21	22	23	24	25	26	27	28	29	30	7/1	2	3	4	5	6	7	8	9	10	11	12	13	14	15	16	17
일 진	戊子	己丑	庚寅	辛卯	壬辰	癸巳	甲午	乙未	丙申	丁酉	戊戌	己亥	庚子	辛丑	壬寅	癸卯	甲辰	乙巳	丙午	丁未	戊申	己酉	庚戌	辛亥	壬子	癸丑	甲寅	乙卯	丙辰	丁巳
비밀수	82	13	24	35	46	57	48	51	62	73	84	15	22	33	44	55	46	57	68	82	13	24	35	46	53	64	55	66	77	88

六 月 (癸未) 小

절 기						대서															입추									
음 력	一	二	三	四	五	六	七	八	九	十	十一	十二	十三	十四	十五	十六	十七	十八	十九	廿	廿一	廿二	廿三	廿四	廿五	廿六	廿七	廿八	廿九	
양력 월/일	7/18	19	20	21	22	23	24	25	26	27	28	29	30	31	8/1	2	3	4	5	6	7	8	9	10	11	12	13	14	15	
일 진	戊午	己未	庚申	辛酉	壬戌	癸亥	甲子	乙丑	丙寅	丁卯	戊辰	己巳	庚午	辛未	壬申	癸酉	甲戌	乙亥	丙子	丁丑	戊寅	己卯	庚辰	辛巳	壬午	癸未	甲申	乙酉	丙戌	
비밀수	11	22	33	44	55	66	53	64	75	86	17	28	31	42	53	64	55	66	73	84	86	17	28	31	42	53	44	55	66	

四月 黑中	西 大將	卯 喪門	亥 吊客	東 三殺

七 月 (甲 申) 大

절 기								처서																백로						
음 력	一	二	三	四	五	六	七	八	九	十	十一	十二	十三	十四	十五	十六	十七	十八	十九	二十	廿一	廿二	廿三	廿四	廿五	廿六	廿七	廿八	廿九	三十
양력 월/일	8/16	17	18	19	20	21	22	23	24	25	26	27	28	29	30	31	9/1	2	3	4	5	6	7	8	9	10	11	12	13	14
일 진	丁亥	戊子	己丑	庚寅	辛卯	壬辰	癸巳	甲午	乙未	丙申	丁酉	戊戌	己亥	庚子	辛丑	壬寅	癸卯	甲辰	乙巳	丙午	丁未	戊申	己酉	庚戌	辛亥	壬子	癸丑	甲寅	乙卯	丙辰
비밀수	77	84	15	26	37	48	51	42	53	64	75	86	17	24	35	46	57	48	51	62	73	84	15	37	48	55	66	57	68	71

八 月 (乙 酉) 小

절 기									추분															한로						
음 력	一	二	三	四	五	六	七	八	九	十	十一	十二	十三	十四	十五	十六	十七	十八	十九	二十	廿一	廿二	廿三	廿四	廿五	廿六	廿七	廿八	廿九	
양력 월/일	9/15	16	17	18	19	20	21	22	23	24	25	26	27	28	29	30	10/1	2	3	4	5	6	7	8	9	10	11	12	13	
일 진	丁巳	戊午	己未	庚申	辛酉	壬戌	癸亥	甲子	乙丑	丙寅	丁卯	戊辰	己巳	庚午	辛未	壬申	癸酉	甲戌	乙亥	丙子	丁丑	戊寅	己卯	庚辰	辛巳	壬午	癸未	甲申	乙酉	
비밀수	82	13	24	35	46	57	68	55	66	77	88	11	22	33	44	55	66	57	68	75	86	17	28	42	53	64	75	66	77	

九 月 (丙 戌) 小

절 기										상강															입동					
음 력	一	二	三	四	五	六	七	八	九	十	十一	十二	十三	十四	十五	十六	十七	十八	十九	二十	廿一	廿二	廿三	廿四	廿五	廿六	廿七	廿八	廿九	
양력 월/일	10/14	15	16	17	18	19	20	21	22	23	24	25	26	27	28	29	30	31	11/1	2	3	4	5	6	7	8	9	10	11	
일 진	丙戌	丁亥	戊子	己丑	庚寅	辛卯	壬辰	癸巳	甲午	乙未	丙申	丁酉	戊戌	己亥	庚子	辛丑	壬寅	癸卯	甲辰	乙巳	丙午	丁未	戊申	己酉	庚戌	辛亥	壬子	癸丑	甲寅	
비밀수	88	11	26	37	48	51	62	73	64	75	86	17	28	31	46	57	68	71	62	73	84	15	26	37	51	62	77	88	71	

十 月 (丁 亥) 大

절 기											소설															대설				
음 력	一	二	三	四	五	六	七	八	九	十	十一	十二	十三	十四	十五	十六	十七	十八	十九	二十	廿一	廿二	廿三	廿四	廿五	廿六	廿七	廿八	廿九	三十
양력 월/일	11/12	13	14	15	16	17	18	19	20	21	22	23	24	25	26	27	28	29	30	12/1	2	3	4	5	6	7	8	9	10	11
일 진	乙卯	丙辰	丁巳	戊午	己未	庚申	辛酉	壬戌	癸亥	甲子	乙丑	丙寅	丁卯	戊辰	己巳	庚午	辛未	壬申	癸酉	甲戌	乙亥	丙子	丁丑	戊寅	己卯	庚辰	辛巳	壬午	癸未	甲申
비밀수	82	13	24	35	46	57	68	71	82	77	88	11	22	33	44	55	66	77	88	71	82	17	28	31	42	68	71	82	13	84

十 一 月 (戊 子) 小

절 기											동지															소한				
음 력	一	二	三	四	五	六	七	八	九	十	十一	十二	十三	十四	十五	十六	十七	十八	十九	二十	廿一	廿二	廿三	廿四	廿五	廿六	廿七	廿八	廿九	
양력 월/일	12/12	13	14	15	16	17	18	19	20	21	22	23	24	25	26	27	28	29	30	31	1/1	2	3	4	5	6	7	8	9	
일 진	乙酉	丙戌	丁亥	戊子	己丑	庚寅	辛卯	壬辰	癸巳	甲午	乙未	丙申	丁酉	戊戌	己亥	庚子	辛丑	壬寅	癸卯	甲辰	乙巳	丙午	丁未	戊申	己酉	庚戌	辛亥	壬子	癸丑	
비밀수	15	26	37	44	55	66	77	88	11	82	13	24	35	46	57	64	75	86	17	88	11	22	33	44	55	77	88	15	26	

十 二 月 (己 丑) 大

절 기											대한															입춘				
음 력	一	二	三	四	五	六	七	八	九	十	十一	十二	十三	十四	十五	十六	十七	十八	十九	二十	廿一	廿二	廿三	廿四	廿五	廿六	廿七	廿八	廿九	三十
양력 월/일	1/10	11	12	13	14	15	16	17	18	19	20	21	22	23	24	25	26	27	28	29	30	31	2/1	2	3	4	5	6	7	8
일 진	甲寅	乙卯	丙辰	丁巳	戊午	己未	庚申	辛酉	壬戌	癸亥	甲子	乙丑	丙寅	丁卯	戊辰	己巳	庚午	辛未	壬申	癸酉	甲戌	乙亥	丙子	丁丑	戊寅	己卯	庚辰	辛巳	壬午	癸未
비밀수	17	28	31	42	53	64	75	86	17	28	15	26	37	48	51	62	73	84	15	26	17	28	35	46	57	82	13	24	35	46

단기 4319년
서기 1986년

丙 寅 年

六金神

正 月 (庚 寅) 小

절 기											우수															경칩				
음 력	一	二	三	四	五	六	七	八	九	十	十一	十二	十三	十四	十五	十六	十七	十八	十九	二十	廿一	廿二	廿三	廿四	廿五	廿六	廿七	廿八	廿九	
양력 월/일	2/9	10	11	12	13	14	15	16	17	18	19	20	21	22	23	24	25	26	27	28	3/1	2	3	4	5	6	7	8	9	
일 진	甲申	乙酉	丙戌	丁亥	戊子	己丑	庚寅	辛卯	壬辰	癸巳	甲午	乙未	丙申	丁酉	戊戌	己亥	庚子	辛丑	壬寅	癸卯	甲辰	乙巳	丙午	丁未	戊申	己酉	庚戌	辛亥	壬子	
비밀수	37	48	51	62	77	88	11	22	33	44	35	46	57	68	71	82	17	28	31	42	33	44	55	66	77	11	22	33	48	

二 月 (辛 卯) 大

절 기												춘분															청명			
음 력	一	二	三	四	五	六	七	八	九	十	十一	十二	十三	十四	十五	十六	十七	十八	十九	二十	廿一	廿二	廿三	廿四	廿五	廿六	廿七	廿八	廿九	三十
양력 월/일	3/10	11	12	13	14	15	16	17	18	19	20	21	22	23	24	25	26	27	28	29	30	31	4/1	2	3	4	5	6	7	8
일 진	癸丑	甲寅	乙卯	丙辰	丁巳	戊午	己未	庚申	辛酉	壬戌	癸亥	甲子	乙丑	丙寅	丁卯	戊辰	己巳	庚午	辛未	壬申	癸酉	甲戌	乙亥	丙子	丁丑	戊寅	己卯	庚辰	辛巳	壬午
비밀수	51	42	53	64	75	86	17	28	31	42	53	88	51	62	73	84	15	26	37	48	51	42	53	68	71	82	24	35	46	57

三 月 (壬 辰) 大

절 기												곡우																입하		
음 력	一	二	三	四	五	六	七	八	九	十	十一	十二	十三	十四	十五	十六	十七	十八	十九	二十	廿一	廿二	廿三	廿四	廿五	廿六	廿七	廿八	廿九	三十
양력 월/일	4/9	10	11	12	13	14	15	16	17	18	19	20	21	22	23	24	25	26	27	28	29	30	5/1	2	3	4	5	6	7	8
일 진	癸未	甲申	乙酉	丙戌	丁亥	戊子	己丑	庚寅	辛卯	壬辰	癸巳	甲午	乙未	丙申	丁酉	戊戌	己亥	庚子	辛丑	壬寅	癸卯	甲辰	乙巳	丙午	丁未	戊申	己酉	庚戌	辛亥	壬子
비밀수	68	51	62	73	84	11	22	33	44	55	66	57	68	71	82	13	24	31	42	53	64	55	66	77	88	11	22	44	55	62

四 月 (癸 巳) 小

절 기													소만																망종	
음 력	一	二	三	四	五	六	七	八	九	十	十一	十二	十三	十四	十五	十六	十七	十八	十九	二十	廿一	廿二	廿三	廿四	廿五	廿六	廿七	廿八	廿九	
양력 월/일	5/9	10	11	12	13	14	15	16	17	18	19	20	21	22	23	24	25	26	27	28	29	30	31	6/1	2	3	4	5	6	
일 진	癸丑	甲寅	乙卯	丙辰	丁巳	戊午	己未	庚申	辛酉	壬戌	癸亥	甲子	乙丑	丙寅	丁卯	戊辰	己巳	庚午	辛未	壬申	癸酉	甲戌	乙亥	丙子	丁丑	戊寅	己卯	庚辰	辛巳	
비밀수	73	64	75	86	17	28	31	42	53	64	75	62	73	84	15	26	37	48	51	62	73	64	75	82	13	24	35	46	48	

五 月 (甲 午) 大

절 기																하지														
음 력	一	二	三	四	五	六	七	八	九	十	十一	十二	十三	十四	十五	十六	十七	十八	十九	二十	廿一	廿二	廿三	廿四	廿五	廿六	廿七	廿八	廿九	三十
양력 월/일	6/7	8	9	10	11	12	13	14	15	16	17	18	19	20	21	22	23	24	25	26	27	28	29	30	7/1	2	3	4	5	6
일 진	壬午	癸未	甲申	乙酉	丙戌	丁亥	戊子	己丑	庚寅	辛卯	壬辰	癸巳	甲午	乙未	丙申	丁酉	戊戌	己亥	庚子	辛丑	壬寅	癸卯	甲辰	乙巳	丙午	丁未	戊申	己酉	庚戌	辛亥
비밀수	51	62	53	64	75	86	13	24	35	46	57	68	51	62	73	84	15	26	33	44	55	66	57	68	71	82	13	24	35	46

六 月 (乙 未) 大

절 기	소서																대서													
음 력	一	二	三	四	五	六	七	八	九	十	十一	十二	十三	十四	十五	十六	十七	十八	十九	二十	廿一	廿二	廿三	廿四	廿五	廿六	廿七	廿八	廿九	三十
양력 월/일	7/7	8	9	10	11	12	13	14	15	16	17	18	19	20	21	22	23	24	25	26	27	28	29	30	31	8/1	2	3	4	5
일 진	壬子	癸丑	甲寅	乙卯	丙辰	丁巳	戊午	己未	庚申	辛酉	壬戌	癸亥	甲子	乙丑	丙寅	丁卯	戊辰	己巳	庚午	辛未	壬申	癸酉	甲戌	乙亥	丙子	丁丑	戊寅	己卯	庚辰	辛巳
비밀수	64	75	66	77	88	11	22	33	44	55	66	77	64	75	86	17	28	31	42	33	64	75	66	77	84	15	26	37	48	51

正十月 黑中	北 大將	辰 喪門	子 吊客	北 三殺

七 月 (丙 申) 小

절 기			입추															처서												
음 력	一	二	三	四	五	六	七	八	九	十	十一	十二	十三	十四	十五	十六	十七	十八	十九	二十	廿一	廿二	廿三	廿四	廿五	廿六	廿七	廿八	廿九	
양력 월/일	8/6	7	8	9	10	11	12	13	14	15	16	17	18	19	20	21	22	23	24	25	26	27	28	29	30	31	9/1	2	3	
일 진	壬午	癸未	甲申	乙酉	丙戌	丁亥	戊子	己丑	庚寅	辛卯	壬辰	癸巳	甲午	乙未	丙申	丁酉	戊戌	己亥	庚子	辛丑	壬寅	癸卯	甲辰	乙巳	丙午	丁未	戊申	己酉	庚戌	
비밀수	62	73	75	86	17	28	35	46	57	68	71	82	73	84	15	26	37	48	55	66	77	88	71	82	13	24	35	46	57	

八 月 (丁 酉) 大

절 기					백로															추분										
음 력	一	二	三	四	五	六	七	八	九	十	十一	十二	十三	十四	十五	十六	十七	十八	十九	二十	廿一	廿二	廿三	廿四	廿五	廿六	廿七	廿八	廿九	三十
양력 월/일	9/4	5	6	7	8	9	10	11	12	13	14	15	16	17	18	19	20	21	22	23	24	25	26	27	28	29	30	10/1	2	3
일 진	辛亥	壬子	癸丑	甲寅	乙卯	丙辰	丁巳	戊午	己未	庚申	辛酉	壬戌	癸亥	甲子	乙丑	丙寅	丁卯	戊辰	己巳	庚午	辛未	壬申	癸酉	甲戌	乙亥	丙子	丁丑	戊寅	己卯	庚辰
비밀수	68	75	86	77	12	23	34	45	56	67	78	81	12	87	18	21	32	43	54	65	76	87	18	81	12	27	38	41	52	63

九 月 (戊 戌) 小

절 기					한로																상강									
음 력	一	二	三	四	五	六	七	八	九	十	十一	十二	十三	十四	十五	十六	十七	十八	十九	二十	廿一	廿二	廿三	廿四	廿五	廿六	廿七	廿八	廿九	
양력 월/일	10/4	5	6	7	8	9	10	11	12	13	14	15	16	17	18	19	20	21	22	23	24	25	26	27	28	29	30	31	11/1	
일 진	辛巳	壬午	癸未	甲申	乙酉	丙戌	丁亥	戊子	己丑	庚寅	辛卯	壬辰	癸巳	甲午	乙未	丙申	丁酉	戊戌	己亥	庚子	辛丑	壬寅	癸卯	甲辰	乙巳	丙午	丁未	戊申	己酉	
비밀수	74	85	16	87	22	33	44	51	62	73	84	15	26	17	28	31	42	53	64	77	88	11	22	13	24	35	46	57	68	

十 月 (己 亥) 大

절 기							입동														소설									
음 력	一	二	三	四	五	六	七	八	九	十	十一	十二	十三	十四	十五	十六	十七	十八	十九	二十	廿一	廿二	廿三	廿四	廿五	廿六	廿七	廿八	廿九	三十
양력 월/일	11/2	3	4	5	6	7	8	9	10	11	12	13	14	15	16	17	18	19	20	21	22	23	24	25	26	27	28	29	30	12/1
일 진	庚戌	辛亥	壬子	癸丑	甲寅	乙卯	丙辰	丁巳	戊午	己未	庚申	辛酉	壬戌	癸亥	甲子	乙丑	丙寅	丁卯	戊辰	己巳	庚午	辛未	壬申	癸酉	甲戌	乙亥	丙子	丁丑	戊寅	己卯
비밀수	71	82	17	28	11	22	44	55	66	77	88	11	22	33	28	31	42	53	64	75	86	17	28	31	22	33	48	51	62	73

十一月 (庚 子) 小

절 기						대설															동지									
음 력	一	二	三	四	五	六	七	八	九	十	十一	十二	十三	十四	十五	十六	十七	十八	十九	二十	廿一	廿二	廿三	廿四	廿五	廿六	廿七	廿八	廿九	
양력 월/일	12/2	3	4	5	6	7	8	9	10	11	12	13	14	15	16	17	18	19	20	21	22	23	24	25	26	27	28	29	30	
일 진	庚辰	辛巳	壬午	癸未	甲申	乙酉	丙戌	丁亥	戊子	己丑	庚寅	辛卯	壬辰	癸巳	甲午	乙未	丙申	丁酉	戊戌	己亥	庚子	辛丑	壬寅	癸卯	甲辰	乙巳	丙午	丁未	戊申	
비밀수	84	15	26	37	28	46	57	68	75	86	17	28	31	42	33	44	55	66	77	88	15	26	37	48	31	42	53	64	75	

十二月 (辛 丑) 小

절 기							소한														대한									
음 력	一	二	三	四	五	六	七	八	九	十	十一	十二	十三	十四	十五	十六	十七	十八	十九	二十	廿一	廿二	廿三	廿四	廿五	廿六	廿七	廿八	廿九	
양력 월/일	12/31	1/1	2	3	4	5	6	7	8	9	10	11	12	13	14	15	16	17	18	19	20	21	22	23	24	25	26	27	28	
일 진	己酉	庚戌	辛亥	壬子	癸丑	甲寅	乙卯	丙辰	丁巳	戊午	己未	庚申	辛酉	壬戌	癸亥	甲子	乙丑	丙寅	丁卯	戊辰	己巳	庚午	辛未	壬申	癸酉	甲戌	乙亥	丙子	丁丑	
비밀수	86	17	28	35	46	57	51	62	73	84	15	26	37	48	51	46	57	68	71	82	13	24	35	46	57	48	51	66	77	

단기 4320년
서기 1987년

丁 卯 年

四金神

正 月 （壬 寅） 大

절 기							입춘															우수								
음 력	一	二	三	四	五	六	七	八	九	十	十一	十二	十三	十四	十五	十六	十七	十八	十九	二十	廿一	廿二	廿三	廿四	廿五	廿六	廿七	廿八	廿九	三十
양력 월/일	1/29	30	31	2/1	2	3	4	5	6	7	8	9	10	11	12	13	14	15	16	17	18	19	20	21	22	23	24	25	26	27
일 진	戊寅	己卯	庚辰	辛巳	壬午	癸未	甲申	乙酉	丙戌	丁亥	戊子	己丑	庚寅	辛卯	壬辰	癸巳	甲午	乙未	丙申	丁酉	戊戌	己亥	庚子	辛丑	壬寅	癸卯	甲辰	乙巳	丙午	丁未
비밀수	88	11	22	33	44	55	67	71	82	13	28	31	42	53	64	75	64	77	88	11	22	33	48	51	62	73	64	75	86	17

二 月 （癸 卯） 小

절 기							경칩														춘분									
음 력	一	二	三	四	五	六	七	八	九	十	十一	十二	十三	十四	十五	十六	十七	十八	十九	二十	廿一	廿二	廿三	廿四	廿五	廿六	廿七	廿八	廿九	
양력 월/일	2/28	3/1	2	3	4	5	6	7	8	9	10	11	12	13	14	15	16	17	18	19	20	21	22	23	24	25	26	27	28	
일 진	戊申	己酉	庚戌	辛亥	壬子	癸丑	甲寅	乙卯	丙辰	丁巳	戊午	己未	庚申	辛酉	壬戌	癸亥	甲子	乙丑	丙寅	丁卯	戊辰	己巳	庚午	辛未	壬申	癸酉	甲戌	乙亥	丙子	
비밀수	28	31	42	53	64	71	73	84	15	26	37	48	51	62	73	84	75	82	13	24	35	46	57	68	71	82	73	84	11	

三 月 （甲 辰） 大

절 기								청명															곡우							
음 력	一	二	三	四	五	六	七	八	九	十	十一	十二	十三	十四	十五	十六	十七	十八	十九	二十	廿一	廿二	廿三	廿四	廿五	廿六	廿七	廿八	廿九	三十
양력 월/일	3/29	30	31	4/1	2	3	4	5	6	7	8	9	10	11	12	13	14	15	16	17	18	19	20	21	22	23	24	25	26	27
일 진	丁丑	戊寅	己卯	庚辰	辛巳	壬午	癸未	甲申	乙酉	丙戌	丁亥	戊子	己丑	庚寅	辛卯	壬辰	癸巳	甲午	乙未	丙申	丁酉	戊戌	己亥	庚子	辛丑	壬寅	癸卯	甲辰	乙巳	丙午
비밀수	22	33	44	55	66	77	88	68	71	82	13	28	31	42	53	64	75	66	77	86	11	22	33	48	51	62	73	64	75	86

四 月 （乙 巳） 大

절 기									입하															소만						
음 력	一	二	三	四	五	六	七	八	九	十	十一	十二	十三	十四	十五	十六	十七	十八	十九	二十	廿一	廿二	廿三	廿四	廿五	廿六	廿七	廿八	廿九	三十
양력 월/일	4/28	29	30	5/1	2	3	4	5	6	7	8	9	10	11	12	13	14	15	16	17	18	19	20	21	22	23	24	25	26	27
일 진	丁未	戊申	己酉	庚戌	辛亥	壬子	癸丑	甲寅	乙卯	丙辰	丁巳	戊午	己未	庚申	辛酉	壬戌	癸亥	甲子	乙丑	丙寅	丁卯	戊辰	己巳	庚午	辛未	壬申	癸酉	甲戌	乙亥	丙子
비밀수	17	28	31	42	53	68	71	82	86	17	28	31	42	53	64	75	86	73	84	15	26	37	48	51	62	73	84	75	86	13

五 月 （丙 午） 小

절 기										망종																하지				
음 력	一	二	三	四	五	六	七	八	九	十	十一	十二	十三	十四	十五	十六	十七	十八	十九	二十	廿一	廿二	廿三	廿四	廿五	廿六	廿七	廿八	廿九	
양력 월/일	5/28	29	30	31	6/1	2	3	4	5	6	7	8	9	10	11	12	13	14	15	16	17	18	19	20	21	22	23	24	25	
일 진	丁丑	戊寅	己卯	庚辰	辛巳	壬午	癸未	甲申	乙酉	丙戌	丁亥	戊子	己丑	庚寅	辛卯	壬辰	癸巳	甲午	乙未	丙申	丁酉	戊戌	己亥	庚子	辛丑	壬寅	癸卯	甲辰	乙巳	
비밀수	24	35	46	57	68	71	82	73	84	26	37	44	55	68	77	88	11	82	13	24	35	46	57	64	75	86	17	88	11	

六 月 （丁 未） 大

절 기													소서															대서		
음 력	一	二	三	四	五	六	七	八	九	十	十一	十二	十三	十四	十五	十六	十七	十八	十九	二十	廿一	廿二	廿三	廿四	廿五	廿六	廿七	廿八	廿九	三十
양력 월/일	6/26	27	28	29	30	7/1	2	3	4	5	6	7	8	9	10	11	12	13	14	15	16	17	18	19	20	21	22	23	24	25
일 진	丙午	丁未	戊申	己酉	庚戌	辛亥	壬子	癸丑	甲寅	乙卯	丙辰	丁巳	戊午	己未	庚申	辛酉	壬戌	癸亥	甲子	乙丑	丙寅	丁卯	戊辰	己巳	庚午	辛未	壬申	癸酉	甲戌	乙亥
비밀수	22	33	44	55	66	77	84	15	86	17	28	31	53	64	75	86	17	28	35	46	57	68	71	82	73	84	15	26	17	28

七 月 黑中	北大將	巳喪門	丑吊客	酉三殺

閏 六 月 (丁 未) 小

절 기														입추																
음 력	一	二	三	四	五	六	七	八	九	十	十一	十二	十三	十四	十五	十六	十七	十八	十九	二十	二十一	二十二	二十三	二十四	二十五	二十六	二十七	二十八	二十九	
양력 월/일	7/28	27	28	29	30	31	8/1	2	3	4	5	6	7	8	9	10	11	12	13	14	15	16	17	18	19	20	21	22	23	
일 진	丙子	丁丑	戊寅	己卯	庚辰	辛巳	壬午	癸未	甲申	乙酉	丙戌	丁亥	戊子	己丑	庚寅	辛卯	壬辰	癸巳	甲午	乙未	丙申	丁酉	戊戌	己亥	庚子	辛丑	壬寅	癸卯	甲辰	
비밀수	35	46	57	68	71	82	13	24	15	26	37	48	55	77	88	11	22	33	24	35	46	57	68	71	86	17	28	31	22	

七 月 (戊 申) 大

절 기	처서															백로														
음 력	一	二	三	四	五	六	七	八	九	十	十一	十二	十三	十四	十五	十六	十七	十八	十九	二十	二十一	二十二	二十三	二十四	二十五	二十六	二十七	二十八	二十九	三十
양력 월/일	8/24	25	26	27	28	29	30	31	9/1	2	3	4	5	6	7	8	9	10	11	12	13	14	15	16	17	18	19	20	21	22
일 진	乙巳	丙午	丁未	戊申	己酉	庚戌	辛亥	壬子	癸丑	甲寅	乙卯	丙辰	丁巳	戊午	己未	庚申	辛酉	壬戌	癸亥	甲子	乙丑	丙寅	丁卯	戊辰	己巳	庚午	辛未	壬申	癸酉	甲戌
비밀수	33	44	55	66	77	88	11	26	37	28	31	42	53	64	75	17	28	31	42	37	48	51	62	73	84	15	26	37	48	31

八 月 (己 酉) 大

절 기	추분																한로													
음 력	一	二	三	四	五	六	七	八	九	十	十一	十二	十三	十四	十五	十六	十七	十八	十九	二十	二十一	二十二	二十三	二十四	二十五	二十六	二十七	二十八	二十九	三十
양력 월/일	9/23	24	25	26	27	28	29	30	10/1	2	3	4	5	6	7	8	9	10	11	12	13	14	15	16	17	18	19	20	21	22
일 진	乙亥	丙子	丁丑	戊寅	己卯	庚辰	辛巳	壬午	癸未	甲申	乙酉	丙戌	丁亥	戊子	己丑	庚寅	辛卯	壬辰	癸巳	甲午	乙未	丙申	丁酉	戊戌	己亥	庚子	辛丑	壬寅	癸卯	甲辰
비밀수	42	57	68	71	82	13	24	35	46	37	48	51	62	77	88	11	33	44	55	46	57	68	71	82	13	28	31	42	53	44

九 月 (庚 戌) 小

절 기		상강															입동													
음 력	一	二	三	四	五	六	七	八	九	十	十一	十二	十三	十四	十五	十六	十七	十八	十九	二十	二十一	二十二	二十三	二十四	二十五	二十六	二十七	二十八	二十九	
양력 월/일	10/23	24	25	26	27	28	29	30	31	11/1	2	3	4	5	6	7	8	9	10	11	12	13	14	15	16	17	18	19	20	
일 진	乙巳	丙午	丁未	戊申	己酉	庚戌	辛亥	壬子	癸丑	甲寅	乙卯	丙辰	丁巳	戊午	己未	庚申	辛酉	壬戌	癸亥	甲子	乙丑	丙寅	丁卯	戊辰	己巳	庚午	辛未	壬申	癸酉	
비밀수	55	66	77	88	11	22	33	48	51	42	53	64	75	86	17	28	42	53	64	51	62	73	84	15	26	37	48	51	62	

十 月 (辛 亥) 大

절 기			소설															대설												
음 력	一	二	三	四	五	六	七	八	九	十	十一	十二	十三	十四	十五	十六	十七	十八	十九	二十	二十一	二十二	二十三	二十四	二十五	二十六	二十七	二十八	二十九	三十
양력 월/일	11/21	22	23	24	25	26	27	28	29	30	12/1	2	3	4	5	6	7	8	9	10	11	12	13	14	15	16	17	18	19	20
일 진	甲戌	乙亥	丙子	丁丑	戊寅	己卯	庚辰	辛巳	壬午	癸未	甲申	乙酉	丙戌	丁亥	戊子	己丑	庚寅	辛卯	壬辰	癸巳	甲午	乙未	丙申	丁酉	戊戌	己亥	庚子	辛丑	壬寅	癸卯
비밀수	53	64	71	82	13	24	35	46	57	68	51	62	73	84	11	22	33	51	62	73	64	75	86	17	28	31	46	57	68	71

十 一 月 (壬 子) 小

절 기		동지															소한													
음 력	一	二	三	四	五	六	七	八	九	十	十一	十二	十三	十四	十五	十六	十七	十八	十九	二十	二十一	二十二	二十三	二十四	二十五	二十六	二十七	二十八	二十九	
양력 월/일	12/21	22	23	24	25	26	27	28	29	30	31	1/1	2	3	4	5	6	7	8	9	10	11	12	13	14	15	16	17	18	
일 진	甲辰	乙巳	丙午	丁未	戊申	己酉	庚戌	辛亥	壬子	癸丑	甲寅	乙卯	丙辰	丁巳	戊午	己未	庚申	辛酉	壬戌	癸亥	甲子	乙丑	丙寅	丁卯	戊辰	己巳	庚午	辛未	壬申	
비밀수	62	73	84	15	26	37	48	51	66	77	68	71	82	13	24	35	57	68	71	82	77	88	11	22	33	44	55	66	77	

十 二 月 (癸 丑) 大

절 기			대한														입춘													
음 력	一	二	三	四	五	六	七	八	九	十	十一	十二	十三	十四	十五	十六	十七	十八	十九	二十	二十一	二十二	二十三	二十四	二十五	二十六	二十七	二十八	二十九	三十
양력 월/일	1/19	20	21	22	23	24	25	26	27	28	29	30	31	2/1	2	3	4	5	6	7	8	9	10	11	12	13	14	15	16	17
일 진	癸酉	甲戌	乙亥	丙子	丁丑	戊寅	己卯	庚辰	辛巳	壬午	癸未	甲申	乙酉	丙戌	丁亥	戊子	己丑	庚寅	辛卯	壬辰	癸巳	甲午	乙未	丙申	丁酉	戊戌	己亥	庚子	辛丑	壬寅
비밀수	88	71	82	17	28	31	42	53	64	75	86	77	88	11	22	31	42	53	64	75	86	77	88	11	22	33	44	51	62	73

단기 4321년
서기 1988년

戊 辰 年

四金神

正 月 (甲 寅) 小

절기		우수															경칩													
음력	一	二	三	四	五	六	七	八	九	十	十一	十二	十三	十四	十五	十六	十七	十八	十九	二十	二十一	二十二	二十三	二十四	二十五	二十六	二十七	二十八	二十九	
양력 월/일	2/18	19	20	21	22	23	24	25	26	27	28	29	3/1	2	3	4	5	6	7	8	9	10	11	12	13	14	15	16	17	
일진	癸卯	甲辰	乙巳	丙午	丁未	戊申	己酉	庚戌	辛亥	壬子	癸丑	甲寅	乙卯	丙辰	丁巳	戊午	己未	庚申	辛酉	壬戌	癸亥	甲子	乙丑	丙寅	丁卯	戊辰	己巳	庚午	辛未	
비밀수	84	15	26	37	48	51	62	73	84	11	22	73	84	15	26	37	51	62	73	84	15	82	13	24	35	46	57	68	71	

二 月 (乙 卯) 小

절기			춘분															청명												
음력	一	二	三	四	五	六	七	八	九	十	十一	十二	十三	十四	十五	十六	十七	十八	十九	二十	二十一	二十二	二十三	二十四	二十五	二十六	二十七	二十八	二十九	
양력 월/일	3/18	19	20	21	22	23	24	25	26	27	28	29	30	31	4/1	2	3	4	5	6	7	8	9	10	11	12	13	14	15	
일진	壬申	癸酉	甲戌	乙亥	丙子	丁丑	戊寅	己卯	庚辰	辛巳	壬午	癸未	甲申	乙酉	丙戌	丁亥	戊子	己丑	庚寅	辛卯	壬辰	癸巳	甲午	乙未	丙申	丁酉	戊戌	己亥	庚子	
비밀수	82	13	84	15	22	33	44	55	66	77	88	11	82	13	24	35	42	64	75	86	17	28	11	22	33	44	55	66	73	

三 月 (丙 辰) 大

절기					곡우															입하										
음력	一	二	三	四	五	六	七	八	九	十	十一	十二	十三	十四	十五	十六	十七	十八	十九	二十	二十一	二十二	二十三	二十四	二十五	二十六	二十七	二十八	二十九	三十
양력 월/일	4/16	17	18	19	20	21	22	23	24	25	26	27	28	29	30	5/1	2	3	4	5	6	7	8	9	10	11	12	13	14	15
일진	辛丑	壬寅	癸卯	甲辰	乙巳	丙午	丁未	戊申	己酉	庚戌	辛亥	壬子	癸丑	甲寅	乙卯	丙辰	丁巳	戊午	己未	庚申	辛酉	壬戌	癸亥	甲子	乙丑	丙寅	丁卯	戊辰	己巳	庚午
비밀수	74	85	26	17	28	31	42	53	64	75	86	13	24	15	26	37	48	51	62	84	15	26	37	24	35	46	57	68	71	82

四 月 (丁 巳) 小

절기						소만															망종									
음력	一	二	三	四	五	六	七	八	九	十	十一	十二	十三	十四	十五	十六	十七	十八	十九	二十	二十一	二十二	二十三	二十四	二十五	二十六	二十七	二十八	二十九	
양력 월/일	5/16	17	18	19	20	21	22	23	24	25	26	27	28	29	30	31	6/1	2	3	4	5	6	7	8	9	10	11	12	13	
일진	辛未	壬申	癸酉	甲戌	乙亥	丙子	丁丑	戊寅	己卯	庚辰	辛巳	壬午	癸未	甲申	乙酉	丙戌	丁亥	戊子	己丑	庚寅	辛卯	壬辰	癸巳	甲午	乙未	丙申	丁酉	戊戌	己亥	
비밀수	13	24	35	26	37	44	55	66	77	88	11	22	33	24	35	46	57	64	75	86	28	31	42	33	44	55	66	77	88	

五 月 (戊 午) 大

절기								하지																소서						
음력	一	二	三	四	五	六	七	八	九	十	十一	十二	十三	十四	十五	十六	十七	十八	十九	二十	二十一	二十二	二十三	二十四	二十五	二十六	二十七	二十八	二十九	三十
양력 월/일	6/14	15	16	17	18	19	20	21	22	23	24	25	26	27	28	29	30	7/1	2	3	4	5	6	7	8	9	10	11	12	13
일진	庚子	辛丑	壬寅	癸卯	甲辰	乙巳	丙午	丁未	戊申	己酉	庚戌	辛亥	壬子	癸丑	甲寅	乙卯	丙辰	丁巳	戊午	己未	庚申	辛酉	壬戌	癸亥	甲子	乙丑	丙寅	丁卯	戊辰	己巳
비밀수	15	26	37	48	31	42	53	64	75	86	17	28	35	46	37	48	51	62	73	84	15	26	37	51	46	57	68	71	82	13

六 月 (己 未) 小

절기									대서																입추					
음력	一	二	三	四	五	六	七	八	九	十	十一	十二	十三	十四	十五	十六	十七	十八	十九	二十	二十一	二十二	二十三	二十四	二十五	二十六	二十七	二十八	二十九	
양력 월/일	7/14	15	16	17	18	19	20	21	22	23	24	25	26	27	28	29	30	31	8/1	2	3	4	5	6	7	8	9	10	11	
일진	庚午	辛未	壬申	癸酉	甲戌	乙亥	丙子	丁丑	戊寅	己卯	庚辰	辛巳	壬午	癸未	甲申	乙酉	丙戌	丁亥	戊子	己丑	庚寅	辛卯	壬辰	癸巳	甲午	乙未	丙申	丁酉	戊戌	
비밀수	24	35	46	57	48	51	66	77	88	11	22	33	44	55	46	57	68	71	86	17	28	31	42	53	55	66	77	88	11	

四 月 熱中 北 大將 午 喪門 寅 弔客 南 三殺

七 月 (庚 申) 大

절 기												처서															백로			
음 력	一	二	三	四	五	六	七	八	九	十	十一	十二	十三	十四	十五	十六	十七	十八	十九	二十	廿一	廿二	廿三	廿四	廿五	廿六	廿七	廿八	廿九	三十
양력 월/일	8/12	13	14	15	16	17	18	19	20	21	22	23	24	25	26	27	28	29	30	31	9/1	2	3	4	5	6	7	8	9	10
일 진	己亥	庚子	辛丑	壬寅	癸卯	甲辰	乙巳	丙午	丁未	戊申	己酉	庚戌	辛亥	壬子	癸丑	甲寅	乙卯	丙辰	丁巳	戊午	己未	庚申	辛酉	壬戌	癸亥	甲子	乙丑	丙寅	丁卯	戊辰
비밀수	22	37	48	51	62	53	64	75	86	17	28	31	42	57	68	51	62	73	84	15	26	37	48	51	62	57	82	82	13	24

八 月 (辛 酉) 大

절 기													추분															한로		
음 력	一	二	三	四	五	六	七	八	九	十	十一	十二	十三	十四	十五	十六	十七	十八	十九	二十	廿一	廿二	廿三	廿四	廿五	廿六	廿七	廿八	廿九	三十
양력 월/일	9/11	12	13	14	15	16	17	18	19	20	21	22	23	24	25	26	27	28	29	30	10/1	2	3	4	5	6	7	8	9	10
일 진	己巳	庚午	辛未	壬申	癸酉	甲戌	乙亥	丙子	丁丑	戊寅	己卯	庚辰	辛巳	壬午	癸未	甲申	乙酉	丙戌	丁亥	戊子	己丑	庚寅	辛卯	壬辰	癸巳	甲午	乙未	丙申	丁酉	戊戌
비밀수	35	46	57	68	71	62	73	88	11	22	33	44	55	66	77	68	71	82	13	28	31	42	53	64	75	66	77	11	22	33

九 月 (壬 戌) 小

절 기													상강															입동		
음 력	一	二	三	四	五	六	七	八	九	十	十一	十二	十三	十四	十五	十六	十七	十八	十九	二十	廿一	廿二	廿三	廿四	廿五	廿六	廿七	廿八	廿九	
양력 월/일	10/11	12	13	14	15	16	17	18	19	20	21	22	23	24	25	26	27	28	29	30	31	11/1	2	3	4	5	6	7	8	
일 진	己亥	庚子	辛丑	壬寅	癸卯	甲辰	乙巳	丙午	丁未	戊申	己酉	庚戌	辛亥	壬子	癸丑	甲寅	乙卯	丙辰	丁巳	戊午	己未	庚申	辛酉	壬戌	癸亥	甲子	乙丑	丙寅	丁卯	
비밀수	44	51	62	73	84	75	86	17	28	31	42	53	64	71	82	73	84	15	26	37	48	51	62	73	84	71	82	24	35	

十 月 (癸 亥) 大

절 기														소설															대설	
음 력	一	二	三	四	五	六	七	八	九	十	十一	十二	十三	十四	十五	十六	十七	十八	十九	二十	廿一	廿二	廿三	廿四	廿五	廿六	廿七	廿八	廿九	三十
양력 월/일	11/9	10	11	12	13	14	15	16	17	18	19	20	21	22	23	24	25	26	27	28	29	30	12/1	2	3	4	5	6	7	8
일 진	戊辰	己巳	庚午	辛未	壬申	癸酉	甲戌	乙亥	丙子	丁丑	戊寅	己卯	庚辰	辛巳	壬午	癸未	甲申	乙酉	丙戌	丁亥	戊子	己丑	庚寅	辛卯	壬辰	癸巳	甲午	乙未	丙申	丁酉
비밀수	46	57	68	71	82	13	84	15	22	33	44	55	66	77	88	11	82	13	24	35	42	53	64	75	86	17	88	11	21	32

十 一 月 (甲 子) 大

절 기														동지														소한		
음 력	一	二	三	四	五	六	七	八	九	十	十一	十二	十三	十四	十五	十六	十七	十八	十九	二十	廿一	廿二	廿三	廿四	廿五	廿六	廿七	廿八	廿九	三十
양력 월/일	12/9	10	11	12	13	14	15	16	17	18	19	20	21	22	23	24	25	26	27	28	29	30	31	1/1	2	3	4	5	6	7
일 진	戊戌	己亥	庚子	辛丑	壬寅	癸卯	甲辰	乙巳	丙午	丁未	戊申	己酉	庚戌	辛亥	壬子	癸丑	甲寅	乙卯	丙辰	丁巳	戊午	己未	庚申	辛酉	壬戌	癸亥	甲子	乙丑	丙寅	丁卯
비밀수	31	42	57	68	71	82	73	84	15	26	37	48	51	62	77	88	71	82	13	24	35	46	57	68	71	82	77	11	22	33

十 二 月 (乙 丑) 小

절 기													대한															입춘		
음 력	一	二	三	四	五	六	七	八	九	十	十一	十二	十三	十四	十五	十六	十七	十八	十九	二十	廿一	廿二	廿三	廿四	廿五	廿六	廿七	廿八	廿九	
양력 월/일	1/8	9	10	11	12	13	14	15	16	17	18	19	20	21	22	23	24	25	26	27	28	29	30	31	2/1	2	3	4	5	
일 진	戊辰	己巳	庚午	辛未	壬申	癸酉	甲戌	乙亥	丙子	丁丑	戊寅	己卯	庚辰	辛巳	壬午	癸未	甲申	乙酉	丙戌	丁亥	戊子	己丑	庚寅	辛卯	壬辰	癸巳	甲午	乙未	丙申	
비밀수	44	55	66	77	88	11	82	13	28	31	42	53	64	75	86	17	88	11	22	33	48	51	62	73	84	15	86	31	42	

단기 4322년
서기 1989년

己 巳 年

四金神

正 月 (丙 寅) 大

절 기														우수														경칩		
음 력	一	二	三	四	五	六	七	八	九	十	十一	十二	十三	十四	十五	十六	十七	十八	十九	二十	二十一	二十二	二十三	二十四	二十五	二十六	二十七	二十八	二十九	三十
양력 월/일	2/6	7	8	9	10	11	12	13	14	15	16	17	18	19	20	21	22	23	24	25	26	27	28	3/1	2	3	4	5	6	7
일 진	丁酉	戊戌	己亥	庚子	辛丑	壬寅	癸卯	甲辰	乙巳	丙午	丁未	戊申	己酉	庚戌	辛亥	壬子	癸丑	甲寅	乙卯	丙辰	丁巳	戊午	己未	庚申	辛酉	壬戌	癸亥	甲子	乙丑	丙寅
비밀수	53	64	75	82	13	24	35	26	37	48	51	62	73	84	15	22	33	24	35	46	57	68	71	82	13	24	35	33	44	55

二 月 (丁 卯) 小

절 기														춘분															청명	
음 력	一	二	三	四	五	六	七	八	九	十	十一	十二	十三	十四	十五	十六	十七	十八	十九	二十	二十一	二十二	二十三	二十四	二十五	二十六	二十七	二十八	二十九	
양력 월/일	3/8	9	10	11	12	13	14	15	16	17	18	19	20	21	22	23	24	25	26	27	28	29	30	31	4/1	2	3	4	5	
일 진	丁卯	戊辰	己巳	庚午	辛未	壬申	癸酉	甲戌	乙亥	丙子	丁丑	戊寅	己卯	庚辰	辛巳	壬午	癸未	甲申	乙酉	丙戌	丁亥	戊子	己丑	庚寅	辛卯	壬辰	癸巳	甲午	乙未	
비밀수	66	77	88	11	22	33	44	35	46	53	64	75	86	17	28	31	42	33	44	55	66	73	84	15	26	37	48	31	53	

三 月 (戊 辰) 小

절 기															곡우															
음 력	一	二	三	四	五	六	七	八	九	十	十一	十二	十三	十四	十五	十六	十七	十八	十九	二十	二十一	二十二	二十三	二十四	二十五	二十六	二十七	二十八	二十九	
양력 월/일	4/6	7	8	9	10	11	12	13	14	15	16	17	18	19	20	21	22	23	24	25	26	27	28	29	30	5/1	2	3	4	
일 진	丙申	丁酉	戊戌	己亥	庚子	辛丑	壬寅	癸卯	甲辰	乙巳	丙午	丁未	戊申	己酉	庚戌	辛亥	壬子	癸丑	甲寅	乙卯	丙辰	丁巳	戊午	己未	庚申	辛酉	壬戌	癸亥	甲子	
비밀수	64	75	86	17	24	35	46	57	48	51	62	73	84	15	26	37	44	55	46	57	68	71	82	13	24	35	46	57	44	

四 月 (己 巳) 大

절 기	입하																소만													
음 력	一	二	三	四	五	六	七	八	九	十	十一	十二	十三	十四	十五	十六	十七	十八	十九	二十	二十一	二十二	二十三	二十四	二十五	二十六	二十七	二十八	二十九	三十
양력 월/일	5/5	6	7	8	9	10	11	12	13	14	15	16	17	18	19	20	21	22	23	24	25	26	27	28	29	30	31	6/1	2	3
일 진	乙丑	丙寅	丁卯	戊辰	己巳	庚午	辛未	壬申	癸酉	甲戌	乙亥	丙子	丁丑	戊寅	己卯	庚辰	辛巳	壬午	癸未	甲申	乙酉	丙戌	丁亥	戊子	己丑	庚寅	辛卯	壬辰	癸巳	甲午
비밀수	66	77	88	11	22	33	44	55	66	57	68	75	86	17	28	31	42	53	64	55	66	77	88	15	26	37	48	51	62	53

五 月 (庚 午) 小

절 기			망종															하지												
음 력	一	二	三	四	五	六	七	八	九	十	十一	十二	十三	十四	十五	十六	十七	十八	十九	二十	二十一	二十二	二十三	二十四	二十五	二十六	二十七	二十八	二十九	
양력 월/일	6/4	5	6	7	8	9	10	11	12	13	14	15	16	17	18	19	20	21	22	23	24	25	26	27	28	29	30	7/1	2	
일 진	乙未	丙申	丁酉	戊戌	己亥	庚子	辛丑	壬寅	癸卯	甲辰	乙巳	丙午	丁未	戊申	己酉	庚戌	辛亥	壬子	癸丑	甲寅	乙卯	丙辰	丁巳	戊午	己未	庚申	辛酉	壬戌	癸亥	
비밀수	64	75	17	28	31	46	57	68	71	62	73	84	15	26	37	48	51	66	77	68	71	82	13	24	35	46	57	68	71	

六 月 (辛 未) 大

절 기					소서																대서									
음 력	一	二	三	四	五	六	七	八	九	十	十一	十二	十三	十四	十五	十六	十七	十八	十九	二十	二十一	二十二	二十三	二十四	二十五	二十六	二十七	二十八	二十九	三十
양력 월/일	7/3	4	5	6	7	8	9	10	11	12	13	14	15	16	17	18	19	20	21	22	23	24	25	26	27	28	29	30	31	8/1
일 진	甲子	乙丑	丙寅	丁卯	戊辰	己巳	庚午	辛未	壬申	癸酉	甲戌	乙亥	丙子	丁丑	戊寅	己卯	庚辰	辛巳	壬午	癸未	甲申	乙酉	丙戌	丁亥	戊子	己丑	庚寅	辛卯	壬辰	癸巳
비밀수	66	77	88	11	33	44	55	66	77	88	71	82	17	28	31	42	53	64	75	86	77	88	11	22	37	48	51	62	73	84

正十月 黑中	東大將	未喪門	卯吊客	東三殺

七　月　(壬 申)　小

절기						입추																처서								
음력	一	二	三	四	五	六	七	八	九	十	十一	十二	十三	十四	十五	十六	十七	十八	十九	廿	廿一	廿二	廿三	廿四	廿五	廿六	廿七	廿八	廿九	
양력 월/일	8/2	3	4	5	6	7	8	9	10	11	12	13	14	15	16	17	18	19	20	21	22	23	24	25	26	27	28	29	30	
일진	甲午	乙未	丙申	丁酉	戊戌	己亥	庚子	辛丑	壬寅	癸卯	甲辰	乙巳	丙午	丁未	戊申	己酉	庚戌	辛亥	壬子	癸丑	甲寅	乙卯	丙辰	丁巳	戊午	己未	庚申	辛酉	壬戌	
비밀수	75	86	17	28	31	53	68	71	82	13	84	15	26	37	48	51	62	73	87	18	82	13	24	35	46	57	68	71	82	

八　月　(癸 酉)　大

절기									백로															추분						
음력	一	二	三	四	五	六	七	八	九	十	十一	十二	十三	十四	十五	十六	十七	十八	十九	廿	廿一	廿二	廿三	廿四	廿五	廿六	廿七	廿八	廿九	三十
양력 월/일	8/31	9/1	2	3	4	5	6	7	8	9	10	11	12	13	14	15	16	17	18	19	20	21	22	23	24	25	26	27	28	29
일진	癸亥	甲子	乙丑	丙寅	丁卯	戊辰	己巳	庚午	辛未	壬申	癸酉	甲戌	乙亥	丙子	丁丑	戊寅	己卯	庚辰	辛巳	壬午	癸未	甲申	乙酉	丙戌	丁亥	戊子	己丑	庚寅	辛卯	壬辰
비밀수	13	88	11	22	33	44	55	66	88	11	22	13	24	31	42	53	64	75	86	17	28	11	22	33	44	51	62	73	84	15

九　月　(甲 戌)　大

절기									한로															상강						
음력	一	二	三	四	五	六	七	八	九	十	十一	十二	十三	十四	十五	十六	十七	十八	十九	廿	廿一	廿二	廿三	廿四	廿五	廿六	廿七	廿八	廿九	三十
양력 월/일	9/30	10/1	2	3	4	5	6	7	8	9	10	11	12	13	14	15	16	17	18	19	20	21	22	23	24	25	26	27	28	29
일진	癸巳	甲午	乙未	丙申	丁酉	戊戌	己亥	庚子	辛丑	壬寅	癸卯	甲辰	乙巳	丙午	丁未	戊申	己酉	庚戌	辛亥	壬子	癸丑	甲寅	乙卯	丙辰	丁巳	戊午	己未	庚申	辛酉	壬戌
비밀수	26	17	28	31	42	53	64	71	74	85	16	87	18	31	32	43	54	65	76	83	14	85	16	27	38	41	52	63	74	85

十　月　(乙 亥)　小

절기									입동															소설						
음력	一	二	三	四	五	六	七	八	九	十	十一	十二	十三	十四	十五	十六	十七	十八	十九	廿	廿一	廿二	廿三	廿四	廿五	廿六	廿七	廿八	廿九	
양력 월/일	10/30	31	11/1	2	3	4	5	6	7	8	9	10	11	12	13	14	15	16	17	18	19	20	21	22	23	24	25	26	27	
일진	癸亥	甲子	乙丑	丙寅	丁卯	戊辰	己巳	庚午	辛未	壬申	癸酉	甲戌	乙亥	丙子	丁丑	戊寅	己卯	庚辰	辛巳	壬午	癸未	甲申	乙酉	丙戌	丁亥	戊子	己丑	庚寅	辛卯	
비밀수	16	83	14	25	36	47	58	61	82	13	24	15	26	33	44	55	66	77	88	11	22	13	24	35	46	53	64	75	86	

十 一　月　(丙 子)　大

절기										대설															동지					
음력	一	二	三	四	五	六	七	八	九	十	十一	十二	十三	十四	十五	十六	十七	十八	十九	廿	廿一	廿二	廿三	廿四	廿五	廿六	廿七	廿八	廿九	三十
양력 월/일	11/28	29	30	12/1	2	3	4	5	6	7	8	9	10	11	12	13	14	15	16	17	18	19	20	21	22	23	24	25	26	27
일진	壬辰	癸巳	甲午	乙未	丙申	丁酉	戊戌	己亥	庚子	辛丑	壬寅	癸卯	甲辰	乙巳	丙午	丁未	戊申	己酉	庚戌	辛亥	壬子	癸丑	甲寅	乙卯	丙辰	丁巳	戊午	己未	庚申	辛酉
비밀수	17	28	31	42	53	64	75	66	73	11	22	33	24	35	46	57	68	71	82	13	28	31	22	33	44	55	66	77	88	11

十 二　月　(丁 丑)　大

절기									소한															대한						
음력	一	二	三	四	五	六	七	八	九	十	十一	十二	十三	十四	十五	十六	十七	十八	十九	廿	廿一	廿二	廿三	廿四	廿五	廿六	廿七	廿八	廿九	三十
양력 월/일	12/28	29	30	31	1/1	2	3	4	5	6	7	8	9	10	11	12	13	14	15	16	17	18	19	20	21	22	23	24	25	26
일진	壬戌	癸亥	甲子	乙丑	丙寅	丁卯	戊辰	己巳	庚午	辛未	壬申	癸酉	甲戌	乙亥	丙子	丁丑	戊寅	己卯	庚辰	辛巳	壬午	癸未	甲申	乙酉	丙戌	丁亥	戊子	己丑	庚寅	辛卯
비밀수	22	33	28	31	42	53	64	75	17	28	31	42	33	44	51	62	73	84	15	26	37	48	31	42	53	64	71	82	13	24

단기 4323년
서기 1990년

庚 午 年

二金神

正 月 (戊 寅) 小

절 기									입춘															우수						
음 력	一	二	三	四	五	六	七	八	九	十	十一	十二	十三	十四	十五	十六	十七	十八	十九	廿	廿一	廿二	廿三	廿四	廿五	廿六	廿七	廿八	廿九	
양력 월일	1/27	28	29	30	31	2/1	2	3	4	5	6	7	8	9	10	11	12	13	14	15	16	17	18	19	20	21	22	23	24	
일 진	壬辰	癸巳	甲午	乙未	丙申	丁酉	戊戌	己亥	庚子	辛丑	壬寅	癸卯	甲辰	乙巳	丙午	丁未	戊申	己酉	庚戌	辛亥	壬子	癸丑	甲寅	乙卯	丙辰	丁巳	戊午	己未	庚申	
비밀수	35	46	37	48	51	62	73	84	33	44	55	66	57	68	71	82	13	24	35	46	53	64	55	66	77	88	11	22	33	

二 月 (己 卯) 大

절 기										경칩															춘분					
음 력	一	二	三	四	五	六	七	八	九	十	十一	十二	十三	十四	十五	十六	十七	十八	十九	廿	廿一	廿二	廿三	廿四	廿五	廿六	廿七	廿八	廿九	三十
양력 월일	2/25	26	27	28	3/1	2	3	4	5	6	7	8	9	10	11	12	13	14	15	16	17	18	19	20	21	22	23	24	25	26
일 진	辛酉	壬戌	癸亥	甲子	乙丑	丙寅	丁卯	戊辰	己巳	庚午	辛未	壬申	癸酉	甲戌	乙亥	丙子	丁丑	戊寅	己卯	庚辰	辛巳	壬午	癸未	甲申	乙酉	丙戌	丁亥	戊子	己丑	庚寅
비밀수	44	55	66	53	64	75	86	17	28	42	53	64	75	66	77	84	15	26	37	48	51	62	73	64	75	86	17	24	35	46

三 月 (庚 辰) 小

절 기										청명															곡우					
음 력	一	二	三	四	五	六	七	八	九	十	十一	十二	十三	十四	十五	十六	十七	十八	十九	廿	廿一	廿二	廿三	廿四	廿五	廿六	廿七	廿八	廿九	
양력 월일	3/27	28	29	30	31	4/1	2	3	4	5	6	7	8	9	10	11	12	13	14	15	16	17	18	19	20	21	22	23	24	
일 진	辛卯	壬辰	癸巳	甲午	乙未	丙申	丁酉	戊戌	己亥	庚子	辛丑	壬寅	癸卯	甲辰	乙巳	丙午	丁未	戊申	己酉	庚戌	辛亥	壬子	癸丑	甲寅	乙卯	丙辰	丁巳	戊午	己未	
비밀수	57	68	71	62	73	84	15	26	37	55	66	77	88	71	82	13	24	35	46	57	68	75	86	77	88	11	22	33	44	

四 月 (辛 巳) 小

절 기												입하															소만			
음 력	一	二	三	四	五	六	七	八	九	十	十一	十二	十三	十四	十五	十六	十七	十八	十九	廿	廿一	廿二	廿三	廿四	廿五	廿六	廿七	廿八	廿九	
양력 월일	4/25	26	27	28	29	30	5/1	2	3	4	5	6	7	8	9	10	11	12	13	14	15	16	17	18	19	20	21	22	23	
일 진	庚申	辛酉	壬戌	癸亥	甲子	乙丑	丙寅	丁卯	戊辰	己巳	庚午	辛未	壬申	癸酉	甲戌	乙亥	丙子	丁丑	戊寅	己卯	庚辰	辛巳	壬午	癸未	甲申	乙酉	丙戌	丁亥	戊子	
비밀수	55	66	77	88	75	86	17	28	31	42	53	75	86	17	88	17	26	37	48	51	62	73	84	15	86	17	28	37	46	

五 月 (壬 午) 大

절 기														망종																하지
음 력	一	二	三	四	五	六	七	八	九	十	十一	十二	十三	十四	十五	十六	十七	十八	十九	廿	廿一	廿二	廿三	廿四	廿五	廿六	廿七	廿八	廿九	三十
양력 월일	5/24	25	26	27	28	29	30	31	6/1	2	3	4	5	6	7	8	9	10	11	12	13	14	15	16	17	18	19	20	21	22
일 진	己丑	庚寅	辛卯	壬辰	癸巳	甲午	乙未	丙申	丁酉	戊戌	己亥	庚子	辛丑	壬寅	癸卯	甲辰	乙巳	丙午	丁未	戊申	己酉	庚戌	辛亥	壬子	癸丑	甲寅	乙卯	丙辰	丁巳	戊午
비밀수	57	68	71	82	13	84	15	26	37	48	51	66	77	11	22	13	24	35	46	57	68	71	82	17	28	11	22	33	44	55

閏 五 月 (壬 午) 小

절 기															소서															
음 력	一	二	三	四	五	六	七	八	九	十	十一	十二	十三	十四	十五	十六	十七	十八	十九	廿	廿一	廿二	廿三	廿四	廿五	廿六	廿七	廿八	廿九	
양력 월일	6/23	24	25	26	27	28	29	30	7/1	2	3	4	5	6	7	8	9	10	11	12	13	14	15	16	17	18	19	20	21	
일 진	己未	庚申	辛酉	壬戌	癸亥	甲子	乙丑	丙寅	丁卯	戊辰	己巳	庚午	辛未	壬申	癸酉	甲戌	乙亥	丙子	丁丑	戊寅	己卯	庚辰	辛巳	壬午	癸未	甲申	乙酉	丙戌	丁亥	
비밀수	66	77	88	11	22	17	28	31	42	53	64	75	86	17	31	22	33	48	51	62	73	84	15	26	37	28	31	42	53	

七月 黑中　　東大將　　申喪門　　辰吊客　　北三殺

六　月　(癸 未)　小

절기		대서																입추												
음력	一	二	三	四	五	六	七	八	九	十	十一	十二	十三	十四	十五	十六	十七	十八	十九	二十	廿一	廿二	廿三	廿四	廿五	廿六	廿七	廿八	廿九	
양력 월/일	7/22	23	24	25	26	27	28	29	30	31	8/1	2	3	4	5	6	7	8	9	10	11	12	13	14	15	16	17	18	19	
일진	戊子	己丑	庚寅	辛卯	壬辰	癸巳	甲午	乙未	丙申	丁酉	戊戌	己亥	庚子	辛丑	壬寅	癸卯	甲辰	乙巳	丙午	丁未	戊申	己酉	庚戌	辛亥	壬子	癸丑	甲寅	乙卯	丙辰	
비밀수	68	71	82	13	24	35	26	37	48	51	62	73	88	11	22	33	24	26	37	48	51	62	73	84	11	22	13	24	35	

七　月　(甲 申)　大

절기				처서																백로										
음력	一	二	三	四	五	六	七	八	九	十	十一	十二	十三	十四	十五	十六	十七	十八	十九	二十	廿一	廿二	廿三	廿四	廿五	廿六	廿七	廿八	廿九	三十
양력 월/일	8/20	21	22	23	24	25	26	27	28	29	30	31	9/1	2	3	4	5	6	7	8	9	10	11	12	13	14	15	16	17	18
일진	丁巳	戊午	己未	庚申	辛酉	壬戌	癸亥	甲子	乙丑	丙寅	丁卯	戊辰	己巳	庚午	辛未	壬申	癸酉	甲戌	乙亥	丙子	丁丑	戊寅	己卯	庚辰	辛巳	壬午	癸未	甲申	乙酉	丙戌
비밀수	46	57	68	71	82	13	24	11	22	33	44	55	66	77	88	11	22	13	34	42	53	64	75	86	17	28	31	22	33	44

八　月　(乙 酉)　大

절기					추분															한로										
음력	一	二	三	四	五	六	七	八	九	十	十一	十二	十三	十四	十五	十六	十七	十八	十九	二十	廿一	廿二	廿三	廿四	廿五	廿六	廿七	廿八	廿九	三十
양력 월/일	9/19	20	21	22	23	24	25	26	27	28	29	30	10/1	2	3	4	5	6	7	8	9	10	11	12	13	14	15	16	17	18
일진	丁亥	戊子	己丑	庚寅	辛卯	壬辰	癸巳	甲午	乙未	丙申	丁酉	戊戌	己亥	庚子	辛丑	壬寅	癸卯	甲辰	乙巳	丙午	丁未	戊申	己酉	庚戌	辛亥	壬子	癸丑	甲寅	乙卯	丙辰
비밀수	55	62	73	84	15	26	37	28	31	42	53	64	75	82	13	24	35	26	37	51	62	73	84	15	26	33	44	35	46	57

九　月　(丙 戌)　小

절기						상강															입동									
음력	一	二	三	四	五	六	七	八	九	十	十一	十二	十三	十四	十五	十六	十七	十八	十九	二十	廿一	廿二	廿三	廿四	廿五	廿六	廿七	廿八	廿九	
양력 월/일	10/19	20	21	22	23	24	25	26	27	28	29	30	31	11/1	2	3	4	5	6	7	8	9	10	11	12	13	14	15	16	
일진	丁巳	戊午	己未	庚申	辛酉	壬戌	癸亥	甲子	乙丑	丙寅	丁卯	戊辰	己巳	庚午	辛未	壬申	癸酉	甲戌	乙亥	丙子	丁丑	戊寅	己卯	庚辰	辛巳	壬午	癸未	甲申	乙酉	
비밀수	68	71	82	13	24	35	46	33	44	55	66	77	88	11	22	33	44	35	46	53	64	86	17	28	31	42	53	44	55	

十　月　(丁 亥)　大

절기						소설															대설									
음력	一	二	三	四	五	六	七	八	九	十	十一	十二	十三	十四	十五	十六	十七	十八	十九	二十	廿一	廿二	廿三	廿四	廿五	廿六	廿七	廿八	廿九	三十
양력 월/일	11/17	18	19	20	21	22	23	24	25	26	27	28	29	30	12/1	2	3	4	5	6	7	8	9	10	11	12	13	14	15	16
일진	丙戌	丁亥	戊子	己丑	庚寅	辛卯	壬辰	癸巳	甲午	乙未	丙申	丁酉	戊戌	己亥	庚子	辛丑	壬寅	癸卯	甲辰	乙巳	丙午	丁未	戊申	己酉	庚戌	辛亥	壬子	癸丑	甲寅	乙卯
비밀수	66	77	84	15	26	37	48	51	42	53	64	75	86	17	24	35	46	57	48	51	77	88	11	22	33	44	51	62	53	64

十一月　(戊 子)　大

절기						동지															소한									
음력	一	二	三	四	五	六	七	八	九	十	十一	十二	十三	十四	十五	十六	十七	十八	十九	二十	廿一	廿二	廿三	廿四	廿五	廿六	廿七	廿八	廿九	三十
양력 월/일	12/17	18	19	20	21	22	23	24	25	26	27	28	29	30	31	1/1	2	3	4	5	6	7	8	9	10	11	12	13	14	15
일진	丙辰	丁巳	戊午	己未	庚申	辛酉	壬戌	癸亥	甲子	乙丑	丙寅	丁卯	戊辰	己巳	庚午	辛未	壬申	癸酉	甲戌	乙亥	丙子	丁丑	戊寅	己卯	庚辰	辛巳	壬午	癸未	甲申	乙酉
비밀수	75	86	17	28	31	42	53	64	51	62	73	84	15	26	37	48	51	62	53	64	82	13	24	35	46	57	68	71	62	73

十二月　(己 丑)　大

절기					대한															입춘										
음력	一	二	三	四	五	六	七	八	九	十	十一	十二	十三	十四	十五	十六	十七	十八	十九	二十	廿一	廿二	廿三	廿四	廿五	廿六	廿七	廿八	廿九	三十
양력 월/일	1/16	17	18	19	20	21	22	23	24	25	26	27	28	29	30	31	2/1	2	3	4	5	6	7	8	9	10	11	12	13	14
일진	丙戌	丁亥	戊子	己丑	庚寅	辛卯	壬辰	癸巳	甲午	乙未	丙申	丁酉	戊戌	己亥	庚子	辛丑	壬寅	癸卯	甲辰	乙巳	丙午	丁未	戊申	己酉	庚戌	辛亥	壬子	癸丑	甲寅	乙卯
비밀수	84	15	22	33	44	55	66	77	68	71	82	13	24	35	42	53	64	75	66	11	22	33	44	55	66	77	84	15	86	17

단기 4324년
서기 1991년

辛 未 年

六金申

正　　月　　(庚寅)　　小

절 기					우수															경칩										
음 력	一	二	三	四	五	六	七	八	九	十	十一	十二	十三	十四	十五	十六	十七	十八	十九	廿	廿一	廿二	廿三	廿四	廿五	廿六	廿七	廿八	廿九	
양력 월/일	2/15	16	17	18	19	20	21	22	23	24	25	26	27	28	3/1	2	3	4	5	6	7	8	9	10	11	12	13	14	15	
일 진	丙辰	丁巳	戊午	己未	庚申	辛酉	壬戌	癸亥	甲子	乙丑	丙寅	丁卯	戊辰	己巳	庚午	辛未	壬申	癸酉	甲戌	乙亥	丙子	丁丑	戊寅	己卯	庚辰	辛巳	壬午	癸未	甲申	
비밀수	28	31	42	53	64	75	86	17	84	15	26	37	48	51	62	73	84	15	86	28	35	46	57	68	71	82	13	24	75	

二　　月　　(辛卯)　　大

절 기						춘분															청명									
음 력	一	二	三	四	五	六	七	八	九	十	十一	十二	十三	十四	十五	十六	十七	十八	十九	廿	廿一	廿二	廿三	廿四	廿五	廿六	廿七	廿八	廿九	三十
양력 월/일	3/16	17	18	19	20	21	22	23	24	25	26	27	28	29	30	31	4/1	2	3	4	5	6	7	8	9	10	11	12	13	14
일 진	乙酉	丙戌	丁亥	戊子	己丑	庚寅	辛卯	壬辰	癸巳	甲午	乙未	丙申	丁酉	戊戌	己亥	庚子	辛丑	壬寅	癸卯	甲辰	乙巳	丙午	丁未	戊申	己酉	庚戌	辛亥	壬子	癸丑	甲寅
비밀수	26	37	48	55	66	79	88	11	22	13	24	35	46	57	68	75	86	11	28	11	22	33	44	55	66	77	88	15	26	17

三　　月　　(壬辰)　　小

절 기						곡우																입하								
음 력	一	二	三	四	五	六	七	八	九	十	十一	十二	十三	十四	十五	十六	十七	十八	十九	廿	廿一	廿二	廿三	廿四	廿五	廿六	廿七	廿八	廿九	
양력 월/일	4/15	16	17	18	19	20	21	22	23	24	25	26	27	28	29	30	5/1	2	3	4	5	6	7	8	9	10	11	12	13	
일 진	乙卯	丙辰	丁巳	戊午	己未	庚申	辛酉	壬戌	癸亥	甲子	乙丑	丙寅	丁卯	戊辰	己巳	庚午	辛未	壬申	癸酉	甲戌	乙亥	丙子	丁丑	戊寅	己卯	庚辰	辛巳	壬午	癸未	
비밀수	31	42	53	64	75	86	17	28	31	26	37	48	51	62	73	84	15	26	37	48	51	57	68	71	82	13	24	35	46	

四　　月　　(癸巳)　　小

절 기								소만																망종						
음 력	一	二	三	四	五	六	七	八	九	十	十一	十二	十三	十四	十五	十六	十七	十八	十九	廿	廿一	廿二	廿三	廿四	廿五	廿六	廿七	廿八	廿九	
양력 월/일	5/14	15	16	17	18	19	20	21	22	23	24	25	26	27	28	29	30	31	6/1	2	3	4	5	6	7	8	9	10	11	
일 진	甲申	乙酉	丙戌	丁亥	戊子	己丑	庚寅	辛卯	壬辰	癸巳	甲午	乙未	丙申	丁酉	戊戌	己亥	庚子	辛丑	壬寅	癸卯	甲辰	乙巳	丙午	丁未	戊申	己酉	庚戌	辛亥	壬子	
비밀수	37	48	51	62	77	88	11	22	33	44	35	46	57	68	71	82	17	28	31	42	53	35	46	57	68	71	82	13	28	

五　　月　　(甲午)　　大

절 기											하지															소서				
음 력	一	二	三	四	五	六	七	八	九	十	十一	十二	十三	十四	十五	十六	十七	十八	十九	廿	廿一	廿二	廿三	廿四	廿五	廿六	廿七	廿八	廿九	三十
양력 월/일	6/12	13	14	15	16	17	18	19	20	21	22	23	24	25	26	27	28	29	30	7/1	2	3	4	5	6	7	8	9	10	11
일 진	癸丑	甲寅	乙卯	丙辰	丁巳	戊午	己未	庚申	辛酉	壬戌	癸亥	甲子	乙丑	丙寅	丁卯	戊辰	己巳	庚午	辛未	壬申	癸酉	甲戌	乙亥	丙子	丁丑	戊寅	己卯	庚辰	辛巳	壬午
비밀수	31	22	33	44	55	66	77	88	11	22	33	28	31	42	53	64	75	86	17	28	31	22	33	48	51	73	84	15	26	37

六　　月　　(乙未)　　小

절 기												대서																입추		
음 력	一	二	三	四	五	六	七	八	九	十	十一	十二	十三	十四	十五	十六	十七	十八	十九	廿	廿一	廿二	廿三	廿四	廿五	廿六	廿七	廿八	廿九	
양력 월/일	7/12	13	14	15	16	17	18	19	20	21	22	23	24	25	26	27	28	29	30	31	8/1	2	3	4	5	6	7	8	9	
일 진	癸未	甲申	乙酉	丙戌	丁亥	戊子	己丑	庚寅	辛卯	壬辰	癸巳	甲午	乙未	丙申	丁酉	戊戌	己亥	庚子	辛丑	壬寅	癸卯	甲辰	乙巳	丙午	丁未	戊申	己酉	庚戌	辛亥	
비밀수	48	31	42	53	64	71	82	13	24	35	46	37	48	51	62	73	84	13	22	33	44	35	46	57	68	71	82	24	25	

四月 黑中　東 大將　酉 喪門　巳 吊客　西 三殺

七　月　(丙　申)　小

절 기															처서															
음 력	一	二	三	四	五	六	七	八	九	十	十一	十二	十三	十四	十五	十六	十七	十八	十九	廿	廿一	廿二	廿三	廿四	廿五	廿六	廿七	廿八	廿九	
양력 월 일	8 10	11	12	13	14	15	16	17	18	19	20	21	22	23	24	25	26	27	28	29	30	31	9 1	2	3	4	5	6	7	
일 진	壬子	癸丑	甲寅	乙卯	丙辰	丁巳	戊午	己未	庚申	辛酉	壬戌	癸亥	甲子	乙丑	丙寅	丁卯	戊辰	己巳	庚午	辛未	壬申	癸酉	甲戌	乙亥	丙子	丁丑	戊寅	己卯	庚辰	
비밀수	42	53	44	55	66	77	88	11	22	33	44	55	42	53	64	75	86	17	28	31	42	53	44	55	62	73	84	15	26	

八　月　(丁　酉)　大

절 기	백로															추분														
음 력	一	二	三	四	五	六	七	八	九	十	十一	十二	十三	十四	十五	十六	十七	十八	十九	廿	廿一	廿二	廿三	廿四	廿五	廿六	廿七	廿八	廿九	三十
양력 월 일	9 8	9	10	11	12	13	14	15	16	17	18	19	20	21	22	23	24	25	26	27	28	29	30	10 1	2	3	4	5	6	7
일 진	辛巳	壬午	癸未	甲申	乙酉	丙戌	丁亥	戊子	己丑	庚寅	辛卯	壬辰	癸巳	甲午	乙未	丙申	丁酉	戊戌	己亥	庚子	辛丑	壬寅	癸卯	甲辰	乙巳	丙午	丁未	戊申	己酉	庚戌
비밀수	48	51	62	53	64	75	86	13	24	35	46	57	68	51	62	73	84	15	26	33	44	55	66	57	68	71	82	13	24	35

九　月　(戊　戌)　小

절 기		한로															상강													
음 력	一	二	三	四	五	六	七	八	九	十	十一	十二	十三	十四	十五	十六	十七	十八	十九	廿	廿一	廿二	廿三	廿四	廿五	廿六	廿七	廿八	廿九	
양력 월 일	10 8	9	10	11	12	13	14	15	16	17	18	19	20	21	22	23	24	25	26	27	28	29	30	31	11 1	2	3	4	5	
일 진	辛亥	壬子	癸丑	甲寅	乙卯	丙辰	丁巳	戊午	己未	庚申	辛酉	壬戌	癸亥	甲子	乙丑	丙寅	丁卯	戊辰	己巳	庚午	辛未	壬申	癸酉	甲戌	乙亥	丙子	丁丑	戊寅	己卯	
비밀수	46	64	75	66	77	88	11	22	33	44	55	66	77	64	75	86	17	28	31	42	53	64	75	66	77	84	15	26	37	

十　月　(己　亥)　大

절 기			입동															소설												
음 력	一	二	三	四	五	六	七	八	九	十	十一	十二	十三	十四	十五	十六	十七	十八	十九	廿	廿一	廿二	廿三	廿四	廿五	廿六	廿七	廿八	廿九	三十
양력 월 일	11 6	7	8	9	10	11	12	13	14	15	16	17	18	19	20	21	22	23	24	25	26	27	28	29	30	12 1	2	3	4	5
일 진	庚辰	辛巳	壬午	癸未	甲申	乙酉	丙戌	丁亥	戊子	己丑	庚寅	辛卯	壬辰	癸巳	甲午	乙未	丙申	丁酉	戊戌	己亥	庚子	辛丑	壬寅	癸卯	甲辰	乙巳	丙午	丁未	戊申	己酉
비밀수	48	51	62	84	75	86	17	28	35	46	57	68	71	82	73	84	15	26	37	48	55	66	77	88	71	82	13	24	35	46

十 一 月　(庚　子)　大

절 기			대설														동지													
음 력	一	二	三	四	五	六	七	八	九	十	十一	十二	十三	十四	十五	十六	十七	十八	十九	廿	廿一	廿二	廿三	廿四	廿五	廿六	廿七	廿八	廿九	三十
양력 월 일	12 6	7	8	9	10	11	12	13	14	15	16	17	18	19	20	21	22	23	24	25	26	27	28	29	30	31	1 1	2	3	4
일 진	庚戌	辛亥	壬子	癸丑	甲寅	乙卯	丙辰	丁巳	戊午	己未	庚申	辛酉	壬戌	癸亥	甲子	乙丑	丙寅	丁卯	戊辰	己巳	庚午	辛未	壬申	癸酉	甲戌	乙亥	丙子	丁丑	戊寅	己卯
비밀수	57	75	82	13	84	15	26	37	48	51	62	73	84	15	82	13	24	35	46	57	68	71	82	13	84	15	22	33	44	55

十 二 月　(己　丑)　大

절 기		소한															대한													
음 력	一	二	三	四	五	六	七	八	九	十	十一	十二	十三	十四	十五	十六	十七	十八	十九	廿	廿一	廿二	廿三	廿四	廿五	廿六	廿七	廿八	廿九	三十
양력 월 일	1 5	6	7	8	9	10	11	12	13	14	15	16	17	18	19	20	21	22	23	24	25	26	27	28	29	30	31	2 1	2	3
일 진	庚辰	辛巳	壬午	癸未	甲申	乙酉	丙戌	丁亥	戊子	己丑	庚寅	辛卯	壬辰	癸巳	甲午	乙未	丙申	丁酉	戊戌	己亥	庚子	辛丑	壬寅	癸卯	甲辰	乙巳	丙午	丁未	戊申	己酉
비밀수	66	88	41	22	53	24	35	46	53	64	75	86	17	28	11	22	53	44	55	66	73	84	15	26	17	28	31	42	53	64

단기 4325년
서기 1992년

壬 申 年

四 金申

正 月 (壬 寅) 小

절 기	입춘															우수														
음 력	一	二	三	四	五	六	七	八	九	十	十一	十二	十三	十四	十五	十六	十七	十八	十九	卄	廿一	廿二	廿三	廿四	廿五	廿六	廿七	廿八	廿九	
양력 월/일	2/4	5	6	7	8	9	10	11	12	13	14	15	16	17	18	19	20	21	22	23	24	25	26	27	28	29	3/1	2	3	
일 진	庚戌	辛亥	壬子	癸丑	甲寅	乙卯	丙辰	丁巳	戊午	己未	庚申	辛酉	壬戌	癸亥	甲子	乙丑	丙寅	丁卯	戊辰	己巳	庚午	辛未	壬申	癸酉	甲戌	乙亥	丙子	丁丑	戊寅	
비밀수	77	88	15	26	17	28	31	42	53	64	75	86	17	28	15	26	37	48	51	62	73	84	15	26	17	28	35	46	57	

二 月 (癸 卯) 大

절 기		경칩															춘분													
음 력	一	二	三	四	五	六	七	八	九	十	十一	十二	十三	十四	十五	十六	十七	十八	十九	卄	廿一	廿二	廿三	廿四	廿五	廿六	廿七	廿八	廿九	三十
양력 월/일	3/4	5	6	7	8	9	10	11	12	13	14	15	16	17	18	19	20	21	22	23	24	25	26	27	28	29	30	31	4/1	2
일 진	己卯	庚辰	辛巳	壬午	癸未	甲申	乙酉	丙戌	丁亥	戊子	己丑	庚寅	辛卯	壬辰	癸巳	甲午	乙未	丙申	丁酉	戊戌	己亥	庚子	辛丑	壬寅	癸卯	甲辰	乙巳	丙午	丁未	戊申
비밀수	68	42	53	44	55	66	77	88	11	26	37	48	51	42	53	64	75	86	17	28	31	46	57	48	51	62	73	84	15	26

三 月 (甲 辰) 大

절 기		청명																곡우												
음 력	一	二	三	四	五	六	七	八	九	十	十一	十二	十三	十四	十五	十六	十七	十八	十九	卄	廿一	廿二	廿三	廿四	廿五	廿六	廿七	廿八	廿九	三十
양력 월/일	4/3	4	5	6	7	8	9	10	11	12	13	14	15	16	17	18	19	20	21	22	23	24	25	26	27	28	29	30	5/1	2
일 진	己酉	庚戌	辛亥	壬子	癸丑	甲寅	乙卯	丙辰	丁巳	戊午	己未	庚申	辛酉	壬戌	癸亥	甲子	乙丑	丙寅	丁卯	戊辰	己巳	庚午	辛未	壬申	癸酉	甲戌	乙亥	丙子	丁丑	戊寅
비밀수	17	11	28	37	48	31	42	53	64	75	86	17	28	31	42	37	48	51	62	73	84	15	26	37	48	31	42	57	68	71

四 月 (乙 巳) 小

절 기			입하																소만											
음 력	一	二	三	四	五	六	七	八	九	十	十一	十二	十三	十四	十五	十六	十七	十八	十九	卄	廿一	廿二	廿三	廿四	廿五	廿六	廿七	廿八	廿九	
양력 월/일	5/3	4	5	6	7	8	9	10	11	12	13	14	15	16	17	18	19	20	21	22	23	24	25	26	27	28	29	30	31	
일 진	己卯	庚辰	辛巳	壬午	癸未	甲申	乙酉	丙戌	丁亥	戊子	己丑	庚寅	辛卯	壬辰	癸巳	甲午	乙未	丙申	丁酉	戊戌	己亥	庚子	辛丑	壬寅	癸卯	甲辰	乙巳	丙午	丁未	
비밀수	82	13	24	35	55	48	51	62	73	88	11	22	33	44	55	46	57	68	71	88	13	28	31	42	53	44	55	66	77	

五 月 (丙 午) 小

절 기					망종															하지										
음 력	一	二	三	四	五	六	七	八	九	十	十一	十二	十三	十四	十五	十六	十七	十八	十九	卄	廿一	廿二	廿三	廿四	廿五	廿六	廿七	廿八	廿九	
양력 월/일	6/1	2	3	4	5	6	7	8	9	10	11	12	13	14	15	16	17	18	19	20	21	22	23	24	25	26	27	28	29	
일 진	戊申	己酉	庚戌	辛亥	壬子	癸丑	甲寅	乙卯	丙辰	丁巳	戊午	己未	庚申	辛酉	壬戌	癸亥	甲子	乙丑	丙寅	丁卯	戊辰	己巳	庚午	辛未	壬申	癸酉	甲戌	乙亥	丙子	
비밀수	88	11	22	33	51	62	53	64	75	86	18	28	31	42	53	64	51	62	73	84	15	26	37	48	51	62	53	64	71	

六 月 (丁 未) 大

절 기								소서																대서						
음 력	一	二	三	四	五	六	七	八	九	十	十一	十二	十三	十四	十五	十六	十七	十八	十九	卄	廿一	廿二	廿三	廿四	廿五	廿六	廿七	廿八	廿九	三十
양력 월/일	6/30	7/1	2	3	4	5	6	7	8	9	10	11	12	13	14	15	16	17	18	19	20	21	22	23	24	25	26	27	28	29
일 진	丁丑	戊寅	己卯	庚辰	辛巳	壬午	癸未	甲申	乙酉	丙戌	丁亥	戊子	己丑	庚寅	辛卯	壬辰	癸巳	甲午	乙未	丙申	丁酉	戊戌	己亥	庚子	辛丑	壬寅	癸卯	甲辰	乙巳	丙午
비밀수	82	13	24	35	46	57	68	62	73	84	15	22	33	44	55	66	77	68	71	82	13	24	35	42	53	64	75	66	77	88

五·十月 黑中	南 大將	戌 喪門	午 吊客	南 三殺

七　月　(戊 申)　小

절 기									입추															처서						
음 력	一	二	三	四	五	六	七	八	九	十	十一	十二	十三	十四	十五	十六	十七	十八	十九	二十	廿一	廿二	廿三	廿四	廿五	廿六	廿七	廿八	廿九	
양력 월/일	7/30	31	8/1	2	3	4	5	6	7	8	9	10	11	12	13	14	15	16	17	18	19	20	21	22	23	24	25	26	27	
일 진	丁未	戊申	己酉	庚戌	辛亥	壬子	癸丑	甲寅	乙卯	丙辰	丁巳	戊午	己未	庚申	辛酉	壬戌	癸亥	甲子	乙丑	丙寅	丁卯	戊辰	己巳	庚午	辛未	壬申	癸酉	甲戌	乙亥	
비밀수	11	22	33	44	55	62	73	64	84	15	26	37	48	51	62	73	84	71	82	13	24	35	46	57	68	71	82	73	84	

八　月　(己 酉)　소

절 기											백로																추분			
음 력	一	二	三	四	五	六	七	八	九	十	十一	十二	十三	十四	十五	十六	十七	十八	十九	二十	廿一	廿二	廿三	廿四	廿五	廿六	廿七	廿八	廿九	
양력 월/일	8/28	29	30	31	9/1	2	3	4	5	6	7	8	9	10	11	12	13	14	15	16	17	18	19	20	21	22	23	24	25	
일 진	丙子	丁丑	戊寅	己卯	庚辰	辛巳	壬午	癸未	甲申	乙酉	丙戌	丁亥	戊子	己丑	庚寅	辛卯	壬辰	癸巳	甲午	乙未	丙申	丁酉	戊戌	己亥	庚子	辛丑	壬寅	癸卯	甲辰	
비밀수	11	22	33	44	55	66	77	88	71	82	24	35	42	53	64	75	86	17	88	11	22	33	44	55	62	73	84	15	86	

九　月　(庚 戌)　大

절 기													한로															상강		
음 력	一	二	三	四	五	六	七	八	九	十	十一	十二	十三	十四	十五	十六	十七	十八	十九	二十	廿一	廿二	廿三	廿四	廿五	廿六	廿七	廿八	廿九	三十
양력 월/일	9/26	27	28	29	30	10/1	2	3	4	5	6	7	8	9	10	11	12	13	14	15	16	17	18	19	20	21	22	23	24	25
일 진	乙巳	丙午	丁未	戊申	己酉	庚戌	辛亥	壬子	癸丑	甲寅	乙卯	丙辰	丁巳	戊午	己未	庚申	辛酉	壬戌	癸亥	甲子	乙丑	丙寅	丁卯	戊辰	己巳	庚午	辛未	壬申	癸酉	甲戌
비밀수	17	33	44	55	66	77	88	15	26	17	28	31	42	53	64	75	86	17	28	15	26	37	48	51	62	73	84	15	26	17

十　月　(辛 亥)　小

절 기													입동															소설		
음 력	一	二	三	四	五	六	七	八	九	十	十一	十二	十三	十四	十五	十六	十七	十八	十九	二十	廿一	廿二	廿三	廿四	廿五	廿六	廿七	廿八	廿九	
양력 월/일	10/26	27	28	29	30	31	11/1	2	3	4	5	6	7	8	9	10	11	12	13	14	15	16	17	18	19	20	21	22	23	
일 진	乙亥	丙子	丁丑	戊寅	己卯	庚辰	辛巳	壬午	癸未	甲申	乙酉	丙戌	丁亥	戊子	己丑	庚寅	辛卯	壬辰	癸巳	甲午	乙未	丙申	丁酉	戊戌	己亥	庚子	辛丑	壬寅	癸卯	
비밀수	28	35	46	68	71	82	13	24	35	26	37	48	51	66	77	88	11	22	33	24	35	46	57	68	71	86	17	28	31	

十 一　月　(壬 子)　大

절 기														대설														동지		
음 력	一	二	三	四	五	六	七	八	九	十	十一	十二	十三	十四	十五	十六	十七	十八	十九	二十	廿一	廿二	廿三	廿四	廿五	廿六	廿七	廿八	廿九	三十
양력 월/일	11/24	25	26	27	28	29	30	12/1	2	3	4	5	6	7	8	9	10	11	12	13	14	15	16	17	18	19	20	21	22	23
일 진	甲辰	乙巳	丙午	丁未	戊申	己酉	庚戌	辛亥	壬子	癸丑	甲寅	乙卯	丙辰	丁巳	戊午	己未	庚申	辛酉	壬戌	癸亥	甲子	乙丑	丙寅	丁卯	戊辰	己巳	庚午	辛未	壬申	癸酉
비밀수	22	48	51	62	73	84	15	26	33	44	35	46	57	68	71	82	13	24	35	46	33	44	55	66	77	88	11	22	33	44

十 二　月　(癸 丑)　大

절 기													소한															대한		
음 력	一	二	三	四	五	六	七	八	九	十	十一	十二	十三	十四	十五	十六	十七	十八	十九	二十	廿一	廿二	廿三	廿四	廿五	廿六	廿七	廿八	廿九	三十
양력 월/일	12/24	25	26	27	28	29	30	31	1/1	2	3	4	5	6	7	8	9	10	11	12	13	14	15	16	17	18	19	20	21	22
일 진	甲戌	乙亥	丙子	丁丑	戊寅	己卯	庚辰	辛巳	壬午	癸未	甲申	乙酉	丙戌	丁亥	戊子	己丑	庚寅	辛卯	壬辰	癸巳	甲午	乙未	丙申	丁酉	戊戌	己亥	庚子	辛丑	壬寅	癸卯
비밀수	35	46	53	64	75	86	17	28	31	42	33	44	66	77	84	15	26	37	48	51	42	53	64	75	86	17	24	35	46	57

단기 4326년
서기 1993년

癸 酉 年

四 金申

正　月　(甲 寅)　小

절 기													입춘															우수		
음 력	一	二	三	四	五	六	七	八	九	十	十一	十二	十三	十四	十五	十六	十七	十八	十九	廿	廿一	廿二	廿三	廿四	廿五	廿六	廿七	廿八	廿九	
양력 월일	1/23	24	25	26	27	28	29	30	31	2/1	2	3	4	5	6	7	8	9	10	11	12	13	14	15	16	17	18	19	20	
일 진	甲辰	乙巳	丙午	丁未	戊申	己酉	庚戌	辛亥	壬子	癸丑	甲寅	乙卯	丙辰	丁巳	戊午	己未	庚申	辛酉	壬戌	癸亥	甲子	乙丑	丙寅	丁卯	戊辰	己巳	庚午	辛未	壬申	
비밀수	37	48	51	62	73	84	15	26	33	44	55	66	68	71	82	13	24	35	46	57	44	55	68	77	88	11	22	33	44	

二　月　(乙 卯)　大

절 기													경칩															춘분		
음 력	一	二	三	四	五	六	七	八	九	十	十一	十二	十三	十四	十五	十六	十七	十八	十九	廿	廿一	廿二	廿三	廿四	廿五	廿六	廿七	廿八	廿九	三十
양력 월일	2/21	22	23	24	25	26	27	28	3/1	2	3	4	5	6	7	8	9	10	11	12	13	14	15	16	17	18	19	20	21	22
일 진	癸酉	甲戌	乙亥	丙子	丁丑	戊寅	己卯	庚辰	辛巳	壬午	癸未	甲申	乙酉	丙戌	丁亥	戊子	己丑	庚寅	辛卯	壬辰	癸巳	甲午	乙未	丙申	丁酉	戊戌	己亥	庚子	辛丑	壬寅
비밀수	55	46	57	64	75	86	17	28	31	42	53	84	62	71	82	17	28	31	42	53	64	55	66	77	82	11	22	37	48	51

三　月　(丙 辰)　大

절 기														청명															곡우	
음 력	一	二	三	四	五	六	七	八	九	十	十一	十二	十三	十四	十五	十六	十七	十八	十九	廿	廿一	廿二	廿三	廿四	廿五	廿六	廿七	廿八	廿九	三十
양력 월일	3/23	24	25	26	27	28	29	30	31	4/1	2	3	4	5	6	7	8	9	10	11	12	13	14	15	16	17	18	19	20	21
일 진	癸卯	甲辰	乙巳	丙午	丁未	戊申	己酉	庚戌	辛亥	壬子	癸丑	甲寅	乙卯	丙辰	丁巳	戊午	己未	庚申	辛酉	壬戌	癸亥	甲子	乙丑	丙寅	丁卯	戊辰	己巳	庚午	辛未	壬申
비밀수	62	53	61	72	86	17	28	31	11	51	62	33	53	84	15	26	37	48	51	62	73	88	11	82	13	24	35	46	57	68

閏 三　月　(丙 辰)　小

절 기														입하																
음 력	一	二	三	四	五	六	七	八	九	十	十一	十二	十三	十四	十五	十六	十七	十八	十九	廿	廿一	廿二	廿三	廿四	廿五	廿六	廿七	廿八	廿九	
양력 월일	4/22	23	24	25	26	27	28	29	30	5/1	2	3	4	5	6	7	8	9	10	11	12	13	14	15	16	17	18	19	20	
일 진	癸酉	甲戌	乙亥	丙子	丁丑	戊寅	己卯	庚辰	辛巳	壬午	癸未	甲申	乙酉	丙戌	丁亥	戊子	己丑	庚寅	辛卯	壬辰	癸巳	甲午	乙未	丙申	丁酉	戊戌	己亥	庚子	辛丑	
비밀수	71	62	73	88	11	22	33	44	55	66	77	68	71	13	24	31	42	53	64	75	86	77	88	11	22	33	44	55	66	

四　月　(丁 巳)　大

절 기	소만																망종													
음 력	一	二	三	四	五	六	七	八	九	十	十一	十二	十三	十四	十五	十六	十七	十八	十九	廿	廿一	廿二	廿三	廿四	廿五	廿六	廿七	廿八	廿九	三十
양력 월일	5/21	22	23	24	25	26	27	28	29	30	31	6/1	2	3	4	5	6	7	8	9	10	11	12	13	14	15	16	17	18	19
일 진	壬寅	癸卯	甲辰	乙巳	丙午	丁未	戊申	己酉	庚戌	辛亥	壬子	癸丑	甲寅	乙卯	丙辰	丁巳	戊午	己未	庚申	辛酉	壬戌	癸亥	甲子	乙丑	丙寅	丁卯	戊辰	己巳	庚午	辛未
비밀수	53	84	75	86	17	28	39	42	53	64	71	82	73	84	15	26	42	51	62	73	84	15	82	14	24	35	46	57	68	51

五　月　(戊 午)　小

절 기		하지																소서												
음 력	一	二	三	四	五	六	七	八	九	十	十一	十二	十三	十四	十五	十六	十七	十八	十九	廿	廿一	廿二	廿三	廿四	廿五	廿六	廿七	廿八	廿九	
양력 월일	6/20	21	22	23	24	25	26	27	28	29	30	7/1	2	3	4	5	6	7	8	9	10	11	12	13	14	15	16	17	18	
일 진	壬申	癸酉	甲戌	乙亥	丙子	丁丑	戊寅	己卯	庚辰	辛巳	壬午	癸未	甲申	乙酉	丙戌	丁亥	戊子	己丑	庚寅	辛卯	壬辰	癸巳	甲午	乙未	丙申	丁酉	戊戌	己亥	庚子	
비밀수	82	53	84	15	22	33	44	55	66	77	88	11	82	13	24	35	42	64	75	86	17	28	11	22	33	44	55	66	73	

六　月　(己 未)　大

절 기					대서															입추										
음 력	一	二	三	四	五	六	七	八	九	十	十一	十二	十三	十四	十五	十六	十七	十八	十九	廿	廿一	廿二	廿三	廿四	廿五	廿六	廿七	廿八	廿九	三十
양력 월일	7/19	20	21	22	23	24	25	26	27	28	29	30	31	8/1	2	3	4	5	6	7	8	9	10	11	12	13	14	15	16	17
일 진	辛丑	壬寅	癸卯	甲辰	乙巳	丙午	丁未	戊申	己酉	庚戌	辛亥	壬子	癸丑	甲寅	乙卯	丙辰	丁巳	戊午	己未	庚申	辛酉	壬戌	癸亥	甲子	乙丑	丙寅	丁卯	戊辰	己巳	庚午
비밀수	84	15	26	37	25	36	47	53	64	75	86	13	24	15	26	37	48	51	62	84	15	26	37	24	35	46	57	68	71	82

七月 黑中	南大將	亥喪門	未吊客	東三殺

七 月 (庚 申) 小

절 기						처서																백로								
음 력	一	二	三	四	五	六	七	八	九	十	十一	十二	十三	十四	十五	十六	十七	十八	十九	廿	廿一	廿二	廿三	廿四	廿五	廿六	廿七	廿八	廿九	
양력 월/일	8/18	19	20	21	22	23	24	25	26	27	28	29	30	31	9/1	2	3	4	5	6	7	8	9	10	11	12	13	14	15	
일 진	辛未	壬申	癸酉	甲戌	乙亥	丙子	丁丑	戊寅	己卯	庚辰	辛巳	壬午	癸未	甲申	乙酉	丙戌	丁亥	戊子	己丑	庚寅	辛卯	壬辰	癸巳	甲午	乙未	丙申	丁酉	戊戌	己亥	
비밀수	13	24	35	26	37	44	55	66	77	88	11	22	33	24	35	46	57	64	75	86	17	31	42	33	44	55	66	77	88	

八 月 (辛 酉) 小

절 기								추분															한로							
음 력	一	二	三	四	五	六	七	八	九	十	十一	十二	十三	十四	十五	十六	十七	十八	十九	廿	廿一	廿二	廿三	廿四	廿五	廿六	廿七	廿八	廿九	
양력 월/일	9/16	17	18	19	20	21	22	23	24	25	26	27	28	29	30	10/1	2	3	4	5	6	7	8	9	10	11	12	13	14	
일 진	庚子	辛丑	壬寅	癸卯	甲辰	乙巳	丙午	丁未	戊申	己酉	庚戌	辛亥	壬子	癸丑	甲寅	乙卯	丙辰	丁巳	戊午	己未	庚申	辛酉	壬戌	癸亥	甲子	乙丑	丙寅	丁卯	戊辰	
비밀수	15	26	37	48	31	42	53	64	75	86	17	28	35	46	37	48	51	62	73	84	15	26	48	51	46	57	68	71	82	

九 月 (壬 戌) 大

절 기									상강															입동						
음 력	一	二	三	四	五	六	七	八	九	十	十一	十二	十三	十四	十五	十六	十七	十八	十九	二十	二十一	二十二	二十三	二十四	二十五	二十六	二十七	二十八	二十九	三十
양력 월/일	10/15	16	17	18	19	20	21	22	23	24	25	26	27	28	29	30	31	11/1	2	3	4	5	6	7	8	9	10	11	12	13
일 진	己巳	庚午	辛未	壬申	癸酉	甲戌	乙亥	丙子	丁丑	戊寅	己卯	庚辰	辛巳	壬午	癸未	甲申	乙酉	丙戌	丁亥	戊子	己丑	庚寅	辛卯	壬辰	癸巳	甲午	乙未	丙申	丁酉	戊戌
비밀수	13	24	35	46	57	48	51	66	77	88	11	22	33	44	55	46	57	68	71	86	17	28	31	53	64	55	66	76	87	18

十 月 (癸 亥) 小

절 기									소설															대설						
음 력	一	二	三	四	五	六	七	八	九	十	十一	十二	十三	十四	十五	十六	十七	十八	十九	二十	二十一	二十二	二十三	二十四	二十五	二十六	二十七	二十八	二十九	
양력 월/일	11/14	15	16	17	18	19	20	21	22	23	24	25	26	27	28	29	30	12/1	2	3	4	5	6	7	8	9	10	11	12	
일 진	己亥	庚子	辛丑	壬寅	癸卯	甲辰	乙巳	丙午	丁未	戊申	己酉	庚戌	辛亥	壬子	癸丑	甲寅	乙卯	丙辰	丁巳	戊午	己未	庚申	辛酉	壬戌	癸亥	甲子	乙丑	丙寅	丁卯	
비밀수	11	26	37	48	51	42	53	64	75	86	17	28	31	46	57	48	51	62	73	84	15	26	37	46	57	44	55	66	77	

十 一 月 (甲 子) 大

절 기										동지														소한						
음 력	一	二	三	四	五	六	七	八	九	十	十一	十二	十三	十四	十五	十六	十七	十八	十九	廿	廿一	廿二	廿三	廿四	廿五	廿六	廿七	廿八	廿九	三十
양력 월/일	12/13	14	15	16	17	18	19	20	21	22	23	24	25	26	27	28	29	30	31	1/1	2	3	4	5	6	7	8	9	10	11
일 진	戊辰	己巳	庚午	辛未	壬申	癸酉	甲戌	乙亥	丙子	丁丑	戊寅	己卯	庚辰	辛巳	壬午	癸未	甲申	乙酉	丙戌	丁亥	戊子	己丑	庚寅	辛卯	壬辰	癸巳	甲午	乙未	丙申	丁酉
비밀수	88	11	22	33	44	55	46	57	64	75	86	17	28	31	42	53	44	55	66	77	84	15	26	48	51	62	53	64	75	86

十 二 月 (乙 丑) 小

절 기									대한															입춘						
음 력	一	二	三	四	五	六	七	八	九	十	十一	十二	十三	十四	十五	十六	十七	十八	十九	廿	廿一	廿二	廿三	廿四	廿五	廿六	廿七	廿八	廿九	
양력 월/일	1/12	13	14	15	16	17	18	19	20	21	22	23	24	25	26	27	28	29	30	31	2/1	2	3	4	5	6	7	8	9	
일 진	戊戌	己亥	庚子	辛丑	壬寅	癸卯	甲辰	乙巳	丙午	丁未	戊申	己酉	庚戌	辛亥	壬子	癸丑	甲寅	乙卯	丙辰	丁巳	戊午	己未	庚申	辛酉	壬戌	癸亥	甲子	乙丑	丙寅	
비밀수	17	28	35	46	57	68	71	62	73	84	15	26	37	48	55	66	57	68	71	82	13	24	35	48	51	62	57	68	71	

단기 4327년
서기 1994년

甲 戌 年

四金申

正 月 (丙 寅) 大

절 기										우수															경칩					
음 력	一	二	三	四	五	六	七	八	九	十	十一	十二	十三	十四	十五	十六	十七	十八	十九	廿	廿一	廿二	廿三	廿四	廿五	廿六	廿七	廿八	廿九	三十
양력 월/일	2/10	11	12	13	14	15	16	17	18	19	20	21	22	23	24	25	26	27	28	3/1	2	3	4	5	6	7	8	9	10	11
일 진	丁卯	戊辰	己巳	庚午	辛未	壬申	癸酉	甲戌	乙亥	丙子	丁丑	戊寅	己卯	庚辰	辛巳	壬午	癸未	甲申	乙酉	丙戌	丁亥	戊子	己丑	庚寅	辛卯	壬辰	癸巳	甲午	乙未	丙申
비밀수	82	13	24	35	46	57	68	51	62	77	88	11	22	33	44	55	66	57	68	71	82	17	28	31	42	64	75	66	77	88

二 月 (丁 卯) 大

절 기										춘분															청명					
음 력	一	二	三	四	五	六	七	八	九	十	十一	十二	十三	十四	十五	十六	十七	十八	十九	廿	廿一	廿二	廿三	廿四	廿五	廿六	廿七	廿八	廿九	三十
양력 월/일	3/12	13	14	15	16	17	18	19	20	21	22	23	24	25	26	27	28	29	30	31	4/1	2	3	4	5	6	7	8	9	10
일 진	丁酉	戊戌	己亥	庚子	辛丑	壬寅	癸卯	甲辰	乙巳	丙午	丁未	戊申	己酉	庚戌	辛亥	壬子	癸丑	甲寅	乙卯	丙辰	丁巳	戊午	己未	庚申	辛酉	壬戌	癸亥	甲子	乙丑	丙寅
비밀수	11	22	33	48	51	62	73	64	75	81	17	28	31	42	53	78	71	62	73	84	15	21	37	78	51	73	84	71	82	13

三 月 (戊 辰) 大

절 기										곡우																입하				
음 력	一	二	三	四	五	六	七	八	九	十	十一	十二	十三	十四	十五	十六	十七	十八	十九	廿	廿一	廿二	廿三	廿四	廿五	廿六	廿七	廿八	廿九	三十
양력 월/일	4/11	12	13	14	15	16	17	18	19	20	21	22	23	24	25	26	27	28	29	30	5/1	2	3	4	5	6	7	8	9	10
일 진	丁卯	戊辰	己巳	庚午	辛未	壬申	癸酉	甲戌	乙亥	丙子	丁丑	戊寅	己卯	庚辰	辛巳	壬午	癸未	甲申	乙酉	丙戌	丁亥	戊子	己丑	庚寅	辛卯	壬辰	癸巳	甲午	乙未	丙申
비밀수	24	35	46	87	68	71	82	73	84	11	22	33	44	55	64	77	88	71	82	13	24	31	42	83	64	75	17	88	11	22

四 月 (己 巳) 小

절 기											소만																망종			
음 력	一	二	三	四	五	六	七	八	九	十	十一	十二	十三	十四	十五	十六	十七	十八	十九	廿	廿一	廿二	廿三	廿四	廿五	廿六	廿七	廿八	廿九	
양력 월/일	5/11	12	13	14	15	16	17	18	19	20	21	22	23	24	25	26	27	28	29	30	31	6/1	2	3	4	5	6	7	8	
일 진	丁酉	戊戌	己亥	庚子	辛丑	壬寅	癸卯	甲辰	乙巳	丙午	丁未	戊申	己酉	庚戌	辛亥	壬子	癸丑	甲寅	乙卯	丙辰	丁巳	戊午	己未	庚申	辛酉	壬戌	癸亥	甲子	乙丑	
비밀수	33	44	55	12	73	84	15	26	17	28	31	42	53	64	75	82	13	84	15	26	37	48	51	62	73	84	15	13	24	

五 月 (庚 午) 大

절 기														하지															소서	
음 력	一	二	三	四	五	六	七	八	九	十	十一	十二	十三	十四	十五	十六	十七	十八	十九	廿	廿一	廿二	廿三	廿四	廿五	廿六	廿七	廿八	廿九	三十
양력 월/일	6/9	10	11	12	13	14	15	16	17	18	19	20	21	22	23	24	25	26	27	28	29	30	7/1	2	3	4	5	6	7	8
일 진	丙寅	丁卯	戊辰	己巳	庚午	辛未	壬申	癸酉	甲戌	乙亥	丙子	丁丑	戊寅	己卯	庚辰	辛巳	壬午	癸未	甲申	乙酉	丙戌	丁亥	戊子	己丑	庚寅	辛卯	壬辰	癸巳	甲午	乙未
비밀수	35	46	57	68	71	82	13	24	15	26	33	44	55	66	77	88	11	22	13	24	35	46	53	64	75	86	17	28	14	23

六 月 (辛 未) 小

절 기															대서															
음 력	一	二	三	四	五	六	七	八	九	十	十一	十二	十三	十四	十五	十六	十七	十八	十九	廿	廿一	廿二	廿三	廿四	廿五	廿六	廿七	廿八	廿九	
양력 월/일	7/9	10	11	12	13	14	15	16	17	18	19	20	21	22	23	24	25	26	27	28	29	30	31	8/1	2	3	4	5	6	
일 진	丙申	丁酉	戊戌	己亥	庚子	辛丑	壬寅	癸卯	甲辰	乙巳	丙午	丁未	戊申	己酉	庚戌	辛亥	壬子	癸丑	甲寅	乙卯	丙辰	丁巳	戊午	己未	庚申	辛酉	壬戌	癸亥	甲子	
비밀수	44	55	66	77	84	15	26	37	28	31	42	53	64	75	86	17	24	35	26	37	48	51	62	73	84	15	26	37	24	

四月 黑中	南大將	子喪門	申吊客	北三殺

七月 (壬申) 大

절기		입추															처서													
음력	一	二	三	四	五	六	七	八	九	十	十一	十二	十三	十四	十五	十六	十七	十八	十九	廿	廿一	廿二	廿三	廿四	廿五	廿六	廿七	廿八	廿九	三十
양력 월/일	8/7	8	9	10	11	12	13	14	15	16	17	18	19	20	21	22	23	24	25	26	27	28	29	30	31	9/1	2	3	4	5
일진	乙丑	丙寅	丁卯	戊辰	己巳	庚午	辛未	壬申	癸酉	甲戌	乙亥	丙子	丁丑	戊寅	己卯	庚辰	辛巳	壬午	癸未	甲申	乙酉	丙戌	丁亥	戊子	己丑	庚寅	辛卯	壬辰	癸巳	甲午
비밀수	31	57	68	71	82	13	24	35	46	37	48	55	66	77	88	11	22	33	44	35	46	57	68	75	86	17	28	31	42	33

八月 (癸酉) 小

절기			백로															추분												
음력	一	二	三	四	五	六	七	八	九	十	十一	十二	十三	十四	十五	十六	十七	十八	十九	廿	廿一	廿二	廿三	廿四	廿五	廿六	廿七	廿八	廿九	
양력 월/일	9/6	7	8	9	10	11	12	13	14	15	16	17	18	19	20	21	22	23	24	25	26	27	28	29	30	10/1	2	3	4	
일진	乙未	丙申	丁酉	戊戌	己亥	庚子	辛丑	壬寅	癸卯	甲辰	乙巳	丙午	丁未	戊申	己酉	庚戌	辛亥	壬子	癸丑	甲寅	乙卯	丙辰	丁巳	戊午	己未	庚申	辛酉	壬戌	癸亥	
비밀수	44	51	77	88	11	26	37	48	51	42	53	64	75	86	17	28	31	46	57	48	51	62	73	84	15	26	37	48	51	

九月 (甲戌) 小

절기				한로																상강										
음력	一	二	三	四	五	六	七	八	九	十	十一	十二	十三	十四	十五	十六	十七	十八	十九	廿	廿一	廿二	廿三	廿四	廿五	廿六	廿七	廿八	廿九	
양력 월/일	10/5	6	7	8	9	10	11	12	13	14	15	16	17	18	19	20	21	22	23	24	25	26	27	28	29	30	31	11/1	2	
일진	甲子	乙丑	丙寅	丁卯	戊辰	己巳	庚午	辛未	壬申	癸酉	甲戌	乙亥	丙子	丁丑	戊寅	己卯	庚辰	辛巳	壬午	癸未	甲申	乙酉	丙戌	丁亥	戊子	己丑	庚寅	辛卯	壬辰	
비밀수	46	57	68	71	73	84	15	26	37	48	31	42	57	68	71	82	13	24	38	46	37	48	51	62	77	88	11	22	33	

十月 (乙亥) 大

절기						입동														소설										
음력	一	二	三	四	五	六	七	八	九	十	十一	十二	十三	十四	十五	十六	十七	十八	十九	廿	廿一	廿二	廿三	廿四	廿五	廿六	廿七	廿八	廿九	三十
양력 월/일	11/3	4	5	6	7	8	9	10	11	12	13	14	15	16	17	18	19	20	21	22	23	24	25	26	27	28	29	30	12/1	2
일진	癸巳	甲午	乙未	丙申	丁酉	戊戌	己亥	庚子	辛丑	壬寅	癸卯	甲辰	乙巳	丙午	丁未	戊申	己酉	庚戌	辛亥	壬子	癸丑	甲寅	乙卯	丙辰	丁巳	戊午	己未	庚申	辛酉	壬戌
비밀수	44	35	46	52	68	82	13	28	31	42	53	44	55	66	77	88	11	22	33	48	51	42	53	64	75	86	17	28	31	42

十一月 (丙子) 小

절기					대설															동지										
음력	一	二	三	四	五	六	七	八	九	十	十一	十二	十三	十四	十五	十六	十七	十八	十九	廿	廿一	廿二	廿三	廿四	廿五	廿六	廿七	廿八	廿九	
양력 월/일	12/3	4	5	6	7	8	9	10	11	12	13	14	15	16	17	18	19	20	21	22	23	24	25	26	27	28	29	30	31	
일진	癸亥	甲子	乙丑	丙寅	丁卯	戊辰	己巳	庚午	辛未	壬申	癸酉	甲戌	乙亥	丙子	丁丑	戊寅	己卯	庚辰	辛巳	壬午	癸未	甲申	乙酉	丙戌	丁亥	戊子	己丑	庚寅	辛卯	
비밀수	51	48	51	62	88	11	22	33	44	55	66	57	68	75	86	17	28	31	42	53	64	55	66	77	88	15	26	37	48	

十二月 (丁丑) 大

절기						소한														대한										
음력	一	二	三	四	五	六	七	八	九	十	十一	十二	十三	十四	十五	十六	十七	十八	十九	廿	廿一	廿二	廿三	廿四	廿五	廿六	廿七	廿八	廿九	三十
양력 월/일	1/1	2	3	4	5	6	7	8	9	10	11	12	13	14	15	16	17	18	19	20	21	22	23	24	25	26	27	28	29	30
일진	壬辰	癸巳	甲午	乙未	丙申	丁酉	戊戌	己亥	庚子	辛丑	壬寅	癸卯	甲辰	乙巳	丙午	丁未	戊申	己酉	庚戌	辛亥	壬子	癸丑	甲寅	乙卯	丙辰	丁巳	戊午	己未	庚申	辛酉
비밀수	51	62	53	64	75	17	28	31	46	57	68	71	62	73	84	15	26	37	48	51	66	77	68	71	82	13	24	35	46	57

단기 4328년
서기 1995년

乙 亥 年

二金神

正 月 (戊 寅) 小

절 기					입춘															경칩										
음 력	一	二	三	四	五	六	七	八	九	十	十一	十二	十三	十四	十五	十六	十七	十八	十九	廿	廿一	廿二	廿三	廿四	廿五	廿六	廿七	廿八	廿九	
양력 월/일	1/31	2/1	2	3	4	5	6	7	8	9	10	11	12	13	14	15	16	17	18	19	20	21	22	23	24	25	26	27	28	
일 진	壬戌	癸亥	甲子	乙丑	丙寅	丁卯	戊辰	己巳	庚午	辛未	壬申	癸酉	甲戌	乙亥	丙子	丁丑	戊寅	己卯	庚辰	辛巳	壬午	癸未	甲申	乙酉	丙戌	丁亥	戊子	己丑	庚寅	
비밀수	57	68	55	66	22	33	44	55	66	77	88	11	82	13	28	31	42	53	64	75	86	17	88	11	22	33	48	51	62	

二 月 (己 卯) 大

절 기						경칩															춘분									
음 력	一	二	三	四	五	六	七	八	九	十	十一	十二	十三	十四	十五	十六	十七	十八	十九	廿	廿一	廿二	廿三	廿四	廿五	廿六	廿七	廿八	廿九	三十
양력 월/일	3/1	2	3	4	5	6	7	8	9	10	11	12	13	14	15	16	17	18	19	20	21	22	23	24	25	26	27	28	29	30
일 진	辛卯	壬辰	癸巳	甲午	乙未	丙申	丁酉	戊戌	己亥	庚子	辛丑	壬寅	癸卯	甲辰	乙巳	丙午	丁未	戊申	己酉	庚戌	辛亥	壬子	癸丑	甲寅	乙卯	丙辰	丁巳	戊午	己未	庚申
비밀수	73	84	15	86	17	31	42	53	64	71	82	13	24	15	26	37	48	51	62	73	84	11	22	13	24	35	46	57	68	71

三 月 (庚 辰) 大

절 기						청명															곡우									
음 력	一	二	三	四	五	六	七	八	九	十	十一	十二	十三	十四	十五	十六	十七	十八	十九	廿	廿一	廿二	廿三	廿四	廿五	廿六	廿七	廿八	廿九	三十
양력 월/일	3/31	4/1	2	3	4	5	6	7	8	9	10	11	12	13	14	15	16	17	18	19	20	21	22	23	24	25	26	27	28	29
일 진	辛酉	壬戌	癸亥	甲子	乙丑	丙寅	丁卯	戊辰	己巳	庚午	辛未	壬申	癸酉	甲戌	乙亥	丙子	丁丑	戊寅	己卯	庚辰	辛巳	壬午	癸未	甲申	乙酉	丙戌	丁亥	戊子	己丑	庚寅
비밀수	82	13	24	11	22	44	55	66	77	88	11	22	33	24	35	42	53	64	75	86	17	28	31	22	33	44	55	62	73	84

四 月 (辛 巳) 小

절 기							입하															소만								
음 력	一	二	三	四	五	六	七	八	九	十	十一	十二	十三	十四	十五	十六	十七	十八	十九	廿	廿一	廿二	廿三	廿四	廿五	廿六	廿七	廿八	廿九	
양력 월/일	4/30	5/1	2	3	4	5	6	7	8	9	10	11	12	13	14	15	16	17	18	19	20	21	22	23	24	25	26	27	28	
일 진	辛卯	壬辰	癸巳	甲午	乙未	丙申	丁酉	戊戌	己亥	庚子	辛丑	壬寅	癸卯	甲辰	乙巳	丙午	丁未	戊申	己酉	庚戌	辛亥	壬子	癸丑	甲寅	乙卯	丙辰	丁巳	戊午	己未	
비밀수	15	26	37	28	31	42	64	75	86	13	24	35	46	37	48	51	62	73	84	15	26	33	44	35	46	57	68	71	82	

五 月 (壬 午) 大

절 기									망종																하지					
음 력	一	二	三	四	五	六	七	八	九	十	十一	十二	十三	十四	十五	十六	十七	十八	十九	廿	廿一	廿二	廿三	廿四	廿五	廿六	廿七	廿八	廿九	三十
양력 월/일	5/29	30	31	6/1	2	3	4	5	6	7	8	9	10	11	12	13	14	15	16	17	18	19	20	21	22	23	24	25	26	27
일 진	庚申	辛酉	壬戌	癸亥	甲子	乙丑	丙寅	丁卯	戊辰	己巳	庚午	辛未	壬申	癸酉	甲戌	乙亥	丙子	丁丑	戊寅	己卯	庚辰	辛巳	壬午	癸未	甲申	乙酉	丙戌	丁亥	戊子	己丑
비밀수	13	24	35	46	33	44	55	66	88	11	42	33	44	55	46	57	44	55	66	77	88	11	22	33	44	55	66	77	44	55

六 月 (癸 未) 大

절 기										소서																대서				
음 력	一	二	三	四	五	六	七	八	九	十	十一	十二	十三	十四	十五	十六	十七	十八	十九	廿	廿一	廿二	廿三	廿四	廿五	廿六	廿七	廿八	廿九	三十
양력 월/일	6/28	29	30	7/1	2	3	4	5	6	7	8	9	10	11	12	13	14	15	16	17	18	19	20	21	22	23	24	25	26	27
일 진	庚寅	辛卯	壬辰	癸巳	甲午	乙未	丙申	丁酉	戊戌	己亥	庚子	辛丑	壬寅	癸卯	甲辰	乙巳	丙午	丁未	戊申	己酉	庚戌	辛亥	壬子	癸丑	甲寅	乙卯	丙辰	丁巳	戊午	己未
비밀수	26	37	48	51	42	53	64	75	86	28	35	46	57	68	51	62	73	84	15	26	37	48	55	66	57	68	71	82	13	24

五·十 黑中	西 大將	丑 喪門	酉 吊客	西 三殺

七 月 (甲 申) 小

절기											입추																처서		
음력	一	二	三	四	五	六	七	八	九	十	十一	十二	十三	十四	十五	十六	十七	十八	十九	廿	廿一	廿二	廿三	廿四	廿五	廿六	廿七	廿八	廿九	
양력 월/일	7/28	29	30	31	8/1	2	3	4	5	6	7	8	9	10	11	12	13	14	15	16	17	18	19	20	21	22	23	24	25	
일진	庚申	辛酉	壬戌	癸亥	甲子	乙丑	丙寅	丁卯	戊辰	己巳	庚午	辛未	壬申	癸酉	甲戌	乙亥	丙子	丁丑	戊寅	己卯	庚辰	辛巳	壬午	癸未	甲申	乙酉	丙戌	丁亥	戊子	
비밀수	35	46	57	68	55	66	77	88	11	22	33	35	46	57	48	51	66	77	88	11	22	33	44	55	46	57	68	71	86	

八 月 (乙 酉) 大

절기														백로															추분	
음력	一	二	三	四	五	六	七	八	九	十	十一	十二	十三	十四	十五	十六	十七	十八	十九	廿	廿一	廿二	廿三	廿四	廿五	廿六	廿七	廿八	廿九	三十
양력 월/일	8/26	27	28	29	30	31	9/1	2	3	4	5	6	7	8	9	10	11	12	13	14	15	16	17	18	19	20	21	22	23	24
일진	己丑	庚寅	辛卯	壬辰	癸巳	甲午	乙未	丙申	丁酉	戊戌	己亥	庚子	辛丑	壬寅	癸卯	甲辰	乙巳	丙午	丁未	戊申	己酉	庚戌	辛亥	壬子	癸丑	甲寅	乙卯	丙辰	丁巳	戊午
비밀수	17	28	31	42	53	44	55	66	77	88	11	26	37	51	62	53	64	75	86	17	28	31	42	57	68	51	62	73	84	15

閏 八 月 (乙 酉) 小

절기															한로															
음력	一	二	三	四	五	六	七	八	九	十	十一	十二	十三	十四	十五	十六	十七	十八	十九	廿	廿一	廿二	廿三	廿四	廿五	廿六	廿七	廿八	廿九	
양력 월/일	9/25	26	27	28	29	30	10/1	2	3	4	5	6	7	8	9	10	11	12	13	14	15	16	17	18	19	20	21	22	23	
일진	己未	庚申	辛酉	壬戌	癸亥	甲子	乙丑	丙寅	丁卯	戊辰	己巳	庚午	辛未	壬申	癸酉	甲戌	乙亥	丙子	丁丑	戊寅	己卯	庚辰	辛巳	壬午	癸未	甲申	乙酉	丙戌	丁亥	
비밀수	26	37	48	51	62	57	68	71	82	12	24	35	46	57	61	62	71	88	11	22	33	44	55	66	77	68	71	82	11	

九 月 (丙 戌) 大

절기	상강															동지														
음력	一	二	三	四	五	六	七	八	九	十	十一	十二	十三	十四	十五	十六	十七	十八	十九	廿	廿一	廿二	廿三	廿四	廿五	廿六	廿七	廿八	廿九	三十
양력 월/일	10/24	25	26	27	28	29	30	31	11/1	2	3	4	5	6	7	8	9	10	11	12	13	14	15	16	17	18	19	20	21	22
일진	戊子	己丑	庚寅	辛卯	壬辰	癸巳	甲午	乙未	丙申	丁酉	戊戌	己亥	庚子	辛丑	壬寅	癸卯	甲辰	乙巳	丙午	丁未	戊申	己酉	庚戌	辛亥	壬子	癸丑	甲寅	乙卯	丙辰	丁巳
비밀수	28	31	42	53	64	75	66	77	88	11	22	33	48	51	62	84	75	86	17	28	31	42	53	64	71	82	73	84	15	26

十 月 (丁 亥) 小

절기	소설														대설															
음력	一	二	三	四	五	六	七	八	九	十	十一	十二	十三	十四	十五	十六	十七	十八	十九	廿	廿一	廿二	廿三	廿四	廿五	廿六	廿七	廿八	廿九	
양력 월/일	11/23	24	25	26	27	28	29	30	12/1	2	3	4	5	6	7	8	9	10	11	12	13	14	15	16	17	18	19	20	21	
일진	戊午	己未	庚申	辛酉	壬戌	癸亥	甲子	乙丑	丙寅	丁卯	戊辰	己巳	庚午	辛未	壬申	癸酉	甲戌	乙亥	丙子	丁丑	戊寅	己卯	庚辰	辛巳	壬午	癸未	甲申	乙酉	丙戌	
비밀수	35	48	51	62	73	84	71	82	13	24	35	46	57	68	86	17	88	11	26	37	48	51	62	73	84	15	86	17	28	

十 一 月 (戊 子) 小

절기	동지															소한														
음력	一	二	三	四	五	六	七	八	九	十	十一	十二	十三	十四	十五	十六	十七	十八	十九	廿	廿一	廿二	廿三	廿四	廿五	廿六	廿七	廿八	廿九	
양력 월/일	12/22	23	24	25	26	27	28	29	30	31	1/1	2	3	4	5	6	7	8	9	10	11	12	13	14	15	16	17	18	19	
일진	丁亥	戊子	己丑	庚寅	辛卯	壬辰	癸巳	甲午	乙未	丙申	丁酉	戊戌	己亥	庚子	辛丑	壬寅	癸卯	甲辰	乙巳	丙午	丁未	戊申	己酉	庚戌	辛亥	壬子	癸丑	甲寅	乙卯	
비밀수	31	46	57	68	71	82	13	24	15	26	37	48	51	66	77	11	22	33	24	35	46	57	68	71	82	17	28	11	22	

十 二 月 (己 丑) 大

절기		대한														입춘														
음력	一	二	三	四	五	六	七	八	九	十	十一	十二	十三	十四	十五	十六	十七	十八	十九	廿	廿一	廿二	廿三	廿四	廿五	廿六	廿七	廿八	廿九	三十
양력 월/일	1/20	21	22	23	24	25	26	27	28	29	30	31	2/1	2	3	4	5	6	7	8	9	10	11	12	13	14	15	16	17	18
일진	丙辰	丁巳	戊午	己未	庚申	辛酉	壬戌	癸亥	甲子	乙丑	丙寅	丁卯	戊辰	己巳	庚午	辛未	壬申	癸酉	甲戌	乙亥	丙子	丁丑	戊寅	己卯	庚辰	辛巳	壬午	癸未	甲申	乙酉
비밀수	33	44	55	66	77	88	11	22	17	28	31	42	53	64	75	24	35	46	37	48	55	66	77	88	11	22	33	44	35	46

단기 4329년
서기 1996년

丙 子 年

六金神

正 月 (庚 寅) 小

절 기	우수															경칩														
음 력	一	二	三	四	五	六	七	八	九	十	十一	十二	十三	十四	十五	十六	十七	十八	十九	廿	廿一	廿二	廿三	廿四	廿五	廿六	廿七	廿八	廿九	
양력 월일	$^{2}{}_{19}$	20	21	22	23	24	25	26	27	28	29	$^{3}{}_{1}$	2	3	4	5	6	7	8	9	10	11	12	13	14	15	16	17	18	
일 진	丙戌	丁亥	戊子	己丑	庚寅	辛卯	壬辰	癸巳	甲午	乙未	丙申	丁酉	戊戌	己亥	庚子	辛丑	壬寅	癸卯	甲辰	乙巳	丙午	丁未	戊申	己酉	庚戌	辛亥	壬子	癸丑	甲寅	
비밀수	57	68	75	86	17	28	31	42	33	44	55	66	77	88	15	37	48	51	42	53	64	75	86	17	28	31	46	57	48	

二 月 (辛 卯) 大

절 기		춘분															청명													
음 력	一	二	三	四	五	六	七	八	九	十	十一	十二	十三	十四	十五	十六	十七	十八	十九	廿	廿一	廿二	廿三	廿四	廿五	廿六	廿七	廿八	廿九	三十
양력 월일	$^{3}{}_{19}$	20	21	22	23	24	25	26	27	28	29	30	31	$^{4}{}_{1}$	2	3	4	5	6	7	8	9	10	11	12	13	14	15	16	17
일 진	乙卯	丙辰	丁巳	戊午	己未	庚申	辛酉	壬戌	癸亥	甲子	乙丑	丙寅	丁卯	戊辰	己巳	庚午	辛未	壬申	癸酉	甲戌	乙亥	丙子	丁丑	戊寅	己卯	庚辰	辛巳	壬午	癸未	甲申
비밀수	51	62	73	84	15	26	37	48	51	46	57	68	71	82	13	24	46	57	68	51	62	77	88	11	22	33	44	55	66	57

三 月 (壬 辰) 小

절 기			곡우															입하												
음 력	一	二	三	四	五	六	七	八	九	十	十一	十二	十三	十四	十五	十六	十七	十八	十九	廿	廿一	廿二	廿三	廿四	廿五	廿六	廿七	廿八	廿九	
양력 월일	$^{4}{}_{18}$	19	20	21	22	23	24	25	26	27	28	29	30	$^{5}{}_{1}$	2	3	4	5	6	7	8	9	10	11	12	13	14	15	16	
일 진	乙酉	丙戌	丁亥	戊子	己丑	庚寅	辛卯	壬辰	癸巳	甲午	乙未	丙申	丁酉	戊戌	己亥	庚子	辛丑	壬寅	癸卯	甲辰	乙巳	丙午	丁未	戊申	己酉	庚戌	辛亥	壬子	癸丑	
비밀수	68	71	82	17	28	31	42	53	64	55	66	77	88	11	22	37	48	62	73	64	75	86	17	28	31	42	53	68	71	

四 月 (癸 巳) 大

절 기					소만															망종										
음 력	一	二	三	四	五	六	七	八	九	十	十一	十二	十三	十四	十五	十六	十七	十八	十九	廿	廿一	廿二	廿三	廿四	廿五	廿六	廿七	廿八	廿九	三十
양력 월일	$^{5}{}_{17}$	18	19	20	21	22	23	24	25	26	27	28	29	30	31	$^{6}{}_{1}$	2	3	4	5	6	7	8	9	10	11	12	13	14	15
일 진	甲寅	乙卯	丙辰	丁巳	戊午	己未	庚申	辛酉	壬戌	癸亥	甲子	乙丑	丙寅	丁卯	戊辰	己巳	庚午	辛未	壬申	癸酉	甲戌	乙亥	丙子	丁丑	戊寅	己卯	庚辰	辛巳	壬午	癸未
비밀수	62	73	84	15	26	37	48	51	62	73	68	71	82	13	24	35	46	57	68	62	53	64	71	82	13	24	35	46	57	68

五 月 (甲 午) 大

절 기						하지																소서								
음 력	一	二	三	四	五	六	七	八	九	十	十一	十二	十三	十四	十五	十六	十七	十八	十九	廿	廿一	廿二	廿三	廿四	廿五	廿六	廿七	廿八	廿九	三十
양력 월일	$^{6}{}_{16}$	17	18	19	20	21	22	23	24	25	26	27	28	29	30	$^{7}{}_{1}$	2	3	4	5	6	7	8	9	10	11	12	13	14	15
일 진	甲申	乙酉	丙戌	丁亥	戊子	己丑	庚寅	辛卯	壬辰	癸巳	甲午	乙未	丙申	丁酉	戊戌	己亥	庚子	辛丑	壬寅	癸卯	甲辰	乙巳	丙午	丁未	戊申	己酉	庚戌	辛亥	壬子	癸丑
비밀수	51	62	73	84	11	22	33	44	55	66	57	68	71	82	13	24	31	42	53	64	55	77	88	11	22	33	44	55	62	73

六 月 (乙 未) 小

절 기							대서																입추							
음 력	一	二	三	四	五	六	七	八	九	十	十一	十二	十三	十四	十五	十六	十七	十八	十九	廿	廿一	廿二	廿三	廿四	廿五	廿六	廿七	廿八	廿九	
양력 월일	$^{7}{}_{16}$	17	18	19	20	21	22	23	24	25	26	27	28	29	30	31	$^{8}{}_{1}$	2	3	4	5	6	7	8	9	10	11	12	13	
일 진	甲寅	乙卯	丙辰	丁巳	戊午	己未	庚申	辛酉	壬戌	癸亥	甲子	乙丑	丙寅	丁卯	戊辰	己巳	庚午	辛未	壬申	癸酉	甲戌	乙亥	丙子	丁丑	戊寅	己卯	庚辰	辛巳	壬午	
비밀수	64	75	86	17	28	31	42	53	64	75	62	73	84	15	26	37	48	51	62	73	64	75	13	24	35	46	57	68	71	

七月 黑中	酉 大將	寅 喪門	戌 吊客	南 三殺

七 月 (丙 申) 大

절기										처서															백로					
음력	一	二	三	四	五	六	七	八	九	十	十一	十二	十三	十四	十五	十六	十七	十八	十九	廿	廿一	廿二	廿三	廿四	廿五	廿六	廿七	廿八	廿九	三十
양력 월/일	8/14	15	16	17	18	19	20	21	22	23	24	25	26	27	28	29	30	31	9/1	2	3	4	5	6	7	8	9	10	11	12
일진	癸未	甲申	乙酉	丙戌	丁亥	戊子	己丑	庚寅	辛卯	壬辰	癸巳	甲午	乙未	丙申	丁酉	戊戌	己亥	庚子	辛丑	壬寅	癸卯	甲辰	乙巳	丙午	丁未	戊申	己酉	庚戌	辛亥	壬子
비밀수	82	73	84	15	26	33	44	55	66	77	88	71	82	13	24	35	46	53	64	75	86	77	88	11	33	44	55	66	77	84

八 月 (丁 酉) 小

절기											추분															한로				
음력	一	二	三	四	五	六	七	八	九	十	十一	十二	十三	十四	十五	十六	十七	十八	十九	廿	廿一	廿二	廿三	廿四	廿五	廿六	廿七	廿八	廿九	
양력 월/일	9/13	14	15	16	17	18	19	20	21	22	23	24	25	26	27	28	29	30	10/1	2	3	4	5	6	7	8	9	10	11	
일진	癸丑	甲寅	乙卯	丙辰	丁巳	戊午	己未	庚申	辛酉	壬戌	癸亥	甲子	乙丑	丙寅	丁卯	戊辰	己巳	庚午	辛未	壬申	癸酉	甲戌	乙亥	丙子	丁丑	戊寅	己卯	庚辰	辛巳	
비밀수	15	86	17	28	31	42	53	64	75	86	17	84	15	26	37	48	51	62	73	84	15	86	17	24	35	57	68	71	82	

九 月 (戊 戌) 大

절기												상강															입동			
음력	一	二	三	四	五	六	七	八	九	十	十一	十二	十三	十四	十五	十六	十七	十八	十九	廿	廿一	廿二	廿三	廿四	廿五	廿六	廿七	廿八	廿九	三十
양력 월/일	10/12	13	14	15	16	17	18	19	20	21	22	23	24	25	26	27	28	29	30	31	11/1	2	3	4	5	6	7	8	9	10
일진	壬午	癸未	甲申	乙酉	丙戌	丁亥	戊子	己丑	庚寅	辛卯	壬辰	癸巳	甲午	乙未	丙申	丁酉	戊戌	己亥	庚子	辛丑	壬寅	癸卯	甲辰	乙巳	丙午	丁未	戊申	己酉	庚戌	辛亥
비밀수	13	24	15	26	37	48	55	66	77	88	11	22	13	24	35	46	57	68	75	86	17	28	11	22	33	44	66	77	88	11

十 月 (己 亥) 大

절기												소설															대설			
음력	一	二	三	四	五	六	七	八	九	十	十一	十二	十三	十四	十五	十六	十七	十八	十九	廿	廿一	廿二	廿三	廿四	廿五	廿六	廿七	廿八	廿九	三十
양력 월/일	11/11	12	13	14	15	16	17	18	19	20	21	22	23	24	25	26	27	28	29	30	12/1	2	3	4	5	6	7	8	9	10
일진	壬子	癸丑	甲寅	乙卯	丙辰	丁巳	戊午	己未	庚申	辛酉	壬戌	癸亥	甲子	乙丑	丙寅	丁卯	戊辰	己巳	庚午	辛未	壬申	癸酉	甲戌	乙亥	丙子	丁丑	戊寅	己卯	庚辰	辛巳
비밀수	26	37	28	31	42	53	64	75	86	17	28	31	26	37	48	51	62	73	84	15	26	37	28	31	46	57	75	86	17	28

十 一 月 (庚 子) 小

절기											동지															소한				
음력	一	二	三	四	五	六	七	八	九	十	十一	十二	十三	十四	十五	十六	十七	十八	十九	廿	廿一	廿二	廿三	廿四	廿五	廿六	廿七	廿八	廿九	
양력 월/일	12/11	12	13	14	15	16	17	18	19	20	21	22	23	24	25	26	27	28	29	30	31	1/1	2	3	4	5	6	7	8	
일진	壬午	癸未	甲申	乙酉	丙戌	丁亥	戊子	己丑	庚寅	辛卯	壬辰	癸巳	甲午	乙未	丙申	丁酉	戊戌	己亥	庚子	辛丑	壬寅	癸卯	甲辰	乙巳	丙午	丁未	戊申	己酉	庚戌	
비밀수	31	42	33	44	55	66	73	84	15	26	37	48	31	42	53	64	75	86	13	24	35	46	37	48	51	73	84	15	26	

十 二 月 (辛 丑) 大

절기												대한															입춘			
음력	一	二	三	四	五	六	七	八	九	十	十一	十二	十三	十四	十五	十六	十七	十八	十九	廿	廿一	廿二	廿三	廿四	廿五	廿六	廿七	廿八	廿九	三十
양력 월/일	1/9	10	11	12	13	14	15	16	17	18	19	20	21	22	23	24	25	26	27	28	29	30	31	2/1	2	3	4	5	6	7
일진	辛亥	壬子	癸丑	甲寅	乙卯	丙辰	丁巳	戊午	己未	庚申	辛酉	壬戌	癸亥	甲子	乙丑	丙寅	丁卯	戊辰	己巳	庚午	辛未	壬申	癸酉	甲戌	乙亥	丙子	丁丑	戊寅	己卯	庚辰
비밀수	37	44	55	46	57	68	71	82	13	24	35	46	57	44	55	66	77	88	11	22	33	44	55	46	57	64	17	28	31	42

단기 4330년
서기 1997년

丁 丑 年

四金神

正 月 (壬 寅) 小

절기											우수															경칩				
음력	一	二	三	四	五	六	七	八	九	十	十一	十二	十三	十四	十五	十六	十七	十八	十九	廿	廿一	廿二	廿三	廿四	廿五	廿六	廿七	廿八	廿九	
양력 월/일	2/8	9	10	11	12	13	14	15	16	17	18	19	20	21	22	23	24	25	26	27	28	3/1	2	3	4	5	6	7	8	
일진	辛巳	壬午	癸未	甲申	乙酉	丙戌	丁亥	戊子	己丑	庚寅	辛卯	壬辰	癸巳	甲午	乙未	丙申	丁酉	戊戌	己亥	庚子	辛丑	壬寅	癸卯	甲辰	乙巳	丙午	丁未	戊申	己酉	
비밀수	53	64	75	66	77	88	11	26	37	48	51	62	73	64	75	86	17	28	31	46	57	68	71	62	73	15	26	37	48	

二 月 (癸 卯) 小

절기												춘분																청명		
음력	一	二	三	四	五	六	七	八	九	十	十一	十二	十三	十四	十五	十六	十七	十八	十九	廿	廿一	廿二	廿三	廿四	廿五	廿六	廿七	廿八	廿九	
양력 월/일	3/9	10	11	12	13	14	15	16	17	18	19	20	21	22	23	24	25	26	27	28	29	30	31	4/1	2	3	4	5	6	
일진	庚戌	辛亥	壬子	癸丑	甲寅	乙卯	丙辰	丁巳	戊午	己未	庚申	辛酉	壬戌	癸亥	甲子	乙丑	丙寅	丁卯	戊辰	己巳	庚午	辛未	壬申	癸酉	甲戌	乙亥	丙子	丁丑	戊寅	
비밀수	51	62	77	88	71	82	13	24	35	46	57	68	71	82	77	88	11	22	33	44	55	66	77	88	71	82	17	11	22	

三 月 (甲 辰) 大

절기														곡우															입하	
음력	一	二	三	四	五	六	七	八	九	十	十一	十二	十三	十四	十五	十六	十七	十八	十九	廿	廿一	廿二	廿三	廿四	廿五	廿六	廿七	廿八	廿九	三十
양력 월/일	4/7	8	9	10	11	12	13	14	15	16	17	18	19	20	21	22	23	24	25	26	27	28	29	30	5/1	2	3	4	5	6
일진	己卯	庚辰	辛巳	壬午	癸未	甲申	乙酉	丙戌	丁亥	戊子	己丑	庚寅	辛卯	壬辰	癸巳	甲午	乙未	丙申	丁酉	戊戌	己亥	庚子	辛丑	壬寅	癸卯	甲辰	乙巳	丙午	丁未	戊申
비밀수	33	44	55	66	77	68	71	82	13	28	31	42	53	64	75	66	77	88	11	22	33	48	51	62	73	64	75	86	28	31

四 月 (乙 巳) 小

절기															소만															
음력	一	二	三	四	五	六	七	八	九	十	十一	十二	十三	十四	十五	十六	十七	十八	十九	廿	廿一	廿二	廿三	廿四	廿五	廿六	廿七	廿八	廿九	
양력 월/일	5/7	8	9	10	11	12	13	14	15	16	17	18	19	20	21	22	23	24	25	26	27	28	29	30	31	6/1	2	3	4	
일진	己酉	庚戌	辛亥	壬子	癸丑	甲寅	乙卯	丙辰	丁巳	戊午	己未	庚申	辛酉	壬戌	癸亥	甲子	乙丑	丙寅	丁卯	戊辰	己巳	庚午	辛未	壬申	癸酉	甲戌	乙亥	丙子	丁丑	
비밀수	42	53	64	71	82	73	84	15	26	37	48	51	62	73	84	71	82	13	24	35	46	57	68	71	82	73	84	11	22	

五 月 (丙 午) 大

절기		망종															하지													
음력	一	二	三	四	五	六	七	八	九	十	十一	十二	十三	十四	十五	十六	十七	十八	十九	廿	廿一	廿二	廿三	廿四	廿五	廿六	廿七	廿八	廿九	三十
양력 월/일	6/5	6	7	8	9	10	11	12	13	14	15	16	17	18	19	20	21	22	23	24	25	26	27	28	29	30	7/1	2	3	4
일진	戊寅	己卯	庚辰	辛巳	壬午	癸未	甲申	乙酉	丙戌	丁亥	戊子	己丑	庚寅	辛卯	壬辰	癸巳	甲午	乙未	丙申	丁酉	戊戌	己亥	庚子	辛丑	壬寅	癸卯	甲辰	乙巳	丙午	丁未
비밀수	33	55	66	77	88	11	82	13	24	35	42	53	64	75	86	17	88	11	22	33	44	55	62	73	84	15	86	17	28	31

六 月 (丁 未) 小

절기			소서																대서											
음력	一	二	三	四	五	六	七	八	九	十	十一	十二	十三	十四	十五	十六	十七	十八	十九	廿	廿一	廿二	廿三	廿四	廿五	廿六	廿七	廿八	廿九	
양력 월/일	7/5	6	7	8	9	10	11	12	13	14	15	16	17	18	19	20	21	22	23	24	25	26	27	28	29	30	31	8/1	2	
일진	戊申	己酉	庚戌	辛亥	壬子	癸丑	甲寅	乙卯	丙辰	丁巳	戊午	己未	庚申	辛酉	壬戌	癸亥	甲子	乙丑	丙寅	丁卯	戊辰	己巳	庚午	辛未	壬申	癸酉	甲戌	乙亥	丙子	
비밀수	42	53	75	86	13	24	15	26	37	48	51	62	73	84	15	26	13	24	35	46	57	68	71	82	13	24	15	26	33	

四月 黑中	西 大將	卯 喪門	亥 吊客	東 三殺

七 月 (戊 申) 大

절 기					입추																처서									
음 력	一	二	三	四	五	六	七	八	九	十	十一	十二	十三	十四	十五	十六	十七	十八	十九	廿	廿一	廿二	廿三	廿四	廿五	廿六	廿七	廿八	廿九	三十
양력 월/일	8/3	4	5	6	7	8	9	10	11	12	13	14	15	16	17	18	19	20	21	22	23	24	25	26	27	28	29	30	31	9/1
일 진	丁丑	戊寅	己卯	庚辰	辛巳	壬午	癸未	甲申	乙酉	丙戌	丁亥	戊子	己丑	庚寅	辛卯	壬辰	癸巳	甲午	乙未	丙申	丁酉	戊戌	己亥	庚子	辛丑	壬寅	癸卯	甲辰	乙巳	丙午
비밀수	44	55	66	77	11	22	33	24	35	46	57	64	75	86	17	28	31	22	33	44	55	66	77	84	15	26	37	28	31	42

八 月 (己 酉) 大

절 기						백로																추분								
음 력	一	二	三	四	五	六	七	八	九	十	十一	十二	十三	十四	十五	十六	十七	十八	十九	廿	廿一	廿二	廿三	廿四	廿五	廿六	廿七	廿八	廿九	三十
양력 월/일	9/2	3	4	5	6	7	8	9	10	11	12	13	14	15	16	17	18	19	20	21	22	23	24	25	26	27	28	29	30	10/1
일 진	丁未	戊申	己酉	庚戌	辛亥	壬子	癸丑	甲寅	乙卯	丙辰	丁巳	戊午	己未	庚申	辛酉	壬戌	癸亥	甲子	乙丑	丙寅	丁卯	戊辰	己巳	庚午	辛未	壬申	癸酉	甲戌	乙亥	丙子
비밀수	53	64	75	86	17	35	46	34	48	51	62	73	84	15	26	37	48	35	46	57	68	71	82	13	24	35	46	37	48	55

九 月 (庚 戌) 小

절 기							한로															상강								
음 력	一	二	三	四	五	六	七	八	九	十	十一	十二	十三	十四	十五	十六	十七	十八	十九	廿	廿一	廿二	廿三	廿四	廿五	廿六	廿七	廿八	廿九	
양력 월/일	10/2	3	4	5	6	7	8	9	10	11	12	13	14	15	16	17	18	19	20	21	22	23	24	25	26	27	28	29	30	
일 진	丁丑	戊寅	己卯	庚辰	辛巳	壬午	癸未	甲申	乙酉	丙戌	丁亥	戊子	己丑	庚寅	辛卯	壬辰	癸巳	甲午	乙未	丙申	丁酉	戊戌	己亥	庚子	辛丑	壬寅	癸卯	甲辰	乙巳	
비밀수	66	77	88	11	22	33	55	46	57	68	71	86	17	28	31	42	53	44	55	66	77	88	11	26	37	48	51	42	53	

十 月 (辛 亥) 大

절 기								입동															소설							
음 력	一	二	三	四	五	六	七	八	九	十	十一	十二	十三	十四	十五	十六	十七	十八	十九	廿	廿一	廿二	廿三	廿四	廿五	廿六	廿七	廿八	廿九	三十
양력 월/일	10/31	11/1	2	3	4	5	6	7	8	9	10	11	12	13	14	15	16	17	18	19	20	21	22	23	24	25	26	27	28	29
일 진	丙午	丁未	戊申	己酉	庚戌	辛亥	壬子	癸丑	甲寅	乙卯	丙辰	丁巳	戊午	己未	庚申	辛酉	壬戌	癸亥	甲子	乙丑	丙寅	丁卯	戊辰	己巳	庚午	辛未	壬申	癸酉	甲戌	乙亥
비밀수	64	75	86	17	28	31	46	68	51	62	73	84	15	26	37	48	51	62	57	68	71	82	13	24	35	46	57	68	51	62

十 一 月 (壬 子) 大

절 기								대설															동지							
음 력	一	二	三	四	五	六	七	八	九	十	十一	十二	十三	十四	十五	十六	十七	十八	十九	廿	廿一	廿二	廿三	廿四	廿五	廿六	廿七	廿八	廿九	三十
양력 월/일	11/30	12/1	2	3	4	5	6	7	8	9	10	11	12	13	14	15	16	17	18	19	20	21	22	23	24	25	26	27	28	29
일 진	丙子	丁丑	戊寅	己卯	庚辰	辛巳	壬午	癸未	甲申	乙酉	丙戌	丁亥	戊子	己丑	庚寅	辛卯	壬辰	癸巳	甲午	乙未	丙申	丁酉	戊戌	己亥	庚子	辛丑	壬寅	癸卯	甲辰	乙巳
비밀수	77	88	11	22	33	44	55	73	64	75	86	17	24	35	46	57	68	71	62	73	84	15	26	37	44	55	66	77	68	71

十 二 月 (癸 丑) 小

절 기							소한															대한								
음 력	一	二	三	四	五	六	七	八	九	十	十一	十二	十三	十四	十五	十六	十七	十八	十九	廿	廿一	廿二	廿三	廿四	廿五	廿六	廿七	廿八	廿九	
양력 월/일	12/30	31	1/1	2	3	4	5	6	7	8	9	10	11	12	13	14	15	16	17	18	19	20	21	22	23	24	25	26	27	
일 진	丙午	丁未	戊申	己酉	庚戌	辛亥	壬子	癸丑	甲寅	乙卯	丙辰	丁巳	戊午	己未	庚申	辛酉	壬戌	癸亥	甲子	乙丑	丙寅	丁卯	戊辰	己巳	庚午	辛未	壬申	癸酉	甲戌	
비밀수	82	13	24	35	46	57	75	86	77	88	11	22	33	44	55	66	77	88	75	86	17	28	31	42	53	64	75	86	77	

단기 4331년
서기 1998년

戊寅年

四金神

正　月　(甲　寅)　大

절기								입춘															우수							
음력	一	二	三	四	五	六	七	八	九	十	十一	十二	十三	十四	十五	十六	十七	十八	十九	二十	廿一	廿二	廿三	廿四	廿五	廿六	廿七	廿八	廿九	三十
양력 월일	1/28	29	30	31	2/1	2	3	4	5	6	7	8	9	10	11	12	13	14	15	16	17	18	19	20	21	22	23	24	25	26
일진	乙亥	丙子	丁丑	戊寅	己卯	庚辰	辛巳	壬午	癸未	甲申	乙酉	丙戌	丁亥	戊子	己丑	庚寅	辛卯	壬辰	癸巳	甲午	乙未	丙申	丁酉	戊戌	己亥	庚子	辛丑	壬寅	癸卯	甲辰
비밀수	88	15	26	37	48	51	62	75	86	77	88	11	22	37	48	51	62	73	84	75	86	17	28	31	42	57	68	71	82	73

二　月　(乙　卯)　小

절기								경칩															춘분							
음력	一	二	三	四	五	六	七	八	九	十	十一	十二	十三	十四	十五	十六	十七	十八	十九	二十	廿一	廿二	廿三	廿四	廿五	廿六	廿七	廿八	廿九	
양력 월일	2/27	28	3/1	2	3	4	5	6	7	8	9	10	11	12	13	14	15	16	17	18	19	20	21	22	23	24	25	26	27	
일진	乙巳	丙午	丁未	戊申	己酉	庚戌	辛亥	壬子	癸丑	甲寅	乙卯	丙辰	丁巳	戊午	己未	庚申	辛酉	壬戌	癸亥	甲子	乙丑	丙寅	丁卯	戊辰	己巳	庚午	辛未	壬申	癸酉	
비밀수	84	15	26	37	48	51	62	88	11	82	13	24	35	46	57	68	71	82	13	88	11	22	33	44	55	66	77	88	11	

三　月　(丙　辰)　小

절기									청명															곡우						
음력	一	二	三	四	五	六	七	八	九	十	十一	十二	十三	十四	十五	十六	十七	十八	十九	二十	廿一	廿二	廿三	廿四	廿五	廿六	廿七	廿八	廿九	
양력 월일	3/28	29	30	31	4/1	2	3	4	5	6	7	8	9	10	11	12	13	14	15	16	17	18	19	20	21	22	23	24	25	
일진	甲戌	乙亥	丙子	丁丑	戊寅	己卯	庚辰	辛巳	壬午	癸未	甲申	乙酉	丙戌	丁亥	戊子	己丑	庚寅	辛卯	壬辰	癸巳	甲午	乙未	丙申	丁酉	戊戌	己亥	庚子	辛丑	壬寅	
비밀수	82	13	28	31	42	53	64	75	17	28	11	22	33	44	51	62	73	84	15	26	17	28	31	42	53	64	71	82	13	

四　月　(丁　巳)　大

절기											입하															소만				
음력	一	二	三	四	五	六	七	八	九	十	十一	十二	十三	十四	十五	十六	十七	十八	十九	二十	廿一	廿二	廿三	廿四	廿五	廿六	廿七	廿八	廿九	三十
양력 월일	4/26	27	28	29	30	5/1	2	3	4	5	6	7	8	9	10	11	12	13	14	15	16	17	18	19	20	21	22	23	24	25
일진	癸卯	甲辰	乙巳	丙午	丁未	戊申	己酉	庚戌	辛亥	壬子	癸丑	甲寅	乙卯	丙辰	丁巳	戊午	己未	庚申	辛酉	壬戌	癸亥	甲子	乙丑	丙寅	丁卯	戊辰	己巳	庚午	辛未	壬申
비밀수	24	15	26	37	48	51	62	73	84	11	33	24	35	46	57	68	71	82	13	24	35	22	33	44	55	66	77	88	11	22

五　月　(戊　午)　小

절기												망종															하지			
음력	一	二	三	四	五	六	七	八	九	十	十一	十二	十三	十四	十五	十六	十七	十八	十九	二十	廿一	廿二	廿三	廿四	廿五	廿六	廿七	廿八	廿九	
양력 월일	5/26	27	28	29	30	31	6/1	2	3	4	5	6	7	8	9	10	11	12	13	14	15	16	17	18	19	20	21	22	23	
일진	癸酉	甲戌	乙亥	丙子	丁丑	戊寅	己卯	庚辰	辛巳	壬午	癸未	甲申	乙酉	丙戌	丁亥	戊子	己丑	庚寅	辛卯	壬辰	癸巳	甲午	乙未	丙申	丁酉	戊戌	己亥	庚子	辛丑	
비밀수	33	24	35	42	53	64	75	86	17	28	31	33	44	55	66	73	84	15	26	37	48	31	42	53	64	75	86	13	24	

閏　五　月　(戊　午)　小

절기														소서																
음력	一	二	三	四	五	六	七	八	九	十	十一	十二	十三	十四	十五	十六	十七	十八	十九	二十	廿一	廿二	廿三	廿四	廿五	廿六	廿七	廿八	廿九	
양력 월일	6/24	25	26	27	28	29	30	7/1	2	3	4	5	6	7	8	9	10	11	12	13	14	15	16	17	18	19	20	21	22	
일진	壬寅	癸卯	甲辰	乙巳	丙午	丁未	戊申	己酉	庚戌	辛亥	壬子	癸丑	甲寅	乙卯	丙辰	丁巳	戊午	己未	庚申	辛酉	壬戌	癸亥	甲子	乙丑	丙寅	丁卯	戊辰	己巳	庚午	
비밀수	35	46	37	48	51	62	73	84	15	26	33	44	35	57	68	71	82	13	24	35	46	57	44	55	66	77	88	11	22	

五·十月 黑中	北大將	辰喪門	子吊客	北三殺

六 月 (己未) 大

절기	대서																입추													
음력	一	二	三	四	五	六	七	八	九	十	十一	十二	十三	十四	十五	十六	十七	十八	十九	廿	廿一	廿二	廿三	廿四	廿五	廿六	廿七	廿八	廿九	三十
양력 월일	7 23	24	25	26	27	28	29	30	31	8 1	2	3	4	5	6	7	8	9	10	11	12	13	14	15	16	17	18	19	20	21
일진	辛未	壬申	癸酉	甲戌	乙亥	丙子	丁丑	戊寅	己卯	庚辰	辛巳	壬午	癸未	甲申	乙酉	丙戌	丁亥	戊子	己丑	庚寅	辛卯	壬辰	癸巳	甲午	乙未	丙申	丁酉	戊戌	己亥	庚子
비밀수	33	44	55	46	57	64	75	86	17	28	31	42	53	44	55	66	88	15	26	37	48	51	62	53	64	75	86	17	28	35

七 月 (庚申) 大

절기		처서																백로												
음력	一	二	三	四	五	六	七	八	九	十	十一	十二	十三	十四	十五	十六	十七	十八	十九	廿	廿一	廿二	廿三	廿四	廿五	廿六	廿七	廿八	廿九	三十
양력 월일	8 22	23	24	25	26	27	28	29	30	31	9 1	2	3	4	5	6	7	8	9	10	11	12	13	14	15	16	17	18	19	20
일진	辛丑	壬寅	癸卯	甲辰	乙巳	丙午	丁未	戊申	己酉	庚戌	辛亥	壬子	癸丑	甲寅	乙卯	丙辰	丁巳	戊午	己未	庚申	辛酉	壬戌	癸亥	甲子	乙丑	丙寅	丁卯	戊辰	己巳	庚午
비밀수	46	57	68	51	62	73	84	15	26	37	48	55	66	57	68	71	82	24	35	46	57	68	71	66	77	88	11	22	33	44

八 月 (辛酉) 小

절기			추분															한로											
음력	一	二	三	四	五	六	七	八	九	十	十一	十二	十三	十四	十五	十六	十七	十八	十九	廿	廿一	廿二	廿三	廿四	廿五	廿六	廿七	廿八	廿九
양력 월일	9 21	22	23	24	25	26	27	28	29	30	10 1	2	3	4	5	6	7	8	9	10	11	12	13	14	15	16	17	18	19
일진	辛未	壬申	癸酉	甲戌	乙亥	丙子	丁丑	戊寅	己卯	庚辰	辛巳	壬午	癸未	甲申	乙酉	丙戌	丁亥	戊子	己丑	庚寅	辛卯	壬辰	癸巳	甲午	乙未	丙申	丁酉	戊戌	己亥
비밀수	55	66	77	68	71	86	17	28	31	42	53	64	75	66	77	88	11	37	48	51	62	73	84	75	86	17	28	31	42

九 月 (壬戌) 大

절기				상강															입동											
음력	一	二	三	四	五	六	七	八	九	十	十一	十二	十三	十四	十五	十六	十七	十八	十九	廿	廿一	廿二	廿三	廿四	廿五	廿六	廿七	廿八	廿九	三十
양력 월일	10 20	21	22	23	24	25	26	27	28	29	30	31	11 1	2	3	4	5	6	7	8	9	10	11	12	13	14	15	16	17	18
일진	庚子	辛丑	壬寅	癸卯	甲辰	乙巳	丙午	丁未	戊申	己酉	庚戌	辛亥	壬子	癸丑	甲寅	乙卯	丙辰	丁巳	戊午	己未	庚申	辛酉	壬戌	癸亥	甲子	乙丑	丙寅	丁卯	戊辰	己巳
비밀수	57	68	71	82	73	84	15	26	37	48	51	62	77	88	71	82	13	24	46	57	68	71	82	13	88	11	22	33	44	55

十 月 (癸亥) 大

절기				소설															대설											
음력	一	二	三	四	五	六	七	八	九	十	十一	十二	十三	十四	十五	十六	十七	十八	十九	廿	廿一	廿二	廿三	廿四	廿五	廿六	廿七	廿八	廿九	三十
양력 월일	11 19	20	21	22	23	24	25	26	27	28	29	30	12 1	2	3	4	5	6	7	8	9	10	11	12	13	14	15	16	17	18
일진	庚午	辛未	壬申	癸酉	甲戌	乙亥	丙子	丁丑	戊寅	己卯	庚辰	辛巳	壬午	癸未	甲申	乙酉	丙戌	丁亥	戊子	己丑	庚寅	辛卯	壬辰	癸巳	甲午	乙未	丙申	丁酉	戊戌	己亥
비밀수	66	77	88	11	82	13	28	31	42	53	64	75	86	17	88	11	22	33	35	46	57	68	71	82	73	84	15	26	37	48

十 一 月 (甲子) 大

절기				동지															소한											
음력	一	二	三	四	五	六	七	八	九	十	十一	十二	十三	十四	十五	十六	十七	十八	十九	廿	廿一	廿二	廿三	廿四	廿五	廿六	廿七	廿八	廿九	三十
양력 월일	12 19	20	21	22	23	24	25	26	27	28	29	30	31	1 1	2	3	4	5	6	7	8	9	10	11	12	13	14	15	16	17
일진	庚子	辛丑	壬寅	癸卯	甲辰	乙巳	丙午	丁未	戊申	己酉	庚戌	辛亥	壬子	癸丑	甲寅	乙卯	丙辰	丁巳	戊午	己未	庚申	辛酉	壬戌	癸亥	甲子	乙丑	丙寅	丁卯	戊辰	己巳
비밀수	55	66	77	88	71	82	13	24	35	46	57	68	75	86	77	88	11	33	44	55	66	77	88	11	86	17	28	31	42	53

十 二 月 (乙丑) 小

절기			대한															입춘											
음력	一	二	三	四	五	六	七	八	九	十	十一	十二	十三	十四	十五	十六	十七	十八	十九	廿	廿一	廿二	廿三	廿四	廿五	廿六	廿七	廿八	廿九
양력 월일	1 18	19	20	21	22	23	24	25	26	27	28	29	30	31	2 1	2	3	4	5	6	7	8	9	10	11	12	13	14	15
일진	庚午	辛未	壬申	癸酉	甲戌	乙亥	丙子	丁丑	戊寅	己卯	庚辰	辛巳	壬午	癸未	甲申	乙酉	丙戌	丁亥	戊子	己丑	庚寅	辛卯	壬辰	癸巳	甲午	乙未	丙申	丁酉	戊戌
비밀수	64	75	86	17	88	11	26	37	48	51	62	73	84	15	86	17	28	53	68	71	82	13	24	35	26	37	48	51	62

단기 4332년 서기 1999년	己 卯 年	四金神

正 月 (丙 寅) 大

절 기				우수															경칩											
음 력	一	二	三	四	五	六	七	八	九	十	十一	十二	十三	十四	十五	十六	十七	十八	十九	廿	廿一	廿二	廿三	廿四	廿五	廿六	廿七	廿八	廿九	三十
양력 월/일	2/16	17	18	19	20	21	22	23	24	25	26	27	28	3/1	2	3	4	5	6	7	8	9	10	11	12	13	14	15	16	17
일 진	己亥	庚子	辛丑	壬寅	癸卯	甲辰	乙巳	丙午	丁未	戊申	己酉	庚戌	辛亥	壬子	癸丑	甲寅	乙卯	丙辰	丁巳	戊午	己未	庚申	辛酉	壬戌	癸亥	甲子	乙丑	丙寅	丁卯	戊辰
비밀수	73	88	11	22	33	24	35	46	57	68	71	82	13	28	31	22	33	44	66	77	88	11	22	33	44	31	42	53	64	75

二 月 (丁 卯) 小

절 기				춘분															청명											
음 력	一	二	三	四	五	六	七	八	九	十	十一	十二	十三	十四	十五	十六	十七	十八	十九	廿	廿一	廿二	廿三	廿四	廿五	廿六	廿七	廿八	廿九	
양력 월/일	3/18	19	20	21	22	23	24	25	26	27	28	29	30	31	4/1	2	3	4	5	6	7	8	9	10	11	12	13	14	15	
일 진	己巳	庚午	辛未	壬申	癸酉	甲戌	乙亥	丙子	丁丑	戊寅	己卯	庚辰	辛巳	壬午	癸未	甲申	乙酉	丙戌	丁亥	戊子	己丑	庚寅	辛卯	壬辰	癸巳	甲午	乙未	丙申	丁酉	
비밀수	86	17	28	31	42	33	44	51	62	73	84	15	26	37	48	31	42	53	75	82	13	24	35	46	57	48	51	62	73	

三 月 (戊 辰) 小

절 기					곡우																입하									
음 력	一	二	三	四	五	六	七	八	九	十	十一	十二	十三	十四	十五	十六	十七	十八	十九	廿	廿一	廿二	廿三	廿四	廿五	廿六	廿七	廿八	廿九	
양력 월/일	4/16	17	18	19	20	21	22	23	24	25	26	27	28	29	30	5/1	2	3	4	5	6	7	8	9	10	11	12	13	14	
일 진	戊戌	己亥	庚子	辛丑	壬寅	癸卯	甲辰	乙巳	丙午	丁未	戊申	己酉	庚戌	辛亥	壬子	癸丑	甲寅	乙卯	丙辰	丁巳	戊午	己未	庚申	辛酉	壬戌	癸亥	甲子	乙丑	丙寅	
비밀수	84	15	22	33	44	55	46	57	68	71	82	13	24	35	42	53	44	55	66	77	11	22	33	44	55	66	53	64	75	

四 月 (己 巳) 大

절 기							소만																망종							
음 력	一	二	三	四	五	六	七	八	九	十	十一	十二	十三	十四	十五	十六	十七	十八	十九	廿	廿一	廿二	廿三	廿四	廿五	廿六	廿七	廿八	廿九	三十
양력 월/일	5/15	16	17	18	19	20	21	22	23	24	25	26	27	28	29	30	31	6/1	2	3	4	5	6	7	8	9	10	11	12	13
일 진	丁卯	戊辰	己巳	庚午	辛未	壬申	癸酉	甲戌	乙亥	丙子	丁丑	戊寅	己卯	庚辰	辛巳	壬午	癸未	甲申	乙酉	丙戌	丁亥	戊子	己丑	庚寅	辛卯	壬辰	癸巳	甲午	乙未	丙申
비밀수	86	17	28	31	42	53	64	55	66	73	84	15	26	37	48	51	62	53	64	75	86	13	35	46	57	68	71	62	73	84

五 月 (庚 午) 小

절 기									하지															소서						
음 력	一	二	三	四	五	六	七	八	九	十	十一	十二	十三	十四	十五	十六	十七	十八	十九	廿	廿一	廿二	廿三	廿四	廿五	廿六	廿七	廿八	廿九	
양력 월/일	6/14	15	16	17	18	19	20	21	22	23	24	25	26	27	28	29	30	7/1	2	3	4	5	6	7	8	9	10	11	12	
일 진	丁酉	戊戌	己亥	庚子	辛丑	壬寅	癸卯	甲辰	乙巳	丙午	丁未	戊申	己酉	庚戌	辛亥	壬子	癸丑	甲寅	乙卯	丙辰	丁巳	戊午	己未	庚申	辛酉	壬戌	癸亥	甲子	乙丑	
비밀수	15	26	37	44	55	66	77	68	71	82	13	24	35	46	57	64	75	66	77	88	11	22	33	53	64	75	86	75	86	

六 月 (辛 未) 小

절 기											대서																입추			
음 력	一	二	三	四	五	六	七	八	九	十	十一	十二	十三	十四	十五	十六	十七	十八	十九	廿	廿一	廿二	廿三	廿四	廿五	廿六	廿七	廿八	廿九	
양력 월/일	7/13	14	15	16	17	18	19	20	21	22	23	24	25	26	27	28	29	30	31	8/1	2	3	4	5	6	7	8	9	10	
일 진	丙寅	丁卯	戊辰	己巳	庚午	辛未	壬申	癸酉	甲戌	乙亥	丙子	丁丑	戊寅	己卯	庚辰	辛巳	壬午	癸未	甲申	乙酉	丙戌	丁亥	戊子	己丑	庚寅	辛卯	壬辰	癸巳	甲午	
비밀수	17	28	31	42	53	64	75	86	77	88	15	26	37	48	51	62	73	84	75	86	17	28	35	46	57	68	82	13	84	

七月 黑中	北 大將	巳 喪門	丑 吊客	酉 三殺

七　　月　　　(壬　申)　　大

절 기													처서																백로	
음 력	一	二	三	四	五	六	七	八	九	十	十一	十二	十三	十四	十五	十六	十七	十八	十九	二十	廿一	廿二	廿三	廿四	廿五	廿六	廿七	廿八	廿九	三十
양력 월/일	8/11	12	13	14	15	16	17	18	19	20	21	22	23	24	25	26	27	28	29	30	31	9/1	2	3	4	5	6	7	8	9
일 진	乙未	丙申	丁酉	戊戌	己亥	庚子	辛丑	壬寅	癸卯	甲辰	乙巳	丙午	丁未	戊申	己酉	庚戌	辛亥	壬子	癸丑	甲寅	乙卯	丙辰	丁巳	戊午	己未	庚申	辛酉	壬戌	癸亥	甲子
비밀수	15	26	37	48	51	66	77	88	11	82	13	24	35	46	57	68	71	86	17	88	11	22	33	44	55	66	77	88	22	17

八　　月　　　(癸　酉)　　小

절 기														추분																
음 력	一	二	三	四	五	六	七	八	九	十	十一	十二	十三	十四	十五	十六	十七	十八	十九	二十	廿一	廿二	廿三	廿四	廿五	廿六	廿七	廿八	廿九	
양력 월/일	9/10	11	12	13	14	15	16	17	18	19	20	21	22	23	24	25	26	27	28	29	30	10/1	2	3	4	5	6	7	8	
일 진	乙丑	丙寅	丁卯	戊辰	己巳	庚午	辛未	壬申	癸酉	甲戌	乙亥	丙子	丁丑	戊寅	己卯	庚辰	辛巳	壬午	癸未	甲申	乙酉	丙戌	丁亥	戊子	己丑	庚寅	辛卯	壬辰	癸巳	
비밀수	28	31	42	53	64	75	86	17	28	11	22	37	48	51	62	73	84	15	26	17	28	37	48	51	62	73	84	15	26	

九　　月　　　(甲　戌)　　大

절 기	한로															상강														
음 력	一	二	三	四	五	六	七	八	九	十	十一	十二	十三	十四	十五	十六	十七	十八	十九	二十	廿一	廿二	廿三	廿四	廿五	廿六	廿七	廿八	廿九	三十
양력 월/일	10/9	10	11	12	13	14	15	16	17	18	19	20	21	22	23	24	25	26	27	28	29	30	31	11/1	2	3	4	5	6	7
일 진	甲午	乙未	丙申	丁酉	戊戌	己亥	庚子	辛丑	壬寅	癸卯	甲辰	乙巳	丙午	丁未	戊申	己酉	庚戌	辛亥	壬子	癸丑	甲寅	乙卯	丙辰	丁巳	戊午	己未	庚申	辛酉	壬戌	癸亥
비밀수	86	17	28	31	42	53	68	71	82	13	84	15	26	37	48	51	62	73	88	11	82	13	24	35	46	57	68	71	82	13

十　　月　　　(乙　亥)　　大

절 기	입동															소설														대설
음 력	一	二	三	四	五	六	七	八	九	十	十一	十二	十三	十四	十五	十六	十七	十八	十九	二十	廿一	廿二	廿三	廿四	廿五	廿六	廿七	廿八	廿九	三十
양력 월/일	11/8	9	10	11	12	13	14	15	16	17	18	19	20	21	22	23	24	25	26	27	28	29	30	12/1	2	3	4	5	6	7
일 진	甲子	乙丑	丙寅	丁卯	戊辰	己巳	庚午	辛未	壬申	癸酉	甲戌	乙亥	丙子	丁丑	戊寅	己卯	庚辰	辛巳	壬午	癸未	甲申	乙酉	丙戌	丁亥	戊子	己丑	庚寅	辛卯	壬辰	癸巳
비밀수	11	22	33	44	55	66	77	88	11	22	13	24	31	42	53	64	75	86	17	28	11	22	33	44	51	62	73	84	15	33

十　一　月　　　(丙　子)　　大

절 기															동지															소한
음 력	一	二	三	四	五	六	七	八	九	十	十一	十二	十三	十四	十五	十六	十七	十八	十九	二十	廿一	廿二	廿三	廿四	廿五	廿六	廿七	廿八	廿九	三十
양력 월/일	12/8	9	10	11	12	13	14	15	16	17	18	19	20	21	22	23	24	25	26	27	28	29	30	31	1/1	2	3	4	5	6
일 진	甲午	乙未	丙申	丁酉	戊戌	己亥	庚子	辛丑	壬寅	癸卯	甲辰	乙巳	丙午	丁未	戊申	己酉	庚戌	辛亥	壬子	癸丑	甲寅	乙卯	丙辰	丁巳	戊午	己未	庚申	辛酉	壬戌	癸亥
비밀수	24	35	46	57	68	71	86	17	28	31	22	33	44	55	66	77	88	11	26	37	28	31	42	53	64	75	86	17	28	42

十　二　月　　　(丁　丑)　　小

절 기															대한														입춘	
음 력	一	二	三	四	五	六	七	八	九	十	十一	十二	十三	十四	十五	十六	十七	十八	十九	二十	廿一	廿二	廿三	廿四	廿五	廿六	廿七	廿八	廿九	
양력 월/일	1/7	8	9	10	11	12	13	14	15	16	17	18	19	20	21	22	23	24	25	26	27	28	29	30	31	2/1	2	3	4	
일 진	甲子	乙丑	丙寅	丁卯	戊辰	己巳	庚午	辛未	壬申	癸酉	甲戌	乙亥	丙子	丁丑	戊寅	己卯	庚辰	辛巳	壬午	癸未	甲申	乙酉	丙戌	丁亥	戊子	己丑	庚寅	辛卯	壬辰	
비밀수	37	48	51	62	73	84	15	26	37	48	31	42	57	68	71	82	13	24	35	46	37	48	51	62	77	88	11	22	55	

단기 4333년
서기 2000년

庚 辰 年

二 金神

正 月 (戊 寅) 大

절기															우수															경칩
음력	一	二	三	四	五	六	七	八	九	十	十一	十二	十三	十四	十五	十六	十七	十八	十九	廿	廿一	廿二	廿三	廿四	廿五	廿六	廿七	廿八	廿九	三十
양력 월/일	2/5	6	7	8	9	10	11	12	13	14	15	16	17	18	19	20	21	22	23	24	25	26	27	28	29	3/1	2	3	4	5
일진	癸巳	甲午	乙未	丙申	丁酉	戊戌	己亥	庚子	辛丑	壬寅	癸卯	甲辰	乙巳	丙午	丁未	戊申	己酉	庚戌	辛亥	壬子	癸丑	甲寅	乙卯	丙辰	丁巳	戊午	己未	庚申	辛酉	壬戌
비밀수	66	57	68	71	82	13	24	31	42	53	64	55	66	77	88	11	22	33	44	51	62	53	64	75	86	17	28	31	42	64

二 月 (己 卯) 大

절기															춘분															청명
음력	一	二	三	四	五	六	七	八	九	十	十一	十二	十三	十四	十五	十六	十七	十八	十九	廿	廿一	廿二	廿三	廿四	廿五	廿六	廿七	廿八	廿九	三十
양력 월/일	3/6	7	8	9	10	11	12	13	14	15	16	17	18	19	20	21	22	23	24	25	26	27	28	29	30	31	4/1	2	3	4
일진	癸亥	甲子	乙丑	丙寅	丁卯	戊辰	己巳	庚午	辛未	壬申	癸酉	甲戌	乙亥	丙子	丁丑	戊寅	己卯	庚辰	辛巳	壬午	癸未	甲申	乙酉	丙戌	丁亥	戊子	己丑	庚寅	辛卯	壬辰
비밀수	75	62	73	84	15	26	37	48	51	62	73	64	75	82	13	24	35	46	57	68	71	62	73	84	15	22	33	44	55	77

三 月 (庚 辰) 小

절기																곡우														
음력	一	二	三	四	五	六	七	八	九	十	十一	十二	十三	十四	十五	十六	十七	十八	十九	廿	廿一	廿二	廿三	廿四	廿五	廿六	廿七	廿八	廿九	
양력 월/일	4/5	6	7	8	9	10	11	12	13	14	15	16	17	18	19	20	21	22	23	24	25	26	27	28	29	30	5/1	2	3	
일진	癸巳	甲午	乙未	丙申	丁酉	戊戌	己亥	庚子	辛丑	壬寅	癸卯	甲辰	乙巳	丙午	丁未	戊申	己酉	庚戌	辛亥	壬子	癸丑	甲寅	乙卯	丙辰	丁巳	戊午	己未	庚申	辛酉	
비밀수	88	71	82	13	24	35	46	53	64	75	86	77	88	11	22	33	44	55	66	73	84	75	86	17	28	31	42	53	64	

四 月 (辛 巳) 小

절기		입하																소만												
음력	一	二	三	四	五	六	七	八	九	十	十一	十二	十三	十四	十五	十六	十七	十八	十九	廿	廿一	廿二	廿三	廿四	廿五	廿六	廿七	廿八	廿九	
양력 월/일	5/4	5	6	7	8	9	10	11	12	13	14	15	16	17	18	19	20	21	22	23	24	25	26	27	28	29	30	31	6/1	
일진	壬戌	癸亥	甲子	乙丑	丙寅	丁卯	戊辰	己巳	庚午	辛未	壬申	癸酉	甲戌	乙亥	丙子	丁丑	戊寅	己卯	庚辰	辛巳	壬午	癸未	甲申	乙酉	丙戌	丁亥	戊子	己丑	庚寅	
비밀수	75	17	84	15	26	37	48	51	62	73	84	15	86	17	24	35	46	57	68	71	82	13	84	15	26	37	44	55	66	

五 月 (壬 午) 大

절기				망종																하지										
음력	一	二	三	四	五	六	七	八	九	十	十一	十二	十三	十四	十五	十六	十七	十八	十九	廿	廿一	廿二	廿三	廿四	廿五	廿六	廿七	廿八	廿九	三十
양력 월/일	6/2	3	4	5	6	7	8	9	10	11	12	13	14	15	16	17	18	19	20	21	22	23	24	25	26	27	28	29	30	7/1
일진	辛卯	壬辰	癸巳	甲午	乙未	丙申	丁酉	戊戌	己亥	庚子	辛丑	壬寅	癸卯	甲辰	乙巳	丙午	丁未	戊申	己酉	庚戌	辛亥	壬子	癸丑	甲寅	乙卯	丙辰	丁巳	戊午	己未	庚申
비밀수	77	88	11	13	24	35	46	57	68	75	86	17	28	11	22	33	44	55	66	77	88	15	26	17	28	31	42	53	64	75

六 月 (癸 未) 小

절기						소서															대서									
음력	一	二	三	四	五	六	七	八	九	十	十一	十二	十三	十四	十五	十六	十七	十八	十九	廿	廿一	廿二	廿三	廿四	廿五	廿六	廿七	廿八	廿九	
양력 월/일	7/2	3	4	5	6	7	8	9	10	11	12	13	14	15	16	17	18	19	20	21	22	23	24	25	26	27	28	29	30	
일진	辛酉	壬戌	癸亥	甲子	乙丑	丙寅	丁卯	戊辰	己巳	庚午	辛未	壬申	癸酉	甲戌	乙亥	丙子	丁丑	戊寅	己卯	庚辰	辛巳	壬午	癸未	甲申	乙酉	丙戌	丁亥	戊子	己丑	
비밀수	86	17	28	15	26	48	51	62	73	84	15	26	37	28	31	46	57	68	71	82	13	24	35	26	37	48	51	66	77	

四月 黑中　　東 大將　　午 喪門　　寅 吊客　　南 三殺

七　　月　　(甲 申)　　小

절 기								입추																처서						
음 력	一	二	三	四	五	六	七	八	九	十	十一	十二	十三	十四	十五	十六	十七	十八	十九	廿	廿一	廿二	廿三	廿四	廿五	廿六	廿七	廿八	廿九	
양력 월/일	7/31	8/1	2	3	4	5	6	7	8	9	10	11	12	13	14	15	16	17	18	19	20	21	22	23	24	25	26	27	28	
일 진	庚寅	辛卯	壬辰	癸巳	甲午	乙未	丙申	丁酉	戊戌	己亥	庚子	辛丑	壬寅	癸卯	甲辰	乙巳	丙午	丁未	戊申	己酉	庚戌	辛亥	壬子	癸丑	甲寅	乙卯	丙辰	丁巳	戊午	
비 밀 수	88	11	22	33	24	35	46	48	51	62	77	88	11	22	13	24	35	46	57	68	71	82	17	28	11	22	33	44	55	

八　　月　　(乙 酉)　　大

절 기										백로																추분				
음 력	一	二	三	四	五	六	七	八	九	十	十一	十二	十三	十四	十五	十六	十七	十八	十九	廿	廿一	廿二	廿三	廿四	廿五	廿六	廿七	廿八	廿九	三十
양력 월/일	8/29	30	31	9/1	2	3	4	5	6	7	8	9	10	11	12	13	14	15	16	17	18	19	20	21	22	23	24	25	26	27
일 진	己未	庚申	辛酉	壬戌	癸亥	甲子	乙丑	丙寅	丁卯	戊辰	己巳	庚午	辛未	壬申	癸酉	甲戌	乙亥	丙子	丁丑	戊寅	己卯	庚辰	辛巳	壬午	癸未	甲申	乙酉	丙戌	丁亥	戊子
비 밀 수	66	77	88	11	22	17	28	31	42	64	75	86	17	28	31	22	33	48	51	62	73	84	15	26	37	28	31	42	53	68

九　　月　　(丙 戌)　　小

절 기											한로															상강				
음 력	一	二	三	四	五	六	七	八	九	十	十一	十二	十三	十四	十五	十六	十七	十八	十九	廿	廿一	廿二	廿三	廿四	廿五	廿六	廿七	廿八	廿九	
양력 월/일	9/28	29	30	10/1	2	3	4	5	6	7	8	9	10	11	12	13	14	15	16	17	18	19	20	21	22	23	24	25	26	
일 진	己丑	庚寅	辛卯	壬辰	癸巳	甲午	乙未	丙申	丁酉	戊戌	己亥	庚子	辛丑	壬寅	癸卯	甲辰	乙巳	丙午	丁未	戊申	己酉	庚戌	辛亥	壬子	癸丑	甲寅	乙卯	丙辰	丁巳	
비 밀 수	71	82	13	24	35	26	37	48	51	62	84	11	22	33	44	35	46	57	68	71	82	13	24	31	42	33	44	55	66	

十　　月　　(丁 亥)　　大

절 기												입동															소설			
음 력	一	二	三	四	五	六	七	八	九	十	十一	十二	十三	十四	十五	十六	十七	十八	十九	廿	廿一	廿二	廿三	廿四	廿五	廿六	廿七	廿八	廿九	三十
양력 월/일	10/27	28	29	30	31	11/1	2	3	4	5	6	7	8	9	10	11	12	13	14	15	16	17	18	19	20	21	22	23	24	25
일 진	戊午	己未	庚申	辛酉	壬戌	癸亥	甲子	乙丑	丙寅	丁卯	戊辰	己巳	庚午	辛未	壬申	癸酉	甲戌	乙亥	丙子	丁丑	戊寅	己卯	庚辰	辛巳	壬午	癸未	甲申	乙酉	丙戌	丁亥
비 밀 수	77	88	11	22	33	44	31	42	53	64	75	17	28	31	42	53	44	55	62	73	84	15	26	37	48	51	42	53	64	75

十 一 月　　(戊 子)　　大

절 기												대설														동지				
음 력	一	二	三	四	五	六	七	八	九	十	十一	十二	十三	十四	十五	十六	十七	十八	十九	廿	廿一	廿二	廿三	廿四	廿五	廿六	廿七	廿八	廿九	三十
양력 월/일	11/26	27	28	29	30	12/1	2	3	4	5	6	7	8	9	10	11	12	13	14	15	16	17	18	19	20	21	22	23	24	25
일 진	戊子	己丑	庚寅	辛卯	壬辰	癸巳	甲午	乙未	丙申	丁酉	戊戌	己亥	庚子	辛丑	壬寅	癸卯	甲辰	乙巳	丙午	丁未	戊申	己酉	庚戌	辛亥	壬子	癸丑	甲寅	乙卯	丙辰	丁巳
비 밀 수	82	13	24	35	46	57	48	51	62	73	84	22	37	48	51	62	53	64	75	86	17	28	31	42	57	68	51	62	73	84

十 二 月　　(己 丑)　　小

절 기											소한															대한				
음 력	一	二	三	四	五	六	七	八	九	十	十一	十二	十三	十四	十五	十六	十七	十八	十九	廿	廿一	廿二	廿三	廿四	廿五	廿六	廿七	廿八	廿九	
양력 월/일	12/26	27	28	29	30	31	1/1	2	3	4	5	6	7	8	9	10	11	12	13	14	15	16	17	18	19	20	21	22	23	
일 진	戊午	己未	庚申	辛酉	壬戌	癸亥	甲子	乙丑	丙寅	丁卯	戊辰	己巳	庚午	辛未	壬申	癸酉	甲戌	乙亥	丙子	丁丑	戊寅	己卯	庚辰	辛巳	壬午	癸未	甲申	乙酉	丙戌	
비 밀 수	15	26	37	48	51	62	57	68	71	82	24	35	46	57	68	71	62	73	88	11	22	33	44	55	66	77	68	71	82	

초년운(初年運)

☰☰ 11 • 비룡괘(飛龍卦 • 용이 날으는 상)

당신의 운명은 선천적으로 공명정대하며 이로 인하여 여러 사람으로부터 가히 덕인(德人)이라고 호평을 받는다. 가슴 속에는 항시 타인이 상상할 수 없는 고상하고 기상천외한 생각을 갖고 있다. 따라서 거대한 웅지로 세상을 경영하고자 하며 마치 여섯 마리 용이 승천하듯이 무서운 조직력과 추진력으로 뭇사람을 놀라게 한다.

부모운 • 대개가 어머니를 먼저 여의게 되고 아버지가 첩을 두어 두 어머니를 봉양하기도 한다.

형제운 • 3~4명의 형제가 있고 모두가 중류 이상의 생활을 하고 있다. 하지만 고집들이 너무 강하여 자주 불화가 있다.

부부운 • 부인은 그야말로 현모양처 상이며 한 가지 흠이라면 여자로서 너무 포부가 커 집안일 이외에 사회활동을 추구하여 가끔 언쟁이 있다. 하지만 백년 해로하니 걱정할 바는 못 된다.

자손운 • 두 아들과 딸 하나를 두게 될 것이다. 이중 둘째 아들은 출세하여 세상에 이름이 있으니 가문을 빛내고 딸은 부부운이 약간 불길하다.

재산운 • 중류 이상으로 억대는 가져볼 수 있다. 다만 중년이 넘어야 한다.

직업운 • 사법 • 행정고시에 합격하여 장관 차관의 지위에 오른다.

초년운명은 10세 이상 돼서야 집안이 점점 번창하게 돼 부모에게 항상 웃음이 따르는 경사가 있게 된다. 13세 14세에는 형제간에 기쁜 경사가 있고 15세 16세에는 동방에서 기쁨의 소식을 듣게 되니 귀인을 만나 소원이 성취될 수 있다. 특히 오(午)자 미(未)자가 들은 해 6월 7월에는 집안에 뜻하지 않는 경사가 있다. 하나 길중장흉(吉中藏凶)으로 자축(子丑)자가 들은 해 11월 12월 1월에는 형제에게 크나큰 걱정이 있고 인묘(寅卯)자가 들은 해 2월 3월에는 부모에게 걱정이 있어 어려운 처지에 있게 된다. 그러나 진사(辰巳)자가 든 해는 집안에 큰 재산이 들어오게 되는 영광이 있고 원숭이해나 또는 닭해는 귀인이 도와 집안이 화목하고 걱정이 없게 된다. 혹 자신이 질병으로 아프거나 마음 깊이 사기는 애인이 교통사고로 죽게 되기도 한다. 인묘(寅卯)자가 든 해는 쇠붙이로 몸을 다치기도 하는 운명이니 반드시 주의해야 한다.

☰☱ 12 • 호위괘(虎危卦 • 범이 위협을 주는 상)

당신의 운명은 호랑이 꼬리를 밟고 있는 형상으로 위험 천만의 위급함이 항시 뒤따를 운이다.

성격은 명랑하고 인사(人事)에 밝으며 마음 굳기가 마치 단단한 차돌 같고 행동에 있어서도 매우 심중한 면이 있다.

특히 신체적 모양새는 귀(耳)가 비교적 크고 양쪽 눈은 적은 반면 입은 크며 복부 배꼽 곁에 수술 흔적이나 그렇지 않으면 어린시절에 다친 흉터가 있을 것이다.

부모운 • 보편적이며 다로무공격(多勞無功格), 즉 노력은 불철주야 하고 있지만 별무 소득이므로 고생을 많이 해야 될 처지다.

형제운 • 2~3명이 되나 일찍 하나를 잃는 비운도 있다. 뿐만 아니라 실패가 많아 일찍부터 떨어져 있게 된다. 만약 당신이 부득이한 사정으로 20세 이전에 결혼이나 약혼을 하면 반드시 이혼한다. 당신이 주의할 것은 어린시절에 오후 7~9시 사이에 미아가 되거나 납치당할 불길함이 있으니 특별히 주의가 요망된다.

자손운 • 보통운이나 그중 하나가 형무소를 자주 들락거리는 전과자도 있다. 뿐만 아니라 자손들은 관록에는 인연이 없고 상업이나 자동차 운전에 길하다. 따라서 만약 공무원을 하게 되면 파가 망신하게 되고 상업을 하면 빈곤했던 부모때의 소원을 풀 만큼 천금을 얻게 된다.

소년시절에는 집안에 해괴망칙한 일이 자주 일어나 무단가출도 하니 주의하라.

또한 당신이 질병으로 고생하게 되는데 대개는 인묘(寅卯)자가 들은 해 2월 3월이다. 심한 경우에는 생명을 보존하기 어려운 처지에 놓이기도 한다. 10세 17세 18세에는 호흡기 질환과 시험공부에 눈물을 흘려야 한다.

당신은 누구보다도 초년운이 나쁘다. 그러니 모든 일에 더욱 근신하고 말(言)을 조심해야 한다.

한 가지 더 주의를 한다면 진신(辰申)자가 들은 해 3월 8월 12월에 물(水)을 조심하라.

☰☲ 13 • 천일괘(天日卦 • 하늘과 태양이 합일한 상)

왜 이렇게 당신은 성미가 급한가. 당신의 성격은 마치 초목이 불을 만나 자신도 모르게 불이 붙는 형상과 같다. 마음이 늘상 산란하여 갈피를 못 잡고 있어 산만하기 끝이 없다. 자신은 무슨 일이고 정당하다고 자부하지만 측근들의 눈총은 피할 길이 없고 이로 인하여 집안에서나 집밖에서 구설이 끊이지 않는다.

부모운 • 아버지를 먼저 여의고 어머니는 장수하게 된다. 그러나 50세 이내에 아버지를 여의게 될 경우 어머니도 2~3년을 넘기지 못하고 죽게 되니 세상살이가 마음과 뜻데로 되지 않는다.

형제운 • 많지 않지만 비교적 우애가 좋고 어떠한 경우에는 형제끼리 동업을 하거나 같은 직장을 다니게 된다. 공부는 잘하지는 못하나 사교면은 비교적 좋은 편이다.

자손운 • 양호한 반면에 늦자식이 있어 흠이다. 한 가지 특이한 것은 쌍동아이나 셋 쌍동아이를 낳을 수 있다. 당신의 자손운은 이상하게도 좋은 편이니 걱정말라.

당신의 건강은 4세 5세때 어린나이로 입원하게 되고 팔과 다리에 이상이 있다.

당신의 나이 11세때부터는 집안에 경사가 있고 흥왕하기 시작하고 18세 19세에는 서북쪽에서 돈 많은 애인이 나타나고 그 방향으로 직장이나 학교를 다닐 것이다. 당신이 마음만 좀더 신중히 가진다면 백년 해로할 배필을 뜻밖에 얻을 것이다.

그러나 25세 전에는 절대 결혼하지 말아야 한다. 왜냐면 당신은 공방살(空房殺)이 있어 별거 조석쟁투(早夕爭鬪), 심하면 생이별까지 할 수 있다. 아름다운 애인을 만날 시기는 술(戌)자가 들은 해 3월과 10월 15일이나 19일 오전 11시에서 오후 9시 경이며 직업은 스포츠계나 연예계 등이 될 것이다.

평생에 주의할 점은 술과 개고기 등을 먹지 말라. 만약 술을 먹으면 고혈압을 면키 어려우며 개고기를 먹으면 조갈증이나 팔과 다리가 부러지는 일을 면키 어렵다.

☰☳ 14 • 망동괘(妄動卦 • 경거망동할 상)

당신의 성격은 매우 유순하여 때로는 유유부단하다고까지 혹평받기도 한다. 사람됨이 건장하고 언변이 능숙능란하여 천인(賤人)은 사기성이 있어 세속에서 말한 제비족과 같고 귀인(貴人)은 언론 출판 등에 소질이 있다. 신체적 모양새는 입이 큰 편이고 눈이 초롱초롱하여 매우 매력적이다. 한 가지 흠이라면 가끔 엉뚱한 행동으로 뭇사람을 놀라게 하는 점이다.

부모운 • 부모의 덕을 별로 보지 못하여 자수성가(自手成家)해야 하고 어머니를 먼저 여의게 되며 때로 당신 자신이 첩살이를 하는 경우도 있다.

형제운 • 삼 형제가 있지만 서로가 사소한 의견 차이로 불화하기 쉽다. 따라서 중년에 재산관계로 형제 사이에 분쟁이 있게 되는데 심하면 법정에까지 서게 된다.

부부운 • 첩을 두게 되는데 대개는 부인의 사람됨이 수준 이하이기 때문에 그러하다. 만약 첩을 두지 않으면 이별을 면키 어려운데 술(戌)자나 묘(卯)자가 들은 해 3월과 10월에 그러하다.

결혼운 • 27세 28세때이므로 비교적 늦다. 만약 일찍하게 되면 더욱 눈물을 많이 흘리게 된다. 그러나 운명이란 미약한 인간의 힘으로는 막을 수 없는 법. 중년에는 상처수(喪妻數)가 있으니 항시 수신(修身)하는 마음과 행동이 있다면 감액(減厄)할 것이다.

자손운 • 형제나 딸 하나를 두지만 딸로 인하여 가정에 걱정이 떠나지 않게 된다. 하지만 그 딸이 외국을 왕래하면 무사할 수도 있다. 만약 당신이 첫자식에 실패하지 않으면 평생에 걱정이 있게 된다.

재산운 • 30세가 넘은 후에야 의식주에 걱정이 없게 된다. 아무리 당신이 부모의 재산을 물려 받았다 할지라도 그 재산은 끓는 물(湯水)에 눈(雪) 녹듯이 사라지는데 일시적인 사업에 투자하거나 사기에 걸려 그러하다.

당신의 초년 고생은 태산 같고 부모의 덕은 없어 심한 경우 고아원이나 탁아소 등의 신세까지 면할 길이 없다. 하지만 중년에 재산은 있으나 건강이 불길(不吉)하여 쓸쓸하기 그지 없다. 형제간에는 금전거래를 하지 않는 것이 의리를 지키는 열쇠가 되고 부부도 화목할 수 있다. 학교와는 큰 인연이 없어 대학 이상의 공부는 절대 불가능하다.

☰☴ 15 • 여풍괘(女風卦 • 바람을 부르는 여자 상)

당신의 호연지기(浩然之氣)는 천하가 다 아는 일이니 가히 풍류남아이다. 당신의 주위에는 항시 다섯 여자가 맴돌고 있어 매우 복잡하다. 그중에는 술장사나 다방 마담도 있어 돈에는 크게 궁색하지 않다. 하지만 당신의 호협심 때문에 뭇사람의 추앙을 받는다. 포부 역시 천하가 내것인 양 의시대지만 행동이 따르지 못한다. 학문에도 남다른 소질이 있어 소설 문학 등에 종사하면 길리(吉利)하다. 문관에도 깊은 뜻은 있지만 오래가지 못한다.

부모운 • 두 부모를 모시게 되는데 대체로 아버지를 일찍 여의게 된다.

형제운 • 항시 외로운 처지에 있으나 이복형제나 의형제가 있다. 따라서 이러한 결과로 근심 걱정이 생기게 되니 가능하면 서로 멀리 떨어져 살아야 한다.

부부운 • 공교롭게도 재앙이 끊이지 않고 내외 금슬이 좋지 못하여 초혼에 실패하고 그 여파로 건강이 불길하다.

재산운 • 10년 동안 모았다가 하루아침에 날리니 무상(無常)함을 몸소 겪게 되고 십오야(十五夜) 밝은 밤에 통곡한다.

당신은 누구보다도 망신살이 몸에 있으니 일거일동에 주의하라. 심한 경우에는 간통이나 사기죄로 파가망신(破家妄身)하게 된다. 또한 나를 해치고자 하는 사람은 사방에 있고 나를 돕는 귀인은 단 한 사람도 없으니 슬프기 그지 없다. 그런데 당신의 외로운 처지를 알고 도와 줄 수 있는 귀인은 사오(巳午)자가 들은 해 5월 6월이며 혹 뱀띠나 말띠인 사람일 것이다. 건강에는 2세 9세 17세때가 되는 3월 10월 11월 3일이나 9일에 불길하고 자동차를 주의해야 한다. 심한 경우에는 폐렴(肺炎)으로 죽을 고비를 넘긴다. 10세가 넘으면 건강도 좋아지고 집안도 조금은 발전하여 복록이 있게 되는데 뱀의 해나 돼지해 5월 또는 11월에 그러하다. 특히 5세때는 가출을 하여 집안이 발칵 뒤집어질 소동이 있지만 오후 5~6시 또는 밤 11시에 그 일을 알게 될 터이니 마음에 준비를 하라. 당신의 또다른 문제점은 술담배를 일찍부터 배웠기 때문에 위장계통에 신경을 써야 한다. 유(酉)자가 들은 해 9 월에는 위장으로 고생하니 미리 주의하라.

☰☷ 16 • 송고괘 (訟苦卦 • 송사로 고통을 당하는 상)

당신의 인내성과 외유내강성(外柔內剛性)은 참으로 지대하다. 뿐만 아니라 모든 사리(事理)에 밝아 때로는 이로 인하여 어려움을 당하게도 된다. 특히 매사에 옳고 그름을 과도하게 따지는 특성이 있어 일생동안 관재(管災) 송사(訟事)를 면키 어렵다.

부모운 • 어머니가 일찍 세상을 뜨게 되고 설령 부모가 천수를 다한다 해도 가까이에서 봉양할 수가 없다. 당신이 만약 부모를 모실 수 있는 장남이라 할지라도 부모는 당신을 싫어하고 아우집에서 기거하며 살 것이다.

형제운 • 세 마리의 기러기가 힘차게 날다가 손 발이 불편 추락하는 상이니 형제중 하나를 잃지 않으면 추락사고로 손발이 불편한 처지에 빠진다. 뿐만 아니라 부모의 유산 문제로 형제간에 송사까지 하게 된다.

부부운 • 첫결혼에 실패하고 두 번째 결혼에서 행복할 수 있다. 부부운 역시 송사가 있게 되니 주의하라. 이러한 어려움 속에서도 재혼하면 지극한 사랑으로 백년 해로하게 된다. 다만 30세 이후에 일시적인 외도수(外道數)가 있게 될 것이다.

직업운 • 법원이나 검찰직 등이 길하나 모두가 오래가지 못하고 한 번쯤 바꾸어야 한다.

자손운 • 요즘 같은 산아 제한에도 불구하고 3~4명의 자녀를 두게 된다. 그중 둘째 아들의 두뇌가 명석하여 세인의 추앙을 받는다.

재산운 • 초년과 말년은 비교적 좋은 편이나 중년에는 친구나 친척으로 인하여 반드시 손해가 있어 한때 극빈하게 된다. 당신에게 돈을 안겨줄 수 있는 직업은 법관 검찰직보다는 오히려 사방으로 돌아다니며 장사를 해야 하는 데 있다. 이렇게 함으로써 당신의 위장병도 치료된다.

초년 3세 4세때에는 물과 불에 놀랄 일이 있게 되고 8세 9세때에는 호흡기 및 피부병 등으로 큰 고생이 따르게 될 것이다. 만약 당신이 쥐띠 말띠(子午)생이면 선천성 심장병으로 고생하게 된다. 이러한 어려움을 지나 16세 17세때는 시험에 합격하는 기쁨의 소식을 전해 받으니 고생은 이미 끝났다고 자청할 것이다. 기쁨의 그 해는 쥐해 말해로 봄과 가을이 될 것이다.

☰☷ 17 • 퇴거괘(退去卦 • 자리에서 물러나는 상)

당신은 동서남북으로 분주해야 하는 운명을 지니고 태어났다. 성격은 밝고 청결하며 가슴 속에는 남이 잘 생각하지 못할 고상한 꿈을 가지고 있다. 또한 항시 풍부하지 못하다는 것을 느끼고 왠만한 일에는 만족을 느끼지 못하는 성격이다. 상대를 보는 눈이 예리하나 대개는 눈치로 그러하다. 그러나 예리한 판단에도 불구하고 심약해서 상대에게 속은 줄 알면서도 속아 넘어가기도 한다.

부모운 • 어머니가 세상을 먼저 뜨게 되고 아버지는 사업에 실패하여 한 때 집을 나가기도 하는 어려운 처지를 당하기도 한다. 이사를 자주하니 사는 곳이 일정치 않아 항시 불안정하다.

형제운 • 독자가 아니면 한두 명인데 항시 외로운 처지에 있다. 만약 당신이 독자가 아니라면 이복형제가 있다.

부부운 • 대단히 불길하여 한두 번의 실패가 있은 연후에야 마음을 놓을 수 있다. 이러한 것은 대체적으로 부인이 무단가출을 하여 애간장을 녹이는 경우가 된다. 설령 부인하고 백년 해로한다 해도 화목하게 살기는 힘들다. 당신이 만약 소띠 용띠 양띠에 해당하면 사별까지 하게 된다.

자손운 • 조상대대로 살성(殺星)이 있어 하는 일마다 중도에 좌절되고 건강 역시 불길하여 걱정이 떠날 날이 없게 된다. 만약 당신이 지극한 정성으로 선덕(善德)을 베풀면 늦게나마 귀자(貴子)를 두어 말년은 화목 대길할 수 있다.

재산운 • 적어도 한두 번의 손재를 겪은 후에 37세 38세부터 모으기 시작하여 말년은 아무 걱정없이 살아가게 된다. 당신의 운명은 대체적으로 편안함이 적고 고생이 많은 격이므로 자수성가해야 한다.

직업운 • 변동이 심하나 결국에는 자동차 사업이나 역학자(易學者) 승려 등이 되는 경우가 좋지만 범띠 뱀띠 원숭이띠 돼지띠(寅巳申亥)는 스포츠계에서도 육상 분야에서 대길하다.

중년에나 초년에는 필연적으로 건강이 나빠 심한 경우 사경(死境)을 헤매는 데까지 이르게 되며 돼지해나 쥐해의 10월 12월에 귀인의 도움으로 완치된다. 당신의 모양새는 한쪽 눈이 약간 적고 얼굴이 둥근형이다.

☰☷ 18 • 불통괘(不通卦 • 매사 불통하는 상)

당신의 성격은 총명하고 지혜스러우나 세상살이 지혜총명만으로 되는 것은 아니다. 더구나 인정이 많아 항시 남에게 손해를 보는 입장이지만 혼자서 욕은 다 먹는 격이니 하늘도 무심하다. 만약 어려서 손과 발에 흠집이 없으면 공교롭게도 관절 및 복통으로 큰 고생을 하게 된다. 이러한 고통 속에서도 한때는 소변 대변이 자유롭지 못하여 큰 고역을 당하고 선천적으로 위장이 약하여 음식만 먹으면 체해 내려가지를 않는다.

부모운 • 아버지가 먼저 세상을 떠나게 되고 어머니께서 가정을 영위하게 된다.

형제운 • 몇이 있지만 독신이나 다름없이 외롭게 살아간다. 비록 같은 형제이면서도 자신을 제외하고 남은 형제끼리는 연락을 하면서 살아가는데 당신과는 연락이 두절되어 그러하지 못하니 원망스러울 뿐이다. 혹자는 아버지가 바람을 피워 이복형제도 있게 된다.

부부운 • 처음 연애할 때에는 불화 불목하여 한때 번민하였지만 결혼 후에는 이상할 정도로 금슬이 좋아 행복하다. 단 결혼을 27세 이후에 해야 한다. 만약 그 이전에 하면 이혼을 면키 어렵다.

자손운 • 자녀 수는 많지만 만자불여일효(萬子不如一孝)라 하는 말이 당신을 두고 하는 말인 듯 싶다. 다시 말하면 자녀는 많으나 속을 썩이는 자녀만 있고 효성스런 자녀는 없으니 이것 또한 당신의 운명이다. 자녀에 대해서 행복을 바라면 명산대천(名山大川)에 많은 공을 드리고 중인(衆人)에게 공덕을 베풀어라.

재산운 • 초년에는 극빈함을 면키 어려우나 중년 이후부터는 부인의 노력으로 집안이 흥왕하게 된다. 그러나 부인이 심장병과 가슴앓이로 고생을 하게 될 것이다.

당신의 직업은 건축 토목 환경보호직 등이 길하다. 2세 3세때 병으로 죽을 고비를 넘기고 7세 8세때에는 자동차나 전기불 등으로 놀라게 된다. 당신이 상상할 수 없는 돈을 벌 수 있는 해는 인묘(寅卯)자가 들은 해 봄철이며 11일이나 3일 8일에 그러할 것이다. 뿐만 아니라 사(巳)자가 든 해 5월에는 필경 그 이름을 사방에 떨칠 것이다.

☱☰ 21 • 결행괘(決行卦 • 결정하는 상)

당신의 천성은 순진하고 지혜가 있고 마음과 행동이 너그러운 것이 특성이다. 이렇게 사람됨이 후덕(厚德)하여 항시 칭찬을 받는 격이다. 하지만 겉으로는 부드럽지만 안으로는 강한 면이 있어 누구나 쉽게 마음의 뜻을 헤아리지 못한다.

당신은 이 세상에 태어날 때부터 주색잡기를 좋아하게 태어났다. 반드시 주의함을 요한다. 그러한 역리적(易理的) 배경은 괘내(卦內)에 도화살(桃花殺)이 있어 그러하다. 성격이 호탕한 일면도 있지만 극히 소심할 때에는 대단히 타산적이다.

부모운 • 아버지가 먼저 돌아가시고 어머니가 어려운 가정을 유지하며 영위하게 된다.

형제운 • 이복형제나 쌍동이 여동생이 있지만 남남이나 다름이 없다.

부부운 • 어질고 착한 아내를 동서쪽에서 구하게 되고 혹자는 물장수하는 첩을 두게 되나 오래 가지는 못한다.

자손운 • 처음에 남자아이를 두기 시작하여 나중에 두 딸을 두게 되는데 대단히 명랑하다.

재산운 • 앞뒤로 노적가리가 있을 정도로 넉넉한 형편이며 그 재산으로 인하여 명예도 얻게 된다.

직업운 • 경찰 군인 의사 정육점 등이 유리하며 시기를 잘 타고 나면 장인지권(掌印之權)을 갖게 되는데 대개는 사법고시 행정고시에 합격한 경우가 많다.

당신이 태어난 연후에는 집안이 흥왕하지만 11세가 되는 해 봄부터 쇠퇴하여 27~30세 이후부터 다시 일어난다. 뿐만 아니라 15세 16세 또는 19세 20세때는 자신이 원하는 시험에 무난히 합격하여 가정에 경사를 가져다 주는데 대개는 서쪽이나 북쪽이 좋은 방향이 될 것이다. 25세 26세때에는 그 이름이 사방에 있어 중년부터 이름을 날리게 된다. 하지만 이러한 행운에도 불구하고 유술해(酉戌亥)자가 들은 가을에는 반드시 몸에 칼을 대어야 하는 질병으로 고통을 받게 된다. 다만 생명에는 지장이 없으므로 크게 걱정 할 바는 못 된다.

☱☱ 22 · 희녀괘(喜女卦 · 웃는 여자 상)

당신은 선천적으로 남에게 거짓말이라고는 전혀 하지 못할 성격이다. 뿐만 아니라 매우 신중한 편이다. 그러나 매사에 구설이 따르니 세상살이 이상하다. 왜냐면 당신은 항시 인자하고 도량이 넓게 처신하지만 결국에는 한결같이 등을 돌리기 때문이다.

부모운 · 보편운 정도는 되고 아버지보다 어머니를 먼저 여의게 된다.

형제운 · 약간의 구설로 다소 의리가 상(傷)하지만 원래부터 나쁜 것은 아니다. 성격들이 너무 솔직하고 쾌활하다 보니 선의의 언쟁을 하게 된다. 형제는 일남 이녀고 그중 한 명이 어려서 연못가에서 놀다 빠져 죽을 뻔한 경우를 당했다.

부부운 · 아침 저녁으로 자주 다투지만 이별하지 않고 계속 살아갈 수 있다.

자손운 · 한두 명의 자식을 두는데 구변(口辯)으로 벌어먹는 직업을 갖게 될 것이다.

직업운 · 언론 및 변호사 중개사 등에서 큰 명성이 있게 된다.

재산운 · 초년은 빈곤하나 중년부터는 점차 흥왕하여 가문을 크게 빛내게 된다.

당신에게 불행했던 운은 2세와 7세 8세때의 초봄이었고 17세 18세 되는 해 초겨울이나 초봄에는 학교와 직장 등으로 인하여 고민이 따르고 20세부터는 남이 미처 생각지 못한 아이디어로 재물을 모으며 인묘(寅卯)자가 든 해에는 앞니가 두세 개 조잡하게 난 2~3세 연상인 개띠 용띠 말띠인 여자를 만나 열연하지만 끝내는 헤어지고 만다. 당신이 건강으로 인하여 고생하게 되는 해는 신유(申酉)자가 들은 해 8월 9월이 되는데 종당에는 완치된다. 특히 말띠 개띠 범띠인 의사나 약사, 또는 동북쪽 동남쪽에 있는 병원과는 큰 인연이 있다. 당신의 이름이 있게 되는 해는 사오(巳午)자가 든 해 5월 6월이 되고 그렇지 않으면 뜻밖에 재물을 얻게 된다. 단 주의할 점은 토끼띠 닭띠인 사람으로 2월과 9월 생을 조심해야 한다. 당신은 다른 사람들과 달리 정낭 밑에 습기가 있어 가려움 때문에 계절따라 고생이 있게 된다.

☱☲ 23 • 개혁괘(改革卦 • 만사 변혁을 할 상)

당신은 마치 강물이 거대한 힘을 갖고 부드럽기 한량없이 서서히 흐르듯 조용하고 과묵한 성격이다. 뿐만 아니라 마음과 행동도 마치 맑고 깨끗한 거울과 같고 항시 밖과 안이 정직 일치(正直一致)하다.

부모운 • 아버지가 일찍 세상을 떠나고 어머니가 재혼하여 고생고생하면서 살아가니 당신 역시 초년 고생이 많다.

형제운 • 서로 다른 형제, 즉 이복형제가 있어 가히 좋지는 못하다. 하지만 다행한 것은 우애가 그렇게 나쁘지 않다는 것이다. 또한 물질적 도움을 약간 받기도 한다.

부부운 • 놀라지 말라. 어떠한 운명보다 부부운만큼 불길할 수는 없다. 첫 부인하고는 절대 인연이 없고 두 번째 부인과는 4~5년 살다가 여자가 가출하니 답답하기 짝이 없다. 이러한 고통을 겪고 세 번째 부인과는 해로한다. 만약 이러한 슬픔이 없게 되면 외도, 즉 바람을 피워 가정에 풍파가 일고 일가 친척과도 인연을 끊게 된다. 심한 경우에는 부인이 감전사나 비오는 날 자동차 사고로 예기치 않게 죽는다.

자손운 • 독자나 한두 형제를 두게 되는데 큰 덕은 볼 수 없다.

재산운 • 동서남북으로 돌아다니면서 최선을 다하지만 마치 일엽편주가 풍랑을 만난 것처럼 불안정한 상태이므로 늘 걱정한다. 다만 한두 번의 실패가 있은 연후에야 안정을 찾게 된다.

직업운 • 외부적으로는 화려한 것 같지만 오래가지 못한다. 특히 두세 번의 전업이 있게 된다. 다만 정치인 경찰 군인 등은 길하다. 당신이 만약 직업을 바꾸지 않으면 반드시 몸에 칼을 대는 끔직한 병고(病苦)가 있게 된다.

당신이 어려운 가운데서나마 여러 사람의 입을 통하여 이름과 명예가 오르고 내리는 시기는 진술(辰戌)자가 든 해 4월과 10월이다. 외국을 출입하는 운도 있으니 환경이 지배하는데로 따르는 게 현명하다. 당신이 직업상 승진 및 확장을 하는 해는 해(亥)자가 들은 겨울이나 초봄이 된다. 아무튼 복잡하기도 하지만 만고풍상을 다 겪은 후에 참다운 전형적인 인간상이 된다.

☷☳ 24 • 순리괘(順理卦 • 순리에 따르는 상)

당신이 선천적으로 타고난 운명은 웅장하고 화려한 것을 추구하며 남다른 사치성이 있기도 하다.

그리하여 혹자는 당신을 겉으로는 화려한 것 같지만 속은 텅텅 비어 있다고 비난하기도 하지만 그러한 비난을 듣는 또 다른 까닭은 당신의 신체적 모양새가 너무나 준수하기 때문이다. 당신의 장점은 매사에 무리하지 않고 순리에 따라 처신하는 점이다. 그리하여 어떠한 경우에는 유유부단하기까지 하다.

부모운 • 어머니가 일찍 돌아가시고 가정 형편은 그런데로 보통은 된다.

형제운 • 삼형제가 있는데 서로 서로 돕는 형(形)이라서 매우 우애가 양호한 편이다.

부부운 • 인자하고 말이 없는 부인을 두게 되고 한때 자신이 본의 아니게 바람을 피우나 부인의 정성으로 큰 무리 없이 본연의 자세로 돌아온다.

자손운 • 많은 어려움이 있게 되며 자녀수는 3~4명이 된다.

재산운 • 무엇이든지 남부럽지 않게 살아가는데 재물로 인하여 명예도 얻을 수 있는 행운도 있다. 예를 들면 전국구 국회의원이나 경제단체장이 되는 것 등이다. 직업으로는 한 직업으로는 평공무원이고 다른 직업으로는 비행사 수행비서 등이 유길하다. 비록 부모의 재산을 받는다 해도 오래 가지는 못하니 이 점 명심하라.

초년운세는 비교적 평탄하다고 하지만 6세 되는 가을에는 부모에게 걱정이 있고 12세에는 건강이 불길하다. 17세 또는 20세때에는 당신으로 인해 집안에 경사가 있게 되고 귀인이 도와 행운을 잡기도 한다. 23세 24세 때 봄 가을에는 여럿이 모인 장소에서 우연히 알게 된 여성과 상당한 기간을 사귀어 오다가 하루아침에 변심하는 여자 때문에 이성을 잃어 번민하게 된다.

당신이 닭띠라면 유부녀를 알게 될 것이고 토끼띠라면 중년 과부와 사랑을 속삭이다가 실연하여 번민하게 될 것이다. 특히 사유축(巳酉丑)자가 든 해 1월 5월 9월에 서울에서는 동대문이나 인천지방에서는 산과 물이 있는 곳에서 여자를 만날 수 있다.

☱☴ 25 • 대과괘(大過卦 • 크게 잘못된 상)

당신의 성격은 변화가 많아 갈피를 잡지 못하고 있다. 더구나 의리가 강하여 불의(不義)를 보고 자중하지 못해 과격한 울분이 폭발하니 때로는 구설 시비를 초래하게 된다.

부모운 • 대체로 빈약하며 어머니가 질병으로 일찍 죽게 된다.

형제운 • 서로가 서로를 믿지 못하고 항시 불만이 쌓여 있다. 2남 3녀지만 실상은 남처럼 지내게 된다. 더구나 부모의 유산관계로 분쟁이 있게 되니 차라리 유산이 없는 것만 못하다.

부부운 • 흉살이 중중하니 불화 불목하고 자기 주장만 앞세우다 심한 경우 이별하게 되는데 자칫하면 자살까지 하여 파가 망신하기도 한다.

자손운 • 2~3명의 자녀를 두지만 가장 인물이 출중하다고 여긴 둘째 아들이 불의의 사고로 죽게 되는 비운을 당한다.

재산운 • 큰 부자는 아니지만 별 어려움 없이 살아간다. 하지만 이러한 재산은 모두가 당신이 스스로 노력하여 얻은 것이니 자수성가하게 된다.

직업운 • 문필가도 좋고 군경도 좋으나 더욱 잘맞는 직업으로는 선원이나 무역 관계의 직업이 길하다.

원래 당신의 집안은 부유하고 문벌이 있었지만 부모대에서부터 가세가 약화된 것이다.

당신이 호랑이띠 범띠 원숭이(寅巳申)띠에 해당하면 재판으로 인하여 가산을 탕진하게 되는데 역시 인사신(寅巳申)자가 들은 해 2월 5월 8월에 그러할 것이다.

20세에는 자신으로 인해 경사가 있고 귀인을 만나 소원하는 것을 성취하게 된다. 그러나 당신은 선천적으로 고치기 어려운 질병을 갖고 있는데 대체로 안질병 피부병 신장병이다. 더구나 약을 먹고 치료를 해도 이상하게 잘 낫지 않는다. 당신이 또 한 가지 주의할 점은 남녀에게 배반을 당하는 일이다. 아무리 당신이 주의하고 덕을 베푼다 해도 배반을 당하지 않고 해결될 수 없다. 배반을 당하는 해는 유(酉)자나 진사(辰巳)자가 들어 있는 해 5월 6월 9월이다. 그러니 이 점 평생 잊지 말고 조심하고 또 조심하여 액을 적게 하는 데 게을리하지 말기를 바란다.

☷☵ 26 • 신곤괘(身困卦 • 몸이 피곤한 상)

당신의 성격은 맑은 물이 흐르듯 조용하고 과묵하며 인자하고 언어(言語)가 능숙능란하다. 평상시는 말이 별로 없다가도 일단 어느 경우에 처했을 때에는 일사천리격으로 능변(能辯)하게 된다. 두뇌가 총명하고 행동 역시 덕행이 출중하니 만인의 귀감이 되기도 한다.

부모운 • 아버지가 먼저 돌아가시고 가세는 비교적 빈약하다. 당신의 신체는 이상할 만큼 왜소하고 팔 힘이 강한 편이다.

형제운 • 2~3명의 형제가 있으나 큰형이 건실하지 못하다. 더우기 서로 이익만 생각하다가 우애가 끊어져 항시 불화하게 된다.

부부운 • 백년 해로하게 된다. 용띠 쥐띠 원숭이띠는 인(寅)자가 든 해 가을과 초봄에 어려움을 당한다.

자손운 • 보편적으로 좋은 편이며 남매를 두게 된다.

재산운 • 부족한 데가 없는 부자라고 할 수 있다. 다만 중년 이후부터 그러하고 초년에는 변변치 못하다. 또한 중년 이후부터는 재물로 인하여 관록을 얻으니 만인이 우러러 본다. 하지만 당신에게는 늘상 따라다니는 질병이 있으니 항시 걱정이다.

초년운은 평탄하고 의외의 경사스러움이 있게 되고 하는 일마다 그다지 어려움이 없게 된다. 13세때에는 동쪽에서 귀인이 도울 상이며 17세 18세 때는 아름다운 여자를 만나 연예계에 입문하게 된다. 다만 공부에는 눈물을 흘리고 한때 가출도 하게 된다. 자축(子丑)자가 들은 해는 집안에 큰 경사가 있고 인묘(寅卯)자가 들은 해는 형제로 인하여 크나큰 경사가 있게 된다. 그러나 용해나 뱀해 4월 5월에는 집안에 도적이 들어 크게 놀라지 않으면 서쪽을 가다가 귀금속이나 돈을 잃어버린다. 만약 집안에 도적이 들면 욕심부리거나 반항하지 않고 예(禮)를 갖추면 손해는 있어도 생명은 지장없다. 오미(午未)자가 든 해는 당신의 건강이 급격히 나빠 병원에 입원하는 수도 있게 된다. 이로 인해 집안이 화목하지 못하고 조석으로 쟁투가 있다. 신(申)자 유(酉)자가 들은 해 가을에는 귀인이 도와주고 술(戌)자 해(亥)자가 들은 해 초겨울에는 재수 대통하여 큰 돈을 만져보니 화색이 만연하다.

☷☶ 27 • 천신괘(天神卦 • 하늘과 땅이 돕는 상)

당신은 천성이 총명하며 사람됨이 관대하고 융통성이 강하다. 뿐만 아니라 가슴 속에 간직하고 있는 비상한 구상은 세상 사람을 깜짝 놀라게 하는데 조금도 부족함이 없다. 당신의 풍채는 잘생긴 미남형이다. 이성관계에 신경을 경주하여 액(厄)을 미리 막는 게 상책이다.

부모운 • 어머니가 일찍 죽게 되고 아버지는 종교나 기타 신(神)을 믿으면서 장수하게 된다.

형제운 • 3~4명의 형제가 있고 우애가 좋아 현사회에서 보기 드문 형제상을 갖고 있으니 세인의 칭찬이 자자하다.

부부운 • 종교를 갖거나 명산대천(名山大川)에 기도하면 화목하게 해로한다. 단 당신의 외도(外道)로 인하여 인사신(寅巳申)자가 들은 해는 풍파가 있게 된다.

자손운 • 대체로 좋은 편이며 혹자는 기도해서 귀자(貴子)를 둔다.

재산운 • 당신은 재물하고 큰 인연이 없다. 그렇다고 의식주를 걱정할 정도는 아니다. 재물을 잘 보장하기 위해선 사찰(寺刹)이나 고아원 양로원 등 사회사업을 경영해야 한다. 만약 과욕 하여 다른 이익 계통에만 전념하게 된다면 반드시 재물로 인해 재앙을 받을 것이다. 자수성가해야 할 상이니 이 점 명심하라. 당신에게 정치에 입문할 운도 약간 있지만 종당에는 불길하므로 생각지 말라. 또한 당신의 지적 수준은 참으로 대단하여 외국에서 박사의 학위를 받기도 한다.

14세가 되는 해 가을에는 타박상으로 고생하게 되고 생후 5개월째에 호흡기 계통의 병으로 고생하는 경우가 있다. 17세 18세 19세때는 공부를 잘 한다는 칭찬과 함께 시험에 합격하는 행운도 있다. 20세가 되는 해 가을에는 박(朴)씨 성을 가진 사람으로부터 협조를 받아 소원이 성취되나 다만 인묘(寅卯)자가 든 가을과 봄에는 부모에게 뜻하지 않는 화액이 발생하여 한숨을 쉬게 된다. 진사(辰巳)자가 들은 해는 관재 금전거래로 인해 구설이 있게 되며 오미(午未)자가 든 해에는 형제에게 큰 어려움이 있게 되고 해(亥)자가 들은 가을에는 자손에게 희비(喜悲)가 엇갈리고 자축(子丑)자가 든 해에는 재물을 얻어 웃을상이다.

28 • 집합괘(集合卦 • 귀인이 모여드는 상)

당신은 무엇 때문에 성질이 그렇게도 급한가. 강직하기가 마치 무쇠 같으니 숲을 지고 불 속으로 들어 가는 것처럼 위험하기가 한량없다. 당신의 가슴 속에 품고 있는 그 뜻을 보통사람으로서는 감히 헤아릴 수가 없고 용맹함은 마치 용(龍)이 여의주를 물고 하늘로 오르는 상이다. 당신은 선대의 덕행으로 인하여 좋은 길성(吉星)을 띠고 태어났으니 당신은 희귀(稀貴)한 운명이다.

부모운 • 아버지께서 먼저 세상을 뜨게 되는데 아버지는 살아 생전 법이 없어도 살 수 있는 호인(好人)이었다.

형제운 • 2~3명의 형제가 있으며 중년에 재산으로 인하여 걱정됨이 있게 되니 한때 서운하더라도 금전거래를 하지 않는 게 상책이다.

부부운 • 보기 드문 어진 아내를 두어 육친간에 화목은 물론 재물도 얻어 흥왕하니 가문을 빛내게 된다.

자손운 • 자녀들은 타인이 부러워할 정도로 효심(孝心)이 지극하고 물질보다는 정신적인 안위가 더욱 크다.

직업운 • 많은 부하를 거느리는 공직(公職)이 좋고 기타는 각종 수집상이 적업이라 할 수 있다. 당신이 범띠 뱀띠 원숭이띠 돼지띠 해에 직업을 택한다면 관록은 물론이고 그 이름이 사방(四方)에 있게 된다. 당신의 운명은 하는 일마다 잘 이루어질 수 있는 특징을 갖고 있다.

건강에는 7세때 심장병 및 피부병 신장병으로 한때 고통이 있고 13세때부터 화액이 사라지고 17세 18세때부터는 운이 서서히 열리기 시작하니 소원한 바를 성취하게 된다. 뿐만 아니라 27세 28세때에는 어진 여자를 동북쪽이나 서쪽에서 만나 백년 가약을 맺게 된다. 사오(巳午)자가 든 해 6~7월에 국가로부터 명예로운 상장(賞章)을 받게 되고 신(申)자나 유(酉)자가 들은 해에는 애석하게도 부인에게 화액이 있게 되는데 대체적으로 손재 질병으로 고통을 받는다. 진술(辰戌)자가 들어 있는 해는 자손에게 한 번 웃고 한 번 우는 일이 있게 되고 자축(子丑)자가 들은 해는 당신이 큰 재물을 희롱할 수 있어 기쁨이 만연하다. 다만 말(言)을 항시 주의해야 한다.

☲☰ 31 • 일중괘(日中卦 • 태양이 중천에 떠 있는 상)

당신은 근면 성실하고 어질며 명랑하지만 외고집 때문에 융통성이 없는 것처럼 보이기도 한다. 심한 경우에는 어리석은 것같이 보이기도 한다. 하지만 내심은 밝고 신의가 두터우며 착한 심성을 가슴 속에 품고 있다. 뿐만 아니라 악인(惡人)에게도 매우 관대하다.

부모운 • 어머니께서 먼저 돌아가시고 가정 형편은 부유하지만 아버지의 빈빈한 전업으로 굴곡이 심해 항시 자리가 불안정하다.

형제운 • 3~4명의 형제가 있지만 대부분 외국에서 거주하거나 멀리서 거주한 연유로 그다지 큰 우애는 없다.

부부운 • 공교롭게도 초혼에는 실패수가 있고 두 번째야 정상적인 생활을 하게 된다. 특히 인묘진(寅卯辰)자가 든 해 1월이나 5월에 출생하면 상처(喪妻)하기도 한다.

자손운 • 비교적 괜찮은 편이나 원래 선대부터 손(孫)이 귀한 집안이라서 한두 명에 그친다. 만약 당신이 여러 자녀를 둘 경우 그 걱정이 태산 같고 심한 경우에는 자녀가 부모를 원망하기도 한다.

재산운 • 아버지가 중년부터는 부자가 되어 이름을 얻게 되나 신유(申酉)자가 들어 있는 해는 실패가 따르게 된다.

직업운 • 전자 계통이나 커다란 철공 및 불고기집을 경영하는 게 좋다. 만약 당신이 공직에 있게 되면 이는 반드시 오래 가지 못한다.

어린시절에는 의기양양하나 11세 12세때에는 부모에게 크나큰 화액이 있게 되고 17세 19세 정도에서는 당신에게 경사가 있고 27세를 넘어서는 천금을 희롱하게 될 것이다. 사오(巳午)자 들은 해는 몸에 신액(身厄)이 따르니 불(火)을 조심해야 한다. 당신에게 인연이 있는 띠는 각자 띠에 따라 다르다. 쥐띠는 원숭이띠 용띠 소띠이고 뱀띠인 사람은 닭띠가 인연이고 돼지띠인 사람은 토끼띠 양띠 개띠가 인연이 될 수 있다. 당신에게 불행하거나 신상에 변동이 있는 해는 용띠 쥐띠 원숭이띠인 사람은 범(寅)해에 뱀띠 소띠 닭띠인 사람은 돼지(亥)해에 범띠 말띠 개띠인 사람은 원숭이해에 그리고 돼지띠 토끼띠 양띠인 사람은 뱀해가 돌아올 때 그러하다.

☷☵ 32 • 배신괘(背信卦 • 배은망덕할 상)

당신의 성격은 대단히 명철하며 강한 중에 부드러움이 있고 마음이 항시 어질고 굳건하다. 어느 누구에게도 차별없이 대화하며 늘상 사랑으로 베푸는 덕인이라 여러 사람이 좋아하는 형이다. 하지만 무슨 일이고 나중에는 구설시비가 있어 안타까운 경우가 생긴다.

부모운 • 어머니께서 건강이 약하여 일찍 돌아가시게 된다.

형제운 • 2~3명의 형제가 있게 되나 매우 안타까운 형상이다.

부부운 • 절대 안전할 수 없으며 초혼에 실패하게 된다. 뿐만 아니라 심한 경우에는 사별(死別)까지 하게 된다.

재산운 • 선천적으로 흉성(凶星)이 몸에 있으니 어찌 무사하겠는가. 특히 친구나 직장의 동료 더 나가서는 형제와 절대 금전거래를 해서는 아니 된다. 반드시 배반을 당하리라.

자손운 • 삼 형제로 그 중에 귀자(貴子)가 있어 가문을 빛낸다.

직업운 • 공직이나 사기업에 종사하면 불길하고 자기사업이면 비교적 유길(有吉)하다. 안과의사 조종사 의류 건축 측량 등이 길하다.

당신은 초년 고생이 많으나 중년부터는 자수성가하여 남부럽지 않게 살게 된다. 다만 원숭이띠는 뱀띠를 토끼띠는 닭띠를 소띠는 양띠를 쥐띠는 말띠 등을 각각 주의해야 한다.

당신은 세상풍파를 남달리 많이 겪어야 되는 비운을 타고 태어났으니 상대를 원망하지 말고 자신을 반성하고 주의해야 두 번 흘릴 눈물을 한 번 우는 것으로 땜할 수 있다. 8세나 9세때 초여름 초가을에 이상한 감기와 그밖의 합병증으로 죽을 고비를 넘긴다. 20세때에는 부모에게 화액이 따르게 되고 13세 정도에서는 가출하여 한때 행방불명되거나 집에서 멀리 떠나게 되는 일이 있게 된다. 인묘(寅卯)자가 든 해는 구설이 많이 따르게 되고 해자(亥子)자가 든 해는 집안에 풍파가 크게 일게 되고 신유(申酉)자가 들은 해 가을에는 재수가 대길하여 천금을 희롱하게 되며 사오(巳午)자가 든 해는 가벼운 신병이 있고 축미(丑未)자가 들은 해는 귀인이 와 도우니 소원을 성취하리라. 혹자는 눈이 짝짝이인 경우도 있으니 이것 또한 당신의 운명이니 어찌하랴.

☱☴ 33 • 대광괘(大光卦 • 큰 광채의 상)

당신은 아름다운 마음씨와 주옥같은 언행으로 여러 사람으로부터 신임을 받는다. 더욱 그러한 이유중 하나가 청렴결백하기가 가을의 맑은 물줄기와 같고 그 위엄당당(威嚴堂堂)하기가 중국의 항우(項羽)와 같다고 하겠다. 다만 배짱이 너무 크고 사소한 일은 안중에 없어 구설을 면키 어려우며 한 번 성질이 나면 물불을 가리지 않는다. 남에게 신세를 지거나 매사에 지는 일은 아주 싫어한다.

부모운•선대부터 명문가였지만 할아버지대에 이르러서부터 조금씩 쇠퇴하기 시작하였다. 하지만 지금도 어느 가정 못지 않게 가문이 있고 의식주도 걱정이 없다. 아버지 건강이 불길하고 특히 혈압 계통이 위험하니 담배 술을 가까이 못하시게 하는 것이 곧 효도이다.

형제운•서로 감춘 것이 없이 사실을 털어 놓고 솔직 화통하게 타협하면서 살아간다. 원래 형제의 수는 많았지만 가을 낙엽 지듯이 조사(早死)하는 형제가 많으니 생존한 형제는 불과 2~3명에 불과하다.

부부운•백년 해로하며 금슬이 타인의 부러움을 사며 남다르게 정열적인데가 있다. 그러나 당신이 한때 바람을 피워 풍파가 있으나 부인의 관용과 인내로 무사할 수 있다.

자손운•한두 명을 유산 및 낙태하고 이젠 겨우 한두 명이다. 두 명이라면 그 중 하나가 건강이 불길하니 항시 걱정이 된다.

재산운•부모로부터 물려 받은 재산은 남의 것이나 다름이 없으므로 몇 번의 실패가 있게 된다.

직업운•유흥업이나 공직으로는 사법고시 행정고시에 합격하니 그 지위가 높아진다. 관직에 있을 경우 불의의 사고로 파직하기 쉬우니 자축년(子丑年)을 조심하라.

15세 미만에는 물고기가 물을 만난 것 같으니 대길하다. 16세 17세때에는 몸에 병고가 있어 고생하고 20세 이후부터는 시험에 합격하여 가문을 빛내고 그 이름이 사방에 있게 된다. 오미(午未)자가 든 해나 신(申)자가 든 해는 부모에게 경사가 있고 인묘(寅卯)자가 든 해는 재물을 얻어 하루아침에 갑부가 된다. 평생동안 화액을 조심하라.

☵☴ 34 • 기로괘(岐路卦 • 운명의 기로 상)

당신의 성격은 인자하며 생각이 깊고 신용을 남달리 무겁게 여긴다. 특히 말을 잘하여 어려운 일도 잘 처리하는 형이다. 마음과 행동이 단정하고 강함과 부드러움을 동시에 지니고 있어 남다른 수완이 있다.

부모운 • 아버지께서 일찍 돌아가시게 되고 어머니가 가정을 경영해 간다.

형제운 • 단 2명의 형제가 있고 누나는 일찍 죽는다. 형제이지만 성격이 서로 맞지 않아 의사 충돌이 심하다.

부부운 • 당신이 바람을 피워 가정이 항시 불화한다. 십중팔구 처첩을 두게 될 것이다.

자손운 • 두 명의 자식을 둔다. 한 명은 외국에서 살고 또 한 명은 국내에서 사업을 하나 관재 등으로 구설시비가 끊이지 않는다.

재산운 • 부모의 유산을 받게 되는데 그 유산으로 사업을 하다가 종당에는 다 날리게 된다. 그 유산을 보전하려면 산(山)이나 기타 전답(田畓)등을 사되 없는 것같이 처신해야 한다.

당신의 운명은 초년 고생이 많고 중년부터 흥왕하게 된다. 왜냐하면 당신의 초년 운세는 마치 물과 불이 서로 충돌하는 상이기 때문이다. 따라서 20세 이후에야 비로서 서광이 비치기 시작하여 재복과 소원하는 일이 이루어지게 된다.

술해(戌亥)자가 들어 있는 늦가을이나 초겨울에는 형제간에 기쁜 일이 있게 되고 신유(申酉)자가 들어 있는 초가을에는 집안에 풍파가 일게 되는데 말을 잘못하여 법정에 서게 되거나 돈을 빌려줘 채무자가 도망가버려 받지 못하는 일이 있게 된다. 그러나 사오(巳午)자가 들어 있는 해 여름철에는 귀인이 소원사를 이루도록 협조하게 되고 축(丑)자가 들어 있는 겨울과 초봄에는 뜻하지 않는 사업으로 큰 돈을 벌게 되니 경거망동이 두렵다. 왜냐면 당신은 다른 면은 그렇지 않는데 돈이 좀 있게 되면 어떻게 쓸까 하고 의시대는 형이기 때문이다. 용띠 쥐띠 원숭이띠라면 인(寅)자가 들은 해 초봄이나 가을에 동북이나 남서쪽으로 이사하게 될 것이다. 또한 뱀띠 닭띠 소띠 등은 해(亥)자가 들어 있는 해 5월이나 11월에 이사하게 된다.

☰☷ 35 • 양동괘 (良同卦 • 어진 사람이 협조하는 상)

당신은 우선 선천적으로 타고난 성격이 순한 양(羊)과 같고 부드러움은 마치 조용히 흐르는 물과 같으나 한편으로는 강하기가 마치 지하(地下)에서 솟아 올라오는 죽순(竹筍)과 같다. 그러므로 당신의 성격을 한 마디로 평한다면 외유내강하거나 강유(强柔)를 겸했다고 할 수 있다. 당신은 남다르게 몸이 잘 생겨서 속칭 미남형이라 하여 기생오래비 또는 잘생긴 제비족이라고까지 불리워지니 겉으로는 매우 부유하게 보이나 실상은 서민적이다. 더우기 지혜가 있고 총명하여 그때 그때 임시응변을 잘 하는데 남다른 면이 있다. 그러므로 어떤 면에서는 일생을 두고 위태로운 행동 때문에 집안 사람에게 항시 걱정을 끼치게 된다.

부모운 • 어머니는 비교적 일찍 세상을 떠나고 아버지가 동업의 형태로 사업을 경영하게 된다.

형제운 • 위 아래로 형과 여동생이 있는데 사회적으로나 가정적으로 한결같이 한 마음 한 뜻이 돼 우애가 모범적이다. 혹자는 형제끼리 동업하는 예도 종종 있게 된다.

부부운 • 조금은 복잡하다. 왜냐면 결혼 하기 전에 사귀어 오던 여성이 여전히 당신의 결혼생활에도 불구하고 연모하고 있기 때문이다. 더우기 이 여자말고도 나이가 한두 살 위인 연상의 여인을 애인으로 지내고 있으니 이래저래 당신은 본부인 이외에 다른 여성을 첩으로 두게 된다. 그러나 상대 여자가 다방이나 유흥업으로 재산이 있으니 때로는 덕(德)을 보기도 한다.

자손운 • 한 명의 여식이나 한 명의 아들을 두게 돼 자손이 귀한 집안이다.

직업운 • 의사 약사 중개업 등이며 공직으로는 외교관 등이 좋고 의류나 한약업은 동업함이 유길하다. 특히 당신이 만약 약사나 의사이면 이상할 정도로 치유를 잘해 많은 재물을 얻을 수 있다.

어려서는 끓는 물을 조심해야 하고 정오에 밥솥 곁에 가지 말라. 만약 이러한 운명을 무시하게 된다면 몸에 흉터는 물론 심한 경우에는 수족불구가 되기까지 한다.

☷☲ 36 • 미결괘(未決卦 • 불확실할 상)

당신의 운명은 마치 연약한 불이 대평양을 아슬아슬하게 건너는 상이다. 성격은 단정하기 이를데 없고 밝은 행동은 여러 사람들의 모범이 되기도 한다. 그러면서도 항시 마음을 진정하지 못하고 스스로 비관을 잘하는 편이다. 모든 일을 구상할 때 심사숙고하지만 결국 유종의 미를 거두지 못하고 중도에 좌절하고 만다. 특히 당신은 이론에는 밝지만 추진력이 부족하고 위급한 일을 당했을 때에는 황급 당황하여 일을 그르치기도 한다.

부모운 • 아버지가 먼저 돌아가시고 어머니께서도 건강이 불길하여 약탕기가 떨어질 날이 없다.

부부운 • 운명에 흉성(凶星)이 있어 생이별이나 사별하는 비운을 겪는다.

형제운 • 의견일치가 돼지 못해 항시 시끄럽고 서로 잘했다고 비난하는 예가 비일비재(非一非再)하다. 형제는 원래 3~4명이었지만 이중 한 명이 물과 불로 인하여 갑자기 죽는다. 사실 형제는 많아도 독신이나 다름이 없다. 더욱 그러한 것은 어느 형제치고 부모에게 걱정을 끼치지 않는 형제가 없기 때문이다.

재산운 • 남부럽지 않게 살 수는 있으나 역시 초년에는 별난 고생을 다하게 된 연후에 비로서 안정할 상이다.

직업운 • 전자공이나 선원 등으로 공직에는 연료나 수도를 담당하는 것이 좋고 자기사업으로는 불고기집이나 석유업 등이 길하다.

당신에게 인연이 있는 방향은 대개가 서쪽이 좋고 경륜이 많은 어른과 매사를 타협하여 결정함이 좋다. 좋지 않은 방향은 바로 남쪽이다. 5세 6세때에는 호흡기나 화상으로 인하여 놀랄 일이 있게 되고 7세 9세때에는 피부병이나 심장병으로 고생하게 된다. 결혼은 일찍 하면 불길하고 27세나 29세가 적령기이다. 배후자로는 뱀띠 닭띠 소띠는 원숭이띠 용띠 쥐띠가 좋고 당신이 만약 개띠나 말띠이면 범띠나 토끼띠 여성이 좋다. 오미(午未)자가 들어 있는 해는 손재수가 있고 진사(辰巳)자가 들어 있는 해는 안씨나 서씨 성을 가진 귀인이 나타나 소원성취에 길함이 있게 된다. 이밖에도 신유(申酉)자가 들어 있는 해는 질병이 있고 술해(戌亥)자가 들어 있는 해는 재수가 대길하게 된다.

☷☷ 37 · 여행괘 (旅行卦 · 여행할 상)

당신의 운명은 그렇게 좋은 운세라고 볼 수만은 없다. 성격은 남다르게 정직하고 신중하며 신의를 생명처럼 여긴다. 따라서 행동으로 인해 만인이 추종하고 존경하게 된다.

또한 모든 일을 가능하면 원칙적인 선에서 해결하는 편이다. 신체적인 면은 키가 크고 이목구비(耳目口鼻)가 아주 출중하여 마치 군자의 기상을 타고 난 상이다.

형제운 · 여러 형제가 있지만 낭패가 많아 우애가 없다. 더우기 당신을 비롯한 모든 형제들이 생활 여건상 이사를 자주하고 어떤 형제는 외국에서 거주하는데 주로 남미쪽에서 살게 된다.

부부운 · 당신은 이상하게도 가는 데마다 아름다운 여자가 결혼하자고 요구해 온다. 이러한 현상은 당신이 결혼한 연후에도 그러하다. 그러므로 어느 곳에든 애첩 한 명쯤은 두어야 한다. 당신하고 인연이 있는 여자는 남쪽이나 동북쪽으로 가는 차 안에서 만나는 여성이 될 것이다. 이와 같이 여자들이 항상 당신 곁에 있지만 당신의 부인이 관용과 인내로 살아가기 때문에 백년 해로한다.

자손운 · 반드시 귀자(貴子)를 두어 바람둥이 상인 당신과는 대조적이다. 자녀들이 공부를 잘하여 석사, 박사가 있게 되고 길운을 만나면 판사 검사가 되기도 한다. 다만 아쉬운 점은 외국에서 거주하는 자녀가 있어 실상 부모를 제대로 못 모신다는 점이다.

초년운은 부모에게 환란이 많고 일찌기 통한의 슬픔이 있게 되리라.

결혼은 반드시 늦게 해야 유길하고 술(酒)은 먹지 않는 게 건강에 좋을 것이다.

일생 동안 큰 화액은 없지만 신유(申酉)자가 들은 해는 집안에 뜻하지 않는 변고가 있고 인묘(寅卯)자가 든 해는 반드시 도적을 조심해야 한다. 해(亥)자가 들어 있는 해는 육친간에 이별수가 있고 진술(辰戌)자가 들어 있는 해는 동쪽에 있는 아름다운 여자와 결혼하게 될 것이며 자축(子丑)자가 들어 있는 해는 재수가 대통하여 큰 재물을 얻게 되리라. 이럴 때 마음이 악(惡)하기 쉬우니 특별히 주의하라.

☶☴ 38 · 진행괘(進行卦 · 점진 발전하는 상)

당신은 매사에 진취적이며 적극적이다. 따라서 때로는 일을 벌여만 놓고 종결을 짓지 못한다고 비난을 받기도 한다. 당신의 천성은 아담 결백하고 적극적인 데가 있다. 신체적 모양은 이마가 넓고 코가 우뚝하며 그 기상이 청수(淸秀)함은 물론 항시 뜻이 크고 냉정하여 원칙보다는 인정이 많아 많은 사람으로부터 호평을 받게 된다. 특징할 만한 것은 남다르게 부지런하다는 것이다.

부모운 • 어머니가 먼저 돌아가시게 되고 아버지는 장수하게 된다. 유산을 물려받아도 잘 지킬 수가 있고 가능하면 부모의 뜻에 순응하는 편이다.

형제운 • 우애와 친목으로 살아가는데 1~2명의 남자 형제에 여자 형제가 3~4명이나 된다.

부부운 • 어질고 현숙한 아내와 백년 해로하니 큰 걱정이 없다.

자손운 • 흉성(凶星)이 몸에 따르니 항시 걱정이 많은데 특히 큰아들보다 작은아들이 안타깝게도 형무소를 자주 들락거린다.

직업운 • 자기사업체나 자기사업보다는 공무원으로서 오래 재직함이 길하다. 당신이 만약 흉한 운세를 타고났다면 행상을 면치 못하게 된다. 당신은 부모가 물려준 재산 이외에도 자수성가하기 위해 최선을 다한다. 이러한 정신은 만인의 모범이 되기도 한다.

초년은 비교적 집안에 환란이 심하고 부모의 건강이 불길하여 마음이 불안정하다. 당신의 건강에 피해가 있는 해는 오미(午未)자가 들어 있는 해 6월이 된다. 다만 증상은 아주 가벼우니 조금도 걱정할 것이 못 된다. 당신은 선천적으로 좋은 체질로 태어났다. 결혼은 비교적 일찍, 즉 25세 26세때 하는 게 좋다. 아내 역시 현명하여 별 걱정이 없다. 더욱 길한 것은 아내가 당신과 결혼한 후부터 집안이 흥왕하고 생각지 않게 무슨 일이고 잘된다. 자축(子丑)자가 든 해는 형제나 기타 육친과 헤어지는 일이 있고 인묘(寅卯)자가 든 해는 마음이 심란하여 외롭게 될 시기이다. 진사(辰巳)자가 든 해는 귀인이 스스로 도와 주니 대길하고 큰 돈을 벌게 되며 집이나 토지 등을 사게 된다. 다만 오(午)자나 미(未)자가 들은 해는 부모에게 다소의 걱정거리가 생기게 된다.

☳☲ 41 • 진광괘(振光卦 • 광채가 진동하는 상)

당신은 명쾌하고 씩씩하며 풍류를 좋아하는 성품이다. 뿐만 아니라 생각과 행동의 도량이 넓다. 당신의 가슴 속에는 원대한 포부를 담고 있으니 언젠가는 그 뜻을 성취하리라. 하찮은 일에는 신경조차 쓰지 않고 때로는 분수에 맞지 않은 행위로 주위로부터 허풍을 떨고 있다는 비난을 받으니 이러한 점만 고쳐나간다면 진로는 밝으리라.

부모운 • 아버지께서 세상을 먼저 하직한다. 집안은 중류층에 속하며 본래는 명문대가였다.그러나 할아버지대부터점차 쇠약해 오늘에이르고 있다.

형제운 • 단 둘이고 우애는 보통이 된다.

부부운 • 흉성이 비치고 있으니 생이별이나 사별을 면키 어렵다. 부인의 마음과 행동은 마치 비단결 같지만 뜻하지 않는 사고로 급사하니 정말 하늘이 무심하다.

자손운 • 1~2명의 자녀가 있지만 성장하면서부터 속을 많이 썩여 때로는 죽고 싶은 심정이다. 자연 부자간에 화목하지 못하게 돼 서로 각각 살 수 밖에 없다.

재산운 • 유산을 받아 사업을 하다가 날려버렸다. 이와 같은 고통은 한두 번이 아니고 수 차례에 걸쳐 그러하다. 다만 당신은 재주가 좋아 빨리 성공했다가 급히 실패하기도 한다. 더우기 당신이 남을 이용하지만 타인도 당신을 이용 크나큰 실의에 빠지게 된다.

직업운 • 사업 이외에 정치가 군인 경찰 스폰서 등이 좋으며 운명을 잘 탈 경우에는 국회의원 군의 장성급에까지 오를 수 있다.

초년운은 몸의 질병으로 인하여 고생을 하게 되고 14세때에는 가정의 풍파로 눈물을 보게 된다. 20세가 될 무렵에서야 서광이 비추기 시작하여 점차로 발전하게 된다. 술해(戌亥)자가 든 해는 집안에 큰 변동이 있는데 대개는 대대로 내려오는 집을 팔고 이사가는 경우다. 뿐만 아니라 이러한 해는 실물 도적수가 있으니 특별히 주의해야 한다. 신유(申酉)자가 든 해는 형제나 친구에 대한 큰 경사가 있고 진사(辰巳)자가 든 해는 재수 대통하여 큰 돈을 희롱하니 의기양양하게 된다. 인묘(寅卯)자가 든 해는 동남쪽에다 부동산을 사게 될 것이다. 문서에 구설이 있으니 주의하라.

☳☱ 42 • 부귀괘(婦歸卦 • 시집간 신부가 되돌아 오는 상)

세상살이란 어질고 착하다고 해서 생이사별(生離死別)의 운명을 행복한 백년 해로로 바꾸어 놓을 수는 없는 것. 다만 어질고 착하면 크게 당할 화액(禍厄)을 조금 적게 당하는 것이 당연한 이치이다. 그러나 다음 대에는 그 선행의 응보가 있게 되리라. 이와 같은 운명이 당신하고도 무관하지는 않다. 당신의 성격은 어질고 유순하며 말 솜씨도 남에게 뒤지지 않는 능변가이다. 본래 마음씨가 화순하여 부드러운 생각을 하고 있고 행동 역시 매우 우호적이다. 다만 너무나 부드럽기 때문에 때로는 표리부동(表裏不同)하다는 비난도 듣게 된다. 아무튼 당신은 법이 없어도 살아갈 수 있는 착한 사람임은 틀림없다.

부모운 • 아버지께서 먼저 세상을 떠나시고 아버지 형제중 한 분이 일찍 황천객이 되기도 했다. 어머니는 고생고생하시다가 사고로 돌아가셨고 형제끼리 살아가니 한숨만 있을 뿐이다.

형제운 • 당신이 무거운 짐을 지고 살아가야 한다. 부모를 대리해서 어린 동생들을 가르치고 결혼까지 시켜야 하는 상이다. 특히 여동생 한 명은 초혼에 실패한다.

부부운 • 생이별이나 사별하는 게 십중팔구이다. 다만 당신이 종교에 의지하고 덕을 베풀면 이별이나 사별만은 면한다. 이와 같은 어려움을 면하기 위해선 그만큼 어려운 세상풍파를 겪어야 한다.

재산운 • 십 년 모아 둔 재물을 하루아침에 날려버리니 죽고 싶은 심정이다. 중년 후에 다시 재물을 모으니 늘상 정성을 다하라.

직업운 • 결혼상담소 인력수출업 등이며 행정자문위원 등이 적격이다.

초년운은 2세 7세 9세때가 제일 불길한 운이고 10세 이후에야 겨우 안정되기 시작한다. 자축(子丑)자가 들어 있는 해에 또다른 신액(身厄)이 한번 있고 인묘(寅卯)자가 들어 있는 해는 형제간에 경사스러운 일이 있는데 대개가 시험에 합격한다든가 승진하는 경우다. 진사(辰巳)자가 들어 있는 해는 역시 부모에게 유익한 일이 있게 되고 오미(午未)자가 들어 있는 해는 당신의 신상에 서광이 비치어 재물을 얻거나 그 이름이 사방에 있게 된다. 혹자는 불길한 일로 그 오명이 세상에 알려질 것이다.

☲☳ 43 • 과풍괘(過豊卦 • 풍요속에 빈곤한 상)

세상은 모든 것이 균형을 이루며 두루 수용되면서 살아가는 것이 어떤 면에서는 가장 원만한 생활이다고 할 수 있다. 따라서 무엇이든지 상대와 비슷해야 하고 중화(中和)를 도모해야 한다. 이러한 반면에 과다 불급(過多不及), 즉 지나치게 많거나 지나치게 부족한 것은 좋은 현상이라고 할 수 없다. 그런데 당신은 여러 가지 면으로 볼 때 너무나 단조롭고 엉뚱한 행위를 잘하고 있다. 성격은 강하고 매우 이론적이며 가슴 속에서는 뜨거운 정열이 항상 있다.

부모운 • 변변치 못하며 아버지께서 먼저 돌아가시게 되고 장삿날에 너무 뜨겁거나 비가 오게 된다.

형제운 • 서로 성격이 맞지 않아 자주 다투고 금전거래로 사이가 더욱 악화된다. 형제는 4~5명이다.

부부운 • 상극(相剋)됨이 있으니 그 어찌 무사하기를 바라겠는가. 때에 따라서 결혼에 관재 구설이 있고 불연이면 너무나 차이가 많이 나 이것으로 결국 돌아서는 아픔도 있게 된다.

자손운 • 3명을 두고 그중 하나가 성격이 난폭하여 속을 많이 썩인다.

재산운 • 엎었다 뒤집었다 몇 차례 성패가 있은 연후에야 성공할 수 있다.

직업운 • 남의 밑에 있는 것은 자존심 때문에 불가능하니 절대로 자신이 스스로 경영하는 자기사업이 좋으며 특히 금속이나 화학 농업에 종사하면 길하다.

당신에게 불행을 안겨주는 운은 9세 10세때인데 말띠나 소띠는 죽을 고비를 넘기게 된다. 자축(子丑)자가 들어 있는 해는 형제간에 분쟁이 있거나 형제 한 명이 외국을 가는 일이 생긴다. 인묘(寅卯)자가 들어 있는 초봄께는 부모중 한 분이 교통사고나 불연이면 질병으로 큰 고생을 하게 된다. 진사(辰巳)자가 들어 있는 해는 귀인을 만나 소원하는 바에 다소 길상이 있고 그로부터 몇 년 후에는 완전한 기반을 이루게 된다. 오미(午未)자가 들어 있는 해는 집안에 이사수가 있거나 커다란 변동이 있어 매우 바쁘게 된다. 축자(丑子)자가 있는 해는 집을 짓거나 묘자리를 옮긴다. 신유(申酉)자가 든 해는 득남(得男)의 행운이 있게 되니 백사 삼가해야 한다.

☳☳ 44 • 뇌성괘(雷聲卦 • 우뢰가 치는 상)

당신은 너무 과감하고 격렬한 행동으로 극과 극을 지향하는 형이라서 항시 마음이 놓이지 않는다. 타고난 천성은 그야말로 웅장 대담(雄壯大膽)하며 또한 활달 명쾌(活達明快)하여 만인으로부터 박수갈채를 받기도 한다. 당신의 기상은 틀림없이 대장부로서 늠늠하며 물망초(勿忘草)와 같은 존재이다. 그러나 이보다 깊은 괘사를 보면 진경백리 유성무형(塵驚百里有聲無形), 즉 천둥 번개 치는 소리가 백리 밖에까지 들리나 형체는 볼 수 없다는 뜻처럼 허풍(虛風)만스럽지 실속이 없다.

부모운 • 아버지가 먼저 돌아가시는데 대개는 생각치 않은 사고나 놀란 연후에 병을 얻어 돌아가시게 된다.

형제운 • 여자 형제 2명 남자 형제 2명, 도합 4명이고 언변에 모두가 능하며 허풍장이다. 단 막내만은 그렇지 않다.

부부운 • 당신이 외도만 삼가하면 해로하나 부인이 심장이 약하여 자주 깜짝깜짝 놀라 항시 걱정이 되며 심한 경우에는 낙태까지 한다.

자손운 • 삼 남매를 두며 학교 선생이나 관상대원 도는 군경에 종사하는데 운세가 불길할 경우 뺑튀기장수도 면치 못한다.

재산운 • 엎었다 뒤짚었다 십 년을 복잡하게 살다가 술해(戌亥)자가 들은 해 이후부터 점차 흥왕하며 부자로 살게 된다.

직업운 • 당신이 만약 관직에 있게 되면 부하의 잘못으로 반드시 파직을 당하니 토끼띠를 가진 사람을 항시 주의하라.

집안에 변고가 많아 외롭고 자주 놀랄 일이 생기게 된다. 15~16세가 되면서부터 조금은 나아진다. 19세나 21세 22세때에 동남쪽에서 귀인이 나타나 스스로 도우니 직업도 얻고 돈도 벌게 된다. 당신이 만약 쥐띠 원숭이띠 용띠 닭띠이면 학교나 공무원 시험에 합격하는 행운도 있다. 자축(子丑)자가 든 해는 집안에 불길한 일이 발생하고 특히 인묘(寅卯)자가 들어있는 해는 부모님께서 눈물을 흘리나 이것은 자식으로 인한 것이니 당신 스스로 백사 근신하라. 진사(辰巳)자가 든 해는 당신에게나 형제에게 기쁜 일이 있게 되니 마음껏 웃어 본다. 당신은 허풍만 떨지 않으면 만인이 더욱 믿어줄 것이다. 이 점 평생 잊지 말라.

☳☴ 45 • 항길괘(恒吉卦 • 항시 행운이 있는 상)

당신은 복도 많다. 왜냐면 어떤 사람은 일생 동안 불철주야 노력하여도 이 세상을 하직할 때 빚만 지고 가버리는 불운한 경우도 있는데 당신은 그와 반대로 태어나면서 부모의 유산을 물려받고 출생하였으니 세상이란 참으로 현묘(玄妙)하다. 당신의 성격은 정직 결백하며 인자하기가 마치 깊은 바다와 같고 남을 잘 이해하는 성격을 갖고 있다. 생각과 행동면은 보통 사람으로는 알 수 없는 구상과 지혜스러움을 갖고 있다.

부모운 • 두 분이 다 장수하나 아버지께서 먼저 세상을 뜨는 것이 십중팔구이다.

형제운 • 3~4명의 형제가 있지만 우애가 좋고 물질적으로도 도우며 잘살아가는 아주 보편적이면서도 보기 드문 화목을 유지하고 있다. 한 가지 주의할 점은 심한 금전거래는 불화를 초래한다는 것이다. 형제중에 만약 토끼띠 원숭이띠를 가진 여자 형제가 있다면 독신으로 살든지 또는 외국에서 살게 된다.

부부운 • 어질고 도량이 넓으며 시부모를 하늘과 같이 여기는 부인을 만나니 부인이 집안에 들어오면서부터 집안이 더욱 화목해진다.

자손운 • 형제를 두게 되나 약간 늦게 두며 부모에게 효도하게 될 것이다. 혹 뱀띠나 원숭이띠 자녀가 있다면 필연적으로 관재가 있게 된다.

재산운 • 매우 훌륭한 편이어서 만금을 희롱하게 되고 이로 인하여 각 사회분야에 있어서 명예스러운 지위에 있게 되며 어떠한 경우에는 국회의원이 되는 행운도 있다. 더우기 당신에게는 귀인이 항시 도와 하는 일마다 별 어려움 없이 잘 이루어진다.

초년운은 형제에게 약간의 재액(災厄)이 있고 6세나 7세때에는 자신에게 질병이 있으며 25세 26세때에 어진 아내와 백년 가약의 경사가 있다. 건강이 불길한 운은 해(亥)자가 들어 있는 해이고 인묘(寅卯)자가 들어 있는 해는 집안에 문서로 인한 경사나 장원급제하는 경사가 있다. 신유(申酉)자가 들은 해는 부모에게 좋은 일이 많고 사오(巳午)자가 들은 해는 또다시 천금을 희롱하니 기쁨이 충천(冲天)하리라. 당신이 주의할 점은 선천적으로 위장과 관절이 약하니 이 점 미리 주의해야 한다.

☳☵ 46 • 해우괘(解遇卦 • 모든 것이 풀리는 상)

당신의 성격은 성실하며 덕성이 있는데다 부드럽고 순박하다. 게다가 말이 별로 없고 남에게 무엇이고 베푸는 성격이다. 따라서 사람들은 당신을 속칭 해결사(解決士)라고까지 부르고 있다.

부모운 • 가세가 빈약하고 어머니와 아버지와의 관계가 원만치 못하다. 아버지께서 먼저 세상을 뜨게 된다.

형제운 • 일찍 한 명 또는 여자 형제 두 명이 죽었고 지금은 2~3명의 형제 뿐이다. 동기간에 화목하다고는 볼 수 없어도 그런데로 보통은 된다. 다만 막내 때문에 부모의 속이 썩을 것이다.

부모운 • 당신의 착한 마음씨와는 아랑곳 없이 초혼에 실패하고 재혼한 연후에 좋아진다. 만약 당신이 초혼에 실패하지 않으면 혼전에 아버지가 되든지 불연이면 연상의 첩을 두게 된다.

직업운 • 공직에는 절대 불리하고 자신이 경영하는 사업은 중년부터 그런데로 이루어진다. 업종별로는 해결사(解決士) 역할인 중개인 스폰서 직업소개소 어름공장 등이 좋다. 만에 하나 공직에 있게 되면 어떠한 분야라도 중도에 파직하고 만다.

초년의 운세는 3세때가 대단히 어려운데 자신의 질병 아니면 집안에 크나큰 풍파가 있게 될 것이다. 그러나 10세가 넘으면서부터는 점차로 발전하기 시작할 징조가 일게 된다. 21세 22세때에는 가정에 경사스러운 일이 연거푸 있게 된다.

자축(子丑)자가 든 해는 부모에게 눈물 흘리게 하는 안타까운 일이 발생하고 인(寅)자가 들은 해는 형제간에 논쟁이 있어 불화하거나 눈물을 보게 될 것이다. 진사(辰巳)자가 든 해는 귀인이 스스로 도우니 걱정이 멀어지고 오미(午未)자가 들어 있는 해는 재물이 집안으로 들어오니 가히 기쁘다고 할 수 있다.

그러나 신유(申酉)자가 들어 있는 가을에는 범띠 원숭이띠 닭띠 등과 금전 및 교통사고 처리문제로 구설이 있고 심한 경우에는 관재를 면키 어렵게까지 된다. 만약 관재가 있게 되면 동쪽에 있는 동기간이나 친구 등을 찾아가 자문을 구하면 생각보다 잘 풀리게 된다.

☳☳ 47 • 소과괘(小過卦 • 작은 허물 상)

인간이란 누구나 할 것 없이 장단점이 있기 마련이다. 그러나 당신의 성격은 너무 무리하다 할 정도로 의리가 강하고 자신의 신용이 마치 다른 사람도 그럴 것이다고 과신(過信)하다가 종당에는 손해를 보게 된다. 당신의 다른 특성은 매사를 깊이 생각하고 무슨 일이고 여러 사람과 타협해 보는 여유가 있어 마치 군자와 같은 언행을 갖고 있는 것이다.

부모운 • 어머니께서 먼저 돌아가시게 되고 아버지께서는 해소병과 관절염으로 고생하게 된다. 당신은 부모운이 미약하므로 혼자 객지에서 자수성가(自手成家)해야 한다.

형제운 • 물질적 거래만 주의하면 그런데로 잘 지내게 된다. 형제는 여동생 한 명에 두 명의 형제가 있으니 3남매가 있게 된다.

부부운 • 부인의 마음씨는 비단결 같고 직업을 가지며 남편을 벌어 먹인다. 당신의 부인이 부인병으로 건강하지 못하니 미안하게 생각하라.

자손운 • 흉성이 비치니 그다지 유복할 수 없다. 더우기 하는 일마다 실패만 하고 실의에 빠져 있으니 참으로 애처롭다.

재산운 • 부족됨이 많고 금전거래만 하면 불화쟁투가 있다. 그러나 중년후부터는 차츰차츰 흥왕하기 시작하니 어제의 고생이 오늘의 행복이 된다.

직업운 • 나무와 산 등이 인연이니 임업(林業)이나 야산 개발 목장 운전 및 선원이 좋은 편이다.

당신은 남다르게도 초년에는 많은 풍파를 당하는 악운(惡運)이 있으니 마음 허전하기가 태산과 같다. 특히 부모형제로 인한 재앙이 자주 있게 된다. 7세때에는 부모로 인해 눈물을 흘리게 되고 17세때에는 자신의 신변에 커다란 경사가 있게 되고 그 이름이 여러 사람 입에 오르고 내리게 된다. 인술(寅戌)자가 든 해는 건강에 문제가 있어 고통을 받게 된다. 진(辰)자가 들은 해는 귀인을 만나 뜻하지 않는 재물을 모으니 집안이 화목하게 된다. 오미(午未)자가 든 해는 형제간에 언쟁 시비가 있으니 서로 마음을 비워 놓고 상호 협조하라. 신유(申酉)자가 든 해는 손재와 구설이 심하니 동쪽 방향을 가지 말라. 술(戌)자 들은 해 10월에는 귀인을 만나니 기다렸던 취직을 하게 되며 행운이 있게 된다.

☷☳ 48 • 예길괘(豫吉卦 • 앞날이 밝은 상)

당신은 마음씨가 맑고 생각이 깊으며 매사를 심사숙고하고 남다른 예지력(豫智力)이 있어 세인이 도사(道師)라고까지 부르기도 한다. 일상생활에서도 오늘보다는 내일을 위해서 여유를 갖기도 한다. 어렸을 때도 먹는 음식 등을 아끼는 습성이 강하여 어른들로부터 칭찬을 받기도 한다.

부모운 • 그런데로 보통은 되고 아버지보다 어머니께서 먼저 돌아가시게 된다.

형제운 • 보편적이면서도 형제간의 우애는 타인이 부러워할 정도로 좋은 편이다. 더우기 물질적인 도움도 아끼지 않아 형제로서의 의리(義理)는 만점이다. 3~4명의 형제가 있게 되고 그 중 한 형제는 협심증(狹心症)이나 심장병 고혈압 등으로 고생하게 된다.

부부운 • 당신은 자칫하면 부인에게 손찌검을 잘해 남편으로서 부족하나 부인은 어질고 착해 나무랄 데가 없다. 더구나 당신은 자오묘유(子午卯酉)자가 들은 해 가을과 초여름에 연상의 유부녀와 좋아 지내게 되거나 불연이면 유흥가에 있는 여성을 첩으로 둔다.

자손운 • 3~4명의 형제를 두게 되고 그중 둘째 아들이 당신을 부양한다. 또한 막내 아들은 전자 및 전기 통신에 관한 직업을 갖게 되는데 지위가 높아 여러 사람을 부리게 된다.

재산운 • 보편적이면서도 여유가 있는 편인데 남모르게 재산을 갖고 있다. 특히 당신의 부인은 저축심이 강하여 당신이 모르게 상당액을 저축해 놓은 상태이다.

직업운 • 예언가나 종교 건축 행정 등 비교적 다양한 편이며 길성(吉星)이 비추면 재물로 인하여 관록에 오르게 될 것이다.

당신의 초년운은 용이 물을 얻은 격이니 매우 좋은 편이다. 다만 10세 때쯤에 부모에게 괴상한 일이 발생해 마음이 불안하게 될 것이다. 17세 18세때에는 귀인을 만나 소원사가 이루어지고 인묘(寅卯)자가 들은 봄에는 반드시 손해를 보게 된다. 당신이 평생 동안 주의할 것은 연탄 가스나 전기로 인하여 놀랄 것이니 특별히 신경을 써서 미리 예방할 것이다. 술해(戌亥)자가 들은 해는 뜻하지 않게 큰 돈을 벌게 되니 마음이 기쁘다.

☴☰ 51 • 소축괘(小畜卦 • 알뜰한 상)

인간이 내심(內心)으로 한결같이 행복하기를 기대하는 것은 인지상정(人之常情)이다. 당신은 성격면으로 지혜와 총명함이 있고 정직하기가 마치 일죽양분(一竹兩分) 상이니 가히 대쪽 같다. 그러한 성격 때문에 가정이나 사회에서 종종 불화를 초래하기도 한다. 그러나 종당에는 여러 사람이 인정하고 이해하니 좋은 평을 얻게 된다. 더우기 사람을 사랑하는 마음은 마치 태산이나 바다같이 높고 넓으니 마음에 맞는 사람에게는 속 있는 이야기를 잘 털어놓게 된다. 또한 남다른 문장력이 있어 글을 잘 쓰기도 한다.

부모운 • 어머니께서 먼저 돌아가시게 되고 약간의 유산을 물려받게 된다.

형제운 • 물질로는 부족하지만 마음으로 서로 도우니 우애가 좋은 편이다. 6남매, 즉 남자 형제가 다섯, 그밖의 여자 형제가 1명이다.

부부운 • 이상하게도 집 안에 재물이 들어오면 가정사로 인한 불화 쟁투가 있고 재물이 별로 모이지 않고 약간 부족한 듯하면 오히려 화목하게 된다. 만약 당신이 뱀띠이고 해자축(亥子丑)자가 들은 해를 만나게 된다면 필연적으로 부부 불화가 따르게 된다.

자손운 • 어려운 가운데에서도 부모에게 효도하려고 노력하는 세 자녀, 즉 아들 1명과 딸 2명을 두게 된다. 그러나 자녀중 범띠 5월생이나 원숭이띠 정월생은 필연적으로 관재 구설이 있을 것이니 미리 주의하라. 더우기 당신의 자녀들의 운세는 10년간 쌓아올린 공(功)든 탑을 하루아침에 무너뜨려버릴 상이므로 여러 가지 풍파를 겪어야 한다.

직업운 • 대기업에 종사하기보다는 중소기업이나 공무원으로 중앙부서보다는 지방에서 근무하는 게 좋다. 자유 직업인으로 문필가, 즉 소설가 시인 등이 적격이며 일평생 동안 직무로 인한 압박감에 쌓이게 된다. 하지만 이 또한 당신이 선천적으로 타고난 운명이니 원망하지 말라.

자축(子丑)자가 들은 해는 부모에 대한 재앙이 있게 되고 진사(辰巳)자가 들은 해는 형제지간에 다툼이 있으며 오미(午未)자가 들은 해는 가내에 경사가 있고 신유(申酉)가 들은 해는 노력한 댓가로 재물을 얻게 되니 마음과 몸이 태평하리라.

☳☷ 52 · 부합괘(附合卦 · 화합하는 상)

당신은 어떠한 선천적 기력(先天的氣力)을 이어받아 이 세상에 태어났을까. 당신의 성격은 유순하고 후덕할 상이다. 하지만 종당에는 욕만 먹고 구설로 끝나니 입조심을 항시 해야 한다. 당신의 외모는 입이 약간 튀어나온 상태이고 갸름한 얼굴에 강한 위세가 있게 보이니 마치 군자의 기풍과도 같다.

부모운 · 아버지께서 외교관이나 기타 외국과 관계있는 직업을 갖게 되며 그렇지 않으면 이곳 저곳으로 이사를 자주 해야 한다. 이상하게도 건강했던 아버지께서 세상을 먼저 뜨고 어머니도 아버지가 돌아가신 2~3년 내에 편안하게 돌아가신다. 단 어머니께서 범띠 용띠 3월생 4월생이라면 중병을 얻어 고생하게 된다.

형제운 · 5~6명이나 되나 일찍 2명을 잃거나 외국에 있거나 선원이 돼 남이나 다름없다.

부부운 · 아주 정다우나 부인이 한때 바람을 피워 뜻하지 않는 불화를 초래하게 된다. 다른 부부보다도 당신의 부부관계는 말도 많고 소문도 많다. 당신이 범띠 원숭이띠 뱀띠라면 국제결혼을 하기도 한다.

자손운 · 양호한데 외국에 나가 있거나 먼 거리에 있어 항시 걱정된다. 자녀들의 수는 아들 2명에 딸 1명이다. 모두가 직업을 바꾸게 된다.

재산운 · 성공도 많고 실패도 많으니 하루아침에 들어왔다가 하루아침에 나가는 격이니 고달프다. 그렇지만 안심해라. 33세때부터 큰 운이 열리어 재산만큼은 걱정이 없을 것이다.

직업운 · 외교관이나 선원 비행사 자동차 운전 그리고 무역상이 더욱 길리(吉利)하리라.

초년운세는 5세때에 물이나 불에 크게 놀라고 6세때에는 심장병 및 호흡기 병으로 죽을 고비를 넘기게 된다. 특히 자축(子丑)자가 들은 해는 부모에게 근심되는 일이 있고 오미(午未)자가 들은 해는 재산이 늘어나니 집안에 웃음꽃이 피게 된다. 단 12월 5일생이나 인묘생(寅卯生)이면 강도 실물수가 있으니 주의하라. 술해(戌亥)자가 들은 해는 집안에 경사가 있게 되는데 대개는 시험에 합격하는 영광이 있다.

☷☴ 53 • 현처괘(賢妻卦 • 어진 아내 상)

요즘과 같은 사회에서 남자가 직업이 튼튼해야 부부관계도 유지된다. 왜냐하면 고서(古書)에 재생관(財生官)이란 말이 있기 때문이다. 다시 말하면 재물이 남편을 살게끔 한다는 뜻으로 요즘과 같은 물질만능주의에는 더욱 그러한 현상이 심하다. 그런데 당신은 직업도 변변치 못하여 부인이 가정을 꾸려가니 불화가 자주 있다. 천성은 순하고 부드러우며 사리를 밝히는 논리에 극히 밝다. 뿐만 아니라 부모에게 효도하는 마음도 지극하다.

부모운 • 가장 한국적인 운세로써 두 분 모두가 장수하는 편이다. 아버지가 먼저 돌아가시게 될 것이다.

부부운 • 부인께서 가정을 꾸려가니 다소 불화 논쟁이 있지만 당신의 성격이 유순하여 그런데로 살아간다. 한 가지 주의할 점은 당신이 쥐띠 토끼띠에 해당하면 다방 마담이나 유흥업을 경영하는 연하의 연인과 밀애를 하게 된다. 따라서 가정 불화가 따르니 자오(子午)자가 들은 해에는 유의하라.

형제운 • 전혀 없으니 아예 생각지 말라.

자손운 • 어려운 가운데서나마 신경을 써 기른 덕택으로 말년은 자녀로 인하여 행복하게 살아갈 수 있다.

직업운 • 미약하지만 굳이 직종을 구분한다면 가정에서 필요한 각종 전기용품들이라 할 수 있다. 이밖에도 각종 보일러나 지하철에 관계 있는 전동차 등에 관한 직업이라 할 수 있다. 결혼은 남보다 일찍 하게 되고 한때 귀인을 만나 대성할 수 있는 기회가 있었는데도 성격상 맞지 않아 포기했다.

당신의 운세를 보면 초년에는 대길한 편이며 별 걱정없이 살아간다. 그리하여 몸과 마음이 화평하여 큰 어려움을 겪지 않고 살아간다. 사오(巳午)자가 들은 해는 형제간에 좋은 일이 있게 되고 임묘(壬卯)자가 든 해에는 부인이 사기로 손해를 본다든가 또는 건강이 불길하게 된다. 진술(辰戌)자가 들은 해는 일가 친척의 도움으로 뜻한 바를 시작하여 상당한 재물도 모으게 된다. 축(丑)자나 미(未)자가 들은 해 6월이나12월에는 구설이 있어 심신이 불안하게 되니 건강에 걱정이 있게 된다.

☴☳ 54 • 선익괘 (先益卦 • 처음은 길하나 나중에는 흉한 상)

당신의 성격은 매우 활달하고 직선적이다. 또한 매사에 옳고 그릇됨을 분명히 가릴 줄 알고 도량도 넓어 당신을 풍류 남아라고까지 지칭한다.

부모운 • 집안에 자주 놀라는 사고가 있어 가문이 쇠퇴한다. 그러나 결코 보편적인 가문 이하는 아니다. 다만 선대(先代)에 비유하면 쇠퇴한 것이다. 어머니보다는 아버지께서 먼저 돌아가시게 되는데 혈압이나 위장병 등으로 고생하시다가 아침 7시 또는 밤 9시경에 운명한다.

형제운 • 2~3명의 형제가 있게 되는데 물질적인 면에서는 풍요로우나 정신적인 면에서는 서로 반목하게 된다. 형제간에 의리를 오래 지키려면 우선 금전거래는 절대 하지 말아야 한다.

부부운 • 앞날을 기약할 수 없을 정도로 항시 불화한다. 그러나 건강들이 좋지 않고 타인을 너무나 믿어 큰 손해를 보았기 때문에 이혼은 하지 않고 살게 된다. 당신은 한때 연상의 여인을 좋아하기는 해도 그것은 극히 일시적인 현상이다.

자손운 • 딸 한 명이나 독자를 두게 되는데 건강이 나빠 누차 병원 출입을 하게 된다. 자녀의 성격이 매우 고집이 세니 가끔 불화가 있다.

재산운 • 조상 및 아버지 유산으로 일평생을 아무 걱정없이 살아갈 수 있다. 단 한 가지 주의할 점은 당신이 토끼띠라면 사(巳)자가 들은 해 4월과 10월에 큰 손재수가 있으니 닭띠나 원숭이띠를 조심하라.

직업운 군인 경찰 또는 운수사업계가 좋은 편이다. 다만 한 직업으로 평생을 지탱할 수는 없고 두 가지 직업을 갖게 될 것이다. 사주를 잘 타고난 사람은 사법고시나 행정고시 기술고시에 합격하여 일찍부터 이름을 날리게 된다.

초년운은 안정되지 못한 아버지의 사업관계로 다소 어려움이 있다. 자축(子丑)자가 들은 해 11월과 12월에는 도적이 집안에 들어 큰 위험을 당하나 반항하지 않으면 생명은 지키게 된다. 진사(辰巳)자가 들은 해 4월 5월에는 장마로 인한 피해나 불연이면 물로 인해 큰 어려움을 당한다. 그러나 오미(午未)자가 들은 해는 남쪽 방향에서 큰 재물을 얻게 되고 해(亥)자가 들은 해 가을에는 빌려준 돈을 뜻밖에 받게 되는 행운이 있다.

☴☶ 55・풍이괘(風移卦・바람이 불어 산란한 상)

당신의 성격은 인자하고 판단력이 남다르게 빠르다. 또한 사물을 빠르고 정확히 구별하는 명철한 두뇌를 가졌으며 강한 것과 부드러움을 같이 겸하고 있다.

부모운・빈약하여 자수성가하게 되고 어머니께서는 뇌혈 또는 풍병으로 일찍 돌아가시고 아버지는 집보다는 객지에서 서로 남남처럼 살아간다.

형제운・한결같이 부족하니 서로 위로할 줄도 모르고 오직 내것이 최고다는 식으로 뿔뿔이 헤어져 역시 남남처럼 살아간다. 형제는 모두 5명의 형제였으나 2명은 일찍 죽고 남은 형제는 3명 뿐이다.

부부운・별거 상태이거나 심한 경우에는 생이별 또는 사별까지 하게 된다. 사별의 경우에는 뜻하지 않는 교통사고나 자살 등으로 오명이 있게 될 것이다. 이러한 큰 액(厄)을 면하려면 결혼을 30세가 넘어서 해야 한다.

자손운・부부관계가 불길함에 따라 배다른 자녀나 씨가 다른 자녀가 있게 된다. 그러므로 말년은 자연 외롭게 되며 살아가는 데 뜻이 없다.

직업운・행정이나 사법관계에 입문하지만 절대 오래가지 못한다. 당신은 여러 가지 직업을 가질 수 있지만 자동차나 산림업(山林業) 등이 좋으며 특히 활동적으로 돌아다니는 직종이 유길하다. 그리하여 외국과 무역을 하면 한때는 큰 돈을 벌게 되는데 거래 업종은 의류나 목재가 좋다.

2세와 13세때에는 자동차로 크게 다치게 되니 동남쪽을 조심해야 한다. 17세 18세때에는 부모로 인하여 눈물을 보게 되고 19세 20세때에는 형제간에 경사스러운 일이 있게 되고 한편으로는 문서나 금전을 잃어버릴 수가 있게 된다.

그러나 인간 만사는 필연적으로 희비(喜悲)가 있어 해자(亥子)자가 들은 해는 부모에 대한 즐거움이 있고다.

인묘(寅卯)자가 들은 해 역시 신상에 즐거움이 있게 되고 진사(辰巳)자가 들은 늦봄에는 그동안에 쌓아올렸던 사업에 관한 기반으로 인하여 천금을 희롱하니 천하가 내것 같은 심정이다.

더우기 축미(丑未)자가 든 해는 귀인을 만나는데 친구로 인하여 소원사를 성취하게 될 것이다.

☶☵ 56・산란괘(散亂卦・사방으로 흩어지는 상)

당신의 천성은 활달하고 정직하며 항상 남에게 베풀기를 좋아하는 까닭에 위급한 사람을 보면 마음이 아파하고 구원해 준다. 아량도 넓고 가능한 매사를 호의적으로 보게 된다. 두뇌도 총명하여 임기응변하는 데는 남다른 수완이 있다.

부모운・선대에서부터 있었던 재산이 아버지대에나 후대인들의 잘못으로 쇠퇴한다. 아버지께서 먼저 돌아가시고 어머니는 정신적인 질환으로 고생하며 심한 경우에는 정신착란으로 병원에 입원하기도 한다.

형제운・5명의 형제가 있다. 의리가 좋아 물질은 물론 정신적으로도 매우 우애가 두텁다.

부부운・산란하고 분주하기는 하지만 그런데로 유지되는 형상이다. 집안이 넉넉하지 못하여 직업상 한때 별거를 하지만 해로할 수 있다.

자손운・ 중류 이상은 되며 5명의 형제중 한 명이 외국에서 살게 된다. 큰아들은 사업에 실패가 많아 많은 가산을 탕진한 연후에 성공하게 된다. 그 외에 자녀들은 자수성가(自手成家)하는 경우에 있게 된다.

직업운・왜 이렇게 여러 번 바꾸게 되는지 ? 이 또한 운명이니 너무 걱정하지 말고 순리에 따라야 한다. 처음에는 공무원을 하다가 건축 및 수도(水道)에 관계된 사업을 했고 그 다음으로는 사채(私債)놀이를 하다가 관재수를 당하고 만다.

당신은 대체적으로 초년운이 불길하여 여러 가지 고통이 따르고 심신이 항시 불안하다. 심한 경우는 정신착란증이 유발하니 마음을 편하게 하라. 7세와 9세때에는 부모에 대한 근심거리로 가정이 불화하게 되고 11세 12세때부터 흉액이 점점 멀어지게 된다. 자(子)자가 들은 해 북쪽으로 이사하게 되면 도적 실물수를 면키 어렵다. 그러나 인(寅)자가 들은 해는 부모에 관계된 경사가 있고 형제간에 기쁜 일이 있게 된다. 진사(辰巳)자가 든 해는 당신의 건강이 불길하니 동남쪽을 가지 말아야 한다. 하지만 흉악함도 즐거움도 모두 돌고 도는 법, 어찌 불길하기만 하겠는가. 오미(午未)자가 들은 해는 뜻하지 않게도 많은 돈을 벌게 되니 이 세상이 모두 당신 것 같은 감격을 맛보게 될 것이다.

☴☷ 57 • 서길괘 (徐吉卦 • 복이 서서히 이르는 상)

당신은 고집도 대단하지만 매사에 적극적이고 진취적이며 성격은 진실을 절대적으로 추구하고 두터운 마음가짐으로 여러 사람들에게 사랑과 덕을 베풀게 된다.

부모운 • 선대로부터 물려받은 재산이 있고 가문이 튼튼하여 후대에 밝은 빛을 보게 된다. 아버지나 어머니 모두가 명문대학을 졸업했고 좋은 직장을 가졌다. 그러므로 당신도 편안함을 누리게 된다. 부모중 어머니보다는 아버지께서 먼저 돌아가시고 어머니께서는 70~80세를 넘긴다.

형제운 • 2~3명의 형제가 있는데 한결같이 풍요롭게 살며 석사 박사가 나오기도 한다. 뿐만 아니라 형제간에 우애도 매우 양호한 편이다.

부부운 • 당신이 생계유지에 걱정이 없음으로 한때 바람을 피워 불화 불목 하지만 종당에는 해로한다. 다만 일평생을 두고 부인이 서너 번 보퉁이를 싸게 될 것이다. 그러나 당신은 부인을 원망하지 말라. 모두가 당신 잘못으로 비롯된 것이다. 당신의 모양새는 여자가 좋아하는 형이므로 특별히 몸조심을 해야 한다.

재산운 • 전술한 것과 같이 유산을 받게 되고 별 걱정없는 삶을 누리게 된다. 다만 당신이 범띠 소띠 말띠면 가난을 면키 어렵다.

자손운 • 비록 남다르게 가르치려고 신경을 쓰지 않는데도 공부도 잘하고 어른들에 대한 예절도 밝아 여러 사람들로부터 칭찬이 자자하다. 그러니 당신 마음에 어찌 기쁘지 않겠는가.

직업운 • 당신은 절대 타인 밑에서 일할 사람이 아니니 가능하면 비록 작더라도 스스로 기업을 운영하는 게 좋다. 업종별로 보면 운수사업이나 각종 개발사업 목장 및 용역업이 길하다.

초년운은 아주 걱정없이 하는 일마다 성취돼 아주 평온하게 지내고 중년에 다소 가정적인 불화가 있게 된다. 21세 22세때에는 귀인을 만나 소원성취하고 자축(子丑)자가 들어 있는 해는 집안에 뜻하지 않는 변고가 있게 되고 인묘(寅卯)자가 들어 있는 해는 몸에 병이 유발하여 15일간 병원 신세를 지게 된다. 오미(午未)자가 든 해 가을에는 부모에게 걱정이 있으나 종당에는 잘 해결된다.

☴☷ 58 · 세관괘(世觀卦 · 세상을 관조하는 상)

당신은 선천적으로 정직하며 청백 겸손하여 만인의 추앙을 받게 된다. 특히 세상을 보는 대단한 선견지명(先見之明)이 있어 매사를 순리에 따르며 여러 사람 의견을 잘 듣는 편이다.

부모운 · 선대에 튼튼했던 가세가 쇠약하여 풍요롭지는 못하다. 그러나 대대로 내려오는 가풍(家風)탓인지 언행이 청렴하다. 아버지께서 60~70세 때에 돌아가시며 어머니는 3년을 더 사시다 저 세상으로 가게 되리라.

형제운 · 물질적인 도움은 별무지만 정신적인 협조와 이해는 으뜸이다. 삼형제였으나 한 사람이 승려가 되니 형제는 두 명에 불과하다.

부부운 · 비교적 일찍 결혼을 했지만 별탈없이 잘 지내고 있다. 특히 당신의 성격이 부인은 물론이고 타인에게 원망과 탓을 하기 전에 자신의 운명이겠지 하고 많은 것을 이해하므로 부부의 파탄을 막기도 한다.

자손운 · 있으나 마나니 스스로 말년을 생각하라. 자녀가 둘이나 되나 모두가 외국에서 살기 때문이다. 또한 남보기는 부유하고 호화하게 보이나 생활면에서는 외로워 때로는 죽고 싶은 심정이 생기기도 한다.

재산운 · 의식주에 걱정이 없고 술(戌)자가 들은 해는 큰 돈을 벌며 진(辰)자가 들은 해에 손해를 보기도 한다.

직업운 · 사주(四柱)가 길격(吉格)이고 본괘(本卦)를 얻으면 정치와 기타 행정직에서 그 이름이 사방(四方)에 있게 된다. 정치에 입문할 때에는 귀인(貴人)의 도움이 있게 된다.

초년운은 아무 걱정없이 의기양양하게 살게 된다. 다만 11세 12세가 되는 해 3~4월에 집안에 풍파가 있게 되고 15세 16세때에는 부모에게 큰 경사가 있고 자축(子丑)자가 든 해는 형제지간에 경사가 있고 인묘(寅卯)자가 든 해는 다시 부모운에 서광이 비치고 진사(辰巳)자가 든 해는 동남쪽이나 북쪽에서 실물 도적을 당하게 되고 오미(午未)자가 든 해는 건강이 불길하여 최씨가 경영하는 병원에 입원하게 된다. 신유(申酉)자가 든 해는 형제운에 파란이 있게 되는데 대개는 사업하다가 손해를 보거나 직장에서 파직당하기도 한다. 당신의 직업은 역술가(易術家)나 종교직 문학에도 길하다. 이러한 직업은 술해(戌亥)자가 든 해에 입신 공명하게 된다.

☵☰ 61·암운괘(暗雲卦·어둠 상)

당신은 신용을 생명같이 여기고 한 번 약속한 일은 꼭 실천하고 만다. 마음이 착해서 법이 없어도 살아갈 정도다. 욕심은 있지만 어디까지나 선의적이지 악의적이거나 불합리한 욕심은 없다. 따라서 조금이라도 의롭지 못한 욕심은 없다. 한 가지 흠이라면 명랑하다거나 쾌활하지 못한 점이다. 그래서 혹자는 어리석게까지 보기도 한다.

부모운·자수성가하여 가문을 튼튼히 하게 된다. 어머니보다 아버지께서 먼저 돌아가시게 되고 어머니는 장수한다. 다만 우울증세나 협심증으로 고생함이 있다.

형제운·3~4명의 형제가 있겠지만 정작 남자 형제는 본인을 비롯 2명밖에 안 된다. 서로 말이 별로 없지만 어려운 처지에는 합심하여 돕는 것은 여러 사람의 모범이 될 만하다.

부부운·당신의 점잖고 과묵한 행동으로 인해 자연 여자들이 따르니 다소 구설시비가 있고 자(子)자가 들은 해는 부인과 불화하나 잘 화해한다.

자손운·남매를 두게 된다. 자식은 명망이 높아 가히 귀자를 둔 상이다.

재산운·유산이나 다른 재물의 덕은 없지만 스스로 부지런히 노력한 댓가로 의식주는 걱정없이 무난(無難)히 살아간다.

직업운·관상대원이나 유흥업 약제상 역술가 등이 길리(吉利)하다.

초년운은 부모운에 풍파가 많아 자신도 산란한 마음을 면키 어렵고 15세 정도 때는 가정 풍파로 크게 눈물을 흘리게 되고 한때 어머니께서 가출하기도 한다. 자축(子丑)자가 들은 해에는 부모운의 큰 변고로 다시 한 번 눈물을 보게 된다. 인묘(寅卯)자가 들은 해 초봄에는 형제에게 큰 재앙이 있고 진사(辰巳)자가 들은 해 초여름에는 집안에 큰 경사가 있고 오미(午未)자가 들은 해 늦여름에는 당신이 물이나 불로 놀라지 않으면 몸에 병을 얻어 상당한 고생을 하게 된다. 신유(申酉)자가 들은 해 가을에는 참다운 귀인을 만나 취직이나 기타 소원사(혹 금전 구하는 일)가 이루어지고 그 해 늦가을에는 동남쪽 또는 북쪽에 있는 여자하고 백년 가약을 맺게 되며 술해(戌亥)자가 들은 해 초겨울, 즉 9~10월에는 용띠를 가진 여자에게 사기수가 있으니 특별히 주의해야 한다.

☷☰ 62 • 사리괘(士理卦 • 선비다운 상)

당신은 언뜻 보면 매우 소심한 것같이 보인다. 매사를 질서있고 단계적으로 처리할려고 하는 태도가 있기 때문이다. 비록 학교 공부는 많이 하지 못했지만 아는 것이 많고 매사에 철두철미하기 때문에 여러 사람으로부터 부러움을 사게 된다. 가정도 그다지 풍부하지 못하나 마음이 편하고 가정의 화목함을 제일로 삼는다.

부모운 • 빈약하고 여러 가지 어려움으로 인해 학교도 중퇴하게 된다. 아버지께서나 어머니께서는 가난하게는 살 망정 부부애(夫婦愛)가 매우 두텁다. 그러나 어떠한 경우에도 모두가 원만할 수가 없는 것, 아버지께서 60세를 넘기지 못하고 돌아가시니 어머니께서 가정을 꾸려가게 된다.

형제운 • 미약하니 아예 생각지 말라. 3명의 형제가 있지만 모두 먼 거리에 있기 때문에 남남이나 다름없다. 만약 당신이 둘째 아들이라면 형하고 금전거래를 말아야 미약한 형제 우애나마 지켜나가게 될 것이다.

부부운 • 매우 좋은 편인데 특히 부인께서 성격이 명랑하고 남편을 그야말로 하늘같이 여기니 가정이 태평하다. 뿐만 아니라 시부모 모시기를 친부모와 같이 하니 가히 효부라 칭하리라.

자손운 • 삼 형제이나 한 명이 일찍 죽게 되는 비운을 당하게 된다. 자녀들은 아버지 성격을 많이 닮아 여러 사람으로부터 칭송을 받는다.

직업운 • 수산(水産) 공무원이나 사기업체 평사원이 좋으며 사업은 45세를 넘어서 하는 게 현명하다. 만약 당신이 공무원을 한다면 인신(寅申)자가 든 2월이나 8월에 관재 구설을 조심해야 한다.

초년운은 집안이 평온하니 몸과 마음이 편안하다. 16세때에는 남쪽에 있는 친구나 부모님의 친구로 인해서 좋은 일이 있게 되고 비교적 일찍부터 돈에 관해 애착이 있고 생활태도가 검소하여 속모른 사람은 수전노, 즉 구두쇠라고까지 한다. 자축(子丑)자가 든 해는 몸에 병이 있게 되고 인묘(寅卯)자가 든 해는 재수가 대길하여 많은 돈을 벌게 된다. 진사(辰巳)자가 든 해는 집안에 슬픈 일이 있으며 오미(午未)자가 든 해는 친구 덕(德)에 어려움을 해결하게 되고 술해(戌亥)자가 든 해는 한 번 웃고 한 번 울게 되니 희비가 엇갈린다.

☵☲ 63 • 기결괘 (旣決卦 • 이미 결정된 상)

당신은 천성이 평온 고상하며 때에 따라 강한 추진력을 가지고도 양보하는 유연함을 겸비한 선비라 할 수 있다. 흠이라면 어떤 일이고 정확한 결과만 추구하다 기회를 놓치는 점이다. 그러나 누가 봐도 당신은 박애정신(博愛精神)이 있어 사랑을 받기보다는 주는 형이다.

부모운 • 어머니께서 세상을 먼저 하직한다. 가정은 빈약하여 부모덕은 없다고 할 수 있으나 부모에게 효도하는 것은 타의 모범이 된다.

형제운 • 2~3명의 형제가 있는데 형제중 한 명이 수화(水火)의 액(厄)을 면키 어려우니 늘상 주의해야 한다.

부부운 • 당신의 모든 행동 여하가 인자한데도 한 번은 부부파란을 겪어야 한다. 그 불화로 종당에는 이혼 내지 별거를 해야 한다. 이러한 부부관계로 당신이나 부인이 고혈압과 심장병으로 고생하게 된다.

재산운 • 원래 부모로부터 물려받은 유산이 없어 기필코 자수성가해야 한다. 초년은 동서남북으로 부지런히 활동한 덕택으로 의식주 걱정은 없게 된다.

자녀운 • 비교적 양호하여 3형제를 두게 되는데 석사 박사까지 오르게 되니 가히 명문의 문턱에서 가정이 화합하게 된다. 그런데 한 가지 주의할 점은 근친혼(近親婚)이란 불미스러운 말썽이 있게 되는 점이다. 특히 자(子)자가 든 해나 오(午)자가 들은 해를 주의하라.

3세 10세때에는 질병수가 있고 20세 정도에는 집안에 불의의 풍파가 있게 된다. 축(丑)자가 들은 해는 부모에게 흉성이 침노하고 인묘(寅卯)자가 든 해는 동쪽에서 큰 돈을 벌게 되고 진사(辰巳)자가 들은 해는 형제간에 불화하든지 일로 눈물을 보게 된다. 오미(午未)자가 든 해는 신병으로 재물을 잃게 되고 신유(申酉)자가 들은 해 가을에는 경사로 가문이 빛나게 된다. 술해(戌亥)자가 든 해 10월 11월에는 황(黃)씨나 정(丁)씨의 도움으로 난관을 극복하게 된다. 결혼은 27세 28세가 넘어서 하는 게 좋고 당신이 쥐띠라면 용띠 원숭이띠 소띠가 인연이고 말띠 양띠와는 인연이 없다. 개띠는 용띠 뱀띠, 말띠는 쥐띠 소띠, 범띠는 원숭이띠 닭띠 뱀띠와는 인연이 될 수 없으니 순리를 어기고 결혼하면 반드시 불길하다.

☷☷ 64 • 장애괘(障碍卦 • 매사 장애를 받는 상)

천성이 법이 없어도 살 정도로 순수하고 청렴결백하며 사리에 밝고 아는 것이 많지만 왜 이다지도 하는 일마다 막히는가. 당신은 비록 군자의 기개를 가졌지만 물질적인 면이나 사람으로 인한 덕은 전혀 없어 외롭고 비참하기 끝이 없다.

부모운 • 부모의 운은 전혀 없어 오히려 부모가 물려준 것은 유산이 아닌 빚 뿐이다. 아버지와 어머니 사이에도 평탄하지 못하여 어려서는 외가나 기타 보육원 등에서 외롭게 자라나기도 했으며 어머니께서 먼저 세상을 하직하실 때도 임종하지 못하였다. 아버지는 배움은 있어 여러 방면으로 유식하나 그 지식에 상응하는 직업을 갖지 못한다.

형제운 • 빈약하여 때로는 남보다 못할 때가 한두 번이 아니다. 따라서 형제간에는 절대 물질적인 거래가 있어서는 안 된다. 이것은 비록 실날 같은 우애라도 지속할 수 있기 때문이다. 형제는 3~4명이 된다. 특히 항시 배가 아파 고생하는 형제가 있어 단명할까 걱정된다.

부부운 • 운명에 흉성이 있으니 생이별 사별이 두렵다. 같이 산다 하더라도 아침 저녁으로 다투게 되니 하루도 편안한 날이 없다. 더우기 여자의 건강이 불길하여 재물이 흩어지게 된다.

재산운 • 운명에 흉살이 있어 노력에 비하여 댓가를 얻지 못한다. 그러나 매사에 조심하고 근검 절약하면 의식주에는 걱정이 없다.

자손운 • 비교적 무난하다. 자녀의 직업은 지극히 보편적이나 부지런한 덕택에 각자가 자립한다. 자녀는 2~3명이며 반드시 여식이 있다.

직업운 • 전자나 전기에 관계된 것 또는 자동차 운전 역술가 혹은 체내리는 업종이 길상(吉祥)이다.

초년운은 고생이 많고 자축(子丑)자가 들은 해는 집안에 근심이 심하고 인묘(寅卯)자가 들은 해는 집안에 즐거운 일이 있어 화평하게 되고 진사(辰巳)자가 들은 해는 건강이 불길한데 특히 복막염이나 늑막염 기타 복통으로 고생하게 된다. 오미(午未)자가 들은 해는 형제간에 기쁨이 있고 신유(申酉)자가 든 해는 귀인이 도와주고 술해(戌亥)자가 들은 해는 큰 돈을 벌게 되니 심신이 평안하다.

☵☱ 65 • 사천괘(砂泉卦 • 사막에 물이 솟는 상)

성격은 잔잔한 호수에 춘풍이 불어 호수의 운치를 돕게 하는 것과 같고 정직과 신의를 생명처럼 여긴다. 특히 인간이 살아가는데 유익한 예의와 질서 그리고 원만성은 추종을 불허한다.

부모운 • 대단히 좋아 유산도 물려받고 사회적 배경도 유길하여 당신이 사회 진출하는데 매우 크게 작용한다. 아버지와 어머니께서도 큰 걱정없이 장수하는데 아버지께서 먼저 세상을 떠나시게 되고 어머니는 3~4년 후에 비가 내리는 날 여러 자손들이 지켜보는 가운데 편히 돌아가신다.

형제운 • 좋은 편이다. 한때에는 유산으로 인하여 다툰 적이 있지만 형의 바람직한 처세로 무난히 해결된다.

형제운 • 2~3명의 형제를 두는데 모두가 사회적으로 유명인사이다. 형제 중 범띠 원숭이띠가 있게 되면 이는 반드시 외국에서 생활하게 된다.

부부운 • 첩을 두게 되니 그다지 화목하지 못하다. 이러한 행위가 심하면 많은 위자료를 주어 부인하고 이혼하게 된다.

자손운 • 비교적 괜찮은 편인데 범띠나 원숭이띠 뱀띠가 있으면 많은 걱정이 따른다. 이 띠는 폭행 등의 죄목으로 관재(管災)를 면키 어렵다.

재산운 • 물려받은 유산 때문에 외견상 부유한 것같이 보이나 실질적으로는 매우 복잡하다. 사업의 실패로 많은 손해를 보지만 종당에는 복구하게 된다. 당신이 만약 쥐띠 용띠 말띠이면 운명 전체가 좋으니 정계(政界)에 진출할 수 있게 된다.

초년운은 부모 덕택에 아무 걱정 없이 지내게 되고 중년에는 손재수가 있다. 자축(子丑)자가 들은 해는 부모의 경사가 중중하고 인묘(寅卯)자가 들은 해는 형제간에 즐거움이 빗발치고 진사(辰巳)자가 들은 해는 재물이 집안으로 들어오는데 대개는 부동산이나 지금까지 미루어 왔던 채권이 해결되는 경우다. 오미(午未)자가 들은 해 여름에는 남쪽에서 영원히 잊을 수 없는 귀인을 만나게 된다. 혹 좋은 여성을 만나기도 한다. 신유(申酉)자가 들은 해는 뜻하지 않게 손재(損災)나 도적을 만나게 되니 크게 놀라게 된다. 당신이 정치가 문필가라면 그 이름이 사방에 있게 되는데 대개는 술해(戌亥)자가 든 해이다.

☵☵ 66 • 난습괘(亂習卦 • 어려움을 늘 당하는 상)

당신은 천성적으로 지혜와 도량이 넓으며 청렴결백하기가 마치 맑은 석간수(石間水)와 같다. 더우기 남자로서 풍류를 즐길 줄도 아는 쾌남(快男)이기도 하다. 얼핏 보기는 허풍장이처럼 보이나 언변에는 반드시 조리가 있어 어려운 처지에서도 매사를 원만히 처리한다.

부모운 • 풍족하다고 할 수 없으며 항시 가정에 불화가 있게 된다. 어머니께서 먼저 세상을 떠나고 아버지는 장수한다.

형제운 • 보통이고 3~4명의 형제를 둔다. 비록 물질이 있으면서도 서로 돕지 않아 자기가 벌어서 먹고 사는 형태이다. 그러므로 자연 외롭다.

부부운 • 운명에 살성(殺星)이 있어 초혼에 실패하거나 한쪽의 외도로 인하여 눈물을 보게 된다.

자손운 • 2~3명이 있는데 남자보다는 여자가 득세하게 된다.

재산운 • 부모로부터 받은 재산은 없지만 각자가 정성껏 살아가니 자수성가하게 된다. 처음에는 재물에 실패가 있지만 실패 후에는 무난하게 성공한다.

직업운 • 포부가 적은 것은 맞지 않기 때문에 사소한 직업 역시 적합하지 않다. 만약 당신이 유흥업이나 어업(漁業) 무역상을 하면 한때 큰 돈을 벌게 된다. 공무원 등은 절대 불리하고 기회를 보아 정치에 입문하면 경사스러운 일이 있을 것이다.

당신의 초년운은 3~5세때에는 질병으로 고생하고 10세에는 가정에 큰 풍파가 있게 되며 20세 정도에는 경사가 있고 자축(子丑)자가 들은 해 11~12월에는 역시 질병이 있게 되고 인묘(寅卯)자가 들은 해는 부모에 대한 경사가 있고 진사(辰巳)자가 들은 해 3~4월에는 자신의 진로 문제로 고민하며 오미(午未)자가 들은 해 4~5월에는 귀인이 도와 소원을 이루고 신유(申酉)자가 들은 해 가을에는 부모나 형제로 인한 경사가 있다. 또한 술해(戌亥)자가 들은 해는 먼 곳, 즉 배를 타고 온 손님을 조심하라. 사기수가 있다. 특히 본괘(本卦)에 해당한 사람은 당대에나 선대에 물에 빠져 죽은 사람이 있게 되니 미리 삼가하고 마음을 바다와 같이 써 남에게 베푸는 마음과 행동으로 살아가야 한다.

☷☵ 67 • 삼족괘(三足卦 • 절름발이 상)

인간이란 이 세상에 태어날 때 필연적으로 생래의 성격을 가지고 있다. 따라서 당신의 천성은 타인이 미처 상상할 수 없는 엉뚱한 데가 있으며 겉으로는 냉정한 것 같지만 속마음은 의리도 있고 남을 위해서 희생할 수 있는 인정도 풍부하다. 다만 건강이 좋지 못하여 외견상으로는 매사에 자신감이 없는 것같이 보이기도 한다.

부모운 • 아예 생각하지 않는 게 좋고 아버지가 술로 인하여 가정에 풍파를 일으킨 것도 모두 운명이니 참고 견디어야만 한다. 아버지께서 일찍 돌아가시고 어머니가 가정을 경영하니 때로는 하늘이 무심하다고 원망한다.

형제운 • 위로는 2명의 형이 있고 아래로는 2명의 여동생이 있으니 자신을 포함 전부 5남매이다. 그러나 서로 생활이 어렵다 보니 남남이나 다름없이 지내게 된다.

부부운 • 아침 저녁으로 다투다가 마침내는 이별하게 되니 인생살이 마음대로 안 됨을 새삼 깨닫게 된다. 심한 경우에는 등산 등을 가 높은 데서 떨어져 수족이 불구되든지 아니면 부인께서 불의의 사고로 급사하게 된다. 이러한 큰 액을 면하려면 당신이 바람을 피워 첩을 두어야 한다.

재산운 • 부모로부터 숟가락 하나 받지 못하였으나 동서남북으로 부지런히 뛴 보람으로 의식주에는 큰 걱정이 없다.

직업운 • 활동성보다는 비활동성이 적격이다. 예를 들면 기획자 연구가 작가(作家) 수위 및 경비직이 좋은 편이다. 만약 당신이 활동적인 공직인 경찰이나 군인이면 반드시 불명예를 면키 어렵다.

초년운에서 5세때가 불길하고 10세가 지나서야 가정이 화목해진다. 팔자에는 다른 부모를 모실 상이니 원망하지 말라. 자축(子丑)자가 든 해에는 부모에게 근심이 있게 되는데 대개는 한쪽 부모가 돌아가신다든가 불연이면 건강 때문에 손재가 있다. 인묘(寅卯)자가 든 해에는 형제간에 기쁜 일이 있게 되고 진사(辰巳)자가 들은 해 4~5월에는 집안 일로 눈물을 보게 되니 가슴이 답답하다. 신유(申酉)자가 든 해에는 어려운 형편을 친구가 구원해 준다. 술해(戌亥)자가 들은 해는 자손에게 좋은 일이 많이 있게 되니 천하가 당신 것이 되는 기분일 것이다.

☷☵ 68 • 비견괘(比見卦 • 경쟁하는 상)

당신은 순진하고 청렴하며 한편으로 욕심이 대단하여 주위에는 항시 경쟁자가 있다고 생각한다. 매사에 능숙능란함은 물론이고 상대의 속마음을 훤이 들여다 보면서 상대를 존중하고 있다. 다시 말하면 남다른 통찰력이 있다는 것이다.

부모운 • 대대로 내려오는 가세가 남에게 뒤지지 않으며 무엇보다도 화목을 위주로 하고 있다. 아버지께서는 먼저 돌아가시나 천수를 못하신 것은 아니다. 당신은 누가 봐도 가정이 불화 불운하다고는 할 수 없다.

형제운 • 좋은 편이어서 의사 학자 부자(富者) 등이 있지만 워낙 형제간에도 경쟁심이 강하여 때로는 이로 인한 불화가 본의 아니게 유발된다. 이러한 불화 역시 부모의 중재로 잘 풀리게 된다. 7~8명 정도의 형제이나 2명은 일찍 죽었고 현재는 5명이다.

부모운 • 당신의 잘못으로 불화가 있지만 해로는 하게 된다. 당신이 과분하다 할 정도로 좋은 아내를 맞이하지만 결혼초부터 여러 여성과 외도를 해 오고 있는 터라 이로 인하여 가끔 불화하게 된다. 그러나 아내의 양보로 당신의 마음을 바르게 인도한다.

자손운 • 서로 미워하는 흉성(凶星)이어서 어려서는 유별나게도 다투고 있다. 그러나 장성 후에는 우애도 좋고 덕성과 의리를 겸하게 되니 부모로서 매우 기쁘게 되리라.

재산운 • 부모로부터 받은 유산으로 사업을 하다가 한두 차례 실패한 연후에 성공한다. 실패한 원인을 살펴 보면 대개는 경쟁자를 너무 의식하여 무리한 투자를 했기 때문이다. 혹자는 두뇌가 명석하여 행정고시 사법고시에 합격하여 종당에는 만인이 추앙하는 인물이 되기도 한다.

초년운은 부모덕에 아무런 걱정없이 아주 유복하게 지내고 20세 후에는 형제나 또는 자신에게 경사가 있게 된다. 자축(子丑)자가 들은 해는 집안에 걱정이 있게 되고 인묘(寅卯)자가 들은 해는 부모에게 경사가 따르며 진사(辰巳)자가 들은 해는 역시 부모나 형제에 대한 기쁜 일이 있게 된다. 오미(午未)자가 들은 해는 생각지 않게 큰 돈을 벌게 되고 신유(申酉)자가 들은 해와 술해(戌亥)자가 들은 해는 귀인을 만나 소원이 이루어진다.

☶☰ 71 • 대축괘(大畜卦 • 과욕을 부리는 상)

당신은 무슨 욕심이 그다지도 많은가. 모든 물건을 소비하기보다는 주어 쌓는 것을 좋아하고 남모르게 감추어 두는 습관이 있다. 이러한 행위 역시 당신이 이 세상에 태어날 때 이내 확정된 것이니 누구를 탓하겠는가? 이러한 성격 이외에는 웅장하고 화려한 것을 좋아하는 대장부의 기질이 있다. 두뇌가 총명하니 만인이 우러러 본다. 하찮은 일에는 신경도 쓰지 않고 크고 광범위한 일에는 항시 결정적인 역할을 하게 된다.

부모운 • 기쁨도 슬픔도 모두 겪은 상태이다. 비록 가문은 튼튼하지만 당대에 또는 아버지 때부터 성공과 실패가 연속돼 굴곡이 심하다. 아버지는 천수를 누리고 계시나 어머니는 혈압 또는 호흡 불량, 즉 심부전증 같은 현상으로 60세를 넘기지 못하고 돌아가신다.

형제운 • 비교적 좋지 않다. 왜냐면 비슷한 발전을 해야 하는데 너무나 격차가 심하여 자주 만나지 않고 있다. 3명의 형제를 둔다.

부부운 • 처음 결혼할 때부터 마땅치 않으나 어린애를 낳은 후부터 금슬이 좋아져 백년 해로하게 된다. 다만 한때 별거는 있게 되리라.

자손운 • 형제를 두었는데 작은 애가 건강이 불길하여 늘 걱정이다. 심한 경우에는 뜻하지 않게 압사(壓死)하는 경우도 있으니 각종 야적장(野積場)이나 흙더미를 주의하라.

직업운 • 건축 농업 임업 정치 경찰 정육점 등 비교적 광범위하다. 만약 당신이 군경에 종사하면 만인이 당신을 추종하게 되리라.

3세 또는 7세때 죽을 고비를 넘기고 11세때에는 자동차 사고가 있게 된다. 16세에는 이상하게도 목구멍이 아파 고생을 하게 된다. 21~22세에는 용(龍)이 승천하니 경사중에 경사가 있다. 자축(子丑)자가 들어 있는 해는 부모에 대한 경사가 스스로 생기고 인묘(寅卯)자가 들은 해는 당신 자신의 문제로 가정이 시끄러워진다. 진사(辰巳)자가 들어 있는 해는 형제간에 본의 아니게 이별을 하는데 심한 경우에는 사별까지 하게 된다. 오미(午未)자가 들은 해는 부모로 인해 큰 손재수가 있고 신유(申酉)자가 들은 해는 귀인이 와 도우니 걱정이 사라진다. 술해(戌亥)자가 들은 해는 당신의 생애에 가장 큰 명예가 있게 되리라.

☵☷ 72・후익괘(後益卦・후일 행운이 있을 상)

당신의 천성은 사랑을 받기보다는 베풀기를 더 좋아하고 남에게 덕을 받기 보다는 역시 베풀기를 좋아한다. 그러나 이러한 행위는 자신을 위한 덕행으로 승화되 가고 있으며 이로 인하여 종당에는 매우 유익(有益)하게 된다. 한때에는 거만하고 불순했던 언행도 있었으나 일찌기 후회하고 근신하여 종당에는 좋은 결과를 가져 온다.

부모운・보통은 된다. 그렇다고 크게 유산을 받거나 사회적 배경을 받은 것은 아니다. 다만 조상 대대로 내려오는 가풍으로 인하여 예의범절이 좋고 어른들 말씀에는 순응하는 입장이다. 가정에는 질서가 있고 화목이 있어 별 걱정 없이 살아간다. 아버지께서 먼저 돌아가시고 7년 후에 어머니께서도 세상을 떠나신다.

형제운・서로 화목하고 서로 돕고 살아가니 매우 우애가 좋다고 칭찬이 자자하다. 남자 형제가 2명 여자 형제가 1명으로 모두 3남매이다.

부부운・가장 보편적인 가정에서 부인을 맞이하니 가정이 더욱 화목하다. 주위에서는 효부라는 칭찬이 따르고 이러한 부인덕에 당신의 위치는 상승되니 부인을 집안에 보배로 여겨야 한다.

자손운・물질적으로 풍부하게 해 주지는 못할 망정 정신적인 또는 가정적인 교양이 아주 잘돼 있어 물질만 추구하는 현시대에 보기 드문 선비 집안의 자녀로 자랄 것이다.

직업운・양어장 선박업 토산품 등 물을 낀 직업이면 뭘 하든지 무난하다. 다방이나 기타 유흥음식점도 좋으나 오래가지 못한다. 당신이 좀더 많이 배운 사람이라면 의사나 각종 복지사업 양로원 및 고아원 등이 길하다.

8세 이전에는 남다르게 건강이 불길하고 자축(子丑)자가 들어 있는 해는 산에서 눈물을 흘리니 집안의 사람이 죽을 것이며 인묘(寅卯)자가 들은 해는 집안에 어려움이 있게 되고 진사(辰巳)자가 들어 있는 해는 의외로 손재수가 있고 오미(午未)자가 들어 있는 해는 형제간에 기쁜 일이 있는데 대개는 직업으로 인한 것이다. 신유(申酉)자가 들은 해는 가내에 경사가 가득하고, 술해(戌亥)자가 들은 해는 재수 대통(財數大通)하여 집안이 화기에 가득 찬다.

☷☷ 73 • 서양괘 (西陽卦 • 저녁노을 상)

당신의 성격은 속보다는 우선 남보기 화려해야 하고 없지만 있는 것처럼 보여야 한다. 이밖에는 매우 다양하고 청순한 마음가짐이 있고 외부로부터 풍기는 풍모는 가히 위엄이 있게 보인다.

부모운 • 무난한 편이다. 다만 부모는 실용주의면 자신은 형식주의이고 외형주의란 데서 부모로부터 힐책을 받는다. 아버지께서 갑자기 돌아가시고 어머니는 장수하게 된다. 아버지가 세상을 뜨자 약간 있는 재산 관계로 형제간이 다투게 된다. 종당에는 무난하게 해결된다.

형제운 • 그다지 화목하지는 못하다. 다만 큰형의 덕망으로 기타 형제와의 우애가 돈독하게 된다. 3~4명의 형제가 있는데 그중 한 명이 연예계나 스포츠 계통에서 이름이 있게 된다.

부부운 • 현명한 아내인 것은 사실이나 사치성이 강하고 무슨 일이고 시작만 있고 끝이 없다. 이것으로 당신하고 다투기도 하나 부인의 바른 이해로 해결된다. 부인이 좋아하는 색깔은 붉은 빛과 초록빛일 것이다.

자손운 • 원만하지 못하다. 자녀중에 범띠 원숭이띠 뱀띠가 있으면 경찰서나 법원을 출입하는 관재 구설이 있게 되니 인사신(寅巳申)자가 들은 2월 5월 8월을 주의하라. 자녀에게 큰 기대를 하지 않는 게 좋다.

재산운 • 조상이 물려준 다소의 유산으로 사업을 하다가 망하고 재기하여 큰 돈을 벌게 된다. 한 가지 잊지 말 것은 사업이나 어떠한 취직을 하더라도 부모의 배경으로 하게 됨을 잊어서는 안 된다.

직업운 • 실내장식업이나 간판업 언론 출판 연극 등이 길하다.

초년운은 7세때 불로 크게 놀라 몸에 상처가 있고 10세가 되는 해 4~5월에는 부모로 인해 눈물을 흘리게 된다. 자축(子丑)자가 들은 해 10월에는 병고가 있고 인묘(寅卯)자가 들은 해는 형제로 인한 슬픔이 따르며 진사(辰巳)자가 들은 해는 큰 돈이 집안으로 들어오니 그야말로 재수가 대통한 것이다. 오미(午未)자가 들어 있는 해는 사람들이 스스로 도우려고 하나 절대 받아서는 안 된다. 결국에는 의리만 상하고 인간관계만 끊어져버린다. 본괘(本卦)에 해당한 사람은 늘상 부족함이 많고 실질보다는 외형적인 데에 치중하게 된다. 이 점을 고쳐야 길하게 된다.

☷☵ 74 • 언어괘(言語卦 • 대화하는 상)

당신은 천성이 명랑하고 말을 잘한다. 한편으로는 수다스러운 것 같지만 실질적으로는 누구도 헤아릴 수 없는 깊은 사려(思慮)가 있다. 마음은 늘상 어질고 무슨 일이나 원만히 처리하려고 하며 남의 일에도 적극적으로 개입하여 중간에서 해결사적인 역할로 매사를 잘 해결하기도 한다.

부모운 • 아버지께서 축적해 놓은 재산 덕에 별 어려움없이 살아간다. 어머니께서 먼저 세상을 떠나시고 아버지께서 계모를 들이나 한결같이 친부모 모시듯 한다.

형제운 • 말로는 서로 돕고 서로 협력한 것 같지만 실질 행동면에서는 그렇지 못하다. 그러나 형제간에 결코 우애가 빈약하지는 않다. 다만 물질에 비하여 그러하다는 것이다.

부부운 • 어진 아내가 집안에 있으니 무엇을 더 바라겠는가. 당신이 술을 잘 먹고 실수하는 일이 있다 하더라도 좋은 말로써 사정하고 이치를 지적하니 거칠었던 한때의 성격도 바로 잡을 수 있었다.

자손운 • 살성(殺星)이 있어 한 명을 잃게 되거나 그렇지 않으면 불구가 되리라. 2~3명의 형제가 있으며 항시 서로가 외로와 탄식을 하게 된다.

재산운 • 의식주에 크게 구애받지 않고 무난한데 큰 돈을 친구에게 받지 못하여 어려움을 당한다. 당신의 직업은 언론 출판 변호사 각종 중재사 등이 유길하고 만약 당신이 범띠 원숭이띠 2월생이나 8월생이면 외국을 출입하는 특파원이 되기도 한다.

초년의 운세는 비교적 평탄하며 3세때에는 목구멍 또는 이빨 등으로 고생하게 되는데 심한 경우 말을 잘못하는 때도 있다. 11세 12세때에 집안에 경사가 있고 17세때에는 남녀 이성으로 고민하지만 종당에는 무난하다. 자축(子丑)자가 들은 해는 부모에게 경사가 있고 인묘(寅卯)자가 들은 해는 당신이 건강관계로 입원하게 되고 진사(辰巳)자가 들은 해 5~6월에는 큰 돈을 벌었다가 일부를 사회에 희사하기도 한다. 그렇지 않으면 손재를 면키 어렵다. 오미(午未)자가 들은 해는 귀인이 나타나 어려운 처지를 해결하게 되니 또 하나의 경사이다. 술해(戌亥)자가 들은 해는 집안에 놀랄 일이 있거나 뜻하지 않는 구설이 따르게 된다.

☷☵ 75 • 불치괘(不治卦 • 아주 흉한 상)

당신은 천성이 흘러가는 물처럼 부드럽고 남다르게 변통성도 강하다. 그런 마음 한 구석에 가슴 아픈 병이 있어 무척 아쉽다.

부모운 • 아버지가 먼저 돌아가시게 되며 어머니는 속병으로 무척 고생하시게 된다. 물려받은 재산은 전혀 없고 오히려 부모로 인해서 빚을 지게 된다.

형제운 • 불화 불목하여 남과 같이 지내게 되고 신(申)자가 들은 해는 금전으로 큰 싸움도 있게 된다. 2~3명의 형제를 가지나 막내는 여형제가 되며 건강이 좋지 않다.

부부운 • 백년 해로하기 힘들며 항시 눈가에 눈물이 마를 날이 없다. 다만 결혼 전에 커다란 이성 파란 등을 당했다면 겨우 백년 해로는 하게 된다. 그렇지 않으면 반드시 처첩을 두게 될 것이다.

자손운 • 천살(天殺)이 운명에 있으니 어찌 무사하겠는가. 자녀로 인하여 파가망신수가 있게 된다.

재산운 • 당신이 불철주야 노력한 덕택으로 중류 이상의 호화생활은 할 것이며 신(申)씨 성을 가진 사람을 주의해야 재물이 보전될 것이다.

직업운 • 공무원이나 의사 방역 계통이 좋으며 장차 그 이름이 사방에 있게 되니 몸과 마음이 편하리라.

건강에는 7세 12세 15세때에 뜻하지 않게 몸을 다치며 심한 경우에는 왼쪽 팔다리가 부러지기까지 하나 종당에는 완치된다. 10세를 넘기면서 집안이 어려우나 아버지의 친구가 잘 돌봐 주니 무난히 해결된다. 또한 쥐해나 소해에는 부모에게 경사스러운 일이 있게 되며 호랑이해와 토끼해에는 형제나 친구에게 기쁜 일이 있는데 대개가 학교시험에 수석으로 합격하는 영광이 있게 될 것이다. 용해나 뱀해는 집안에 뜻하지 않은 돈이 들어 오니 걱정 가운데 기쁨이 솟아난다. 한편 말해나 양해는 집안에 큰 걱정이 있어 가슴이 답답할 뿐이다. 원숭이해나 닭해는 비교적 일찍 동반자를 구하게 된다. 개해나 돼지해는 건강이 좋지 않아 병원에 입원하게 된다. 당신의 집안에는 각종 벌레가 득실거리니 남다르게 예방하지 않으면 크게 화를 당하게 될 것이다.

☶☵ 76 • 동심괘 (童心卦 • 어린이 마음 상)

정말 당신의 행동은 가늠할 수 없다. 어느 때에는 젖먹이 아이 같고 어느 때에는 도덕군자 같고 어느 때에는 영웅호걸 같기 때문이다. 그러나 당신의 몸가짐이 나쁘다고 이야기 할 사람은 단 한 명도 없으니 걱정할 것은 못 된다. 속마음은 태양이 천하를 비춘 것 같이 훤하나 겉으로는 어둡다. 그러므로 혹자는 당신을 어리석다고 하나 절대 그렇지는 않는 인격의 소유자이다. 단 한 가지 흠이라면 사람을 의심하는 면을 가지고 있다. 이 점은 앞으로 살아가는데 고쳐야 될 문제점이다.

부모운 • 어머니를 먼저 여의게 되고 아버지는 매우 근실하게 살아간다.

형제운 • 3~4명의 형제를 두게 되고 형제 우의는 보편적이다. 다만 큰형으로 인해서 가끔 불화가 있게 된다.

결혼운 • 불길하여 약혼했다가 파혼하게 된다. 하지만 결코 부부생활이 불안하지는 않다.

자손운 • 2~3명의 형제를 두고 이중 둘째는 외국에서 석사 박사 학위를 받으니 명문대가의 체통이 정립된다.

재산운 • 당신은 비교적 상류층 생활은 할 수 있다. 다만 당신의 마음이 착해서 남에게 덕을 베풀다 보니 뜻하지 않게 돈을 잃으나 운명이니 원망하지 말라. 당신은 재주가 좋아 잃었던 재산을 얼마 뒤 다시 얻게 된다.

직업운 • 공교롭게도 좋지 않는 흉성(凶星)이 있어 한두 번의 변동이 있게 되고 직업으로 인한 관재를 면키 어렵다. 당신이 주의할 점은 등산이나 수영을 하지 않아야 수화(水火)의 액(厄)을 면한다는 점이다.

초년운에서는 2세때가 가장 나쁘며 다음으로 9세가 불길하다. 25세 26세에는 백년 가약을 맺게 되는데 성씨는 오(吳)씨나 인(印)씨가 될 것이다. 소해나 쥐해에는 부모에게 경사가 있게 되고 범해나 토끼해에는 형제간에 경사스러운 기쁨이 있으니 집안이 태평하다. 용해나 뱀해에는 집안에 재물이 의외로 들어오게 되니 십 년 묵었던 체증이 뚫린 것 같다. 말해나 양해는 귀인이 당신을 도우니 명예도 있게 되고 돈도 들어오니 기쁨이 크도다. 원숭이해나 닭해는 건강이 불길하고 개해나 돼지해에는 집안에 뜻하지 않게 걱정이 발생하여 멀고 가까운 일가 친척이 모여든다.

77·지행괘(止行卦·미루는 상)

당신은 매사를 여유있게 처리하며 인기나 분위기에 치중하지 않고 오직 누가 뭐라고 해도 원칙만을 고수하며 정직하게 살아가고 있다. 도량이 마치 넓은 평야와 같고 여유만만함이 태산과 같다.

부모운·별로 덕이 없고 자수성가(自手成家)해야 한다. 어머니께서 뜻하지 않게 일찍 돌아가시고 아버지께서는 외롭게 지내게 된다.

형제운·2~3명의 형제가 있고 우애는 서로 좋은 편이다.

부부운·서로간에 현명한 인격의 소유자라서 잉꼬부부인데 한 번 부부 싸움을 하면 좀체로 풀리지 않는다.

자손운·1~2명의 형제를 두게 되고 20세 미만에서 한 명을 잃으니 하늘 보고 탄식한다.

재산운·부모로부터 받은 유산은 없지만 부지런하게 노력한 덕택으로 남 부럽지 않게 살아가게 된다.

직업운·공무원의 뜻을 이루지 못하고 사업쪽으로 전업하여 처음에는 하찮게 시작했던 게 점점 발전하여 많은 재산을 모으게 된다.

당신의 초년운은 비교적 불길하나 20세가 넘어서면서 마치 고기가 바다를 만난 격이 돼 꿈을 펼치게 된다. 당신에게 좋은 운은 어진 아내를 만나는 것이다. 이 점 평생을 두고 하늘님(天神)께 감사해야 한다. 친척간도 서로 돕고 서로 위안하니 남들이 부러워한다. 자축(子丑)자가 들은 해는 부모님께 걱정이 있어 집안이 어수선하고 인묘(寅卯)자가 들은 해 봄철에는 형제지간에 좋은 일이 있게 되며 진사(辰巳)자가 들은 해 5~6월에는 집안에 큰 변동이 있게 된다. 오미(午未)자가 들은 해 6~7월에는 정남쪽 방향에서 귀인이 와 돌봐 주니 어려움이 해결된다. 신유(申酉)자가 들은 해 초가을에는 자손에게 경사가 있어 몸과 마음이 흐뭇하다. 술해(戌亥)자가 들은 해는 재수가 좋아 일생 처음으로 큰 돈을 만져본다. 이때 주의할 점은 산(山)을 사서는 안 되고 천(千)씨나 전(田)씨의 성을 가진 사람을 조심해야 한다. 당신의 선대로부터 산신(山神)을 신봉하였으니 그 뜻을 져버리면 안 된다. 선조의 묘(墓)중 좌측이 흠이 있는 것이 있으니 당신은 유별나게 몸의 좌측이 심히 아프다. 다시 한 번 보아라.

☷☶ 78 • 삭발괘(削髮卦 • 수양하는 상)

당신은 정신을 바짝 차려야 될 것이다. 매사를 처리함에 있어서 중심을 제데로 잡지 못하는 산란한 기질을 갖고 있다. 그런데다가 술과 여자를 즐기니 일정한 삶을 영위하지 못하고 있다. 직장에서도 이러한 처신 때문에 쫓겨나다시피 했지 않았는가.

한편으로는 마음이 독하지 못하여 남에게 선(善)하다고 칭찬은 듣지만 실속이 없어 항시 생활에 어려움이 있게 된다.

부모운 • 아버지께서 60세를 넘겨서 돌아가시고 어머니는 70세를 넘기던 해 4월에 저세상으로 훨훨 날아가신다.

형제운 • 어려움이 따르며 형제가 비록 5~6명이나 되지만 서로 남남이나 다름없이 지내게 된다. 뿐만 아니라 형제 한 명이 부모보다 먼저 죽게 되니 큰 불효(不孝)를 범하게 된다.

직업운 • 당신은 타고 날 때부터 쌍두마차(雙頭馬車)를 짊어지고 이 세상에 왔으므로 적어도 서너 번은 바꾸어야 이치에 맞을 것이다. 하는 일마다 처음에는 흥미가 있고 적극적이지만 반 년이나 일 년 또는 삼 년을 제데로 못 넘긴다. 하지만 한탄하지 말라. 어차피 운명의 장난이니 슬기롭게 생각하라. 직종으로는 건축 토목 철물 음식업 등이다.

초년운은 2~3세때 죽을 고비를 넘겼고 15세 16세때 큰 병을 얻어 집안 재산을 탕진하며 모든 사람에게 걱정을 준다. 운명적으로 낙상수가 있으니 특별히 주의하라. 몸도 아프지만 집안에 걱정이 심하다.

쥐해나 소해에는 뜻하지 않게 자신에게 경사스러운 일이 있게 되니 집안에 화기가 양양하다. 범해나 토끼해에는 직업상 변동이 있게 되고 부부가 한 방에서 잠을 자니 독수공방을 면한다. 용해와 뱀해에는 집안 걱정으로 한때 가출을 하여 방랑하게 된다. 기간은 5~6개월 동안으로 나중에는 점차 바른길로 돌아오게 된다. 말해나 양해에는 낮에 집안에 도적이 들어 큰 환란을 당한다.

원숭이해나 닭해는 자손에게 경사스러운 일이 있게 되고 개해나 돼지해에는 재수가 좋아 하는 일마다 천금을 희롱하니 일생에 가장 돈을 많이 벌게 될 것이다.

☵☰ 81 • 우주괘(宇宙卦 • 우주 상)

당신은 천성이 온후하면서도 대범하다. 모든 사물에 능숙능란한 통찰력과 정확한 판단은 여러 사람을 깜짝 놀라게 한다. 뿐만 아니라 가슴 속에 깊고 넓은 뜻을 비장(秘藏)하고 있어 헤아리기가 힘들다.

부모운 • 아버지가 먼저 황천여객선을 타게 되고 어머니는 아버지 대신 가정을 영위한다. 15~16년만에 앞뜰에서 머리가 아프고 어지럽다고 하면서 방에 들어가 10분 후에 세상을 뜬다. 그리고 한편으로는 아버지가 생전에 좋아한 여인이 있어 그로 인하여 가정 불화가 있게 된다. 가문은 옛날부터 명문가(名門家)로 손꼽힌다. 따라서 당신도 학교나 기타 문제도 큰 고생하지 않고 무난해 진다. 어쨌든 부모운이 불길하다고 할 수는 없다.

형제운 • 5~6명의 형제가 있게 되고 서로의 마음 가짐은 맑은 물 같지만 부모의 유산으로 인해서 다소 서운함이 있게 된다. 그러나 세째 형이 중간에서 노력하여 모든 것을 융화로 영위한다.

부부운 • 매우 금슬이 좋으며 양쪽 집안도 대단하다. 다만 당신이 주의할 점은 한때나마 외도(外道)하게 되는 점이다. 아무튼 부부는 동고동락(同苦同樂)으로 백년 해로하게 된다.

자손운 • 어릴 때에는 여러 가지 사고로 걱정이 되었은데 장성하면서부터 점점 올바른 길로 접어들기 시작하여 누가 뭐라고 해도 남부럽지 않는 자녀가 된다.

재산운 • 부모의 유산도 있고 기타 재산도 물려받아 큰 걱정이 없다.

직업운 • 의사 변호사 고급 공무원이 적격이며 고시에 합격할 행운이 있다. 뿐만 아니라 유명한 정치인도 될 수 있어 만인이 당신을 따르게 된다. 자축(子丑)자가 들은 해는 부모 형제로 큰 고민 끝에 눈물을 흘리게 되고 인묘(寅卯)자가 들은 해는 형제로 인해서 역시 가슴 아픈 일이 있게 된다. 진사(辰巳)자가 들은 해는 재물이 다소 흩어지고 오미(午未)자가 들은 해는 재수가 대통하여 큰 돈을 만져 보게 된다. 신유(申酉)자가 들은 해 가을에는 집안에 큰 경사가 있게 되며 술해(戌亥)자가 들은 초겨울에는 경사스러운 가운데에 자동차 사고로 한숨을 쉬게 되니 운명을 스스로 한탄하게 된다.

☷☷ 82 • 달성괘(達成卦 • 달성하는 상)

당신의 적극성은 세상이 깜짝 놀랄 만하다. 매사를 대함에 그 보다 더 적극적일 수는 없다. 마음씨가 비단결같이 곱고 인내심이 누구보다도 강하다. 매사에 여유가 있으며 지혜 총명도 남다르게 뛰어났다. 그야말로 대장부로 또는 여성의 선구자로서 많은 여성이 우러러 보게 된다.

부모운 • 대개가 어머니께서 세상을 먼저 버리게 되고 아버지는 조금은 외롭게 지내게 되는 데다가 병을 얻어 죽게 된다. 하지만 모두가 60세를 다 넘겨서 돌아가시므로 단명은 아니다.

형제운 • 독신이거나 두 자매나 형제가 있게 된다. 의리는 비교적 좋으나 물질적으로 서로 돕지 못하는 것을 무척 아쉽게 생각한다.

부부운 • 한때 별거가 있지만 종당에는 무사히 해로하며 부인이 건강이 불길하여 오래도록 고생한다.

자손운 • 생각보다 좋지 못하여 관재수를 면할 수 없고 학교에서 퇴학맞는 사태까지 있게 된다.

재산운 • 의식주에는 아무 걱정이 없고 손(孫)씨 성을 가진 사람과는 금전 거래를 하면 안 된다.

직업운 • 자동차나 선박 계통 그렇지 않으면 순수한 교육계가 적격이다.

초년운은 5세 10세때가 불길하고 13세때에는 불이나 물에 크게 놀라게 된다. 16세 17세때에는 자신으로 인하여 큰 경사가 있게 되고 자축(子丑)자가 들은 해는 이성으로 인해서 고민이 있고 인묘(寅卯)자가 들은 해는 집안에 변동이 있어 동쪽에서 동남쪽으로 이사를 할 것이며 진사(辰巳)자가 든 해에는 외국을 출입할 기회가 있게 된다. 오미(午未)자가 들은 해는 직업으로 인해 뜻하지 않는 기쁨이 있게 된다. 신유(申酉)자가 들은 해는 집안에 삼일마두영(三日馬頭榮)의 영광이 있게 되고 술해(戌亥)자가 들은 해는 사업인은 사업에 확장이 있을 것이고 공무원 등의 직업인은 뜻하지 않게 승진의 영광을 맞이 하게 된다. 당신의 취미는 등산 서예 낚시 등이며 특기는 체육이다. 모든 것을 순리대로 하면 의외로 영광을 차지할 것이니 절대로 욕심을 버려야 한다. 만약 당신이 끝내 욕심을 부리게 되면 소송으로 인해서 집안 망신을 면하기 어려울 것이다.

83 • 실명괘(失明卦 • 태양이 빛을 잃는 상)

당신은 안질(眼疾)과 심장병으로 고생하게 된다. 천성은 법이 없어도 살 수 있어 정직하고 온순하지만 한 가지 흠이라면 내성적이고 마음에 있는 뜻을 제대로 파악하지 못한 게 큰 흠이다. 여러 가지 손재주도 갖고 있지만 항시 불안한 직업에 있게 된다.

부모운 • 미약하고 어머니가 먼저 돌아가신다. 아버지는 위장과 관절로 고심하고 있으니 효도하는 마음으로 잘 돌봐주어야 한다.

형제운 • 비교적 좋지 않아 겉으로는 서로 주고 받고 이야기하지만 속마음에는 미워하는 마음이 있어 축(丑)자가 들은 해에 싸움이 있게 될 것이다.

부부운 • 정말 기가 막히다. 왜냐면 별거나 생이별은 물론이고 심한 경우에는 사별까지 하고 달밤에 통곡하기 때문이다. 하늘을 원망하지 말고 슬기롭게 대처해 나가야 한다. 종교계나 역술계 등에 종사하면 큰 액은 면할 수도 있을 것이다.

자손운 • 빈약하여 자녀중 하나가 건강이 나빠 평생 고생하게 되며 자녀마다 안경을 써야 한다. 자녀가 비록 잘 성장한다 해도 외국으로 가서 살기 때문에 남남이나 다름없다.

초년운은 가정불화로 늘상 슬퍼해야 하며 외롭게 지내야 한다. 17세때에는 가정에 크나큰 화근이 있어 가출을 하게 되고 부모를 원망하게 된다. 자축(子丑)자가 든 해에는 건강이 불길하여 손재를 보게 되고 인묘(寅卯)자가 든 해에는 부모 형제와 헤어지니 그 풍파가 심하다. 진사(辰巳)자가 들은 해는 부모에게 뜻하지 않았던 일들이 있게 되고 오미(午未)자가 들은 해는 불행중 다행으로 귀인의 도움을 받아 어려웠던 일을 무사히 해결한다. 신유(申酉)자가 들은 해는 조그마한 사업으로 외외의 재물을 모으게 되니 집도 사고 빛같은 영광이 있게 된다. 하지만 양지가 음지되고 음지가 양지되는 것처럼 술해(戌亥)자가 든 해 10~11월에는 김(金)씨와 박(朴)씨에게 사기를 당하니 주의를 해야 한다. 만약 이 같은 괴변이 없게 되면 부인의 건강이 불길하여 그에 상응한 액수를 손해 보게 된다. 당신이 만약 쥐띠라면 말띠 소띠와는 부부의 인연을 맺지 말아야 한다.

☷☵ 84 • 곤복괘 (困復卦 • 원상회복하는 상)

당신은 태어날 때부터 정직하고 인정이 많으며 나보다 남을 위해서 희생하는 참다운 사람이다. 옛날 같으면 당신은 도덕군자로 만인에게 추앙을 받는데 현대와 같은 물질만능시대에 태어낳기 때문에 오히려 어리석은 사람으로 취급받는다. 하지만 진실은 영원하므로 당신의 자녀에게는 좋은 귀감이 될 것이다.

부모운 • 아버지가 먼저 세상을 여의게 되고 어머니는 장수하는 편이다. 부모로부터 받은 재산은 티끌만치도 없으니 천상 자수성가해야 한다.

형제운 • 4~5명의 형제가 있지만 당신을 비롯한 모든 형제가 부부운이 좋지 않는 게 특징이다. 그러므로 당신도 부부운에 관심을 두고 늘상 조심조심 살아가면서 인내와 성실을 좌우명으로 해야 한다. 당신의 운명에는 부부가 절대 무사할 수 없고 한두 번 실패가 따른다. 만약 무사하다면 극도에 달하는 인내 정신이 있었기 때문일 것이다.

직업운 • 필연적으로 한두 번 바꾸어야 하며 여러 가지 상담역, 예를 들면 결혼상담소나 인생상담소(역술가)등이 좋으며 종교를 갖는 게 더욱 희망적이다. 단 17세 19세때에는 동쪽에서 이성파란이 있게 되니 주의해야 한다.

자축(子丑)자가 들은 해는 부모나 형제로 인하여 기쁜 일이 있게 되고 인묘(寅卯)자가 들은 해는 직업을 바꾸어 사업쪽으로 전환하여 종당에는 빚만지고 만다. 그런 해에는 동쪽에서 불길한 일이 있게 되며 연하의 사람에게는 손해를 보게 된다. 진사(辰巳)자가 들은 해는 집안에 도적이 들어 생명에 위험이 있지만 죽지는 않는다. 오미(午未)자가 들은 해는 희망하는 일에 어느 정도 만족할 수 있는 참다운 친구를 만나 도움을 받게 된다. 신유(申酉)자가 들은 해 역시 모든 계획이 그런데로 진행되나 뱀띠 개띠 말띠는 향후 3년간 어려운 일을 거듭 당하게 된다. 술해(戌亥)자가 들은 해 10월과 12월에는 재수가 좋아 큰 행운을 맞게 된다. 당신이 만약 닭띠 소띠 뱀띠라면 이성으로 큰 고민이 있어 눈물을 안 흘릴 수가 없을 것이다. 부인이나 상대가 행방불명되는데 대개는 5월과 6월에 나아가서는 늦가을에 동쪽과 서북쪽에서 만나게 된다. 하지만 헤어지는 게 현명하다.

☷☴ 85 • 승희괘(昇喜卦 • 기쁨이 많아질 상)

당신은 행운아이다. 호걸의 성격으로서 이해와 자제력이 남다르게 강하며 그 도량은 태평양처럼 넓다. 하지만 일단 성질이 나면 숲속의 호랑이가 분노하여 천하를 뒤흔들 듯한 위세로 여러 사람을 놀라게 한다.

부모운 • 아버지가 먼저 돌아가시게 되고 어머니는 3~4년 후에 돌아가신다. 두 분이 그다지 큰 고생하지 않고 일생을 마쳤으므로 큰 여한은 없다.

형제운 • 비교적 좋은 편이다. 그리하여 직업이나 재산 정도는 한결같이 상류층에 해당된다. 그러나 공교롭게도 교통사고 등 질병으로 한 형제를 잃게 되니 운명이란 어쩔 수 없으며 운명 앞에서는 인간이 얼마나 나약한 존재인가를 새삼 느낀다.

부부운 • 이상하게도 양호하다. 왜냐면 결혼 전에 그토록 연애를 많이 하고 바람둥이로 소문이 났는데도 일단 결혼을 해서는 안정된 생활을 영위하고 있기 때문이다.

직업운 • 무엇을 해도 남이 부러워하는 요직에 있게 되며 당신이 만약 양띠 원숭이띠 용띠 뱀띠라면 행정고시나 사법고시에 합격하여 그 이름이 사방에 있게 되며 외국도 자주 출입하게 된다. 이밖의 띠는 유흥업이나 농업도 좋은 직업이 될 수 있다.

당신은 입신양명(立身揚名)할 수 있는 좋은 운명을 타고났다. 건강에는 2세 7세때가 불길하고 그 이외에는 20대에 두통으로 고생하고는 별탈이 없다. 자축(子丑)자가 들은 해에는 형제간에 기쁨이 있고 인묘(寅卯)자가 들은 해는 집안에 커다란 기쁨이 있는데 대개는 국회의원에 당선되거나 고시에 합격하는 경사로 인한 것이다. 진사(辰巳)자가 들은 해는 형제중 하나가 외국 명문대학에 합격하여 유학을 떠나며 오미(午未)자가 들은 해는 뜻하지 않게 손재수가 유발하여 아버지께서 몸져 눕게 되고 어머니께서는 눈물을 흘리게 된다. 신유(申酉)자가 들은 해에도 다소 손재가 있지만 재산에 비하면 그렇게 큰 것은 아니다. 술해(戌亥)자가 들은 해 9월과 12월에는 귀인이 서북쪽에서 도와주니 명예도 재물도 다같이 흥왕하여 몸과 마음이 마치 하늘을 날아갈 듯 가볍기만 하다. 당신이 뱀띠나 소띠이면 부부간에 구설수가 있게 될 것이다.

☷☵ 86・사도괘 (師道卦・선생의 길을 가는 상)

당신은 참으로 성격이 호걸 담대하여 여러 사람의 마음을 사로잡는다. 사사로운 감정에는 절대로 치우치지 않고 공명정대하게 처신한다. 한편으로는 남다르게 강유(强柔)를 갖고 있어 강할 때는 마치 강한 무쇠와 같고 부드러울 때는 마치 흐르는 물과 같다.

부모운・선대로부터 뼈대 있는 집안으로 유명했기 때문에 지금도 쟁쟁한 편이다. 그러므로 사회적으로도 부모의 은덕은 받게 된다. 아버지는 3~4일 않는 뒤에 돌아가시고 그 후 어머니는 3년 뒤에 조용히 돌아가시게 된다.

형제운・대단히 좋은 편이다. 정신적으로도 물질적으로도 서로 힘닿는 데까지 도와주니 그야말로 우애 좋은 형제로 칭찬이 자자하다.

부부운・가문도 좋고 학벌도 좋은 상대끼리 만났으니 크게 염려될 것이 없는 것 같지만 당신이 소띠나 양띠라면 절대로 무사할 수 없다. 이외의 띠는 백년 해로하니 걱정할 바가 못 된다.

자손운・3~4명의 자녀가 모두 한결같이 성공하여 부모에게 효도하니 역시 당신은 복(福)이 많은 사람이다.

직업운・문관으로서 고위직에 있게 되나 범띠 뱀띠 원숭이띠는 경찰 간부나 군인으로서 출세하게 될 것이다. 돼지띠나 말띠는 외교관에도 아주 좋은 운명을 타고났다.

초년운은 10세가 되는 해 1월 2월에 집안 사정으로 어려움에 놓이게 된다. 건강에는 별 걱정이 없지만 눈이 맑지 못한 게 흠이다.

자축(子丑)자가 들은 해는 부모에게 기쁜 일이 있게 되고 인묘(寅卯)자가 들은 해 늦봄에는 건강이 불길하여 잠시 입원하다 바로 완치되니 걱정할 것은 못 된다. 진사(辰巳)자가 들은 해는 집안에 뜻하지 않는 손재가 있어 고민하게 되며 오미(午未)자가 들은 3월 7월에는 외국을 출입하게 된다. 신유(申酉)자가 들은 해 4월과 9월에는 귀인을 만나 소원을 이루게 된다.

술해(戌亥)자가 들은 해 10월에는 사업이 확장된다든가 또는 승진하여 그 이름이 사방에 있게 되니 일생일대 가장 큰 행운의 문이 열릴 것이다.

☷☶ 87・겸손괘(謙遜卦・매사 겸손하는 상)

당신은 너무 겸손하기 때문에 때로는 얄밉게 보일 경우가 많다. 성격은 온순하고 매사를 대함에 대단히 조심성이 있으며 남다르게 사람을 사랑하게 된다. 또한 남다르게 예의범절이 바르다. 한 가지 흠이라면 적응력이 약하고 과감성이 미약하다는 점이다.

부모운・아버지가 먼저 돌아가시게 되고 어머니께서는 아주 현숙한 행동으로 타인의 모범이 되기도 한다. 돌아가실 때에는 약 15일 정도 앓다 머리를 남쪽으로 돌린 채 조용히 돌아가시게 된다.

형제운・여러 가지 낭패가 많고 우애가 좋지 못하여 자주 다투게 된다. 3명의 형제를 두게 되며 맏형이 고혈압이나 안질로 고생하게 된다.

부부운・사소한 의견 충돌로 자주 다투다가 한때 별거하거나 심한 경우에는 이혼하게 된다.

자손운・아주 보편적이다. 따라서 비록 풍족한 삶은 아니지만 부모를 공경하는 자세가 뚜렷하여 주위에서 효자라 부르게 된다. 딸 3명과 아들2명을 두어 비교적 많은 자손을 둔다. 그런데 이상한 것은 둘째 딸 음부(陰部)에 습기가 있어 고생하게 된다.

재산운・자수성가하여 남부럽지 않게 살아간다. 단 재산이 더 많은 친구를 조심해야 한다. 그렇지 않으면 큰 손재가 있을 것이다.

직업운・산지개발이나 농장 농수산 가공업에 종사하는 게 좋다. 다만 범띠인 사람은 무역 계통이 좀더 좋은 직업이 된다.

당신의 나이 10세때나 12세 정도 때에 집안에 큰 풍파가 있게 되고 자축(子丑)자가 든 해는 재수가 대통하여 큰 돈을 만져보게 된다. 인묘(寅卯)자가 든 해는 서북쪽에서 김(金)씨 황(黃)씨 성을 가진 귀인이 도와 소원사가 성취된다. 진사(辰巳)자가 든 해는 부모에게 큰 걱정이 발생하여 집안이 뒤숭숭하다. 오미(午未)자가 든 해는 형제간에 기쁜 일이 있게 되고 신유(申酉)자가 든 해는 일본이나 미국에 거주하는 친구가 도와주니 기쁘다. 술해(戌亥)자가 든 해는 하는 일마다 순풍에 돛단 배가 순항하듯 잘 이루어진다. 당신이 한 가지 주의할 점은 뱀띠 원숭이띠 범띠와 동업하거나 금전 거래가 있게 되면 반드시 파가 망신하니 미리 주의해야 한다.

☷☷ 88 • 모덕괘(母德卦 • 어머니 은혜 상)

당신의 성격은 매사를 안정감이 있게 처리하고 한편으로는 이상과 소망이 타인은 상상할 수 없이 개성적이다. 왠만한 일에는 좀체로 화를 내지 않고 설령 상대가 자신을 비판하고 모략할지라도 관용으로 이해하고 있다. 이는 마치 지구가 모든 만물을 수용하는 것과도 같다.

부모운 • 보편적이며 약간의 유산도 물려 받게 된다. 아버지와 어머니 모두가 무병 장수하며 아버지가 어머니보다 약 4년 앞에 돌아가시게 된다.

형제운 • 삼 형제가 있으며 매우 의리가 돈독하여 어려운 일이 처해 있게 되면 물질적이나 정신적으로 서로 돕게 된다. 부모에게 효도하는 마음가짐도 남다르다.

부부운 • 서로 이해하고 인내하니 남다른 부부애를 유지하게 된다. 다만 당신이 남자라면 부인의 몸이 뚱뚱하게 된다. 그러나 너무 걱정하지 말라. 닭해나 범해가 되면 자연 날씬해질 것이다.

직업운 • 전형적인 농업과 농수산 그리고 행정고시에 합격한 연후에 고급 공무원이 되는 것이다. 만약 당신이 여성이라면 국회의원이나 여성 단체장 그리고 교수가 될 수 있다.

재산운 • 의식주에 불편이 없고 비록 넉넉하다 할지라도 매우 절약하면서 살아간다. 건강에는 남자는 피부병이 있고 여자는 생리가 불순하다.

초년운에는 아무 탈이 없는 편이다. 혹 태어난지 1개월 되는 토요일에 호흡기병으로 입원하는 수가 있다. 자축(子丑)자가 들은 해는 부모에게 대단한 경사가 있어 그 기쁨이 하늘에까지 이를 정도이다. 인묘(寅卯)자가 들은 해는 형제중 1명의 건강이 나빠 서로 눈물을 흘리게 된다. 진사(辰巳)자가 들은 해는 외국에서 형제가 박사가 되니 그 이름이 뭇사람들의 입에서 오르내린다. 오미(午未)자가 들은 해는 동쪽에서 남쪽으로 이사를 하게 되는데 대개가 이층 양옥일 것이다. 신유(申酉)자가 든 해에는 직업이나 기타 금전적인 면은 친구의 도움을 받아 주어진 일을 잘 해결한다. 술해(戌亥)자가 들은 해 4월과 11월에는 부모의 건강이 다소 불길하여 집안이 산란하지만 무사하다. 만약 혈압이 아니고 다른 병이면 서쪽에 위치한 병원이나 약국에서 약을 구하면 생각했던 것보다 치료가 빠르다.

중년운(中年運)

☰☰ 11 • 비룡괘(飛龍卦 • 용이 나르는 상)

당신의 중년운은 남쪽에서 귀인이 돕고 서쪽에서 돈을 구하니 큰 정치나 사업을 해볼 만하다. 25~26세에는 경사스러운 일이 겹치게 되고 30대 후반이나 40대 초반부터는 여섯 마리 용이 서로 승천하려고 여의주 하나를 놓고 실력 대결을 하는 상이므로 경쟁 속에서 큰 발전이 있게 된다. 한 가지 주의할 것은 너무 강하면 부러지고 만다는 이치를 잊어서는 안 된다. 또한 벌과 나비가 꽃밭에서 놀고 즐기는 상이니 외도, 즉 바람을 피울 조짐이 있다.

자축(子丑)자가 들은 해는 모든 것이 소강상태여서 너무 적극적인 행동은 오히려 금물이다. 인묘(寅卯)자가 들은 봄에는 이사를 하고 그렇지 않으면 직장을 옮기게 된다. 진사(辰巳)자가 들은 해 5월과 7월에는 몸이 꽃밭에 있으니 역시 모르게 애인을 사귀게 될 것이다. 하지만 인연은 아니니 육체 관계는 갖지 말라.

27세때에는 북방이 불길하므로 그쪽에 뜻을 두지 말라. 사람을 조심하고 그쪽에서 사업을 하면 하루아침에 걸인이 된다. 29세때에는 파가망신수가 몸에 있으니 언행을 삼가하고 당신이 쥐띠라면 말띠를 조심하라. 33세때에는 천금을 희롱하니 하루아침에 갑부가 되고 37세에는 건강이 불길하여 가정이나 사회적 어려움을 당한다. 특히 중년 들어서는 어느 누구보다도 굴곡이 심한 발전을 하므로 한편이 만족하면 한편은 불만일 수밖에 없다. 27세 29세때에는 자녀를 두게 되는데 모두가 얼굴이 갸름하고 미인형이다. 가능하면 남쪽에 있는 병원 제11호실이나 13호실이 좋겠다. 41~42세때에는 뜻하지 않는 민사 형사 재판관계가 있어 고심을 한다. 당신이 개띠라면 역학(易學)이나 기타 종교적인 직업으로 전업할 수 있는 좋은 시기이다.

당신이 인연이 있는 방향중에서도 40대 초반은 예쁜 여자로 하여 소원을 이루게 될 행운이 있고 만약 당신이 여성이라면 독신주의로 일관해 오던 뜻을 바꾸어 결혼하는데 그야말로 인간의 부부생활이 얼마나 꿈 같은 것인지를 뒤늦게나마 느끼게 된다. 특히 키가 크고 뼈대가 굵어서 그런지 남다른 성생활을 영위한다.

☰☱ 12・호위괘(虎危卦・범이 위협을 주는 상)

당신은 왜 그렇게 위험하고 안정되지 못한 직업을 선택하는가.

당신이 만약 양띠 원숭이띠 뱀띠이면 깡패가 될 수도 있으니 주의하라. 왜냐면 당신의 중년운을 한 마디로 지적한다면 호랑이 꼬리를 밟고 있는(足踏虎尾) 형상과 같기 때문이다.

아무튼 중년운은 태양이 구름에 가려 그 광채를 발휘할 수가 없듯이 무엇인가 하고는 싶은데 자금이나 사람 등 기타 여건이 맞지 않아 중도에서 좌절하고 만다. 부모로부터 물려받은 재산도 없고 친구의 덕도 없어 살아가는데 어려움이 많다. 만약 당신이 임진왜란이나 6・25전쟁같은 난국에 태어났다면 십중팔구 영웅이 될 수 있는 용기와 배포도 갖고 있다.

자축(子丑)자가 들은 해는 문서로 인한 고민이 있는데 대개가 부동산 거래로 인한 계약이 해약되는 수가 허다하다. 인묘(寅卯)자가 들은 해는 재물이 집안으로 들어오니 친구한테 빌린 돈을 갚게 되고 전세집에서 소원하던 집주인이 된다. 진사(辰巳)자가 들은 해는 어여쁜 애인을 만나 백년을 기약하니 비록 늦결혼이지만 행복하기 그지 없다. 오미(午未)자가 들은 해 7월 8월에는 또다시 부모에 대한 경사가 있으니 가정이 화목하다. 신유(申酉)자가 들은 해 2월이나 9월에는 직장이나 사업장 변동으로 고심을 하게 되는데 이때 주의할 것은 사업장이 경쟁으로 인하여 불길하니 자리를 바꾸어야 한다. 직장인은 상사와 입씨름으로 인하여 결국 사표를 던지고 만다. 45~46세때에는 우연치 않게 차 안에서 만난 사람으로 인해 장사를 시작하여 그런데로 재미를 보게 된다. 술해(戌亥)자가 들은 해는 자녀에게 경사가 있고 한편으로는 하는 일에 돈이 없어 자금난으로 어려운 일을 겪기도 한다.

당신이 용띠 토끼띠 돼지띠이면 연예계에서 그 이름을 빛낼 수 있고 뱀띠 닭띠 소띠이면 운전으로 재산을 모으게 된다. 당신이 만약 여자라면 두 남자 사이에서 망설이며 밤잠을 못자고 고민하는데 결국에는 나중에 아는 남자에게 몸과 정을 주게 된다.

당신은 천성적으로 심장이 약하니 늘상 주의를 해야 한다. 심장병이 있는 년은 돼지해나 소해 또는 쥐해가 된다.

☰☲ 13 • 천일괘 (天日卦 • 하늘과 태양이 합일한 상)

당신의 중년운은 여러 사람과 동업을 해야 하고 모든 일을 독선보다는 상하인과 의견을 개진한 연후에 일을 신중히 처리해야 한다. 당신의 중년운을 한 마디로 표현하면 어변성룡(魚變成龍), 즉 물고기가 용으로 변하니 매사가 발전할 상이다. 특히 전기 계통, 다시 말하면 전자산업분야에 동업하면 장차에는 각자가 독립하여 큰 회사를 설립하여 천금을 희롱할 것이다. 이 밖의 직업으로는 비행사나 우주산업체 등에 종사하면 여생을 편히 보내게 될 것이다.

자축(子丑)자가 든 해에는 몸에 화상을 입을까 두렵다. 이때에 남쪽 방향으로 여행할 때 유념하라. 그리고 뒷 좌석에 앉아야 한다,. 한편으로는 부부운에 고민이 있게 되니 백 번을 참고 천 번을 용서(百忍千恕)해야 한다. 인묘(寅卯)자가 든 해에는 외국과 관계된 귀인으로부터 도움을 받아 큰 뜻을 이루고 진사(辰巳)자가 든 해에는 사업이나 직장에 커다란 문제가 있으나 능숙능란한 솜씨로 당신의 그 좋은 재능을 힘껏 발휘하니 만인이 놀라 칭찬하며 우러러 본다.

30세가 되는 초여름과 초가을에는 사람을 너무 믿으면 반드시 관재가 있어 경찰서 검찰 병원 등을 기필코 출입하게 된다. 35~36세에는 모든 것이 마음대로 잘 되지만 오직 이성문제는 답답하여 마음이 매우 산란하다. 우연한 장소에서 만난 사람끼리 사랑을 속삭이다가 우연치 않게 그만 실수를 했기 때문이다. 37~38세때에는 하청업자에서 회사를 차리니 여러 사람이 깜짝 놀란다. 40세에는 타인의 말을 너무 믿지 말라. 이해 관계없이 구설수가 있다. 41세 42세때에는 외국의 초청으로 뜻하지 않게 외국을 출입하고 국내에서는 사업이 번창하여 은행으로부터 차관을 빌어(借用) 사옥(社屋)을 크게 확장한다. 45~46세때에는 승승장구하는 출세가도가 하찮는 일에 휘말려 절망에 이르니 인생무상함을 맛보게 된다. 하지만 당신의 그 착한 마음에 감동했는지 하늘이 무심치 않아 결국 잘 해결된다.

쥐띠 용띠 원숭이띠는 인(寅)자가 들은 2월과 8월에 신상에 변동이 있으니 이를 순리대로 처신해야 한다. 당신이 범띠이면 도박을 하여 재산을 탕진하게 되니 원숭이해 8월을 조심하라.

☰☷ 14 • 망동괘(妄動卦 • 경거망동할 상)

세상살이 허망하다. 몸에 칼을 대니 도적이 집안에 들어와 칼부림을 하든지 아니면 건강상으로 병원에 출입하니 만사가 다 귀찮기만 하다. 한때에는 높은 이상으로 천하를 호령하다시피 한 씩씩한 기상이 한낱 병마에는 바람 앞에 등불이니 매사가 허무할 뿐이다. 이러한 허탈의 시기는 소띠 닭띠 뱀띠가 돼지해를 만났을 때인데 그때의 나이는 36세나 40대 초반이 된다.

26세때에서부터 이성으로 무척 고민하고 31~32세때에는 부부가 등을 돌리니 이별이란 아픔이 얼마나 혹독한 것인가를 스스로 깨닫게 된다. 당신이 여자라면 부모가 정해준 베필을 마다하고 얼굴 하나 잘 생긴 남자와 결혼했던 게 크나큰 실수였다. 하는 일마다 중도에서 좌절하고 헛된 수고만 하니 참으로 하늘이 무심하다. 직업을 열 두 번도 더 바꾸어 이 여자 저 여자 거치면서 결국 남은 것은 병 뿐이고 허탈감 뿐이다.

당신이 어린아이를 낳을 수 있는 나이는 25세 29세 30세 되는 해 겨울이 된다. 자녀가 동서남북에 퍼져 있게 되니 배다른 자녀가 있을 수밖에 없다. 당신은 절대 행복을 구걸하지 말라. 그 자체가 크게 어리석다. 당신같은 운명은 열 두 직업이 알맞으니 이것저것 생각 말고 항시 덕을 베푸는 마음으로 머리 깎고 승려가 되든지 예언가가 되든지 하여 남의 답답한 가슴을 열어주는 것이 곧 당신의 행복이다. 여자라면 수녀나 여승이 될 팔자다. 30대 중반에는 약간의 돈도 벌지만 여름 내내 성숙하여 잘 익은 호박의 호박씨를 까서 한 입에 털어 넣은 격이니 박(朴)씨나 문(文)씨 홍(洪)씨를 미리 경계하라. 38~39세때에는 어려운 과정에서나마 의식주를 해결할 수 있는 돈을 모으게 된다. 그러나 앞서 이야기 했듯이 하늘에서 내려온 사신(死神)이 집 앞에 있으니 죽음이 두렵다. 하지만 죽지도 않고 재산만 축내니 정말 기가 막힌다.

인간 누구에게나 있는 고통은 그 고통의 정도에 따라 행복과 불행이 있다 하지만 당신은 유별나게 흉하여 하늘 보고 탄식할 때가 어찌 한두 번 뿐이겠는가. 오직 마음에서 편안함을 찾지 않으면 어디서도 찾을 길이 없다. 그러니 유심상락지족(有心常樂之足)하라.

☴☵ 15 · 여풍괘(女風卦 · 바람을 부르는 여자 상)

당신이 남자라면 미남이고 다섯 여자를 거느릴 바람둥이로서 만약 여자라면 다섯 남자를 배(腹) 위에다 올려 놓고 마음데로 희롱하고 즐거움을 맛보니 왠만한 수단가도 당신을 대적할 수가 없다. 그러나 당신은 눈물이 너무 헤퍼서 때로는 무척 연약하게도 보인다.

남녀를 물론하고 동서남북으로 날뛰게 되니 매우 부지런하다는 평을 받는다. 다만 신용이 미약하여 콩으로 메주를 쑨다 해도 당신 이야기를 잘 믿으려고 하는 사람이 전혀 없다. 직업으로는 남자는 건축 유흥업 청소부와 중개인이 적합하다. 만약 당신이 말띠 쥐띠 닭띠에 해당하면 정치에도 희망이 있다. 그러나 크게 되지는 못한다. 여자라면 다방 건축업 유흥업이 좋다.

34세 47~48세때에는 남녀를 불문하고 신상에 커다란 변화가 있고 45~46세때에는 직장이나 사업에 귀인이 나타나 소망을 어느 정도 이루며 셋방을 면할 정도의 돈도 벌게 된다. 토끼띠와 뱀띠는 30세에 경사스러운 일이 있게 되는데 대개는 시험에 합격하게 될 것이다. 범띠 말띠 개띠는 어려운 가운데에서도 착실히 저축한 보람으로 40대 초반에 지상의 복음자리인 주택을 구입하게 되니 기쁨을 감출 줄을 모른다.

자축(子丑)자가 들은 해는 형으로 인하여 가정 불화가 있게 되고 인묘(寅卯)자가 들은 해는 변동이 있어 매우 분주하다. 오미(午未)자가 들은 해는 부모에게 걱정이 있어 눈물을 보이기도 한다. 술해(戌亥)자가 들은 해는 집안 풍파가 일어 우연치 않게 사람으로 인해 손해를 보게 되고 남들에게 손가락질을 받게 된다. 돼지띠 토끼띠 양띠 생은 사(巳)자가 들은 5월과 11월에 이사를 해야 하는데 집주인과 계약기간에 말썽이 발생하여 시끄럽게 되고 심한 경우에는 소송까지 하여 손해를 보게 된다.

남녀를 물론하고 본괘에 해당한 사람은 무엇보다 신용을 중시해야 되고 무슨 일이고 신중이 처신해야 한다. 이 운에 해당하고 개띠인 사람은 노래를 잘 부르기 때문에 가수로서 진출하여도 된다. 여자라면 국내에서의 활동보다는 외국에서 활동하면 아주 좋은 결과를 가져오게 된다. 범띠로 음력 7월생은 교통사고를 주의해야 한다.

16 • 송고괘(訟苦卦 • 송사로 고통을 당하는 상)

하는 일마다 시비 구설만 있으니 삶의 의미를 상실하기도 한다. 모진 세상 풍파 속에 여문 인간이라서 눈치 하나만은 남보다 빠르다. 공부도 남에게 뒤지지 않고 노력도 남에게 뒤지지 않는데 왜 이렇게 하는 일마다 안 되니 얼마나 불행한가. 그러나 그것은 일시적인 것이니 결코 용기를 잃지 말라.

40세부터는 구름 속에 가렸던 태양이 점차 밝아져 그야말로 당신의 재능을 만인이 알아줄 때가 있다. 다만 너무 욕심을 내면 도리어 손해를 보게 된다. 평생에 태어날 때부터 소송을 밥 먹듯이 자주 해야 하는데 엎친 데 겹친 격으로 부부 사이에도 이혼 소송을 하니 정말 타고난 팔자 어쩔 수가 없구나. 특히 범띠 7월생과 뱀띠 5월생이 그렇다. 그리고 원숭이띠 2월 5월 8월 생은 십중 팔구 소송을 하게 된다. 하지만 소띠 닭띠 쥐띠는 판사 검사가 돼 만인의 추앙을 받으니 부러울 것이 없다. 돼지띠 개띠 용띠는 만에 하나 동업을 하지 말라. 필연코 불행을 면치 못한다. 쥐띠 3월 6월 생은 바람을 피워 슬픔과 이별을 스스로 겪게 되니 항시 이성에 주의하라. 비록 본래적 생리적인 현상 때문에 참기 힘들지만 참선하는 마음으로 극복하라.

45~46세 때에는 부지런하고 성실한 덕택으로 직업상 귀인을 만나 자금을 빌어다가 모처럼 사업을 시작하니 사장님이란 칭호를 얻게 된다. 자녀는 비교적 늦게 두어 37세 39세에 아들을 얻는다. 임신시에는 부부생활(동침 성교)은 절대 금하라. 다른 사람의 체질과는 다르기 때문에 성교는 유산의 원인이 된다. 당신이 만약 남자라면 차라리 남자들만의 천국으로 알려진 특정한 곳에서 몸을 풀어야 한다.

당신의 마음은 인정이 너무 많아 걱정이다. 정조란 것은 인정으로 미화시켜서는 안 된다. 항시 몸을 조심하고 함부로 울지 말라. 이상하게도 당신에게 반하는 사람이 많아 항시 걱정이다. 용해와 원숭이해는 장마가 심하므로 여름과 초가을 장사는 이 점을 미리 염두에 두는 게 곧 돈을 버는 것이다. 당신에게 행운을 가져다 줄 수 있는 해는 양해 7월과 12월이다. 이 기회를 놓치지 말고 잘 이용하라.

☰☷ 17 • 퇴거괘(退去卦 • 자리에서 물러나는 상)

당신은 복잡한 도시 생활보다는 한적한 산간이나 농촌 벽지가 마음에 든다. 당신의 가슴 속에는 누구도 알 수 없는 큰 희망과 포부를 갖고 있지만 아직 때가 아니다. 정치인이라면 자신의 주장이 아주 공명정대하는 데도 아첨의 무리들 때문에 제대로 수용이 되지 못하고 있다. 사업자라면 좋은 아이디어를 개발해 놓고도 자금이 없어 세상에 알리지 못하고 답답한 나날을 보내고 있다. 남녀를 막론하고 부부는 절대 편안할 수 없으니 남편이 집을 나가면 이젠 여자가 나가고 여자가 참으면 남편이 화를 낸다. 부부에 있어서 또한 남다른 일은 남다른 성교(性交)법으로 그렇게 원수처럼 싸움을 해도 하루만 잘 자고 나면 죽고는 못산다는 격이다.

당신이 만약에 범띠 뱀띠 원숭이띠 돼지띠라면 체육계나 육상계에서는 세계적인 선수가 될 수 있어 희망을 가져도 좋다. 공무원이나 정치인은 외국을 자주 출입하게 될 외교관도 좋으며 문학이나 미술계에도 좋은 편이다. 23세 28세 37세때에 귀여운 자녀를 낳게 된다. 한편으로 아버지가 토끼띠이고 어머니가 닭띠에 9월생이면 쌍동이 아이를 낳기도 한다. 40세면 집안에 놀랄 만한 일이 있게 되고 43~44세때에는 사업도 번창하고 하는 일마다 발전하는데 뜻하지 않게 화재로 재산을 손해 보게 된다. 쥐띠나 토끼띠인 사람은 남녀를 불문하고 유부남이나 유부녀하고 남다른 사모의 정을 갖는데 주로 등산에서 또는 낚시 등 유원지에서 걸어가다가 만나게 된 사람일 것이다.

신유(申酉)자가 들은 해는 재산이 흩어지게 되니 조(趙)씨나 신(申)씨 성을 가진 사람을 상대하지 말라. 술해(戌亥)자가 들은 해는 형제나 사업상으로 슬픈 일이 있게 되고 마음에 병을 얻는다. 역시 개띠나 용띠는 관절통 신경통으로 늘상 고생하게 된다. 그렇지 않으면 치통으로 고생한다. 당신이 1949년 8월 10일 이전에 태어났다면 그림이나 문학에 남다른 소질이 있어 장차 그 이름이 사방에 있게 될 것이다.

이 운명에 해당한 사람은 배고픔을 남다르게 참지 못하여 간식을 아주 좋아한다. 용띠인 여자는 신장이나 방광 계통으로 소변을 자주 보게 돼 귀찮기가 한이 없다.

☰☷ 18 • 불통괘(不通卦 • 매사 불통하는 상)

하늘과 땅이 서로 자리를 바꾸어 잘못 놓여 있으니 이는 마치 아버지가 어머니 자리에 어머니가 아버지 자리에 각각 위치하고 있는 격으로 무질서와 혼란이 역력히 드러나고 있다. 그리하여 당신의 가정도 부모가 서로 제자리를 못 잡고 허둥대고 부부도 당신의 자리에 부인이, 부인의 자리에는 당신이 앉아 있는 형상이므로 각자가 자신의 할 일을 제대로 못하고 스스로 포기하고 스스로 회피하여 어설픈 생활을 영위하고 있다. 그러니 자연 당신은 부모 말을 안 듣고 당신의 자녀는 당신의 말을 듣지 않는다. 비록 의식주는 큰 걱정이 없지만 항시 집안이 혼란스럽다. 이 점만 잘 고쳐나간다면 좋은 운명이 될 것이다. 건강에는 음식만 먹었다 하면 속이 끌끌하니 만성 위장병이 두렵다.

26세 27세때에는 고시에 낙방하고 32세때에는 겨우 합격한다. 다만 그러한 띠는 닭띠와 뱀띠 뿐이다. 범띠 말띠 개띠는 29세와 32세 정도에서 천금을 얻으니 비교적 일찍 큰 돈을 벌게 될 것이다. 자동차 사고와 기타 낙상을 주의하라. 부부관계는 어렵지만 그런데로 살아간다. 단지 당신이 양띠이면 마음을 놓을 수는 없다.

인묘(寅卯)자가 들은 해는 부모에게 불길한 일이 발생하여 눈물을 흘리게 되고 사오(巳午)자가 들은 해는 형제로 인하여 가슴이 터질 듯한 슬픔을 당한다. 진술(辰戌)자가 들은 해는 교회나 절(寺)에서 만난 사람을 사랑하게 되고 해(亥)자가 들은 해는 남쪽에서 서북쪽이나 동남쪽으로 이사를 하게 된다. 공직자인 남녀는 파직의 고역을 당하니 5월과 11월에 사(史)씨나 윤(尹)씨 성을 가진 상하 직원과는 특별한 조심이 있어야 하다. 42세 43세때에는 계약으로 인한 걱정이 있는데 대개는 권투계나 씨름 기타 연예계 출연에 의한 것이다.

이 운명에 해당하는 남녀는 성교할 때 이상스럽게도 여자가 남자의 배위로 올라가는 현상이 있게 된다. 하지만 이러한 현상이 자의에 의한 인위적인 것이 아니라 천도(天道)에 의해서 결정된 것이며 자주 엎드려서 자게 되는 것 마찬가지이다. 당신의 중년운은 그다지 좋은 편은 아니다.

그러나 착한 마음으로 살아간다면 큰 액은 면할 수 있다.

☱☰ 21 • 결행괘 (決行卦 • 결정하는 상)

중년운은 대체적으로 선흉 후길(先凶後吉) 상으로 초반은 불길해도 후반부터는 유길(有吉)해 지기 시작한다. 내 자신은 이토록 깨끗히 살려고 노력을 다하는데도 사람으로 인한 풍파를 많이 겪어야 하고 오해와 모략으로 신용과 명예 그리고 재산이 바람에 흩어지듯이 날아가버리니 십 년 공부 나무아미타불이다. 이러한 나이는 아마도 25세 35세때 정도가 될 것이다. 뿐만 아니라 29세때에는 뜻하지 않는 사고로 고통에 빠지게 된다. 28세에는 아주 중대한 시기에 봉착하여 신상의 진로 문제로 결단을 내려 양자 선택을 해야 한다. 이 문제를 구체적으로 말한다면 이성관계가 대다수이다. 돈 많은 상대를 선택할 것인가 아니면 돈은 없어도 인간성이 훌륭한 상대를 택할 것인가 등으로 고심하는 것과 같다. 40세때에는 서쪽 방향에서 박(朴)씨나 임(林)씨가 스스로 도와주니 어려운 가운데서나마 소원하는 일을 성취할 수 있다. 45세 46세때에는 문서와 재산에 이익이 있게 되므로 부동산을 매매하는 일은 매우 좋고 자동차 및 기타 동산의 매매계약 등에는 사기수가 있다.

진사(辰巳)자가 들은 해는 자녀에게 경사스러움이 있어 그동안 답답했던 가정분위기가 화기애애한 분위기로 바꾸어지게 된다. 축미(丑未)자가 들은 해는 자신이나 또는 자녀가 외국을 출입하게 되며 술(戌)자가 들은 해는 자녀중 한 명이 연예계에서 이름을 날리게 된다. 유(酉)자가 들은 해 3월과 9월에는 집안에 묘(墓)를 이장하는데 한편에서는 화장(火葬)을 하자는 의견과 맞서 다툼이 있으나 결론은 이장으로 내린다.

아무튼 당신의 중년운은 30대 후반에서 40대 초반부터는 용(龍)이 깊은 물에서 승천하려고 힘차게 일어나는 현상과 같기 때문에 뭔가 대망의 꿈이 성취될 수 있는 좋은 시기이다. 자녀는 범띠와 말띠 돼지띠를 두게 될 것이다. 그리고 여성인 경우에는 혼전에 남쪽에서 비밀리에 유산을 하여 항시 가슴 아프게 생각하고 있다. 한편 범해와 용해는 형제간에 재산문제로 다툼이 있게 된다.

건강에는 한쪽 팔다리에 흉터를 갖게 되고 여자일 경우에는 요통이 심하며 이상하게도 그릇을 잘 깨게 될 것이다.

☱☱ 22 • 희녀괘(喜女卦 • 웃는 여자 상)

중년운은 대체적으로 반길 반흉(半吉半凶)하여 한편으로는 웃고 한편으로는 울 수밖에 없다. 하지만 이런 운명을 원망하지도 말고 가볍게 여기지도 말아야 한다. 인간으로서 최선을 다한다면 큰 불행을 다소 해소할 수 있을 것이다. 비록 운명이 다소 불길하다고 할지라도 자신의 노력 여하에 따라 약간 달라질 수 있는 것이다.

25세 27세때에는 고기가 가마솥에 들어가는 형상이니 뜻하지 않은 관재로 인하여 재산을 탕진하게 되고 심한 경우는 철창생활을 면키 어려운 인고(忍苦)를 당하게 된다. 33~35세때에는 쌍동이 자매를 낳고 사랑으로 잘 살아가게 되는데 결국에는 맺지 못하고 헤어지는 아픔을 당한다. 아무튼 당신은 두 여성을 놓고 매우 고심하는데 인연은 아니므로 스스로 포기해야 한다. 37~38세에는 눈물이 웃음으로 변하니 가정이나 사회에서 당신을 대하는 상태가 마치 개선장군과 같이 환영해 주니 마음이 하늘 높이 날 을 듯하다.

축미(丑未)자가 들은 해는 부모와 이별수가 있고 해(亥)자가 들은 해는 북쪽으로 직장이나 사업장을 옮기고서 갑자기 돈을 벌기 시작한다. 그러나 불행하게도 인묘(寅卯)자가 들은 해는 타인으로 하여 관재를 당하니 참으로 믿을 사람이 한 사람도 없다고 자탄하기도 한다. 신유(申酉)자가 들은 해는 자녀에게 기쁜 일이 있게 되니 그동안 고민했던 일이 차차 풀리기 시작한다.

당신에게 한 가지 조심할 것이 있다면 매사에 신중함이 결여돼 있어 너무 빠르게 단념해버리거나 속단하는 처사가 많다는 것이 대단한 결점이다. 이 점만 고친다면 일생을 편히 지낼 수도 있다. 40대 초반부터는 장사로 큰 돈을 만지게 되니 하루아침에 귀공자가 된 것과 같다. 이때의 운을 보면 먼 곳에 돈이 있으니 외국과 관계된 수출업상을 경영하면 대성할 수 있다. 이것이 잘 발전되면 후일에는 정치인으로 변신할 기회가 올 것이다. 한 가지 주의할 점은 사업이나 직장을 갖더라도 동시에 두 가지 분야에 관계한다는 것이다. 예를 들면 본직업 이외에 또다른 부업을 가질 수 있는 것과 같다.

☱☲ 23 • 개혁괘(改革卦 • 만사 변혁을 할 상)

당신의 중년운은 어릴때 생각했던 이상과는 전혀 관계가 없는 직업을 얻거나 결혼을 하게 된다. 한편 바다 속에서 구슬을 구하는 것과 같고 흙을 파 옥을 찾은 것과 같으니 불철주야 바쁘게 활동하여야 한다. 그리고 한 가지만 지속하면 큰 착오이다. 그때그때 상황에 따라 유동적이라야 한다. 부부생활도 초혼에는 비록 실패했지만 재혼에서는 남이 부러워하는 부부생활을 하게 된다. 직업도 필연적으로 바꾸어야 하는데 유흥업이나 화공(化工) 정치 등이 되며 당신이 만약 용띠 소띠 양띠 개띠에 해당하면 건축과 토목에도 적합하다.

26세 28세때에는 사람으로 인하여 배신수가 있으니 주의해야 한다. 결혼 전에 이성관계로 자주 만났던 상대를 잊지 못하고 지금도 사모하고 있어 스스로 화를 초래하게 되므로 모든 것을 단념해야 한다. 20대 중반에는 자신이 원하는 시험을 보게 되지만 합격은 어렵다. 혹 돼지띠와 닭띠에 해당한다면 겨우 합격은 할 수 있다. 당신의 부부 이별은 대략 32세 33세때가 된다. 여자 아이 하나를 두고 이혼하는데 범띠와 원숭이띠는 더욱 그 확률이 높다. 41~42세때에는 가뭄에 단비가 내리는 것과 같이 하는 일마다 성취되고 몸과 마음도 편하다. 다만 46세 정도에서는 수술수가 있어 다소 걱정된다. 이때에 병원이나 약국을 가능하면 동쪽에 있는 곳으로 원장이 박(朴)씨나 임(林)씨 또는 이(李)씨이면 아주 효험이 빠르다.

어린아이는 반드시 병원에 가서 낳아야 액을 면한다. 당신의 눈은 한쪽이 적어 미관상 다소 불편하지만 고치지 말고 그대로 두는 게 좋다. 만약 당신이 여자라면 코와 입 등을 성형할려고 하는데 큰 화를 초래하게 되니 하지 않는 게 좋다. 44~45세때이면 친구와 형제로 인하여 직업을 구하거나 사업을 시작하게 된다. 당신이 쥐띠 말띠 원숭이띠 양띠이면 대단한 포부로 군인이나 경찰 그리고 정치에 투신한다면 후일에 큰 영광이 있을 것이다. 혹자는 책을 외판하다가 출판사를 차려 그런데로 재미를 보기도 한다. 체육인은 신상의 변동으로 다소 구설이 있지만 나중에는 무사하다. 인묘사(寅卯巳)자가 들은 해는 횡재의 행운도 있으니 주택복권도 2~3장 사 볼 만하다.

☷☳ 24 • 순리괘(順理卦 • 순리에 따르는 상)

중년운은 무리만 없다면 그런대로 큰 어려움 없이 살아갈 수 있다. 왜냐면 그동안 험악한 산이 가로막힌 것처럼 모든 일이 잘 안 되었는데 이제부터는 마치 고목(枯木)에 싹이 트이는 형상과 같기 때문이다.

25세때부터 어두운 밤이 지나고 새로운 아침을 여는 여명기가 되기 때문에 처음에는 큰 부담없이 시작했던 직장이나 사업이 날로 번창하여 43~44세때에는 행운아로 세상에 알려지니 많은 사람이 따르게 된다. 부부관계도 남성은 여필종부하는 어진 아내를 두게 되고 여성은 가정이나 사회면에서 지도적인 위치에 있는 선생을 모시게 되니 기쁘기가 한량없다. 자녀들도 요즘 사회와 같이 부모 말을 잘 안 듣는데도 남다르게 부모에게 효도까지 하여 주위의 칭찬이 허다하다. 자녀중 하나는 교수가 되니 학자의 집안으로서 명성도 있다. 당신의 가정은 남다르게 무슨 일이든지 무리하지 않고 욕심이 없다는 점이다. 그리고 모든 기준을 물질에 두지 않고 인간됨됨이에 두기 때문에 그야말로 양반집이라고 할 수 있고 선비의 집안이라 할 수 있다.

37세때에는 집이 도둑을 맞거나 동남쪽으로 출행하다가 물건을 잃거나 도적을 당하기도 한다. 그렇지 않으면 부모에게 걱정이 있을 것이다. 당신이 쥐띠 말띠 토끼띠 닭띠이면 남녀간의 애정에 주의해야 한다. 왜냐면 당신이 그다지 미인은 아니지만 상대가 잘 따르게 될 수밖에 없는 운명이기 때문이다. 인묘(寅卯)자가 들은 해는 형제간에 웃음을 나누니 형제중 하나가 시험에 합격하는 영광이 있다. 사오미(巳午未)자가 들은 해는 형제의 사업과 직장이 크게 발전하여 장학재단 등을 설립하는 계획까지 구상하고 있다. 남녀를 불문하고 개띠와 용띠는 비서(秘書)의 직함을 갖게 되거나 언론 기자가 되기도 한다. 신유(申酉)자가 들은 해는 자녀로 인해서 다소 불화가 있고 술해(戌亥)자가 들은 해는 부탁했던 취직이 되고 부모에게 즐거운 일이 있게 된다.

당신의 건강은 첫째가 욕심이 없고 매사에 무리하지 않기 때문에 더욱 심신이 편하다. 그러므로 크게 걱정하지는 않아도 된다. 다만 용띠 양띠 소띠는 몸이 비대할 뿐이다.

☱☴ 25 • 대과괘(大過卦 • 크게 잘못된 상)

당신은 한참 활동할 시기에 두문불출하여 심신을 닦아야 하고 심한 경우에는 이것저것 다 버리고 입산 수도(入山修道)하여 승려가 돼야 할 시기에 놓여 있다. 이럴 때의 직업은 종교계통이나 역술가(易術家) 댓가 없는 무명작가로서 전업하는 것이 큰 액을 면하고 후일을 바라본다는 점에서 최선이라고 할 수 있다. 아무튼 매사가 막히고 하는 일마다 배신과 모략으로 점철되니 참으로 비정하다. 이럴 때에는 무엇보다도 우선 사람을 너무 믿어서는 안 된다. 왜냐하면 자식없는 팔자를 가진 사람이 겨우 양자로 아이를 길러 놓으니 자신의 부모를 찾아가버리는 일이 있는 배반의 시기이기 때문이다. 부부운도 결혼초에는 죽고 못 살겠다 하던 사람이 하찮은 일도 이해하지 못하고 항시 욕구불만에 있다가 결국 많은 힘을 소모하고는 이혼을 한다. 이러한 이혼도 보편적인 이혼과는 전혀 다르다. 한 마디로 배신을 당한 것이다.

어린시절에는 공부나 행동도 남에게 뒤지는 예가 없었는데 실지 부부생활은 그야말로 재로(0)이다. 하지만 이러한 사태에는 당신이 잘못하거나 지혜, 그리고 인내가 부족해서 그런 것은 아니다. 다만 타고 난 팔자일 뿐이다. 한 마디로 사랑에 속고 돈에 속은 인생이다.

그러나 강하면 부러지고 부드러우면 부러지지 않는다는 만고(萬古)의 이치를 거울 삼아 매사를 부드럽고 자연스럽게 처신한다면 40대 중반 이후부터는 의외로 발전할 수 있는 행운도 있다.

23세에서부터 27세까지는 친구 꼬임에 빠져 남모를 직업도 가져보고 경찰서 등도 출입하게 되는데 29세부터는 새로운 직업으로 삶을 되찾게 된다. 그러나 탐욕은 화를 초래하므로 무리하지 말고 하찮은 것이라도 알뜰이 살아가는 게 상책이다.

자축(子丑)자가 들은 해는 친구 따라 강남 가고 인묘(寅卯)자가 들은 해는 관재가 있다. 진사(辰巳)자가 들은 해는 부모에게 불길한 일이 있고 오미(午未)자가 들은 해는 사랑을 속삭이고 신유(申酉)자가 들은 해는 직업을 다시 바꾸면서 이사를 하게 된다. 술해(戌亥)자가 들은 해는 재물을 처음으로 모으니 즐거워 어찌 할 줄 모른다.

☱☷ 26 • 신곤괘(身困卦 • 몸이 피곤한 상)

연못의 물이 한시도 멈추지 않고 바다로 흘러 가니 이는 대망의 꿈을 안고 희망차게 밤낮으로 고생하는 당신의 그 모습과도 같다. 당신은 한시도 쉬지 않고 노력하지만 실은 헛수고만 한 것이다. 그 원인은 아직 당신이 가야 할 진정한 길이 무엇인지 잘 모르기 때문이다. 성격은 남에게 욕을 먹지 않으려고 참고 또 참는 성격이나 한 번 성질이 나면 불난 집에 바람이 불듯 거세고 힘차다.

24~25세때에는 부모와 다투어 가출을 하게 되고 27세부터는 돈을 벌기 시작하고 35세때에는 사업에 실패하고 직장인 같으면 상사와 싸움하고 다른 부서로 옮기거나 사표를 내게 된다. 40세때에는 티끌 모아 태산이라고 큰 돈 버리고 작은 돈 벌어 보니 이제 세상 맛을 알게 되고 자녀운도 열리기 시작하니 기쁜 일이 있게 된다. 당신이 특별히 주의할 것은 귀를 앓아 남의 말을 잘 듣다가 재물을 손해본다는 것이다. 그러니 소띠나 개띠 10월생과 12월생을 주의해야 한다.

자축(子丑)자가 들은 해는 애인과 이별을 하고 인묘(寅卯)자가 들은 해 4~5월에 이사하며 진사(辰巳)자가 들은 해는 구설 시비가 있고 오미(午未)자가 들은 해는 남자는 연상의 여인과 여자는 연하의 남자와 밀애를 하게 된다. 신유(申酉)자가 들은 해 8~9월에 집안에 의외로 큰 돈이 굴러 들어오니 비온 뒤의 산야(山野)처럼 모든 가족들이 생동감이 있어 그야말로 서광이 비친 격이다. 한편 좋은 일에 마(魔)가 낀다고 부인이 자궁염으로 고생하게 된다. 술해(戌亥)자가 들은 해는 집을 짓고 땅을 사니 기쁨이 있게 되고 그동안 일가 친척까지 무시하고 발걸음을 끊었는데 이제부터는 살 만해 왕래하니 더욱 화목해 진다.

당신이 주의할 점은 무엇보다도 술과 담배이다. 다른 사람의 체질과 달라서 당신은 술담배에 약하다. 뿐만 아니라 소변이 시원스럽지 못하여 늘 고민이다. 약과 의사는 동북쪽에 있으니 그쪽에서 약을 구입한다면 신기하게도 치유가 잘될 것이다. 당신이 개띠이거나 소띠이면 피부병으로 고생하고 우울증까지 있어 요양을 해야 한다. 그리고 용띠인 남녀는 임기응변이 남다르게 빨라 사교적인 면에 대단한 능력이 있다.

☷☶ 27 • 천신괘(天神卦 • 하늘과 땅이 돕는 상)

당신의 중년운은 산 좋고 물 좋은 곳에 정자를 짓고 도(道)를 닦고 있는 상이니 매사에 정성을 다하라. 그러면 반드시 목적한 바가 성취될 것이다. 당신의 중년운은 길한 운이므로 공무원이나 기타 직장인은 승진을 할 것이다. 사업은 확장할 것이며 학생은 그동안 달성하지 못했던 시험에 합격하는 영광을 갖게 되고 종교나 예언가 도(道)를 닦는 사람은 자신이 원하는 소망사가 이루어진다. 당신은 누구보다도 예감(영감)이 좋아 상하인과 매사를 의논하기도 하나 자신이 느낀데로 일을 처리하면 결국 좋은 결과를 낳게 된다. 재주와 입담(언어, 대화 등)이 좋아 어려운 일도 무사히 매듭 짓게 되며 인기도 좋은 편이다.

25~26세에는 자녀를 낳게 되거나 어진 배필을 만나기도 하며 혹자는 외국을 출입하는데 대개는 종교나 교육계 일로 그러할 것이다. 39세 43~44세때에는 일생 일대의 가장 큰 행운이 있어 하는 일마다 성취되고 귀인이 와 스스로 도와주니 참으로 출세 가도를 달리고 있다.

당신이 원숭이띠 여자라면 반드시 생리의 양이 많고 성욕이 강할 것이다. 남자인 경우에는 닭띠 소띠 양띠가 각각 4월에 태어낳다면 정력이 넘쳐 바람을 다소 피우게 되니 특히 주의해야 한다. 범띠 뱀띠 돼지띠 소띠인 여성은 종교인은 물론이고 수녀(修女)나 여승이 되기도 한다. 이런 분이 봄이나 여름에 태어낳다면 아주 미녀일 것이다. 말띠 여자가 1월과 12월에 낳았으면 건강이 약하여 항시 속이 답답하다. 그리고 발가락이 겹쳐 있어 항시 남에게 잘 내놓지 않으려고 한다. 토끼띠 여자가 늦가을과 초겨울에 낳았다면 유방이 작아서 늘상 고민을 한다. 그러나 인묘(寅卯)자가 들은 해부터 갑자기 발육이 잘 돼 그 고민이 사라진다. 뱀띠인 남자를 8~9월에 낳았으면 성기(性器)가 적어 고민한다. 하지만 고자(鼓子)는 아니니 걱정 말라.

진사(辰巳)자가 들은 해는 자녀를 낳게 되고 오미(午未)자가 들은 해는 여행중에 또다른 애인을 만나고 신유(申酉)자가 들은 해는 대체적인 면에서 직업이 변동되고 술해(戌亥)년에는 사업과 직장에 다소 말썽이 있어 마음이 매우 불안정하다.

☱☷ 28 • 집합괘 (集合卦 • 귀인이 모여드는 상)

용이 하늘 높이 승천하여 풍운조화(風雲造化)를 하여 온세상의 만물을 생동하게 하는 것처럼 앞으로 당신의 중년운은 비를 만난 용처럼 승승 가도를 달릴 것이며 그 이름이 온나라 안에 알려지니 진정으로 입신양명(立身揚名)하게 될 것이다.

25~26세때에는 뜻한 바에 입문하여 해당 분야에서 활동하며 자녀도 두게 되고 37~38세에는 사회적인 단체장이 돼 그 이름이 사방에 있고 45~46세에는 인생 살 만하다. 부부운도 서로 이해하고 매사를 의논하니 큰 탈 없이 지낸다. 한 가지 조심할 것이라면 당신이 지위와 명예를 오래도록 깨끗하게 보전하기 위해서는 여자를 조심해야 한다. 그리고 진술(辰戌)자가 들은 해는 신병(身病)으로 고생이 다소 있고 축미(丑未)자가 들은 해는 아랫사람으로부터 곤욕을 당하고 오미(午未)자가 들은 해는 돼지띠 개띠 여성과 열렬한 사랑을 나눈다. 당신이 만약 여성이라면 사회적인 명예가 있어 업무상 다소 가정에 소홀하기도 한다.

직업으로는 국회의원 또는 최고 장관의 지위에까지 오를 수 있다. 남성으로서 용띠 소띠 쥐띠에 해당하면 고시에 합격하여 판검사가 되거나 시장 군수가 되며 국회의원은 물론이고 최고 통수권자가 될 수 있다. 다만 타고난 날짜가 길일(吉日)이어야 한다. 이밖의 띠에 해당되면 건축 자동차 금융 전자업계에서 대기업이 되기도 한다. 남녀를 불문하고 가장 필요한 행동의 덕은 여러 사람을 통솔할 수 있는 능력과 이해, 그리고 포용력이다. 만약 이러한 점을 무시하고 독단으로 매사를 결정하면 반드시 후회하게 된다.

토끼띠 6월생은 문학과 언론에 소질이 있고 그 이름이 만방(萬方)에 있게 되며 용띠와 닭띠가 3월생이면 문필가로서 그 이름이 빛나게 된다. 인묘(寅卯)자가 들은 해는 금전거래상으로 송사(訟事)가 있게 돼지만 결국에는 승소한다. 여성으로서 개띠와 말띠 1월생과 9월생이면 교육자나 웅변가로서 그 이름이 빛나게 된다. 뿐만 아니라 용해에는 중대한 결정의 시기가 오는데 대개는 정치나 경제 분야에 입문하는 일이 될 것이다.

건강에는 남녀를 물론하고 심장과 혈압 계통만 주의하면 큰 탈은 없다.

☲☲ 31 • 일중괘(日中卦 • 태양이 중천에 떠 있는 상)

당신의 중년운은 청운(靑雲)의 꿈이 현실로 실현되니 호화롭고 찬란한 생활을 하게 된다. 높은 자리에서 백성을 다스리니 그 지위를 알 만하다. 명예와 재물이 세상에 진동하고 그 몸이 편안하나 자칫 자만과 경솔함이 있게 되니 경계해야 한다. 당신의 지혜와 재주가 세상에 알려지니 경쟁자가 있게 되고 이로 인해 인신(寅申)자가 들은 해는 직위가 불안하게 된다.

33~34세때가 되는 해 봄에는 뜻하지 않게 실물 도적수가 있고 악인(惡人)의 해를 입게 된다. 39세에는 정치 경제 문화 모든 분야에 해당한 각자가 직위가 높아지고 명성이 있게 된다. 다만 자신의 신상은 높아지지만 슬하에 눈물 흘릴 불길한 흉사가 발생한다. 43~44세때에는 만인이 우러러 볼 수 있는 최고의 지위에 오르게 되는데 그 띠를 보면 뱀띠 소띠 범띠 쥐띠가 해당된다. 당신이 만약 여성이라면 남성의 지위나 기능을 대신할 수 있어 그 지위가 만인을 통솔하는 자리가 된다.

자축(子丑)자가 들은 해에는 북쪽에서 동쪽으로 이사를 하게 되고 인묘(寅卯)자가 들은 해에는 4~5월에는 직장이나 사업에 큰 변화가 있게 되며 원숭이띠 개띠 돼지띠 7~8월생은 우연치 않게 밀애를 하여 지금까지 느껴볼 수 없는 인생의 참맛을 느끼게 된다. 다만 이러한 밀애(密愛)는 5년을 넘지 못할 것이다. 진사(辰巳)자가 들은 해에는 부모에게 화액이 있어 집안이 어수선하고 형제간에도 다소 불화 불목함이 있게 된다. 양띠 3월생과 소띠 6월생은 부부생활이 원만치 못하여 한때 가출하기도 하고 자녀를 일가 친척에 맡기거나 심하면 고아원에 맡기기도 한다.

당신은 어느 누구보다도 운이 유길(有吉)하다. 이러한 가운데서도 언행을 삼가하고 항시 겸손하며 여러 사람을 포용할 수 있는 바다와 같이 넓은 도량을 가져야 한다. 여성인 경우에는 사회적인 직업이나 지위 때문에 남편하고 다소 충돌이 예상되니 인내와 성실을 근본 바탕으로 처신하고 만약 사회적인 지위가 마치 가정에서도 그렇다고 생각하면 항시 불화가 있을 것이다. 남녀를 불문하고 성격이 급하고 직선적이라서 건강에는 아무래도 혈압과 심장 두통 계통을 주의해야 한다. 얼굴색은 비교적 붉은 빛이 강하며 뼈대가 큰 편이다.

☳☴ 32 • 배신괘 (背信卦 • 배은망덕할 상)

중년에는 운이 너무나 비참하여 하는 일마다 실패하고 대하는 사람마다 해만 끼치고 결국에는 배반을 당하니 인생살이 마음과 뜻데로 안 된다. 부부도 같이 살아야 하는데 서로 미워하고 질시하여 종당에는 이혼을 하게 되니 호화했던 결혼 초기가 무색하다. 더우기 부모의 이혼으로 인해서 오빠는 아버지, 누이동생은 어머니가 각각 맡게 되니 이런 인간 풍파가 어디에 있단 말인가.

25~26세때에는 유흥가에서 또는 극장에서 만난 애인과 즐거움을 맛보게 되는데 결국 부모들의 반대로 결혼을 하지 못하고 이별의 아픔을 겪어야만 한다. 재산은 모으기만 하면 이상하게도 쓸 자리가 생기고 사람으로 인해서 손해를 보고 말아 빈털털이다. 30세때쯤에는 심장과 간장으로 고생하게 되고 형제로 인해 슬픔을 당하게 된다. 자녀를 낳게 될 해는 자축(子丑)자나 진사(辰巳)자가 들어 있는 6월 7월과 10월 11월이 된다. 직업으로는 장사를 해도 잘 안 되고 직장에서 근무를 해도 성격하고 맞지 않아 오래 있지 못하니 집안 형편은 말이 아니다. 이로 인해서 부부도 이혼까지 해야만 한다. 40대 초반에는 다소의 재물도 모으게 되는데 조그만 사업을 시작하여 3년만에 망하니 남는 게 없다. 46세에는 의외로 재산을 모으게 되고 가정도 점차로 화목해 진다.

범띠와 토끼띠는 재혼을 하게 되며 말띠와 개띠는 지금까지 변변하지 못했던 직업을 늦게나마 좋은 직종으로 바꾸니 이젠 새로운 삶을 영위하게 될 거라며 희색이 만연 하다. 용띠와 닭띠가 8월에 낳다면 반드시 몸에 흉터가 있고 치아가 약해 할 수 없이 금(金)니를 해야 한다. 쥐띠와 원숭이띠 돼지띠가 각각 12월이나 9월에 태어낳다면 양쪽 눈(目)중 하나가 적어 소위 짝눈이 된다. 여자인 경우에는 코도 아주 낮아 보기가 흉하다. 돼지띠와 양띠가 6월이나 3월 중순에 태어낳다면 귀인을 만나 소원하는 뜻을 성취하고 재물과 명예가 따르는 행운도 있다. 진술(辰戌)자가 들은 해 4월과 9월에는 집안에 경사가 겹쳐 이름이 널리 알려지니 몸과 마음이 편안하다. 해(亥)자가 들은 해는 이사수가 있으니 남쪽에서 서북쪽이나 동북쪽으로 가는 것이 유길하다.

☰☰ 33 • 대광괘(大光卦 • 큰 광채의 상)

당신의 중년운을 볼 것 같으면 태양이 온 천하를 비추어 밝게 광채를 밝힐 상이니 만인을 통솔할 상이다. 그러나 귀인이 사방에 있고 재물이 집안에 가득 차 있어도 이것은 한때이지 결코 평생일 수는 없음을 알아야 한다. 그와 같은 까닭은 태양 자체는 영구하지만 그 빛은 동쪽에서 찬란히 시작되어 서쪽으로 지는 것과도 같다.

25~26세때에는 화끈한 사랑을 속삭이고 27~28세때에는 형제간에 기쁜 일이 있게 되고 32~33세때에는 직업을 바꾸고 사업을 확장하니 그 이름이 서서히 세상에 알려지게 되며 거느리는 아랫사람도 많아 매사를 폭 넓게 처리해야 한다. 35~36세때가 되는 해 11월과 12월에는 금전 관계로 대단한 고통이 따르며 심한 경우에는 송사까지 면할 수가 없어 가정이나 사회적으로 불명예가 있게 된다. 37~38세때에는 외국을 여행하게 되고 직업상이나 사업상 커다란 행운이 찾아 온다. 40대 초반에는 부모로 인해 눈물을 흘리게 되니 죽는 사람이 있게 된다. 자축(子丑)자가 들은 해는 절대 허욕과 탐욕을 버려야 하고 매사를 순리에 따라야 한다. 만약 이를 지키지 않고 허황하게 처신하면 공든 탑이 하루아침에 무너지는 것과 같다. 특히 사람을 중용(重用)하는데 있어서 기분이나 정실(情實)에 의하여 선발한다면 이는 범을 키우는 것과도 같고 독소를 기르른 것과도 같다. 인묘(寅卯)자가 들은 해는 아주 호화스러운 주택으로 이사를 하게 되고 진사(辰巳)자가 들은 해는 부부관계가 다소 불화하고 오미(午未)자가 들은 해는 시험에 합격하는 영광이 있다. 용띠 토끼띠 원숭이띠 닭띠는 용해나 뱀해에도 합격의 영광이 있게 된다. 오미(午未)자가 들은 해는 문서상 큰 이득이 있게 되니 박(朴)씨와 주(周)씨 윤(尹)씨 성을 가진 사람을 중용해야 한다. 신유(申酉)자가 든 해에는 서쪽에서 귀인이 나타나 승승가도를 달리고 있는 당신의 운명에 더한층 힘이 되어 준다. 술해(戌亥)자가 들은 해는 건강이 다소 불길한데 주로 소띠 닭띠 뱀띠에 해당하면 더욱 그러하다. 병명은 고혈압과 저혈압 그리고 관절 계통이라고 할 수 있다. 특히 개띠 말띠 범띠가 여름에 태어났다면 화상(火傷)을 주의해야 한다. 그러는 해는 사오미(巳午未)자가 들은 해 정월과 4월 5월 7월이 된다.

☳☵ 34 • 기로괘(岐路卦 • 운명의 기로 상)

당신의 중년운은 10년 가뭄에 비를 내려야 할 용(龍)이 조화를 부리지 못하고 있는 형상으로 이는 마치 당신이 뭔가 욕망을 달성하고자 동서남북으로 뛰고 있지만 몸만 피곤하지 별다른 진전이 없어 허탈감에 빠지게 되는 경우와 같다. 예를 들면 공부하는 노학도(老學徒)가 등록금과 기타 여건 때문에 마음 뿐이지 실지 공부를 못하고 있거나 사업자가 일정한 사업을 함으로써 돈을 벌 수가 있는데도 사업자금 때문에 개업(開業)을 못하고 있는 안타까움과 같다.

당신이 고쳐야 할 점은 매사를 대하는 데 있어서 이럴까 저럴까 너무 심각하게 생각하다 결국 때를 놓치고 만다는 점이다.

25~26세에는 남쪽에서 귀인이 돕고 북쪽에서는 배반당하니 허무하기 짝이 없다. 쥐띠와 소띠인 남녀는 삼각관계로 얼킨 이성 문제로 눈물을 보이며 심한 경우에는 죽으려고까지 한다. 28~29세에는 외국에서 사랑을 속삭이고 33~34세가 되는 가을철에는 직장이나 가정에서 사소한 의견 충돌로 구설수에 오르게 되고 다소나마 손재를 보게 된다. 이런 시기에는 무엇보다도 몸과 언행을 삼가해야 하고 누구에게나 겸손해야 한다. 그리고 동쪽에는 실물 도적수가 있고 서쪽에는 치아를 다치는 수가 있으니 출행을 삼가해야 한다. 38~39세에는 중대한 일에 봉착하게 되는데 대개는 직업이나 사업에서 결정이 된다. 45~46세때는 부부간에 문제가 있어 별거를 할 것인지 아니면 이혼을 해버릴 것인지를 놓고 밤낮없이 고심하게 된다. 하지만 당신의 현명하고 참을성 있는 설득력으로 무사히 안정될 수 있다. 범띠와 토끼띠 양띠에 해당하는 여성은 결혼에 실패하고 독신생활을 선언하기도 한다.

진사(辰巳)자가 들은 해는 사업장이나 직장을 옮기게 되고 용띠인 사람은 승진하게 된다. 돼지띠나 개띠는 시험에 합격할 수 있는 영광이 있다. 신유(申酉)자가 들은 해는 집안에 변고가 있어 심신이 불안하다. 술해(戌亥)자가 들은 해는 지금까지 받지 못할 것으로 생각했던 채권을 채무자 스스로가 돈을 가져다 주니 참으로 운명이란 묘한 것이다. 건강에는 항시 입병과 호흡기에 주의하고 개고기는 먹지 말라.

☰☳ 35 • 양동괘(良同卦 • 어진 사람이 협조하는 상)

당신의 중년운은 솥 안에 보약을 끓이는 상이므로 큰 뜻을 흉중에 비장(秘藏)하고 있어 용(龍)이 승천하기 위해서 꿈틀거리고 있는 것과 같다. 정치 지도자라면 현명한 참모를 두어 국민을 다스리는 것에 최선을 다하고 있으며 사업자는 3~5명이 동업하여 하나의 주식회사를 설립하려고 한다. 학생 같으면 그동안 부진했던 시험 성적이 점차 향상돼 결국 합격의 영광을 갖게 된다. 다만 부부관계 만큼은 삼각관계가 형성돼 다소 불화 혼란이 있다. 그러나 당신의 그 빠른 두뇌로 잘 무마된다.

23~24세때에서는 필연적으로 이성문제가 있게 되는데 돼지띠 양띠 토끼띠는 그 확율이 더욱 높다. 27세 29세에는 뜻하지 않게 형제간에 또는 친구간에 조그마한 금전거래로 말썽이 있게 된다. 33세 35세에는 3명이 동업을 하여 큰 돈을 벌게 되고 그중 한 사람은 건강이 나빠 병원에 입원하게 된다. 동업할 경우 가장 적합한 업종은 병원이나 약국 한약방 등 의료계통이면 유길하고 전자 계통은 불길하다. 37~39세는 매사가 순조롭게 진행되는 가운데 부모에게 경사가 있어 두 분이 즐거움을 감출 줄을 모른다. 40~45세에는 굴지의 주식회사를 설립하든가 아니면 방계회사를 설립하기도 한다. 학자나 의사는 그동안에 이루지 못했던 석사 박사의 꿈을 실현하고 문학가는 그 이름이 진동하니 만인이 우러러 보는 영광이 있다. 출판업을 하는 사람은 동업에서 각각 분리돼 각자가 독립하여 그런데로 발전하다가 갑작스러운 일이 발생하기도 한다.

당신이 만약 범띠 토끼띠 양띠이면 기대하지 않았던 책이 베스트로 부상하여 거금을 벌기도 한다. 뱀띠 원숭이띠는 돼지해에 이사를 하게 되고 말띠 쥐띠는 인(寅)자가 들어 있는 해 2월이나 8월에 이사를 하게 된다. 돼지띠 5월생은 사(巳)자 들은 11월에 이사를 하거나 직업을 바꾸게 된다.

이 밖에 본운에 해당한 사람은 닭해에 악인을 만나 재산을 버리게 되니 특별히 주의해야 한다. 용해 4월생과 돼지해 10월생은 성격이 급하여 항시 여러 사람으로부터 비판을 받게 되니 인내하고 관용하는 자세로 처신함이 출세의 가도를 달릴 수 있다. 그리고 죽는다는 환자가 기적적으로 회생하기도 한다.

☲☵ 36・미결괘(未決卦・불확실할 상)

당신은 다른 사람보다도 밤잠을 설쳐가면서 동서남북으로 뛰어도 어떻게 된 건지 끝을 맺지 못하고 중도에서 좌절하고 마니 정말 사람 살아가는 것은 노력과 뜻만으로도 잘 안 되고 아무래도 운(運)이란 것이 있어야 하기 때문인가.

어린 학생때에는 우등생이며 인기가 대단했던 당신은 중년에 이르러 별 일이 없고 코흘리게로 공부도 못했던 동창은 오히려 회전의자를 돌리면서 별 힘도 드리지 않고 돈도 잘 벌고 명예도 있어 편안한 생활을 하고 있으니 참으로 이상할 뿐이다. 당신은 과거를 생각지 말고 새로운 변화로 남은 인생을 영위해야 한다.

23~27세까지는 이성(異性)으로 인해 도피 행각도 있어 집안 망신을 당하며 결국은 헤어지고 만다. 당신이 만약 여자라면 자녀가 없어서 고심하게 되고 심장이 약해서 고생을 하게 된다. 32~34세때에는 부부가 이혼해야 하고 자녀를 친척에게 맡겨야 한다. 당신의 인내성은 누구보다도 뛰어난 데 왜 하필이면 당신만이 그런 불행을 맞아야 하는가. 그것도 어쩔 수 없는 운명이니 탓하지 말라. 40대 초반에는 불가피하게 직업을 바꾸어야 하고 남의 말에 큰 손해를 보아야 한다. 자축(子丑)자가 들은 해 1월과 12월에는 자녀에게 기쁜 일이 있게 되고 인묘(寅卯)자가 들은 해는 시험에도 낙방하고 가출을 하게 되니 마음 둘 곳이 없다. 진사(辰巳)자가 들은 해는 이성관계로 눈물을 흘려야 하고 건강상으로 재산을 탕진하게 되니 또 한번 하늘 보고 통곡한다. 오미(午未)자가 들은 해는 가을에 외국을 출입하거나 외국과 관계된 직업을 갖게 된다. 남녀를 물론하고 이런 시기에는 교통 사고가 우려되니 늘상 주의하라. 술해(戌亥)자가 들은 해는 집안에 뜻하지 않는 돈이 들어오고 사회적으로는 다소 명예가 있어 어려운 가운데서도 기쁨을 맛보게 된다.

이 운에 해당하는 남녀는 수화(水火)의 액이 있으니 자오(子午)자가 들은 해 6월과 12월을 주의해야 한다. 물은 북쪽에서 조심해야 하고 불은 남쪽에서 주의해야 한다. 시간으로 본다면 낮 12~15시까지고 밤 11~12시 사이가 된다.

☷☶ 37 • 여행괘(旅行卦 • 여행할 상)

당신의 중년운은 겉으로는 호화찬란한 것 같지만 안으로는 어려움이 많아 때로는 자동차에라도 맞부딪쳐 죽고 싶다.

23~24세에는 귀인을 만나 소원사를 어느 정도 성취하게 될 행운이 있다. 하지만 당신은 무엇을 해도 끝을 보지 못하고 중도에 실패하고 만다. 27~28세때 외국을 출입하게 되고 학생은 유학을 가는 경우도 있다. 34~35세에는 부부에게 슬픔이 있다. 달밤에 하늘 보고 원망스러운 통곡을 하니 도무지 마음 둘 곳이 없다. 37~38세는 장(張)씨와 사(史)씨 성을 가진 사람으로부터 오해가 있어 뜻하지 않게 재산을 탕진하게 된다. 40대 초반에는 신상에 큰 변화가 있어 주택을 매매하고 이사를 하거나 직업을 가져보기도 한다.

범띠와 원숭이띠는 유부남과 유부녀가 남모르는 정(情)을 주고 받다가 관재로 인해 패가망신(敗家亡身)을 당하여 큰 오점을 남긴다. 토끼띠나 닭띠는 외교관으로서 또는 수출입상으로서 명성이 있고 자녀에게 경사가 있어 천하가 모두 내것 같다. 용띠와 개띠는 불행중 다행으로 부모의 남은 재산을 물려 받아 사업을 시작하니 삶의 기쁨을 재삼 느껴본다. 뱀띠와 돼지띠는 공교롭게도 겨우 의식주 걱정없이 살 만하나 몸에 병이 들어 먹고 살기 힘들 때보다도 불행한 처지에 있게 된다. 뱀띠와 돼지띠는 연예인으로서 외국을 출입하게 돼 명예도 돈도 최고의 수준에 이른다. 뱀띠는 가수로서 돼지띠는 TV 탤런트로서 그 명성이 절정에 이른다.

자축(子丑)자가 들은 해는 보편적으로 무사하나 쥐띠 8월생과 말띠 9월생은 각종 시험과 취직 문제를 놓고 번민에 쌓이게 되고 범띠 원숭이띠 4월생과 7~8월생은 각종 자격증 시험에 합격하게 되며 새로운 진로를 개척하게 된다. 토끼띠와 닭띠가 봄에 출생하면 남자는 몸 왼쪽에 여자는 몸 오른쪽에 각각 흉터가 있고 특히 여자는 입술에 까만 점이 있는데 이상하게도 음문(陰門)에도 똑같은 점이 있기도 한다. 뱀띠와 돼지띠가 9월 15일이나 10월 26일 생이면 정치인으로서 앞으로 큰 명성이 있게 된다. 단 여자를 주의해야 한다. 왜냐면 당신은 얼굴이 잘 생겨 항시 여자가 따르는 상이기 때문이다.

☲☷ 38 • 진행괘(進行卦 • 점진 발전하는 상)

당신은 그동안 일엽편주(一葉片舟)가 풍랑을 만나 침몰의 위기에까지 있었는데 이제 언제 그랬느냐는 듯이 사나운 바람이 사라지고 순풍으로 변하니 현해탄과 태평양을 마음 놓고 건널 수 있는 형상이다.

이제야 만리 타향에서 고생한 끝에 이제부터는 만인을 거느리면서 호화롭게 살아가고 있다.

25~26세때에는 고시에 합격하는 영광이 있고 그동안 미루어 온 결혼이 성사된다. 28~29세와 32~33세때에는 귀자(貴子)를 얻게 되고 집안에 식구가 더하니 경사가 있게 된다. 40대 초반에는 만인이 우러러 보는 자리에 있게 되고 거금이 집안으로 들어오게 된다.

용띠와 개띠는 사법부 최고위직이나 각부 장관의 지위에 오르게 되니 입신양명하고 가문을 빛낸다. 뱀띠와 말띠가 5월과 6월에 태어났다면 무역업으로 큰 돈을 벌게 되며 그동안 받지 못했던 빚도 뒤늦게나마 받게 된다. 다만 과장이나 부장이 쥐띠와 돼지띠이면 의사가 서로 맞지 않아 결국 헤어지고 만다. 말띠와 양띠가 10월 3일에 태어났다면 안질과 간염(肝炎) 등으로 입원하는 수가 있는데 이때 가능하면 병원은 북쪽에 있는 곳으로 선택해야 한다. 원숭이띠와 개띠가 가을에 태어났다면 판사 검사 또는 경찰 간부로서 일생을 편히 보내게 된다. 단 관절 계통으로 다소 고생하는데 주로 돼지해와 닭해가 된다. 개띠와 소띠가 12월 19일과 24일 또는 27일에 태어났다면 아들만 둘을 두게 되고 12월 5일과 7일 생은 딸만 둘을 두게 된다. 그리고 자녀가 반드시 안경을 착용할 것이며 간장이 약간 이상하여 10세 미만에는 다소 고통이 따른다. 특히 당신이 여자이면서 범띠이거나 원숭이띠로 겨울에 태어났다면 교육과 정치에 그 뜻을 갖게 되는데 그 년도는 사오미(巳午未)자가 들어 있는 봄과 가을이 될 것이다. 당신이 만약 닭띠이라면 토끼띠와는 큰 인연이 없지만 부부관계가 성립되어 있을 때에는 묘유(卯酉)자가 들은 해 봄과 가을에 적당한 부부싸움을 한다. 만약 그렇지 않으면 사람으로 인해서 재산상 큰 손해를 보게 될 것이다. 당신의 금년 나이가 45세 48세라면 일취월장하여 정치에 입문하면 그 뜻을 성취할 것이다.

☳☰ 41 • 진광괘(振光卦 • 광채가 진동하는 상)

당신의 중년운은 마른 하늘에 우뢰가 치고 번개가 치니 변화가 무쌍하다. 그리하여 뜻하지 않게 출세하는 사람도 있고 뜻하지 않게 재액(災厄)을 당하는 일이 비일비재(非一非再)하다.

25~26세때에는 집밖에서 일이 많게 되고 뜻밖에도 행운을 차지하게 된다. 범띠나 원숭이띠 6월생 8월생은 이성에 부정(不貞)이 있어 큰 고통을 당한다. 예를 들면 형부가 처제를 사랑한다든가 60대 사장이 20대 남짓한 여비서를 좋아한다든가 아니며 술집을 경영하는 호스티스가 첩으로 들어가게 되는 등 사연(邪戀)이 있게 된다. 35~36세에는 그 이름이 갑자기 온 나라에 알려지고 재물이 스스로 굴러 들어온다. 이러한 운에 해당하는 띠는 토끼띠 용띠 그리고 개띠 2월생 3월생이 해당된다. 직업별로 보면 각 분야에 해당한 작가나 정치가 언론가 사법가 등이 속한다. 38~39세때에는 귀자녀(貴子女)를 늦게나마 얻으니 기쁨이 충천(沖天)하며 새로운 주택도 사게 되니 경사가 겹친다. 45~46세가 되는 6~7월에는 한 번 울고 한 번 웃으니 그 변화가 무쌍하다.

최(崔)씨 성은 당신을 이롭게 하고 정(鄭)씨 성은 당신의 재물을 노리니 특별한 주의를 해야 한다. 뱀띠 닭띠 여성은 부부생활에 만족하지 못하고 같은 띠의 남성은 부모하고 큰 인연이 없어 가슴에 항시 응어리가 있다. 말띠와 원숭이띠 12월 3~4일생은 진사(辰巳)자가 들은 해에 시험에 합격하게 되는 영광이 있게 되고 10일생과 16일생은 취직이 돼 그동안 걱정했던 생활고를 해결한다. 양띠와 돼지띠는 3년 후에 외국에 나가게 되고 유흥업을 하여 돈도 벌게 되지만 자녀 하나가 손발이 불구이거나 언어 장애가 있어 평생동안 마음에 부담을 갖는다. 당신이 4~5월생이면 전기에 주의해야 하고 갑자기 눈이 어둡게 돼 실명의 위기도 있으니 종교 계통이나 사회사업에 종사하여 많은 선덕을 베풀어야 한다. 하지만 이러한 확률은 극히 적으므로 안심해도 된다. 여자일 경우에는 우뢰소리 등 큰소리로 인하여 낙태하는 수가 있으니 자오(子午)자가 들은 해를 주의하라. 그리고 밤에 잠을 잘 때는 반드시 옆으로 자는 게 좋다. 오(午)자가 들은 해 5일에는 놀라는 꿈을 꾸게 된다.

☳☱ 42 • 부귀괘(婦歸卦 • 시집간 신부가 되돌아 오는 상)

시집간 누이가 소박을 맞고 집으로 돌아오고 외국으로 돈 벌로 갔던 아버지가 다시 돌아오니, 매사가 중도에서 좌절되고 원점으로 돌아와 발전보다는 실패가, 화목보다는 불화가, 부부가 같이 살기보다는 각각 별거하거나 심한 경우에는 이별까지 하게 되는데 사별(死別)이 아니고 생이별(生離別)이면 불행중 다행이다. 어느 누구를 막론하고 부부생활에 파란이 따르므로 운명에 순행하는 것이 큰 마음의 평화를 가져올 수 있다.

25~26세때에는 먼 곳의 귀인이 도와주고 재수가 유길하여 웃음꽃이 피고 28~29세에는 득남을 하고 동서쪽에서 서북쪽으로 이사를 하게 된다. 32~33세때에는 집안에 근심이 유발하고 그 근심으로 인하여 건강이 나빠지게 된다. 35~36세에는 이혼 문제로 고민하게 되고 많은 풍파를 겪고 재산상 손해까지 입어야 하는 등 참으로 남모를 눈물을 흘려야 한다. 38~39세에는 십 년간 쌓아 올린 공든 탑이 하루아침에 허물어지는 격으로 사업자는 사업에 실패하여 형무소를 가게 되고 공직자는 부하의 잘못으로 파직을 당하게 되며 학생은 재수를 몇 번 하지만 결국 원하는 학교에 가지 못하고 후진 학교에 겨우 입학하니 운명을 탓하기도 한다. 왜냐면 자신보다도 훨씬 못한 친구들은 합격을 하는데 이상하게도 낙방만 하기 때문이다. 44~45세에는 자녀에게 경사가 있고 그동안 자신의 나빠진 건강도 점차 회복하니 다시 한 번 재기의 꿈을 갖게 된다. 자축(子丑)자가 든 해는 분주하고 재산이 다소 모이게 되니 심신(心身)이 편안하다. 인묘(寅卯)자가 든 해는 부인의 건강이 불길하여 집을 팔아야 하고 진사(辰巳)자가 든 해는 어려운 가운데도 돈을 구하여 치료비와 기타 빚을 겨우 갚게 된다. 오미(午未)자가 든 해는 사람을 우연치 않게 잘 만나 동업(同業)을 하게 된다. 신유(申酉)자가 든 해는 자신의 신병으로 그동안 모아놓은 재산을 병원과 약방에 바치게 되니 일평생 편안한 날이 별로 없다고 스스로 한탄한다. 술해(戌亥)자가 든 해는 가정과 사회에서 서광(瑞光)이 비치기 시작하니 새로운 각오로 재기하기 시작한다.

본운에 해당한 사람은 정신상 커다란 고통을 받거나 수족이 불구가 되기도 한다.

☲☴ 43 • 과풍괘(過豊卦 • 풍요속에 빈곤한 상)

어두운 밤이 다 지나고 여명기(黎明紀)를 맞는 새벽과 같으니 중년운은 한 마디로 다사다난한 여름 날씨와 같다. 당신은 하찮은 일에도 만족할 줄 모르고 분수에 맞지 않게 처신하다가 허황된 꿈에 사로잡히니 실패 인생으로 돌아가기도 한다.

아무튼 당신은 무엇보다도 자신의 처지를 이해하고 자신에게 맞는 행동을 하는 것이 곧 불행을 막고 행복해질 수 있는 것이다. 결혼도 두 집안이 너무 차이가 나니 하지 말라고 주위에서 얼마나 빌었는가. 하지만 당신은 끝내 결혼을 하여 지금과 같은 부부 냉전을 하고 있지 않는가.

쥐띠 소띠는 인묘(寅卯)자가 든 해는 남의 애인을 사랑하여 원망을 듣게 되고 결국에는 눈물만 흘릴 뿐이다. 범띠와 토끼띠가 11월 12월 생이면 직업이 없이 허송세월을 보내다가 궁핍한 가정생활 때문에 부인과 자주 다투며 여자일 경우에는 너무 사치가 심하여 남편과 자주 다투게 된다. 용띠와 뱀띠인 남녀는 우울증과 화상 등으로 몸을 해치며 친구에게 뜻하지 않게 배반을 당한다. 말띠와 양띠가 진사(辰巳)자가 든 해 사업을 시작하든지 새로운 직장을 갖게 되니 그동안에 빈곤해서 자주 다투던 불화가 점차 사라지고 몸도 마음도 편안한 가정이 된다. 원숭이띠와 닭띠가 여름에 태어났다면 허벅지에 흉터가 있고 가을에 태어났다면 남다르게 부지런하고 겨울에 태어났다면 여자는 연하의 남자를 사랑하고 남자는 연상의 여인을 사랑하게 된다. 개띠와 돼지띠는 열 번 실패하고 마지막 한 번이 성공하니 자신의 투기심리가 적중한 것이라며 좋아라 할 것이다. 따라서 새로운 시대를 보듯이 신기하기만 하다. 그러나 당신의 배포는 또다른 불행을 초래할 수 있으니 사(巳)자와 신(申)자가 든 해를 철저히 경계하지 않으면 안 된다.

남녀를 불문하고 본운명에 해당하면 걸맞지 않은 처신과 실속 없는 처신으로 늘상 불화 불목이 있어 여러 사람과 다투게 된다. 그러니 매사를 분수에 맞도록 처신해야 하며 그때 높은 생각일랑 훨훨 벗어 던져야 한다. 당신이 범띠 7월생이면 필연적으로 직업 변동이 심하고 한참을 제자리에 앉아 있지 못한다.

☳☳ 44 • 뇌성괘(雷聲卦 • 우뢰가 치는 상)

용이 여의주(如意珠)를 입에 물고 조화를 부리니 만물이 윤택하게 성장하고 온 천하가 그 덕을 보게 된다.

당신의 중년운은 극에서 극을 달리는 위험한 인간 열차와 같으므로 최고가 아니면 최하가 되고 소리는 있어도 형상이 없어 무슨 일이고 큰 소리를 치며 자신만만하다가 결국 실패하거나 심한 경우에는 돌이킬 수 없는 사고로 인해서 죽기까지 한다. 몇 년 전에 모 권투선수 이름이 본운과 같겠지만 이역 만리 타국에서 불우하게도 고인이 되고 말았다. 이처럼 본운은 극과 극을 보이며 달리고 있으니 위험하기 그지 없다. 따라서 성공한 경우에는 백성을 다스릴 정도의 높은 지위에 있게 되고 실패할 경우에는 걸인이 되기도 한다. 두뇌가 빠르기로는 누구도 따라갈 수가 없으며 민감하기 또한 천하 제일이다.

쥐띠와 소띠는 인묘(寅卯)자가 든 해는 그 이름이 사방에 있고 추종하는 사람이 날이 갈수록 더하여 마침내는 만인이 우러러 보는 자리에까지 오르게 되며 범띠와 토끼띠는 진사(辰巳)자가 든 해는 걸인이 되든지 아니면 백성을 다스릴 수 있고 국가를 대표할 수 있는 최고의 지위에 오르게 된다. 하지만 생월 생일에 따라 차이가 심하니 자세히 살펴야 한다. 용띠와 뱀띠가 6월 9월 생이라면 전기 및 전자 계통의 대재벌이 되든지 아니면 외국으로 도피하는 일이 있게 된다. 말띠와 양띠가 4월과 8월 생이면 부부로 인해 낙방의 쓴 잔을 두세 번 마셔야 한다. 원숭이띠와 닭띠가 2~3월에 태어났다면 외국에서 석사나 박사가 되든지 화공분야에서 그 이름이 빛나게 된다. 개띠와 돼지띠가 봄에 태어났다면 외교관이 되기도 하고 심한 경우에는 복덕방의 종업원이 되기도 하여 큰 격차가 있다. 남녀를 물론하고 입담(언변)이 좋아 자칫하면 허풍장이란 말을 듣기도 한다. 범띠 원숭이띠 뱀띠 돼지띠가 초겨울에 낳다면 경찰계통이나 군인계통에서 최고의 통솔자가 되기도 한다. 만약 태어난 날짜가 좋지 않으면 방범이나 단순한 경비직에 급급하고 만다. 원숭이띠 닭띠 개띠가 늦가을에 출생했다면 가수나 탤런트 또는 비행사로서 유명하게 되며 혹자는 언론 계통에서 거목이 되기도 한다.

☱☴ 45 • 항길괘(恒吉卦 • 항시 행운이 있는 상)

당신의 중년운은 그 뜻이 동서남북에 있고 다사다난하지만 하는 일마다 좋은 결과를 가져 오니 인간 사는데 이만한 운도 드물다. 한편 재물도 집안에 가득 차 있고 이름도 만인의 입에 오르내리니 입신 양명하게 될 것이다. 무슨 일을 하든지 중단하지 말고 계속하라. 그러면 반드시 성취될 것이리라.

25~26세에는 몸이 학당(學堂)에 있으니 학자로서 그 이름이 널리 알려지고 학생으로서 배움을 계속하니 장차 그 명성이 충천하리라. 28~29세 때면 외국에서 박사가 되고 국내에서는 재벌이 되어 만인을 거느리니 만인이 부러워 한다. 단지 4월과 12월에는 실물수가 있으니 차 안에서 조심하라. 31~32세때에는 귀여운 아들을 얻고 하는 일은 순조롭게 달성되므로 온천하가 내것처럼 느껴진다. 37~38세에는 달리는 마차의 바퀴가 부러져 멀리 구르니 교통사고나 낙상이 두렵고 재산 손실이 있게 된다. 40대 초반에는 귀인을 만나 성공의 기틀을 마련하게 되고 그 해 6월에는 이사를 해야 한다.

쥐띠와 소띠가 봄철에 태어났다면 국민의 대표자가 될 수 있으니 때를 잘 만나면 국회의원이나 기타 기관장이 된다. 범띠와 토끼띠가 3월 4월 생이면 반드시 바람을 피우게 되는데 여자일 경우에는 동반자의 남성과 남자일 경우에는 음악교수나 교육 계통에 종사한 여성일 것이다. 용띠와 뱀띠가 늦봄에 출행하면 판사나 검사가 돼 불우한 사람을 도울 것이다. 여자인 경우에는 고속버스 안내원이나 스튜어디스가 된다. 말띠와 양띠는 매우 분주하게 활동하지만 그다지 얻는 게 없어 몸만 피곤하다. 또한 직업의 변동이 자주 있고 이사변동이 남다르게 있다. 같은 말띠와 양띠라도 겨울철에 태어났다면 머리가 자주 아프고 여자인 경우에는 방광이 허약하여 유산을 자주 한다. 특히 양띠는 종교직이나 역술가의 직업을 가지게 되면 크게 성공할 수 있다. 원숭이띠와 닭띠는 남녀를 불문하고 성욕이 좋아 상식으로는 도저히 이해가 안 될 정도이다. 부부인 경우에는 1주일에 6~7번을 정사(情事)하여도 그다지 지칠 줄 모르기 때문이다. 원숭이띠가 9월에 태어났다면 몸이 차가와 소화불량이 심하다.

☳☵ 46 • 해우괘(解遇卦 • 모든 것이 풀리는 상)

인간의 운명이란 대체적으로 양지가 음지되고 음지가 양지되는 경우가 허다하다. 당신이 그러한 형상이다.

중년운이 좋으면 초년운이 불길했을 것이고 초년운이 좋으면 중년운이 불길하다. 한 가지 누구에게나 불행한 것은 부부생활이다. 부부간에 서로 불화불목하니 생이별이 아니면 별거라도 해야 하고 세상살이 묘하다고 자탄한다. 초년운이 좋은 사람은 재산을 탕진하거나 관재 구설로 사회로부터 지탄을 받는다. 또한 초년운이 불길했던 사람은 자축(子丑)자가 든 해는 뜻하지 않았던 큰 돈을 벌고 인묘(寅卯)자가 든 해는 새로운 회사를 설립하니 사람들이 깜짝 놀란다.

25세 27세에는 집안의 걱정이 사라지지 않으니 불화 불목한 식구들이 서로 각각 갈라지게 되고 재산으로 인하여 송사까지 준비한다. 29세 30세에는 부모의 유산을 물려 받으니 마음이 시원하다. 38~39세에는 집을 지어서는 아니되는데 억지로 지어 집안의 사람이 죽어 나가고 안질(眼疾)등으로 고생하며 용띠는 부부가 반드시 갈라 선다. 45세 정도에서는 그동안 형무소생활만 하다가 새로운 각오로 새삶을 갖게 된다. 토끼띠 10월생은 직장 동료를 사랑하게 되고 11월생은 간호원 아가씨나 미장원 하는 아가씨를 사랑하게 된다.

뱀띠 범띠 원숭이띠 등은 형사사건으로 감옥살이를 하게 되니 가능하면 매년 2월 5월 8월을 주의해야 한다. 말띠와 양띠는 재학중에 한두 번의 감옥행 열차를 탈 우려가 있으니 원숭이띠 범띠 친구를 조심하라. 원숭이띠와 닭띠는 토끼해와 범해에 부모와 다투는 일이 있고 형제간에도 반목(反目)하는 일이 있으니 3월과 6월을 주의해야 한다. 원숭이띠 8월 6일생은 그동안 합격하지 못했던 시험에 수석권으로 합격하고 쥐띠인 사람이 11월 9일에 출생했다면 그동안 직업이 마땅하지 않아 허송세월만 보냈는데 4월에 취직이 되니 웃음이 저절로 나온다. 소띠가 한여름에 태어났다면 밤낮으로 부지런하게 활동하지만 얻는 것이 아무것도 없다. 직업이 토목 운전 건축 철제에 해당하면 머지 않아 어려움이 풀리고 새로운 서광이 찾아들게 될 상이니 탐욕하지 말고 진득하니 때를 기다려야 한다.

☳☶ 47 • 소과괘(小過卦 • 작은 허물 상)

몸이 높은 산에 있고 태양이 산에 가려 빛을 제대로 발휘하지 못하는 상이 바로 당신의 중년운이라 할 수 있다.

가장 주의할 점은 두 가지이다. 그 하나는 법원이나 검찰 경찰서 등을 출입하는 관액이요, 두 번째에는 삼각관계로 인하여 부부관계가 험난하다는 것이다. 이 운에 해당한 사람은 남녀를 물론하고 이 두 가지 점을 경계하고 주의하면 큰액을 면할 것이다. 당신은 몸은 피곤하고 마음은 항시 불안하며 하는 일마다 실패를 거듭하니 때로는 죽으려고 한강을 몇 번 가기도 했고 약까지 준비한 것이 한두 번이 아니었다. 이러한 만고풍파를 슬기롭게 넘기기 위해선 자신의 처지를 이해하여 분수에 맞는 생활로 알뜰히 살아가야 한다.

23~24세에는 부모 한 분이 갑자기 세상을 뜨고 자신도 건강이 나빠져 세상살기가 겁난다. 25~26세때에서 27~28세에는 직장에서 봉급을 제대로 받지 못하고 쫓겨나다시피 하고 30대 초반에는 동업을 하다가 배신을 당하고 남는 것은 빚 뿐인 신세가 된다. 37~38세에는 오랫만에 광명을 보니 형무소에 갔던 사람은 집으로 돌아오고 그동안에 부진했던 사업은 하루가 다르게 번창하며 슬하에 거느리는 사람도 많아진다. 39~40세에는 항해하던 배가 또 한번의 광풍(狂風)을 만나니 생명과 재산이 위태롭고 사람들이 눈을 부릅뜨니 원수가 될까 두렵다.

소띠로 6월에 출생한 사람은 부부동반 자살하기까지 한다. 쥐띠가 6월에 태어낳다면 부부간은 그런데로 화목하지만 당신이 등산하면서 알게 된 애인과의 사이가 들통 나 망신을 당한다. 범띠와 토끼띠는 건축이나 운전 목제 분야에 종사하면 유길하고 용띠와 뱀띠는 유흥업이나 각종 물을 다스리는 수도(水道)계통에 종사하면 그런데로 살아간다. 말띠와 양띠 5월생이면 신(申)자나 해(亥)자가 들은 해 8월과 11월에 이사를 하게 된다. 원숭이띠와 닭띠는 인(寅)자가 들은 해 2월과 9월에는 구설 시비로 대단한 고민이 있게 되고 개띠와 돼지띠가 10월 12월 생이면 건강이 불길하여 항시 답답한 세상을 살아간다. 남녀를 물론하고 첫애인과는 인연이 없으니 애초 미리 단념하라.

☷☳ 48 • 예길괘(豫吉卦 • 앞날이 밝은 상)

당신의 중년운은 봉황이 구슬을 입에 물고 당신 품에 안겨주는 상이니 틀림없이 백성을 다스릴 큰 인물을 낳을 것이고 귀인이 스스로 도와주니 어려운 가운데서도 광명을 찾는다.

당신은 웅장하여 여러 사람을 통솔하는 기업체도 유길하다. 재물이 풍족하고 이름이 사방에 있어 무엇을 바라겠는가. 특히 당신은 인간 세상 살아가는데 누구보다도 선견지명(先見之明)이 있고 예리하며 명석한 통찰력을 갖고 있으니 그보다 좋은 게 어디에 있겠는가. 당신이 쥐띠이나 소띠가 되면 용해나 뱀해에는 장관의 지위에 오를 수 있고 사업자는 국회의원 정도의 지위에 오를 수도 있다.

23~24세에는 큰 시험에 합격하고 그 이름이 만인의 입에 오르내리니 가문을 빛내고 부모에게 큰 효도를 하게 된다. 28~29세때에는 명치(가슴)가 아파 큰 위험을 겪게 되고 친구 아버지나 누나로 인해 구설 시비가 있게 된다. 33~34세때에는 집안에 큰 경사가 있고 사회적으로는 큰 변화가 있게 되는데 이 변화가 결국 당신에게 중대한 결정을 하도록 한 큰 원인이 된다. 이 결정은 후일에 만인을 다스릴 수 있는 초석이 된다. 36~39세까지는 큰 변화없이 무난하게 인생을 즐기면서 살아가게 된다. 45세에는 일생에서 가장 큰 일을 처리해야 하고 그동안 모아놓은 재산의 일부를 투자해야 한다.

당신이 범띠이거나 토끼띠이면 군인으로서 그 명성이 높아지고 재물도 스스로 생기니 아무 걱정이 없다. 다만 집안에 팔다리가 불편한 자녀가 있게 된다. 용띠와 뱀띠가 3월 4월에 출생했다면 건축회사나 토건회사에 종사하든지 아니면 회사를 설립하게 된다. 말띠와 양띠가 여름에 태어났다면 근면 성실하나 한 직장이나 한 직종으로는 살기 힘들다. 원숭이띠나 닭띠는 용해와 뱀해 5월 6월에 뜻하지 않는 영광을 얻게 되고 개띠와 돼지띠가 6월 7월 8월에 출생했으면 남다른 부부애와 남다른 효심으로 부모에게 지긋한 정성을 다한다. 당신이 종교인이나 역술가라면 머지 않아 당신 이름이 세상에 알려질 것이고 그로 인해서 가문은 빛나고 당신의 사회적인 위치가 더욱 확고해 진다.

☰☷ 51 • 소축괘(小畜卦 • 알뜰한 상)

당신의 중년운은 생각보다 그다지 불길하지는 않다. 그것은 당신이 모든 것에 스스로 자제할 수 있는 능력이 있으며 스스로 자립할 줄 알고 더 나아가서는 분수를 잘 지키고 알뜰히 살아가기 위해 노력하면서 탐욕하지 않기 때문이다.

23~24세에는 이성으로 뜻하지 않게 고민이 생기지만 자신이 스스로 양보함에 따라 무사하게 된다. 27~28세에는 천금을 희롱하고 여러 사람을 거느리니 가정적으로나 사회적으로 확실한 기반을 닦아가고 있다. 32~33세가 되는 해 5월에는 서쪽으로 가다가 몸을 다치게 되며 이로 인해서 가정과 친구들로부터 서운한 일이 있게 된다. 38~39세에는,집안 일로 밤잠을 못자고 고민하며 심한 경우에는 일시적인 가출도 하는 등 마음을 잡지 못하고 있다. 43~44세가 되는 7월 8월에는 유흥가에서 우연치 않게 만난 애인과 깊은 관계까지 가지게 되어 어려움을 겪게 된다. 그러나 결국에는 상대가 어디론가 잠적하는 바람에 유야무야(有也無也)로 해결된다.

쥐띠와 소띠가 7월이나 10월에 출생했다면 시험관계로 크나큰 고심을 한 끝에 눈병을 얻어 병원에 입원하기도 한다. 범띠와 토끼띠가 2월 3월 생이면 고집이 너무나 세서 여러 사람과 어울리지 못하고 혼자 쓸쓸하게 지내게 되니 이제부터라도 고집을 버려야 한다. 용띠와 뱀띠가 인묘(寅卯)자가 든 해를 만나면 감옥살이를 하게 되니 절대 여러 사람과 어울리지 말아야 하는데 특히 범띠와 뱀띠 8월생을 주의해야 한다. 말띠 4월생과 쥐띠 5월생은 부부로서 인연이 될 수 없으니 마음을 정리하는 게 현명하다. 양띠와 원숭이띠가 늦여름이나 초가을에 태어났다면 외국에서 공부를 하며 외국의 산업체에서 근무하기도 한다. 닭띠와 개띠가 9월과 12월에 출생했다면 오미(午未)자가 들은 해에 승진하고 12월에 출생했다면 국가로부터 상장을 받으니 모든 사람들의 입에 칭찬이 오르내린다. 돼지띠가 3월 7월에 출생했다면 사업자는 자신이 지탱할 수 있는 정도만 경영하는 능력을 가졌기 때문에 어려운 불경기에도 무사히 지속하고 있으며 직장인은 자신의 전문 분야를 천직으로 알고 알뜰이 살아가기 때문에 가정을 무난하게 영위하고 있다.

☷☱ 52 • 부합괘(附合卦 • 화합하는 상)

당신은 어릴때부터 부모에게 순종하여 효자라고 칭찬이 구구하다. 그러나 옥중(玉中)에 티라면 바람둥이란 점이다. 17~18세때부터 피운 바람을 40세가 넘도록 피우니 재미는 혼자 다 보고 다닌다. 얼굴도 잘 생겼지만 당신의 말 수단은 따라갈 사람이 없으니 그 아니 좋은가. 당신이 만약 여자라면 적어도 10명의 남자를 울리고 양귀비(楊貴妃)나 황진이(黃眞伊) 장록수가 무색할 정도이다. 그렇다고 당신이 결코 힘없는 인간은 아니다. 예의 바르고 교양있으며 사교술이 뛰어나 어학(語學)이나 통역 등 상담을 하는 직업은 아주 적격이다.

쥐띠와 소띠가 1월 2월 생이면 활동적인 직업으로 돈을 벌게 되고 범띠와 토끼띠가 3~4월에 출생했다면 자동차운전이나 선장 그리고 각종 판매활동을 하면 무난하다. 용띠와 뱀띠가 4월 5월 생이거나 6월 8월 생이면 유흥업을 하면 미꾸라지(鰍)가 용이 된 격이니 아주 대길하다. 말띠나 양띠가 9월 10월 생이면 아무래도 부부생활이 걱정된다. 그 원인은 대개가 당신이 너무 바람둥이기 때문에 그로 인한 것이다. 주의할 년도는 축(丑)자 들은 해 6월 12월과 자(子)자가 들은 해 5월 15일경이 된다. 원숭이띠와 닭띠가 가을과 초겨울에 출생했다면 중개업을 경영하면 진사(辰巳)자가 들은 해 4월과 10월에 의외로 큰 돈을 벌게 된다. 다만 구설 시비를 주의하고 뱀띠나 토끼띠와는 일을 논하지 말아야 한다. 개띠와 돼지띠가 추운 겨울에 출생했다면 신병(身病)으로 재산상 손해를 보며 공무원생활을 하다가 외국의 수입상과 대리점 계약을 맺어 큰 돈을 일시에 번다.

25~26세에는 동서남북으로 쉴새 없이 달리지만 그 댓가가 약해서 한 번의 어려움을 당하기도 한다. 여자는 이상하게도 생리를 일찍부터 하게 되고 남자는 유방이 크게 생겨 여성들이 부러워 한다. 용띠와 원숭이띠 그리고 쥐띠가 동업을 하면 대길한데 특히 수산업이나 목욕탕 선박업 유흥업을 하면 진오(辰午)자가 들은 해 3월 4월에는 천금을 희롱하게 된다. 쥐띠와 뱀띠가 5월과 7월에 출생했다면 아주 미인(美人)이며 여자는 각종 미인 대회에 나가 최고의 자리에 오르게 된다. 이때에 호흡기 병을 특히 주의해야 한다.

☴☶ 53 • 현처괘(賢妻卦 • 어진 아내 상)

당신은 두뇌도 총명하고 언행도 훌륭한데 왜 이다지도 맞는 직업이 없는가. 때를 못 만났다고 표현하는 것이 가장 알맞다. 학교도 우수한 성적으로 졸업했지만 직업이라곤 한때 공무원생활한 것 뿐이고 오늘날까지 허송세월만 보내고 있다. 그래도 불행중 다행한 것은 당신의 처가 남다른 현모양처란 점이다. 만약 당신의 집안에 그런 부인이 집안에 들어오지 못했다면 당신을 위시한 모든 가정은 속된 말로 콩가루 집안이 되고 말았을 것이다.

당신이 직업은 없다 할지라도 당신의 인생이 결코 불행하다고만은 할 수 없다. 용기를 갖고 때를 기다려야 한다.

23세나 25세에는 공무원시험에 합격하여 처음으로 직업 전선에 나가게 된다. 28세나 30세에는 교양있고 현숙한 가정주부와 정(情)이 들어 마음이 흔들리게 된다. 그러나 그 현숙한 여성의 도량과 설득력으로 냉정한 판단을 하게 되니 눈물로 돌아선다. 지금도 그 여성을 잊지 못하고 있어 정이란 참으로 묘한 것이구나 하고 푸념을 하게 된다. 33~35세때에는 남쪽에서 서쪽으로 이사를 했는데 동토(動土 집수리로 인한 탈)로 인해서 하루 밤 자고 일어나 보니 손발이 갑자기 부어 오르고 별 이유없이 마음이 불안하다. 이때에 인연이 있는 사람은 동북쪽이나 정동쪽에 경(慶)씨나 목(睦)씨 채(蔡)씨이다. 39세에는 우연치 않게 실업자가 되고 정신도 산란해 이곳 저곳을 방황하기도 한다.

쥐띠와 소띠는 가내 공업을 경영하면 돈을 벌어 집을 사게 되고 자녀를 외국으로 유학까지 보내는 행운이 있다. 범띠와 토끼띠는 건축 철물 자동차 사업을 하면 칠전팔기 오뚜기 인생으로 살아간다. 용띠와 뱀띠는 세 번이나 떨어진 시험을 진사(辰巳)자가 들은 해 3월과 10월에 합격하므로 십년 묵은 쳇증이 내려가는 느낌이다. 말띠와 양띠인 여성은 몸에 화상(火傷)을 입게 되므로 역시 오미(午未)자가 들어 있는 여름철과 초봄을 조심해야 한다. 원숭이띠와 닭띠는 쇠붙이로 몸을 다치니 주의하고 개띠와 돼지띠는 피부병과 음문(陰門)이 가려워서 어쩔 줄 모른다. 이때 약은 남쪽에 있으니 크게 효험을 보일 것이다.

☴☳ 54 • 선익괘(先益卦 • 처음은 길하나 나중은 흉한 상)

순풍에 돛단 배가 만리길을 항해하니 먼 곳에서 재물을 구하고 앉아서 버는 돈보다는 서서 버는 게 능사이다. 가까운 곳에서 공부하고 먼 곳에서 이름이 드날리니 외국과는 불가분의 관계가 있다. 당신의 중년운은 무사 태평하고 재물이 모이기 시작하니 고생이 옛날처럼 느껴진다.

23~24세에는 백화점의 종업원이 되기도 하고 실업 계통 학교에 합격하는 영광도 있다. 27~28세 30세에는 여자로 하여금 출세의 문을 두들기게 되고 그동안 불길했던 건강도 회복되니 십 년 가뭄에 비가 내린 것 같고 사막에서 오아시스를 발견한 것과 같다. 당신이 유념할 점은 신용을 지키는 일이다. 왜냐면 당신은 수단이 너무 좋기 때문에 당신을 잘 모르는 사람들은 당신의 말을 잘 믿으려고 하지 않기 때문이다. 37~39세에는 특별한 어려움없이 안정된 생활을 하게 되고 남쪽으로 여행을 하게 된다. 여행할 당시에 비가 오면 그 여행을 포기하고 집으로 돌아와야 한다. 만약이 같이 실행하지 않고 끝내 여행하게 되면 돌이킬 수 없는 사고가 있을 것이다. 40대 초반에는 정치인이 되기도 하고 사업을 확장하기도 한다. 이때 귀인은 동쪽에 있고 좋은 장소(吉地)는 동남쪽에 있으니 그쪽에서 구하면 천금을 얻을 것이다.

범띠와 토끼띠는 연예인이 돼 명성을 얻게 되고 재물도 모으나 갑자기 간(肝)이 나빠 고생하게 된다. 쥐띠와 소띠는 다른 일에는 큰 어려움이 없지만 부부가 갑자기 짝을 잃기도 하여 십오야(十五夜) 밝은 밤에 홀로 앉아 한탄하게 될 것이다. 용띠와 뱀띠는 어려운 가운데서도 한 푼 한 푼 모은 돈으로 부동산을 사게 되고 말띠와 양띠는 구름 속에 가려 있던 태양이 빛을 발휘하는 것과 같이 그동안 경쟁자 때문에 발휘하지 못했던 사업을 마음껏 확장하고 선배 때문에 승진하지 못했던 승진을 3월에 하게 되니 소원사가 성취된다. 원숭이띠와 닭띠는 자신이 연구한 논문을 발표하기도 하여 해당 분야에서 유명한 박사가 되기도 한다. 개띠와 돼지띠는 몸은 건강하나 금전적으로는 어려움이 많은데 특히 신사(申巳)자가 들어 있는 해 5월 8월에는 3일 쓰고 준다는 돈을 빌려 주지만 10년이 지나도 받지 못할 것이니 이 점 주의하라.

☴☲ 55 • 풍이괘(風移卦 • 바람이 불어 산란한 상)

당신은 한시도 쉬지 않고 동분서주하며 돈을 벌어 출세하는 일에는 물불을 가리지 않는다. 그래서 직업이나 집을 자주 바꾸게 되고 적은 돈으로 크게 벌어 불려고 날뛰다가 사기를 당하고 도적을 만나니 그제야 자신을 알게 되고 말과 행동을 조심할 줄 알게 된다. 남녀를 불문하고 언어장애와 손발이 불편할 수 있는 천도적(天道的) 운을 타고났으며 40대 초반에는 중풍으로 고생하게 된다. 지금 당신은 아무리 지혜가 있고 빠른 판단력을 지니고 있어도 상대는 그 사실을 인정하지 않으며 오히려 증오하고 있다. 이럴 때일수록 무리하지 말고 잠자코 죽은 체하면서 때를 기다려야 한다.

25세에는 형제간에 경사가 있고 28세 되는 초가을에는 동남쪽에서 싸움을 하여 재판 받고 벌금을 내는 형사사건의 관재가 있게 된다. 30세에는 이사를 하게 되는데 계약상 하자로 인해 말썽이 발생하고 인간에게 배신을 당한다. 35세경에는 귀자녀(貴子女)를 얻게 되는데 산모의 건강이 극도로 나빠짐에 따라 난산을 하게 된다. 이때 하는 일에는 큰 어려움이 없지만 여경리(女經理)가 공금을 횡령한 사건이 발생한다. 당신이 만약 건축업자라면 건축을 하다가 건축물이 붕괴되는 불상사가 있어 큰 손실을 입게 된다. 30대 중반에는 외국과 인연이 깊고 동남쪽으로 향하는 배(船)를 타면 생명이 위험하다. 당신이 여성이라면 자가 운전을 하다 진사(辰巳)자가 들어 있는 해 3월 4월에 죽을 뻔한 교통사고가 발생하니 그쪽 방향에는 운전을 하지 않거나 4월 5월에는 운전을 포기한 게 현명하다. 40대 초반에는 자녀로 인한 고통도 있고 생각지 못한 손해를 보지만 얼마 안 가서 회복한다.

아무튼 이 운에 해당한 사람은 여러 가지 일이 복잡 미묘하게 되며 누구보다도 눈코 뜰새 없이 부지런하게 날뛰게 된다. 당신이 뱀띠로 원숭이띠와 결혼한다면 부모가 반대하지만 결혼을 억지로 하여 후회가 막심일 것이고 눈물이 마를 날이 없게 된다. 그러나 양지가 음지되고 음지가 양지된다는 만고(萬古)의 법칙처럼 머지 않아 새로운 삶의 영광이 있게 되니 그 때까지만 인내하고 기다리라.

☲☷ 56 • 산란괘(散亂卦 • 사방으로 흩어지는 상)

봄에 피었던 꽃이 다 지고 벌과 나비가 향기(香氣)를 찾다 길을 잃어(春花落盡蜂蝶失路) 허둥대니 마음이 불안하기 그지 없다. 한편 보슬비가 내리는데 사나운 바람이 불어오니 생각지 않았던 곳까지 적시게 된다. 봄꽃이 다 떨어졌다는 것은 그동안 당신이 백방으로 노력했지만 모두가 때를 놓치고 후회하는 것과 같다. 예를 들면 학교시험에 있어서 애당초부터 왠만한 학교에 지원했다면 지금쯤 졸업을 하고 사회에서 대접받는 사람이 되었을 터인데 일류학교만 주장해 오다가 두서너 번 낙방하고 이젠 직업도 학교도 제대로 갖지 못한 초라한 모습과 같다. 나비와 벌이 길을 잃었다 함은 콧대 높은 처녀 총각이 마음에 맞는 상대만 고집하다가 이것도 저것도 다 놓치고 나이만 먹어 이제는 과부라도, 아니면 호래비라도 마음씨만 곱고 경제력만 왠만하면 이제는 결혼을 해야겠다는 다급한 생각을 하고 있는 것과 같다.

인간 사는데 한 마디로 완전 무결할 수는 없다. 따라서 결혼하는 것도 산 좋고 물 좋은 정자(山水秀雲之亭)만 고르다가는 십중팔구 시기를 놓치고 만다. 당신은 이러한 현상을 가볍게 생각지 말고 분수에 맞는 행동을 지금이라도 결정해야 한다. 보슬비가 내리는데 사나운 바람이 불어 생각지 못한 곳까지 적시게 됐다 함은 비록 당신의 이상이 아무리 현명하다 할지라도 당신의 유유부단한 행동 때문에 주위 사람들이 피해를 입는 것과 같다.

예를 들면 당신이 독신녀로 또는 독신남으로 살아가는 것을 별것 아닌 것마냥 생각하고 있지만 주위에서 지켜보는 부모 형제는 당신의 그러한 행동으로 인해서 늘 걱정하고 있는 것과 같다. 그러므로 매사를 처리할 때에는 나 혼자가 아니고 물질로만 피해를 주지 않으면 정당하다고 생각한 당신의 사고방식은 잘못된 것이다. 당신이 만약 학생이거나 결혼을 앞둔 처녀 총각이거나 이밖에도 사업을 시작하는 사업가나 다같이 자신을 알고 스스로를 생각해 보는 여유를 가져라. 직업을 구하는 당신에게도 마찬가지이다. 2~3년 전에 괜찮은 직장이 있었는데도 더 나은 곳만 찾다가 지금은 무위걸사(無爲乞師)가 되었지 않은가?

☴☷ 57 • 서길괘 (徐吉卦 • 복이 서서히 이르는 상)

졸졸 흐르는 시냇물이 산골짜기에서 큰 바다로 나가니 고기가 변하여 청룡(靑龍)이 되고 토끼가 변하여 사자가 되니 당신의 중년운은 광대무변(廣大無邊)한 서광이 빛나고 있다.

당신이 쥐띠이고 3월이나 7월에 태어났다면 백성을 다스리고 만인이 우러러 보게 되며, 소띠이고 2월에 출생했다면 문필가나 언론인으로서 그 이름이 빛나게 되고, 범띠이면서 5월에 출생했다면 외교관으로서 편안한 삶을 영위하게 된다. 토끼띠가 3월 8월에 태어났으면 의사나 판검사로서 호화한 생활을 하게 되며, 자녀도 그러한 직업을 갖게 된다. 용띠로 봄에 태어났다면 큰 재벌이 되고 자녀는 박사가 될 것이다. 뱀띠가 6월에 태어났다면 공무원이나 사신(巳申)자가 든 해 5월 8월에 불미스럽게도 파직을 당한다. 말띠가 여름철에 태어났으면 운수사업이나 목장업을 하게 된다. 양띠가 가을에 태어났으면 종교인으로서 또는 역술가 한의사로서 그 이름이 빛나게 된다. 닭띠가 2월에 태어났으면 출판문화 계통에서 대성하며 각종 문방구용품 제조회사를 경영하게 된다. 개띠로 늦가을에 출생했다면 군인이나 경찰관으로 최고의 지위에까지 오를 행운이 있다. 다만 출생일이 좋아야 한다. 출생일이 불길하면 아파트 경비에 불과하다.

23~24세에는 학교시험이나 사법고시 행정고시에 합격의 영광이 있게 되고 28~29세에는 확고한 직업을 가지며 범띠이면서 겨울에 출생했으면 스포츠계나 연예계에서 두각을 나타낸다. 34~35세에는 부모에게 걱정을 끼치고 형제간에 다투는 일이 있으니 주의해라. 36세나 40세에는 외국으로 이민을 가게 되거나 해외 여행을 하게 된다. 44~45세에는 날으는 새가 그물에 걸린 격이니 재산으로 인해 관재수가 있게 되고 의외의 사고로 몸을 다치게 된다. 40세가 되는 4월 5월에는 이사를 하고 7월에는 부부가 다투게 된다. 쥐띠와 말띠는 인연이 희박하고, 소띠와 양띠는 서로 배신할 상이다. 범띠와 원숭이띠는 금전거래를 하지 말라. 반드시 후회할 일이 생긴다. 토끼띠와 닭띠 부부는 말년에 바람을 피우는데 주로 2월 8월 생이면 더욱 그러하다. 용띠와 돼지띠는 비만증으로 고생하거나 혈압으로 병원에 입원한다.

☴☷ 58 • 세관괘 (世觀卦 • 세상을 관조하는 상)

당신의 중년운은 관망의 시기이다. 피할 수 없는 것은 부부 외도이고 변화무쌍한 것이 가정사다.

공부하는 학생은 때를 기다리며 합격의 시기를 관망하고 직장을 구하고자 하는 사람은 적극적인 행동보다는 중간에 사람을 내세워 추진하라. 사업자가 경거망동하면 절대 불길하니 신중히 대처하라. 비록 당신이 생각하기에 앞날이 밝지만 아직은 때가 아니다. 당신은 어느 누구보다도 세상을 관찰하는 데는 추종을 불허한다.

쥐띠와 소띠 양띠가 7월에 출생했다면 세상을 예견하는 데 있어서 귀신(鬼神) 같다. 범띠가 1월에 출생하고 길일(吉日)에 해당하면 정치인으로서 만인을 거느리게 되고 재물과 그 이름이 세상에 빛난다. 토끼띠가 범해를 만나면 부부간에 갈등이 생기고 자녀중 한 명이 가출을 하게 된다. 용띠가 4월에 출생했으면 임기응변이 너무 좋아 자칫 사기꾼으로 오해 받는다. 뱀띠가 가을에 출생했으면 관절 계통으로 고생을 하게 되고 한편으로는 자녀가 대학교수가 되기도 한다. 말띠가 15일과 26일 28일에 태어났으면 인정이 많아 빚보증을 섰다가, 집을 팔아 갚아주니 부부가 불화한다. 그러나 이것 또한 당신의 운명이니 누구를 탓하겠는가. 양띠가 12월에 태어났으면 입산 수도하여 중이 되거나 역술가나 작가가 되면 일생을 편히 보내게 된다. 닭띠가 2월에 태어났으면 한쪽 눈이 작고 얼굴이 갸름하며 흑백논리에 극한 폭언을 자주하는 편이다. 개띠가 가을이나 봄에 태어났으면 가수나 탤런트, 코미디언 등 연예계에서 이름이 있게 된다.

쥐띠와 용띠 원숭이띠는 인(寅)자가 들은 해에 변동이 있으면서 기쁜 일이 있게 되고, 범띠 말띠 개띠는 신(申)자 들은 2월과 8월에 이사를 하거나 직장을 옮긴다. 토끼띠와 양띠 돼지띠는 사(巳)자가 들은 해에 여행을 떠나게 되고, 범띠 닭띠 소띠는 돼지해만 돌아오면 만사가 불통하여 손해를 보고 신병으로 고통이 따른다. 소띠로 10월에 출생한 여자인 경우에 성생활을 하게 되면 자궁에 이상이 생긴다. 뿐만 아니라 자궁 자체가 맨 아래 항문 쪽에 붙어 있어서 남다르게 성욕이 강하다. 쥐띠인 남자는 19세 때 성교를 하게 된다.

☲☰ 61 • 암운괘(暗雲卦 • 어둠 상)

운무중천 유운불우(雲霧中天 有雲不雨), 이것이 당신의 중년운이다. 하늘은 어둡고 컴컴한데 구름이 태양을 가리고 비는 내리지 않으니 매사가 답답하고 초조하기만 하다. 시커먼 구름이 하늘에 가득 차 있을 바에야 차라리 소나기라도 와르륵 속시원하게 쏟아져버리면 시원할 텐데 가슴 답답하게 우중충한 날씨만 계속되고 있다. 무엇보다도 당신은 마음의 병(病)을 고쳐야 한다. 많은 인간고락을 겪고도 그도 부족해서 부부관계마저 등을 돌리게 된다.

24~25세에는 꼭 믿었던 희망이 하루 아침에 무너져버리고 오히려 말 만 득실거린다. 27~28세에는 그 누구도 모를 불륜(不倫)의 관체가 있어 관재가 두렵다. 심한 경우에는 차마 말로는 형언할 수 없는 근친사연(近親邪戀)을 범해 하늘도 땅도 놀라게 한다. 34~35세에는 믿었던 친구가 배신을 하여 세상에는 아무도 믿을 수가 없다고 땅을 치며 통곡한다. 49세에서 40대 초반에는 가려 있는 태양이 슬며시 자태를 보이니 그동안에 만고풍상을 다 겪었지만 지금부터는 새로운 각오로 다시 태어난 인생같은 기분으로 새출발을 하게 된다.

쥐띠는 인(寅)자가 들어 있는 해 1월과 8월에는 신상에 큰 변화가 있다. 소띠가 돼지 해 10월에는 이곳 저곳에서 돈을 모아 사업을 시작하게 된다. 범띠인 사람이 7월에 출생했다면 외교관이나 아니면 운전수가 된다. 토끼띠가 8월에 태어낳고 토끼해를 만나게 되면 꿈자리가 사납고 두통이 심하여 병원을 왕래하면서도 잘 낫지 않고 있다. 그리고 직장에서 변화가 있게 되는데 대개는 승진하면서 자리를 바꾸게 될 것이다. 용띠가 가을에 출생했으면 이름을 빛내게 되고 재산도 많아 별 걱정없이 편안히 자족하며 살아가게 된다. 뱀띠가 5월에 출생했으면 부부가 불화하고 언제 보았느냐는 듯이 등을 돌리고 마니 이럴 경우에는 당연히 헤어져야 하리라. 말띠나 양띠가 여름에 태어낳으면 유흥업으로 크게 성공하게 된다. 원숭이띠와 닭띠가 가을이나 초겨울에 태어낳으면 깡패가 되든지 군인이나 경찰이 되기도 한다. 개띠와 돼지띠는 돈은 있다 할지라도 가정이 항시 불화하고 편치 못하여 편안한 날이 없다.

☷☷ 62 • 사리괘(士理卦 • 선비다운 상)

바다와 강(江)이 이루어 지려면 조그마한 시냇물부터 시작해야 하고 천리 길을 가는 데도 한 걸음부터 시작해야 하는 게 만고 불변의 원칙이다. 그러므로 당신은 매사를 대하는 데 있어서 무리한 욕심을 버리고 하찮은 것이라도 질서와 순서에 입각하여 성심껏 전력을 다해야 중년생활을 보다 윤택하게 할 수 있다.

본운에 해당한 사람이 과욕하지 않고 보편적인 생활을 영위한다면 큰 불행없이 무난하게 살아갈 수 있다. 특히 남녀를 물론하고 일차 결혼에 실패한 연후에 독신생활을 별탈없이 조용하게 영위하고 있다. 한 가지 흠이라면 관절염이나 골수염 등으로 고생한다는 것이다.

23세때에는 부모에게 경사가 겹치고 자신에게는 미루어 왔던 외국유학을 가게 된다. 27~28세때에는 동서남북으로 뛰면서 무엇인가 얻고자 하나 뜻과 같이 되지 않고 구설과 창피만 당하니 세상 인심이 허망하고 냉정하다는 것을 처음으로 느낀다. 32세 33세에는 정들었던 사람하고 우연치 않게 헤어지니 남모를 눈물을 흘린다. 뿐만 아니라 아버지가 교통사고를 당하여 병원에 입원한다. 35세 37세에는 승진도 되고 집안에 재물도 들어 오니 지금까지 알지 못했던 생활의 행복함과 뿌듯함을 실감하게 된다. 40대 초반에는 기러기 한백년 살자고 굳게 굳게 언약한 부부가 사별하거나 생이별을 하게 되니 인생무상(人生無常)을 다시 한번 실감한다. 이럴 때 당신이 범띠나 뱀띠이면 재혼을 하지 않고 꿋꿋이 자녀들을 믿고 살아가기도 한다.

쥐띠와 소띠는 부부관계가 불화 불목하니 사(巳)자가 들은 해나 진미(辰未)자가 들은 해에 주의해야 한다. 토끼띠와 용띠는 아파트를 건축하여 큰 돈을 벌게 되나 진사(辰巳)자가 들은 해 봄 가을을 기다려야 한다. 뱀띠와 말띠는 금전대출업으로 남부럽지 않은 돈을 벌어 윤택한 가정을 영위한다. 양띠와 원숭이띠는 육상선수나 체육인으로서 가정을 영위하게 된다. 닭띠와 개띠는 폐병으로 한때 고생하나 완치된다. 돼지띠는 사(巳)자가 들은 해 5월이나 11월에 동남쪽에서 서북쪽으로 이사를 하는데 대체로 이층집으로 입주한다.

☵☲ 63 • 기결괘(旣決卦 • 이미 결정된 상)

물과 불(陰陽)이 서로 신뢰하고 서로 협조하므로 조화를 이루고 있다. 이것은 당신의 중년운이 비록 낙관적이다고는 할 수 없으나 당신이 대인관계나 업무관계를 신중하고 계획적으로 잘 처리함으로 무난해 질 수 있다는 것이다. 예를 들면 파도가 엄청나게 거센 바다를 아무도 건너지 못하고 있는데 오직 당신만 일엽편주 하나로 무사히 건너는 것과 같다. 한마디로 전혀 불가능한 것을 가능으로 뒤바꾸어 놓아 만인이 당신의 탁월한 능력에 깜짝 놀란다.

23~24세에는 학교 시험에 합격했어도 등록금이 없어 가지 못하기도 하고 관청으로부터 인허가(認許可)를 취득했어도 제대로 활용을 못하기도 한다. 27~28세에는 부모에게 걱정이 있고 한편으로는 결혼식을 올리지 않고 부부생활을 영위하면서 자녀를 두기도 한다. 30세 35세에는 부부관계에 불화가 일기 시작하지만 당신의 인내와 관용으로 무사히 해결되어 어느 때보다도 금슬이 더 좋게 살아간다. 40대 초반에는 남이 하지 못한 위험한 일을 놓고 고심하다가 결국 결행(決行)하여 성공하게 되니 만인이 우러러 보고 돈과 명예가 있게 된다.

쥐띠 소띠가 6월에 출생했으면 결혼과 물론하고 혼전 임신을 하게 된다. 범띠 토끼띠는 하는 일마다 실패하고 입산 수도하여 승려가 되기도 하고 다른 종교를 직업으로 갖기도 한다. 용띠와 뱀띠는 36~37세가 되는 5월과 7월에 관재가 있어 감옥생활을 하게 된다. 말띠와 양띠는 신진(申辰)자가 든 해에 물이나 불로 큰 액을 당하므로 미리 조심하는 게 상책이다. 원숭이띠와 닭띠는 재수가 좋아 부동산을 사고 팔면 크게 성공한다. 개띠와 돼지띠는 운수사업이나 선박업 냉온방 설비에 종사하면 의외로 큰 덕을 보아 뜻하지 않은 돈을 벌게 된다. 양띠와 개띠 여자는 언론 출판 문학 계통에 종사하면 대길하나 부부운은 미약하다. 쥐띠와 소띠가 가을에 태어났으면 모험심이 강하고 토끼띠와 닭띠가 봄에 출생했으면 가축을 다루는 수의사가 되거나 경찰관으로 생활하면 보다 유길하여 성공하기도 한다. 용띠가 5월 7월이나 12월에 출생했으면 항시 두통이 심하여 하는 일마다에 의욕을 상실하게 된다.

☵☷ 64 • 장애괘(障碍卦 • 매사 장애를 받는 상)

당신의 중년운은 그다지 순조롭지는 못하다. 아무리 달리는 말을 재촉하여도 결승점에 도착해 보면 꼴찌를 면할 수 없다. 당신의 속이 끓는 소리가 마치 달리는 기관차가 물 속에 빠져 헛물을 켜는 것처럼 크다. 이럴 때에는 하루 하루를 무사히 보내야만 한다. 시험준비를 하는 학생도 도(道)를 닦는 수도승(修道僧)처럼 자만하지 말고 최선을 다해야만 한다. 직장인이라면 비록 아니꼽고 자존심이 상하지만 아무 소리 말고 꾹 참고 지탱해 나간다면 후일에 당신의 실력을 인정해 주는 귀인이 나타나게 될 것이다.

남녀를 물론하고 본운에 해당한 사람은 소화불량으로 늘 속이 거북해서 약이 떨어지는 날이 없다. 이러한 것은 인묘사오(寅卯巳午)자가 들어 있는 봄과 여름에 치료가 가능하게 된다.

쥐띠와 소띠가 6월과 10월에 태어났으면 하는 일마다 실패를 연속하고 재물도 잃어버리며 부부의 사랑도 잃어버려 한때 별거 까지 하게 된다. 범띠와 뱀띠 원숭이띠가 각각 2월 5월 8월에 출생했으면 건축으로 인한 관재수나 채권 채무로 인한 관재로 막중한 손해와 정신상 고뇌를 당한다. 이때 귀인은 동남쪽에 있으니 아침 일찍 찾아가라. 토끼띠와 용띠는 진사신(辰巳申)자가 들어 있는 4월 5월 8월에 수해(水害)를 당하고 자녀로 인해 걱정이 있다. 뱀띠와 말띠는 34세에 큰 돈을 벌어 37세에 소망해 오던 집을 산다. 양띠와 원숭이띠는 24~25세에 행운이 있고 닭띠와 개띠는 28~29세에 동쪽에서 춤을 추고 놀다가 서쪽에서 남모르게 잠을 자니 들통날까 두렵구나. 돼지띠는 해외에서 공부하고 돌아와 국내에서 이름을 크게 떨치니 큰 불편없이 무난하게 살아간다.

본운에 해당한 사람은 어떠한 일을 물론하고 경솔하거나 자만하면 하찮은 일에 시비 구설이 있고 진행되는 일도 끝을 맺지 못한다. 당신이 박(朴)씨이고 범띠라면 뱀띠 원숭이띠와 인사신(寅巳申)자가 든 해에 동업을 하게 되면 업체는 차압이 붙고 몸은 형무소에 있으니 절대 조심하라. 이때는 좀 불편하더라도 자동차를 만져서는 아니 된다. 다만 10월을 넘기면 무방하다. 개띠가 4월에 태어났다면 치통으로 크게 고생한다.

☷☵ 65 • 사천괘(砂泉卦 • 사막에 물이 솟는 상)

당신의 중년운은 백전백승한 장수가 천하를 호령하고 임금을 배반하는 것과 같다. 따라서 한 가지 일에만 열중한다면 좋은 결과를 얻을 수 있고 끈기와 집념이 약해서 밀고 나가지 못한다면 오히려 갈등만 초래할 것이다. 왜냐면 이 운은 목마른 자가 사막에서 우물을 파는 격으로 계속 노력을 요하는 상이기 때문이다.

23~24세에는 시험에 합격하는 영광이 있고 동서쪽에서 애인을 만나니 기쁨이 연속된다. 25세에는 물에 놀라는 일이 있지만 생명에는 지장이 없고 다른 한편으로는 형제간에 기쁨이 있어 집안에 화기가 만발한다. 27세에서 31세에는 그동안 누차 낙방했던 사법고시 행정고시에 합격하게 되니 만인이 우러러 보게 된다. 33세에서 39세까지에는 날로 사업이 번창하고 사람을 더하므로 만인을 거느리게 된다. 이밖에도 삼 년을 미루워 왔던 승진의 영광이 있고 부모가 반대했던 결혼이 마침내 실현되니 이보다 큰 기쁨이 어디 있겠는가?

쥐띠와 소띠는 무슨 일이고 성취되는 일이 없다가 진사(辰巳)자가 들은 해 대성하게 된다. 범띠와 토끼띠는 인묘(寅卯)자가 들은 해 사람을 만나 사랑을 속삭이고 돈도 그다지 어렵지 않게 벌어 들이니 집안이 날로 번창하게 된다. 용띠와 뱀띠는 외국으로 이민을 가게 되고 다른 한편으로는 남쪽에다 큰 음식점이나 음료수 대리점을 개업하니 앞날이 밝다. 말띠와 양띠가 3월과 9월에 태어낳으면 건축이나 토목회사를 설립하여 지하상가나 터널공사를 맡아 천금을 희롱하여 세인을 깜짝 놀라게 한다. 특히 치수(治水)공사나 우물과 관계있는 업종에 종사하면 의외로 큰 성공을 이루게 된다. 원숭이띠와 닭띠는 한때 지하철공사로 큰 돈을 벌었지만 요즘에는 백화점을 경영하면서 자금난에 허덕이고 있다. 그러나 인묘진(寅卯辰)자가 든 해가 지나면 모든 것이 3월 동풍(東風)에 눈 녹듯이 잘 풀린다. 한 가지 주의할 점은 중도에서 그만 두면 재기불능상태가 된다는 점이다. 개띠와 돼지띠는 사막에서 번 돈을 부인의 춤바람으로 날리고 부인은 도망가니 벌떼 같은 자식과 살아가니 밤이나 낮이나 죽고만 싶다. 하지만 인사(寅巳)자가 들은 해는 새로운 출발의 계기가 있으니 용기를 잃지 말라.

☵☵ 66 • 난습괘(亂習卦 • 어려움을 늘 당하는 상)

당신의 중년운은 거듭된 실패의 연속으로 가정과 사회가 모두 원망스럽기만 하다. 당신이 남자라면 애당초 부인이 하지 말라는 사업을 억지로 하다가 하루아침에 숟가락 하나 남김없이 망하니 후회가 막심하다. 따라서 당신은 집에서도 환영받지 못하고 사회에서도 빚쟁이로 쫓겨다녀야 하니 실로 살고 싶은 생각이 없지만 공부 잘 하고 사람 됨됨이가 훌륭한 둘째 여식 때문에 차마 눈을 감지 못하고 희망을 걸고 살아본다.

쥐띠와 용띠 원숭이띠가 4월 8월 12월에 태어났다면 진신(辰申)자가 들어 있는 해 5월과 8월에는 동남쪽이나 남서쪽에서 수액으로 황천객이 되기 쉬우니 미리 경계하고 주의하라. 뿐만 아니라 이러한 때에는 뜻하지 않게 수해(水害)를 당하므로 미리 예방해야 한다. 범띠와 말띠 그리고 개띠는 부모와 또는 형제간에 재산문제로 가정 싸움이 일어나 병원에 입원하기까지 하는 사태가 있어 여러 사람으로부터 손가락질을 받게 된다. 토끼띠와 양띠 돼지띠는 이사를 해야 하는데 갈 곳이 없어 가족들이 부둥켜 안고 한탄하며 눈물을 흘린다. 뱀띠 닭띠 소띠는 친구로부터 소개받는 사람에게 사기를 당하고 친구와 절교하게 되므로 모든 것이 원망스럽고 저주스럽기만 하다.

25~26세에는 실연(失戀)으로 인해 가출을 하고 사기로 인해 손재를 보게 된다. 28세 29세에는 어려운 가운데에서도 한 가닥의 희망을 갖고 시작한 사업이 날로 번창하니 불행중 다행이다. 33~34세에는 직업을 바꾸게 되고 자리를 옮기게 되니 모든 것이 새롭기만 하다. 37~38세에는 건강이 불길하여 백방으로 치료에 힘쓰고 있지만 쾌차하지 않고 있다. 하지만 진사오(辰巳午)자가 들어 있는 해는 쾌차하기 시작한다. 40대 초반에는 어려운 가운데서나마 점차로 발전하게 된다. 여자인 경우에는 자궁염으로 크게 고생하게 되며 남자는 방광과 당뇨병으로 고생하게 되니 주의하라. 공부하는 노학도(老學徒)는 하던 공부를 포기하고 가정을 돌봐야 남은 여생을 의탁할 곳이 있게 된다. 토끼띠와 범띠가 가을에 출생했으면 수영선수로서 그 이름이 빛나게 되고 겨울에 출생했다면 세인이 알아주는 무용가로서 빛을 보게 된다.

☵☳ 67・삼족괘(三足卦・절름발이 상)

벼랑에 매달려 흔들리며 달랑거리며 있는 쌍마차와 같으니 손발이 불구가 돼 마음껏 뛰고 싶지만 그것은 마음 뿐으로 몸이 말을 듣지 않아 뛰지 못하는 상이니 어찌 안타깝지 않겠는가.

23~24세에는 장애자로서 직장을 구하게 되고 정상인은 이삼차 시험에 낙방하고 허송세월만 보내고 있다. 부부는 서로 사소한 의견이 맞지 않아 이혼을 하게 되고 쥐띠 소띠 범띠가 2월과 11월 12월에 출생했으면 사고로 인하여 사별을 하게 된다. 용띠와 뱀띠는 위장병이나 뇌성마비로 평생 고통을 당한다. 또한 포부를 펴보지도 못한 채 다른 방향으로 진로를 결정하니 그 고역이 보통이 아니다.

25~26세에는 동쪽을 가다가 도적을 만나니 뜻하지 않았던 걱정이 태산과 같다.

30대 초반에는 산으로 들로 뛰고 또 뛰어도 아무도 알아 주지 않고 별 무소득이라 몸만 피곤할 뿐이다. 소띠로 4월생이나 7월생이면 입산 수도하여 승려가 되든지 아니면 종교 계통에서 종사하는 것이 일생을 편히 사는 일이다. 범띠 7월생은 신(申)자가 들어 있는 8월에 등산하면 실족(失足)으로 인해 일생을 고통 속에서 살아간다. 토끼띠 6월생이면 외교관으로서 명성과 인품이 널리 알려진다. 뿐만 아니라 부부관계도 남다른 금슬로 살아간다. 용띠 3월생이면 박복하기가 그지 없고 언어장애가 심하다. 뱀띠 9월생이 길일(吉日)에 해당하면 장애자용품 등 제조업으로 상당한 재산을 모으게 된다. 말띠 12월생이나 6월생이면 친구와 동업을 하여 그동안의 배고픔을 면한다. 양띠 6월 하순생이면 부모 대신 동생을 길러 결혼까지 시켜 한 살림을 내주어야 한다. 원숭이띠와 닭띠가 8월 9월 생이면 이성관계로 마음의 상처를 입어 자살을 기도하나 미수에 그친다. 개띠와 돼지띠 여성은 결혼 후 시어머니와 뜻이 맞지 않아 불화가 심하여 우울증을 얻게 된다. 그러나 4월생과 11월생은 결혼을 하지 않고 외국을 출입하면서 큰 고통없이 일생을 보내게 된다. 쥐띠 여성이 겨울에 출생했다면 두 남자를 동시에 섬겨야 하는 기구한 운명이다.

☷☵ 68 • 비견괘(比見卦 • 경쟁하는 상)

변화무쌍하고 희망과 꿈이 하나 하나 성취 발전해 나감으로 그동안에 미루어 왔던 좋은 직장을 얻게 되어 시험을 보는 학생은 칠전팔기하니 합격의 기쁨을 나누게 되고 사업자라면 보기도 초라했던 사업 형태가 마치 북두칠성들이 무수히 반짝이며 호화찬란함을 과시하듯이 사업도 날마다 번창하게 된다.

부부는 여러 사람의 유혹으로 인해서 본의 아니게 한때 바람을 피워 망신을 당하니 처음부터 자제해야 한다. 다만 모든 띠가 다 그런 것은 아니고 특히 쥐띠 말띠 토끼띠 닭띠는 더욱 그러하다.

쥐띠가 23~24세가 되면 그동안 부진 했던 목적이 달성되어 마음과 몸이 편안해 지니 하늘도 땅도 모두 구원자가 된 것과 같다. 소띠는23~24세때 부모로 인해서 가정이 불화하여 한때 가출을 하게 된다. 범띠 토끼띠가 23~24세때에는 외국으로 유학을 가게 되며 유학을 가서도 우등생으로 수학하게 된다. 용띠와 뱀띠가 23~24세때에는 군인으로서 큰 희망을 갖고 분투노력하고 있는 가운데 신유(申酉)자가 들어 있는 해에 큰 영광을 얻게 되니 만사가 기쁘기만 하다. 말띠와 양띠가 23~24세때에는 종교계에 입문하거나 언론 출판에 입문하게 된다. 원숭이띠와 닭띠가 23세때에는 사랑으로 인해서 마음이 상하여 방황하게 되고 이 방황으로 인하여 당신의 인생길이 일보 전진에 백보 후퇴하는 격으로 변하니 연애의 감정을 다스려야 할 것이다. 개띠와 돼지띠는 23~24세때에 희망을 갖고 행동으로는 돈을 벌게 되어 부자가 일찍돼 가는 좋은 현상이다.

어느 띠를 불문하고 27~28세때에는 발전적인 큰 변화가 있게 돼니 이 변화는 후일 만인이 우러러 볼 수 있는 위치에 이르게 되는 초석이 된다. 30대 초반에는 귀인으로 인해 천금을 얻게 되고 친구로 인해 목적을 달성하게 된다. 30대 종반에는 부부로 인해 약간의 갈등이 있고 자리를 옮기면서 크게 발전해 나간다. 40대 초반에는 재물도 명예도 만족하게 된다. 이때 운이 좋은 사람은 경찰이나 군인으로서 만인을 거느릴 수 있는 통솔자가 된다. 한편 사업자는 뜻하지 않게 경쟁자가 생겨 관재 구설이 있게 되니 사전에 주의하라.

☰☷ 71 • 대축괘(大畜卦 • 과욕을 부리는 상)

큰 과욕만 버리게 되면 큰 곤란을 겪지 않고 살아간다. 따라서 무슨 일이고 자신의 처지나 실력 등을 고려해서 처신해야 한다. 예를 들면 대학을 가야 할 수험생이 실력을 감안하지 않고 이상만 높아 일류 학교에 지원했다가 번번히 낙방의 고통을 당하는 것과 같다. 이로 인하여 결국 전문대학도 시기를 놓쳐 가지 못하고 무직자로서 떨어지게 되니 실생활에 어려움을 당하게 된다.

23세나 26세 28세에는 귀여운 자녀를 얻게 되고 형제간에 기쁜 일이 있게 된다. 30대 초반에는 집안에 어려움으로 허송세월을 하게 되며 한편으로는 마음의 고통을 당한다. 또한 동서남북으로 활동을 하며 그동안에 약간 서운했던 일가친척과도 어울리고 지난 날의 고통을 웃음으로 나눈다. 30대 종반에는 부모의 유업이나 선배가 경영하는 사업을 이어 받게 된다. 뿐만 아니라 형제간에 동업을 하여 큰 돈을 벌 수 있는 행운도 있다. 40대 초반에는 고기가 변하여 용이 되니 그 이름이 사방에 있고 재물이 가는 곳마다 있는 격이다. 다만 무슨 일이나 과분(過分)하여 맹목적으로 과감성만 발휘하면 반드시 후회하게 된다.

쥐띠와 소띠는 고산지대 채소나 기타 작물을 경영하면 부모 때의 가난함을 싹 씻을 수 있다. 범띠와 토끼띠는 스스로를 잘 파악하여 과분한 행동을 하지 않지만 군인이나 경찰 기타 무도관을 경영하는 사람은 성격이 다소 난폭하여 부부간에 갈등이 있게 된다. 용띠와 뱀띠가 9월생 10월생이면 간척지 사업이나 토건업으로 처음은 큰 곤란을 받지만 나중에는 굴지의 기업체로 성장하게 된다. 말띠와 양띠는 영화사업과 기타 용역회사를 경영하면 일생 동안 무사하게 지낼 수 있다. 원숭이띠와 닭띠는 의사로서 출세를 하게 되고 문학가로서 이름을 얻게 된다. 개띠와 돼지띠 8월생 12월생은 성 불구가 되든지 또는 조루증 불감증으로써 부부간의 성감에서 어떤 참맛을 느끼지 못하고 그럭저럭 살게 된다. 여자인 경우에는 세 번이나 유산 경력이 있어 지금도 그 후유증으로 성 관계를 싫어하는 편이다. 반대로 돼지띠 5월생의 여자는 성욕이 대단하여 끝없이 남편을 끌어들이니 남편의 건강이 우려된다.

☴☳ 72 • 후익괘(後益卦 • 후일 행운이 있을 상)

당신의 중년운은 한 석공이 돌을 다듬어 구슬(玉)을 만들고 흙을 쌓아 올려 태산을 이룬(石磨見玉掘土成山)격으로서 어떠한 일이든 간에 자신에게 알맞은 선택을 했다면 처음은 고역스럽고 고생이 많겠지만 후일에는 목적이 성취되는 기쁨을 맛보게 된다. 따라서 조금은 우직(牛直)해서 어리석은 것 같고 고지식한 것 같지만 지혜가 있고 재주가 좋으며 요령있는 사람보다도 훨씬 앞질러 달리게 된다.

24~25세에는 꾸준한 노력으로 시험에 합격하거나 구직을 하는 등의 희소식이 있게 되고 쥐띠와 소띠는 부모와 불화하여 자주 다투게 되니 세상의 모든 것이 불만스럽게만 보이게 된다. 25세 27세 28세에는 자신에게 걸맞지 않은 행동을 하다가 배고픔을 면치 못하고 자리를 뜨게 되는 쓰라린 아픔을 겪어야 한다. 다만 분수를 알고 자신에 알맞는 처신을 한 사람은 별 걱정없이 꾸준하게 성장 발전한다. 30대 초반에는 시작했던 일이 처음은 자금난으로 허덕이다가 손(孫)씨나 성(成)씨의 성을 가진 사람의 도움으로 끝까지 노력하여 마침내 빛을 보게 된다. 하지만 30대 후반에는 폐질환이나 호흡기 기관지에 관한 질병으로 몸이 병원에 누워 있으니 가슴이 답답하기만 하다. 이때 병원 위치는 서쪽이 유길하다. 40대 초반에는 재수가 대통하고 그 이름이 빛나고 있어 여러 사람이 스스로 추종하게 된다. 쥐띠와 원숭이띠 용띠는 범해를 만나면 화가 있으며 향후 3년 정도 운수가 불길하고 범띠와 말띠 개띠는 원숭이해를 만나면 변화가 있고 향후 3년 동안 운이 나빠 고생하게 된다. 뱀띠와 닭띠 소띠가 돼지해를 만나면 부부가 이혼을 하게 되는데 대개는 남자가 연하의 여자와 좋아하기 때문이다. 돼지띠와 양띠 토끼띠가 뱀해를 만나면 이사를 하기도 하고 새집을 짓기도 한다.

본운에 해당한 사람은 어느 누구를 막론하고 석재업(石材業)을 하면 처음은 자금으로 어려움을 당하지만 나중에는 크게 성공한다. 또한 철공소(鐵工所) 등 견마(쇠를 깎는 것)분야에 손을 대면 의외로 돈을 벌게 된다. 양띠 소띠 용띠 개띠는 미곡상을 하여도 유길(有吉)하며 목공소(木工所) 등을 운영하여도 유길하다.

☱☱ 73 • 서양괘(西陽卦 • 저녁 노을 상)

외화내곤(外華內困) 상으로 태양이 저녁 노을에 젖어 아름답기 그지 없으니 세인의 이목(耳目)과 시선을 그 아름다움에 집중시키는 것과 같다. 다시 말하면 서산에 걸쳐 있는 태양 빛이 빨갛게 물들어 있어 누가 보아도 아름답고 이상적으로 느끼게 되는 것과 흡사한 면이 있다는 것이다. 그러므로 남들이 보기에 당신이 하는 일, 또는 여러 가지 생활이 안정되고 호화스럽게 보이나 내면적으로는 남모를 걱정이 잔뜩 쌓여 있어 대단히 고민을 하고 있다. 그러나 결코 당신의 중년운 전체가 전부 불행하다고 볼 수 만은 없다. 다만 남들이 생각한 만큼 여유가 있거나 호화찬란하다고 볼 수는 없다는 것이다.

24~25세에는 화려한 생활 속에서 걱정이라고는 알지 못한 채 살아오다가 형제간에 불상사가 겹쳐 한때 남모를 눈물을 흘려야만 한다. 28~29세에는 외모만 보고 호화로운 결혼을 후회하며 통곡을 한다. 이때에 주의할 점은 화재를 조심해야 한다. 34~35세에는 변화가 심하여 직업이나 주거가 불안하게 되며 건강에는 혈압 계통으로 고생을 하게 된다. 30대 종반에는 집에서 담을 넘어오는 도적을 만나니 돈을 동북쪽에다 두고 머리는 동쪽을 향해서 잠을 자게 되면 무사할 수도 있다. 40대 초반에는 문(文)씨나 정(丁)씨 성을 가진 사람으로부터 사기에 말려들어 손재와 망신을 당하여 건강까지 나빠지는 형상이다.

쥐띠와 소띠는 연예계중에서도 촬영기사나 그런 유의' 회사를 경영하면 한때는 반드시 빛을 보게 된다. 범띠와 토끼띠는 전기 전화 계통에 종사하면 큰 재앙없이 살아 갈 수 있고 용띠와 뱀띠는 실내장식 계통이나 각종 간판업을 하면 큰 돈을 벌게 된다. 말띠와 양띠는 동서남북으로 돌아다니는 업종이 길하니 자동차를 운전하는 것도 좋고 차에다 물건을 여러 가지 싣고 돌아 다니면서 파는 것도 팔자의 액을 땜하는 것이 된다. 원숭이띠와 닭띠는 미술 계통에 입문하면 진사오(辰巳午)자가 들은 해에 출세의 문이 열리게 된다. 개띠와 돼지띠인 여자는 영화배우 탤런트 모델 등을 하게 되면 진술오(辰戌午)자가 들어 있는 해 4월부터 이름도 있고 명예도 있어 고생한 보람을 느끼게 된다.

☱☱ 74 • 언어괘(言語卦 • 대화하는 상)

돌을 갈아 옥을 만들고 (石磨之玉) 쇠붙이를 두들겨 금을 만드니(鐵鍊之金) 그 재능과 지혜를 모두가 인정한다.

한 가지 흠이라면 대수롭지 않는 일에 구설이 있고 시비가 따르니 무엇보다도 말(언어)을 조심해야 한다.

23~26세까지는 집안에 양자(養子) 문제로 또는 자신의 입양 문제로 고민이 있게 되고 이성간에는 말이 잘못 전해져 서로 오해가 있게 된다. 27~30세까지는 남자는 처가집으로 인해서 여자는 시가집으로 인해서 갈등이 생기게 돼 마음의 고통을 크게 당한다. 30대 초반에는 보편적인 운은 되지만 부부간에는 외방자식(첩실이나 기타 정상 부부 이외의 자식)을 대하니 부부가 갑자기 원수로 변한다. 30대 종반에는 머리와 손으로 돈을 벌게 되니 당신의 재주를 세인이 인정한다. 이때에 가정적으로는 요귀(妖鬼)가 집안에 빙빙 도니 구설 시비가 끊이지를 않고 형제와도 다투게 된다. 40대 초반에는 논밭을 사고 집을 사게 되니 각종 문서 계약에 큰 뜻이 있고 의외의 소득으로 웃음을 감출지를 모른다.

쥐띠와 소띠는 오미(午未)자가 들어 있는 해에 승진을 하게 되고 한편으로는 친구와 서운한 감정으로 말로 가볍게 다투다가 큰 폭행으로까지 악화돼 관재수가 두렵다. 범띠와 토끼띠는 신유(申酉)자가 든 해를 만나면 국세 결혼을 하게 되며 한편으로는 직업에 변화가 온다. 용띠와 뱀띠는 술해(戌亥)자가 들어 있는 10월과 11월에는 법원으로부터 승소 판결을 받게 되고 이밖에 어려서 당신을 길러준 부모 앞에 실지로 낳아준 어머니가 나타나니 마음의 갈등으로 인하여 서러움과 외로움을 스스로 달랜다. 말띠와 양띠는 일 하다가 허리를 다쳐 눕게 되는데 흔히 자축(子丑)자가 들어 있는 해 6~7월과 11월이 된다. 원숭이띠는 몸 오른쪽에 상처가 있고 닭띠는 가수로서 명성이 있게 된다. 개띠와 돼지띠가 진사(辰巳)자가 들어 있는 해 4~5월에는 동업을 하게 되고 6~7월에는 서쪽 방향을 가다가 실물 도적을 당하니 한 번의 죽을 고비를 넘긴다. 여자가 쥐띠 8월생이나 12월생이면 고아원이나 양로원 등 사회사업을 하게 되면 유길하다. 그리고 얼굴중 턱이 뾰쪽한 편이다.

☷☱ 75 • 불치괘(不治卦 • 아주 흉한 상)

벌레 세 마리가 당신의 밥그릇을 파먹는다면 당신은 어떠한 기분으로 살아 가겠는가? 또한 온 산야에 벌레가 득실거린다면 그 벌레를 어찌 하겠는가? 어느 인간을 물론하고 행복한 삶을 바라는 것은 당연한 소치일 것이다. 하지만 이것은 어디까지나 하나의 희망사항이지 결코 모두가 현실이 될 수는 없다. 그러므로 당신도 설사 운이 불길하다고 예상되더라도 막연하게 걱정만 한다는 것은 절대 잘못된 생각이다. 다만 자신의 분수에 걸맞는 일을 찾아서 알뜰하게 살아 갈려고 하는 사고방식이 중요하다. 그러니 용기와 희망을 잃지 말고 굳굳하게 살아가야 한다.

22세 24~25세에는 희망하는 일이 수포로 돌아가고 다른 방향으로 살아갈 생각을 하니 기가 막힌다. 더우기 몸이 건강하지 못하여 마음은 있지만 행동으로 옮기지 못하고 있다. 쥐띠와 소띠는 사랑에 배신당하고 의리에 짓밟히게 되니 세상 살 맛이 나지 않는다.

27~32세까지는 직업과 재산을 아침 저녁으로 바꾸니 산란하고 혼잡한 가정생활을 영위하게 된다. 범띠와 토끼띠는 머리 깎고 중이 돼야 할 팔자이니 무엇을 하든지 남보다 몇 곱절 노력하고 조심해야 겨우 댓가를 얻게 된다.

35~39세까지는 부부가 이혼하지 않으면 건강 때문에 재산을 지탱할 수가 없다. 용띠와 뱀띠는 부하직원이 회사돈을 횡령하여 도주하는 불상사가 있게 된다.

40대 초반에는 부인이 돈놀이를 하다가 자신도 모르게 재산을 날리게 되는데 강제 집행 등을 당하여 길거리로 쫓겨나다시피 한다. 여자인 경우에는 남편이 다른 여자를 두어 자식까지 있는 줄을 뒤늦게 알고 서러워 통곡하고 있다.

말띠와 양띠는 외국을 왕래하면서 돈을 벌어야 하므로 의료기구상이나 방역(防疫)회사를 차리면 큰 걱정없이 살아간다. 원숭이띠와 닭띠는 산 넘고 물 건너야 겨우 먹고 사니 종교사업을 하면 유길하다. 개띠와 돼지띠는 신묘(申卯)자가 든 해를 만나면 흉하여 심한 경우에는 불치병으로 죽기까지 한다.

☵☴ 76 • 동심괘(童心卦 • 어린이 마음 상)

당신의 지혜와 총명함은 그 누구도 따라 갈 수가 없다. 뿐만 아니라 정당한 행동과 언행으로 깨끗하게 살아 가려고 백방으로 노력하고 있다. 그러나 당신의 이 같은 행동과 의견은 오히려 현실에 맞지 않다고 비난을 받기가 일쑤이다.

매사는 때를 기다려야 하므로 맹진하지 말고 무리하지 말아야 한다. 왜냐면 지금은 훗날을 위해서 신검(神劍)을 감추어 둘 때이지 칼을 뽑아 칠 때가 아니기 때문이다.

쥐띠와 소띠가 37~38세에는 그동안 쌓아올린 공든 탑이 타인의 방해로 무너져버리니 결단의 시기를 맞게 된다. 여자인 경우에는 남편 몰래 빚보증을 서서 큰 가정 불화를 초래한다. 범띠와 토끼띠는 27~28세에 귀인을 만나 사업을 시작하거나 외국상사에 취직을 하게 된다. 용띠와 뱀띠는 옛 애인을 만나 남모르게 달콤한 밀애로 가정일에는 소홀하게 된다. 이때 뱀띠 5월생이나 용띠 8월생은 망신수가 있게 되니 사전에 조심해야 한다. 말띠와 양띠는 42~43세에 큰 돈을 벌고 부부도 점점 화합하므로 만사가 태평하다. 더우기 둘째 아들이 명석하여 이름이 빛나 더욱 마음이 흐뭇하다. 원숭이띠와 닭띠가 2월에 출생하면 남다른 말솜씨가 있어 어디가나 분기를 잘 조성한다. 개띠와 돼지띠는 변태성욕자가 되기 쉬우며 동성연애를 하기도 한다. 31~32세때에는 우연치 않게 사업을 시작하나 3년만에 그 직종에서 손을 털게 된다.

본운에 해당한 사람은 어느 누구를 막론하고 정이 헤프다. 그리하여 여자인 경우에는 애처러워서 도와준 남자가 갑자기 늑대로 변한 탓에 불행을 초래하는 수가 있다. 쥐띠이면서 3월 8월 12월에 태어난 여자는 정조관념이 약하여 배고픈 사람에게 인정을 베풀게 된다. 그러다 아상하게도 금전운이 양호하여 큰 걱정 없이 살아간다.

소띠로 3월 9월 생이면 남다르게 정력이 강하여 한 여자로서는 감당하기 어렵다. 범띠 2월 8월 생이면 한의사로서 풍부한 생활을 누리게 된다. 토끼띠 10월생이나 12월생이면 유치원이나 고아원 등을 경영하는 수가 많다. 용띠 10월생이면 외국에서 공부를 하게 된다.

☶☶ 77 • 지행괘(止行卦 • 미루는 상)

산(山) 하나를 넘고 보니 또 다른 산이 가로막혀 있어 한 마디로 거거익산(去去益山)이다. 비록 중년의 운은 이러하지만 일사불퇴(一事不退)의 굳은 의지로 밀고 나가야 한다. 다만 일시에 달성하려고 급진한다면 크게 후회하게 되며 벼랑에 매달린 인생이 되고 만다.

중년에 들어 서서는 어느 때보다도 외로움을 느낀다. 당신에게 가장 중요한 것은 어느 것을 선택하느냐에 달려 있다. 학생은 학생으로 직장인은 직장인으로, 뿐만 아니라 사업자는 사업자로 각기 분야 선택의 자율권을 가져보는 것이다. 따라서 일단 한 번 결정된 일에 대해서는 추호도 물러서지 말고 끝까지 밀고 나가야 한다. 왜냐면 중년운 중에서는 진길퇴흉(進吉退凶) 상이기 때문이다.

22~25세까지는 아무 이득없이 매일 바삐 뛰어야 하고, 26~30세까지는 그동안에 노력한 댓가로 자신이 원하는 일을 어느 정도 달성했지만 불운하게도 건강이 나빠 손해를 보게 된다. 30대 초반에는 쓰러진 고목을 다시 일으켜 세우니 모든 사람들이 그 저력에 깜짝 놀란다. 그리하여 그 고목에서 꽃이 피고 열매가 맺어 그 열매를 35~36세서부터 40대 초반에 따게 되니 보람을 느끼게 된다. 이런 성과는 어떠한 곤란에도 좌절하지 않고 초지일관 밀고 나가기 때문이다. 하지만 이런 경우에 십중팔구 중도에서 좌절하고 마는 경우가 허다하다.

여자는 두 남자를 볼 상이니 결혼 전에 헤어진 애인이 있다면 무방하지만 그런 사례가 없다면 애석하게도 두 신랑을 대해야 한다. 남녀를 불문하고 본운에 해당하면 처음에는 실패가 있지만 나중에는 그 댓가를 어느 정도 얻게 된다.

신유(申酉)자가 들어 있는 해에는 부부가 헤어졌다가 다시 만나고 인묘(寅卯)자가 들어 있는 해는 음식을 잘못 먹어 한때나마 고통을 당한다. 여자가 자축(子丑)자가 들어 있는 해를 만나면 친정집 돈을 빌어다 사업을 하다 쫄딱 망하므로 미리 주의하라. 학생은 한 번 선택한 과(科)를 계속해서 공부하면 그 보람이 있을 것이다. 사업자나 직장인은 지금 당장은 마음에 들지 않지만 장차는 그 댓가가 있으므로 계속 노력해야 한다.

☶☷ 78 • 삭발괘(削髮卦 • 수양하는 상)

산야(山野)가 홍수로 인하여 깎여 내려가는 상이니 자신이 서 있는 자리를 서서히 밀고 들어오는 악인(惡人)이 있어 그 악인과 자리를 놓고 싸워야 한다. 아니면 서서히 자리를 물려주어야 하느냐의 번민에 쌓여 있다. 그러나 춘광욕견 사사난성(春光浴見事事難成)이다. 당신은 그 자리를 지키고자 별 생각을 다하지만 하는 일마다 어려움이 있어 성취 될 수 없다는 천도적 시운(天道的時運)에 있으므로 당신의 그 힘으로는 극복할 수 없다. 그러니 욕심 부리지 말고 서서히 자리를 내주는 것이 가장 현명하다. 더우기 현 시기로서는 당신의 정당함을 아무리 논설한다 해도 악인의 무리 때문에 받아 들여지지 않고 있다. 학생이라면 수석의 자리나 회장 반장의 자리까지도 양보하는 미덕을 갖추므로 앞으로 빛을 볼 수 있다. 사업자라면 자리 다툼이 있게 되고 직장인이라면 모략에 의해서 그 자리를 그만 두어야 한다. 가정에서도 상속권 문제를 놓고 서로를 비방하여 다투게 된다.

부부간에는 작은 부인이 큰 부인을 쫓아내고 정부(情夫)가 본남편을 쫓아내고 그 자리를 차지하게 된다. 이때 불행중 다행한 것으로는 의학계나 의사 간호원 등 모든 의료기관에 종사하는 사람은 어느 사람보다도 큰 발전을 하게 된다. 단 부부 사이 만큼은 인위적으로 할 수 없을 것이다.

쥐띠와 소띠는 산지(山地)개발사업에 종사하면 대길하고 범띠나 토끼띠는 의사나 간호원 등 의료계에 종사하면 유길하다. 용띠와 뱀띠는 사막에서 구슬을 찾는 격이므로 하는 일마다 실패하다가 양해나 원숭이해를 만나 성공하게 된다. 쥐띠 원숭이띠 용띠는 진신유(辰申酉)자가 들어 있는 해에는 물로 인한 고통이 있게 된다. 말띠와 양띠는 머리 깎고 중이 되어라. 그리고 여자는 수녀가 되는 것도 괜찮다. 원숭이띠와 닭띠는 농업에 종사해야 하고 개띠와 돼지띠는 점프 선수나 목욕업 이발업 등을 경영하면 유길하다. 단 부부는 이혼한다. 여자인 경우에는 꼭 믿었던 애인이 다른 여자의 꼬임에 빠져 변심하므로 마음 둘 곳이 없어 밤잠을 못 이루고 있다. 이러한 연후에 외국으로 이민을 가게 된다.

본운에 해당한 사람은 어느 누구를 물론하고 낙상과 자동차 전복사고에 주의하라.

☷☰ 81·우주괘(宇宙卦·우주 상)

가정이나 사회에서도 제자리를 확보하고 있어 경제면이나 기타 명예면은 남부럽지 않게 살아가고 있다. 그렇지만 대인은 길하고 소인은 감당하기 힘든 운이기도 하다. 따라서 주거가 항시 불안하고 큰 발전없이 현상유지에 급급하고 있다.

쥐띠와 소띠가 7월이나 9월 10월에 출생했다면 큰 인물로서 천하를 호령하고 백성을 다스릴 위치에까지 오르게 되며 그 이름이 사해(四海)에까지 있다. 범띠와 토끼띠가 5월 6월에 출생했다면 학자로서 그 명성이 있다. 하지만 명성에 비하여 경제력이 약하다. 용띠와 뱀띠는 국왕을 보필하는 고위직에 있게 되니 때를 기다려야 한다. 말띠와 양띠는 종교인으로서 그 이름이 빛나며 목장업으로 경제적 위치를 확보한다. 원숭이띠와 닭띠는 사람을 구제하고 산을 쌓으니 돈을 멀리하고 사회사업가로서 만족을 갖게 된다. 개띠 원숭이띠 돼지띠는 우주 관측소나 기상대 등에 근무하게 된다.

쥐띠나 소띠가 인해(寅亥)자가 든 해를 만나면 변동이 있게 돼 다사다난하고 가정적이던 가정에 약간의 불화가 있고 범띠와 토끼띠가 사신(巳申)자가 든 해를 만나면 형제간에 슬픔이 있고 건강이 허약해 진다. 용띠와 뱀띠가 인신(寅申)자가 든 해를 만나면 관재 구설을 면키 어렵다. 말띠와 양띠가 자축(子丑)자가 든 해를 만나면 돌이킬 수 없는 재앙이 일게 되는데 대체적으로 금전에 관한 것이나 불의의 사고로 인하여 수족을 절단하는 슬픔마저 겪게 된다. 원숭이띠와 닭띠가 인묘(寅卯)자가 든 해 초봄을 만나게 되면 마치 원수를 만난 것 같으니 거래처나 친구 애인관계에 있어서 특별히 자중해야 한다. 개띠와 돼지띠가 진사(辰巳)자나 진술(辰戌)자가 든 해를 만나면 귀자를 낳고 허약했던 체질이 건강해지므로 웃음을 감추지 못한다. 말띠 여자가 11월 중순생이면 자신(子申)자가 든 해를 만나면 정신적 고통으로 부부가 멀어지고 재산이 흩어지니 스스로 자중하고 경계해야만 액을 감소할 수 있다. 양띠인 여자가 12월 중순생으로 축(丑)자가 든 해를 만나면 화재를 조심해야 한다. 뿐만 아니라 사정에 못이겨 빌려 준 돈은 아예 받을 생각을 하지 말아야 한다.

☷☰ 82 • 달성괘(達成卦 • 달성하는 상)

십 년 장마에 기다리던 태양이 장엄하게 자태를 드러내 보인다. 따라서 만물이 생성 번식하고 온 천하에 희열(喜悅)이 가득하다. 한편으로는 십 년 동안을 기다렸던 님을 만나게 되니 이보다 더한 기쁨이 어디에 있단 말인가?

23~24세에는 휴학했던 학생은 복학을 하게 되고 누차 낙방했던 수험생은 줄곧 적을 둔 학교에 합격하게 되며 기다렸던 직장도 구하게 되니 의기가 양양하고 마음이 편안하다. 25~27세까지는 큰 고난없이 윤택한 생활을 하게 된다. 단지 쥐띠나 말띠는 헤어졌던 애인이 외국에서 돌아오니 안정된 마음이 산란하기만 하다. 29세에서 30대 초반에는 장차 큰 별이 될 귀동자를 낳게 된다. 35~36세에서 40대 이전에는 부모와 형제 그리고 자신이 유산 때문에 다투게 된다. 그러나 큰형이나 큰누이의 설득과 양보로 힘들이지 않고 잘 해결된다.

쥐띠와 소띠는 논밭을 사들이고 고급 주택을 사게 되는데 대체적으로 오미(午未)자가 들어 있는 해 6월 7월이 된다. 범띠 뱀띠 원숭이띠 돼지띠는 고급공무원으로서 외국을 출입하게 되니 그 이름이 서서히 빛나기 시작한다. 그러나 인사신해(寅巳申亥)자가 들어 있는 년도에는 사고로 인하여 크게 놀라게 된다. 토끼띠 닭띠는 서로 상극(相剋)이니 부부의 인연을 맺지 말라. 왜냐면 의식주는 풍부하여 중류 이상의 생활은 하지만 묘유(卯酉)자가 든 해를 만나면 부부 불화가 가정의 근본을 흔들기 때문이다. 용띠와 뱀띠와 개띠는 어떠한 일이 있어도 건축업이나 목장 농산물 등에서 동업을 하면 반드시 불길하여 서로 의리만 끊고 만다. 40대 초반에는 도박을 하여 의외로 큰 돈을 잃게 된다. 뱀띠 여자와 원숭이띠 남자는 인연이 약하므로 가능하다면 부부의 인연을 맺지 않는 게 좋다. 인연을 맺는다면 이혼을 하든지 아니면 한때라도 별거를 하게 된다. 뱀띠는 범띠 2월생 8월생과 일을 도모하면 사신(巳申)자가 들은 해 5월 8월에 구설 시비로 다투게 된다. 용띠 여자가 11월 중순생이면 열의 차가 심하여 두통과 혈압으로 늘 고통을 당하는데 신(申)자가 든 해를 만나면 이상하게도 점차 치유가 된다.

☲☷ 83 • 실명괘(失明卦 • 태양이 빛을 잃은 상)

봉황이 창공을 날으고자 하나 날개를 다쳐 날지 못하고 발버둥치고 있다. 한편 개가 음식을 잘못 먹고 죽을 때 그 고통을 참지 못하고 눈알을 뒤집어 까는 참혹한 형상과도 같다.

중년에 들어와서 조심해야 할 것은 태양이 땅 속으로 들어가니 불의의 사고로 실명(失明) 등 신체적 불구가 될 수 있다는 점과 여러 가지 고통 때문에 자살까지 기도한다는 점이다. 중년에 들어 와서는 매사가 진퇴양난(進退兩難)에 처하게 됨으로 무엇보다도 자신이 알고 있는 비밀을 절대 고수해야 한다. 부모와 자식 사이에도, 허물없는 친구간에도, 수족(手足)과 같은 형제간에도 꼭 당신의 비밀을 지켜야 한다. 만약 비밀을 지키지 않고 경거망동하거나 경솔하게 처신하여 비밀이 누설된다면 돌이킬 수 없는 최악의 처지에 빠지게 된다.

23~25세까지는 집을 떠나 천리 길을 헤매니 몸은 피곤하지만 얻은 것이 없다. 26~30세까지는 불행 중 다행으로 귀인을 빨리 만나 원하는 일을 다소나마 성취하게 된다. 35~36세에는 부모에게 또다시 재앙이 찾아오니 눈물을 흘려야만 한다. 37~40세까지는 불의의 사고로 신체의 일부가 도망가버리는 일이 있으니 불구가 두렵고 한편으로는 큰 손재로 인하여 가정 불화가 심하다. 45~46세에는 부부 관계에 먹구름이 일기 시작하여 수도(修道)하는 마음으로 자제하여야 한다.

쥐띠와 소띠는 십 년 노력하여 하루아침에 사자(死者)로 변하니 이게 왠 말인가? 범띠와 토끼띠는 의식주에는 걱정이 없지만 건강이 나빠져 삶의 보람을 느끼지 못한다. 용띠와 뱀띠는 술해(戌亥)자가 든 해를 만나면 이사를 하거나 사업 및 직장을 옮기는 일이 많고 옮긴 후부터 불상사만 있다. 말띠와 양띠는 자축(子丑)자가 든 해를 만나면 실명하거나 가정 불화로 가족이 사방으로 흩어진다. 원숭이띠와 닭띠는 생각보다 큰 어려움없이 살아가지만 남녀를 물론하고 의처증이나 의부증으로 인해서 부부가 불화하기 쉬우니 인묘(寅卯)자가 든 해를 주의하라. 개띠와 돼지띠는 심장병이나 안질로 고생하나 진사(辰巳)자가 들어 있는 해에는 완치된다. 개띠 4월생이면 체육계나 연예계에서 크게 이름을 날리게 된다.

☷☵ 84 • 곤복괘(困復卦 • 원상 회복하는 상)

사막에서 오아시스를 찾으니 수차의 실패도 불구하고 계속 노력한 덕택으로 목마름을 면하고 새로운 생활을 설계한다.

당신의 중년운은 처음은 고생하고 실패하지만 종당에는 성공하게 된다. 누구를 불문하고 본운에 해당하면 초혼에는 실패하고 재혼을 해서 행복하게 살아가야 할 운기(運氣)다.

23~24세에는 누차 시험을 보았지만 낙방했는데 이번에는 상상외로 합격하게 된다. 한편 그동안 휴학하고 먼 곳에 있었는데 다시 복학하니 새로운 친구를 만난다. 26~28세에는 사업을 하다가 실패를 하니 아침 저녁거리가 없어 쩔쩔매는 빈곤함이 있다. 그러나 새로운 일을 시작하므로 점차 안정될 수 있다.

34~35세에는 재물도 모으고 가정도 화목하며 그동안 사귀어 왔던 애인과 결혼을 하게 된다. 이때에 전복사고가 있게 되니 특별히 주의하라. 신혼여행은 열차편을 이용하면 무사할 수 있다. 35~39세까지는 그동안에 실패했던 고시(高試)에 다시 도전하여 합격한다. 다만 건강에는 가려움증을 조심하라. 40대 초반에는 형제로 인해 고통이 있게 되는데 대개는 형제중에서 부부 관계에 파란이 있기 때문이다.

쥐띠와 소띠는 노력한다면 한 번 실패하고 두 번째에는 성공하여 큰 탈없이 살아가고 범띠와 토끼띠 8월생이면 운수사업을 하게 되는데 주로 덤프 트럭이란 차가 될 것이다. 그러나 9월생은 산부인과 또는 소아과 의사가 된다.

용띠와 뱀띠가 6월생과 10월생이면 여러 번의 실패가 있지만 용기 백배하여 노력한 보람으로 그런데로 살아간다.

원숭이띠와 닭띠 12월생이면 말을 잘 하고 사교성이 좋아 각종 상담을 하는 업종이면 유길하다. 개띠와 돼지띠는 결혼 전에 만났던 전 애인과 결혼 후에도 계속 사귀어 오다가 부부 관계가 불화하여 이혼하고 그 애인과 다시 결혼을 하게 된다. 개띠 여자가 6월과 4월에 출생하면 은혜를 원수로 갚는 친구 때문에 돈도 잃어버리고 건강도 불길하여 인간 풍파를 당한다. 돼지띠 1월생이면 남다른 연애로 일찍부터 이성 파란이 있게 된다.

☷☴ 85 • 승희괘(昇喜卦 • 기쁨이 많아질 상)

대지(大地)위에 순풍(順風)이 불어 만물을 생육(生育)하게 하므로 만천하가 태평하다.

현달광명(顯達光明)하는 상이므로 한 계단 더 높여서 계획하여도 가능하며 부부 관계에서도 남자가 외도를 하여 다른 여자와 관계를 갖는다 해도 별탈없이 무사할 수 있다. 쥐띠와 소띠가 이런 행위를 하면 반드시 부부 파경을 초래하므로 주의해야 한다.

23~24세에는 귀인을 만나 목적하는 일에 서광이 비치게 되고 27~30세까지는 사업을 확장하고 승진이 되니 몸과 마음이 상쾌하고 판단이 정확하게 맞아 떨어진다. 31~35세까지는 부부나 형제간에 경사스러운 일이 있게 되고 37세에서 40대 초반에는 입신양명하여 뭇사람을 거느리게 되니 그 이름이 서광(瑞光)처럼 빛나고 있어 부러워하지 않는 사람이 없게 된다.

쥐띠와 소띠가 인해(寅亥)자가 든 해를 만나면 신상에 변화가 오는데, 대체적으로 사업을 확장하거나 직장에서 승진하는 행운이 있다. 범띠와 토끼띠는 한 번 실패하고 두 번째 성공하므로 감회가 더 깊다. 용띠와 뱀띠가 2월생이나 3월생이면 달밤에 남녀가 둥실두둥실 춤을 추는 상이므로 바람을 피우는 연애박사가 되니 돼지띠와 개띠를 삼가하라. 만약 삼가하지 않으면 후회한다.

말띠와 양띠 11월생과 12월생이면 안질과 두통이 심하여 성격이 급해지고 신경질적인 데가 있다. 원하는 일은 자축(子丑)자가 들은 해 겨울이 될 것이다. 원숭이띠와 닭띠가 가을에 태어났다면 예리한 판단으로 사람의 마음을 꿰뚫어 보니 큰 실수가 없다. 다만 추진력이 미약하여 기회를 잃게 된다. 개띠와 돼지띠 1월 2월생이면 비행사가 되거나 선장이 되어 일생 동안 큰 걱정없이 편히 살 수 있다. 남녀를 불문하고 쥐띠 말띠 토끼띠 닭띠는 성격도 쾌활하지만 호연지기(浩然之氣)를 좋아해 여러 사람과 단체 여행을 즐기게 된다.

말띠 여자가11월생과 12월생이면 남편 몰래 바람을 피워 재산을 탕진하고 몸은 형무소에 있어 일생을 망치게 되니 특히 자오(子午)자가 든 해를 주의하라. 걱정된다.

☵☷ 86 • 사도괘(師道卦 • 선생의 길을 가는 상)

장수가 전쟁터로 출진(出陣)하므로 위력도 있어 보이나 일면에는 한 통솔자로서 남모를 고민을 하게 된다. 더우기 통솔한 군졸들의 숫자가 그다지 많지 않기 때문에 힘만으로는 역부족(力不足)이다. 그러한 까닭에 지략으로써 싸움을 승리해야 한다(天馬出群以寡的中).

아무튼 당신은 중년에 들어서 내면상으로는 고통과 빈곤이 있지만 외형상으로는 여러 사람을 거느리고 있는 책임자로서 능력에 맞는 지위를 확보하고 있다. 그러나 당신의 노력에 비하면 그에 상응한 댓가는 약한 편이다. 그렇지만 후일을 생각하여 반드시 하던 일을 밀고 나가야 한다. 겉보기에는 여러 사람을 거느리는 지도자로서 화려하게 보이나 가정적으로는 무척 불행하기만 하다.

23~24세에는 뜻하지 않는 가정불화가 있다. 예를 들면 학교에서 반장이나 회장으로 우등생이라고 손꼽히는 수험생이 불행하게도 낙방한다. 사업자 같으면 종업원의 잘못으로 자신의 명예까지 훼손당한 것과 같다. 특히 군인이나 경찰은 이때 조심해야 한다. 27~28세까지는 한 나라의 장수로서 책임을 다하니 군인이나 경찰 권투선수 등은 대길하고 기타는 흉하다. 33세 35~36세때에는 술로 인한 사고가 있고 한편으로는 직업을 바꾸게 된다. 37~38세에서 40대 초까지는 부모에게 걱정이 있고 형제간에는 기쁜 일이 있어 희비(喜悲)가 교차한다. 당신이 하고 있는 일은 겉으로는 화려하지만 내적으로는 한 책임자로서 고민하는 상이니 과욕하지 말고 내실을 기하면서 살아간다면 좋을 결과를 얻게 된다.

당신이 쥐띠나 소띠면 정치인으로서 입문할 수 있는 절호의 기회다. 범띠 토끼띠는 군인이나 경찰로서 만인을 거느려야 한다. 용띠와 뱀띠는 연예계에나 체육계에서 스타가 되어 만인을 거느려야 한다. 말띠와 양띠는 종교인으로서 만인을 교화해야 한다. 원숭이띠와 닭띠는 금융계에서 만인에게 금전의 덕을 베풀어야 한다. 개띠와 돼지띠는 기술계에서 독보적인 위치로 만인을 지도해야 한다.

남녀를 불문하고 교육계에 종사하면 무난한 생활을 영위할 수 있다. 쥐띠 5월생이면 공직에 있으면서 바람을 피워 첩을 두게 된다.

☷☶ 87 • 겸손괘(謙遜卦 • 매사 겸손하는 상)

중년운이 그다지 불행하거나 그렇다고 뚜렷하게 화려한 삶이라고 보기는 힘들다.

그러나 당신은 마음과 행동면이 겸손하고 자비로와 혼란스럽고 불화 쟁투하는 일은 당하지 않는다. 특히 당신은 어떠한 일이라도 이해관계를 떠나서 좋은 결과를 얻고자 무척이나 노력하고 있다.

25~26세에는 별탈없이 지내게 되고 27~30세까지는 구직문제로 고민하지만 결과가 좋아 걱정이 사라진다. 35~36세에는 부모로부터 유산을 받아 사업을 시작하고 40대 초에는 타인의 소송에 말려들어 사람과 원수지는 일이 있게 된다.

쥐띠와 소띠는 오미(午未)자가 든 해를 만나면 부동산 관계로 남쪽으로 가다가 현금을 잃어버리게 되고 범띠와 토끼띠는 신유(申酉)자가 든 해를 만나게 되면 지금까지 겪어보지 못했던 사랑을 하게 된다. 결국 이 사랑은 결혼으로 승화돼 귀자녀를 낳고 행복한 삶을 영위한다.

용띠와 뱀띠는 동남쪽과 인연이 있어 그쪽에다 사업장을 개설하면 오미(午未)자가 들어 있는 해에 김(金)씨와 일을 도모하여 노력한 만큼의 많은 돈을 벌게 된다.

말띠와 양띠는 외국을 변소간 들락거리듯 자주 왕래하면서 돈을 번다. 다만 자축(子丑)자가 들은 해 11월 12월에는 반드시 변화가 따르면서 손재를 당한다. 원숭이띠와 닭띠는 인묘(寅卯)자가 든 해를 만나면 이사를 하고 이사 후에 살림이 점차 풍요로워져 편안한 삶을 영위하고 있다. 같은 원숭이띠나 닭띠라도 사(巳)자가 들은 해 5월에는 서북쪽에 업무차 가다가 자동차 사고로 몸을 다치게 된다.

개띠와 돼지띠가 봄철에 출생하면 얼굴이 아름다와 이성으로 인한 번민이 있게 되는데 그 해당 년도를 보면 진(辰)자가 들어 있는 해 5월 8월 12월이 된다. 서로가 유부남 유부녀이지만 결국 본남편 본부인하고는 이혼하고 같이 살다가 역시 3년을 넘기지 못하고 다시 이혼하여 처음에 헤어졌던 사람끼리 살게 된다.

☷☷ 88 • 모덕괘(母德卦 • 어머니 은혜 상)

만물이 번창하고 임금에게 신하가 순종하고 한 집에 노인이 둘이 있는 상이다(生載萬物 君唱臣和 家內兩老).

당신의 중년운은 하는 일마다 번창하고 안정돼 가니 평화로운 삶을 영위해 나갈 상이다. 신하가 임금을 따른다는 것은 당신이 정치인이라면 대통령을 보필할 수 있는 좋은 기회가 온다는 것이고 여자인 경우에는 영부인(令夫人)을 모실 수 있는 더없이 좋은 기회가 다가온다는 것으로 지극한 행복을 얻을 수 있다는 것을 암시하고 있다.

23~24세에는 귀인이 인도하여 인생의 진로를 결정하고 생각지 않았던 여러 가지 시험에 합격하게 된다. 27~28세까지는 장차 국모(國母)가 될 여식이나 그렇지 않으면 부마가 될 귀자를 얻게 된다. 35세경에는 경영하는 일이 타인의 모략으로 하루 아침에 망하고 마니 은혜가 원수로 변하는 쓰라림을 당한다. 36~40세에는 만인에게 덕을 베풀고 과욕을 해서는 절대 안 된다. 만약 과욕 때문에 어떠한 일을 처리했다면 평생을 두고 후회하게 된다. 35세경에는 희망했던 꿈이 성취되고 미약했던 건강이 회복되므로 하늘과 땅에 감사하게 된다.

쥐띠와 소띠는 몸이 비대해지므로 장차 호흡기 질환이 걱정된다. 오미(午未)자가 든 해를 만나면 행복한 가운데 사람으로 인해서 마음이 상하고 범띠와 토끼띠가 신유(申酉)자가 든 해를 만나면 재물은 들어 오는데 집안 사람끼리 의견이 맞지 않아 아침 저녁으로 다투어 편안할 날이 없다. 용띠와 뱀띠는 술해(戌亥)자가 든 해를 만나면 임금과 왕비를 만나 소원사를 성취하니 세인이 우러러 본다. 말띠와 양띠는 교포로서 그 이름과 영향력이 막강하니 이럴 때일수록 처신을 잘 하면 후일에 더 큰 빛을 보게 된다. 원숭이띠와 닭띠는 인사(寅巳)자가 들은 해 5월 8월에 뜻하지 않는 관재를 당한다. 개띠와 돼지띠는 대농(大農)으로서 갑부가 된다.

남녀를 막론하고 본운에 해당하는 사람은 집안에 두 노인을 모실 상이므로 가령 남자 같으면 양부모는 물론 이외에도 장인 장모 등을 모실 수 있다는 것이다. 여자가 본운에 해당하면 자매끼리 같이 살든지 아니면 동성연애를 하게 된다.

말년운(末年運)

11 • 비룡괘(飛龍卦 • 용이 나르는 상)

보편적으로 반흉 반길(半凶半吉)하여 한 번 웃으면 한 번은 울어야 되는 운이다.

47세에서 50세까지는 형제로 인해 근심이 있게 되고 부인으로 인해서 기쁜 일이 있게 된다. 51세 60세경에는 한 직장인으로서 명예도 재산도 풍족하니 그다지 후회함이 없게 된다. 62세부터 신경통 관절통과 해소(기침)로 고생하며 씩씩하고 화려했던 옛날을 회상해 본다.

쥐띠와 소띠는 41~50세까지는 부지런한 덕택으로 재산적인 면에는 큰 문제가 없지만 자녀로 인하여 근심이 떠날 날이 없어 마음이 산란하고 외롭기 짝이 없다. 소띠는 80세가 정명(定命)이고 3개월 앓다가 오후 3시에 운명한다. 쥐띠는 젊어서 바람을 피웠기 때문에 말년이 추하게 보인다. 정명은 65세에서 위험하고 이 고비를 넘기면 71세를 넘기고 6개월을 앓다가 유언없이 황천객이 된다. 이때 뒤따르는 자녀는 딸 둘에 아들 셋이다. 단 큰딸은 오래 전에 죽어서 오지 못한다. 토끼띠와 범띠는 47세 52세 57세에 경사가 있고 60~70세에는 이 집 저 집으로 돌아다니면서 얻어 먹고 사니 쓸쓸하기가 그지 없다. 범띠는 교통사고로 죽게 되고 토끼띠는 쇠붙이로 죽게 되나 불미하게도 객사(客死)하기 쉽다. 주의해야 할 시기는 각자가 59세 63~64세가 되는 해 초봄과 초여름이다.

용띠와 뱀띠는 48세와 51세에 만인이 알아주는 경사가 있다. 예를 들면 국회의원이나 각 기업체장 또는 고급공무원이라 할 수 있다. 68세 늦가을 술해(戌亥)자가 든 날 밤 9시경에 운명하며 종신한 자녀는 딸은 미국에 있어 못 오고 삼 형제이다. 말띠와 양띠는 군인과 경찰로서 60세 이전까지는 근면성실하게 일을 하여 최고의 지위에 오르기도 한다. 단 군인은 54세때에 최고의 지위에 있게 된다. 그리고 여생은 종교계에 의지하고 78세까지 살며 한 여름에 죽는다. 종신 자녀는 둘이 된다. 원숭이띠와 닭띠는 49~57까지 굴곡이 있고 63세에 두 딸이 보는 가운데 재산에 관한 유언을 다하지 못하고 운명한다. 개띠와 돼지띠는 예술계 기술계에서 60세경까지 근무하다가 72세때 병원에 입원한지 5일만에 두 아들과 딸 하나를 남겨 놓고 고개를 왼쪽으로 돌린 채 죽는다.

☰☱ 12 • 호위괘(虎危卦 • 범이 위협을 주는 상)

말년에 왠일인가. 당신의 상은 마치 호랑이 꼬리를 두 번 밟고 있는 상이므로 몹시 불안하다. 그렇지만 만고 풍상을 다 겪었던 지난 날들에 비하면 그래도 말년은 인내하고 경우에 빠지는 일만 없다면 보편 이상의 생활은 할 수 있다.

50대 초반에는 모험적인 일로 크게 성공하고 자녀에게도 경사가 있게 된다. 60세경에는 사람으로 하여금 슬픈 일이 있게 되고 뜻하지 않는 손해를 보게 된다. 그러나 당신이 만약 무관(武官)이면 그 이름이 빛나게 된다. 64~65세에는 분묘(묘)를 이장하는 일이 있게 되고 집을 새로 짓게 된다. 당신이 주의할 점은 투기를 조심해야 한다. 쥐띠는 말띠와 양띠 자녀와 불화가 있고 개띠 용띠 원숭이띠 자녀와는 화합한다. 수명은 70세를 넘기게 되고 종신 자식은 아들 하나 뿐이다. 소띠의 수명은 길으나 자식들과 뜻이 맞지 않아 마음이 항시 심란하고 건강도 불길하다. 85세가 되던 동지달 21일 인시(寅時 새벽)에 잠을 자듯 아무 유언없이 편안하게 죽는다. 토끼띠는 닭띠 원숭이띠의 자녀와는 자주 다투게 된다. 수명은 69세나 73세이며 간장병으로 죽게 된다. 장례는 화장을 하게 된다. 범띠는 외국에서 죽게 되며 딸이 임종할 것이고 나이는 57세에서 68세 정도이다. 용띠와 뱀띠는 아무 여한없이 풍요한 생활을 하다가 72세때나 87세때 오전 7~9시 사이에 많은 자녀가 지켜보는 가운데 할 말 다하고 미소를 띠면서 편히 죽게 된다.

말띠와 양띠는 큰 아들하고 마음이 맞지 않아 작은 아들이 집에서 자살하기까지 한다. 5월생은 더욱 그러하다. 원숭이띠와 닭띠는 말년이 비교적 행복하다. 왜냐면 자녀들이 박사 석사이면서도 부모에게는 유별나게 잘하기 때문이다.

개띠는 연예계나 스포츠계에서 명성이 있었기 때문에 죽은 후에도 인파가 줄을 이은다. 뿐만 아니라 산소도 대단한 명당이다. 돼지띠는 늙은 여자가 둘이서 눈물을 흘리니 본처와 첩이 될 것이다. 또한 두 여식이 눈물을 흘리고 아들 하나가 눈물을 흘리니 그렇게 초라하지는 않다. 수명은 89세이며 무병하다가 죽는다.

☰☲ 13 • 천일괘(天日卦 • 하늘과 태양이 합일한 상)

속에 묻혀 있는 구슬(玉)이 마침내 광채를 발휘하므로 세인을 놀랍게 한다. 그동안에 막혔던 일이 스스로 잘 풀리고 자녀들도 동심일체(同心一體)가 돼 다행스럽고 사회에 충실하므로 조용한 가운데 뜻을 이루고 행복하다.

그동안 동업을 하여 큰 돈을 벌기도 했지만 실패도 많이 했기 때문에 어려웠는데 48~57세 정도부터는 크게 분발하여 잃었던 집을 찾고 팔았던 논밭을 다시 사게 된다. 63~69세에는 조강지처를 미리 여의고 내 자신도 건강이 약해져 북망산천 가는 날만 기다린다. 이러한 가운데에서도 자손으로 인한 경사가 있게 되고 형제중 하나가 먼저 황천객이 되기도 한다.

쥐띠는 범해를 만나면 58세나 62세에 황천객이 되고 소띠는 76세에 해소병이나 복통으로 3일을 앓다가 새벽에 변소를 갔다 와 죽는다. 범띠는 신(申)자가 들은 초가을에 외국에서 돌아오던 중 비행기 내에서 애석하게도 저세상으로 간다. 토끼띠는 사(巳)자가 들은 10월 중순경에 자동차 사고로 병원에 입원한지 16일만에 여러 자녀가 지켜보는 가운데 운명한다. 용띠와 말띠는 78세가 되는 9월 초에 별로 고통없이 부인과 자녀가 지켜보는 가운데 고요히 잠든다. 양띠와 원숭이띠는 51세에 위험하고 64세에 건강했다가 3년 더 살고 죽으니 67세가 하늘에서 정해준 운명이다. 운명을 지켜보는 자식은 없다. 닭띠는 여러 번의 수술을 하여 겨우 생명을 건졌지만 70세를 못 넘기는 것이 한이다. 막네 자식을 보아서는 몇 년은 더 살아야 하는데…….

개띠는 49세와 58세에 두 번 죽을 고비를 넘기고 69세에 부인만 지켜보는 가운데 말 없이 눈을 감는데 장례를 화장으로 하여 서쪽 강가에 뿌리게 된다. 돼지띠는 젊어서부터 유별나게 건강하여 장사란 별명까지 들을 정도로 건장하다. 하지만 건강하다고 결코 장수한다고 볼 수는 없는 일, 60세를 못 넘기고 막네집에서 쓸쓸한 죽음을 당하게 된다. 그러나 죽은 후에도 가정에는 불화 불목이 연속된다. 왜냐면 유산을 막네아들 앞으로만 해 놓았기 때문에 다른 자녀가 서로 반목하고 싸운다. 그러니 이 점을 감안하여 유산이 있을 경우 미리 정확하게 배분해 놓아야 한다.

☰☷ 14 • 망동괘(妄動卦 • 경거 망동할 상)

당신의 말년운은 재산상에는 큰 어려움이 없다.

48~56세까지도 직업을 갖고 충실하게 살아가는데 가정 불화 등이 심하여 집안 식구들이 서로 반목(反目)하므로 편안한 날이 없다. 더우기 집안에는 송사(訟事)로 인하여 더욱 어수선하다. 만약 당신이 공무원이라면 부하의 잘못으로 도의적 책임을 지고 물러나야 한다. 64~71세에는 자녀로 인하여 엄청난 비극을 당하니 가슴이 찢어질 것만 같다. 한 마디로 당신의 집안에 괴이(怪異)한 일이 자주 발생한다.

쥐띠는 54세에 헤어졌던 옛부인을 만나고 자녀들을 만나니 마치 어린애처럼 기뻐한다. 수명은 59~61세이므로 그다지 길지 못하다. 종신한 자녀 중에는 씨가 다른 남자 자식도 있어 눈길을 끈다. 소띠는 부지런하기가 이를데 없어 얼굴은 까맣게 탓지만 비교적 장수하여 89세가 정명이다. 임종에는 큰아들과 며느리가 슬퍼하는 가운데서 별 고통없이 조용히 눈을 감는다. 한 가지 아쉬운 점이 있다면 몸이 불구인 자식을 놓아 두고 가는 게 아쉽다.

범띠는 젊어서부터 한참을 제자리에 앉아 있지 못한 성질이므로 근실하게 살다가 68세에 세상을 뜨게 된다. 토끼띠는 젊어서 바람도 많이 피웠고 할 짓은 다 해 봤지만 정녕 자녀들한테 효도는 받아보지 못했다. 그리하여 젊었던 시대를 매우 후회하나 자녀들은 진정으로 믿어주지 않는다. 이러던 중 68세에 혼자서 쓸쓸하게 죽는다. 혹자는 연탄가스로 자살하기도 한다. 용띠와 뱀띠는 그 이름이 사방에 있고 재산도 풍요로운 상태에서 살 만하니까 애석하게도 그만 59세가 되는 해 2월 3일에 죽게 된다. 말띠와 양띠는 자녀로 인하여 아주 행복한 삶을 영위하고 있다. 69~72세가 되던 3월 초에 아주 장엄한 임종을 하게 된다.

원숭이띠와 닭띠는 빈곤한 생활을 47세까지 하다 50세가 되면서부터 안정된 생활로 접어들게 되는데 75세에 불치병으로 6개월을 앓다가 죽는다. 개띠와 돼지띠는 보편적인 생활을 57세까지 하다가 59~62세 사이에 자녀로 하여금 큰 어려움을 겪고 71세에 15일을 앓다가 세 자녀가 임종을 지켜보는 가운데에 조용히 눈을 감는다.

☴☷ 15 • 여풍괘(女風卦 • 바람을 부르는 여자 상)

말년에는 덕을 베풀고 자신을 스스로 위안하면 살아가야 한다.

47세와 52세에는 사업의 번창으로 또는 직장의 승진으로 기쁜 일이 겹치고 58세에는 친구의 빚보증을 서서 재산상 큰 손해를 보게 된다.

그러나 63세에는 유흥업을 경영하여 큰 돈을 벌게 된다. 건강에는 대체적으로 위장 계통이 심히 아파 위험하고 눈에 눈물이 자주 고여 시력이 대단히 악화된다

쥐띠는 남녀를 불문하고 교통사고를 조심해야 하는데 그 해당 나이는 48세 54세를 주의해야 한다. 이 고비를 넘기면 70세는 무난하게 살 수 있다. 자녀덕은 생각지 말아야 한다. 소띠는 어려운 가운데서나마 51세부터 생활에 여유가 있어 그동안 인간 풍파도 심한 옛일을 생각하며 무사하게 살아간다. 하늘에서 정해 준 수명은 76세이고 5형제가 종신한다. 3일 동안 아프다 죽는다. 범띠와 토끼띠는 자식으로 인하여 49세에 파가망신수가 있고 55세에 부인마저 잃게 되니 세상이 허무하다고 땅을 치며 통곡한다. 수명은 81세이며 종신에는 여식 1명이 있을 뿐이다. 용띠와 뱀띠는 군인으로서 순직하게 되니 장례에 인파가 무수하게 따르게 된다. 이때의 나이는 58세일 것이다. 뱀띠 8월생은 48세에 배사고로 죽는 수가 있다.

말띠와 양띠는 종교인으로 몸과 마음을 닦고 몸에 정기(精氣)가 서려 있어 조용한 산사(山寺)나 기타 수도장(修道場)에서 고요히 잠든다. 그때 자리를 지키는 사람은 동료 수도인 5~6명이 될 것이다.

원숭이띠와 닭띠는46~47세때에 수술수가 있어 죽을 고비를 넘기고 외국에 있는 자녀가 보내준 생활비로 근근히 살아간다. 생월이 9월인 닭띠는 교육계통에서 정직하여 두 부부가 아주 깨끗한 노인이란 평을 듣고 정정하게 살다가 64세에 일생을 마친다.

개띠는 사회적으로 유명인사에 포함돼 말년에도 그 이름이 종종 세상에 알려지고 재산도 그런데로 모으고 있다. 수명은 86세이며 아들만 둘을 두었는데 한 명이 외국에 있어 임종을 보지 못한다. 돼지띠는 늙어도 추하게 늙어 여러 사람에게서 천대를 받는다. 죽기 삼 개월 전부터는 소대변을 받아내니 가족의 고통이 이만 저만이 아니다. 수명은 74세이다.

☰☷ 16 • 송고괘(訟苦卦 • 송사로 고통을 당하는 상)

조각배가 광풍(狂風)을 만나 죽을 고비를 몇 번 넘기고 끝내 살아와 여생을 마친다. 이상하게도 당신의 생활 형태는 구름 낀 날씨처럼 태양을 보기가 힘들다. 더우기 송사가 어느 때보다도 유발하기 쉬우므로 인내하고 손해를 본다는 아량으로 살아야 한다.

50~57세까지는 부부생활만 제외하고는 그다지 어렵지 않지만 금전거래로 인한 소송이 두렵다. 49세 54세경에는 귀인을 만나 문서를 계약하므로 큰 이득이 있고 자녀에게도 경사가 있다. 건강에는 의처증 의부증 기타 정신적 병을 앓게 된다. 사업자나 학자 그리고 종교계에 종사하는 사람은 자축(子丑)자가 든 해를 만나면 크게 발전한다. 정치인과 공무원은 진(辰)자가 들어 있는 해 4~5월에 최고의 입신양명을 한다. 쥐띠와 소띠는 51세에 행운이 있고 54세에도 자녀가 명성이 있게 되므로 자신도 스스로 이름이 빛난다. 수명은 76세이고 조문객은 256명이 될 것이다. 범띠와 토끼띠는 46세에서 49세에 사업상 또는 직장 문제 등으로 엄청난 번민에 쌓이게 된다. 건강에는 고혈압을 주의해야 하고 59세에 죽게 된다. 용띠와 뱀띠는 비교적 큰 탈없이 말년을 지내게 된다. 다만 63세가 되는 가을철에 교통사고를 주의하라. 죽지는 않고 약 2개월 정도 치료받는다. 수명은 82세이며 며느리가 지켜보는 가운데에서 죽게 된다. 말띠와 양띠는 도시에서 사는 경우 건축업으로, 농촌에서는 대농(大農)으로 풍요로운 말년을 별 걱정없이 보낸다. 수명은 64세이며 가을철에 머리를 동쪽이나 북쪽으로 두고 죽는다.

원숭이띠와 닭띠는 말년에 자녀로 하여금 고통이 심한데 주로 자녀의 결혼생활이 원만하지 못하여 이혼하기 때문이다. 수명은 77세이고 병원에서 큰 아들이 임종을 지켜보는 데서 유산에 관한 유언을 다 끝맺지 못하고 저세상으로 가버린다. 개띠와 돼지띠는 남다르게 활동적이며 건강도 상당히 양호하다. 57세에 큰 돈을 벌고 59세에는 사람으로 하여금 사기를 당하니 이 세상 믿을 사람 하나도 없다고 하며 혼자 한탄하기도 한다. 수명은 79세이며 관절통 신경통으로 3~4개월 고생하다 두 형제가 지켜보는 가운데서 운명한다.

☰☷ 17 • 퇴거괘(退去卦 • 자리에서 물러나는 상)

대장부 사내가 벼슬도 마다하고 명예도 싫다하고 은거생활을 시작하니 오히려 그 품행이 만인의 가슴을 찡하게 하여 장차 그 이름이 더욱 빛나게 된다. 왜냐면 당신은 무리하지 않고 순리에 따라 처신하기 때문에 겸손과 관용 그리고 대범하기 때문이다. 공직에 있는 사람은 53세에 그만 두게 되고 사기업체 있던 사람은 57세때 그만 두게 된다. 종교인은 진리에 더욱 몰두하고자 인적이 드문 수도장(修道場)을 찾게 된다.

쥐띠와 소띠는 54세에 하던 일을 그만 두지 않으면 큰 후환이 닥치게 된다. 비록 서운한 점이 있다 하더라도 그 자리에서 물러나야만 한다. 운전수나 건축 계통에 종사하면 다른 직업을 선택해야 한다. 56~59세때에는 형제로 인한 기쁜 일이 있게 되고 한편으로는 각기병(다리 아픔)으로 적지 않게 고생을 하게 된다. 하늘에서 정해준 수명은 75세이고 죽을 때에는 세 사람이 지켜보게 된다. 장례는 화장으로 치룰 것이다. 범띠와 토끼띠는 자녀로 인해 속도 많이 썩었지만 한편으로는 덕도 남다르게 보고 사니 크게 불행하거나 크게 행복하다고는 할 수 없다. 51세에는 재산이 모이고 자녀에게 경사가 있어 편안한 삶을 영위한다. 수명은 59세가 위험하고 그때를 잘 넘기면 72세는 무난한다. 임종은 둘째 아들 집에서 하게 되고 큰 고통 없이 편안하게 잠든다.

용띠와 뱀띠는 지긋지긋한 고생에서 벗어나 말년이 편안하다. 더우기 자녀가 사회적으로 이름도 있고 재산도 많이 있어 50세부터는 아주 평안하다. 수명은 69~72세가 되며 자녀 셋이 임종을 지키게 된다. 말띠와 양띠는 종교인으로서 구도에 전념하게 되지만 부부관계가 불길하다. 한편 임종할 때에는 아무도 없는 곳에서 외로이 눈을 감는다. 원숭이띠와 닭띠는 작은 부인집에서 큰부인 집으로 돌아오니 누가 받아주겠는가. 51~58세때 여자를 조심하라. 그래야 말년이 편안할 것이다. 수명은 76세이며 큰 아들이 지켜본다. 개띠와 돼지띠는 가정적으로나 사회적으로 52세때부터 매우 행복한 삶을 영위한다. 수명은 78세이고 죽을 때에는 박사가 된 아들과 문학가의 딸이 지켜보게 된다. 죽은 후에도 만인이 따르게 되니 세인은 이를 호상이라 한다.

☰☷ 18 • 불통괘(不通卦 • 매사 불통하는 상)

젊어서 그처럼 고생하더니만 말년은 풍요로운 생활 속에 살아간다.

50세가 되는 가을에는 하는 일이 성취되고 60세가 되는 해 초봄에는 새로운 집을 짓게 된다. 주의할 점은 소화장애로 인해 건강이 나빠진다는 것이다. 어떠한 음식을 먹어도 자주 체이고 해소도 항시 걱정이 된다.

쥐띠와 소띠는 객지생활만 하다가 말년에 고향으로 돌아오니 그때 나이가 51세이다. 54세에는 자녀에게 경사가 있고 69세에 죽게 된다. 범띠와 토끼띠는 젊어서부터 말년까지도 하루가 편안할 날이 없다. 남 보기는 화려한 것 같지만 내적으로 고생을 하기도 한다. 수명은 78세이고 아들집보다는 딸네집에서 죽는다. 딸이 외출중에 죽을 상이다. 용띠와 뱀띠는 부부관계가 원만치 못하여 57세때와 59세때에 눈물을 흘리게 된다. 생활도 항시 빈곤에서 벗어나지 못하고 외롭게 살아간다. 건강에는 헛배가 불러 정신적으로 죽지는 않을까 하는 압박관념(스트레스) 때문에 더욱 고역스럽다. 말띠와 양띠는 48세부터 화려한 삶을 영위하는데 부부간에도 자녀사이에도 화목하고 하는 일도 순풍에 돛단배가 순항(順航)하듯이 아무 막힘없이 잘 영위된다. 굳이 불길한 점을 찾는다면 위장과 당뇨 때문에 건강이 좋지 않다는 것이다. 수명은 67세때에 입원했다가 83세까지 장수하며 아들 하나와 딸 하나가 임종을 지켜보는데 부인은 3년 전에 죽었기 때문에 참여하지 못한다. 묘자리도 남다르게 일찍부터 명당(名堂)을 선택해 놓았다.

원숭이띠와 닭띠는 노력은 많이 하는데 비하여 별로 얻는 것이 없어 인간이 아무리 노력하여도 운(運)이 없으면 안 된다고 늘상 중얼대기도 한다. 건강에는 종기를 조심하고 54세때에는 쇠붙이로 몸을 다치게 되니 서쪽 방향을 주의해야 한다. 수명은 92세로 아주 오래 살아 장수하며 많은 자녀가 지켜보는 가운데 입만 달삭 달삭한 채 유언을 하지 못하고 죽게 된다. 장례는 화장으로 할 것이다.

개띠와 돼지띠는 형제로 인하여 손재를 보게 되며 51세에는 사회적으로도 명성이 있고 가정적으로도 행복하여 상류층의 생활을 하게 된다. 수명은 76세이고 초가을 신시(申時 오후 3~5)에 갑자기 죽게 된다.

☱☰ 21 • 결행괘(決行卦 • 결정하는 상)

봄바람에 매화(梅花)가 향기를 내뿜고 국화가 봄에 피니 뜻하지 않는 조짐이 예상된다. 중년운에 들어오면서부터는 인생 굴곡이 심하다. 어느 때는 큰 부자로 어느 때는 극빈한 생활로 변화가 무쌍하다. 또한 말년에 들어오면서부터는 이상하게도 사안에 중대한 결정을 내려야 되는 시기에 놓인다.

쥐띠가 오(午)자가 들은 해 6월을 만나면 동쪽에서 또는 북쪽으로 이사를 하게 되며 51세 56세때에는 집안에 식구가 더하는 경사가 있고 수명은 78세이며 7일 동안 앓다가 미리 유언을 하고 죽는다. 소띠는 미(未)자가 든 해를 만나면 서남쪽에서 서쪽으로 이사를 하며 58세때에는 큰 돈을 번다. 67세에 자녀중 1명이 몸에 상처를 입으니 좋은 가운데 슬픔이 있다. 수명은 79세이며 유언없이 낮 11시에 죽게 된다. 범띠와 토끼는 48세부터 무관으로서 그 이름이 사방에 있고 재산도 많으니 큰 걱정없이 살아간다. 특히 부부운이 아주 양호하여 사람들이 부러워한다. 수명은 67세이다. 말띠와 양띠는 부부운이 불길하여 하루도 마음 편안할 날이 없고 건강에도 두통과 신경통으로 고생하게 되니 항시 구름이 낀 날씨와 같은 생활을 한다. 47세와 54세에는 신상에 기쁜 일이 있게 되고 자축(子丑)자가 든 해는 부부로 인해 눈물을 흘려야 하고 잠은 동쪽에서 밥은 서쪽에서 먹으니 아주 바쁜 삶을 영위하고 있다. 수명은 84세이고 장례는 화장일 것이다. 원숭이띠와 닭띠는 말년운이 보통은 된다. 그래도 어려운 해는 인묘(寅卯)자가 들어 있는 해 봄이 되는데 이때에 주의할 것은 동남쪽을 가는 차나 선박이다. 사회적이나 가정적으로 큰 어려움이 없지만 불의의 사고를 주의해야 한다. 수명은 73세이고 객지에서 죽을 가능성이 크다.

개띠와 돼지띠는 대단한 활동가로서 어떠한 어려운 일도 잘 처리하는 능력을 발휘하게 된다. 따라서 말년에도 사회적으로 아는 사람이 많아 인맥(人脈)을 잘 형성하고 있다. 하늘로부터 받은 수명은 75세이고 황달이나 당뇨병 등으로 고생하다가 진사(辰巳)자가 들어 있는 해 5월 6월 진사(辰巳)자가 들은 날 오전 9~11시 많은 자녀들이 지켜보는 가운데 조용히 눈을 감는다. 장례는 크게 치를 것이다.

☱☱ 22 · 희여괘(喜女卦 · 여자가 웃는 상)

할 일이 동서남북에 있고 몸은 하나니 바쁘기가 마치 야생마(野生馬)가 힘차게 날뛰는 것과 같아 천리타향에서 부지런하게 생활을 하게 된다. 그러나 인간 각자에게는 각기 그릇이 정해져 있으므로 너무 과분하게 욕심을 부린다면 천량 벌 것을 열량도 못 벌게 되고 과장(課長)될 사람이 계장(係長)도 못 된다.

다시 말하면 당신의 말년운은 소사유길 대사유흉(小事有吉大事有凶)이라 하여 분수에 맞는 일은 성취되나 분수에 맞지 않는 과분한 일을 도모하면 성취되지 못한다는 격이다.

47~50세까지는 하는 일이 그런데로 잘 이루어지고 집안에 웃음이 그칠 날이 없다. 그러던 어느날 막네아들 또는 쌍동이 자매가 불의의 사고를 당하여 몸을 다치게 된다. 51~59세까지는 논이나 밭을 사게 되니 살림이 날로 늘어만 간다. 특히 언론출판계에 종사하는 사람은 큰 행운이 있을 것이다. 60~70세경까지는 친구로 인하여 말년에 이름을 날리게 되고 만인이 부러워하게 된다. 더우기 자녀로 인한 좋은 소식이 끊어지지 않으니 그야말로 행복한 삶을 영위하고 있다. 만약 당신이 여자라면 말년에 두 자매가 자녀가 없어 한 집에 같이 살아가기도 한다. 여자로서 아나운서 코미디언 등은 부부가 웃음을 잃지 않고 살아가기 때문에 애들도 낙천적이고 부모에게 효도하는 마음도 대단하다.

쥐띠와 소띠는 국가적인 통솔자가 될 수 있으며 수명은 78세때 잠들 듯이 죽게 된다. 범띠와 토끼띠는 병원에 일 주일 정도 입원했다가 집으로 온지 3일만에 자녀들이 임종을 지켜보는 가운데 죽게 된다. 용띠와 뱀띠는 사회적으로 유명했기 때문에 죽는 후에도 많은 조문객이 있게 된다. 하늘로부터 받은 수명은 79세이다. 단 여자는 81세이다. 말띠와 양띠는 돈은 있어도 고생 고생하다가 69세에 마루에서 죽게 된다. 원숭이띠와 닭띠는 부유한 가정을 영위하다가 78세가 되는 해 5월 15일 유언없이 외롭게 임종한다. 개띠와 돼지띠는 50세가 넘어서야 겨우 생활이 안정되는데 공교롭게도 58세에 갑자기 죽게 되니 아직도 처녀 같은 부인이 두 줄기의 눈물을 흘려야만 한다.

☷☲ 23 • 개혁괘(改革卦 • 만사 변혁을 할 상)

아침에 지었다가 저녁에 허물어버리고 봄에 지었다가 가을에 부서버리니(朝作夕改春立秋廢) 바쁘기가 그지 없다.

하는 일마다 오래 가지 못하고 주위 여건 때문에 불가피하게도 변화를 해야만 한다. 부부생활도 초혼보다는 재혼이 길해 다시 결혼하게 되니 세상 참 알다가도 모르겠다.

쥐띠와 소띠는 47~53세까지 계속 변화를 해야만 길하다. 노력은 남에게 뒤떨어지지 않지만 왠일인지 재산이 모이지 않고 모든 생활이 안정되지 못한다. 정치인이라면 전에 생각했던 구상을 버리고 새로운 구상으로 임해야 한다. 사업도 긴 안목으로 보기보다는 유동적이고 단기적인 업종이 유길(有吉)하다. 68세가 되는 12월 중순이며 혈압으로 말 한 마디 제대로 하지 못하고 죽게 된다. 범띠와 토끼띠는 강한 의지로 47세와 56세때에 소원하는 일을 성취하고 자녀에게도 경사가 있어 집안에 웃음이 가득하다. 뿐만 아니라 젊어서 한때 사모했던 애인을 말년에 만나니 실로 감개가 무량하다. 68세에는 병원에 입원하여 수술하지만 무사하고 79세에 아무 여한없이 세상을 떠난다. 이때의 묘자리는 앞에 연못이 있고 그다지 높지 않는 곳이다. 용띠와 뱀띠는 47세경이나 50세 초반에 짝 잃은 거러기가 되니 부부로 인한 슬픔이 있고 이 슬픔이 언제 있었냐는 듯이 몇 개월 후에 재혼을 하니 정(情)은 짧고 인생은 길다. 말년의 건강은 큰 탈은 없지만 정신적인 고통이 다소 있다. 그러므로 모든 생활을 안정 위주로 해야 한다. 수명은 69세나 75세이고 19일 동안 아프다 죽는다. 말띠와 양띠는 안 해본 것이 없을 정도로 여러 가지 직업에 전전했는데 54세때부터 종교에 입문하여 이제는 모든 생활이 안정되고 있다. 수명은 84세이고 인(寅)자가 든 해 7월에 황천객이 된다. 원숭이띠와 닭띠도 직업상 여러 번 전업을 했지만 정치가 또는 기업가로 지위가 확고하다. 수명은 76세이고 편히 죽게 된다. 개띠와 돼지띠는 세 번 결혼에 일생을 보내니 부부생활만큼은 불길하다. 그러나 자녀운 등은 남부럽지 않다. 특히 자녀중에 판사와 의사가 있어 가정을 빛내고 있다. 수명은 78세이고 유언없이 황천객이 된다.

☷☳ 24 • 순리괘(順理卦 • 순리에 따르는 상)

일생동안을 큰 욕심없이 자신의 분수에 맞도록 처신하였기 때문에 말년은 매우 안정을 영위하게 된다. 혹자는 너무 소극적이고 보신(保身)주의라고 하나 그렇게 행동하지 않았다면 많은 파란을 겪고 말았을 것이다.

당신의 운명에 필연적으로 따라다니는 것이 있다면 그것은 이성문제이다. 아무리 조심한다 해도 당신을 좋아하여 따르는 상대가 늘 있기 때문이다.

40대 종반에는 친구와 큰 갈등이 있지만 당신이 양보하고 이해하므로 무난하게 해소된다. 50대 초반에는 하는 일마다 순조롭게 성취되며 집안 식구들도 각자 할 일에 충실하고 과욕없이 지내므로 서로 돕고 살아간다. 50대 종반에는 별 무리가 없으며 자녀로 인하여 세인이 우러러 볼 정도로 경사중에 경사가 있다. 한편 남 몰래 사랑하고 돌봐 온 애인이 외국으로 이민을 떠나니 마음이 허전하기가 이를데 없다. 60대 초반에는 형제 하나를 잃게 되니 그 비통함이 어느 누구보다도 크다. 60대 종반에는 자녀로 인해 불미스러운 일을 당하고 조금은 더 살아야 할 부인이 세상을 뜨게 되니 고생했던 옛날을 후회하게 된다.

쥐띠와 소띠는 76세로 세상을 버리게 되고 범띠와 토끼띠는 원래 독신으로 지내왔기 때문에 말년이 비교적 쓸쓸하다. 물론 재산은 풍요하지만 아무래도 자녀가 없기 때문에 젊어서 독신주의를 선언한 게 큰 착오임을 후회하고 있다. 하늘로부터 받은 수명은 70세이다. 용띠와 뱀띠는 직장암으로 공교롭게도 60대 초반에 죽게 된다. 말띠와 양띠는 그 이름이 세상에 널리 알려져 말년이 매우 호화롭고 여유가 있다. 뿐만 아니라 자녀까지도 사회적으로 유명인사에 속하기 때문에 그야말로 명문가(名門家)임을 나타내고 있다. 원숭이띠와 닭띠는 수명이 길지 못하여 70세를 넘기기 힘들다. 더우기 연예인이나 스포츠 인은 더욱 그러할 것이다. 개띠와 돼지띠는 젊어서부터 남다르게 부지런한 면이 있는데도 생활은 그다지 윤택하지 못하고 자녀운도 불길하여 진사(辰巳)자가 들어 있는 해 4월 5월에 또 한번의 눈물을 흘리게 된다. 수명은 77세이며 재산에 대한 유언장을 써 놓고 조용히 눈을 감는다.

☱☴ 25 • 대과괘(大過卦 • 크게 잘못된 상)

말년운은 가정이나 사회적으로 배반하는 무리만 있고 은혜를 원수로 갚는 악인(惡人)을 만나게 된다. 그러나 이러한 일들이 어떻게 인위적으로만 이루어지겠는가. 모두 당신의 생년 생월 생일 생시(四柱八字)에 기인한 것이므로 원망하지도 탓하지도 말아야 한다. 당신보다도 근실하지 못한 사람도 당신처럼 배반당하지 않고 잘 살고 있지 않는가.

쥐띠와 소띠는 49세에 부부관계나 친구관계로 하여금 마음이 상하는 일을 당하고 스스로를 비관하게 된다. 건강은 귀앓이와 축농증으로 고생하며 57세에는 집안에 경사가 있고 63세에는 몸져 눕게 되고 71세에는 황천객 열차를 타고 어디론가 멀리 사라지니 당신의 흔적은 남은 옷가지 뿐이다.

범띠와 토끼띠는 부동산업자로부터 사기를 당하니 신유(申酉)자가 든 해를 주의하라. 47~48세에 자녀에 대한 기쁜 일이 있게 되고 53세 55세에는 늙어서 망령이라고 부부가 등을 돌리니 심신이 편안한 날이 없다. 60세에는 집안에 화재를 조심해야 한다. 65세 67세에는 건강이 불길하고 74~75세에는 저승사자와 하늘로 동행하니 한많은 일생을 마치게 된다. 종신 자녀는 둘이나 있으나 없는 것이나 마찬가지이다.

용띠와 뱀띠는 48~59세까지는 비교적 안정된 생활을 하게 되며 자녀에 대한 사회적 지위가 높아져 자연 마음이 흐뭇하다. 65세에 황천객이 되니 조금은 아쉽다. 하지만 인명은 재천(在天)이니 어쩔 수가 었다. 죽는 날에는 비가 내리며 불과 몇 분 사이에 금방 죽게 된다.

말띠와 양띠는 사업가로서 십 년 쌓아 올린 공든 탑을 하루아침에 파괴한 악인(惡人)을 49~55세에 만나니 개띠와 쥐띠를 조심하라.

원숭이띠와 닭띠는 동쪽에서 서쪽으로 가다가 교통사고를 당했는데 차주가 도망가버렸기 때문에 자비로 치료하니 이것 또한 운명이다. 75세까지 이 세상 사람이다. 종신은 아들 하나만 있을 뿐이다.

개띠와 돼지띠는 진사(辰巳)자가 든 해 6월 7월을 주의해야 하는데 용띠생과 뱀띠생과 동업하면 빈드시 배반을 당한다. 천명은 68세이고 눈이 펄펄 내리는 겨울에 손자가 지켜보는 가운데 운명한다.

☱☵ 26 • 신곤괘 (身困卦 • 몸이 피곤한 상)

물이 연못에 가득 채워 있으니 자연 밑바닥에 있는 물은 썩는다는 것이 만고의 이치이다.

그러므로 불치의 난치병으로 장기간 고생할까 두렵다. 뿐만 아니라 몸이 철창 속에 들어 있어 형사사건으로 인하여 형무소 생활을 할 수 있으니 해당되는 띠는 주의해야 한다.

쥐띠와 소띠가 50대 초반에는 자신의 인생에 있어서 최고의 지위에 오르기 때문에 세인이 스스로 따르며 아첨하는 무리도 있게 된다. 자녀들도 국내외적으로 명성이 있으며 집안도 화목하다. 이렇게 행복한 삶도 잠시이다. 왜냐면 69세에 홀연히 황천행 열차를 타기 때문이다. 범띠는 사신(巳申)자가 들어 있는 해 5월과 8월에 관재를 조심해야 한다. 47~55세까지는 어려움 없이 호의호식 하면서 윤택한 생활을 하게 된다. 그러다 69세때에 사고로 죽게 된다. 토끼띠는 근면성실한 가정으로 정평이 나 있다. 그러나 사람 사는 게 어찌 근면성실로 전부를 해결할 수 있단 말인가? 공교롭게도 당신의 집안에는 신체불구인 자식이 있어 항시 걱정된다. 당신이 황천가는 날은 70세가 되는 해 봄비가 내릴 때 오전 10시이다. 임종은 딸 하나가 지켜보게 된다. 용띠와 뱀띠는 50대에 자녀가 관재에 연유돼 남모를 눈물을 흘려야 한다. 60세에는 문학가로서 또는 화가로서 그 이름이 사방에 있게 되며 78세에서 세상을 그만두게 된다. 죽는 후에도 해당 분야에서 비석을 세워주는 등 각계에서 생존의 업적을 칭찬하고 있다. 말띠와 양띠는 외국에서 거주하게 되니 가끔 고국을 생각해 본다. 더우기 고국에 있는 옛친구들을 못 잊어 늘 회상하게 된다. 황천가는 날은 술해(戌亥)자가 들어 있는 해 5월 8월이며 장례는 화장을 할 것이다. 원숭이띠와 닭띠는 자녀로 인해 편안한 날이 없고 재산이나 가정의 화목이 자녀 때문에 다 깨지게 되며 이러한 슬픔 때문에 음독자살을 하게 되는데 그 나이가 58세가 될 것이다. 개띠와 돼지띠는 걱정 없이 말년을 행복하게 보내게 된다. 다만 걱정이 있다면 나이가 들어서 바람을 피워 자식들에게까지 걱정을 주기 때문이다. 황천가는 날은 뜨거운 여름이며 20일경 앓다가 죽는다.

☰☷ 27 • 천신괘(天神卦 • 하늘과 땅이 돕는 상)

천지신명(天地神明)이 도우니 하는 일마다 마음 먹은데로 모든 일들이 성취된다. 특히 종교에 종사하는 승려나 목사 기타 신(神)을 모시는 사람들은 아주 대발할 수 있는 대운기(大運氣)이다.

48세에는 자녀가 취직되고 더불어 부모에게도 남모르게 효도하므로 심신이 편안하다.

57~58세는 형제로 인하여 기쁜 일이 있게 되고 그동안에 건강이 나빴던 부인도 점차 회복하여 건강을 되찾으니 집안에는 화기와 기쁨이 갈수록 더욱 충만하니 기쁘기만 하다.

쥐띠 소띠 5월 6월생은 종교사업을 하거나 기타 사회사업으로 크게 발전하며 쓰러졌던 가문을 다시 일으킨다. 48세에 연하의 젊은 여자와 사랑을 속삭여 가정불화가 두렵다. 하지만 인간은 슬픔도 기쁨도 한때이므로 아무리 달콤한 사랑을 속삭여도 황천가는 날을 피할 수는 없다. 당신이 황천가는 날은 65세가 되는 초가을이 된다. 범띠와 토끼띠는 50세에 생각지 못했던 손해와 불화가 일기 시작하여 집안이 풍지박산이 돼 뿔뿔히 헤어진다. 이런 연후 65세에 외로운 객지에서 숨을 거두게 된다. 용띠와 뱀띠는 자가용이 두 대나 되고 정원관리사까지 두게 되니 그 행복한 삶을 알만하다. 따라서 사회적인 명성도 대단하다. 77세에 황천을 가고 그 묘자리는 대단한 명당이 될 것이다. 말띠와 양띠는 가정 풍파가 많아 48세경에 머리를 깎고 중이 되거나 역술(易術)인이 되기도 한다. 수명은 85세이고 가족은 아무도 지켜보지 못한 채 동료의 무릎을 베고 화장해 달라는 유언을 남기고 눈을 감는다. 원숭이띠와 닭띠는 54세에 그 이름이 천하에 진동하고 그 자녀 역시 이름과 재산이 우후죽순(雨後竹筍)처럼 급격히 발전하여 천하가 모두 자신의 손바닥 안에 있는 것과 같다. 황천가는 날은 71세가 되는 3월 4월이다. 개띠와 돼지띠는50세가 넘어서야 생활이 안정되고 67세에는 병원에 입원하나 죽지는 않는다. 건강상 주의할 것은 방광염이며 집안에 뱀띠나 용띠가 있으면 같은 식구지만 서로 언행을 삼가해야 한다. 78세가 되는 해 2월 초에 죽는다. 임종에는 큰 아들 하나와 손자 등이 지켜보게 된다.

☱☷ 28 • 집합괘(集合卦 • 귀인이 모여드는 상)

산골짜기 물이 모여 바다를 이루고 적은 것으로 큰 그릇을 이루니 그 번창함은 가히 짐작할 만하다.

40대 초반부터는 눈부신 발전을 하여 만인을 거느리거나 백성을 거느릴 수 있는 천운대귀(天運大貴)를 지니고 있다. 특히 정치인이나 고급공무원 그리고 선박업이나 자동차사업에 종사한 사람은 사회적으로나 가정적으로 크게 발전하게 된다.

쥐띠와 소띠에 해당하고 길일(吉日)에 태어나 사주(四柱)가 귀격(貴格)이면 한 나라의 대표자가 되기도 한다. 이밖에도 장관 차관 등이 될 수 있어 한 마디로 부귀영화가 쌍전(雙全)한다고 할 수 있다. 어느 분야이든 우두머리가 될 수 있으므로 선덕(善德)을 베풀면 금상첨화가 될 것이다. 황천가는 날은 76세가 되는 초여름이다.

범띠와 토끼띠는 50대 초반이 되는 해 10월부터 더욱 서광이 비추고 있어 하는 일마다 달성하게 되고 건강도 예전보다 양호하다. 57세에는 자녀가 경제나 정치분야에 입문하므로 다사다난하기도 하며 기쁨도 그치지 않는다. 67세에 많은 가족들이 임종을 지켜보는 가운데서 재산에 관한 유언장을 내놓고 입을 달삭달삭하지만 끝내 확인되지 못하고 아무런 소리없이 슬그머니 죽게 된다.

용띠와 뱀띠는 비교적 운이 불길하여 50대경에는 자동차 사고로 정신을 잃게 되고 일 년간 병원에서 치료하게 된다. 78세가 되는 초겨울에 자는 도중 죽게 되니 아무도 임종을 보지 못하게 된다. 말띠와 양띠는 60대경에 어려운 일이 있고 큰 고생없이 조용히 살아간다. 부부관계는 절대 정상일 수가 없다. 황천가는 때는 59~67세에 병원에서 죽게 된다.

원숭이띠와 닭띠는 근면 성실하나 재산은 별로 없고 덕인(德人)이라고 세인의 칭찬이 자자하다. 70세가 되는 8월 29일 인묘(寅卯)자가 들은 시간에 죽게 된다. 자녀는 임종을 보지는 못했지만 외국에 있는 자녀까지 와서 장례를 치른다. 개띠와 돼지띠는 재산은 있지만 명예는 없다. 52세에 첩실이 죽게 되니 무척 가슴 아파한다. 82세가 되는 3월에 거실에서 앉아 있는 채로 조용히 유언 한 마디 없이 죽게 된다.

☲☲ 31 • 일중괘(日中卦 • 태양이 중천에 떠 있는 상)

태양이 중천에 떠 있으니 그 장엄하고 아름다움이 만 천하에 비친다. 더우기 당신의 집안에는 금옥(金玉)이 가득 차 있어 뭐가 부끄러웁겠는가? 그러나 인생이 어찌 장엄하고 화려하며 아름답고 물질적 풍요로움만 가지고 살아갈 수 있단 말인가? 그런가 하면 해가 지고 달이 지면서 모든 흥망성쇠가 있게 되니 당신이 현재 풍요로운 생활을 한다 해도 머지 않아 피곤하고 천박한 삶을 영위할 수밖에 없다.

겉으로는 화려하고 여러 사람의 선망이 되고 있지만 안으로는 친구의 배반 부부의 불화 등으로 남모를 한숨을 쉬고 있다. 천성이 악하지 못해 어려운 처지에 있는 사람을 자주 도와주기도 하고 그로 인하여 오해를 받기도 한다. 도인(道人)이라면 천통(天通)을 하고 무관(武官)이라면 훈장을 받게 되니 세인이 부러워한다.

48세에는 승진하고 집안에 금화가 가득하니 실물 도적을 조심해야 한다. 여자인 경우에는 그동안 맛보지 못했던 이성(異性)을 알게 돼 늦바람 나기가 쉬우므로 각별히 신경을 써야 한다. 50대 초반에는 자녀로 인한 가정불화가 심하고 악인(惡人)을 만나 사기를 당하니 하루가 멀다하고 심신이 불안하다.

50대 종반에는 형제나 자녀로 인하여 좋은 일이 많아 가정이나 사회적으로 편안하다. 60대 초반에는 혈압으로 고통을 받게 되며 자녀가 외국으로 이민을 하게 되니 다소 쓸쓸하다. 60대 종반에는 좋은 일도 불길한 일도 없이 편안하게 지내니 욕심도 없어지고 자존심도 약해 인생이 허무함을 깨닫게 된다. 여자인 경우에는 아무 이유없이 남편과 헤어지고 독신생활을 하면서 그동안에 결박당했던 인생을 마음껏 즐기며 하루를 보낸다. 당신이 여자이면서 쥐띠나 말띠이면 남편이 불의의 사고로 하루 아침에 미망인이 된다. 자녀들은 사업가로 또는 교수들로 아주 훌륭한 편이다. 하지만 사주가 흉한 사람은 끼니를 걱정해야 할 정도로 빈곤하다. 남녀를 막론하고 49세와 58세가 위험하고 혹은 79세에서 83세가 위험하다. 임종은 자녀들이 지켜보고 장례는 장엄하게 사회적 장(사회장, 국장, 회사장, 학교장 등)으로 하는 수도 있다.

32 • 배신괘(背信卦 • 배은망덕할 상)

맹호가 함정에 빠져 있고 만나는 사람마다 나를 해하니(猛虎落穽諸逢惡人) 어찌 편안할 날이 있겠는가? 부부가 싸움 끝에 이혼을 하고 자식들은 다른 집에 의탁하니 자식이 무슨 죄가 있단 말인가?

희망했던 목적도 상대의 배신으로 중도에 실패하고 패가망신하여 자리를 떠야만 한다. 죽고 싶은 생각을 단 하루도 잊어본 적이 없고 남모를 눈물을 하루 밤도 안 흘려 보는 예가 없으니 말년 신세가 처량하기만 하다. 더우기 아침 저녁을 걱정해야 되는 극빈한 생활이 당신의 목을 점점 심하게 조여만 오고 있다.

49세에는 죽을 고비를 넘기지 않으면 손재를 보고 자녀의 가출로 집안이 뒤집어진다.

50대 초반에는 하는 일에 악인을 만나 공직자라면 모함으로 파직을 당하고 사업자는 부하 직원이 회사 기밀을 누설하여 당국으로부터 기밀누설죄로 수사를 받아야 한다.

50대 종반과 60대 초에는 부부로 인해 손재가 있고 건강도 불길하여 바람 앞에 등불처럼 위험하게 산다. 그러나 의외로 귀인을 만나 경제적 도움을 받고 어려운 일을 해결하니 슬픔이 가고 웃음이 다가온다.

쥐띠와 소띠는 40대 종반에 귀인을 만나 어려운 처지에서 벗어나며 이로 인하여 다소 기반을 구축하게 된다. 황천가는 시기는 72세가 되며 자녀들이 뿔뿔이 헤어져 있기 때문에 임종은 보지 못한다. 범띠와 토끼띠는 부부관계만 어렵게 지내지 다른 것은 보통은 된다. 수명은 82세이고 딸 하나만 임종을 지켜본다. 용띠와 뱀띠는 친구나 자녀운이 불길하여 항시 외롭게 지내며 재산은 풍요로운 편이다. 수명은 59세나 69세가 된다. 말띠와 양띠는 젊어서부터 말년에 이르기까지 의기양양하다. 그러나 이빨 빠진 호랑이가 무슨 힘이 있겠나. 62세 전에 사고로 급사한다. 원숭이띠와 닭띠는 큰 고생없이 살아가며 77세에 황천을 가게 된다. 개띠와 돼지띠는 백 가지 재주를 가졌지만 늙어서 남은 것은 몸에 병 뿐이다. 더우기 부부도 일찍 이별을 했기 때문에 늘 외롭게 지내게 된다. 82세가 정명이며 작은 딸네 집에서 죽게 된다.

☱☱ 33·대광괘(大光卦·큰 광채의 상)

참새가 봉황이 되고 고기가 용이 되니 말년 운수는 변화가 무쌍하다. 운이 좋은 사람은 세인이 추앙하는 큰 인물이 되고 이렇게 큰 인물이 되었다가도 어느때는 어느 누군가도 쳐다보지 않는 천박한 사람으로 전락해버린다.

수년 동안 지켜오던 비밀이 손아래 사람으로 하여금 폭로돼 하루아침에 용이 고기로 변하기도 하고 중년에는 별 두각을 나타내지 못했던 사람이 일약 스타로 변신하여 마치 참새가 봉황으로 변한 것과 같다.

48세에서부터 50대 초반까지는 무엇인가 새로이 시작하는 단계이고 50대 초반 이후부터는 그 빛이 천하에 빛나게 되니 예를 들면 국회의원이 되기도 하고 장관 차관 그리고 각 사회의 단체장이 되기도 한다. 사업자는 전기 언론 출판 광학(光學) 계통으로 뜻하는 바를 크게 성취할 수 있다.

60세 이후부터 주의할 것은 고혈압 당뇨 안질 등에 대해서 특히 주의해야 한다.

쥐띠와 소띠는 행정부나 사법부 입법부에 종사하여 크게 성장하고 발전하며 사업자는 갑부가 될 수 있다. 불길한 운은 54세때 자녀로 인하여 가정 불화가 있을 것이다. 하늘 나라로 가는 시기는 71세이며 혈압으로 순간적으로 죽게 된다.

범띠와 토끼띠는 많은 풍파를 당해야 되며 이중에서도 가장 불길한 운은 신유(申酉)자가 들어 있는 해 가을이고 그래도 행운이 있는 시기는 인묘(寅卯)자가 들은 해 봄이다. 69세때 3개월 앓다 죽게 된다.

용띠와 뱀띠는 술해(戌亥)자가 든 해를 만나면 세상이 떠들석하게 그 이름이 빛나게 되며 자녀들도 유명 인사가 된다. 황천가는 시기는 78세이며 가족장 이외에 사회적 장례가 되기도 한다.

말띠와 양띠는 빈곤한 가운데 부유하고 부유한 가운데 빈곤하여 비교적 굴곡이 심하다. 75세가 정명이고 자축(子丑)자가 든 날에 죽게 된다. 원숭이띠와 닭띠는 신유(申酉)자가 든 해를 만나면 대길하다. 황천가는 시기는 74세이고 비가 온다. 개띠와 돼지띠는 종교인 또는 스포츠 인 예술인으로서 영화를 누리다가 57세나 63세가 정명이며 보슬비나 눈이 내린다.

☷☳ 34 • 기로괘(岐路卦 • 운명의 기로 상)

청룡이 뜻을 얻고 신하가 요대(腰帶)를 두르니 입신양명의 장도에 오르게 된다. 재산 그리고 사회적 지위는 양호한 편이다. 하지만 부부관계 만큼은 애당초부터 너무 차이가 많아 맞지 않았으므로 말년이라고 크게 달라지지는 않고 있다. 더우기 당신의 운명에는 오행(五行)에 토(土)가 편중돼 있어 더욱 불길하다. 말년에 들어오면서부터는 자신의 분수를 잘 알고 처신해야지 무리하여 위험한 처신을 한다면 열을 얻을 것(十得) 단 하나도 얻지 못한다(一之不得). 그러므로 당신은 지금도 늦지 않았으니 자신에게 알맞는 처신을 하라.

49세때에는 상하인과 타협없이 독단하다가 크게 실패하고 50대에는 재기하여 용이 승천한 격이다. 이러한 까닭으로 세인이 추종하게 되고 당신의 말이라면 머리를 숙이게 된다. 60대에는 하는 일에서 물러나며 자녀들과 뜻이 맞지 않아 가정 불화가 심하다. 건강에는 위장이 나빠 소화불량이 있고 때로는 안면 마비증세가 있어 비교적 추접하게 늙어간다.

쥐띠는 78세에 죽고 장례는 화장이다.

소띠는 69세에서 죽을 고비를 나다가 74세에 병원에서 죽게 된다. 임종은 백발이 성성한 부인이 있게 된다.

범띠와 토끼띠는 외국에서 죽게 되며 미국인의 사위가 지켜본다. 수명은 70세이며 평장(平葬)을 하게 될 것이다.

용띠와 뱀띠는 젊어서 고생한 것과는 달리 50세부터 호화로운 삶을 영위하게 되고 수명은 77세이며 사후(死後)에 재산 문제로 자녀들끼리 반목(反目)하게 된다.

말띠와 양띠는 스스로 입산 수도인이 되니 말년의 생활은 무념무상(無念無常)이다. 수명은 63세이고 객지에서 죽게 된다. 원숭이띠와 닭띠는 젊었을 때 알았던 연인과 5년 정도를 사귀다가 모처에서 성교(性交)를 한 연후부터 중풍기가 있어 76세에 죽게 된다. 종신 자녀는 남매가 있다.

개띠와 돼지띠는 허리에 요대(腰帶)를 두루니 높은 벼슬을 하게 되고 자녀 역시 같은 문호에서 날로 발전하니 유복한 생활을 하게 된다. 수명은 71~75세가 된다.

☰☰ 35 • 양동괘(良同卦 • 어진 사람이 협조하는 상)

초년 중년에는 건강이 나빠 백방으로 치료를 해 보았지만 치유가 되지 않았는데 말년에 들어오면서부터는 특별하게 치료도 하지 않았는데 점차 완치가 돼 가니 정말 운명이란 신기(神奇)하기까지 한다. 한편 적은 것으로 큰 것을 믿고 한 번 뛰어 백 리를 가니 일취월장 대망의 꿈이 이루어진다. 무엇을 하든지 윗사람이나 아래 사람과 타협한 연후 결정을 내려야 한다. 그러므로 독신(獨身)을 하면 마치 보약을 끓인 가마 솥이 세 다리중 하나가 부러져 애써 끓인 보약이 엎질러져 무용지물(無用之物)이 돼버린 것과 같다.

계속 발전을 하면서도 변화가 많아 보통사람으로는 감히 짐작할 수가 없다. 정치인이라면 혁명을 할 당시만 하더라도 이름조차 없던 사람이 장관이 되고 총리가 되면서 장차는 일국의 국가 원수까지 바라볼 수 있을 만큼 크게 발전한다.

40대 종반부터 악운(惡運)을 만나 50대에는 세인의 눈총을 받으니 그야말로 하루아침에 십 년 들인 공(功)이 죄(罪)로 변한 것과 같다. 50대 종반과 60대 초반에는 어두운 밤에 불빛을 얻어 행로(行路)를 밝히니 꿈은 큰데 이루어지기는 힘들다. 60대 초반에는 못 이룬 한(恨)을 원망하면서 큰 탈없이 세상의 인심을 바라보고 있다. 이러한 세월 속에 한 많은 일생을 마치니 이때의 나이가 71세이다. 임종에는 아들과 며느리가 있게 되고 장례는 5일장으로 명당에 묻힌다.

쥐띠와 소띠는 대부대귀(大富大貴)하여 만인의 통솔자가 되고 71세에는 죽게 된다. 범띠와 토끼띠는 일생을 피곤하게 지내며 말년이 외롭다. 세상을 버리는 날은 비가 오고 나이는 62세나 69세가 될 것이다. 임종은 여자 한 사람이 있을 것이다. 용띠와 뱀띠는 포부는 크지만 그 포부를 다 이루지 못하고 눈을 감는다. 눈을 감을 때의 나이는 79세이며 병원에서 죽는다. 말띠와 양띠는 근면 성실하고 정이 많아 어느 누구에게도 칭찬을 받게 되며 65세에 아무런 여한없이 자녀들이 임종을 지켜보는 가운데 죽게 된다. 원숭이띠와 닭띠는 의사나 경제층의 인물로 크게 되며 59세나 76세에 죽는다. 개띠와 돼지띠는 말년을 편하게 지내며 79세에 죽는다.

☲☵ 36 • 미결괘(未決卦 • 불확실할 상)

천리 길을 가야 할 천리마(千里馬)가 백리도 못 가서 발병이 나고 건너야 할 태평양에서 폭풍우를 만나 되돌아 오니 모든 일이 완성되지 못하고 미숙한 채로 남게 된다. 당신의 말년도 이러한 형상이므로 매사를 자신의 힘에 알맞도록 처리해야 한다. 예를 들면 하나를 가져야 할 사람이 열을 가지려고 한다면 종당에는 불행만 초래할 뿐 아무 성과도 구하지 못한다(一得之人十拔力消終之不和).

48세부터는 쥐구멍에 해 뜨는 식으로 겨우 길운(吉運)이 열려 그동안에 미루어 왔던 소망이 성취된다. 다만 이때 과분하면 크게 불행할 것이다. 50대 종반에는 애써 이루어 놓은 기반이 자녀나 동료 등으로 몰락해 가니 누구를 믿어야 하나 하고 원망해 본다. 하지만 이때는 이미 엎질어진 물이니 원망한들 무슨 소용이 있겠나. 무슨 일이고 여러 사람과 협조하고 구원을 얻어야만 목적이 어느 정도 이루어진다. 60대 종반부터는 각기병 해소 기침 당뇨 혈압 등으로 고생하게 되니 무엇보다도 안정된 생활을 유지하는 게 최선의 방법이고 그러한 각오가 곧 행복이다. 쥐띠와 소띠는 하는 일마다 중도에서 되돌아 오니 몸은 피곤한데 얻는 것이 없다. 57세에는 자녀로 인해 경사가 있고 60대 경에는 질병으로 고생하며 70세가 되는 해 아주 추운 겨울이나 여름에 갑자기 죽는다. 종신하는 사람은 없다. 혹자는 수장(水葬)되기도 하니 배를 타지 말라.

범띠와 토끼띠는 기르는 양의 뿔에 몸을 다치니 사람을 너무 믿지 말라. 60세 이전이 두렵다. 저세상으로 가는 날은 날씨가 맑으며 자녀 셋이 종신을 지켜본다. 용띠와 뱀띠는 죽는 복이 없어 3년을 아프고 재산을 탕진한 연후에 61세 되는 술해(戌亥)자가 든 날에 죽는다. 말띠와 양띠는 혈압이나 기타 사고로 아침 잘먹고 저녁에 죽는다. 이때의 나이는 58세 정도가 된다. 원숭이띠와 닭띠는 병원에서 수술하다 죽으니 사고가 두렵다. 이때가 60세 이전이므로 이때만 넘기면 70세는 무난하다. 모든 가족이 보는 가운데 죽게 된다. 개띠와 돼지띠는 다섯번 성공하고 다섯 번 실패한 역경 많은 인생으로 72세 또는 79세에 세상을 뜨게 된다. 종신은 아들 하나가 쓸쓸히 지켜보게 될 것이다.

☲☶ 37 • 여행괘(旅行卦 • 여행할 상)

당신의 말년운은 물 위에 떠 있는 부초(浮草)와 같다. 발 없는 바람과 같다(無足之風). 그러니 항시 자리가 불안하여 한 곳에 정착을 못하고 항시 여객(旅客)의 신세가 된다.

부지런하기로 말할 것 같으면 개미나 꿀벌 같고 용기는 관우 장비 같다. 그런데도 집 한칸 없이 전세집을 면하지 못하고 살아가니 세상이 정말 답답하기만 하구나. 한 가닥 희망이 있다면 자녀 둘이 가정이나 사회적으로 아주 훌륭하다는 것이다. 어떠한 면에 있어서는 사실 이보다 더 기쁜 일이 어디에 있겠는가? 당신의 일생을 보아도 오직 자녀 하나에게만 희망을 걸고 살아 왔다.

48세 49세에는 자녀로 하여금 기쁜 일이 있게 되고 자신이 하는 일도 점차 나아진다. 지금까지 당신이 이사한 횟수는 적어도 이삼 년마다 한 번씩 한 꼴이 된다. 당신이 만약 체육계나 여행가 또는 각종 여행업체에 종사하면 어느 누구보다도 발전하게 된다.

50대에는 여자로 하여금 패가망신수가 있으니 유념해야 되고 소띠나 범띠의 자녀가 있으면 교통사고를 조심해야 한다. 쥐띠와 소띠는 풍족하게 살아가지만 형제가 돈을 요구하므로 가끔 가정 불화가 있게 된다. 65~67세에 객사(客死)를 하게 된다.

범띠와 토끼띠는 부부운이 불길하여 자녀만 믿고 외롭게 살아가고 있다. 돈을 친구에게 빌려주었지만 주지를 않아 섭섭하기 이를 데 없다. 74세때 죽으며 딸만이 종신을 지켜보게 된다.

용띠와 뱀띠는 재혼을 하여 행복한 삶을 영위하는데 주로 여행을 잘 다니는 편이다. 수명은 72세이며 1개월 동안 앓다 죽는다. 말띠와 양띠는 집안이나 경영하는 사업장에서 화재를 조심해야 하는데 주로 인묘술(寅卯戌)자가 들은 해가 된다. 원숭이띠와 닭띠는 말년이 행복한 편이다. 단지 간장병으로 약간의 고생을 하며 세상 뜨는 시기는 82세이며 많은 자녀들이 종신을 지켜본다. 개띠와 돼지띠는 수 차례에 걸쳐 직업을 바꾸고 이사를 하니 피곤한 말년이 된다. 92세에 죽게 된다. 단 11월생에 한하고 기타의 생월에 태어난 사람은 70대 초반에 죽는다.

☷☴ 38 • 진행괘(進行卦 • 점진 발전하는 상)

용이 숨겨 놓은 여의주(如意珠)로 조화를 부리니 만사가 안 되는 일이 없고 새로운 조화가 창출된다. 따라서 당신이 지금껏 때만 보고 감추어 둔 아이디어가 온 세상에 알려지니 명성과 재산이 태산같이 날로 더한다. 더구나 여러 가지로 어려운 당신의 불행함을 싹 씻어 줄 귀인이 나타나니 사경을 헤매는 환자가 살아나고 물에 빠져서 도저히 살아 날 수 없는 급박한 상황에서 구인을 만나 생명을 얻게 되니 어찌 그 기쁨을 말로 다 할 수가 있단 말이오.

49~50세 초에 이런 귀인을 우연하게 만나게 되니 기대하면 큰 행운이 가득하게 있으리라.

50대 종반에는 어느 분야이던 최고의 자리에 있게 되니 관용과 인내로 리더 쉽을 발휘하여야 한다. 이때 하찮은 일로 아래 사람과 다투게 되면 돌이킬 수 없는 일로 악화되니 인재를 잘 등용해야 한다. 60대부터는 아무 걱정없이 살게 되니 세인이 부러워한다.

쥐띠나 소띠는 말년에 운이 대발하여 모든 분야에서 통솔자의 위치에 있게 되고 건강도 좋아 77세에 저세상으로 가게 된다. 종신은 모든 가족들이 있는 데에서 하게 되며 선영에 묻힌다.

범띠와 토끼띠는 50대에 자녀로 큰 기쁨이 끊어지지 않고 외로웠던 한때를 생각해서 좋은 상대와 연애도·한다. 60대에는 세계 여행을 하거나 국내의 명승지를 관광하게 된다. 저세상으로 가는 날은 79세이며 시신이 아주 깨끗하다. 장례는 종교장으로 하고 묘자리는 아주 양지바른 곳이다. 용띠와 뱀띠는 용감무쌍함이 말년에도 있어 조금은 위험하나 자녀들의 만류로 삼가하게 된다. 저세상 가는 날은 69세이며 가족장이 아닌 사회장으로 한다. 말띠와 양띠는 자녀 때문에 말년에 마음 편안할 날이 별로 없다. 다만 63세가 넘으면 좋은 행운이 있게 된다. 70세나 80세에 죽는다. 원숭이띠는 자녀들이 외국에서 살기 때문에 두 늙은이가 오손도손 살아가고 있으며 부인보다 3년 늦게 죽으며 그때 나이는 81세이다. 개띠와 돼지띠는 비교적 늦게까지 사회활동을 하다가 6년 정도 시름시름 아프다가 88세에 죽게 된다. 사회적으로 명성이 높아 장례 행렬이 줄을 잇는다.

☳☲ 41 • 진광괘(振光卦 • 광채가 진동하는 상)

칼을 든 장수가 적을 만나 싸움 도중 생명과 같은 칼이 부러지니 사경(死境)을 헤매고 있다. 청천병력이 아니겠는가? 이 운에 해당된 사람이 대인이라면 길흉(吉凶)이 거듭되니 변화가 무쌍하고 소인 같으면 과분한 처신으로 인하여 진퇴양난에 빠지게 된다.

여자인 경우에는 왠만한 남성은 마음에 두지 않고 자신보다도 훨씬 좋은 신랑감만 고르다가 종당에는 직업도 없는 건달과 결혼하여 죽을 고생을 하면서 후회하고 있는 것과 같다. 대인으로서 정치 경제 군인 경찰 법원 및 검찰 등에 종사하는 사람은 일승 일패한 삶을 영위하게 된다. 따라서 투기적이고 위험한 모험은 하지 않는 게 곧 안정을 유지 할 수 있다. 당신이 아무리 똑똑하고 잘난 척하지만 세인은 잘 믿으려고 하지 않고 있다. 그와 같은 근본적 원인은 어떠한 일이고 너무 자신만만하게 장담하므로 실속이 없기 때문이다.

쥐띠와 소띠는 49세에 큰 변고를 당하는데 대개는 고급공무원이 파직을 당하거나 사업자가 부도를 내고 여관이나 산사(山寺)에 몸을 피하고 있다. 50대와 60대에는 자녀들이 사회적으로 유명해지니 집안에 경사가 겹친다. 89세가 되는 해 10월 6일 오전 12시 1분에 죽게 될 것이다.

범띠와 토끼띠는 50대에 형제나 친구로 인한 고통이 따르고 60대에는 건강이 불길하여 고통을 겪게 되며 75~76세에 아들 하나가 종신을 지켜보는 가운데 눈을 감는다.

용띠와 뱀띠는 경찰이나 군인 정치인으로 명성이 대단하지만 62세에 사회적 비판을 면키 어렵다. 79세가 되는 봄날 죽게 될 것이다.

말띠와 양띠는 날으는 용이 여의주를 잃은 격이니 하는 일마다 중도에서 좌절되고 부부파탄까지 겹쳐 삶의 의미를 모르고 고통 속에서 하루하루를 보내고 있다. 57세에는 자녀가 출세하므로 그동안 고생했던 지긋지긋한 나날이 일시에 사라진다. 70세에 죽는다.

원숭이띠와 닭띠는 말년에 수술수가 있고 생활은 윤택한 편이다. 69세가 정명이다. 개띠와 돼지띠는 두 번 울고 한 번 웃으니 고생이 심하다. 65세가 정명이다.

☳☱ 42 • 부귀괘(婦歸卦 • 시집간 신부가 되돌아 오는 상)

매사가 오늘 내일(此日彼日) 하면서 계속 지체만 되니 생일에 잘 먹자고 열흘을 굶었더니 죽더라는 속담처럼 당신의 말년운은 바로 그런 것이다. 뿐만 아니라 가정적으로는 시집간 딸이 소박 맞고 친정으로 돌아와 가정이 시끌시끌한다든가 분가해 간 아들이 결혼에 실패하여 할 수 없이 본가(本家)로 돌아오니 역시 가정이 불화한다. 어떠한 일이고 비밀을 엄수해야 한다. 만약 경솔하게 처신하여 비밀이 폭로된다면 반드시 후회하게 될 것이다. 그리고 당신이 상대하는 주위 사람들은 정당한 방법으로 일을 처리할려고 한 게 아니고 속임수로 하게 되니 속에 빠져들면 반드시 관재 구설을 면치 못할 것이다.

50대 초반에는 늙어서 망령(亡靈)이라고 이혼을 운운하니 답답한 세상살이를 원망해 보기도 한다. 60대에는 형제와 자녀로 인해 경사가 있어 마음이 편안하고 늦게나마 재혼을 하니 젊어서 못다한 사랑를 마음껏 해 본다. 한 가지 이상한 현상은 60대이지만 정력이 좋아 일 주일에 한두 번 정도는 성교(性交)를 해야지 그렇지 않으면 몸이 찌뿌둥하여 오히려 건강이 나쁘다.

쥐띠와 소띠는 불장난으로 해서 낳은 사생아(私生兒)가 뒤늦게 나타나 행패를 부리니 마음이 편안할 날이 없다. 72세가 되는 해 소나기 내리는 날에 죽는다. 종신 자녀는 아들과 부인을 포함 셋이 되는데 서로 눈을 흘긴다. 범띠와 토끼띠는 부부관계만 불길하지 다른 생활은 무난하다. 74세에 죽으며 임종에는 두 딸만 있다. 용띠와 뱀띠는 정치인으로서 외로운 투쟁을 하다가 58세에 운명하니 외로운 죽음이 된다. 말띠와 양띠는 한 마디로 팔방미인이다. 아는 것 많고 어느 일이나 근면 성실하다. 그러나 말년이 그렇게 행복하지는 않다. 죽음의 시기는 61세이다. 원숭이띠와 닭띠는 부부관계에 있어 그렇게 불길한 것이 많은 것이 아니며 매사가 무난하다. 단 과분하면 대흉(大凶)이 있다. 57세나 61세가 정명이다. 개띠와 돼지띠는 아는 것은 많으나 하는 일마다 실패하니 한 마디로 운(運)이 없다. 형제와 자녀들은 모두 입신양명하게 된다. 87세가 정명이며 장례는 화장으로 한다.

☱☲ 43 • 과풍괘(過豐卦 • 풍요속에 빈곤한 상)

풍부한 삶을 영위하다가 오히려 빈곤함을 면치 못하니 매사를 충실하게 그리고 믿음을 갖고 여러 사람과 타협하여 처리해야 한다. 그렇다고 당신의 운명이 불길하여 말년이 고독하다거나 빈곤하다고는 할 수 없다. 왜냐면 길자(吉者)는 가정이나 사회적으로 매우 풍요로운 삶을 영위하고 있기 때문이다. 정치인은 말년에 이름을 날리고 법원 검찰 경찰 계통에 종사한 사람은 일 계급 특진이 있게 된다. 사업자는 기대했던 사업이 때를 만나 크게 발전하므로 하나의 재벌 그룹을 형성하게 된다. 주의할 점은 소송으로 인한 손해와 손윗사람의 신임을 받지 못해 억울함을 당하는 일이다. 여자 같으면 뜻하지 않게 임신을 하여 남모를 고민을 하게 되니 건강도 매우 불길하다.

50대 초반에는 불이나 쇠붙이로 몸을 크게 다치고 자녀로 인해 송사가 제기되니 의기양양했던 당신의 기백이 단숨에 꺾인다. 한편으로는 사업이 발전하여 방계회사를 더 늘리는 일이 있다. 직장인이라면 과부와 야릇한 정을 주고 받으니 두 몸이 한 몸이 되기도 한다. 이때 악인을 만나 파가 망신을 당하기도 하니 유의해야 한다. 특히 범띠나 뱀띠 원숭이띠는 돼지띠 닭띠 개띠를 조심해야 한다. 60대에는 경영하는 일에서 물러나 편안한 나날을 즐기며 건강도 비교적 좋은 편이라서 안분자족의 삶을 영위하고 있다.

쥐띠와 원숭이띠 용띠는 사(巳)자가 들어 있는 해 5월과 10월에 71세를 일기로 죽게 된다. 임종에는 다 같이 딸 하나가 외롭게 지켜본다. 범띠와 말띠 개띠는 신(申)자 들어 있는 해 초봄이나 초가을에 세상을 뜨게 되며 가족장보다는 사회장으로 하고 조문객이 줄을 이을 것이다. 뱀띠와 소띠 그리고 닭띠는 해(亥)자가 들어 있는 해 11월이나 12월 객지에서 죽게 되니 한 많은 일생을 끝마친다. 수명은 60세나 78세가 되며 화장을 하게 된다. 돼지띠와 토끼띠 양띠는 젊어서 할 짓 못할 짓을 다 했기 때문에 별 여한은 없으나 집밖에서 낳은 자식 때문에 마음이 걸린다. 이 세상을 하직하는 때에는 58세가 위험하고 이때를 넘기면 70세는 무난하다. 임종에는 아들 며느리가 지켜보게 될 것이다. 고향에 묻힌다.

☳☵ 44 • 뇌성괘(雷聲卦 • 우뢰가 치는 상)

당신은 젊었을 때나 말년인 지금까지도 너무 의기양양하고 자신만만하는 면 때문에 오히려 신용이 떨어지고 허풍장이라고 비판까지 받게 된다. 하지만 운명이 좋은 사람은 천하가 두려워할 정도로, 산천초목이 바들바들 떨 정도로 막강한 권력의 지위에 있게 된다. 세상 이치(理治)가 그러하듯이 강하면 부러지니 당신이 보완해야 할 점은 매사를 순리대로 처리해야 한다는 것이다. 혹자는 강도 절도 폭력에 연유돼 감옥을 문턱 들락거리듯이 자주 왕래하게 된다.

50대 초반에는 권력과 아첨의 무리 속에서 정당함을 주장하다가 도리어 누명을 쓰고 끌려가는 불상사를 당한다. 사업자는 자신이 장담했던 사업이 부진하므로 상하인으로 하여금 추궁을 당한다. 권투선수나 선장 비행사 군인 경찰 전기업계에 종사하는 사람은 하루아침 날벼락으로 생명을 잃는 경우도 있으니 조심하고 경계해야 한다.

50대 종반에서 60대 종반까지는 폭풍우(暴風雨)가 가시고 새로 일기가 시작되니 비록 때는 늦지만 하는 일마다 성취되고 만나는 사람마다 도와주어 만사가 태평하다. 주의할 점은 두 여자로 하여금 고민한다는 것이다. 그러므로 뱀띠 토끼띠 원숭이띠를 주의해야 한다. 상대가 비록 남성이라 할지라도 이런 띠는 불길하다. 당신이 여자라면 유흥업에 종사하면서 알게 된 남자가 사업 자금으로 늘 돈을 대준다고 장담해 놓고 오늘 내일 미루기만 하게 된다. 따라서 당신은 분수를 알고 그이와의 관계를 끊어라. 왜냐면 그 남성은 절대 당신을 사랑하지 않고 당신을 이용하려고 하기 때문이다. 이러한 세월 속에 당신의 나이 70세에 인생을 탄식한다.

남녀를 불문하고 자녀덕은 있으나 50대경에 불의의 사고로 저세상으로 초대 받기 쉬운 액운이 있다. 그러니 수도하는 마음으로 경건하게 생활해야 하며 한마음으로 믿을 수 있는 종교를 가져야 한다. 특히 여자인 경우에는 생리통으로 남모를 고생을 하게 되고 남자는 임질 매독으로 역시 남모를 고생을 하게 된다.

하늘로부터 받은 수명은 75세가 되는 해 10월이며 자녀들이 임종을 지켜본다.

☰☷ 45·항길괘(恒吉卦·항시 행운이 있는 상)

봄 여름 가을 겨울이 매년 찾아오듯이 당신의 말년도 그러하다. 그러므로 즐거운 일이 계속되고 그 즐거움이 온 세상으로 전파되고 있어 세인이 스스로 따르고 혹은 아첨하는 무리도 있게 된다. 따라서 친한 사람을 조심하고 일가 친척을 경계하여 미리 그 화액을 막는 게 가장 상책이다. 예나 지금이나 당신은 마음에 무척 여유가 있고 덕망이 높아 누구 하나 손가락질을 하는 사람은 없다.

한 가지 흠이라면 한 가지 일에 집착하다 보니 현실과 동떨어진 면이 있다는 것이다. 그리하여 보수주의 구식주의하지만 전체적으로 오늘과 같은 성공이 있기까지는 끈기 집념 등이 있었기 때문이다. 한때 부부가 약간 불화한 것을 보고 주위에서는 이혼을 하라고 했지만 참고 견딤으로써 해로를 하게 된 것이다.

50대에는 하는 일이 성취되고 재산도 늘어만 가니 모든 세상이 내것인양 의기가 양양하다. 60대에는 다 된 밥에 코빠뜨린 격으로 하는 일에 실패하게 된다. 그러나 워낙 단단한 기반이기 때문에 그렇게 큰 충격은 없다. 아들은 의사 판검사 국회의원 등에 종사하여 아무 걱정없이 살아가고 딸들은 교육계 문화계에서 두각을 나타내니 이 세상에서 가장 행복한 사람이 나 자신인 것만 같다. 건강도 다른 사람에 비하여 크게 걱정할 바가 없다.

쥐띠와 소띠는 일생동안 아무 걱정없이 살아가고 69세가 정명이다. 범띠와 토끼띠는 자녀로 인하여 속상한 날이 많지만 재산은 풍족하다. 그리고 자녀가 사업을 이어간다. 76세가 정명이고 자녀 셋이 임종을 지켜본다. 용띠와 뱀띠는 관재 구설로 말년이 완전하게 행복하지는 못하지만 중류 이상의 생활은 유지하며 83세에 큰아들이 지켜보는 가운데 저승으로 초대받는다. 말띠와 양띠는 그 이름이 온 나라에까지 빛나고 있어 죽어서도 이름이 남는 인물이 된다. 저승으로 초대받는 시기는 79세가 된다. 원숭띠와 닭띠는 의사나 목장 등의 직업으로 58세때가 위험하고 이때를 넘기면 70세가 정명이다. 개띠와 돼지띠는 빌딩을 몇 채 남겨 놓고 63세에 죽으니 원통하구나. 하지만 인명은 재천이니 어찌 하겠는가.

☵☳ 46·해우괘(解遇卦·모든 것이 풀리는 상)

초년 중년에 풀지 못했던 한(恨)을 통쾌하게 풀어 볼 수 있는 절호의 기회가 말년이다. 그러므로 중년에 못 이룬 꿈이 말년에 이루어지므로 가정에는 웃음이, 사회에서는 명예와 지위가 빛나게 된다. 자녀의 꿈도 폭풍우가 휘몰아친 후에 맑은 날씨처럼 앞날이 밝아지고 오늘 내일로 미루어만 오던 소원이 우연치 않게 일시에 이루어지니 밤낮으로 즐거움이 끊이지 않는다.

50대 초반에는 그동안 부진했던 일이 다소 풀려가고 50대 종반부터는 용이 여의주를 입에 물고 기상천외(奇上天外)의 조화를 부리는 것처럼 당신의 말년도 사람의 힘으로는 도저히 상상할 수 없는 일을 능숙능란하게 성취케 하니 온세상 사람들이 깜짝 놀란다.

60세에는 자녀로 인한 슬픔이 있게 되는데 대개는 부부운이 불길하여 이혼하고 본가로 돌아오기 때문이다. 당신의 부부운도 중년에는 불길했지만 말년부터는 아주 금슬이 좋은 부부로 호평받는다. 만약 중년에 부부가 무사했다면 운명(運命)이란 어쩔 수 없어 액운이 끼게 될 터이니 말년의 부부생활을 조심있게 해야 한다.

본운에 해당한 사람중에도 가장 특이(特異)한 것은 중년에 여러 가지 사건으로 감옥생활을 했었는데 말년부터는 관재가 사라져서 그러한 일은 전혀 없다는 것이다. 뿐만 아니라 무기징역이나 사형선고를 받은 대죄인도 특사로 풀려나는 행운도 있다.

쥐띠와 말띠 토끼띠 닭띠는 말년에도 바람을 피우게 되니 자중해야 한다. 65세나 72세가 정명이며 다같이 자녀가 임종을 하게 될 것이다. 범띠 뱀띠 원숭이띠 돼지띠는 동서남북으로 돌아다니며 객지생활을 하고 1957년 11월생은 감옥살이에서 풀려나 집으로 돌아오니 감회가 무량하다. 유별나게 교통사고와 불상사가 많은 날 79세로 생을 마친다. 종신 자녀는 대개가 없어 쓸쓸하게 죽는다.

소띠 용띠 개띠 양띠는 젊어서는 종교를 비판했으나 말년에는 누구보다도 절실한 종교인으로서 여생을 하늘님께 바친다. 66세나 75세가 정명이며 운명할 때 자녀들이 지켜본다.

☳☶ 47·소과괘(小過卦·작은 허물 상)

천량이 백량으로 줄어 들고 봉황이 참새로 변하니 이게 무슨 회괴망칙한 괴변인가? 우뢰 치고 산이 울어 만리까지 들리며(山鳴萬里之聽) 일은 이루어지지 않고 한숨 소리만 귓전을 울리는구나. 병든 말이 태산 준령을 넘자니 죽기보다 더하고 한강에서 잃어버린 구슬을 찾자니 봉사가 물고기를 잡는 식이구나. 하지만 실망하지 말라. 궁하면 통하고 통하면 소원이 성사된다는 말이 있지 않는가.

무슨 일이든지 근면하고 성실하게만 한다면 하늘도 당신을 도울 것이기 때문이다. 삼가해야 할 것은 묘자리를 함부로 손대지 말고 새집을 마음대로 짓지 말라.

그리고 자신에게 알맞는 일을 선택하고 절대로 과욕은 하지 말라. 이 나이가 되도록 과욕을 한다면 철창생활을 면치 못할 것이다. 당신은 돈도 명예도 지위도 좋지만 그보다 먼저 건강을 생각해야 한다. 뿐만 아니라 갑작스런 사고로 죽는다.

쥐띠와 소띠는 부부가 등을 지고 자식이 불량하여 당신에게 반항하니 누가 당신의 슬픔을 알겠는가. 69세가 정명이다. 범띠와 토끼띠는 건강이 불길하여 만사가 귀찮다. 그러나 길일(吉日)에 태어난 사람은 명예도 재산도 자녀운까지도 대길(大吉)하여 황천에 갈 때도 수만 인파가 뒤를 따르게 된다. 하지만 애석하게도 58세가 정명이다.

용띠와 뱀띠는 어려운 가운데에서도 재산은 많아 사회단체에 희사를 하기도 한다. 89세가 정명이며 보기 드물게 장수하게 된다. 장례는 화장이지만 장엄하게 거행된다.

말띠와 양띠는 외롭고 쓸쓸하여 눈에 눈물이 마를 날이 없고 59세나 66세에 자살을 하게 된다.

원숭이띠와 닭띠는 비교적 상류층 생활로 말년을 보내고 자녀들도 입신양명하여 가문을 빛낸다. 85세가 정명이며 종신 자녀는 없다. 개띠와 돼지띠는 이 세상에 태어나서 인생답게 제대로 살아보지 못하고 한평생을 마친다. 61세나 73세가 정명이며 종신 자녀는 셋이고 부인도 종신을 하게 될 것이다. 장례는 화장이다.

☷☳ 48 • 예길괘(豫吉卦 • 앞날이 밝은 상)

봉황이 새끼를 낳아 동서남북으로 훨훨 날고 있으니 온세상이 축복을 받아 태평성대를 이룩하게 된다.

그동안에 물질 양면으로 최선을 다한 공덕(功德)으로 세상 사람들이 인정해 주고 협조해 준 까닭에 말년은 그야말로 황금 같은 길을 걷게 된다. 설령 그동안에 막혔던 소원사라도 한강물이 흐르듯 자연히 순조롭게 성취되고 자녀가 없어 명산대천(名山大川)을 두루 다니며 기도한 덕택에 옥동자를 잉태하여 장차 국가적으로 큰 인물이 탄생하니 가정에 웃음이 가득하고 재물도 스스로 쌓이니 만사가 형통한다.

사업자라면 말년부터 대재벌이 되고 정치인이라면 소원했던 지위에 오르며 종국에는 일국을 통치할 수 있는 인물로 부상하게 된다. 고시에 몇 번 낙방했던 수험생도 칠전 팔기할 수 있는 대운이 트이고 독신을 선언했던 사람도 유명인사와 결혼을 하게 된다. 도를 닦는 도인(道人)도 꿈으로만 생각했던 득도(得道)를 하니 온세상을 훤히 내다 볼 수 있는 지혜가 있게 된다.

불량했던 자녀가 마음을 고치고 새로운 각오로 사회에 진출하니 집안에 화목이 이루어진다.

소띠와 용띠 양띠 개띠는 사회적으로 유명 인사이면서도 절실한 종교인이 되니 마음에 평화가 있게 되며 자녀들도 아주 희망적이다. 76세이나 90세가 정명이며 종신하는 날은 축미(丑未)자가 든 날이 될 것이고 자녀가 임종을 지켜본다. 범띠와 토끼띠는 상류층에 해당하는 말년을 보내고 건강도 좋은 편이다. 73세나 74세가 정명이며 딸이 임종을 지켜본다. 뱀띠와 말띠는 1~2년을 앓다가 비오는 날 병원에서 혼자 쓸쓸하게 죽는다. 이때의 나이는 62세가 된다. 원숭이띠는 52세와 63세에 불의의 사고로 죽게 되니 인생 참으로 허무하구나. 그러나 자녀들은 모두 행복한 삶을 영위한다. 닭띠와 돼지띠는 일생동안 큰 어려움 없이 호의 호식하며 살다가 78세가 되는 해 정월이나 5월에 부부가 같이 여행을 갔다 와서 일 주일 후에 조용히 눈을 감는다. 장례도 아주 화려하게 치를 것이며 유택도 명당일 것이다.

☰☳ 51 • 소축괘(小蓄卦 • 알뜰한 상)

당신이 만약 분수를 알지 못하고 알뜰한 삶을 영위하지 않았다면 말년은 대단한 어려움이 있었을 것이다. 그러나 젊었을 때 천방지축 날뛰던 저돌적인 사고방식이 보다 실리적이었고 자신의 본분을 잘 헤아려서 실천해 왔으므로 말년은 당신 생애중에서 가장 으뜸가는 행복이 있게 될 것이다. 하지만 부부관계와 불의의 사고에 어찌 무사하겠는가? 중년에 그런 액을 당하지 않았다면 역시 말년에도 마음을 놓을 수 없는 상황인 것이다. 생활이 우선 안정되려면 무엇보다도 하는 일에 꾸준하게 노력해야 하며 어떠한 일이 있어도 관용과 인내로 꿋꿋하게 살아가야 한다.

말년에 가장 두드러지게 나타나는 것은 자신은 정직하게 살려고 하지만 주위에서는 그 진실성을 믿으려고 하지 않아 가슴이 답답한 처지에 있게 되는 것이다. 예를 들면 부부관계에서 또는 자녀들과의 관계에서 내 자신이 모두를 위해서, 보다 나의 생활을 위해서 마음 속에 있는 무엇인가의 이야기를 하면 오히려 오해를 한 나머지 불선(不善)한 사람으로 취급해버리는 것과 같다.

50대에는 자녀로 인해 가정불화가 심하여 심신이 늘 불안하고 심장 및 관절이 좋지 않아 더욱 불길하다. 60대경에는 집안에 경사가 겹치고 재산도 늘어만 가니 인간의 삶을 새롭게 피부로 느껴본다. 건축 토목 자동차 및 위험물 계통에 종사하는 사람은 불의의 사고를 주의해야 한다.

쥐띠와 소띠는 부부관계만 제외하고는 말년이 무사하다. 82세가 정명이다. 종신 자녀는 3명이 있다. 범띠와 토끼띠는 자녀들이 한때 가출하여 속을 썩이지만 그렇게 불행하지는 않다. 한 가지 분명히 하고 황천으로 가야할 것은 재산상속문제이다. 만약 불분명한 상태에서 당신이 운명해버리면 자녀들끼리 싸움을 하게 된다. 58세나 69세가 정명이다. 용띠와 뱀띠는 자녀들이 입신양명하여 말년을 아주 편안하게 지내며 82세가 정명이다. 말띠와 양띠는 아는 것은 별로 없지만 재산은 빌딩이 몇 채 될 정도이다. 수명은 71세이다. 원숭이띠와 닭띠는 가장 험난하다. 48세 58세때에 혈광사(血光死)가 두렵다. 개띠와 돼지띠는 부부관계가 걱정되며 비가 오는 73세때가 정명이다.

☳☵ 52·부합괘(附合卦·화합하는 상)

자녀들은 당신에게 효도하고 부부는 매일같이 입맞춤을 하고 사회에서는 당신의 행복함을 부러워하고 있으니 당신은 바로 행복의 상징이며 화신(化身)이다. 그렇다고 재산이 아주 풍족한 것도 아니다. 그러나 갑부(甲富)보다, 천하를 통치하는 천자(天子)보다 행복하다.

당신이 사회적으로 대우를 받는 것도 당신의 믿을 만한 신용(信用) 때문이다. 매사를 처리함에 있어서도 정확한 기획과 판단에 따라 추진하기 때문에 큰 실수가 없다. 이러한 특성도 역시 당신만이 가진 운명이다. 비록 말년이라고는 하나 남모를 상대와 밀회(密會)를 하게 되며 호연지기(浩然之氣)를 좋아하게 된다. 그래도 부부의 금슬은 변함이 없이 좋으니 참으로 타고난 팔자(八字)이다.

50대 초에는 경영하는 일이 아래 사람의 비행으로 인하여 비밀이 폭로되니 다소 어려움이 있지만 무사히 수습되며 오히려 주위 사람들의 동정을 받게 된다.

60대에는 자녀들이 외국에서 또는 국내에서 박사학위를 받고 각종 훈장을 받으니 그 이름이 사방에 있다. 사업자중에서도 무역을 하는 사람은 천금을 벌어들일 수 있는 절호의 기회이며 재혼할 사람은 의외로 맘에 딱 맞는 상대를 만나게 된다.

쥐띠와 소띠는 행복한 말년으로 즐겁게 사나 69세가 정명이다. 종신자녀는 한 명이며 젊은 부인도 있게 된다. 범띠와 토끼띠는 외국인과 교제하여 큰 행운을 얻어 말년이 대길하다. 단 건강에는 기침을 조심해야 한다. 81세가 정명이고 종신 자녀는 둘이 된다. 용띠와 뱀띠는 자녀로 하여금 말년이 외롭고 외도로 하여 재산을 탕진한다. 57세나 79세가 정명이 될 것이다. 종신에는 자녀 다섯명이 지켜본다. 말띠와 양띠는 정치인으로서 또는 연예인으로서 명성이 있는데 수명은 50대를 전후하며 사고로 다쳐 그 후유증으로 죽는다. 원숭이띠와 닭띠는 하는 일에 장애가 많아 고생고생하다가 빚만 남겨 놓고 죽는다. 개띠와 돼지띠는 큰 어려움없이 살아가지만 일가친척을 멀리하니 항시 외롭다. 뜨거운 여름에 죽고 종신 자녀는 딱 한 명이다. 몸이 불구이기도 하다.

☴☶ 53・현처괘(賢妻卦・어진 아내 상)

뼈없이 좋은 당신의 덕행으로 자녀가 충실하고 가정이나 사회적으로도 큰 인물이 되니 젊어서부터 뚜렷한 직업도 없는 당신의 신세에 비하면 말년에는 참새가 봉황이 되고 미꾸라지가 용이 되는 것과 같다. 당신이 설령 사회적인 직업을 가졌다고 하더라도 가정적인 데가 있어 부엌일도 잘하게 된다. 당신이 여성이라면 세상사람들이 알아줄 정도로 현모양처이며 교양있는 사람으로 정평이 나 있다. 한 가지 주의할 점은 어느 때를 막론하고 진사오(辰巳午)자가 들은 해에는 집안의 화재를 조심해야 한다.

50대 초반까지만 하더라도 별볼일 없는 가정이었지만 50대 종반으로 접어들면서 재산도 풍족해 지고 집안의 이름도 사회적으로 알려지기 시작하게 되어 아무런 걱정없이 말년을 즐길 수가 있다. 단, 당신이 동남쪽이나 정남쪽에 살고 있다면 풍해나 수해를 주의해야 한다.

쥐띠와 소띠는 재산도 지위도 남에게 뒤지지 않고 풍요로우며 이름도 심심치 않게 세상사람들에게 알려진다. 건강에는 두통을 주의해야 하고 61세가 되는 해 8월 2일경이 정명이다. 죽음을 지켜보는 자녀는 셋에서 다섯이 된다.

범띠와 토끼띠는 늦게까지 사회활동하며 건강도 좋은 편이다. 특히 딸자식이 사회적으로 유명인사가 되어 가정을 빛내고 있다. 58세 전후가 정명이며 종신자녀는 남녀 자식 둘이 된다.

용띠와 뱀띠는 가정이 화목하여 비록 재산은 없어도 즐거운 나날을 보내고 있다. 71세가 정명이며 종신자녀는 셋이 된다.

말띠와 양띠는 다른 사람보다 머리털이 순백이라서 마치 도를 닦다 세상에 나온 선인같아 그 풍모가 대단하다. 95세가 정명이며 종신에는 자녀를 비롯하여 많은 사람들이 지켜본다.

원숭이띠와 닭띠는 유별나게 뼈대가 크고 힘이 좋은 편이다. 그리고 비록 늙었지만 어떠한 일이고 의리를 대단히 중시한다. 80세가 정명이며 종신자녀는 없다. 왜냐면 잠자다 죽기 때문이다.

개띠와 돼지띠는 가정이 불화하고 건강이 불길하여 다소 외로운 삶을 영위한다. 79세가 정명이며 종신자녀는 남매이다.

☳☴ 54 • 선익괘(先益卦 • 처음은 길하나 나중에는 흉한 상)

추운 겨울이 지나고 봄이 오니 만물이 생동하고 지루한 장마가 지나 태양이 대지(大地)를 비쳐주니 역시 만물어 활기를 띠게 된다.

당신이 여자라면 3~4인이 동업을 하여 큰 돈을 만져볼 수 있는 행운이 있고 남성이라면 유형 상품을 취급하여 의외로 큰 수입을 볼 수 있다. 특히 가수 탤런트 영화배우 등은 인기의 바람을 일으켜 볼 수 있는 절호의 기회를 갖기도 하다. 전자나 우주산업에 종사하는 사람은 하루아침에 세상에 이름이 알려지니 지위가 더 확고해 지고 재산도 충족해 져 셋방살이는 전세집으로 전세 사는 사람은 새로운 집을 사는 등 그 운이 대단히 유길하며 강하다.

50대에는 돈을 빌려주었다 받지 못하여 위기에 처하게 되나 귀인을 만나 잘 수습이 된다.

60대에는 자녀와 내 자신으로 인해 기쁜 일이 겹치며 그동안에 죽은 줄만 알았던 가출한 자녀가 집으로 돌아오니 꿈만 같다. 건강도 한때 위장과 혈압 등으로 고생했지만 완치가 돼 몸이 하늘로 날을 것만 같다. 어떤 분야를 막론하고 오래 머무르면 불길하다. 다만 우주산업 및 전자계통은 그 영향을 받지 않는다.

쥐띠와 소띠는 남다른 사교술로 사회적으로 호평을 받게 된다. 65세가 정명이며 곁에는 자녀 3명이 있게 된다.

범띠와 토끼띠는 한 발자국을 떼고 울고 두 발자국을 떼고 웃으니 길흉이 반반이다. 애석한 일은 부인이 교통사고로 죽는다는 점이다. 흐린 날씨 초겨울에 임종한다. 임종을 지켜보는 사람은 외아들 하나이다.

용띠와 뱀띠는 재산은 있어도 자녀가 공부를 잘못하여 큰 인물은 없다. 81세가 정명이다.

말띠와 양띠는 재산도 자녀도 한결같이 만족하니 큰 어려움은 없다. 61세 또는 70세가 정명이다.

원숭이띠와 닭띠는 부부 불화로 삶의 기쁨을 잘 모르고 말년을 그럭저럭 살다 75세때 죽는다. 개띠와 돼지띠는 과학자나 교수인 아들을 두지만 그렇게 행복한 것만은 아니다. 외롭고 쓸쓸하다. 61세가 정명이다.

☴☷ 55 • 풍이괘(風移卦 • 바람이 산란한 상)

바람이 하늘과 땅에서 불어대니 어지러운 세상을 원망하게 되고 부정하고 탁한 마음을 가진 세상을 말끔히 청소를 하게 되며 바람으로 인해서 만물의 종자가 날아다니면서 번식하듯이 여러 사람에게 새로운 삶을 영위해 주고 있다.

이와 같은 현상은 당신의 성격은 나 자신보다도 남을 위하여 희생해야 한다는 고귀한 정신을 갖고 있기 때문이다. 그러므로 같은 계통에서 일하는 사람으로부터 질시를 받기도 한다. 이럴 때마다 겸손하고 인내함으로 그 위기를 무사히 넘기게 된다.

50대 초반에는 그 무엇인가 큰 꿈을 실현하기 위해서 볼철주야 백방으로 노력하고 있다. 50대 종반에는 그 이름이 세상에 널리 알려지고 추종하는 사람도 무수하다. 이때 주의할 점은 잘못된 일을 보고도 아무 걱정이 없다고 하는 아첨의 무리를 조심해야 한다.

쥐띠와 소띠는 직업의 변동과 이사를 자주하게 됨에 따라 말년이 대체적으로 불안하다. 그러나 재산은 남에게 뒤지지 않는 편이다. 눈이 내리고 바람이 부는 58세나 79세때 죽으며 종신자녀는 없다. 범띠와 토끼띠는 근면 성실하면서도 남의 어려운 처지를 보면 지나칠 수가 없어 일시에 많은 돈을 빌려주었다가 받지 못하고 불화만 초래하게 된다. 화창한 봄 77세때에 아무도 종신을 지켜보지 못하는 가운데 눈을 감는다. 용띠와 뱀띠는 자녀가 관계에 진출한다든가 경제계에 진출하여 크게 발전하니 모든 생활이 윤택하다. 75세가 되는 해 5월 7일경에 죽게 될 것이다. 말띠와 양띠는 청백한 삶을 영위하니 마음과 몸이 편하고 건강도 좋은 편이다. 65세나 67세가 정명이며 종신자녀는 다섯 남매가 될 것이다.

원숭이띠와 닭띠는 청렴하면서도 만인을 수용할 수 있는 특질이 있고 사주가 길자(吉者)요 한 나라의 통치자가 될 수 있는 지극한 귀(貴)함도 있다. 단 인묘진사(寅卯辰巳)자가 든 해는 불길하다. 수명은 72세이고 종신하는 사람이 많다.

개띠와 돼지띠는 무병 장수하며 행복을 누리지만 부부운이 미약해 걱정이다. 79세가 정명이 된다.

☷☶ 56 • 산란괘(散亂卦 • 사방으로 흩어지는 상)

높은 이상과 외형적인 화려함보다는 비록 작은 것이지만 내실이 있고 실용적인 행동을 하니 편안하게 지낼 수 있다. 만약 하찮은 것은 마음에 두지 않고 남이 하는데 왜 나는 못할 게 뭐가 있느냐는 식의 생각이나 처사가 있다면 화를 자처하게 되니 편안한 날이 없다.

천방지축 날뛰는 어린아이가 위험한 물가에서 노는 것이나 다름 없다. 따라서 당신은 정신을 바싹 차리고 마음을 굳고 독하게 먹어야 한다. 현재로서는 산란하고 중심을 잡기 어려우나 기도하고 수양하는 겸허한 마음으로 심신을 연마해야 한다.

50대 초반에는 이곳 저곳에서 긁어 모은 돈으로 사업을 시작했다가 얼마 안 가서 실패하니 막연하기 짝이 없다. 더우기 가족 누구를 물론하고 일심단결한 게 아니고 뜻이 서로 맞지 않아 뿔뿔이 헤어지니 외롭기 그지없다.

이러한 와중에서 어언 50대 종반으로 들어서니 친구의 도움으로 시작한 일이 생각보다 크게 성취되고 산란했던 마음이 안정되니 가정에서나 사회에서 당신의 진실을 이해하게 된다.

60대에는 장님이 눈을 뜨는 기적이 있게 되니 세인이 스스로 따르게 되고 협조하게 된다.

쥐띠와 소띠는 재산은 있지만 가족끼리 의견이 맞지 않아 각자가 분가해서 살게 되니 자연히 외롭다. 76세가 정명이고 종신자녀는 없다. 범띠와 토끼띠는 재산이나 자녀의 사회 진출이 보통은 되니 큰 어려움없이 일생을 보낸다. 67세가 정명이며 자녀 둘이 종신을 지켜본다. 용띠와 뱀띠는 근근히 모은 돈을 친구로 인해서 일전 한 푼없이 잃어버리니 후회의 눈물을 흘리게 된다. 79세가 정명이다. 종신자녀는 딸 하나만 있을 뿐이다. 말띠와 양띠는 재산도 명예도 부족함이 없이 편안한 말년을 보낸다. 76세나 77세가 정명이며 많은 사람들이 종신을 지켜본다. 원숭이띠와 닭띠는 가장 보편적인 일생을 마치게 되고 73세가 정명이다. 개띠와 돼지띠는 자신은 비록 빈곤에 허덕이지만 자녀들이 모두 출세하여 가문을 빛내게 된다. 70세가 정명이다.

☴☷ 57 • 서길괘(徐吉卦 • 복이 서서히 이르는 상)

말년에는 쇠약한 노마(老馬)와 같으므로 매사를 급진하면 천부당만부당한 처사이다. 그리고 매사에 관심을 두고 침착하게만 처신하면 소원하는 바가 성취될 것이다. 특히 관광업에 종사하는 사람이나 여행 등을 즐기는 사람은 뜻밖의 행운이 있고 고냉지를 이용한 채소류나 기타 작물을 재배하면 반드시 큰 이익을 보게 될 것이다.

말년운은 한 마디로 대통하여 자신이 하는 일은 물론 자녀 형제들도 한결같이 입신 출세하니 세인이 부러워하게 된다. 그야말로 부귀영화(富貴榮華)를 한 몸에 지닌 것이다.

50대에는 자녀에게 경사가 있어 사회적인 명성이 따르고 60대에는 자녀는 물론 자신이 원하는 소원이 성취되고 형제나 친구가 도와 주어 누구도 넘볼 수 없는 힘이 된다.

쥐띠와 소띠는 하는 일마다 막힘이 없어 과욕하다가 실패하게 되니 사전에 주의해야 한다. 부부도 어느 누구 보다도 금슬이 좋다. 74~75세가 정명이다. 종신자녀는 다섯이 될 것이다. 범띠와 토끼띠는 사회적으로는 유명 인사에 해당하지만 집안에 불구자식이 하나 있어 항시 고민을 하게 된다. 65세가 정명이며 아들 하나만 종신한다. 용띠와 뱀띠는 외로운 독자이나 재산은 풍족하여 사회적으로 불우한 사람을 돕는 것으로 말년을 보낸다. 꽃샘바람이 부는 봄철 84세가 되는 해가 정명이고 종신을 지켜보는 사람은 친구와 역시 외아들이다. 말띠와 양띠는 비록 부부관계는 불길하나 기타 생활면에는 큰 걱정이 없어 반길반흉(半吉半凶)의 말년을 보내게 된다. 50세에 병환을 겪고 58세에 죽게 된다. 종신자녀는 두 남매가.있다. 원숭이띠와 닭띠는 말년에도 확고한 직업으로 활동적이고 능동적인 말년을 보내며 몸은 늙었지만 마음은 젊은 사람 못지 않게 기백이 있다. 그러한 행동 때문에 때로는 구설이 심하다. 79세가 정명이며 종신자녀는 딸 둘 아들 하나이다. 개띠와 돼지띠는 딸자식 하나 믿고 즐겁게 살다가 그 딸이 사고로 죽으니 허무한 인생사를 한탄하며 자신도 자살을 하게 되니 그 가문이 막을 내리게 된다. 이때의 나이는 64세가 될 것이다. 장례는 화장을 하게 된다.

☴☷ 58 • 세관괘(世觀卦 • 세상을 관조하는 상)

세상을 관망하는 당신의 선견지명은 세상 사람들이 인정하고 있어 답답하고 풀기 어려운 일을 당신에게 물어오니 예리한 판단력과 수용 능력은 가히 알 만하다.

하지만 운명이란 선견지명이 있다고 부귀(富貴)와 빈천(貧賤)을 자유자재로 할 수는 없는 법이다. 비록 앞날을 보통 사람보다 몇 곱절 미리 예견한다 해도 꼭 부귀영화를 누리는 것은 아니다. 다만 큰 화액을 다소 감소할 수는 있다.

40대 말에서 50대 초까지 생활면이 윤택하고 세상에 이름이 자주 거론되니 소위 유명인이 돼 가고 있다. 말년이라 할지라도 자주 이사 변동이 있게 되고 자녀로 인하여 또는 당신의 외도로 인하여 가정에 평지 풍파를 일으킨다. 특히 물질적으로는 큰 인연이 없고 정신적으로는 대단히 좋은 운에 놓여 있다.

쥐띠와 소띠는 물질적으로 부족하나 정신적으로는 매우 편안하다. 예를 들면 아들이나 딸이 부모에게 쏟는 정신이 대단한 것과 같다. 저승사자와 동행하는 때는 74세이며 자녀 모두가 저승길을 배웅하고 있다. 범띠와 토끼띠는 특정한 직업은 없으나 자신이 활동해서 말년을 영위하니 고달프다. 대개는 부동산이나 동산 등을 흥정하게 된다. 그렇다고 물질적으로 극빈하지는 않다. 다만 자신이 원해서 하는 일이다. 69세가 정명이며 저승길을 배웅하는 사람은 자녀 둘이다. 용띠 양띠 개띠는 각 분야의 연구원으로 또는 종교 역술가 등으로 비교적 말년을 흐뭇하게 지내며 자녀들도 모두 입신양명한 처지에 있게 된다. 78세나 89세까지 장수한다. 저승갈 때 지켜보는 사람은 아들 하나와 두 딸이 될 것이다. 뱀띠와 원숭이띠 등은 두 부부가 70세가 넘도록 큰 병치레를 하지 않고 장수하니 모든 사람들이 부러워한다. 한 가지 신기한 것은 남편이 일 년 전에 죽었는데 그 제삿날에 부인이 죽는다는 점이다. 잠든 사이에 죽기 때문에 종신에는 보는 사람이 없다. 말띠와 닭띠는 물이나 불로 인해서 갑자기 죽게 되니 신(申)자가 든 해를 주의해야 하고 진사(辰巳)자가 든 해는 동남쪽으로 가는 배를 타지 말라.

☵☰ 61・암운괘(暗雲卦・어둠 상)

그동안 기다리고 기다렸던 소원이 말년에야 비로소 이루어지니 모든 일에 자신을 갖게 된다.

하늘에 안개만 끼어 있고 음산하여 빛을 보지 못한 것이 중년이라면 말년에는 안개도 걷히고 밝은 태양이 중천(中天)에 떠 있어 만물을 밝게 비추는 모습과 같다. 이제는 노력의 댓가를 얻는 때이고 그 보람으로 맺혀 있던 응어리도 풀리게 된다.

40대 종반과 50대 초반에는 기대했던 일들이 잘 풀려 가정에는 화목이 있고, 사회에서는 당신을 새삼 인정해 주니 차츰차츰 그 이름이 세인들 사이에서 거론되기 시작한다. 사업자라면 기대했던 물품 거래가 시작되고 문학 언론 출판 등에 종사한 사람은 기다렸던 때가 다가오니 하루아침에 명성과 재산이 있게 된다. 또한 학수고대했던 연인을 기적적으로 만날 수 있는 행운이 있게 된다.

쥐띠와 소띠는 어려운 중년에 비하면 말년은 그래도 행복한 생활을 할 수가 있다. 자녀도 기대했던 소원이 성취되니 집안이 융성해진다. 77세가 정명이며 종신자녀 둘이 있게 된다. 범띠와 토끼띠는 말년에 와서 우울증이 유발하여 세상사는 것 자체가 귀찮기만 하다. 그러나 딸 자식 하나가 지극한 효도를 하니 점차 회복돼 가고 있다. 69세나 아니면 73세가 정명이 될 것이다. 종신은 지켜보는 이가 없고 장례는 화장으로 한다. 용띠와 뱀띠는 기대했던 모든 일에서 성공하니 웃음과 즐거움이 끊이지 않는다. 그리고 막내 아들이 사회적으로 큰 인물이 돼 가문의 빛이 되고 있다. 84세가 정명이며 부부가 큰 차이없이 1~2년 사이로 죽는다. 종신에는 여러 사람이 있게 된다. 말띠와 양띠는 젊어서는 타향 객지에서 고생고생했지만 말년에는 자녀들이 성공하게 됨에 따라 고향으로 돌아가 편안한 여생을 보내게 된다. 79세나 90세경이 정명이다. 종신 자녀는 둘이 되고 선영에 묻히게 된다. 원숭이띠와 닭띠는 말년의 부부운을 제외하고는 무사하게 지내며 70세 이전이 정명이다. 사고로 죽으니 종신은 지켜보는 이가 없다. 개띠와 돼지띠는 말년이 화창하게 개인 날씨와 같으니 삶의 보람을 갖게 된다. 69세나 72세가 정명이다. 자녀중 아들만 임종을 지켜본다.

☷☷ 62 · 사리괘(士理卦 · 선비다운 상)

처음에는 땀을 흘려 노력하는 삶을 영위하고 있지만 나중에는 높은 정자에 누워 태극선(太極扇)으로 몸을 식히고 있으니 상쾌한 마음으로 여생을 보내게 된다. 이와 같이 서광(瑞光)이 말년운에 비치므로 자녀가 성공하고 자신이 하는 일도 성공을 거두어 집안에 경사가 겹치게 된다. 이러한 성공은 여러 가지로 분류되지만 당신이 규범있고 과욕하지 않으니 그 행동으로 인함이 크다. 재산 관리에 있어서도 위험한 투자를 하지 않고 보다 확고한 사업에 투자함으로 이익은 별로 없지만 재산은 안전하게 날로 증식돼 가고 있다. 이렇게 증식된 재산을 사회복지를 위하여 희사하니 가문도 빛나고 자신의 사회적 지위도 향상 되는구나.

50대 초반에는 하는 일이 여자로 인하여 손해를 보게 되며 건강도 악화된다. 이러한 와중에 있을 때 박(朴)씨나 전(全)씨 성을 가진 사람으로부터 도움을 받아 재기하여 순탄한 말년을 보내게 된다. 본운에 해당한 사람은 초혼에 실패하더라도 재혼하지 않고 독신으로 살아간다. 뿐만 아니라 자신이 효자 효녀 등이고 사회적으로도 여러 형태의 의인(義人)이 많게 된다.

쥐띠와 소띠는 재산은 빈약하나 정신상 수양이 잘돼 있어 어려운 일도 슬기롭게 잘 넘기며 타인을 이해하고 설득하는데 남다른 수완이 있다. 65세나 71세가 정명이다. 종신에는 딸 하나가 있게 된다. 범띠 토끼띠는 말년에 큰 재산상 싸움이 있게 되니 술해(戌亥)자가 들어 있는 해를 주의해야 한다. 72세가 정명이다. 종신자녀는 없다. 용띠와 뱀띠는 늦게까지 사업에 또는 해당 업종에 종사하는데 건강도 아주 좋은 편이다. 50대 후반부터는 재산이 불어나니 자녀들끼리 반목이 있게 된다. 따라서 죽기 전에 정확한 분배가 필요하다. 65세나 76세가 정명이 될 것이다. 말띠와 양띠는 사회를 위하여 재산을 희사하게 된다. 또한 건강도 좋아 85세까지는 무난하게 장수한다. 종신자녀는 남매가 있다. 원숭이띠와 닭띠는 다른 걱정은 없겠으나 5~6개월을 앓다가 죽는다. 종신은 아무도 지켜보지 못한다. 개띠와 돼지띠는 재산은 있으나 자녀로 인하여 말년이 다소 외롭다. 78세가 정명이다.

☵☲ 63·기결괘(旣決卦·이미 결정된 상)

하는 일마다 전망이 밝고 실패하지 않으니 자연 가정이 윤택해 지고 여유가 있게 된다. 조심해야 할 것은 뜨거운 물에 몸을 다친다든가 경솔하여 여러 사람으로 부터 비판을 받는 일 등이다. 어느 일을 하든지 시작 경과 결과 등을 정확하게 파악하여야 큰 걱정이 없게 된다. 당신이 여자라면 우연한 기회에 알게 된 남성과 은밀한 곳에서 은밀한 행위로까지 발전되니 자녀들이 혹시라도 눈치챌까 두렵다. 한 가지 이상한 것은 그런 행위를 하지 않으면 몸이 찌뿌둥하여 건강이 좋지 않다는 것이다. 그러나 부부끼리 하면 숨이 막히고 두통이 심한 현상이 있어 자신도 이해하지 못하고 있다.

남녀를 불문하고 50대 초반에는 건강상으로 다소 고생이 있고 후반부터는 점차 회복되고 있다. 또 한 가지 이상한 것은 여자 나이 50대임에도 불구하고 임신이 돼 남모를 고민을 하고 있다.

60세에는 가정이나 사회 등 어떤 면에서도 이제 이만하면 내 자신이 원했던 것과 하고자 했던 것이 다 이루어지지 않았는가 하고 여유를 가져본다. 특히 며느리가 아주 현숙하고 마음씨가 비단결 같이 고와 세상사람들이 칭찬하고 사회적 명예와 직함도 갖게 된다. 그러니 자연 집안이 편안하고 건강도 더욱 좋아진다.

쥐띠와 소띠는 늦바람이 나 어느 누구도 맛볼 수 없는 상쾌함을 맛보게 된다. 수명은 59세이나 69세이며 임종에는 세 사람이 있게 된다. 범띠와 토끼띠는 빈곤한 생활 속에서도 분수에 맞는 행동으로 말년을 보내며 75세가 정명이고 임종에는 딸 하나가 지켜본다. 용띠와 뱀띠는 관재 구설로 말년이 편안하지 못하며 재산은 넉넉하다. 61세나 71세가 정명이며 종신자녀는 없고 외롭게 죽을 것이다. 말띠와 양띠는 물이나 불로 인하여 몸을 다치는 액(厄)이 있어 오미(午未)자가 들어 있는 해를 주의해야 한다. 수명은 50세나 60대 종반이 정명이다. 원숭이띠와 닭띠는 몸은 하나인데 갈 곳이 많아 항시 바쁘고 정명은 75세가 될 것이다. 종신자녀는 없다. 개띠와 돼지띠는 한 가족이 한 집에서 살아가니 여러 사람의 모범이 되고 있다. 69세나 81세가 정명이고 사위와 딸이 종신을 지켜보게 된다.

☵☶ 64 · 장애괘(障碍卦 · 매사 장애를 받는 상)

물이 얕아 용이 조화를 못 부리고 참새는 혓바닥이 잘려 울음소리도 못 내니 이는 마치 당신이 모진 풍파 속에 못 이겨 가슴 후련하게 대성통곡을 하고 싶어도 눈물이 없어 울지 못하는 처절하고 비참한 말년을 암시하고 있다.

음식은 먹는 것마다 소화불량으로 끌끌거리고 기분마저 항시 불쾌하여 삶의 의욕을 상실하고 있다.

말년이라고는 하나 50대 초부터 아무 직업없이 무위도식(無爲道食)하면서 말년을 보내자니 자녀들 보기도 미안하고 부부관계도 아침 저녁으로 다투게 되어 누구 하나 동정하는 사람 없고 오히려 손가락질만 하게 된다. 집안에 사람이 죽어 나가고 손재가 겹치어 자연 빚만 지는 신세가 되고 있어 죽을래도 약 살 돈이 없어 못 죽을 지경이다. 하지만 안심하라. 다 그런 것은 아니고 해당 띠에 따라 다소 달라질 수가 있다. 모든 것이 어려운 것은 사실이지만 이런 때일수록 급하게 서둘지 말고 침착성 있게 하나하나 매듭을 지어 나가야 한다.

쥐띠와 소띠는 얻는 것 없이 바쁘기만 하고 구설이 있어 마음이 편치 못하다. 이로 인하여 자신을 극복하지 못한 채 자살하는 사례까지 있게 된다. 어려운 고비를 넘기고 산다면 74~75세까지는 이 세상 사람이 될 것이다. 자녀는 있지만 종신은 지켜보지 못한다. 범띠 토끼띠는 사내자식보다 딸자식이 가정에 보탬이 되고 충실하다. 따라서 근근히 살아가며 82세가 정명이다. 용띠와 토끼띠는 재산 문제로 집안이 항시 시끄럽고 돈이 안 들어오면 집안이 편안한데 돈만 들어오면 싸움이 난다. 그러나 60세 초반부터는 집안에 새식구가 들어오면서부터 재산도 늘어나고 가정도 점차 안정되기 시작한다. 71세가 정명이고 종신에는 온 식구가 다 지켜본다. 말띠와 양띠는 하는 일마다 중간 사람으로 인해서 실패를 하게 되고 손해만 있게 된다. 61세가 정명이고 종신 자녀는 없다. 원숭이띠와 닭띠는 남이 생각한 것처럼 호화롭지는 못하나 내실 있는 생활방식 때문에 그런데로 지내고 있다. 79세가 정명이며 종사 자녀는 두 명이 있다. 개띠와 돼지띠는 무난하지만 복통으로 가끔 놀란다. 70세 전후가 정명이다.

☵☱ 65 · 사천괘(砂泉卦 · 사막에 물이 솟는 상)

무슨 일이고 독단하지 말고 여러 사람과 타협해서 하라. 그러므로 잘 안 되는 일도 사람으로 하여 성공할 수 있다.

어느 일이든지 한 번 하기로 결정하여 밀고 나가면 종당에는 그 뜻이 이루어질 것이다. 말년운은 가물었던 샘에서 우물 물이폭포수가 쏟아지는 것처럼 솟고 금과 옥이 그 빛을 서로 자랑하고 있는 것 같으니 말년의 생활은 아무런 걱정이 없다.

50대 초반에서 종반까지는 목마른 세상사람들에게 물을 주어 갈증을 면케하니 이름이 여러 사람 입에 오르내리는 큰 인물이 되고 정치가 및 공무원은 승진과 훈장을 가슴에 다니 일생 일대 가장 행운이 있다. 조금은 어렵더라도 참고 견디며 끝까지 밀고 나간다면 행운이 있을 것이고 그렇지 않고 중도에 포기하면 오히려 주위 사람들로부터 손가락질을 받게 된다. 한편 당신의 말년운을 다른 측면으로 본다면 배가 전복돼 물 속에 빠져 들어가 찾고 있던 여의주를 거두니 생명도 무사하고 전화위복의 기회이기도 하다. 특히 같은 사업자라도 유류계통이나 청량음료 계통은 지금까지 쌓아올린 공든 탑이 주위 여건 때문에 큰 이익을 보게 된다.

쥐띠와 소띠는 친구와 시작했던 동업이 마음 먹은데로 성취되어 호화로운 가정생활을 하고 있다. 65세가 정명이며 온가족이 종신을 지켜본다. 범띠와 토끼띠는 말년에 부부가 얄미울 정도로 금슬도 좋고 자녀들도 풍요로운 생활을 하고 있다. 54세때가 위험하고 이때를 넘기면 80세는 무난하다. 용띠와 뱀띠는 자녀들 간에 재산 상속으로 인하여 서로 반목하고 있고 거기에다가 두 번째로 얻은 부인은 부인대로 재산상 불만을 갖고 있다. 바람이 세차게 부는 3~4월에 죽게 될 것이며 오전 한 시에 운명하니 아무도 임종을 보지 못한다. 말띠 양띠는 자신보다 자신의 큰아들이 유명한 정치인이 되어 가문이 더욱 빛나며 75세가 정명일 것이다. 임종에는 자녀 및 며느리가 지켜본다. 원숭이띠 닭띠는 딸자식의 덕택으로 말년이 편안하다. 79세가 정명이고 사위와 딸이 임종을 지켜본다. 개띠와 돼지띠는 부부도 장수하고 자녀들도 행복하니 무슨 여한이 있겠는가? 79세가 정명이며 종신에는 많은 사람이 지켜본다.

☵☵ 66・난습괘(亂習卦・어려움을 늘 당하는 상)

말년운은 무엇보다도 함정을 주의하여야 한다. 더우기 함정이 연속적으로 있게 돼니 한시도 방심해서는 안 된다.

여자라면 사기꾼 남자를 만나 지금까지 모은 재산을 하루아침에 날려버리게 된다. 하는 일에 변동이 있어서는 아니 되며 한 번 결정한 일은 끝까지 밀고 나가야 한다.

50대 초반이 되는 해 6월이나 11월에는 금전거래로 인한 함정이 있고 수액(水厄)이 있으니 정남쪽이나 정북쪽을 가지 말라.

당신의 말년운은 강을 건너가기 위해서 힘차게 노를 젓던 어부가 갑자기 도적으로 변해 재물은 물론 생명까지도 빼기는 위험을 받는 위급한 상황에 이르게 된다.

66~67세부터는 어두운 밤이 지나 동이 트는 아침처럼 아침 해가 두둥실 떠올라 신선하고 밝은 시대가 곳간에 쌀이 들어가기 위해 문이 열리듯 열리니 하고자 하는 일과 하는 일이 서서히 결실을 보게 된다.

쥐띠와 소띠는 어려운 형편에 악인을 만나 재산을 사기당하고 마음의 병까지 얻어 아주 험난한 말년을 보내게 된다. 범띠와 토끼띠는 남다르게 자녀를 생각한 나머지 기대했던만큼 뜻을 이루지 못하여 항시 마음이 산란하다. 재산상 큰 어려움은 없지만 상속문제로 자녀들끼리 암투가 있게 된다. 75세가 정명이며 종신에는 모든 자녀가 참석한다. 용띠와 뱀띠는 마음이 독하지 못하여 남에게 덕을 베풀다가 오히려 배신만 당하니 인(寅)자가 들어 있는 해를 주의해야 한다. 62세가 정명이며 종신에는 부인만 지켜본다. 말띠와 양띠는 동서남북으로 사방을 돌아다니며 헐기 때문에 힘들었지만 그래도 말년은 무난하다. 자녀들도 사회적인 인물이 돼 성실하게 살아간다. 65세때 죽을 고비를 넘기고 70세 종반이 정명이 될 것이다. 임종에는 아들 며느리가 보게 될 것이다. 원숭이띠와 닭띠는 자녀가 없거나 있어도 부모에게 관심조차 두지 않아 두 늙은이가 쓸쓸하게 살아간다. 79세가 정명이며 부인이 종신을 지켜본다. 개띠와 닭띠는 재산도 자녀운도 보편은 돼 큰 걱정 없이 말년을 보내며 58세때 위험하고 이때를 넘기면 80세는 무난하다. 종신에는 딸 하나가 지켜본다.

☷☷ 67·삼족괘(三足卦·절름발이 상)

말년의 운이 불길하여 몸을 다칠 수 있으므로 무엇보다도 불의의 사고를 조심해야 한다.

동업한 사업자는 의견이 맞지 않아 각각 등을 돌리게 되고 부부는 짝 잃은 기러기 꼴이 되며 자칫 형제도 잃을 수 있다.

가정이나 사회적으로도 외형적인 형식보다는 내실을 가져야 하고 과욕하지 말아야 한다. 환자라면 급격히 악화되어 치료될 수 없는 지경에까지 이르게 된다. 건강하던 사람도 줄곧 뱃속이 아파 소화불량으로 음식맛을 모르고 근근히 살아간다.

50대 초반에는 자녀로 인해 번민이 많고 하는 일도 부진하여 여러 가지로 궁상맞게 살고 있다.

50대 후반부터는 쥐구멍에 해뜨는 격으로 조금씩은 나아지고 생활과 사회적 명예와 재물에도 조금은 나아진다.

쥐띠와 소띠는 겨우 먹고는 살며 인해(寅亥)자가 들어 있는 해에 몸을 조심해야 한다. 혹자는 50을 넘기지 못한다. 65세나 69세가 정명이다. 저승으로 가는 것을 보는 가족은 없다. 범띠와 토끼띠는 어려운 삶을 영위하나 종교인으로서 심신을 수양하므로 큰 화는 당하지 않는다. 76세가 정명이며 아무도 임종을 지켜보지 못한다. 양자를 두었지만 집을 나간 뒤에 운명하기 때문이다. 용띠와 뱀띠는 풍요로운 생활로 말년이 편안하다. 특히 60세가 되는 해 8월에 경사가 있다. 78세가 정명이며 두 아들이 종신을 지켜본다. 말띠와 양띠는 밤낮으로 벌어들여야 겨우 목구멍에 풀칠하고 사니 기막힌 운명을 한탄하기도 한다. 눈이 내리는 겨울 날에 운명하며 임종을 지켜보는 사람은 두 딸과 아들 하나이다. 원숭이띠와 닭띠는 부부에 신경을 써야 하고 자녀들의 반항을 슬기롭게 이해하고 설득해서 바른 사람이 되도록 선도해야 한다. 82세나 87세가 정명이며 여러 자녀들이 종신을 지켜보게 된다. 개띠와 돼지띠는 건강도 불길하고 자녀들도 속을 썩여 한 마디로 괴로운 인생 길을 걷고 있다. 이 어려운 가운데서, 58세때 병원에 입원했다가 70세까지 사나 71에 황천객이 된다. 종신 자녀는 자녀 둘이 있게 되며 머리는 동쪽으로 돌린 채 죽게 될 것이다.

☷☵ 68・비견괘(比見卦・경쟁하는 상)

말년의 행복은 걱정하지 말라. 가을 밤하늘에 북두칠성이 반짝이며 푸른 하늘을 수 놓는 그 화려함이 바로 당신의 말년운과 같기 때문이다. 그러므로 하는 일마다 막힘이 없고 성취되며 웃음이 만발하게 된다. 일을 대함에 있어서 혼자 독단하면 구설시비가 있음으로 손윗사람이나 손아래 사람이든 간에 물론하고 타협한 가운데 이루어진다. 말년이라고는 하나 바람을 피워볼 수 있는 운명이므로 미리 자제해야 한다. 물론 바람을 피운다고 가정에 파탄이 오는 것은 아니다. 다만 그 숫자가 너무 많게 되면 과다한 정력 낭비로 정신력이 희박해지기 때문이다. 경쟁하던 사업도 좀더 많은 거래선을 유지하고 있어 가만히 앉아서 큰돈을 벌 수 있다.

정치 경제 문화와 더불어 어떠한 분야에 있든지 간에 최고의 지위에 도전해 볼 만한 대운(大運)이 트인 것이다. 예를 들면 정치인이라면 자신이 원하는 국회의원 또는 일국을 통치할 수 있는 대권(大權)을 향하여 노력할 시기인 것과 같다.

쥐띠와 소띠는 사업가로서 또는 공무원으로서 자신이 원하는 최고의 지위에 오를 수 있고 재산은 신경을 쓰지 않아도 날로 늘어만 간다. 80세나 90세가 정명이며 근100세까지 장수하기도 한다. 범띠와 토끼띠는 교육자로서 그 이름이 세상에 알려지며 재산은 빠듯한 편이다. 65세나 69세가 정명이 된다. 임종을 지켜보는 사람은 며느리 아들 사위 등 10여 명 이상이 된다. 용띠와 토끼띠는 사회적으로나 가정적으로 즐거움이 가시지 않아 비교적 건강에는 자신만만하다. 자녀들은 유명 인사가 많아 당신을 더욱 흐뭇하게 하고 있다. 82세가 정명이며 종신을 지켜보는 사람은 아들과 딸이다. 말띠와 양띠는 재산으로 인하여 자녀끼리 내심 질시하고 있기 때문에 죽기 전에 정확한 분배를 정해 놓아야 한다. 71세가 정명이다. 원숭이띠와 닭띠는 아무 걱정없이 여행이나 다니다가 편안하게 죽는데 70세를 전후하여 죽는다. 개띠와 돼지띠는 남다르게 칠성공(七星功)을 드리며 사회에서나 가정에서도 절대 괴롬이나 욕됨없이 편안하게 살아간다. 같은 띠라도 6월생은 일국의 통치자까지 될 수 있다.

수명은 80세나 90세가 된다.

☶☰ 71·대축괘(大蓄卦·과욕을 부리는 상)

속된 이야기로 사나이 대장부 살림 이만하면 됐지 무엇을 더 바라겠는가 할 정도로 풍요한 삶을 영위하고 있다. 여자도 마찬가지이다. 이 여자팔자 이만하면 되었지 무엇을 더이상 바라겠는가.

한 가지 주의할 점이 있다면 너무 배포가 커서 때로는 실없는 사람으로 취급받기도 한다는 점이다. 그리고 맹목적인 전진보다는 계획적인 진출이 여러 가지로 유리하다.

50대 초반에는 하는 일이 성취되고 가는 곳마다 환영을 받아 인간의 삶이 이렇게 즐겁고 기쁠 때도 있는 것이구나 하고 기쁨의 미소를 피게 된다.

50대 종반과 60대 초반에는 살림이 늘어가고 무시당했던 그 사람들로부터도 환영을 받게 된다. 그동안에 사고자 했던 집이나 상가 빌딩 등을 사게 되니 말년은 아무런 걱정이 없다.

쥐띠와 소띠는 외형상으로는 풍요로운 것 같지만 내면상으로는 풍요 속에 빈곤을 면치 못하고 있다. 그러한 원인은 운명에도 있지만 자신의 힘에 맞지 않는 과분한 행위로 인한 것도 무시할 수 없다. 72세가 정명이고 종신에는 딸자식만 있다. 범띠와 토끼띠는 자신의 행운보다는 자녀들이 행운이 있어 사회적이나 직업적인 면에서 지도적인 위치에 있게 된다. 그러므로 말년은 아무런 걱정이 없다. 69세가 정명이며 5일간 앓다가 죽는다. 종신자녀는 아들 딸 셋이 있어 지켜본다. 용띠와 뱀띠는 아들이 재산을 탕진하여 가세가 어렵다. 그러나 본시 화목한 가정이라서 서로 의지하고 믿고 살아가니 큰 어려움은 없다. 71세가 정명이고 종신은 자녀 및 며느리등이 눈물로써 지켜본다. 말띠와 양띠는 풍요로운 가세이나 건강이 불길하여 63세에 죽을 고비를 넘기고 70세에 황천객이 된다. 종신에는 아들 둘이 지켜본다. 원숭이띠와 닭띠는 사회적으로 잘 알려진 유명 인사에 해당되니 말년에도 바쁘게 활동하게 된다. 87세가 정명이고 종신에는 두 딸이 있게 된다. 개띠와 돼지띠는 보편적인 말년을 보내므로 풍족하지는 못하다. 그렇다고 빈곤하지도 않다. 76세가 정명이다. 종신에는 외아들 하나뿐이다.

☳☴ 72· 후익괘(後益卦·후일 행운이 있을 상)

근면하고 성실한 덕이 말년에야 나타나므로 도인(道人)이 득도의 경지에 이른 것 같고 농부가 피땀 흘려 지은 농사를 황금들판에서 거두니 결실의 웃음을 지은 것과 같다.

50대 초반부터 열리기 시작한 운이 말년으로 갈수록 더욱 좋아지어 지금까지 느껴보지 못한 인생의 풍요로운 삶을 실감하게 된다. 자녀들도 학문과 경제 정치계에서 그 지위가 날로 높아만 간다. 이러한 경사로 인하여 당신의 처지가 크게 달라져 아들 딸 그리고 자신까지도 각자 자가용을 굴리면서 살아가고 있다. 건강에도 자신이 있을 만큼 좋은 편이며, 가정화목도 타인의 모범이 될 만하다.

쥐띠와 소띠는 말년이 어느때보다도 행복하며 실업가로서 대성할 수 있다. 그리고 인해(寅亥)자가 들어 있는 해에 이사를 하게 되고 68세가 정명이다. 임종을 지켜보는 사람은 사위와 두 딸이 될 것이다. 범띠와 토끼띠는 집안에 양자나 실모 아닌 계모가 있게 되며 가정이 화목하지 못한 게 흠이다. 건강에는 중풍과 언어장애를 조심해야 한다. 재산은 그런데로 있지만 단명하여 56세를 넘기기 힘들다. 사고로 죽게 되니 아무도 임종을 보지 못한다. 용띠나 뱀띠는 진술(辰戌)자가 든 해를 만나면 구설시비가 있어 마음이 편치 못하고 오(午)자가 들은 해 3월 4월에는 귀인을 만나 사회적 명성을 얻는다. 80세 전후가 정명이며 종신에는 많은 일가 친척이 지켜본다. 말띠와 양띠는 재산도 있고 말년까지 직업을 가지므로 사회적 지위도 유지된다. 자축(子丑)자가 든 해가 되면 불길하고 인신(寅申)자가 든 해가 되면 행운이 있게 된다. 71세가 정명이다. 종신자녀는 아들 셋에 딸 둘이 된다. 원숭이띠와 닭띠는 말년이 짝없는 기러기라서 외롭지만 자녀들이 효도하니 외로움이 다소 감소하게 된다. 딸자식 하나가 국가 공무원으로서 명성이 있게 되어 만인이 우러러 본다. 69세가 정명이며 종신에는 딸만 참례(參禮)하게 된다. 개띠와 돼지띠는 무엇보다도 건강에 신경 써야 한다. 비록 여유있는 생활은 하나 간장염 또는 위장병으로 고생한다. 그러나 걱정하지 말라. 완치하여 황천객이 된다. 앓은 시기는 50대 초가 되고 82세가 정명이다.

☷☷ 73・서양괘(西陽卦・저녁 노을 상)

당신은 비록 나이는 들어 말년이라고 하나 외모가 단정하고 옷이나 신발에 젊은 미남자 못지 않게 대단한 신경을 쓰고 있기 때문에 누가 봐도 말쑥한 노신사이다.

뿐만 아니라 언변이 좋아 남을 이용하기도 하나 뛰는 놈 위에 나는 놈이 있다는 속담처럼 자신도 이용을 잘 당하기도 한다. 당신의 말년은 여행이나 하고 호연지기나 즐기며 좋건만 내면에는 빈곤함과 가정 불화가 있어 그다지 행복하다고는 볼 수 없다.

50대 초반에는 서쪽에서 동쪽으로 이사를 하니 가정이 번창해 지고 자녀들이 원래부터 꿈꿔왔던 일을 차츰 실현할 기미가 보이며 하고자 했고 원하는 것들이 조금씩 풀려가고 있다.

50대 종반에는 어느 누구를 물론하고 심장병과 고혈압으로 고생이 있게 되어 가능하면 남쪽이나 동남쪽으로 이사를 하지 않는 게 좋다.

쥐띠와 소띠는 형식이나 규범에 얽매이지 않고 실용성 있는 생활을 영위한다. 따라서 풍요롭지 못한 가정이나마 알뜰하게 살아가므로 큰 어려움은 없게 된다. 60대경에는 자녀에게 경사가 있고 못 받을 것으로 생각했던 빚을 받게 되어 꿈만 같다. 72세가 정명이고 종신자녀는 아들 딸 남매이다. 뱀띠와 토끼띠는 귀가 얕아 남의 말을 듣다가 사기를 당하고 눈물을 흘리게 된다. 자녀들은 부모에게 남다른 효심이 있어 순종하니 하나의 즐거움으로 살아간다. 89세가 정명이다. 종신에는 많은 자녀가 지켜본다. 용띠와 뱀띠는 두 부부가 잉꼬로 살아가며 재산도 넉넉하여 아무 걱정이 없다. 78세가 되는 해 10월과 11월 술해(戌亥)자가 든 날에 죽게 될 것이다. 사주가 귀격(貴格)이면 영웅호걸로 이름이 만방에 있다. 말띠와 양띠는 2~3년을 앓다가 죽게 되어 자녀에게 미안하다는 유언을 채 끝내지 못하고 숨을 거둔다. 60세를 전후하게 된다. 원숭이띠와 닭띠는 자녀로 인한 불화가 아침 저녁으로 있게 되고 재산이 사방으로 흩어지니 불안한 말년을 보낸다. 61세가 되는 해 종신하는 사람없이 외롭게 간다. 개띠와 돼지띠는 49세때에 생명이 위험하고 이때를 넘기면 75세나 76세까지는 무난하다. 종신 자녀는 아들과 딸이 있게 된다.

☷☵ 74・언어괘(言語卦・대화하는 상)

산도 설고 물도 설은 타향 객지에서 만난 친구가 하루아침에 악인으로 변해버리니 세상 믿을 사람 누가 있단 말이오. 이러한 처지에서도 당신은 용기를 잃지 않고 씩씩한 모습으로 세상을 살아가니 세인은 오히려 당신의 처지를 동정하고 있다. 그러므로 재기할 수 있고 객지에서나마 남에게 뒤지지 않게 자수성가(自手成家)하였던 것이다. 과욕과 외도만 삼가하면 무난한 말년을 보내게 될 것이다.

쥐띠와 소띠는 40대 종반과 50대 초에 같은 동료로부터 큰 손해를 보게 되나 곧바로 재기하여 편안한 말년을 보낸다. 오(午)자가 들은 해는 가정에 변화가 있고 건강도 불길하다. 백 년이나 더 나아가서는 천 년을 살고 싶지만 71세가 되는 해 집안에 경사가 있은 3일 후에 아무도 지켜보지 못하는 밤 12시 10분에 눈을 감는다.

범띠와 토끼띠는 알뜰한 가정을 영위하니 비록 큰 돈은 없지만 결코 불행하지는 않다. 더우기 외아들이 하루가 멀다 하고 눈부시게 발전하고 있으니 기쁘기 한량없다. 59세가 정명이며 마지막을 지켜보는 사람은 여동생과 아들 딸이 될 것이다.

용띠와 뱀띠는 말년에 대운이 트여 정치 문화 경제 모든 면에서 자신이 원하는 최고의 자리에 오르게 되고 세인이 스스로 알아주니 그 이름이 빛나게 된다. 79세나 86세가 정명이다. 운명을 지켜보는 사람은 외국에 있는 딸과 뜻을 이어간 아들이 있게 된다.

말띠와 용띠는 재산이 태산 같고 자녀가 유명함으로 편안한 말년이 된다. 이밖에도 부부가 한결같이 80세가 넘도록 장수하여 살아가니 이 세상에 있는 복(福)은 혼자 다 타고난 것 같다. 83세나 89세가 정명이고 둘째 딸이 지켜보게 된다.

원숭이띠와 닭띠는 자녀도 없고 부인도 없으니 외롭기 이를 데 없다. 설령 자녀가 있다 하더라도 없는 것이나 마찬가지이다. 59세가 정명이며 세칭 국장(國葬)이 될 것이다. 개띠와 돼지띠는 죽기가 너무 억울하다. 왜냐면 고생고생하다가 이제 좀 먹고 살 만하니까 죽게 되기 때문이다. 종신을 지켜보는 사람은 딸 하나만 있을 뿐 쓸쓸하게 된다.

☳☵ 75·불치괘(不治卦·아주 흉한 상)

늙은 몸 병까지 들어 갈 곳은 오직 하나, 말년에는 무엇보다 건강에 신경을 써야 한다. 뿐만 아니라 손아랫사람으로 인하여 재산에 차압이 있게 되고 하루아침에 길거리로 나앉게 되니 이런 청천병력이 또 어디에 있단 말인가.

집안 살림에 보태려고 저금해 놓은 돈을 아들이나 딸이 탕진해버려 남은 것이 없으니 그렇게 허무할 수가 없다. 그러나 실망하지 말라. 누구에게나 다 그런 것은 아니다.

쥐띠와 소띠는 재산도 자녀덕도 없으나 50대 후반부터는 서광이 서서히 찾아 드니 재산도 다소 저축되고 집안에도 화기가 깃들어 모든 면에서 안정이 되어가고 있다. 63~64세가 정명이며 종신자녀는 두 딸이 지켜보게 된다. 범띠와 토끼띠는 자녀 때문에 경찰서를 자주 왕래하다 보니 마음 편안한 날이 없다. 재산은 있지만 자녀들끼리 불화가 심하여 황천가기 전에 좀더 분명하게 배분해 놓아야 한다. 58세나 64세가 정명이고 종신에는 아들 딸 다섯이 지켜보게 될 것이다. 용띠와 뱀띠는 재산도 있고 자녀들도 사회에서 지도급으로 활동하고 있어 빈약했던 가세가 점점 강성해 진다. 78세가 정명이고 종신자녀는 두 딸 뿐이다.

말띠와 양띠는 장님이 폭풍우가 쏟아지는 칠흑같은 밤에 산고개를 넘어가니 그 모습이 알 만하다. 이러한 고통은 당신이 생명을 연장한 까닭이다. 만약 당신이 재산도 충족하고 심신도 편안하게 지냈다면 당신은 이미 고인(故人)이 됐을 것이다. 하지만 이러한 천도(天道)를 범인(凡人)이 알지 못하고 있으니 무척 안타까운 일이다. 따라서 만고풍상을 다 겪었기 때문에 옥황상제(玉皇上帝)께서 가엽게 여기시고 85세나 96세때까지 이 세상에서 살도록 하였다.

원숭이띠와 닭띠는 자녀운과 부부운 말년에 그런데로 안정되기 때문에 편안하게 지낸다. 77세가 정명이 될 것이고 종신자녀는 딸 셋 아들 셋이 될 것이다. 개띠와 돼지띠는 50대를 전후하여 불치병이 두렵다. 만약 이 때를 넘기면 70세는 무난하게 살아간다. 종신을 지켜보는 사람은 아무도 없으며 눈이 내리게 될 것이다.

☷☳ 76·동심괘(童心卦·어린이 마음상)

말년의 운이 크게 열리어 하는 일마다 소원이 성취되고 기다렸던 때가 다가와 인내와 관용으로 고통의 나날을 보냈던 지난 시대를 회상하여 본다.

사업자는 중소기업에서 대기업으로 전환할 시기이고 셋방살이는 고급주택으로 입주하며 고통받아 오던 사람은 해당 분야에서 가장 으뜸의 지위를 향하여 달리게 된다. 사방으로 뿔뿔이 흩어졌던 군졸들이 당신의 지도 아래 모여드니 그 힘이 온나라에 미치게 된다.

쥐띠와 소띠는 그동안에는 빛 좋은 개살구란 속된 말처럼 겉으로는 만인을 통솔한 것 같지만 고통받은 어둠 속에서 오직 나만이 존재하니 그 비참함을 어찌 말로 다할 수 있겠는가. 하지만 실망은 아직 이르다. 단 진사(辰巳)자가 든 해에는 폭풍우가 일어 과일이 땅에 떨어질 것이다. 69세가 79세가 정명일 것이다. 종신에는 자녀가 참례하지 못한다.

뱀띠와 토끼띠는 천리 길을 뛰다가 다리가 부러지고 질병이 많으며 불의의 사고가 있게 된다. 49세나 58~59세가 정명이다. 종신 자녀는 외로웠으니 있을 수 없다.

용띠와 뱀띠는 말년에 부귀영화하여 아무런 걱정이 없고 취미로 경영하던 사업도 의외로 잘돼가고 있다. 87세가 정명이며 자녀 및 친척이 지켜보는 가운데 운명하게 된다. 말띠와 양띠는 애석하게도 자녀가 없다. 설령 있다 하더라도 남남이나 다름 없으며 차라리 눈으로 보지 않는 게 마음이 편안하다. 종신에는 아무도 지켜보지 못하며 장례는 화장으로 하게 될 것이다.

원숭이띠와 닭띠는 50대까지만 하더라도 어려운 생활을 했지만 진신(辰申)자가 들어 있는 4월과 7월에 시작했던 일이 크게 성공함에 따라 말년이 자연 편안하다. 79세가 정명이고 외동딸 하나가 임종을 지켜보게 된다. 개띠와 돼지띠는 말년의 부부관계가 불길하고 건강이 좋지 않아 50대와 65세때 병원 신세를 면치 못한다. 아들이 비록 의사이지만 당신의 질병에는 크게 도움이 되지 못한다. 병명은 관절통 신경통과 위장병이 된다. 71세가 정명이고 보기 싫은 부인이 지켜본다.

☷☶ 77・지행괘(止行卦・미루는 상)

비가 오고 눈이 내려 옷을 다 적신다 해도 뛰지 않고 여유를 갖고 천천히 걸어가고 있다.

이처럼 완만한 성격이 나이가 들면서 더 심해지고 있어 경솔한 사람은 당신을 보고 무척 답답하다고 힐책하지만 당신의 눈은 이미 상대의 가슴속을 훤히 들여다 보고 있고 세상만사를 미리 예견하는데 남다른 괴력(怪力)을 갖고 있다.

따라서 다른 사람들이 보기는 무척 우둔하게 보고 있지만, 절대 우둔한 것이 아니고 그만큼 세상을 예견하고 여유가 있는 것이다. 이러한 까닭에 말년은 어느때보다 안전한 생활을 하게 될 것이다.

쥐띠와 소띠는 초년 중년에 비하면 말년은 미꾸라지가 용으로 변해 고생했던 지난날을 회상하며 편히 살아가고 있다. 함박눈이 펄펄 내리는 날에 운명하며 종신은 아무도 지켜보지 못한다. 범띠와 토끼띠는 신유(申酉)자가 든 해를 만나면 가정에 구설이 있게 되고 오미(午未)자가 든 해를 만나면 소원이 성취된다. 71세가 정명이며 종신자녀 하나가 흐느끼게 된다. 용띠와 뱀띠는 거느리는 사람이 수 만이고 동서남북에 이름이 빛나고 있어 아주 호화로운 말년을 보내게 된다. 83세가 정명이 될 것이다. 종신에는 아들 며느리는 물론 다른 일가 친척도 있게 되며 장례 행열이 줄을 잇는다. 말띠와 양띠는 사회적으로는 대우를 받으나 집에서는 대우를 받지 못하여 내심 쓸쓸하다. 부인도 사회적으로 지도급 인사이면서 남편인 당신에게 아주 불손하게 대하고 있다. 재산이나 기타 여건은 남에게 뒤지지 않는다. 76세가 정명이다. 종신에는 외국에 있는 아들이 급히 돌아와 지켜보게 된다.

원숭이띠와 닭띠는 하루도 움직이지 않으면 먹고 살지를 못할 지경으로 궁핍하니 참으로 안타깝다. 60세를 전후하여 정명에 이른다. 만약 부인을 먼저 보내게 되면 70세는 무난하게 될 것이다. 종신자녀는 딸 하나가 있다. 개띠와 돼지띠는 의식주 걱정없는 가정 형편에 부부가 건강하게 무병장수하니 이것 또한 당신의 복이다. 87~89세가 정명이 될 것이고 종신에는 남매가 지켜본다.

☷ 78·삭발괘(削髮卦·수양하는 상)

죄는 미워도 인간은 미워하지 말라는 격언(格言)처럼 당신을 미워하고 아주 망쳐버린 사람도 바다와 같은 넓은 도량으로 이해하고 슬기롭게 대처해야 한다. 왜냐면 이러한 일도 보통사람의 능력으로는 볼 수 없지만 실지 역리(易理)에서는 이미 태어날 때부터 정해진 것이다. 이러한 까닭에 남을 원망하지 말고 내 스스로 심신을 연마해야 한다. 그래야 말년이 편안할 수 있다.

쥐띠와 소띠는 어려운 초년 중년에 비하면 이젠 이만하면 살 만하다고 한숨을 여유 있게 쉴 정도이다. 다만 소띠는 미(未)자가 든 해에 쥐띠는 오(午)자가 든 해에 이사를 해야 길하다. 58세나 71세가 정명이 된다. 자녀는 외국이 있으므로 양로원에서 죽게 된다.

범띠와 토끼띠는 49세나 50대 초반에 낙상으로 인하여 몸을 다치게 된다. 크게 앓지는 않는다. 재산이나 자녀들의 운은 비교적 좋은 편이며 가정도 화목하여 당신의 말이라면 순응하여 집안이 더욱 조용하고 편안하며 화기(和氣)가 있게 된다. 72세나 89세가 정명이고 눈을 감을 때 지켜보는 사람은 아들과 딸 자매가 있게 된다.

용띠와 뱀띠는 관재를 조심해야 하고 민(閔)씨 성을 가진 사람과는 금전거래를 하지 말라. 반드시 손해 본다. 63세가 정명이며 딸자식 둘만 임종을 지켜본다.

말띠와 양띠는 여자를 조심하라. 만약 경솔하게 처신한다면 망신을 면키 어렵다. 당신의 사회적 지위나 자녀들의 사회적 인식에 비하면 아무 걱정 없겠으나 그러나 여자 때문에 항시 말썽이다. 75세가 되는 해 6월 7일 새벽에 운명할 것이다.

원숭이띠와 닭띠는 하는 일마다 순조롭고 건강도 좋아 큰 어려움 없이 자녀들에게 호강을 받으며 즐거운 말년을 보내게 된다. 86세가 정명이며 모든 자녀와 가족이 지켜보는 가운데 조용이 눈을 감는다. 개띠와 돼지띠는 말년이라고 하나 사회생활을 계속하고 있으며 자녀들도 사회에서 지도층 인사로서 가문이 빛나고 그 힘이 막강하다. 79세가 정명이며 종신자녀가 7명이나 된다.

☷☰ 81·우주괘(宇宙卦·우주 상)

부부가 뜻이 맞아 일생을 화목하게 살아가니 자녀들도 부모의 부부관을 이어받아 한결같이 행복한 가정을 영위하며 살아가고 있으니 그보다 더 큰 행복이 어디에 있으며 그보다 더 큰 효도(孝道)가 어디에 있단 말인가. 당신은 마음씨가 천성적으로 넓어 왠만한 일에는 웃음으로 넘긴다.

쥐띠와 소띠는 넉넉한 재산과 사회적 배경으로 고아원이나 양로원 등을 설립하여 불우한 사람들을 도우며 살아간다. 불길한 운을 찾아보면 인(寅)자가 들은 해나 해(亥)자가 들은 해에는 반드시 상서롭지 못하다. 68세가 정명이며 종신에는 두 아들이 지켜본다.

범띠와 토끼띠는 49세나 50대 초반에 흙더미로 인한 압사(壓死)가 두렵다. 이 시기만 넘기면 60세까지는 무난하게 살아간다. 종신자녀는 없으며 외롭게 눈을 감는다.

용띠와 뱀띠는 자녀들이 학계 종교계 정치계 등에서 두각을 나타내고 있으며 막네 딸 하나는 신문사 기자로서 아주 활발하게 활동하고 있다. 당신도 65세경까지 활동을 하게 된다. 88세나 근 100세 정도가 정명이다. 종신에는 온 식구가 지켜보게 된다.

말띠와 양띠는 딸만 셋을 두었는데 이 딸들이 아들 못지 않게 사회적으로 활동하여 부모에게 지극한 효도를 하게 된다. 이 세 딸들의 효도를 생각하면 죽고 싶지 않지만 74세에는 황천으로 가고 만다. 종신을 지켜보는 사람은 두 딸이 될 것이다.

원숭이띠와 닭띠는 가정은 화목하나 가정불화가 심하여 마음이 불안하다. 특히 인묘(寅卯)자가 든 해 초봄에는 금전거래로 인해 가정 싸움이 있게 된다. 72세가 정명이며 아들 셋과 딸 하나가 종신을 지켜보게 된다. 개띠와 돼지띠는 수명이 짧고 종교계나 기타 명산대천(名山大川) 등지에서 장수기원을 지극한 정성으로 드리면 좋은 결과가 있을 수 있고 자손들도 큰 화액(禍厄)을 면하게 된다. 재산이나 사회적 유명도가 당신의 지위를 더욱 확고하게 하고 있다. 47~49세가 정명이나 어렵게라도 이때를 잘 넘기면 60세까지는 무난하다. 가능하면 입산 수도하면 더욱 유길하다. 종신 자녀는 남매가 있을 것이다.

☷☵ 82·달성괘(達成卦·달성하는 상)

따스한 봄빛이 온 세상을 비쳐주고 기다리던 님을 만나게 되니 말년의 운명은 밝기만 하구나.

직장인은 승진을 할 것이고 외국에서 근무하고 있던 외교관은 본국으로 돌아오면서 일 계급 승진을 하게 되며 죽은지 산지도 모르고 가슴 태우던 미아가 어른이 돼 집으로 돌아오니 기쁨의 눈물을 흘려 본다. 당신의 말년운은 아무런 걱정이 없다.

쥐띠와 소띠는 사신(巳申)자가 든 해를 만나면 하고자 하는 일이 서서히 달성되며 이로 인하여 지위가 높아지고 여러 사람을 거느리게 된다. 그러나 쥐띠는 인묘진(寅卯辰)자가 든 해를 소띠는 해자축(亥子丑)자가 든 해를 각각 만나게 되면 다사다난하고 가정이 불화하게 된다. 건강에는 각기병을 주의해야 한다. 자녀들도 확고한 직업인으로 날로 발전하고 있다. 77세가 정명이며 종신자녀는 아들 둘에 딸 하나가 지켜보게 된다. 산 좋고 물 좋은 명당자리에 묻히게 된다. 범띠와 토끼띠는 부부가 모두 직업을 50대 초반까지 갖고 있게 되며 빠듯하게 살아간다. 말년에는 무엇보다도 자녀들의 교육이다. 그러나 당신의 자녀들은 비록 많이는 배우지 못했지만 다들 인간됨이 근실하고 좋은 직장을 유지하고 있다. 81세가 정명이며 자녀들이 지켜보는 가운데 고요히 잠든다. 용띠와 뱀띠는 술해(戌亥)자가 든 해를 만나면 이사를 해야 하고 진사(辰巳)자가 든 해를 만나면 젊어서부터 품어오던 뜻을 이루어 볼 수 있는 절호의 기회가 열리며 말년에 크게 이름이 빛나 사방에 있다. 69세나 78세가 정명이다. 종신을 지켜보는 사람은 아들 딸을 비롯한 온 가족들이다. 말띠와 양띠는 말년에 굴곡이 너무 심하여 항시 안정된 생활을 유지하지 못하고 있어 마치 도깨비살림처럼 변화가 무쌍하다. 객사(客死)하게 된다. 원숭이띠나 닭띠는 외국에서 생활을 한다든가 아니면 외국과 관계된 직업에 종사하게 되며 아주 무난한 말년을 보내게 된다. 84세가 정명이고 종신에는 아들과 며느리가 있다. 개띠와 돼지띠는 아들 하나 딸 하나 남매를 두었는데 그렇게 효자 효녀일 수가 없어 하루하루가 즐겁기만 하다. 생활은 보존되며 남을 돕고 살아간다. 59세나 71세가 정명이다. 종신에는 남매가 지켜보게 될 것이다.

☲☷ 83·실명괘(失明卦·태양이 빛을 잃을 상)

짝 잃은 기러기가 강가에서 외로이 울고 있으니 그 처량한 모습이 바로 당신의 말년이다.

기러기가 짝을 잃듯이 부부관계가 무사하지 못해 심한 경우는 40대 종반이나 50대 초반에 사별(死別)까지 하게 된다. 말년에는 활동을 중단하고 산 속에 들어가 건강이나 회복해 달라고 천신(天神)에게 애원하는 것이 가장 가당한 처사이다.

쥐띠와 소띠는 자녀로 인해 고통이 이만저만 아니다. 이러한 고통 때문에 당신의 건강이 좋지 않아 오미(午未)자가 들은 해에는 죽을 고비를 넘기게 될 것이다. 이때를 넘기면 68세 정도까지는 무난하다. 범띠와 토끼띠는 늙어서까지 동서남북으로 돌아다니며 유랑(流浪)생활을 하게 되니 자녀들과도 깊은 정을 못 느끼고 살아간다. 가장 불길한 해는 인신유(寅申酉)자가 들어 있는 해 가을 철이 된다. 아무도 없는 객지에서 외롭게 운명할 것이다. 용띠와 뱀띠는 그동안 여러 가지 풍파를 겪고 살아오다가 50대 초반부터 운이 열려 하는 일마다 순조롭게 성취되니 진사오(辰巳午)자가 든 해에는 문서를 계약하여 더 큰 이익을 보게 된다. 생월이 6월에 해당한 사람은 말년운이 대통하여 큰 부자가 될 수 있다. 79세가 정명이며 딸과 사위가 종신을 지켜본다. 말띠와 양띠는 병든 말이 험한 고갯길을 오르자니 힘이 부족하여 죽을 것만 같은 격이다. 말년에도 당신 자신이 벌어 생활하지 않으면 안 될 어려운 처지이다. 자녀가 있지만 지금은 어디서 무엇을 하면서 사는지조차 알지 못하고 있다. 이럴 줄 알았더라면 재혼이나 하여 부부가 오손도손 살아 갈 것을 하고 이제 와서 후회가 이만저만이 아니다. 자축(子丑)자가 든 해를 만나면 스스로 목숨을 끊기까지 하게 되니 마음을 편히 가져라.

원숭이띠와 닭띠는 건강 이외에는 별 걱정이 없고 재산도 이만하면 살아갈 수 있을 정도이며 자가용을 굴리고 살아갈 수 있다. 59세나 63세가 정명이다. 딸만이 종신을 지켜볼 것이다. 개띠와 돼지띠는 심장과 안질로 고생하나 불행중 다행으로 자녀들이 효도를 하여 한 가닥 희망을 걸어본다. 69세가 정명이다. 종신은 남매 뿐이다.

☷☳ 84 · 곤복괘(困復卦 · 원상회복하는 상)

파묻혀 있던 황금이 그 빛을 반짝이기 시작하고 은거하던 강 태공(姜太公)이 문왕(文王)을 만나 천하를 다스릴 수 있는 절호의 기회를 얻게 되어 세인이 우러러 보게 되니 그 이름이 온 세상에 떠들썩하다. 실패만 거듭해 온 사업자가 그 실패와 손실을 만회할 수 있는 기회를 만날 것이고 정치인은 재기할 수 있는 기회이며 가출한 청소년이나 집안 어른은 돌아오게 된다.

쥐띠와 소띠는 젊었을 때의 고생하던 그 시절이 언제였나 할 정도로 말년에 와서 성공의 속도가 빠르다. 이젠 불미스러웠던 이성에 관한 고민도 자연 사라지고 모든 것이 정상적으로 회복되어 가슴을 펴고 하늘로 날아만 갈 것 같다. 74세가 정명이고 종신에는 여자만 둘이 있게 된다.

범띠와 토끼띠는 신유(申酉)자가 든 해를 만나 인간 고역을 당했지만 지금은 모든 게 잘 이루어지고 있고 집을 나갔던 부인이나 자녀도 스스로 돌아오니 자연 집안이 편안하다. 재산은 먹고 살 정도는 되고 정(丁)씨 성을 가진 사람에게 어려움을 당한다. 76세가 정명이며 종신에는 애석하게도 아무도 지켜보지 못한다.

용띠와 뱀띠는 정치인으로서 또는 사업자로서 새로운 도전을 해 볼 수 있는 시기에 와 있다. 뿐만 아니라 실패했던 결혼생활도 새로운 출발을 할 수 있는 기회가 마련되기도 한다. 63세나 69세가 정명이 된다. 종신자녀는 4~5명이 된다.

말띠와 양띠는 말년에도 사회 활동을 계속하고 있지만 재산은 그다지 풍족하지 않으며 남다르게 주거를 자주 옮기게 된다. 79세가 정명이며 종신은 자녀 둘이 지켜보게 된다.

원숭이띠와 닭띠는 사회적으로 자신이 원하는 바가 성취될 수 있는 여건이 형성되니 자기의 능력대로 노력만 하면 성공할 수 있다. 재산이나 사회적 지위가 말년에 들어와 급격이 좋아지며 향상되고 있다. 78세가 정명이며 종신자녀는 아무도 없다.

개띠와 돼지띠는 비록 지식이나 사회적 지위는 없으나 재산이 풍부하고 자녀가 흥왕함으로 말년을 편안하게 지내며, 67세나 71세가 정명이다.

☷☳ 85 · 승희괘(昇喜卦 · 기쁨이 많아질 상)

소원이 성취되고 심신은 편안하니 이보다 무엇을 더 바라겠는가. 말년에 주의할 점은 높은 곳만 바라고 아래 쪽은 쳐다보지 않는다는 것이다. 욕심이 과하면 파멸이 오고 이 파멸은 곧 존재 가치를 상실하게 되니 인간은 지혜롭게 멈출 줄을 알아야 한다.

쥐띠와 소띠는 초년 중년보다도 현격히 다른 차원에서 사회활동을 하고 있다.그것도 닭이 봉황이 되고 비둘기가 학(鶴)으로 변했기 때문이다. 한마디로 당신은 앞으로 기회를 봐서 각 사회 단체장에 출마해도 가능하다. 72세가 정명이다.

범띠와 토끼띠는 재산은 풍족하나 사회적인 명예운은 없다. 그러므로 돈으로 어떠한 권리를 살 생각이면 돈만 나갔지 아무런 효과를 거두지 못할 것이다. 때가 오면 장학재단이나 양로원 등을 경영하면 대길하다. 72세가 정명이며 종신자녀는 딸만 세 명을 두었다.

용띠와 뱀띠는 집안 일에는 충실하지 못하고 남의 일에만 전념하기 때문에 가끔 가정불화가 있게 된다. 그러나 당신의 봉사정신으로 인하여 국가로부터 인정을 받아 후일에 큰 덕을 보게 될 것이다. 이때가 진오(辰午)자가 들어 있는 해이다. 건강에는 위장병을 조심하라. 80세나 83세가 정명이다. 종신을 지켜보는 사람은 아들과 며느리이다.

말띠와 양띠는 깨진 바가지를 다시 맞추어 헤어졌던 부인을 말년에 만나 동거하게 된다. 재산은 여유가 있으나 해(亥)자가 든 해는 김(金)씨 성을 가진 사람으로부터 손해를 보게 된다. 62세나 73세가 되던 해 봄에 운명한다. 종신을 지켜보는 사람은 아들 하나에 딸 둘이 될 것이다.

원숭이띠와 닭띠는 대망의 꿈이 말년에야 이루어지고 사회적 지위가 있게 돼 말년이 아주 행복하다. 80세가 정명이며 아들과 며느리가 지켜본다. 개띠와 돼지띠는 진사(辰巳)자가 든 해를 만나면 이사로 인해 변동과 풍파가 일기 시작한다. 그러나 바로 회복이 가능하며 집안이 안정될 수 있다. 말년은 비록 다사다난하지만 건강도 좋고 자녀들도 순종하여 큰 어려움은 별로 없다. 75세가 정명이다. 종신에는 아들과 딸 그리고 며느리가 지켜보게 될 것이다.

☷☵ 86 • (師道卦 • 선생의 길을 가는 상)

당신의 말년운은 사내 대장부로 또한 사회적으로 많은 활동을 한 한 여생으로서 명예와 지위에 후회함이 없겠으나 외면에 충실하다 보니 내면을 충실하지 못한 까닭에 한 책임자로서 남모를 고민을 하기도 한다. 군인이나 경찰 등 그밖에 교육공무원의 위치에 있다면 보다 나은 말년을 영위할 것이다. 특히 군대에서 수십 년을 몸담아 온 사람은 예편하여 또 다른 직책을 갖게 되니 역시 여러 사람을 거느릴 수 있게 되고 54~55세에는 뜻하지 않게 가정에 풍파가 일어 가족끼리 눈을 흘기게 된다. 60세경에는 자녀들로 인해서 경사가 있고 그 동안에 섭섭했던 일가 친척이 한 곳으로 모여 서로 화해함으로 몸과 마음이 편안하기만 하다.

본운에 해당한 사람은 여러 사람들이 자연히 모여들어 무리를 이루게 되니 자칫하면 아부하는 사람으로부터 해를 면키 어렵다. 따라서 매사를 포용과 정도 그리고 관용으로 대함이 가장 상책이 된다.

쥐띠와 소띠는 말년에 외도수가 있게 되니 자오묘유(子午卯酉)자가 들은 해를 주의해야 한다. 황천가는 시기는 67세나 81세가 되는 가을이 되고 종신자녀는 둘이 될 것이다. 범띠는 늦게까지 직업을 갖게 되는데 신유술(申酉戌)자가 들은 해 2월 7일에 갑자기 죽게 된다. 그때 나이는 58세나 69세가 될 것이다.

토끼띠는 비교적 장수하는데 81세가 정명이 될 것이다. 용띠와 뱀띠는 교육자로서 말년에도 여러 사람으로부터 존경을 받게 되며 당신이 저승사자와 같이 가는 날은 78세때 초가을 구름이 잔뜩 낀 오후 1시가 된다.

말띠와 양띠는 말할 수 없이 부지런하기 때문에 말년에도 사회활동을 하게 된다. 자녀들이 외국에서 이름을 날리므로 외견상은 호화롭지만 남모를 외로움을 당한다. 79세에 북쪽에서 온 저승사자와 동행할 것이다.

원숭이띠와 닭띠는 예술가로서 또는 군인 및 경찰 계통에 종사자로서 보편적인 생활을 하다가 87세까지 장수하는데 공교롭게도 종신자녀와 유언 한 마디 없이 숨을 거두게 된다. 개띠와 돼지띠는 사회적 지위도 재산도 부족함이 없이 편안하게 살다가 61세나 75세가 되는 해 3월경에 저승 사자와 조용히 동행 할 것이다.

☷☶ 87・겸손괘(謙遜卦・매사 겸손하는 상)

우리의 속담에 나물 먹고 물 마신다는 이야기가 있다. 그런데 당신의 운명이 바로 그런 것이다. 왜냐면 물질적으로는 빈곤하지만 마음씨가 곱고 부모에게 효도하고 당신의 뒤를 이을 자녀가 그런 가풍을 이어가니 가정이 아주 화목하다.

쥐띠와 소띠는 겸손하고 예의가 바르므로 비록 사회적 유명도는 없지만 품행이 바르다고 칭송이 많다. 91세가 정명이며 종신자녀는 아들 셋과 딸 둘이 된다.

범띠와 토끼띠는 마음이 모질지 못하여 큰 돈을 벌 기회를 몇 번이나 놓치고 말았다. 그렇다고 말년에 재산이 없는 것은 절대 아니다. 만약 당신이 과욕했다면 지금보다도 못한 처지에 있게 되었을지도 모른다. 아무튼 말년에는 큰 걱정없이 무난하게 살아가다가 87세에 저승사자와 동행하게 된다. 자녀가 외국에 있기 때문에 종신은 지켜보지 못한다.

용띠와 뱀띠는 친구와 시작했던 사업이 부진하여 다소 손해를 보게 되며 남자는 연상의 여인을 좋아하고 여자는 연하의 남자를 사모해 서로 사랑해 볼 수 있는 시기이다. 자녀들은 좋은 직장에서 능력을 발휘하며 일하고 있으며 부인도 55세까지는 사회활동을 하고 있다. 79세가 정명이며 자녀들이 종신을 지켜보게 된다.

말띠와 양띠는 술로 인한 위장병 때문에 고생하게 되며 58세에 사고로 인하여 황천객이 되기도 한다. 가능하면 먼 여행을 삼가하고 언행을 주의해야 한다. 그리고 죽기 전에 자녀들에게 재산 분배를 정확하게 해 놓아야 한다. 다른 집 자녀보다는 당신의 자녀들은 유별나게 부모의 재산에 신경을 곤두세우고 있다. 78세가 정명이며 종신은 자녀들이 지켜본다.

원숭이띠와 닭띠는 말년에 낙상하여 몸을 다치게 되니 인묘(寅卯)자가 든 해를 주의하라. 재산은 별로 없지만 가정은 화목하다.

개띠와 돼지띠는 넉넉하게 살면서 보다 행복한 말년을 위해서 종교계에 많은 봉사를 하게 된다. 두 늙은이가 자가용을 타고 전국을 일주하니 세상에는 고생한 사람이 많다는 것을 느끼고 겸손한 마음으로 여생을 즐긴다. 80세가 정명이고 아들 둘이 종신을 보게 된다.

☷☷ 88·모덕괘(母德卦·어머니 은혜 상)

수만의 무리가 당신의 지혜를 구하고자 모여드니 당신은 비범(非凡)한 인물임에 틀림없다. 특히 당신이 여성이라면 여성의 최고의 미덕을 갖춘 지성인이 될 것이며 억센 남성의 벽을 뚫고 일국의 장관이나 사회 단체장이 될 수 있고 사주가 귀격(貴格)에 해당하는 여성은 일국의 대표자나 이에 버금가는 지위에 오르게 된다.

쥐띠와 소띠는 이상하게도 집안의 남자들이 일찍 죽거나 하는 일에 실패를 하는데 여자들은 시집만 가면 다 잘 살고 하는 일이 순조롭다. 남녀를 물론하고 말년은 행복하나 소띠 6월 9월 생은 단명하기 쉽다. 88세나 106세가 정명이며 종신에는 여자만 여섯이 지켜본다.

범띠와 토끼띠는 재산은 빈약한 반면에 자녀들의 발전상을 바라보고 즐겁게 살아간다. 56~57세때에는 자녀로 하여금 경사가 있게 되고 유술(酉戌)자가 든 해는 이사나 신상에 변화가 있게 된다. 84세가 정명이며 종신을 지켜보는 사람은 아들 둘 딸 하나가 될 것이다.

용띠와 뱀띠는 자녀로 인해 불화가 있게 되니 개띠 돼지띠 자녀를 특히 조심해야 한다. 조심할 년도는 역시 술해(戌亥)자가 들어 있는 해이다. 75세가 되는 해 5월이 정명이며 종신자녀는 둘이 지켜보게 된다.

말띠와 양띠는 많은 재산은 풍족하나 자녀가 없어 항시 고민이다. 설령 자녀가 있어도 어릴때 가출해서 오늘까지 오지 않고 있다. 건강에는 우울증과 황달을 조심해야 한다. 62세가 정명이며 종신을 지켜보는 사람은 조카사위다. 장례는 화장을 하게 될 것이다.

원숭이띠와 닭띠는 말년에 대운이 열려 하는 일마다 성취되고 재산이 날로 늘어나 지금까지 살아오던 중 가장 행복한 삶을 영위하고 있다. 89세가 정명이며 임종을 바라보는 사람은 자녀와 및 가족이다.

개띠와 돼지띠는 50대에 자녀 한 명이 앞서 죽으니 그 슬픔 누가 알겠는가? 재산이 있어 불우한 사람을 도우니 국가로부터 훈장을 받아 그 이름이 널리 빛나고 있다. 자녀를 잃은 슬픔 외에는 아무 걱정이 없다. 80세 또는 100세 이상이 정명이다. 종신에는 자녀 이외에도 사회의 많은 사람이 슬퍼하며 지켜보게 된다.

人生 60진 비법

初版 印刷 ● 1994年　3月　20日
初版 發行 ● 1994年　3月　25日

著　者 ● 백　운　곡
發行者 ● 金　東　求

發行處 ● 明　文　堂
서울特別市 鍾路區 安國洞 17～8
對替　010041－31－0516013
電話　(營) 733－3039, 734－4798
　　　(編) 733－4748
FAX　734－9209
登録　1977. 11. 19. 第 1～148號

값 7,000원
ISBN 89-7270-366-4　　　13140